经以律也
律得简束
贺教方印
垒大及向项目
成王主纵

李超林
丙戌六月八

教育部哲学社会科学研究重大课题攻关项目
"十三五"国家重点出版物出版规划项目

中国经济潜在增速的测算与展望研究

RESEARCH ON THE ESTIMATION AND PROSPECT OF CHINA'S POTENTIAL ECONOMIC GROWTH RATE

卢盛荣 等著

中国财经出版传媒集团

经济科学出版社
Economic Science Press
·北京·

图书在版编目（CIP）数据

中国经济潜在增速的测算与展望研究 / 卢盛荣等著．--北京：经济科学出版社，2020.12
教育部哲学社会科学研究重大课题攻关项目 "十三五"国家重点出版物出版规划项目
ISBN 978-7-5218-2259-5

Ⅰ.①中… Ⅱ.①卢… Ⅲ.①中国经济-经济增长率-研究 Ⅳ.①F124

中国版本图书馆 CIP 数据核字（2020）第 264476 号

责任编辑：孙丽丽　胡蔚婷
责任校对：齐　杰
责任印制：范　艳

中国经济潜在增速的测算与展望研究

卢盛荣　等著

经济科学出版社出版、发行　新华书店经销
社址：北京市海淀区阜成路甲 28 号　邮编：100142
总编部电话：010-88191217　发行部电话：010-88191522
网址：www.esp.com.cn
电子邮箱：esp@esp.com.cn
天猫网店：经济科学出版社旗舰店
网址：http：//jjkxcbs.tmall.com
北京季蜂印刷有限公司印装
787×1092　16 开　30 印张　570000 字
2022 年 9 月第 1 版　2022 年 9 月第 1 次印刷
ISBN 978-7-5218-2259-5　定价：119.00 元
（图书出现印装问题，本社负责调换．电话：010-88191545）
（版权所有　侵权必究　打击盗版　举报热线：010-88191661
QQ：2242791300　营销中心电话：010-88191537
电子邮箱：dbts@esp.com.cn）

课题组主要成员

首 席 专 家 卢盛荣
主 要 成 员 郭学能　朱敏龄　劳开骏　张　强
　　　　　　　魏建平　邱　伟　罗　威　汪　沛
　　　　　　　林伟杰

总　序

哲学社会科学是人们认识世界、改造世界的重要工具，是推动历史发展和社会进步的重要力量，其发展水平反映了一个民族的思维能力、精神品格、文明素质，体现了一个国家的综合国力和国际竞争力。一个国家的发展水平，既取决于自然科学发展水平，也取决于哲学社会科学发展水平。

党和国家高度重视哲学社会科学。党的十八大提出要建设哲学社会科学创新体系，推进马克思主义中国化、时代化、大众化，坚持不懈用中国特色社会主义理论体系武装全党、教育人民。2016年5月17日，习近平总书记亲自主持召开哲学社会科学工作座谈会并发表重要讲话。讲话从坚持和发展中国特色社会主义事业全局的高度，深刻阐释了哲学社会科学的战略地位，全面分析了哲学社会科学面临的新形势，明确了加快构建中国特色哲学社会科学的新目标，对哲学社会科学工作者提出了新期待，体现了我们党对哲学社会科学发展规律的认识达到了一个新高度，是一篇新形势下繁荣发展我国哲学社会科学事业的纲领性文献，为哲学社会科学事业提供了强大精神动力，指明了前进方向。

高校是我国哲学社会科学事业的主力军。贯彻落实习近平总书记哲学社会科学座谈会重要讲话精神，加快构建中国特色哲学社会科学，高校应发挥重要作用：要坚持和巩固马克思主义的指导地位，用中国化的马克思主义指导哲学社会科学；要实施以育人育才为中心的哲学社会科学整体发展战略，构筑学生、学术、学科一体的综合发展体系；要以人为本，从人抓起，积极实施人才工程，构建种类齐全、梯队衔接的高校哲学社会科学人才体系；要深化科研管理体制改革，发挥高校人才、智力和学科优势，提升学术原创能力，激发创新创造活力，建设中国特色新型高校智库；要加强组织领导、做好统筹规划、营造良好学术生态，形成统筹推进高校哲学社会科学发展新格局。

哲学社会科学研究重大课题攻关项目计划是教育部贯彻落实党中央决策部署的一项重大举措，是实施"高校哲学社会科学繁荣计划"的重要内容。重大攻关项目采取招投标的组织方式，按照"公平竞争，择优立项，严格管理，铸造精品"的要求进行，每年评审立项约40个项目。项目研究实行首席专家负责制，鼓励跨学科、跨学校、跨地区的联合研究，协同创新。重大攻关项目以解决国家现代化建设过程中重大理论和实际问题为主攻方向，以提升为党和政府咨询决策服务能力和推动哲学社会科学发展为战略目标，集合优秀研究团队和顶尖人才联合攻关。自2003年以来，项目开展取得了丰硕成果，形成了特色品牌。一大批标志性成果纷纷涌现，一大批科研名家脱颖而出，高校哲学社会科学整体实力和社会影响力快速提升。国务院副总理刘延东同志做出重要批示，指出重大攻关项目有效调动各方面的积极性，产生了一批重要成果，影响广泛，成效显著；要总结经验，再接再厉，紧密服务国家需求，更好地优化资源，突出重点，多出精品，多出人才，为经济社会发展做出新的贡献。

作为教育部社科研究项目中的拳头产品，我们始终秉持以管理创新服务学术创新的理念，坚持科学管理、民主管理、依法管理，切实增强服务意识，不断创新管理模式，健全管理制度，加强对重大攻关项目的选题遴选、评审立项、组织开题、中期检查到最终成果鉴定的全过程管理，逐渐探索并形成一套成熟有效、符合学术研究规律的管理办法，努力将重大攻关项目打造成学术精品工程。我们将项目最终成果汇编成"教育部哲学社会科学研究重大课题攻关项目成果文库"统一组织出版。经济科学出版社倾全社之力，精心组织编辑力量，努力铸造出版精品。国学大师季羡林先生为本文库题词："经时济世　继往开来——贺教育部重大攻关项目成果出版"；欧阳中石先生题写了"教育部哲学社会科学研究重大课题攻关项目"的书名，充分体现了他们对繁荣发展高校哲学社会科学的深切勉励和由衷期望。

伟大的时代呼唤伟大的理论，伟大的理论推动伟大的实践。高校哲学社会科学将不忘初心，继续前进。深入贯彻落实习近平总书记系列重要讲话精神，坚持道路自信、理论自信、制度自信、文化自信，立足中国、借鉴国外，挖掘历史、把握当代，关怀人类、面向未来，立时代之潮头、发思想之先声，为加快构建中国特色哲学社会科学，实现中华民族伟大复兴的中国梦做出新的更大贡献！

教育部社会科学司

前言*

当前国内外经济环境极其复杂严峻，全球经济增长放缓，外部不稳定和不确定性加剧，国内发展不平衡和不充分性突出，投资、消费和出口同比增速仍然延续下行趋势，需求全面收缩。

在目前经济增速持续下滑的背景下，学界对于未来5~10年中国经济能否实现中高速增长目标，还存在争议。一些国外学者和研究机构持悲观态度，认为中国经济将出现问题，经济增速将会断崖式坠落到3%~4%之间，甚至更低的水平；也有一些国内学者则相对乐观，认为中国经济还将回到8%以上的较高水平；多数国内学者的看法是，随着中国人均收入进入中等偏上水平，中国经济将进入一个新的发展阶段，告别传统经济发展模式下的高投资、高增长、低消费，国民经济结构失衡，进入一个增速在6%~7%之间的中高速增长阶段。

辨析清楚上述问题的关键在于：中国经济未来一个时期的潜在增长率处于何种水平，中国经济未来5~35年的增长空间大小。所谓潜在增长率，通俗地讲，就是经济处于某种理想状态时的产出水平。经济学界普遍认为，实际经济增长速度往往会围绕着潜在增长率合理地上下波动。根据奥肯定律，当就业稳定时，实际经济增长速度将与潜在经济增长率基本保持同步。因此，在当前我国就业形势基本保持稳定的前提下，中国经济的潜在增长率，可以视为实际经济增长率的一个增长标杆，能够用于识别未来的实际经济增长空间，从而为

---

* 本书是教育部哲学社会科学研究重大课题攻关项目"中国经济潜在增速的测算与展望研究"（15JZD016）的研究成果。

上述有关增长趋势的争论提供判定依据。实际上，美国国会预算办公室（Congressional Budget Office，CBO）（2007，2014）很早就开始定期发布以十年为周期的美国经济长期潜在产出水平，并不时加以修正，美国经济长期潜在产出水平的测算已经成为美国总统顾问报告的保留内容；欧盟财金事务理事会（European Commission Directorate General for Economic and Financial Affairs）（2006）、日本央行（Bank of Japan，BOJ）（2010，2004）也都进行了潜在产出的研究更新，并将其作为制定未来社会经济发展政策目标的参考。相比较而言，我国对于潜在增长率的研究目前还更多地停留在学者的纯学术研究层面，尚未进入权威研究机构定期公布、维护、修正，并作为决策参考，为国家未来经济重大发展目标的制定提供依据的阶段。

为此，本书另辟蹊径，从供给和需求——经济学分析的两大基本要素入手，测算新常态下的中国经济长期潜在增长率。其意义在于：一方面，尽管现有测算潜在产出的方法很多，但从其理论本源出发，均可将之分门别类为总供给和总需求两大视角，因此，从供求角度测算潜在增长率，可以很好地对现有研究进行理论梳理，解释不同研究之间的较大估计偏差；另一方面，只有从经济学最基本的要素出发，修正和改造传统基于稳定市场机制下的潜在增长率测算依据，构建新理论分析框架，才能准确估算当前正处于国内外经济增长周期的谷底阶段、处于经济结构面临较大调整以及经济增长方式转换阶段、处于全面深化改革正在展开但其效果尚未全面显现的新常态阶段的中国经济的潜在增长空间。总之，基于总供给和总需求的两大分析视角，本书研究的最终目标是通过测算新常态阶段下的中国经济潜在增长率及未来展望，找出制约我国经济长期潜在增长率的主要因素，制定改进、提高潜在增长率的政策方略，为顺利实现国家的发展战略提供智力支持，与此同时，以中国实践为基础，实现理论创新，丰富世界范围该领域的研究成果。

因此，研究中国经济的长期潜在增长率变动轨迹趋势，以及影响我国长期潜在增长率的因素有哪些？这些因素究竟如何以及多大程度上影响长期潜在增长率呢？通过解答这一系列问题，对于明确我国未来一段时期的经济增长走势，帮助制定未来 5~35 年的国民经济和社会发展规划，顺利实现重大战略目标、基本跨越中等收入阶段、转型升级为中等水平发达国家，以及如何及时、准确、科学地实施相应的宏观调控政策，具有重要的政策应用价值和理论意义。

　　课题组所有成员通过三年多的共同努力，终于完成了本书的撰写。在本书付梓之际，我们要衷心感谢厦门大学宏观经济研究中心全体同事的支持与帮助。由于时间仓促等原因，本书仍存在不足之处，我们恳请各位读者批评指正，以便我们在未来的研究中加以完善。

摘　要

党的十九大报告指出，从十九大到二十大，是"两个一百年"奋斗目标的历史交汇期。我们既要全面建成小康社会、实现第一个百年奋斗目标，又要乘势而上开启全面建设社会主义现代化国家新征程，向第二个百年奋斗目标进军。第一个阶段，从二〇二〇年到二〇三五年，在全面建成小康社会的基础上，再奋斗十五年，基本实现社会主义现代化。第二个阶段，从二〇三五年到本世纪中叶，在基本实现现代化的基础上，再奋斗十五年，把我国建成富强民主文明和谐美丽的社会主义现代化强国。这一宏伟目标能否顺利实现，很大程度上取决于中国经济未来一个时期的潜在增长率水平，中国经济未来5~30年的增长空间大小，以及为保证目标的实现所选择的相应经济政策等。因此，对于中国经济的长期潜在增长率变动轨迹如何，影响我国经济长期潜在增长率的因素有哪些，以及这些因素究竟在多大程度上，以何种方式影响长期潜在增长率等一系列问题的研究与解答，无疑具有重要的理论与现实意义。

为此，本书在分析影响我国潜在增长率因素的基础上，从短期与长期视角估算潜在增长率，并结合区域视角，估算各区域的潜在增长率。在此基础上，明确本轮经济下滑的原因和本质，并对影响"人口红利"的人口政策选择、具有"动态效率补偿效应"的消费结构转换、提升"全要素生产率"两个路径（资源再配置与个体企业技术进步）、重获新的"开放红利"的"一带一路"等倡议与促进人工智能等新技术发展对中国未来5~30年的潜在增长空间进行展望。在这些研究的基础上，分析探讨提高我国长期潜在增长率的政策选择与实践路径，为下一阶段的中国经济体制改革与政策选择提出建议。

本书的主要结论：

第一，从长短期的角度对中国经济的潜在增长率的研究均表明：2010年以来，中国经济增速放缓的主要原因是潜在增长率的下滑，并且未来中国潜在增长率将会继续下降。

第二，基于对各区域资本产出比、要素弹性逆转、城市化、延迟退休与创新等不同预期变化，对东部、中部、西部与东北部地区潜在增长率进行预测表明，到2050年，我国各区域的潜在增长率将趋同在3.5%~4%。

第三，当"人口红利"渐失时，依靠物质资本和劳动要素投入推动经济增长的方式不可持续。因此，未来5~30年的经济增长需要从过去依靠要素投入转向提升全要素生产率上来，而要提高全要素生产率，就是要懂得如何保持资源再配置效率与微观生产效率的持续改善。

第四，从我国的特殊国情看，未来经济潜在增长率提高不仅要开发新的全要素生产率源泉，即通过政府补贴、产权保护等措施鼓励微观主体创新来提升生产效率，通过促进人工智能等新技术发展来提高生产效率；也需要继续挖掘全要素生产率的传统潜力，即一是矫正要素价格扭曲，促进要素的自由流动与转移来提高资源再配置效率。二是通过改变人口政策，家庭内生性地增加教育投入，促进人力资本积累，抵消人口数量减少带来的不利影响，从而提高未来经济的潜在增长率。三是顺应当前我国正从中等偏上迈向高收入经济体，随着人均收入增长，推动消费结构转换，由过去以住房交通和食品衣物等实物为主的消费结构，转变为服务性消费与高质量的实物消费并重的消费结构。特别是，教育文娱、医疗保健等服务性消费有利于人力资本积累，可产生袁富华等（2016）所强调的"动态效率补偿"效应，有助于提高经济效率，促进经济长期增长潜力的提高。四是要以"一带一路"为主线推进形成进一步全面开放新格局，重新获得新的"开放红利"，即在打破西部省份封闭状态及借助"高铁"发挥"后发优势"的同时，尽可能利用国内外两个市场，扩大市场规模，促进分工，提高劳动生产率，从而提高未来经济的潜在增长率。五是要加强对人工智能基础的研发投入，通过人工智能来提高未来经济的潜在增长率。

人工智能可以通过以下两条途径影响潜在增长率：一是人工智能通过生产的自动化替代了劳动力，提高了生产效率；二是人工智能通过"程序"积累促进技术进步，提高了全要素生产率水平。

综上所述，本书的研究结论表明，对于中国经济的宏观调控要由对需求侧的管理转向以供给侧的管理为主。从供给侧进行结构性改革，着力提高潜在增长率，未来需要做好以下几个方面。

第一，加快创新驱动发展战略的实施，促进技术进步，全力提高全要素生产率。长期以来，我国经济社会发展主要依靠廉价土地、资源能源和劳动力等要素的大量投入来支撑。如今，资源环境的约束日益强化，"人口红利"逐渐衰退，劳动力成本大幅上升，储蓄率逐渐下降，原有的比较优势已明显削弱，原有的发展动力已明显退化，再依靠简单扩大劳动力和其他要素投入来驱动发展的路子已经行不通，必须把科技和创新摆在国家发展全局的核心位置，通过加强创新，提升要素投入的综合效率，为经济发展注入新动能。

第二，继续释放和创造人口新红利，重点培育人力资本红利。人是生产力中最活跃的因素和经济发展的源泉，人力资源现在是、未来也仍将是我国发展的最大优势，人力资本更是决定中国未来发展核心竞争力的关键。没有丰富的劳动力资源的持续供应，无论是消费、还是投资，在长期来看都将是无源之水、无本之木。

第三，加强制度创新，充分发挥市场机制在资源配置中的作用。制度也是影响经济发展的重要因素，制度创新是全要素生产率的重要组成部分。好的制度可以提升全要素生产率，从而提高经济增长率。通过改革减少那些阻碍要素流动的制度性障碍，可以使要素自由流动，提高资源配置的效率，从而提高全要素生产率和潜在增长率。一是加速生产要素市场化改革；二是优化企业发展环境；三是通过完善市场运行机制的制度创新，保证资本配置的有效性，进一步增强市场运行的高效性；四是通过构建有利于市场主体发挥主动性和积极性的制度安排，进一步释放市场经济活力和潜力。

第四，推进结构优化调整，提高资源再配置效率。矫正要素市场价格，斩钉截铁地处置"僵尸企业"，坚定不移地减少过剩产能，促进企业优化重组和产业转型升级，特别是，要加快发展现代服务业和高端制造业，与此同时，随着国民收入的提高，居民的消费习惯和观念发生了改变，居民消费需求结构也正在发生明显的变化。刺激居民消费需要考虑这一背景，重点关注适应目前居民消费结构升级的行业，例如医疗、教育、文体、健康、休闲等现代服务业，促进消费结构转换获取"动态效率补偿"效应，提高经济效率，从而真正达到从高速增长转向高质量发展。

第五，借助"一带一路"倡议实施，推进区域的协同发展。通过"一带一路"建设，打破西部省份的封闭状态，将这些省份与西亚、中亚、非洲、欧洲和波斯湾相连，从中获取开放红利，提高西部地区经济的潜在增长率。同时，大力促进人口与产业空间分布的适度均衡，加强创新创造，积极调整国家产业布局战略，适当控制东部地区的开发强度，提高承接国际化产业转移和城市化质量，加快产业结构升级步伐，提高中西部和东北地区的产业配套能力，促进区域之间产业雁阵梯度和结构优化，积极引导国内沿海企业和资金在中西部和东北部地区创造更多的就业机会，构建良好的包括协调目标、协调内容、协调主体（政府、居民、企业与非政府组织）、协调手段与途径（财政政策、投资政策、产业政策等）、协调程序的完整的区域利益协调机制与实现途径，重视区域自我发展能力的培育。

第六，加强对人工智能等新技术的研发投入，积极引导人工智能技术与生产更好地结合，提高技术的渗透率；同时也需要认识到人工智能可能带来的潜在问题，特别是随着劳动力的替代可能引发的潜在失业和收入不平等问题。

Abstract

According to the report of the 19th National Congress, From the 19th national congress to the 20th national congress, it is the historical convergence period of the "two hundred years" struggle goal. We should not only build a well-off society in an all-round way and achieve the goal of the first century's struggle, but also take advantage of the momentum to start a new journey of building a socialist modernization country in an all round way and march towards the goal of the second century's struggle. In the first stage, we will strive for another 15 years to basically realize socialist modernization on the basis of building a well-off society in an all-round way from the 2020 to the 2035. In the second stage, from 2035 to the middle of this century, on the basis of basically realizing modernization, we will strive for another 15 years to build our country into a powerful socialist modernization country with prosperity, democracy, civilization, harmony and beauty. Whether this magnificent goal can be successfully achieved depends largely on the level of the potential growth rate of China's economy in the coming period, the growth space of China's economy in the next 5 – 30 years, and the corresponding economic policies to ensure the realization of the goal, and so on. Therefore, what are the change trajectories of the long-term potential growth rate of China's economy and the factors that affect China's long-term potential growth rate? How and to what extent do these factors affect the long-term potential growth rate? Undoubtedly, the research and solution of these questions have important theoretical and practical significance.

Therefore, based on the analysis of the factors affecting China's potential growth rate, this report estimates the potential growth rate from the short-term and long-term perspectives, and estimates the potential growth rate of each region combine the regional perspective. On this basis, it clarifies the causes and nature of the current economic downturn, and the choice of population policies that affect the "demographic dividend", the transformation of consumption structure with "dynamic efficiency compensation effect", the promotion of "total factor productivity" (reallocation of resources and technological progress of individual enterprises), initiatives such as the "Belt and Road" to regain the new "open dividend", the promotion of the Development of new technologies such as Artificial Intelligence will be looked forward to China's potential growth in the next 5 to 30 years. On the basis of these studies, this paper analyses and discusses the policy options and practical paths to improve China's long-term potential growth rate, and puts forward the next stage of China's economic system reform and policy options.

The main conclusions of this report:

Firstly, the study of the potential growth rate of China's economy from the long-term and short-term perspective shows that the main reason for the sustained decline of China's economy since 2010 is the decline of the potential growth rate, and the potential growth rate of China will continue to decline in the future.

Secondly, based on the different expected changes of capital output ratio, factor elasticity reversal, urbanization, delayed retirement and innovation in different regions, the potential growth rate of eastern, central, western and northeastern regions are predicted, which shows that by 2050, the potential growth rate of each region in China will converge at around 3.5% ~4%.

Thirdly, when the "demographic dividend" gradually disappears, the way of promoting economic growth by relying on material capital and labor factor input is unsustainable. Therefore, economic growth in the next 5 – 30 years needs to shift from relying on factor input to improving total factor productivity. To improve total factor productivity, we need to know how to maintain the efficiency of resource reallocation and continuously improve micro-production efficiency.

Fourthly, in the view of China's special national conditions, the potential growth rate of the economy in the future should not only develop new sources of total factor productivity, i.e. encourage micro-subject innovation through government subsidies and property rights protection to enhance micro-production efficiency, and promote the development of new technology such as Artificial Intelligence to improve production efficiency; but also need and may continue to tap the traditional potential of total factor productivity. The first is to improve the efficiency of resource reallocation by correcting the distortion of factor price and promoting the free flow and transfer of factor; the second is to increase education investment endogenously by changing population policy, promote the accumulation of human capital, offset the adverse effects of population reduction, and thus improve the potential growth rate of future economy; the third is to adapt to the current situation that China is moving from a middle to a high-income economy, with the per capita income growth, to promote the transformation of consumption structure which is from the past consumption structure based on housing transportation and food clothing to a consumption structure with equal emphasis on service consumption and high-quality physical consumption. In particular, service consumption such as education, entertainment, and health care can be conducive to human capital accumulation, produce the effect of "dynamic efficiency compensation" by Yuan Fuhua et al. (2016), and help to improve economic efficiency and promote the long-term growth potential of the economy; the fourth is to promote a new pattern of comprehensive openness with the "One Belt, One Road" as the main line, and regain a new "open dividend", that is, breaking the closed state of the western provinces and leveraging the "high-speed rail" to play the "post-development advantage", while using the two markets at home and abroad as much as possible, expanding the market size, promoting division of labor, and improving labor productivity, thereby enhancing the potential growth rate of the future economy.

To sum up, the conclusion of this report means that the macro-control of China's economy should shift from demand-side management to supply-side management, carry out structural reform from the supply side and strive to increase the potential growth rate. In the future, we need to do the following several aspects well:

First, we should accelerate the implementation of the innovation-driven strategy, promote technological progress, and strive to improve total factor productivity. For a long time, China's economic and social development has mainly relied on the massive investment in cheap land, resources, energy and labor. Nowadays, the constraints of resources and environment are increasingly strengthened, the "demographic dividend" is gradually declining, the labor cost is rising sharply, the savings rate is gradually decreasing, the original comparative advantage has been significantly weakened, the original development momentum has been significantly degraded. It is no longer feasible to simply expand the labor force and invest in other factors to drive development. Science and innovation must be placed at the core of the country's overall development. By strengthening innovation, we will enhance the overall efficiency of factor input and inject new momentum into economic development.

Second, we should continue to release and create new demographic dividends, focusing on the cultivation of human capital dividends. People is the most active factor in productivity and the source of economic development. Human resources are and will remain the greatest advantage of China's development. Human capital is the key to determine the core competitiveness of China's future development. Without the sustained supply of abundant labor resources, whether consumption or investment, in the long run, it will be the end of the water without source.

Third, we should strengthen institutional innovation and give full play to the role of market mechanism in resource allocation. Institution is also an important factor affecting economic development. Institutional innovation is an important component of total factor productivity. A good system can improve the factor productivity, thereby increasing the economic growth rate. By reforming and reducing the institutional obstacles that hinder the flow of factors, the free flow of factors can be achieved, the efficiency of resource allocation can be improved, and the total factor productivity and potential growth rate can be increased. One is to speed up the market-oriented reform of production factors, the second is to optimize the development environment of enterprises, the third is to ensure the effectiveness of capital allocation and further enhance the efficiency of the market by improving the institutional innovation of market operation mechanism, and the fourth is to construct institutional arrangements that are conducive to the initiative and enthusiasm of market participants, further release the vitality and potential of market economy.

Fourth, we should promote structural optimization and adjustment, and promote the efficiency of resource reallocation. Correcting factor market prices, dealing with "zombie enterprises" decisively, steadfastly reducing excess capacity, promoting enterprise restructuring and industrial transformation and upgrading, in particular, to accelerate the development of modern services and high-end manufacturing industries. At the same time, with the increase of national income, the consumption habits and concepts of residents have changed, and the structure of consumer demand is also undergoing significant changes. Stimulating household consumption needs to consider this background, focusing on industries that adapt to the current upgrading of consumer consumption structure, such as medical, education, culture, health, leisure and other modern service industries, promoting the transformation of consumption structure to obtain the effect of "dynamic efficiency compensation" and improving the economy efficiency, thus truly moving from high-speed growth to high-quality development.

Fifth, we should promote the coordinated development of the region through the implementation of the initiative of "One Belt and One Road". Through the construction of "One Belt and One Road", we can break the closed state of the western provinces and connect these provinces through western Asia, central Asia, Africa, Europe and the Persian Gulf to get the open bonus and raise the potential growth rate of the western region's economy. At the same time, vigorously promote a moderate balance between population and industrial spatial distribution, strengthen innovation and creation, actively adjust the national industrial layout strategy, appropriately control the development intensity of the eastern region, improve the quality of international industrial transfer and urbanization, accelerate the pace of industrial structure upgrading, improve the industrial supporting capacity of the central and western regions, promote the industrial geese gradient and structural optimization between regions, actively guide domestic coastal enterprises and funds to create more employment opportunities in the central and western regions, well construct regional interest coordination mechanisms including coordination of objectives, coordination of content, coordination of entities (governments, residents, enterprises and NGOs), means of coordination (fiscal policy, investment policy, industrial policy, etc.) and coordination procedures, pay attention to the cultivation of regional self-development ability.

Sixth, we should increase investment in research and development of new technologies such as artificial intelligence, actively guide better integration of artificial intelligence technologies with production, and increase the penetration rate of such technologies. At the same time, it is necessary to recognize the potential problems that artificial intelligence may bring, especially the potential unemployment and income inequality that may be caused by the replacement of labor force.

目录

第一篇

导论 1

第一章 导言 3

第二章 文献综述 8

    第一节 相关概念的界定 9

    第二节 国内外关于潜在增长率的测算方法 13

    第三节 中国潜在增长率的估算研究 20

    第四节 中国经济减速的原因 23

    第五节 关于中国经济潜在增长空间的展望 24

    第六节 国内研究评述 24

第三章 影响中国潜在增长率的长期因素分析 27

    第一节 劳动力 27

    第二节 物质资本 32

    第三节 人力资本 41

    第四节 全要素生产率 51

第四章 影响中国潜在增长率的短期因素分析 58

    第一节 短期的周期性需求因素对潜在增长率影响机制的理论分析 58

第二节 外部冲击（金融危机）对潜在增长率影响的
实证研究 70

第二篇

估算 83

第五章 ▶ 基于短期视角下中国经济潜在增长率的估算 85
  第一节 短期宏观总量均衡角度下中国经济潜在增长率的估算 85
  第二节 基于动态一般均衡（DSGE）分析角度下的中国经济潜在
增长率的估算 103

第六章 ▶ 基于长期视角下的中国经济潜在增长率的估算 128
  第一节 模型的建立 130
  第二节 实证分析 137
  第三节 潜在增长率的预测 140
  第四节 本章小结 146

第七章 ▶ 区域经济潜在增长率的估算 148
  第一节 区域经济发展回顾 148
  第二节 区域潜在产出的测算 150
  第三节 GDP 增长贡献率的分解 174
  第四节 区域潜在增长率测算与产出缺口的分析 178
  第五节 关键变量的预测 180
  第六节 区域潜在增长率的预测与情景模拟 191
  第七节 区域潜在增长率的趋同 198

第三篇

展望 203

第八章 ▶ 生育政策选择与潜在增长率：一个简单的
人口内生模型 205
  第一节 文献综述 207

第二节　模型框架　212

　　第三节　理论分析　217

　　第四节　实证分析　247

　　第五节　潜在经济增长率　258

第九章 ▶ 新常态下消费结构转换与人力资本积累　266

　　第一节　新常态下消费结构转换　266

　　第二节　消费结构转换与人力资本积累　274

第十章 ▶ 资源再配置与效率增进　278

　　第一节　中国资源再配置效应估算　278

　　第二节　资源误置与全要素生产率的损失　288

　　第三节　人力资本误置与效率损失：基于引入人力资本的
　　　　　　拓展模型分析　321

第十一章 ▶ 政府补贴、创新激励与技术进步　340

　　第一节　个体创新与政府干预的原因及政策工具　341

　　第二节　政府补贴与创新激励的理论模型　342

第十二章 ▶ "一带一路"与中国经济长期增长潜力　348

　　第一节　"一带一路"与潜在经济增长　348

　　第二节　"一带一路"背景下的OFDI与贸易出口　350

　　第三节　"一带一路"国家投资动机分类与实证分析　358

　　第四节　"一带一路"与贸易规模的实证分析　364

　　第五节　"一带一路"与逆向技术进步的实证研究　369

　　第六节　"一带一路"与区域经济的潜在增长　375

　　第七节　结论　376

第十三章 ▶ 人工智能与中国经济增长　377

　　第一节　引言　377

　　第二节　模型构建　378

　　第三节　数值模拟　380

　　第四节　结论　385

第四篇

政策 387

第十四章 ▶ 中国经济的产出缺口与宏观政策选择　389

　　第一节　潜在产出下行情况下政策选择的国际比较分析　390
　　第二节　产出缺口与宏观政策选择　398

第十五章 ▶ 结论与政策建议　404

　　第一节　研究结论　404
　　第二节　政策建议　408

参考文献　418

后记　437

Contents

Section 1   Introduction   1

Chapter 1   Introduction   3

Chapter 2   Literature Review   8

    2.1   Definition of Related Concepts   9

    2.2   Methods for Measuring Potential Growth Rate   13

    2.3   Research on Estimating Potential Growth Rate in China   20

    2.4   Reasons of China's Economic Slowdown   23

    2.5   Outlook on Potential Economic Growth in China   24

    2.6   Domestic Research Review   24

Chapter 3   Analysis of Long-term Factors Affecting Potential Growth Rate in China   27

    3.1   Labor Force   27

    3.2   Physical Capital   32

    3.3   Human Capital   41

    3.4   Total Factor Productivity   51

Chapter 4   Analysis of Short-term Factors Affecting Potential Growth Rate in China   58

    4.1   Theoretical Analysis of the Impact Mechanism of Short-term Cyclical Demand Factors on Potential Growth Rate   58

4.2　Empirical Study on the Impact of External Shocks (Financial Crisis) on Potential Growth Rate　70

Section 2　Measurement　83

Chapter 5　Measurement of Potential Growth Rate in China Based on Short-term Perspective　85

5.1　Measurement of Potential Growth Rate in China Based on the Perspective of Short-term Macro Aggregate Equilibrium　85

5.2　Measurement of Potential Growth Rate in China Based on the Perspective of Dynamic General Equilibrium (DSGE)　103

Chapter 6　Measurement of Potential Growth Rate in China Based on Long-term Perspective　128

6.1　Model Establishment　130

6.2　Empirical Analysis　137

6.3　Forecasts of Potential Growth Rate　140

6.4　Conclusions　146

Chapter 7　Measurement of Regional Potential Growth Rate　148

7.1　Review of Regional Economic Development　148

7.2　Measurement of Regional Potential Output　150

7.3　Decomposition of GDP Growth Contribution Rate　174

7.4　Analysis of Measurement of Regional Potential Growth Rate and Output Gap　178

7.5　Forecasts of Key Variables　180

7.6　Forecasts of Regional Potential Growth Rate and Scenario Simulation　191

7.7　Convergence of Regional Potential Growth Rate　198

Section 3　Expectation　203

Chapter 8　Fertility Policy Choices and Potential Growth Rate: A Simple Endogenous Population Model　205

8.1　Literature Review　207

8.2　Model Framework　212

8.3　Theoretical Analysis　217

8.4　Empirical Analysis　247

8.5　Potential Growth Rate　258

Chapter 9　Transformation of Consumption Structure and Accumulation of Human Capital under the New Normal　266

9.1　Transformation of Consumption Structure under the New Normal　266

9.2　Transformation of Consumption Structure and Accumulation of Human Capital　274

Chapter 10　Resource Reconfiguration and Efficiency Improvement　278

10.1　Estimation of China's Resource Reconfiguration Effect　278

10.2　Resource Misplacement and Loss of Total Factor Productivity　288

10.3　Misplacement of Human Capital and Loss of Efficiency: Analysis Based on Extended Model of Introducing Human Capital　321

Chapter 11　Government Subsidies, Innovation Incentives and Technological Progress　340

11.1　The Reasons of Individual Innovation and Government Intervention and Policy Tools　341

11.2　Theoretical Model of Government Subsidies and Innovation Incentives　342

Chapter 12　"One Belt and One Road" and China's Long-term Potential Growth　348

12.1　"One Belt and One Road" and Potential Growth　348

12.2　OFDI and Trade Export under the Background of "One Belt and One Road"　350

12.3　Classification of Investment Motivation of "One Belt and One Road" Countries and Empirical Analysis　358

12.4　Empirical Analysis of "One Belt and One Road" and Trade Scale　364

12.5　Empirical Study on "One Belt and One Road" and Reverse Technology Progress　369

12.6　"One Belt and One Road" and Regional Potential Growth　375

12.7　Conclusions　376

Chapter 13　Artificial Intelligence and China's Economic Growth　377

13.1　Introduction　377

13.2　Model Establishment　378

13.3　Numerical Simulation　380

13.4　Conclusions　385

Section 4　Policies　387

Chapter 14　The Output Gap in China and Macroscopical Policy Choice　389

14.1　An International Comparative Analysis of Policy Choice in the Case of Potential Output Downturn　390

14.2　Output Gap and Macro Policy Choice　398

Chapter 15　Conclusions and Policy Recommendations　404

15.1　Research Conclusion　404

15.2　Policy Recommendations　408

Postscript　418

References　437

第一篇

导 论

第一章

导　言

2010 年中国人均 GDP 接近 5 000 美元，成为中等偏上收入水平经济体。在此前后的国际金融危机冲击及国内外经济环境变化，使中国原有的以出口劳动密集型产品为导向的粗放型经济发展方式难以为继，中国的经济增长率逐步下行。2014 年，习近平总书记首次提出"新常态"，意味着经济增长将从高速增长转为中高速增长，也就是经济减速。当前，不管是学术界还是实务界对经济减速基本达成共识。

但是，目前学术界甚至政府决策部门对本次经济减速的原因意见不一、莫衷一是。有的学者认为中国经济减速的原因是周期性的"需求不足"，所以他们认为要想保持经济快速增长，必须从需求侧对经济施加刺激性宏观政策和产业政策，使经济形成一个 V 形的复苏。也有学者认为中国经济减速的原因是中国经济潜在增长率下降，所以他们认为要想保持经济快速增长，必须从供给侧进行结构性改革，使中国经济形成一个 L 形的复苏。

与此同时，当前国内外经济形势的变化，人民对尽快跨越中等收入阶段，步入现代发达经济的殷切期待，使我国社会各界普遍关注我国经济未来的增长走势。党的十八大报告首次正式提出 2020 年全面"建成"小康社会，以及党的十九大提出，在 2020 年全面建成小康社会之后的"两个十五年"奋斗目标，即从 2020 年到 2035 年，在全面建成小康社会的基础上，再奋斗十五年，基本实现社会主义现代化；从 2035 年到 2050 年，在基本实现现代化的基础上，再奋斗十五年，把我国建成富强民主文明和谐美丽的社会主义现代化强国。显然，要实现党中央提出的这些社会经济发展战略目标，我国经济需要在未来一段时间内保持较为稳定的中高速增长。

不过，在当前我国经济增速放缓慢的大背景下，经济学界对未来5~30年我国经济是否还能保持一个高速平稳的增长态势仍存在不同的意见。国际上一些经济学家与经济分析机构并不看好中国经济的未来表现，指出中国的经济正处在崩溃的边缘，未来5~30年中国经济增长速率会跌落到3%~4%之间，甚至可能会出现更恶劣的情况；不过部分国内学术专家对此持乐观态度，指出中国经济在最近一个中长期的时间段还会稳定在8%左右的增幅并维持不变；多数国内学者的看法是，随着中国人均收入进入中等偏上水平，中国经济将摆脱传统的经济发展模式，即严重依赖高投资、高增长、低消费，进入一个新的发展阶段，即保持6%~7%的经济增速。

要想对上述关于我国未来经济增长走势的争议有一个合理的答案，我们都必须知道当前及未来中长期中国经济的潜在增长率到底有多大。所谓潜在增长率，通俗地讲，就是经济处于某种理想状态时的产出水平。经济学学术界普遍认为，潜在经济增长率是实际经济增长率的一个基准，实际经济增长率往往围绕潜在增长率上下波动。所以，通过测算中国经济的潜在增长率可以认清当前中国经济减速的本质，可以推测未来我国经济增长速率，从而可以为上述的两个争议提供一个判断的尺度。因此，研究和测算新常态下中国经济的潜在增长率及其变动趋势，对于从理论上认清当前中国经济减速的本质，对于制定未来5~30年的国民经济和社会发展规划、跨越中等收入阶段、转型升级为社会主义现代化强国，以及如何及时、准确、科学地实施相应的宏观调控政策，具有十分重要的理论意义以及现实意义。

对于潜在增长率的讨论通常分为长期与短期角度：短期又分为短期宏观总量均衡与一般均衡（如DSGE）分析角度。前者多是局部均衡分析，基于奥肯定律增长与就业关系，以及菲利普斯曲线的就业与通胀的关系定义的潜在增长率，即经济增长—就业—物价三者长期均衡值，偏离则可进行宏观政策调控，建构政策管理的负反馈机制，推动其均衡；后者是指动态一般均衡（DSGE）分析视角，通过构建DSGE来估算产出缺口进而计算出季度潜在增长率。而长期，通常指供给角度的潜在增长率，多是基于生产函数来进行计算的，探索是否有从根本性上改变生产率的变量在发挥作用，如2001年美国总统顾问报告大量探讨了信息技术革命是否大幅度改变生产率问题等。短期计算的调整应该符合长期趋势。基于此，本书研究框架如下：

本书分为四大篇：第一篇是导论，主要介绍本书的研究背景、意义与研究框架，对有关潜在增长率的相关文献进行综述，以及对影响潜在增长率的长短期因素进行分析，包括第一~第四章。其中，第一章导言，第二章文献综述，第三章影响中国潜在增长率的长期因素分析，第四章是影响中国潜在增长率的短期因素分析。第二篇是估算，从短期与长期角度估算潜在增长率，并结合区域视角，估算各区域的潜在增长率，包括第五~第七章。其中，第五章基于短期视角下中国经济潜在增长率的估算，第六章基于长期视角下的中国经济潜在增长率的估算，第七章区域经济潜在增长率的估算。第三篇是展望，在前面估算中国潜在增长率的基础上，明确本轮经济下滑的原因和本质，并对影响"人口红利"的人口政策选择、具有"动态效率补偿效应"的消费结构转换、提升"全要素生产率"两个路径（资源再配置与个体企业技术进步）、重获新的"开放红利"的"一带一路"等倡议和政策与促进人工智能等新技术发展对中国未来五到三十年的潜在增长空间进行展望。包括第八~第十三章。其中，第八章生育政策选择与潜在增长率：一个简单人口内生模型，第九章新常态下消费结构转换与人力资本积累，第十章资源再配置与效率增进，第十一章政府补贴、创新激励与技术进步，第十二章"一带一路"与中国经济长期增长潜力，第十三章人工智能与中国经济增长。第四篇政策，在前面研究的基础上分析探讨在"新常态"下为实现经济稳定、健康增长的政策选择与实践路径，指出下一个阶段的中国宏观调控政策选择，包括第十四章和第十五章。其中，第十四章中国经济的潜在产出缺口与宏观政策选择，第十五章结论与政策建议。各部分具体内容如下。

第一章为导言，是本书研究的基础。在这一章中，我们主要阐述研究的背景及意义、研究的目的、研究内容、研究的思路和方法、文章总体框架、研究的创新之处与不足。

第二章为文献综述，对国内外关于潜在增长率的文献进行回顾和梳理，并对之进行评述，具体包括：潜在产出的定义、国内外潜在产出的测算方法、中国潜在产出的研究、中国经济减速的原因、中国经济潜在增长空间的展望。

第三章是影响中国潜在增长率的长期因素分析，对影响潜在增长率的劳动力、实物资本、人力资本、全要素生产率与短期扰动等因素进行分析。

第四章是影响中国潜在增长率的短期因素分析。鉴于当前经济增速下滑的因素有结构性成分和周期性成分，周期性因素有可能对潜在增速产生影响，即短期因素可能通过一些中介环节如金融体系、人力资本价值等对长期因素有所影响。为此，本章从市场均衡、市场出清的角度，探讨短期与中长期因素（或周期性因素与结构性因素）的相互作用机制，以及在开放经济的背景下，对全球金融危机给中国潜在增长率带来的影响进行实证研究。

第五章是基于短期视角下的中国经济潜在增长率的估算。一是基于短期宏观总量均衡的视角测算中国的潜在增长率。从短期供需均衡的角度考虑，首先采用"三角模型"构建状态空间模型，利用卡尔曼滤波算法测算出中国的时变自然失业率，然后利用奥肯定律测算出 1995~2020 年中国经济的潜在产出及潜在增长率。研究结果显示：自 2007 年以来，尤其是 2010 年以来，实际增长率一路走低，与此同时，潜在增长率也呈现出总体下降的趋势，实际增长率和潜在增长率两者的变化趋势基本相同，均为下降，由此可以判定，2010 年至今，中国经济增速放缓的原因主要是潜在增长率本身的下降。这意味着近年来中国经济增长率下滑在某种程度上是合理的回调，一味地推行强的经济刺激政策并不可取；样本外的测算显示，2016 年、2017 年、2018 年中国经济的潜在增长率分别为 6.6%、6.4%、6.3%。二是基于动态一般均衡（DSGE）分析视角测算中国的潜在增长率。构建新凯恩斯动态随机一般均衡模型，采用校准和贝叶斯方法估计模型的结构性参数，采用 1996 年第一季度到 2017 年第三季度的数据分析了影响中国经济潜在产出的因素，估算了样本内的潜在增长率，最后对 8 个周期的潜在增长率进行了预测。研究结果显示：（1）从 2010 年以来，中国经济增速放缓的原因是潜在增长率的下滑，并且潜在增长率将会继续下降；（2）从总需求的角度，刺激居民消费可以增加企业的潜在产出水平，从而有效提高整个经济的潜在产出；（3）从总供给的角度，提高企业技术水平会增加企业的潜在产出水平，从而有效提高整个经济的潜在产出；（4）2017 年第四季度的潜在增长率为 6.77%，2018 年四个季度的潜在增长率分别为 6.71%、6.67%、6.62%、6.56%，2019 年前三个季度的潜在增长率分别为 6.55%、6.50%、6.43%。

第六章为基于长期视角下的中国经济潜在增长率的估算。这是目前应用最广的一种估算潜在增速的研究视角。本章构建了一个时变弹性的生产函数，将制度变革、结构调整、产能利用率等纳入经济增长的分析框架，运用 1993~2015 年中国经济的时间序列数据估计了中国潜在经济增长率，对 2016~2025 年中国潜在经济增长率进行预测，并利用情景模拟的方法对中国经济可能出现的不同情景进行了模拟。研究结果显示：自 2010 年以来，中国经济持续下降的背后是潜在增长率的下滑，经济政策重心应当从需求侧管理转移到供给侧管理；这意味着，在给定假设下，未来 5~10 年中国经济将继续保持增长，但是潜在增长率将会持续下降。

第七章为区域经济潜在增长率的估算。本章基于传统以及时变参数下的生产函数法对我国各个区域的产出弹性进行测算，并通过结构计量的方法，预测未来一段时期的各个区域的要素变化情况，进而测算当前以及未来一段时期我国各个区域的潜在增长率。

第八章为生育政策选择与潜在增长率：一个简单的人口内生模型。从人口政策的选择，家庭生育选择与教育投入，探讨未来劳动力与人力资本的供给变化对潜在增长率的影响。

第九章为新常态下消费结构转换与人力资本积累，随着一个国家经济由中等偏上收入经济体向高收入经济体过渡，居民消费将由以实物消费为主转变为服务消费与高质量的实物消费并重，逐渐趋向以服务消费为主的消费结构。当前我国经济已经进入了新常态，供给侧的结构性改革促进了经济增长并带动居民收入提高的同时，需求侧的消费结构也将随之调整，居民对教育、医疗卫生等支出比重的提高，不仅扩大内需，而且从长远看，消费结构对经济增长也应该具有正面影响，即消费所具有的"动态效率补偿"效应，将增加经济的人力资本存量积累，进一步提升和改善供给能力，促进潜在增长率的提升。

第十章为资源再配置与效率增进，推进基于资源优化和配置效率改进的全要素生产率增长势必成为中国未来长期经济增长的重要动力。本章讨论资源的再配置与效率增进，即在探讨资源错配对TFP损失影响机制的基础上，研究在给定个体技术水平和要素投入情况下，通过政策和市场的优化，提升资源再配置效率，进而促进经济的潜在增长率。

第十一章为政府补贴、创新激励与技术进步，从宏微观层面上讨论如何促进微观个体的技术进步，提升中国经济的潜在增长率。

第十二章为"一带一路"与中国经济长期增长潜力，从实证角度研究对"一带一路"共建国家投资类别选择对创新进而对我国经济长期增长潜力的影响。

第十三章为人工智能与中国经济增长，将人工智能引入经济增长模型，通过数值模拟讨论人工智能如何对我国经济增长产生影响。

第十四章为中国经济的产出缺口与宏观政策选择，在上述测算及展望研究的基础上，得出研究的结论，并给出中国经济的宏观政策选择。

第十五章结论与政策建议，对全文的研究做了一个总结，并根据前面研究结论给出了未来经济政策建议。

第二章

文献综述

对于宏观经济学来说，无论是潜在经济增长率，还是潜在产出，都是非常重要的概念，既是经济研究不可或缺的部分之一，也和政策制定者关心的各项指标紧密关联，例如经济波动、物价水平、经济增长以及失业率等。因此，研究潜在经济增长率和潜在产出具有一定的现实意义与理论价值。

所谓潜在增长率，通俗讲，就是经济处于某种理想状态时的产出水平。经济学术界普遍认为，潜在经济增长率是实际经济增长率的一个基准，实际经济增长率往往围绕潜在增长率上下波动。潜在经济增长率、潜在产出，与一个国家及地区的经济发展紧密相关，准确估计潜在增长率和潜在产出能够为经济发展提供决策依据，并以此寻找到实现经济增长的有效方法，更好地实现长期经济发展目标和经济发展战略的制定。值得提及的是，潜在经济增长率、潜在产出和产出缺口率紧密相连，只要估计出潜在产出及潜在经济增长率，也就可以估计出产出缺口。如果实际增长率低于潜在增长率，则为负缺口，负增长率缺口通常是需求侧出现周期性扰动，这时往往出现产能利用不充分现象，例如周期性失业。反之，如果实际增长率高于潜在增长率，则为正缺口。正缺口对应的则是经济过热的情形，通常表现为通货膨胀或经济泡沫。可见，政策制定者可依据相应数值的估算，提高自身对经济运行状况的合理判定，从而制定出最优的宏观经济政策。

从上文的论述可知，出现明显的正缺口和负缺口对一个国家的经济发展都会有不利的影响，经济运行的最优状态是实际产出、实际增长率处于或者略低于潜在产出、潜在增长率。对丁实际产出和实际增长率，可以直接观察得到，国家统计部门会定期公布数据；对于潜在产出和潜在增长率，无法直接观察得到，需要我们去估算。

鉴于潜在产出和潜在增长率对于制定宏观经济政策的重要作用，很多的政府机构和学者将估算潜在产出和潜在增长率作为重要课题展开研究。在半个多世纪里，学术界和政府机构从不同的角度对潜在产出和潜在增长率有不同的理解，由此衍生出不同的估算方法。在此背景下，本章首先系统梳理了当前潜在产出的研究情况。

第一节 相关概念的界定

20世纪60年代初，学者奥肯在自然失业率假设的基础上提出了潜在产出这一概念，他认为潜在产出是充分利用所有资源的条件下，一个经济体可能产出的最大值。除此之外，该经济学家还通过使用线性趋势法估计了产出缺口。然而这一概念过于笼统，可以给出不同的理解。在这之后，随着时间的推移，越来越多的机构与学者对潜在产出、潜在经济增长率与产出缺口进行了深入的研究。现阶段，学术界依旧没有对潜在产出和潜在增长率的含义达成统一。

美国国会预算办公室（Congressional Budget Office，CBO）（2001，2004），其测算就成为美国总统顾问报告的保留内容，而欧盟财金事务理事会（European Commission Directorate General for Economic and Financial Affairs）（2006）、日本央行（Bank of Japan，BOJ）（2010，2004）都进行研究更新，成为政策目标的参考。美国国会预算办公室的"潜在产出"（potential output）界定：潜在产出是对可达GDP水平的一种估计，此时经济资源处于充分利用状态，反映了生产能力的增长状况。潜在产出是对"最大可持续产出"的一种度量，当实际GDP大于或小于潜在产出时，经济将出现通货膨胀压力或资源闲置问题。日本央行的"潜在产出"界定：在中期，潜在产出代表了经济可持续增长路径；在长期，潜在产出表示物价稳定的经济状态。欧盟财金事务理事会的"潜在产出"界定：潜在产出是反映经济供给能力的综合指标，经济增长可持续性、通胀趋势均可以经由这个指标进行观察，周期分析、政策制定、增长前景分析建立在潜在产出增长趋势的预测之上。这些定义本质探讨了两个方面的内容：（1）经济可持续增长状态；（2）与物价均衡或就业衡量的资源利用，一个是供给角度，另一个是宏观的总量平衡角度。

短期宏观总量均衡角度多是基于奥肯定律增长与就业关系，以及菲利普斯曲线的就业与通胀的关系定义的潜在增长率,即经济增长—就业—物价三者长期均衡值,偏离则可进行宏观政策调控,建构政策管理的负反馈机制,推动其均衡。而供给角度的潜在增长率多是基于生产函数来进行计算的,探索是否有从根本性上改变生产率的变量在发挥作用,如2001年美国总统顾问报告大量探讨了信息技术革命是否大幅度改变生产率问题等。

基于奥肯法则——利用实际GDP增长与失业率变化之间的长期关系所进行的计算,这一法则允许潜在增长率随时间变化,短期计算的调整应该符合长期趋势,这一估算值反映了从短期角度估算的潜在增长率向我们从长期角度估算的潜在增长率趋近。

根据奥肯的相关理论,不同的学者专家以及研究机构都对潜在产出进行了不同的定义。虽然不同定义的侧重点以及表述形式存在差别,不过从宏观上看依旧可以将其分为两类,也就是新古典主义的定义以及凯恩斯主义的定义。

一、凯恩斯主义学派的界定

根据经济周期理论,在经济繁荣时期,资源可能会被过度使用;在经济萧条时期,有些资源可能会被闲置。对不同阶段经济体予以观察,能够为经济体实际产出能力的分析提供依据。凯恩斯主义关于潜在产出和潜在经济增长率的定义就是基于经济周期理论。凯恩斯主义学派学者认为,潜在产出指的是在通货膨胀稳定和包括技术约束在内的各种约束下,对要素进行充分利用后获取到的最大产出值。此观点在当前学术界得到广泛认同。

不同的学者和研究机构也基于凯恩斯主义学派对潜在产出的定义提出了自己的观点。按照利维(Levy,1963)的观点,所谓潜在产出即是:经济体的总价格水平保持稳定且生产要素的投入达到最优状态时的产出。日本银行统计局指出,潜在产出是在经济结构维持不变的社会条件下,生产要素利用水平达到潜在水平时产出。IMF则这样定义潜在产出:潜在产出可以通过一个经济体的供给侧来反映,指的是在没有加速通货膨胀前提下经济体所能生产的最大产出。

但是,采用凯恩斯主义学派的定义在具体估算中存在对失业率的理解和估算问题。按照凯恩斯主义学派的观点,潜在产出为在一定约束下,资源充分利用状态下的产出。那么,这里的资源当然包括劳动力的投入,对应的劳动力的充分利用状态就涉及对失业状态的理解。美国经济学家奥肯认为,潜在产出是特定条件下,总需求水平与制定的失业率目标相符,同时能够稳定通胀的最大可能性产出。在其看来,这里的失业率目标应该设定为4%,到达此数值表明经济体处于就业状态,属于充分利用要素阶段。新西兰经济学家菲利普斯(Phillips)根据英国的经济数据，得出关于失业率和工资变动率之间交替关系的经验菲利普斯曲线，在此基础之上，美国经济学家奥肯（A. M. Okun）于1962年提出，在经济变化率和失业变化率之间存在着一种相当稳定的线性关系，即实际GDP增长率每比潜在GDP增长率高2%，则失业率就会降低1%；实际GDP增长率每比潜在GDP增长率低2%，则失业率将会升高1%，这就是著名的"奥肯定律"。奥肯通过研究失业率与经济增长之间的关系来测算"潜在的产出量"。

其他的学者对资源充分利用状态下的失业率也做了研究。1968年，弗里得曼（Friedmen）和菲尔普斯（Phelps）在研究菲利普斯曲线的长期作用时，提出了"自然失业率"这一概念。

他们认为，在完全信息和理性经济人的假设下，通货膨胀和失业在短期内可以相互替代，即政府可以通过忍受较高的通货膨胀来降低失业率，或者政府为了压低通货膨胀从而导致失业率上升；但从长期看，这种替代关系不存在，经济体处于充分就业状态，失业在长期内将处于"自然失业"的状态。他们将长期内的这一"自然失业"的状态水平称为"自然失业率"。也就是说，弗里得曼和菲尔普斯认为自然失业率指的是充分就业后的失业率。自然失业率等同于非加速通货膨胀失业率，两者意义相通，该概念提出后受到广泛关注。

然而，按照弗里得曼和菲尔普斯的观点在测算潜在产出时又遇到一个问题，即自然失业率的取值大小问题。对于总的失业率可以直接观察得到，一般国家的统计部门会定期公布失业率的数据；但是，自然失业率却无法直接观测到，需要我们进行估算。很多的学者和机构对于如何测算自然失业率进行了研究。被研究人员广泛采用的是戈登（Gordon）提出的"三角模型"（Tri - Angle Model）。该模型的核心思想是通货膨胀惯性、周期性需求、供给冲击共同决定通货膨胀，而周期性需求的波动可以通过周期性失业率、自然失业率来体现。起初这些研究都假设自然失业率是固定不变的常数。但是，随着经济理论和时践的不断发展，这一假设受到部分研究人员的质疑，他们发现部分欧洲国家的自然失业率是逐渐上升的，并且导致这些国家的失业率也在上升。因此，他们认为自然失业率并不是固定不变的常数。

事实上，凯恩斯主义学派有着诸多对潜在产出概念的定义，不同学者的理解各不相同，其中最为主要的争论点就是经济最大产出的形成条件与过程。不过整体角度来看，凯恩斯主义学派在市场并不完美的观点上是统一的，认为只依据市场机制的自身调节无法解决生产要素的充分利用问题，因此，较之实际产出而言，潜在产出更高，即存在负的产出缺口。负产出缺口通常则是需求侧出现周期性扰动，这时往往出现产能利用不充分现象，例如周期性失业。此时，政府需要在经济处于资源闲置，或是非充分就业情况下，利用各类宏观调控方式加以调节，从而达到构建充分就业均衡状态的目标。

总而言之，凯恩斯主义学派认为在非加速通货膨胀前提下，充分利用各生产要素来获取的最大产出水平，就是潜在产出。

凯恩斯主义理论在经济实践中不断遇到挫折，受到了以新古典宏观经济学派为代表的各个经济学派的广泛批判，产生了所谓的"凯恩斯主义理论危机"。凯恩斯主义学派认真对待各学派的批评，对自身的观点和思想不断进行反思，在原凯恩斯主义理论的基础上吸取各学派的精华、有用的观点和思想，发展出"新凯恩斯主义理论"。新凯恩斯主义理论较之于原凯恩斯主义理论的一大区别是认为存在工资刚性和价格刚性。新凯恩斯主义理论对于潜在产出的理解即来源于此。

按照新凯恩斯主义的观点，所谓潜在产出就是在一定的约束下，不存在工资刚性和价格刚性及对工资和价格的冲击时的产出。较之凯恩斯主义理论，新凯恩斯主义理论建立在一般均衡的基础上，与实际经济更加相符，然而新凯恩斯主义模型的构建较为复杂，另外还存在求解和编写代码运算的问题。总的来看，采用这种方法的国外文献相对较多，而国内相关文献则较少。运用新凯恩斯动态随机一般均衡模型来研究中国的潜在产出，是国内经济学者面临的一项理论挑战，极少数的国内学者做了这方面的尝试。

二、新古典主义学派的界定

新古典主义理论起源自马歇尔与奥地利学派，继承了古典经济学的主要思想和观点。新古典主义理论遵循市场出清原则，认为市场是完美的，因此反对政府过度干预，很多观点同凯恩斯主义经济学不同。在新古典主义学派的假设下，经济体不存在预期的需求波动，产出能够及时调整，并满足变动的需求。在新古典主义理论看来，即便无法保证理性经济主体能够每一次都准确预期政府干预经济的行为，却也能够为系统性预期风险的规避提供保障。因为供给侧的非预期冲击，经济体容易出现偏离长期均衡状态的现象，常见的供给冲击有技术冲击和原材料价格冲击等。所以无论是政府实行的货币政策还是财政政策，都在短期和长期对经济体的实际产出水平、就业率没有多大影响。

结合上述内容能够发现，新古典主义则指出，因为同时受到供需的影响，实际产出可以从供给与需求两个方面去理解。具体来说，实际产出可以分解为两部分：供给冲击所带来的持久产出和需求冲击所带来的周期性产出，所以，在剔除掉后者的影响之后，即可得到的实际产出的长期趋势项，也就是该经济体在没有受到非预期货币或者财政政策冲击下的产出水平。为了有效服务于政策的制定并且简化测量，很多经济学家直接将新古典主义视角下的潜在产出用趋势产出来表示。

对于上述观点，学者桑德梅洛提出，在估算中将实际产出的趋势项定义为潜在产出是合理的。2005年，为了货币政策的可操作性，欧洲中央银行采纳了新古典主义关于潜在产出的这一定义，在一定程度上便利了欧洲央行货币政策的制定和评估，准确性得以提升。

综上所述，凯恩斯主义和新古典主义学派对于潜在产出的定义都是基于各自学派的理论而来的，因为二者的理论基础不同，导致他们对潜在产出的定义不同，从而估算的方法也不同，最终估算的结果也是不同的。凯恩斯主义侧重于资源充分利用状态下的产出，是一种理想状态的最大产出。新古典主义侧重于实际产出在潜在产出附近上下波动。

第二节 国内外关于潜在增长率的测算方法

只要我们测算出潜在产出，即可得到潜在增长率和产出缺口。因此，自奥肯于20世纪60年代提出潜在产出的概念以来，潜在产出及与之相关的产出缺口的测度即成为一个重要而又富有争议的话题。

一方面，潜在产出和产出缺口在经济领域具有较强的现实意义。产出缺口代表实际产出对潜在产出的偏离，综合体现了经济系统中各种资源的利用状况，产出缺口为正意味着总需求超过总供给，经济可能过热，因而存在通胀压力；产出缺口为负，则意味着总供给超过总需求，经济资源未能充分利用，经济可能面临通缩压力。通常认为，产出缺口被认为是反映一个经济体宏观经济波动的关键性指标，在短期内可视为通货膨胀变动的领先指标，中长期内则反映了经济体的可持续增长空间。因此，产出缺口对于一个国家制定合理的宏观调控政策特别是货币政策至关重要。准确测度潜在产出和产出缺口，对一个国家短期内制定货币政策，长期内制定经济发展规划具有重要的现实意义。

另一方面，学术界对于如何测度产出缺口争论不断。不同于常见的宏观经济变量，例如产出和投资、消费等，产出缺口的特殊之处在于其并不能直接观测得到，而是需要估算得到。

下面，本节将对国内外常见的潜在增长率的测算方法进行梳理。

一、统计分解趋势法

统计分解趋势法也叫作"detrending method",即消除趋势法。用统计分解趋势法来测算潜在产出和潜在增长率的思想来源于新古典主义。该方法在忽略与其他变量经济关系的前提下,将一个时间序列的经济变量分解成两部分,一是永久性(趋势项);二是暂时性(周期项),也就是该经济变量由趋势项和周期项两部分构成。然后我们可以通过某种统计学或者计量经济学的方法将这个经济变量分解成趋势项和周期项,得到我们需要的变量。具体到潜在产出来说,实际产出由产出缺口和潜在产出两部分构成,潜在产出就是实际经济的趋势项,产出缺口就是周期项。

统计分解趋势法的发展随着统计学和计量经济学的发展经历了几个阶段。早些时期常用的方法大致为两类,一是线性趋势分解法,二是一阶差分分解法。这两类方法都假设趋势是平稳的。这两类方法也称为时域分析法。20世纪60年代后,开始有学者对宏观经济变量存在确定性时间趋势的观点产生质疑。80年代初,美国学者普洛瑟(Plosser)和纳尔逊(Nelson)提出:大部分宏观经济变量的时间序列具有单位根,是非平稳的。随后,经济学家们先后提出了BN滤波、UC—卡尔曼滤波、HP滤波、BK滤波等,这些方法都称为频域分析法。其中,BN滤波、HP滤波、BK滤波所需要的分析变量只有一个,即实际GDP,因而被称为单变量状态分解方法。UC—卡尔曼滤波所需要分析的变量有多个,还需要对变量的数据进行迭代处理,所以被称为多变量状态分解法。将时域时间序列变换成频域时间序列需要用到傅立叶变换,傅立叶变换和傅立叶逆变换公式分别如下:

$$Y(c) = \int_{-\infty}^{+\infty} p(t) e^{-i2\pi kt} dt \qquad (2.1)$$

$$p(t) = \frac{1}{2\pi} \int_{-\infty}^{+\infty} Y(c) e^{i2\pi kt} dc \qquad (2.2)$$

在该公式中,c 与 $P(t)$ 分别代表频率和初始时间序列形式。

总的来说,统计分解趋势法只需要一个经济变量的数据,不存在过高的数据要求,且获取便利,多数情况下仅使用实际产出值即可,加之计算过程较为简单,易于操作,所以统计分解趋势法曾经是估计产出缺口和潜在产出的主流方法。但是该方法进行研究的数据只需要实际GDP,忽略了其他经济变量对潜在产出的影响,并且该方法经济学理论基础较为薄弱,在很大程度上是一种统计方法,且无法定量进行各种影响因素分析。

近些年来，随着统计学和计量经济学的发展，单变量滤波法是统计分解趋势法中使用最为广泛的方法。具体来说，单变量滤波法主要有以下几种形式。

（一） HP 滤波法

20世纪90年代中后期，经济学家普雷斯科特（Prescott）和霍德里克（Hodrick）为了研究美国经济周期发明了HP滤波方法。HP滤波是从时间序列数据分离出趋势项的技术中应用最多的方法。

假设实际产出由周期项和趋势项组成，则：

$$Y_t = Y_t^* + Y_t^c \tag{2.3}$$

在上述公式中，Y_t、Y_t^*、Y_t^c 分别代表包含周期部分与趋势部分的实际产出时间序列、趋势项以及产出缺口。

一般来说，在经济时间序列中，趋势部分属于不可观测成分，可进行以下定义：

$$\min \sum_{t=1}^{N} \{(Y_t - Y_t^*)^2 + \alpha[\varphi(L)Y_t^*]^2\} \tag{2.4}$$

在上述公式中，$\varphi(L)$ 代表延迟算子，具体公式如下：

$$\varphi(L) = (L^{-1} - 1) - (1 - L) \tag{2.5}$$

在HP滤波方法中，潜在产出值等同于时间序列中样本点的趋势值，利用下列损失函数的最小化方式，可对经济潜在产出进行估计，在式（2.5）中计算式（2.4），结果如下：

$$\min\{\sum_{t=1}^{N}(Y_t - Y_t^*)^2 + \alpha \sum_{t=2}^{N-1}[(Y_{t+1}^* - Y_t^*) - (Y_t^* - Y_{t-1}^*)]^2\} \tag{2.6}$$

$$\alpha = VAR(Y_t^c)/VAR(Y_t^*) \tag{2.7}$$

在该公式中，N 与 α 分别代表样本容量和参数，可依据 $[\varphi(L)Y_t^*]^2$ 调整损失函数最小化问题解。上述最优化问题的解同 α 有关，若 α 为 0，此时观测数据自身就是满足最小化问题的趋势项，α 越大，趋势成分受其影响越小。

在趋势剔除法中，HP滤波方法使用灵活、操作简单，应用非常广泛。从上面的公式可以看出，HP滤波方法需要实现给定 α 值，且 α 对估计的结果影响较大。一直以来，α 的取值问题都是备受争议的，α 值的不同，分离出来的趋势项光滑程度不同。通常情况下，α 经验取值为：

$$\alpha = \begin{cases} 100 & 年度数据 \\ 1\,600 & 季度数据 \\ 14\,400 & 月度数据 \end{cases}$$

但是，也有机构与学者认为对年度数据处理时，$\alpha = 400$ 才是最佳取值。从上文可以看出，HP 滤波方法虽然应用广泛，但是公式中重要参数的取值的选取有一定的主观性，且该方法不存在任何经济理论基础，纯粹是一种统计方法。

（二）BN 分解法

20 世纪 80 年代初，学者贝弗里奇（Beveridge）和纳尔逊（Nelson）针对非平稳时间序列变量提出了 BN 分解法，这种方法将非平稳的时间序列分解为趋势项和周期项。BN 分解法假设实际产出的趋势部分服从一个随机游走模型，公式如下：

$$\Delta \ln Y_t = \varsigma + \phi(L) + \varepsilon_t \qquad (2.8)$$

在该公式中，Y_t、Δ 分别表示一阶单整的非平稳产出、一阶差分算子，为了计算便利性，构建产出的线性趋势，通过对上式进行变换得：

$$\ln Y_t = \ln Y_0 + u_t + \phi(1)\sum_{j=1}^{t}\varepsilon_j + \varepsilon \qquad (2.9)$$

其中，$\ln Y_0 + u_t + \phi(1)\sum_{j=1}^{t}\varepsilon_j$ 为实际产出序列的趋势项，确定趋势表示为 $\ln Y_0 + u_t$，随机趋势表示为 $\phi(1)\sum_{j=1}^{t}\varepsilon_j$，$\varepsilon_t' = \phi(L)\varepsilon_t$ 代表产出缺口。BN 分解方法对周期成分进行不同过程的分解，分别是随机游走过程与平稳自回归过程。另外，BN 分解法与 HP 滤波类似，在经济理论基础上较为欠缺。

（三）BK 分解法

BK 滤波建立在 BP 滤波基础之上，其最早提出时间为 20 世纪 90 年代中期，提出者为巴克斯特（Baxter）和金（King）。BK 滤波法的大致思路为：首先，分解实际产出序列，由此获取三个部分，一是低频部分，二是中频部分，三是高频部分，趋势项、周期项、不规则项分别对应谱中的低频部分、中频部分与高频部分；其次，剔除长期趋势项、不规则项，以此获取周期项。BK 滤波是绝对可加的移动平均，具体公式为：

$$Y_t = \sum_{j=-N}^{N} A_j P_{t-j} \qquad (2.10)$$

其中，A_j 是移动平均的权重序列，上式可以用延迟算子表示为：

$$Y_t = A(L)P_t \qquad (2.11)$$

其中，

$$A(L) = \sum_{j=-N}^{N} A_j L^j \qquad (2.12)$$

上述公式中，经由延迟多项式构成的变换形式就是线性滤波，通过谱分析能够发现，$\{Y_t\}$ 的功率谱形式为：
$$f_y(\theta) = |Ae^{-i\theta}|^2 f_p(\theta) \qquad (2.13)$$

其中，$\{Y_t\}$、$\{P_t\}$ 的功率谱可以分别表示为上式中的 $f_y(\theta)$、$f_p(\theta)$。指数函数 $Ae^{-i\theta}$ 可以表示为：
$$\alpha(\theta) = Ae^{-i\theta} = \sum_{j=-N}^{N} A_j e^{-ij\theta} \qquad (2.14)$$

BK 滤波方法的 N 值也需要预先给定，选取 N 值是 BK 滤波方法的关键点，若取值太小或者太大都会使得测算结果偏差较大。一般来说，N 值选取为：
$$N = \begin{cases} 3 & \text{年度数据} \\ 12 & \text{季度数据} \\ 36 & \text{月度数据} \end{cases}$$

BK 滤波结构能够根据频率的变动而变化，解决了 HP 滤波存在的问题。然而，若样本较小，则两者差异基本不存在。

（四）UC-Kalman 滤波分解法

20 世纪 80 年代末，UC-Kalman 滤波方法开始被应用，该方法采用卡尔曼滤波迭代算法来估计参数和不可观察变量。UC-Kalman 滤波分解法的核心思想仍然是分解实际产出为趋势项与周期项，但是，与其他单变量滤波方法不同的是，进一步假设产出服从如下的状态空间模型：
$$Y_t = Y_t^* + Y_t^c \qquad (2.15)$$
$$Y_t^* = \alpha + Y_{t-1}^* + \varepsilon_t \qquad (2.16)$$
$$\psi(L) Y_t^c = v_t \qquad (2.17)$$

其中，$\varepsilon_t \sim iid, N(0, \sigma_\varepsilon)$，$v_t \sim iid, N(0, \sigma_v)$。式（2.15）对实际产出进行了分解，$Y_t^c$、$Y_t^*$ 分别是产出缺口与潜在产出。式（2.16）意味着潜在产出服从随机游走过程，且存在固定漂移项，公式中的 α 属于漂移项。最后的公式意味着产出缺口为一个自回归过程。

二、经济结构关系法

经济结构关系法核心思想是通过某种方法构建产出、投入要素间的函数关系，在此基础上估算出各投入要素的潜在水平，然后通过上述的函数关系即可估算出潜在产出，从而得到潜在经济增长率。经济结构关系法构建的产出和投入要素间的函数关系，是建立在一定的经济理论基础之上的，因此该方法具备较强的经济基础和经济含义，可以定量和定性地分析各个投入要素对潜在产出和潜在经济增长率的影响。

此外，经济结构关系法考虑的经济变量较多，不同于统计分解趋势法只需要实际 GDP 一个变量，因而测算的可靠程度要高于统计分解趋势法。当然，正因为经济结构关系法考虑的经济变量较多，导致采用这种方法测算潜在产出和潜在经济增长率时需要的宏观经济变量数据较多，对数据的质量要求较高。

查阅现有文献，此类方法主要有以下几种。

（一）奥肯定律

奥肯定律对产出缺口与失业率缺口之前的关系进行了描述，具体公式如下：

$$\frac{1}{\alpha}(Y_t - Y_t^*) = -\beta(u_t - u_t^n) \qquad (2.18)$$

在该公式中，Y_t^* 为潜在产出，u_t^n 为自然失业率。失业率缺口与产出缺口分别为实际失业率减去自然失业率的数值以及实际产出减去潜在产出的数值。公式中有两个参数 α 和 β，还有自然失业率 u_t^n，只要我们得到参数 α、β 以及自然失业率的数值，代入上述公式即可求解出潜在产出，从而求出潜在经济增长率。这里，自然失业率不能直接观测得到，需要进行估算。关于自然失业率的估算是采用这种方法的重点和难点。

（二）生产函数法

使用生产函数法测算潜在产出和潜在经济增长率，步骤详细而言就是：首先设定理论模型，然后在采集可靠数据的基础上估计出生产函数，最后将各种生产要素的潜在水平代入上述估计出来的生产函数，即可求得潜在产出和潜在增长率。

这种方法需要确定合理的生产函数形式，并且要求生产函数的形式较为稳定。目前国内外最普遍使用的一种测量潜在增长率的方法就是生产函数法，比如国际货币基金组织（IMF）、经济合作与发展组织（OECD）就使用该方法计算潜在产出。

三、混合估计方法

统计趋势方法缺乏经济理论基础，经济结构关系法有较强的经济理论基础，因此有研究机构和学者将两者相结合，使统计趋势分解法建立在更多的经济学基础之上，与此同时，使生产函数法所使用的统计数据和模型更加匹配。我们称这种方法为混合估计方法,具体代表有结构向量自回归模型(SVAR)和多变量滤波法。

(一) 结构向量自回归模型

结构向量自回归模型是在 VAR 模型的基础上发展起来的,它将经济变量之间的结构性关系引入 VAR 模型,解决了 VAR 模型无法刻画变量之间定量结构性关系的缺点。结构向量自回归模型测算潜在产出和潜在经济增长率也是基于新古典主义对潜在产出的定义。

20 世纪 80 年代末,学者布兰查德(Blanchard)与夸(Quah)首次采用 SVAR 模型来求解潜在产出。这种方法的核心思想是,需求冲击对产出的影响是短期的,供给冲击对产出的影响是长期的,即产出的周期性波动是需求冲击造成的,产出的持久性波动是供给冲击造成的。基于这一思想,就可以建立包含产出的 SVAR 模型。然后通过相应的计量经济学技术在模型中识别需求冲击和供给冲击,从而分离出产出的周期项和趋势项,最终得到潜在产出和潜在经济增长率。

(二) 多变量滤波法

多变量滤波法是建立多个变量之间的定量关系,然后通过滤波的方法估计模型的参数。具体到测算潜在产出和潜在经济增长率,多变量滤波法是联立奥肯定律和菲利普斯曲线,再加上其他一些约束条件构建出整个方程系统,然后采用卡尔曼滤波的方法估计出模型的参数,进而得出潜在产出和潜在经济增长率。采用这种方法估算潜在产出和潜在经济增长率的文献较多,但是应用于估算中国的潜在产出和潜在经济增长率时,需要注意奥肯定律和菲利普斯曲线的成立条件及在中国的适用性。

(三) 动态随机一般均衡

DSGE 模型与局部均衡的分析方法不同,这种方法是在不确定环境下研究经济的一般均衡问题,它严格按照一般均衡理论,利用动态最优化方法对各经济主体(居民、厂商、政府等)在不确定环境下的行为决策进行详细的刻画,从而得到各个经济主体在资源约束、技术约束及信息约束等条件下的最优行为方程,再加上市场出清条件,并考虑加总(aggregation)方法,最终得到不确定环境下总体经济遵循的方程系统。DSGE 模型建模的框架和思路非常清晰,能够将长期和短期分析有效结合,同时可以将微观经济理论和宏观经济理论完美结合在一个动态方程系统内,因此日益受到包括各国中央银行在内的各方青睐。同时,新凯恩斯动态随机一般均衡模型既能较好地避免"卢卡斯批判",又能规避政策的动态不一致性。

采用动态随机一般均衡方法测算潜在产出和潜在经济增长率时,潜在产出被定义为在一定的约束下,不存在工资刚性和价格刚性及对工资和价格的冲击时的产出。

第三节 中国潜在增长率的估算研究

第一,根据新古典主义的定义,从趋势产出和统计分解角度来测算中国潜在增长率。刘斌和张怀清(2001)通过线性趋势方法估计中国潜在产出年均增长率,得到的结果为9.1%;而采用单变量状态空间-Kalman滤波方法估计潜在产出年均增长率,得出的潜在经济增长率为8.4%。张平和刘霞辉(2007)使用HP滤波法得出中国的潜在经济增长率为9%~10%。张连城和韩蓓(2009)用同样的方法,测算出1978~2007年中国平均潜在经济增长率为9.6%,适度增长区间为9%~10%。王艾青和安立仁(2008)使用单变量状态空间-Kalman滤波方法估计出的中国GDP年度增长率为9.1%。

第二,基于供给角度方面,利用生产函数法来估算最终的潜在产出,这是目前使用最多的一种测算潜在增长率的方法。沈利生(1999)利用柯布-道格拉斯生产率函数,估算并预测了1978~2010年中国的潜在经济增长率。郭庆旺和贾俊雪(2004)首先分析比较了消除趋势法、增长率推算法和生产函数法这三种方法的优劣,然后分别用这三种方法对中国的潜在增长率进行了测算。沈坤荣和李猛(2010)在估算出生产函数的基础上得到全要素生产率,然后通过滤波的方法得到全要素生产率的趋势项,以之作为潜在的全要素生产率,将其和其他的潜在变量代入生产函数即可得到潜在产出。陆旸和蔡昉(2014)认为人口结构对一个国家的潜在增长率有重大影响,采用生产函数法研究了人口结构的变化对中国和日本潜在增长率的影响,并做了分析比较从而给出相关政策建议。张屹山等(2016)基于微观经济均衡理论与新常态特征,从生产和投资决策角度出发,推导出基于产业结构模型的经济潜在增长率测算方程,然后采用变参数C-D生产函数建立面板状态空间模型对中国潜在经济增长率进行了估算和预测,结果显示中国潜在经济增长率在接下来5年左右的时间保持中速增长期,最低增速可能接近5%,随后将会迎来另一段经济增速较高时期,增速可达8%左右。杜修立和郑鑫(2017)将人口结构和产业结构纳入索洛模型构建经济增长框架,利用情景模拟的方法对"十三五"期间中国潜在经济增长率进行了预测，显示"十三五"期间中国潜在经济增长率为 6.22%~7.17%。昌忠泽和毛培（2017）采用生产函数方法和时间序列模型，对中国和各地区的潜在经济增长率进行了估算，发现未来十年中国的潜在经济增长率大约为 6%，但各地区的潜在增长率将由于经济条件和生产要素的不同呈现出分化的趋势。

生产函数法是学术界使用最多的一种方法，也被国内外官方组织广泛采用，例如国际货币基金组织就使用生产函数法来估算主要经济体的潜在经济增长率。但是，使用生产函数法需要用到很多宏观经济变量的数据，例如物质资本存量、就业人数、人力资本存量等，而这些宏观经济数据，有些中国目前还没有官方统计数据，需要自行估算，甚至这些变量的估算本身就存在争议；有些存在官方的统计数据，但是这些数据并不被学术界认可，例如中国失业率的数据。因此，学术界关于生产函数法的估算结果争议一直较大。此外，采用生产函数法要求一个经济体的经济结构是稳定的，这一点对成熟经济体是满足的。然而，改革开放以来，中国的经济发展突飞猛进，同时伴随中国经济结构的变迁，因而中国的总量生产函数并不稳定。因此，许召元（2005）认为生产函数法要求生产函数是稳定的，所以采用这一方法测算转型经济国家的潜在增长率值得商榷。

第三，少部分文献从短期供需均衡的角度来测算中国的潜在增长率，这些文献大致又可以分为两类。

第一类是利用联立奥肯定律、菲利普斯曲线，再加入其他一些约束条件构建方程系统，然后运用某种方法估计系统的参数、潜在增长率。这一类方法是从短期供需均衡的角度来测算中国的潜在增长率中使用最多的方法。许召元（2005）通过联立奥肯定律、菲利普斯曲线和其他一些约束形成动态方程系统，然后介绍并运用"Kalman 滤波"的方法估计 1979~2004 年间我国的潜在经济增长率和产出缺口，然后根据这些结果检验了中国的通货膨胀预期对经济增长、产出缺口大小的影响等。赵昕东（2008）使用 HP 滤波方法和菲利普斯曲线的方法对样本期内中国的产出缺口进行了估计，然后将两者估计结果进行对比，发现菲利普斯曲线的方法得出的产出缺口稳定性较好，并且能准确地反映样本期内中国经济的变化特征。邓创和石柱鲜（2011）通过联立开放经济下的总需求曲线、菲利普斯曲线和其他一些约束形成动态方程系统，运用状态空间模型对中国的潜在产出和开放经济条件下的货币政策进行估计。仲崇文等（2013）在菲利普斯曲线和奥肯定律曲线反映的经济变量关系的基础上，同时考虑供给冲击和需求冲击的影响，利用结构向量自回归方法估计了我国的潜在产出和产出缺口，结果表明需求冲击、供给冲击对中国宏观经济的影响分别是暂时的、持续的。田依民和于洪菲（2014）通过联立改进的菲利普斯曲线和其他一些约束形成动态方程系统，然后介绍并运用"Kalman 滤波"方法估计潜在产出。实际上,以上文献中的菲利普斯曲线都是考虑了奥肯定律的菲利普斯曲线,也就是联立奥肯定律、菲利普斯曲线推导出来的短期总供给曲线。

第二类是利用改进的奥肯定律估算潜在增长率。安立仁和董联党(2011)在资本驱动的假设下对奥肯定律重新修正之后,用中国的经济数据建立了相应的模型并加以验证,模型结果显示实际增长率高于潜在增长率1%,实际就业率会上升1.47%,从而对我国高失业高增长的并存提供了有力的解释。杨旭等(2007)则推导出二元社会下的奥肯定律,给出二元社会下潜在经济增长率的定义,并在此基础上用实际数据对中国奥肯定律进行了测算,然后对样本期内中国的潜在经济增长率进行了估算。需要指出的是,中国作为一个蓬勃发展的新兴经济体,产业结构不断优化,经济结构处于不断变迁之中,在采用这种方法时,需要将中国经济的特征事实和菲利普斯曲线、奥肯定律相结合加以考虑,不能完全照搬教科书上的公式。

近期,中国社科院中国经济增长前沿课题组(2012)、黄志钢和刘霞辉(2014)等采用了一种新的方法来测算潜在增速,即利用数学公式将实际产出分解成劳动生产率、劳动参与率、劳动人口比重和人口增速等部分,再通过对每个部分指标的探讨,阐述长期中的实际产出变化。据此,袁富华(2012)提出了"结构性加速"和"结构性减速"的概念,认为第三产业的生产率低于第二产业,当一个国家的经济中第三产业占比逐渐增大时,经济增长率就会下降。中国经济增长前沿课题组(2012)在"结构性减速"基础上,分析了中国目前经济增长特征,认为通过大量投资和出口拉动中国经济增长的方式逐步失效,未来需要通过大力发展服务业和进一步城市化来维持中国经济的高速增长率。进一步地,采用相同的方法,中国经济增长前沿课题组(2013)对中国经济转型的结构性特征及其有关问题进行了探讨,阐述了当前风险和应对风险的政策着力点是资本效率的提高和相应制度的改革深化。此类方法的优点是避开了对物质资本存量的估算,同时也可以进行相应的因素分析和政策分析,但其缺点与滤波方法类似,没有相应的经济理论基础,并且更重要的是,其估算的潜在产出局限于新古典主义对潜在产出的定义,无法兼顾总供给和总需求均衡下的讨论。

最后,出现了一种新的测算方法,即运用动态随机一般均衡模型(DSGE)估计潜在增长率、产出缺口。现有文献从一般均衡的角度出发,尤其运用动态随机一般均衡模型(DSGE)研究潜在产出及潜在增长率是目前使用最少的一种方法。总的来看,这种方法还处于起步阶段,国内外相关文献较少,国内相关研究几乎处于空白状态。国外文献中,朱拉德(Juillard,2006)采用美国的经济数据建立了DSGE模型,用贝叶斯方法估计了潜在产出,研究表明相对于其他的方法，该模型的预测能力具有竞争力，并运用模型估计的结果对产出缺口建立了更稳健的 HP 滤波末端样本估计。一些学者在考虑了增长率冲击的情况下，运用 DSGE 模型估计了日本经济的潜在产出和产出缺口，研究显示估计的潜在增长率非常平滑并且接近于传统的方法估计的结果，并且模型估计的产出缺口对于通胀有良好的预测功能（Fueki et al.，2010）。

运用新凯恩斯动态随机一般均衡模型来研究中国的产出缺口，是国内经济学者面临的一项理论挑战，极少数的国内学者做了这方面的尝试。马文涛和魏福成（2011）在国内首次采用新凯恩斯动态随机一般均衡模型估计中国的产出缺口，该文研究发现新凯恩斯 DSGE 模型估计的产出缺口较好反映 1992 年以来我国经济周期变化，并预测我国经济在 2011 年第二季度达到局部峰值，与传统方法相比，DSGE 模型有更好的通胀预测能力。但是，作为国内运用新凯恩斯动态随机一般均衡模型研究中国产出缺口的仅有的一篇文献，该文在建立理论模型的过程中主要借鉴西方发达经济体已有的模型，照搬西方成熟经济体的方程和公式，缺乏对中国特有经济特征事实的考虑和把握，忽略了中国特有经济现象对潜在产出的影响。

第四节　中国经济减速的原因

现有文献中，大部分关于中国经济减速的原因都是从供给的角度来考虑的，学者得出的结论并不一致。郭晗和任保平（2014）构建了将各种生产要素的结构纳入生产函数，运用面板模型估算出 1997~2012 年中国的潜在经济增长率，他认为 2010 年以来的中国经济减速主要是因为潜在增长率下降。郭豫媚和陈彦斌（2015）将人力资本要素纳入到生产函数中构建模型，在此基础上估算了 1979~2020 年中国的潜在经济增长率，发现 2012~2014 年实际经济增长率低于其估算的潜在增长率达 1.8 个百分点，认为本轮中国经济减速是周期性需求不足导致的，在此基础上从当前及未来的货币政策的角度给出了自己的政策建议。

少部分学者从供需均衡的角度来研究中国经济减速，得出的结论均是中国经济减速的原因是需求不足。林毅夫（2013）的研究认为 2008 年美国"次贷危机"的爆发引起中国对欧美国家出口大幅度下降，从而导致中国经济减速。朱剑冰等（2015）从供需均衡的角度出发，通过状态空间模型估计中国的潜在产出和潜在经济增长率，结果显示近年来中国经济出现明显的负产出缺口，因此中国经济下滑是周期性需求不足引起的。

第五节 关于中国经济潜在增长空间的展望

一种看法认为：虽然近年来中国的实际增长率下降了，但潜在增长率并没有下降。刘伟和苏剑（2014）通过分析现阶段中国经济特征，加之中国经济的主要指标例如资本增长率，都表现较为平稳，因此认为我国的潜在增长率没有下降。黄泰岩（2014）认为目前中国经济减速可能并不是因为经济潜在增长率下降，一旦经济周期从波谷回升，经济结构优化，中国经济仍会保持高速增长率。林毅夫（2013）认为如果施加刺激政策，中国经济仍然可以保持较快的增长速度。

另一种看法则认为中国经济实际增长率下降是潜在增长率下降的结果。王小鲁（2000）认为2001~2020年中国经济将保持平均6.4%的增速；蔡昉和陆旸（2012）通过建立生产函数法，侧重分析人口红利对中国经济的影响，认为中国GDP潜在增长率2016~2020年进一步降至6.8%；中国经济增长前沿课题组（2012）通过情景模拟的方法，认为中国潜在增长率在2016~2020年为5.7%~6.6%，2021~2030年将进一步下降至5.4%~6.3%。黄志钢和刘霞辉（2014）研究发现，2008年以来经济增长进入了"结构性减速"区间，而人口结构转型（"人口红利"的消失）是近来及未来几年增长减速的主要因素。张平（2012）认为近年来中国经济减速主要是潜在增长率下降导致的，因此不能通过宏观经济刺激政策来改善中国经济的现阶段状况。

吴国培等（2015）首先重新估算了中国的物质资本存量，然后采用生产函数法结合状态空间模型估算样本期内的潜在产出进行测算，并根据新常态下中国经济的特点对我国未来几年的经济增长潜力进行预测，结果表明2016~2020年我国经济平均增速约7%。

第六节 国内研究评述

综上所述，从学术研究视角看，有关我国潜在增长率的研究一直是国内学界研究的热点问题，并且越是经济下行的时期，越容易引起学者的研究兴趣。1997年的亚洲金融危机以及2009年的国际金融危机之后，都出现了一批研究潜在增长率的文献。前者有刘斌和张怀清（2001）、林毅夫（2003）以及郭庆旺和贾俊雪（2004）等；后者则包括沈坤荣和李猛（2010）、刘世锦等（2011）、陆旸和蔡昉（2013）、黄志钢和刘霞辉（2014）、陆旸和蔡昉（2014）、刘世锦等（2015）、吴国培等（2015）、刘瑞和黄炎（2015）、陆旸和蔡昉（2016）、马思捷（2016）、刘雅君和田依民（2016）、张屹山和胡茜（2016）、李平和娄峰（2016）、杜修立和郑鑫（2017）、昌忠泽和毛培（2017）、徐翔（2017）等。这些研究文献对中国潜在增长率估算做了比较全面的研究，但存在以下问题：一是在估算方法上还存在拓展和优化的空间。现有对潜在产出及潜在增长率的研究较多从供给的视角考虑，对短期供求均衡的视角考虑得较少，从一般均衡的角度研究潜在产出及潜在增长率的更少。如果是在商品短缺的经济时代，强调供给对经济增长率的决定作用，无疑是正确的。但是，随着经济的市场化改革方向的确立，20世纪90年代开始，中国逐步由卖方市场转为买方市场。进入21世纪以来，一些资本密集型的重化工业领域出现了重复建设和产能过剩问题。2008年国际金融危机之后，使得原本就存在的产能过剩问题更加突出。这就让我们不得不重新审视对潜在产出的理解。关于中国经济是否步入所谓"次高速"或"中速"增长时代的争议，实质上反映出对潜在经济增长率内涵认识上的分歧。二是缺乏对当前经济背景的考虑和把握。多数现有的研究直接套用西方经济理论来进行研究，没有去考虑结构调整、体制条件变动以及发展方式转换等因素可能会对潜在增长率造成的影响。而中国经济当前正处于国内外经济增长周期的谷底阶段，处于经济结构面临较大调整以及经济增长方式转换的阶段，处于全面深化改革正在展开但其效果尚未全面显现的阶段。在这样一个新常态、新的发展阶段，研究中国经济的潜在增长空间，必然不同以往基于稳定经济运行机制的情况。

另外存在以下问题：一是大部分文献都是从供给的角度来测算潜在增长率和解释经济减速，而从供需均衡的角度来研究的较少；二是从供需均衡的角度来研究中国的潜在增长率，在使用非利普斯曲线或者奥肯定律测算时，缺乏对中国转型经济特征事实的考虑和把握。

总体上，在滤波处理方法下，实际产出与潜在产出会在很小的偏离范围内波动，其产出缺口（实际产出与潜在产出之差）可正可负，而基于凯恩斯主义的处理方法，潜在产出的波动并不一定服从于"围绕实际产出波动"的规律。但问题在于，并不是越容易估计的方法，越能准确估算。这要取决于经济的整体背景。在经济萧条、产能严重过剩的前提下，如果缺乏对总需求的权衡，仅从总供给角度测算潜在产出，可能会明显高估潜在增长率；反之，在经济景气、需求旺盛时，仅考虑总需求方面，而忽略对总供给的考量，同样会产生较大的潜在增长率估算偏误。此外，对一个处于转型升级、结构调整和经济发展方式转变时期的经济体而言，由于其经济增长动力可能会随着经济结构变迁、体制改革而发生重大改变，传统基于稳定运行机制的估计方法也不够准确。因此，不同经济运行状态下，基于不同视角的估算方法将产生不同的偏误。理论上，只有考虑了总供给和总需求均衡之后的潜在产出才是真正意义上的真实潜在产出。而对于这一点，学界还未曾给予充分的重视。

此外，上述的所有研究文献都是把国家作为一个整体的角度对潜在增长率进行研究，忽视了一个大国内部存在区域分化，其各个区域潜在增长率也是不同的，特别是，中国幅员辽阔，区域差异巨大，不同区域，其本身的结构不同，单独研究有助于我们提供更有针对性的战略措施。自市场化经济改革以来，我国经济持续高速增长，东部沿海地区在政府的政策倾斜下和产业发展优势下快速发展起来，资本和劳动的大量流入使得城市化发展迅猛，产业结构得到优化，基础设施得到完善，教育水平得到有效提高，但是地区之间的差距也在逐步扩大，为应对经济发展的不均衡，西部开发、振兴东北老工业基地、中部崛起等战略相继提出，政府主导的投资开始向东北部、中西部地区流动，东部、中西部地区工业化水平快速提高，基础设施条件和教育投资得到一定的发展，但是市场化主导的投资在转向政府主导的投资过程中，资本的效率出现了明显的下降。

不同区域其内部的经济结构、增长状况大不相同，区域经济发展不均衡带来一系列的问题，不利于经济增长，未来一段时期既是我国经济能否达到中等偏上收入水平经济体的关键时期，也是实现经济均衡发展的关键时期。因此，有必要基于区域的视角进行潜在增长率的测算，一方面便于厘清制约各个地区经济增长的影响因素；另一方面也能根据各个地区的经济状况进行对症下药，从而实现经济均衡稳定增长。

此外，从区域的视角再回过头来看全国的经济增长状况，会得到关于我国经济增长更多的启示，全国是由区域组成，全国的经济总量是由各个区域的经济量加总而成，各个区域的经济保持健康稳定增长，全国的经济自然也会保持健康稳定增长，在资本、劳动总量不变的情况下，资本和劳动在不同区域间的配置如果更加有效，全国经济总量也会得到有效提高。所以区域内部、区域之间的交流合作以及形成优势互补的共同体对于我国经济增长将有着重大的影响。

第三章

影响中国潜在增长率的长期因素分析

　　一般而言，一个国家的实际经济增长在短期受需求因素影响，而在长期则受到供给因素的影响，也就是说，一个国家的长期经济增长取决于潜在增长率，而潜在增长率则是由劳动力、物质资本、人力资本和全要素生产率等供给因素决定的，换句话说，潜在经济增长速度由两类因素共同决定：首先是生产要素投入的增长速度，即在其他条件保持不变时，所有的生产要素——劳动力、物质资本、人力资本都迅速增长，将有利于潜在增长率的提升。其次是全要素生产率增长速度：即使一个国家的生产要素投入不再增加，要素配置效率提高或者生产技术进步都能够使全要素生产率得到提升，进而提高潜在增长率。

第一节　劳　动　力

　　关于人口部分的描述，利用如下分解方法[①]：

$$\text{GDP} \equiv Y \equiv \frac{Y}{L} \cdot \frac{L}{POP_L} \cdot \frac{POP_L}{POP} \cdot POP \tag{3.1}$$

　　上式意味着：GDP 增长率 = 劳动生产率增长率 + 劳动参与率增长率 + 劳动年

---

① 借鉴袁富华（2012）和中国经济增长前沿课题组（2012，2013）对于人口的分解方法。

龄人口占总人口比例增长率＋总人口增长率。

　　劳动力因素受到中国政策的影响极大，具体体现为两点：第一，人口政策对劳动力年龄结构的影响。第二，城乡二元结构对劳动力转移的影响。其中，劳动参与率、劳动年龄人口占总人口比例和总人口增长率，皆受计划生育的影响；而劳动生产率与城乡劳动力转移密切相关。

一、人口结构变化与劳动力现状

　　首先，人口结构的改变以1978年改革开放开始实施计划生育为分界点，这导致1950年至1970年出生的居民成为中国人口的"主力军"。在20世纪50年代～20世纪70年代，中国人口结构类似"三角形"，特点是劳动力供给不足，一个家庭需要抚养多个孩子，温饱是首要问题。在20世纪70年代～21世纪，中国人口结构类似"钟形"，劳动力供应相当充足且廉价，同时中年人的高储蓄率推升了投资。在这个阶段，劳动参与率、劳动年龄人口占总人口比例和总人口增长率都有较快发展，成为保证中国过去保持高GDP增长率的重要原因。而中国从现在开始逐渐步入老龄化社会，年龄结构也变成"倒三角形"，从目前的情况看，1985～2007年与2008～2012年两个时期相比，劳动参与率增长率由－0.07%进一步下滑至－0.55%、劳动年龄人口占总人口比例增长率由0.54%降至0.43%、总人口增长率由1.03%降至0.49%（中国经济增长前沿课题组，2013）。而且，从劳动人口占比的绝对数量来看，2009年我国15～64岁的劳动人口比例达到74.5%的顶峰之后逐渐下降，2016年为72.6%。从劳动人口绝对数量来看，15～59岁劳动年龄人口在2012年就出现了改革开放以来的第一次绝对下降（见图3-1），人口结构朝着不利于中国经济发展的方向变化。

　　其次，劳动生产率的提升一方面来自技术进步，另一方面来自劳动力转移，从非充分就业转为充分就业。受到人口红利和城乡二元结构变化的影响，农村可以转移到非农产业的青壮年劳动力持续减少并所剩不多[①]。即使对目前剩余劳动力存量众说纷纭，但以下两点大家的认识是趋于一致的。第一，农村剩余劳动

---

①　关于农村剩余劳动力的讨论，蔡昉和王美艳（2007）基于农业劳动力总量、已经转移的量和估算的农业劳动力需求，估算2005年中国农业剩余劳动力为2 500万～1亿人。都阳和王美艳（2010）基于影响劳动力外出决策的因素，估算2005年中国农村剩余劳动力为4 357万人。按照这样的估算，在2012年中国农村剩余劳动力已所剩无几。但也有不少学者认为，中国农村剩余劳动力数量还很大。例如，王国霞（2007）测算2004年剩余劳动力为1.8亿～2.1亿人。涂圣伟（2011）估计2008年农业剩余劳动力为1.2亿人，并预计2015年仍将有1亿人。

的数量在下降。事实上，从对经济的影响看，重要的是边际变化，而不是绝对量的多少。第二，人口老龄化加大了人口转移的难度。

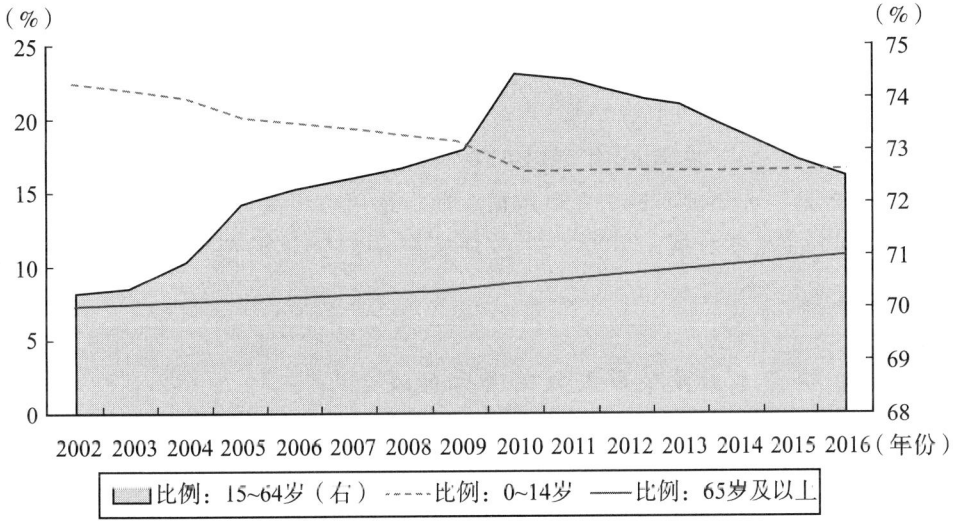

图 3-1 劳动人口比例下降

结合人口结构变化和城乡剩余劳动力数量下降，推动中国改革开放四十多年经济增长的劳动力因素也正在发生趋势转变。

二、未来人口结构变化与潜在就业增长率的预测

潜在就业是指经济达到潜在产出水平时的就业规模，其计算式为 $L_j^* = P_{16,j} PR_j (1 - UE_j^*)$，其中 L_j^* 为我国 j 地区潜在就业水平，$P_{16,j}$ 为我国 j 地区的劳动年龄人口，PR_j 为我国 j 地区趋势参与率，UE_j^* 为我国 j 地区的自然失业率。下面将从以上我国各地区劳动人口、劳动参与率、自然失业率三个方面进行预测。

(一) 模型构建

关于我国各地区劳动年龄人口的预测，本书将基于 2010 年第六次全国人口普查数据，参照常用的队列要素模型预测未来的分年龄层劳动力状况。

$$P_{y,s,i,j} = P_{y-1,s,i-1,j} \beta_{s,i,j} (1 \leq i \leq 99)$$

$$P_{y,s,0,j} = \sum_{i=20}^{45} (P_{y-1,2,i,j} \alpha_{i,j}) \beta_{s,0,j} \gamma_{s,j}$$

$$P_{y,s,100,j} = (P_{y-1,s,99,j} + P_{y-1,s,100,j})\beta_{s,100,j}$$

$$P_{y,j} = \sum_{i=0}^{100} \sum_{s=1}^{2} P_{y,s,i,j} \qquad (3.2)$$

进而测算我国各个地区的劳动年龄人口，劳动年龄人口。其中 y 表示年份，s 表示性别（1 男，2 女），i 表示年龄组，$\alpha_{i,j}$ 为 j 地区年龄为 i 的妇女生育率，$\beta_{s,i,j}$ 为 j 地区不同性别存活率，$\gamma_{s,j}$ 为新生儿性别比，$P_{y,j}$ 为年份 y 的常住人口，$P_{y,s,i,j}$ 为年份 y、性别 s、年龄组 i 的人口数量。其中数据用到 2010 年人口普查中的各地区分年龄、性别人口数据，死亡率用各地区分年龄、性别死亡人数除以对应的人口数据，生育率取各地区育龄妇女年龄别生育率及总和生育率。

（二）关于二孩政策以及延迟退休的假定

1. 二孩政策的假定

为应对生育率水平降低，人口老龄化问题，2015 年我国开始全面放开二孩政策，自 1980 年推行了 35 年城镇人口独生子女政策宣告结束，王金营（2016）按照 2010 年人口生育率 1.5 的基础上，预计 2015 年达到 1.65，2020 年达到 1.815，2025 年回到 1.65 并稳定到 1.65。许多研究表明，中国的低生育率主要是经济发展所导致的，计划生育的政策在不断消退，全面放开二孩的政策下，我国的生育率变化会有一些波动，低生育率总体趋势不会改变。

2. 延迟退休的假定

考虑到中国人口结构变化情况、就业情况而逐步提高退休年龄来延迟退休的制度，2013 年 11 月 12 日中共中央通过《中共中央关于全面深化改革若干重大问题的决定》指出，研究制定渐进式延迟法定退休年龄政策。参照社科院关于人口与劳动经济研究所及社会科学文献出版社共同主办的《人口与劳动绿皮书：中国人口与劳动问题报告 No.16》延迟退休的目标进程，男性的退休年龄在 2045 年达到 65 岁，女性的退休年龄在 2025 年达到 55 岁，2035 年达到 60 岁，2045 年达到 65 岁。本报告基于此来计算劳动年龄。

（三）模型结果

王金营（2016）采用年龄孩次递进生育率模型预测得到"十三五"期间累计多出生 2 100 万人，总人口峰值推迟到 2030 年的 14.66 亿人，同时论文指出，"全面二孩"生育政策缓解了总人口与劳动力人口减少速度，但总人口的减少趋势并不会改变。

本书测算，不考虑全面二孩政策的时候，我国人口在 2030 年达到峰值为 14.83 亿人，考虑全面二孩政策的时候，2030 年我国人口将达到 14.94 亿人，我国人口峰值将推迟到 2035 年，为 14.95 亿人，人口总体的趋势并不改变。全面二孩政策对总的人口影响较小（见图 3-2）。

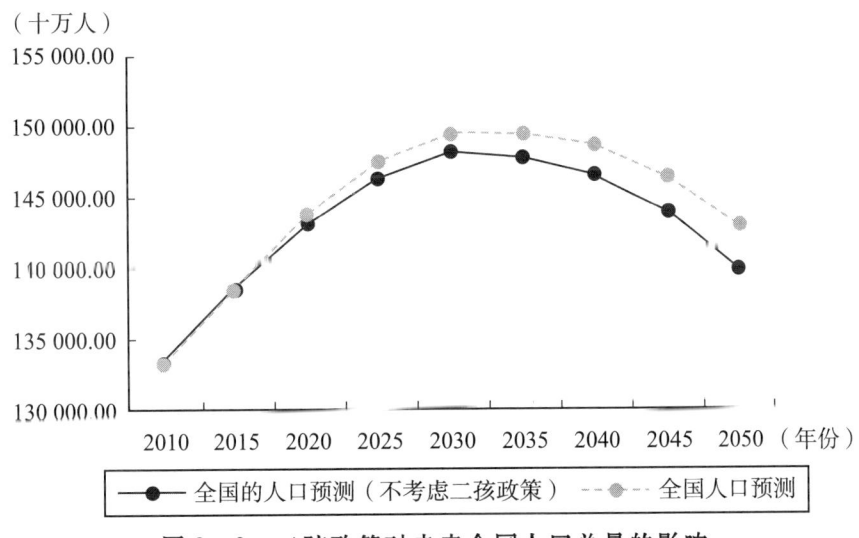

图 3-2 二孩政策对未来全国人口总量的影响

适龄人口劳动力是劳动工作人员的来源，我国当前适龄劳动人口为男性 15~60 岁，女性 15~50 岁，不考虑全面二孩以及延迟退休时，我国适龄劳动力人口将从 2010 年的 8.55 亿人急剧地下降到 2050 年的 5.07 亿人，全面二孩政策对我国适龄劳动人口数量的影响在 2030~2035 年开始显现出来，2035 年适龄劳动人口为 6.80 亿人，高于不考虑二孩政策的 6.73 亿人，到 2050 年为 5.24 亿人，高于不考虑二孩政策下的 5.07 亿人，但是总的下降趋势还是保持不变，考虑延迟退休政策时，2025 年女性的退休年龄达到 55 岁，此时适龄劳动力人口为 8.24 亿人，远高于不考虑退休政策的 7.67 亿人，以后逐年下降，2035 年女性的退休年龄达到 60 岁，此时适龄劳动力人口为 7.70 亿人，2045 年女性和男性的退休年龄均达到 65 岁的退休年龄，此时适龄劳动力人口为 7.72 亿人，远高于不考虑退休的 5.63 亿人，延迟退休的政策红利得到进一步释放，到 2050 年我国适龄劳动力人口为 7.13 亿人，远高于不考虑退休的 5.07 亿人。我国适龄劳动力受延迟退休的影响较大。将全面二孩政策及延迟退休政策叠加起来，我国适龄劳动力人口将从 2010 年的 8.55 亿人平稳地下降到 2050 年的 7.30 亿人（见图 3-3）。

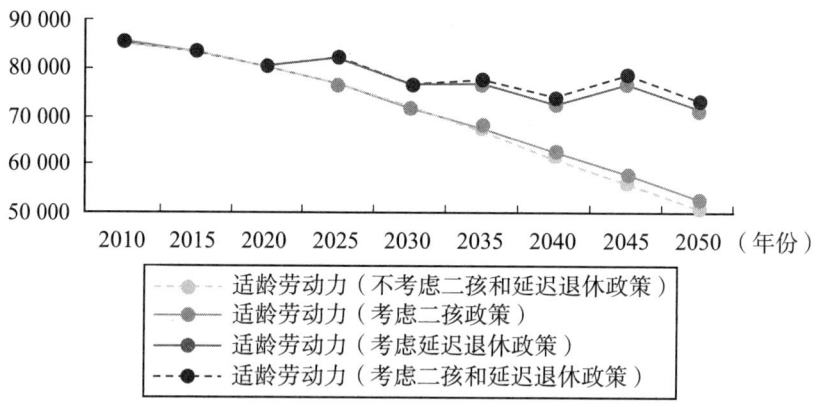

图 3-3 二孩与延迟退休对未来全国适龄劳动力的影响

第二节 物 质 资 本

物质资本在经济学中属于存量概念，由长期投资形成，在分析时需以中国长期投资行为进行分析。中国投资主要分为三类：基础设施类投资、房地产投资和制造业投资。前二类投资与政策影响密切相关，制造业投资不仅与政策有关，而且更主要的是受到周期性因素影响。

基础设施类投资基本由政府主导，受政策影响，存在政治周期。具体表现是在政府换届和五年规划期内，基本上都有一次基础设施投资的大幅增长（发生在每届新政府的第一年或五年规划的中期）。

房地产投资受政策影响一方面体现为政府垄断土地供给；另一方面，房地产需要大量资金借贷，政府通过货币政策调控，对房地产资金来源也有显著影响。此外，开发商60%以上的成本用于支付土地出让金，地方政府的卖地意愿也会影响房地产投资。从目前的情况分析，中国现阶段土地供给的稀缺性，加之2009年以来信贷的宽松环境，使得房产价格快速上升，刺激了房地产的投资热情。

制造业投资中的部分工业如石油、化工、金属、建材等，受到中国产业政策影响明显，从前期的大幅扩张逐渐转变以"去产能、去杠杆"的结构调整为重心，大部分行业则受到周期性下行因素影响，整个投资下降。

近年值得关注的一个显著问题是，随着过去的资本快速累积，投资的边际回报率在下降，降低了投资的动能。但近两年来投资效率明显提升，从增量资本产出率①（ICOR，见图 3-4）可以看出，自 2015 年以来，增量资本产出率大幅降低，意味着资本投资效率的大幅提高，这与中国 2015 年开始的供给侧结构性改革密切相关。2017 年的 ICOR 为 7.68，与 2009 年的峰值 7.60 相当。虽然投资效率已明显提升，但纵向比较来看依然处于较低水平。很直观的一点是，投资无法持续高增长，基建投资的空间也越来越小。如果无法找到经济新增长点并拉动制造业投资，资本存量的增速必然受到抑制。随着供给侧结构性改革的不断深化，增量资本产出率有望进一步下降，资本投资效率有望缓慢提升。

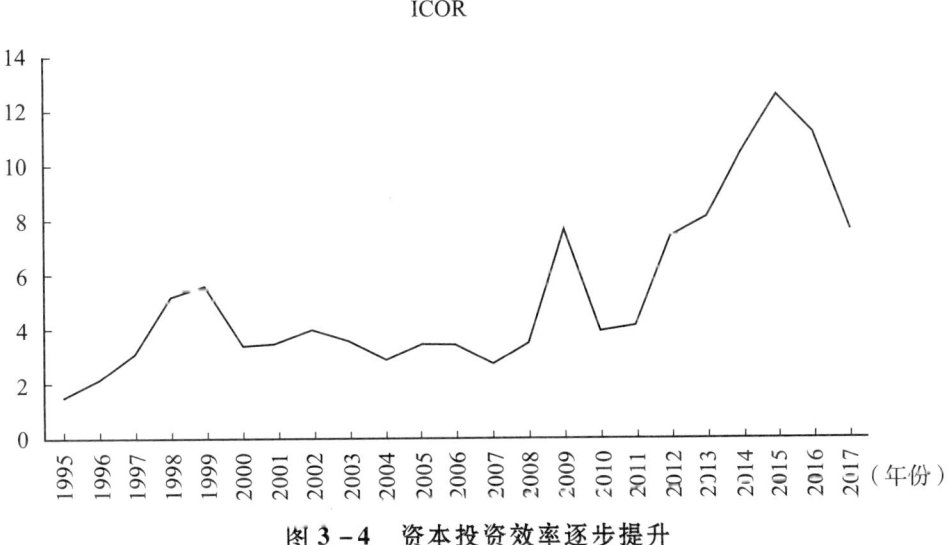

图 3-4 资本投资效率逐步提升

资料来源：根据 2017 年国家统计局数据整理。

一、投资下降的经济层面上分析*

近年来占全社会固定资产投资 60% 的民间投资不断下滑，是导致我国固定资产投资下降的主因，如表 3-1 所示，民间投资增速的突然大幅下降是 2016～2017 年中国宏观经济运行的最为令人关注的新情况。是何原因造成民间投资在货币政策实质放松的背景下，反而突然出现失速？通过对分行业民间投资占全部固定资产投资的比重变化分析，可以看出一些端倪。

---

① 增量资本产出率（ICOR）= 全社会固定资产投资/GDP 增量，2017 年的增量资本产出率为 7.68，表示每新增 1 单位 GDP，需要 7.68 单位的投资。增量资本产出率的值越高，说明资本投资效率越低。

* 本部分的内容来自项目负责人作为厦门大学宏观经济研究中心课题组核心成员参与撰写的《中国宏观经济预测与分析——2016 年秋季报告》中的政策模拟部分。

表 3-1　　　　　　　分行业民间投资占比变化情况　　　　　　单位:%

年份	变量名	民间投资	第一产业	第二产业	第三产业
2012	占总投资比重	61.39	1.73	31.96	27.70
2013	占总投资比重	63.06	1.63	32.02	29.41
	占比变动	1.67	-0.11	0.07	1.71
	分行业贡献	100	-6.51	4.03	102.48
2014	占总投资比重	64.15	1.91	32.26	29.98
	占比变动	1.09	0.28	0.24	0.57
	分行业贡献	100	25.86	22.02	52.12
2015	占总投资比重	64.18	2.31	32.07	29.81
	占比变动	0.03	0.40	-0.20	-0.17
	分行业贡献	100	-1 323.40	-652.07	-571.34
2016	占总投资比重	61.23	2.52	30.60	28.11
	占比变动	-2.95	0.21	-1.47	-1.70
	分行业贡献	100	-7.23	49.76	57.47
2017	占总投资比重	60.40	2.68	29.51	28.21
	占比变动	-0.83	0.16	-1.09	0.10
	分行业贡献	100	-18.79	130.91	-12.12

资料来源：CEIC。

首先，从投资占比上看，2015年以来民间投资占比大幅下降。2017年，受民间投资增速持续下降的影响，民间投资占全部固定资产投资的比重由2016年的61.23%再一次下降，降至60.40%，减少约0.83个百分点。其中，第二产业民间投资占全部固定资产投资的比重由2016年的30.60%降至2017年的29.51%，降低了1.09个百分点，贡献了全部民间投资占比下降的130.91%；第三产业民间投资占比稍有回升，由28.11%上升到28.21%，提高了0.1个百分点；第一产业民间投资的占比则由2.52%提升至2.68%，提高了0.16个百分点（见表3-1）。因此，第二产业民间投资减速是导致民间投资增速进一步下降的主要因素。

其次，从第二产业的民间投资投向上看，在垄断特征更为明显的电力、热力、燃气和水的供应业中，民间投资占比由2016年的1.83%下降到2017年的1.80%。2012年至今，该行业的民间投资占比首次出现回调（见表3-2）。导致2017年第二产业民间投资占比下降的主要因素是制造业和采矿业民间投资，前者约贡献了67.99%，后者贡献了23.02%。值得注意的是，采矿业民间投资占比下降并非始于 2017 年,自 2012 年以来,采矿业的民间投资占比就一直在下降。

表 3-2　　　　第二产业民间投资占比变化情况　　　　单位:%

年份	变量名	第二产业民间投资	电力热力燃气及水的生产和供应业	建筑业	采矿业	制造业
2012	占总投资比重	31.96	1.27	0.45	1.96	28.28
2013	占总投资比重	32.02	1.33	0.35	1.80	28.53
	占比变动	0.07	0.06	-0.10	-0.16	0.25
	分行业贡献	100	91.27	-139.93	-221.77	356.15
2014	占总投资比重	32.26	1.46	0.41	1.56	28.83
	占比变动	0.24	0.13	0.06	-0.24	0.30
	分行业贡献	100	52.57	23.61	-99.64	123.45
2015	占总投资比重	32.07	1.77	0.41	1.28	28.61
	占比变动	-0.20	0.31	0.00	-0.28	-0.22
	分行业贡献	100	-155.41	-0.75	140.89	110.27
2016	占总投资比重	30.60	1.83	0.33	1.03	27.41
	占比变动	-1.47	0.06	-0.08	-0.25	-1.20
	分行业贡献	100	-4.13	5.57	17.01	81.54
2017	占总投资比重	29.51	1.80	0.27	0.78	26.67
	占比变动	1.09	-0.04	-0.06	0.25	-0.74
	分行业贡献	100	3.31	5.68	23.02	67.99

资料来源:CEIC。

从制造业的细分行业看,如表 3-3 所示,非金属矿物质、黑色金属和有色金属冶炼压延加工业的民间投资占全部固定资产投资的比重分别下降 0.15 个、0.10 个和 0.09 个百分点,合计贡献了 45.01% 的制造业民间投资比重下降;通用设备和专用设备制造业的民间投资占全部固定资产投资的比重也降得比较快,分别贡献了制造业民间投资下降的 11.22% 和 8.01%。由于通用设备制造业和专用设备制造业中价值较大的部分设备包括采矿、冶金、建筑、金属加工等,这两个行业的民间投资比重下降,可能也与民间投资从采矿业、非金属矿物质、黑色金属和有色金属冶炼压延加工业等行业的退出相关,并受政府对上述行业产能限制的影响。值得一提的是,计算机通信和其他电子设备制造行业民间投资占总投资比重有显著提高,从2016年的1.09%提高到2017年的1.31%,提高了0.22个百分点。

表3-3　　　　制造业分行业民间投资占比变化情况　　　　单位:%

年份	变量名	民间投资占比	非金属矿物质	黑色金属冶炼及压延加工业	有色金属冶炼及压延加工业	通用设备	专用设备	汽车制造业	电器机械和器材	计算机通信和其他电子设备
2012	占总投资比重	28.28	3.10	1.01	0.94	2.04	1.99	1.52	1.96	0.97
2013	占总投资比重	28.53	2.96	0.89	1.00	2.16	2.02	1.53	1.86	1.02
	占比变动	0.25	-0.14	-0.13	0.07	0.13	0.02	0.01	-0.10	0.05
	分行业贡献	100	-55.67	-51.07	26.55	50.79	9.23	2.93	-38.94	19.94
2014	占总投资比重	28.83	2.99	0.76	0.98	2.23	2.01	1.53	1.85	1.03
	占比变动	0.30	0.03	-0.13	-0.02	0.06	-0.01	0.00	-0.01	0.01
	分行业贡献	100	10.85	-43.20	-7.45	20.96	-2.12	-0.82	-3.73	3.08
2015	占总投资比重	28.61	2.89	0.61	0.86	2.26	2.03	1.56	1.85	1.09
	占比变动	-0.22	-0.10	-0.15	-0.12	0.03	0.01	0.03	0.00	0.06
	分行业贡献	100	45.69	68.57	56.63	-13.34	-6.74	-15.38	-2.12	-27.95
2016	占总投资比重	27.41	2.64	0.57	0.74	2.03	1.81	1.60	1.87	1.09
	占比变动	-1.20	-0.25	-0.04	-0.11	-0.22	-0.21	0.04	0.02	0.00
	分行业贡献	100	21.03	2.96	9.56	18.77	17.76	-3.32	-1.33	0.07
2017	占总投资比重	26.67	2.49	0.48	0.65	1.95	1.75	1.65	1.87	1.31
	占比变动	-0.74	-0.15	-0.10	-0.09	-0.08	-0.06	0.05	0.00	0.22
	分行业贡献	100	19.73	12.82	12.46	11.22	8.01	-6.71	0.45	-29.84

资料来源:CEIC。

第三,从第三产业民间投资看,如表3-4所示,交通运输、仓储和邮政业的民间投资占全部固定资产投资的比重由2016年的2.04%下降到今年上半年的1.97%,跌幅为0.07个百分点;水利、环境和公共设施行业的民间投资占全部固定资产投资的比重从2016年的2.61%上升至2017年的2.94%,贡献了第三产业民间投资占全部固定资产投资比重提高的332.65%,可以说是水利、环境和公共设施行业止住了第三产业民间投资占比的下滑趋势;而教育、卫生和社会工作行业以及文化、体育和娱乐业的民间投资占全部固定资产投资的比重均稍有上升,分别提高了0.02个、0.07个和0.04个百分点,对第三产业民间投资占全部固定资产投资比重有不少贡献；公共管理、社会保障和社会组织行业的民间投资占全部固定资产投资的比重进一步下降。由于第三产业民间投资占全部固定资产投资比重变动较小，故而单个行业的贡献率显得非常明显，从表3-4中所列数据看，6个行业中除了水利、环境和公共设施行业，其他行业的贡献都较为平均，将6个行业的贡献率相加得到334.12%，可以简单地得出结论，即第三产业中的其他行业民间投资增速并不理想。

表3-4　　　　　　第三产业分行业民间投资占比变化情况　　　　　　单位：%

年份	变量名	第三产业民间投资占比	交通运输仓储和邮政业	水利环境和公共设施管理业	教育	卫生和社会工作	文化体育和娱乐业	公共管理社会保障和社会组织
2012	占总投资比重	27.70	1.59	1.70	0.31	0.19	0.61	0.48
2013	占总投资比重	29.41	1.86	1.93	0.32	0.21	0.65	0.38
	占比变动	1.71	0.27	0.24	0.02	0.02	0.04	-0.10
	分行业贡献	100	15.65	13.76	1.08	1.26	2.13	-5.93
2014	占总投资比重	29.98	1.99	2.26	0.37	0.27	0.70	0.34
	占比变动	0.57	0.14	0.33	0.05	0.06	0.05	-0.04
	分行业贡献	100	23.78	57.13	8.50	10.48	9.03	-6.97
2015	占总投资比重	29.81	2.26	2.65	0.39	0.37	0.71	0.39
	占比变动	-0.17	0.26	0.39	0.02	0.10	0.01	0.05
	分行业贡献	100	-154.37	-231.30	-11.47	-61.66	-4.92	-29.14
2016	占总投资比重	28.11	2.04	2.61	0.41	0.41	0.68	0.27
	占比变动	-1.70	-0.22	-0.05	0.02	0.04	-0.03	-0.12
	分行业贡献	100	12.92	2.77	-1.18	-2.37	1.56	7.19
2017	占总投资比重	28.21	1.97	2.94	0.44	0.48	0.72	0.21
	占比变动	0.10	-0.07	0.33	0.02	0.07	0.04	-0.06
	分行业贡献	100	-68.13	332.65	24.04	69.17	38.42	-62.03

资料来源：CEIC。

由于缺乏第三产业其他细分行业的民间投资数据，我们无法直接分析哪些行业是阻碍第三产业民间投资增速提高的关键因素。不过，以下一些线索有助于分析上述问题。一是扣除上述六个行业之后，根据《国民经济行业分类》，剩下的服务业分类有：批发零售业、信息传输计算机服务和软件业、金融业、房地产业、租赁和商务服务业、科学研究技术服务和地质勘查业、居民服务和其他服务业等七个行业。简单换算可知，正是这七个行业的民间投资变动对2017年第三产业民间投资上升有反向的234.12%贡献；二是在上述七个行业中，民间投资占比较高并且在第三产业中比重较大、影响力较大的行业是批发零售业、房地产业。以房地产业为例，2017年全国房地产开发投资中内资规模为109 798.53亿元，其中，国有及国有控股企业投资的比重约占到15%，其余绝大部分（约85%）为民间投资；三是2017年中国社会消费品零售总额增速稳中稍有下降，如图3-5所示，可以推测批发零售业的民间投资变化趋势也类似；四是，房地产业全部投资开发增速有放缓趋势，在供给侧结构性改革的背景下，去库存、去产能方针在房地产业逐步落实，国有及国有控股的房地产开发商在2017年起带头作用。如图3-5显示，2015年6月起，国有及国有控股的房地产开发投资增速开始超过全部房地产开发投资，2016年1月之后，增速突然由2015年底的2.7%，一下子跃升到17.0%，到2016年5月增速更是高达19.30%，整个2016年国有及国有控股的房地产开发投资增速都远远高于全部房地产开发投资的增速，但到2016年底，国有及国有控股的房地产开发投资增速突然减缓，从2016年11月的14.60%骤降到2017年1月的5.70%，到2017年12月更是出现了投资同比下降的现象，增速降到了-0.20%。占据绝对主体地位（85%）的非国有投资增速也随之下降，由年初的9.49%下降到年末的7.62%。国有与非国有投资增速的同时下降，导致全部房地产开发投资增长缓慢，全部房地产开发投资的增速由年初的8.90%下降到年末的7.00%。

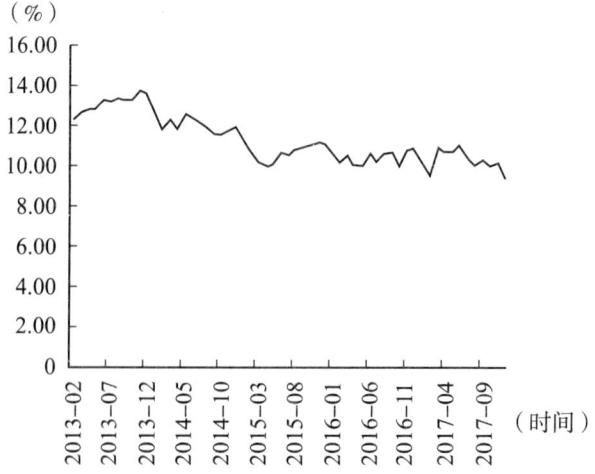

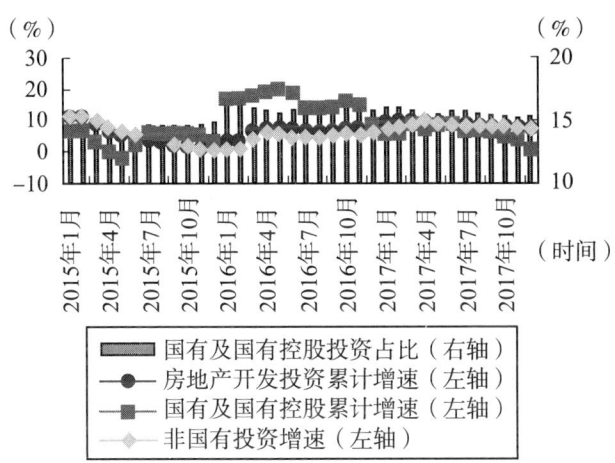

图 3-5　社会消费品零售额及房地产开发投资

资料来源：CEIC。

综上所述，2017 年民间投资增速持续放缓的直接原因：一是民间资本加快了退出制造业中产能过剩的领域，与此同时，在高端制造业、半或准公共服务业领域，或受制于技术壁垒，或缺乏人力资本，或苦于资金短缺，或受限于体制障碍，一时难以进入，导致了部分产业民间投资增速下降，这些退出的资本"脱实就虚"，部分流入商品期货、一线城市房地产市场、美元、黄金等虚拟经济领域，部分对外输出，加快了对外投资。

二是在"去产能、去库存、去杠杆"的政策指导下，房地产业的民间投资增速虽然较上一年有所提升，但已出现明显的下行趋势，在国有及国有控股房地产投资增速快速降低的引领下，民间房地产投资乃至整个社会的房地产投资增速都有所减弱。这一方面可能是由于银行信贷偏向和一、二线城市房地产较高的资金进入门槛，使得资金和资源相对弱势的民间资本，难以与国有企业在一、二线城市竞争，新增投资有限；另一方面，受实力所限，多数民间投资集中在三、四线城市，而这些城市的房地产市场本身就面临巨大的"去库存"压力，因而很难有新增的投资空间。可见，2017 年民间投资在房地产业的增速平稳下降，反映出当前房地产业严重的区域分化现象。在一、二线城市房地产市场升温，而三、四线城市存在较大"去库存"压力的背景下，民间资本难以和资金雄厚、资源动员能力强的国有资本相竞争。

二、投资下降的体制层面上分析

基于上述分析，我们不难发现，2017 年民间投资的持续下滑，与当前的供给侧结构性改革之间有着密切的联系。其一，过剩产能行业的"去产能"行动加码，导致民间投资加快退出相关行业。其二，在一、二线城市房价上扬，三、四线城市去库存并存的格局下，民间投资被更具实力的国有资本挤出。这反映出当前的供给侧结构性改革可能存在两大问题：第一，有的供给侧结构性改革措施过于强调做"减法""除法"，而对如何做"加法""乘法"缺乏有效措施，其结果是，过剩产能问题虽得以适当缓解，但退出的资本却难以进入新的实体经济领域。第二，现有改革在执行过程中没有完全遵循"市场在资源配置中起决定性作用"的原则。一方面"去产能"行动未能遵循效率标准，用市场化的方式淘汰真正的"僵尸企业"，而是"一刀切"、按比例的行政方式淘汰过剩产能，使部分效率较高的民间资本报废了产能；另一方面，即使是在竞争性领域，"让市场在资源配置中起决定性作用"的原则也没有渗透到市场的各个环节，在资本要素市场，政府的债务背书使国有资本总能以远超民间资本的资源动员能力参与进来，从而造成事实上的不平等竞争。本书课题组认为，应当适当反思并调整当前供给侧结构性改革的一些思路和做法，从而在缓解产能过剩的问题同时，增加有效投资，避免经济的过快下滑。

供给侧结构性改革调整的关键是回归市场，提高投资回报率，根据市场需求吸引投资、配置资源。事实上，民间投资增速下滑并非今年新问题，从有统计数据的2012年以来，民间投资增速一直都在下降，其根本原因在于实体经济的投资回报率持续下降。如图3-6所示，自2011年起，工业企业的投资回报率和总资产贡献率均出现了持续下降的趋势。2017年一季度至三季度的投资回报率都有所提升，但到第四季度累计投资回报率与前一年度基本相当，投资回报率已处于平稳状态。

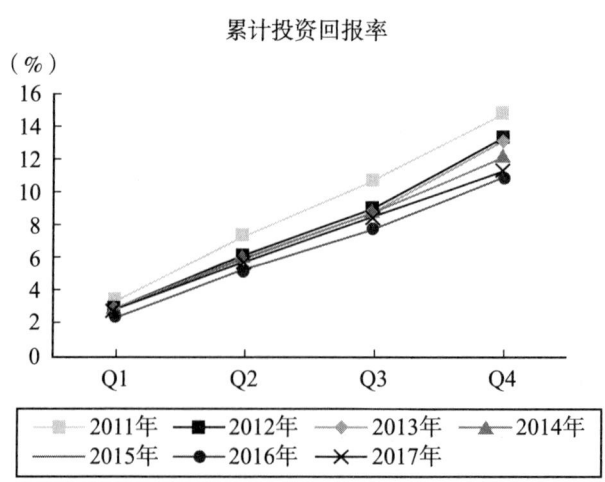

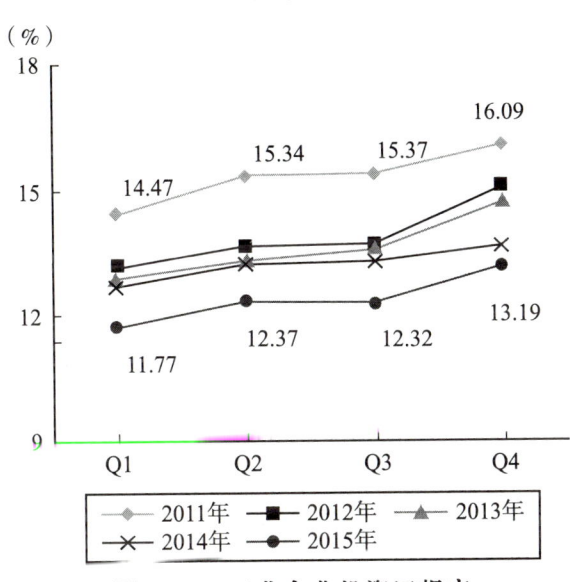

图 3-6 工业企业投资回报率

注：投资回报率=（利润总额-所得税）÷（总资产-总负债）=（利润总额×0.75）÷（总资产-总负债）。

资料来源：CEIC。

投资回报率是一个综合反映企业运行效率的指标，影响投资回报率的因素众多，包括工资、利率、资产、负债、利润总额和所得税等。由于资产、负债和利润总额更多受不同企业的特定经营条件影响，因此，政府部门能够直接影响的主要是税费制度。中国当前以间接税为主的税制，不利于企业的生产经营和再投资，尤其是在经济低迷时，由于产品市场的不出清，企业难以将税负转嫁给下游消费者，使得企业较大程度地承担生产经营过程中产生的税负。同时，社会保险制度中的相关税费也主要由企业承担，容易造成经济越下行，企业税负和成本压力越大的扭曲局面。为此，我们认为，在经济低迷时，应当通过减税降费，为企业降成本、减负担，提高其投资回报率，这可能是从根本上解决投资增速下降，尤其是民间投资失速问题的关键之所在，也是物质资本存量得以提高的主要途径。

第三节 人力资本

人力资本是主要的生产要素之一，其对长期经济增长和社会进步的重要作用早已成为政府、社会以及学界的共识。提高人力资本的方式有很多种,通常的方法是提高教育年限和增加培训。改革开放以来,通过大力推进教育发展与人员培训,我国的人力资本得到较大的提高(见图3-7)。

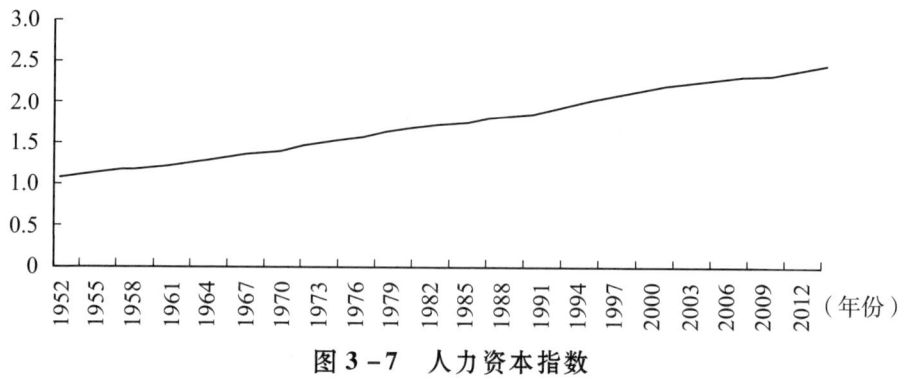

图3-7 人力资本指数

资料来源:来自佩恩表(PWT 8.0)提供的人力资本指数,佩恩表(PWT 9.0)提供的人力资本指数是在巴罗和李(Barro and Lee,2012)的平均教育年限基础上,根据教育回报率做出的调整。巴罗和李(2012)分别对世界各国15岁以上分年龄组(每5年)的平均受教育年限进行了估计,该表强调"如果直接采用平均受教育年限将导致不同国家和同一国家不同时期的人力资本不可比冶,因为受教育年限对人力资本的贡献是边际递减的"。

但是,人力资本存在着配置的无效率(其他要素也同样存在配置无效率问题,如劳动力与物质资本,这里就不做专门探讨),本部分将从行业、所有制和区域等三个层面对人力资本的错配进行分析。

一、人力资本在行业之间的错配

就 GDP 总量而言,从 2010 年起中国便已超越日本,成为世界第二大经济体,并且有大步追赶美国的趋势。尽管如此,中国经济发达程度与世界其他主要经济体的差距依然非常明显,这差距除了表现在人均 GDP 的落后,也表现在三次产业分布结构的巨大差异上。中国三次产业结构虽然不断在优化,但与发达经济体相比,依然很不成熟。本书选取了 9 个世界其他主要经济体进行对比,其中包括同为"金砖国家"的印度、俄罗斯、南非和巴西,GDP 排名世界前五的其他四个国家美国、日本、德国和英国,以及对我国发展具有较大参考价值的亚洲发达国家韩国。本书从各国三次产业 GDP 构成和三次产业就业人员构成进行对比,选用由世界银行公布的 2014 年数据。

图 3-8 为各国三次产业在 GDP 中的占比情况,从对比中我们可以很明显地

看到，GDP总量排名世界前五的其他四个国家美国、日本、德国和英国第三产业GDP占比均在70%左右，且第一产业GDP占比仅为1%左右。而中国第三产业GDP占比仅不到一半，比同为发展中国家的邻国印度还低，第一产业占比却接近10%，远远高于发达国家，另外，中国第二产业占比也比其他国家高。由此可见，与发达国家相比，我国第三产业规模还有很大的进步空间。

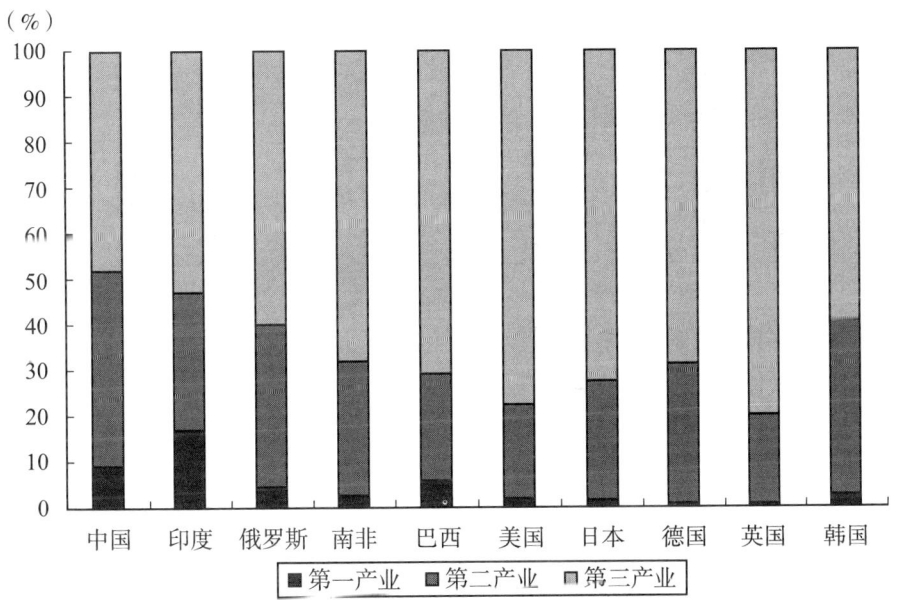

图3-8　2014年按三次产业各国GDP构成对比

图3-9为各国三次产业就业人员的构成，中国第一产业就业人员占比高达30%，美国、德国和英国则只各占1%左右，日本也仅有不到4%，除印度之外，其他三个金砖国家的第一产业就业人员占比也都远远低于中国。由此我们可以判断，在未来，随着经济的发展，中国第一产业就业人员具有很大的释放空间。

结合以上两个方面的分析对比，美国、日本、德国和英国等发达国家，其三次产业中，各次产业在GDP中所占的比重与在就业人员所占的比重基本相当，例如美国三次产业GDP所占比重分别为1.60%、20.60%、77.80%，三次产业就业人员所占比重分别为1.45%、20.50%、78.05%。而中国三次产业在这两方面的分配结构却极不匹配，中国第一产业在GDP中所占比重为9.16%，而第一产业就业人员所占比重却高达29.5%，由此我们可以分析，中国第一产业的劳动生产率还处于较低水平，与发达国家相比，还有很大的提升空间。

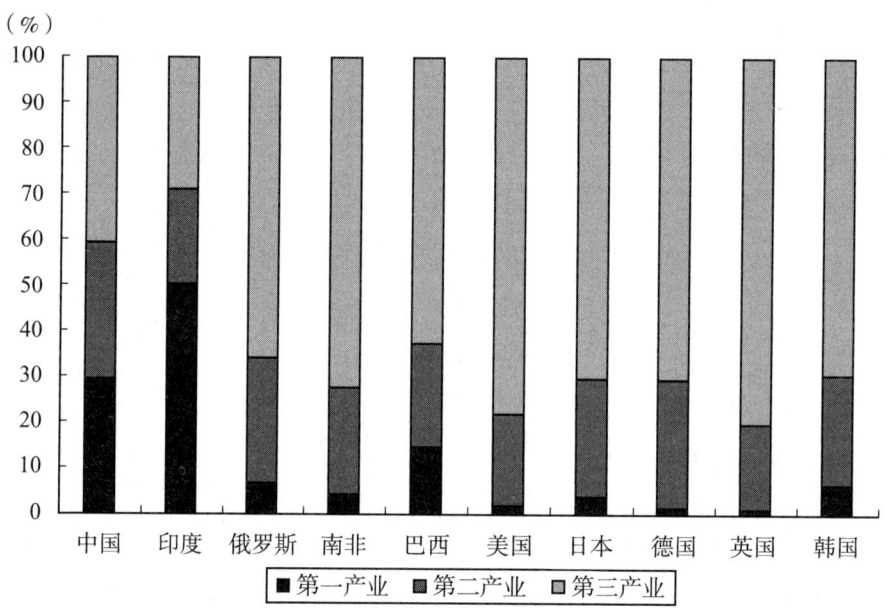

图 3-9　2014 年按三次产业分各国就业人员构成对比

本书认为中国第一产业劳动生产率低与第一产业就业人员受教育程度低不无关系，根据《中国劳动统计年鉴（2016）》的数据显示，2015 年中国农、林、牧、渔业就业人员中高中以下（不含高中）学历的占 88.1%，大学及以上学历者则仅有 2% 左右。与此同时，采矿业、制造业、建筑业等第二产业也面临着同样的问题，即就业人员受教育程度偏低。造成这种局面的原因，一方面是中国就业人员受教育程度总体有待提高，另一方面是中国人力资本存在较严重的错配现象。

以下通过对比中国与美国人均受教育年限来说明：

作为衡量人力资本开发程度的一项重要指标，人均受教育年限是指某一群体中人均接受学历教育的年数。公式可表示为：

$$\bar{Y} = \frac{\sum P_i E_i}{P} \quad (3.3)$$

其中，P 为特定人口群体，i 为受教育程度分类，E_i 是系数。系数 E_i 根据受教育程度分类设定，对应中国的学制，未上过学则为 0，小学学历为 6，初中学历为 9，高中学历为 12，大专及以上学历为 16，处理美国数据时，设定未达到八年级为 8，9~11 年级为 11，高中毕业未上大学为 12，副学士及以上学历为 16。

二、人力资本在不同所有制部门之间的错配

人力资本除了在行业之间配置存在无效率，在不同所有制之间的配置也存在着一定的错配。国有制企业与非国有制企业的效率问题由来已久，在改革开放以前，我国经济以国有经济为主体，资源配置效率低下，微观经济效率低。改革开放以后，随着经济体制结构的变化，资源分配的重心逐渐从国有企业转向非国有企业，资源配置情况向新的格局发展，尽管如此，现阶段国有制与非国有制企业之间的效率问题依然存在。人力资本方面，由于国有制企业还是存在着一定的职位溢价，导致高等劳动力更偏好于进入国有制企业，使得劳动力市场失灵。

（一）不同所有制部门就业人员受教育程度对比

长期以来，国有制企业就业人员的平均受教育程度都要优于非国有制企业。中国健康和营养调查（China Health and Nutrition Survey，CHNS），本书课题组在辽宁、黑龙江、江苏、山东、河南、湖北、湖南、广西和贵州等9个省份进行了分层随机抽样，调查对象为拥有工资收入、年龄在16~65岁的非务农劳动者，本节从中选取了2000年、2004年、2006年以及2009年的相关数据。CHNS的调查数据向我们清晰地展示了不同所有制部门间人力资本分布的不平衡性。表3-5详细地描述了不同所有制部门就业人员的受教育情况。

表3-5　　不同所有制部门就业人员受教育情况统计

年份	所有制类型	样本总数（人）	平均受教育年限	初中及以下（%）	高中及中专（%）	大专及以上（%）
2000	国有	1 411	11.81	30.05	49.54	20.41
	私营	1 421	8.60	75.79	21.11	3.10
	集体	727	9.06	63.82	34.11	2.04
	外资	91	9.70	67.03	28.57	4.40
	总体	3 650	9.87	55.51	34.88	9.62
2004	国有	818	12.44	26.04	55.13	18.83
	私营	1 499	9.32	67.11	28.55	4.34
	集体	267	9.62	59.18	37.08	3.75
	外资	64	12.03	32.81	42.19	25.00
	总体	2 648	10.38	52.79	37.95	9.26

续表

年份	所有制类型	样本总数（人）	平均受教育年限	初中及以下（%）	高中及中专（%）	大专及以上（%）
2006	国有	783	12.96	21.33	49.94	28.73
	私营	1 679	9.48	65.28	28.89	5.84
	集体	254	9.94	57.09	35.04	7.87
	外资	61	11.56	44.26	32.79	22.95
	总体	2 777	10.55	51.67	35.47	12.86
2009	国有	804	12.84	24.25	48.13	27.62
	私营	1 834	9.51	67.83	15.15	6.65
	集体	222	10.06	57.66	36.04	6.30
	外资	77	10.47	54.55	35.06	10.39
	总体	2 937	10.49	54.78	32.75	12.46

表3-5将不同所有制部门就业人员之间受教育程度的差别清晰地展示在我们面前。从不同所有制部门就业人员的受教育程度构成看，所有制部门的就业者中，高中及以上文化程度的在2000年就已占了70%以上，到2009年更是达到了75.75%，而其中大专及以上文化程度的占27.62%。而私营和集体制部门的就业者受教育程度就没那么乐观了，初中及以下文化程度的占了绝大多数，大专及以上文化程度的就业者占比虽然逐年提升，但到2009年依然只有7%左右。可见，不同所有制之间，就业者的受教育程度结构差距是非常明显的。

从就业人员受教育年限来看，不同所有制部门之间就业人员的平均受教育程度差距也一目了然。

图3-10展示了2000年、2004年、2006年和2009年四个年度不同所有制部门就业人员的平均受教育年限。其中外资部门就业人员平均受教育年限波动较大，或许是因为样本人数太少。仅看国有、私营和集体三个部门，会发现尽管就业人员平均受教育年限都有平稳上升的趋势，但国有制部门就业人员的平均受教育年限与私营和集体之间始终保持2年以上的差距，并且看不到缩小的趋势。

无论是从就业者的受教育程度结构还是从平均受教育年限观察，国有制部门的就业人员受教育程度都要优于私营和集体所有制部门，即国有制部门人力资本比私营和集体所有制部门更为密集。

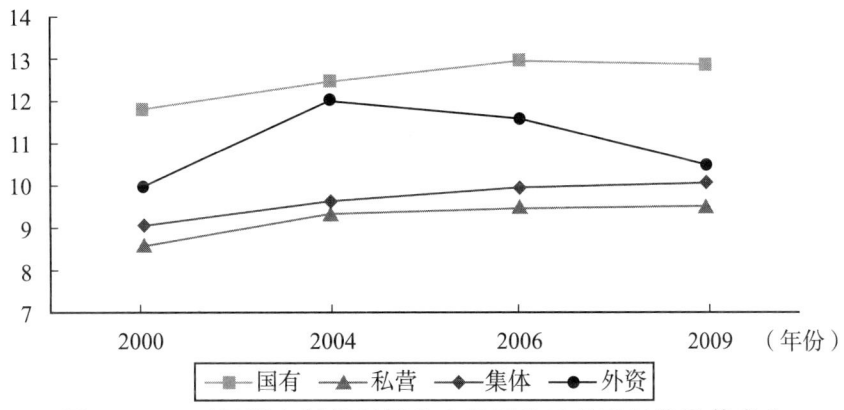

图 3-10 不同所有制部门就业人员平均受教育年限及其变化

(二) 各行业不同所有制企业对比

进一步对比国有制与非国有制部门的情况,本节再次使用了《中国劳动统计年鉴 (2016)》,选取了城镇单位就业人员的数据。2015 年中国城镇单位就业人员共计 18 244.8 万人,其中国有单位就业人员占 6 312.3 万人,城镇集体单位占 536.7 万人,其他单位占 11 428.8 万人,由于城镇集体单位就业人员占比小,为了方便对比,此处将其忽略不计,则统计在内就业人员共 17 581.1 万人。

图 3-11 显示了就业人员在各行业的分布情况,图 3-12 则是各行业中国有制

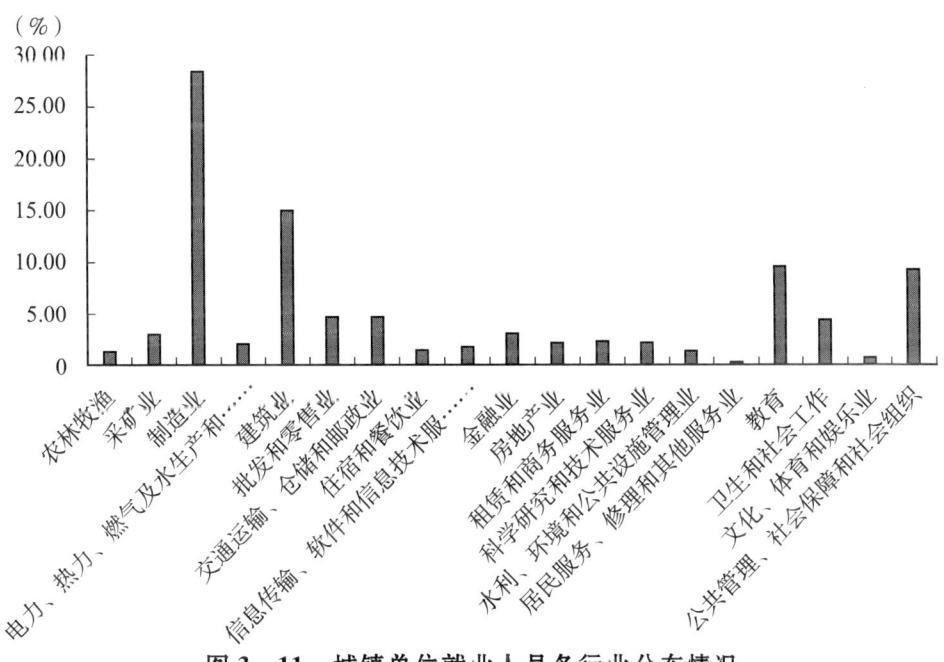

图 3-11 城镇单位就业人员各行业分布情况

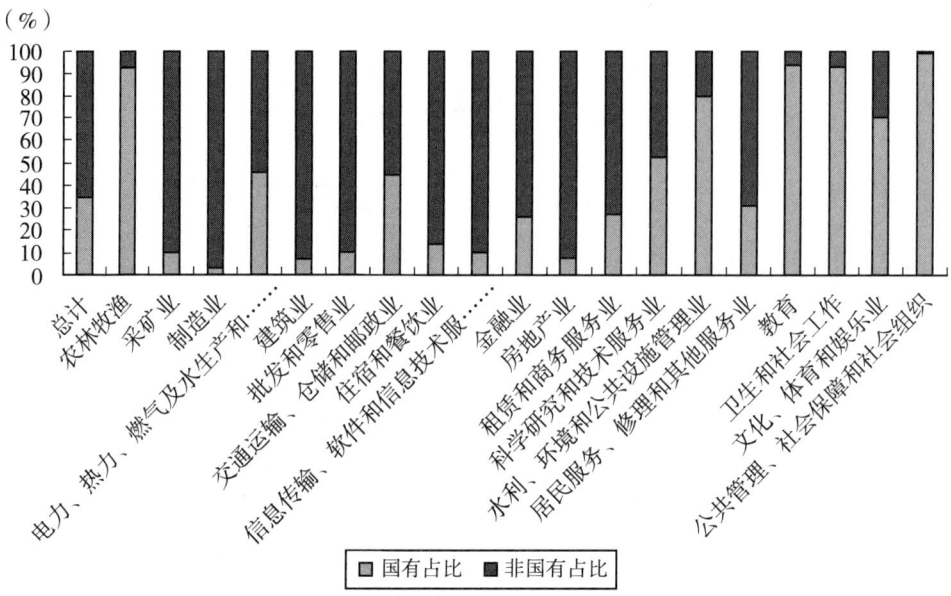

图 3-12 各行业国有与非国有就业员工占比情况

与非国有制企业员工占比。制造业就业人员最多,且非国有制企业员工占 96.38%,就业人员第二多的建筑业中,非国有制企业员工占比也达到 92.70%。教育、卫生和社会工作、公共管理等行业则恰恰相反,几乎被国有制垄断,其中教育国有制就业人员占到 93.69%,公共管理、社会保障和社会组织行业主要由国家机关等单位构成,国有制成分占到 99.30%。金融和租赁等行业中,国有与非国有占比情况与总体就业人员结构相近。

《中国劳动统计年鉴(2016)》中也详细统计了 2015 年各个行业平均工资,并根据就业人员所在单位的所有制属性分类为国有与非国有进行对比。

图 3-13 展示了各行业国有与非国有制部门平均工资的对比,同时展示了各行业就业人员平均受教育年限情况。非国有部门的各行业平均工资高低基本与就业人员平均受教育年限正向相关。农林牧渔业就业人员平均受教育年限最低,同时其平均工资也处于最低水平。平均受教育年限最高的金融业和信息行业的就业人员平均工资也最高,科学研究和技术服务业紧随其后。另外三个平均受教育年限高的行业教育、卫生和社会工作以及公共管理业平均工资较低,但考虑到上文已验证的情况,此三个行业基本被国有制部门垄断,非国有部门就业人员平均工资较低情有可原。国有部门各行业平均工资的高低也大致与就业人员平均受教育年限正向相关。其中金融行业平均工资遥遥领先于其他行业,比其他就业人员平均受教育年限相近的行业都高出一截,而最异常的是公共管理行业,也就是国家机关单位,其就业人员平均受教育年限名列前茅,但是平均工资却表现平平。将

国有与非国有之间进行对比,我们可以看到,在农林牧渔业、采矿业和建筑业、房地产业、文化体育与娱乐业等行业,国有与非国有制部门之间就业人员的平均工资相差无几。教育业、社会工作、公共管理等行业由于基本被国有部门垄断,优秀的企业大多数为国有,故而国有企业的平均工资稍高于非国有制企业不足为奇。制造业方面,国有制企业就业人员平均工资稍高于非国有制企业。信息业、金融业、租赁和商务服务业以及科学研究和技术服务业这四个行业中,非国有部门就业人员的平均工资远远高于国有部门,其中信息业非国有制企业就业人员的平均工资更是接近国有制平均工资的两倍,结合图3-12,除了信息业非国有部门就业人员规模远远大于国有部门外,其他三个行业的就业人员结构都与综合水平相差不大。综合以上对比,本书推断人力资本价格存在一定的扭曲,人力资本市场出现市场失灵,即人力资本在国有制部门与非国有制部门之间存在错配。

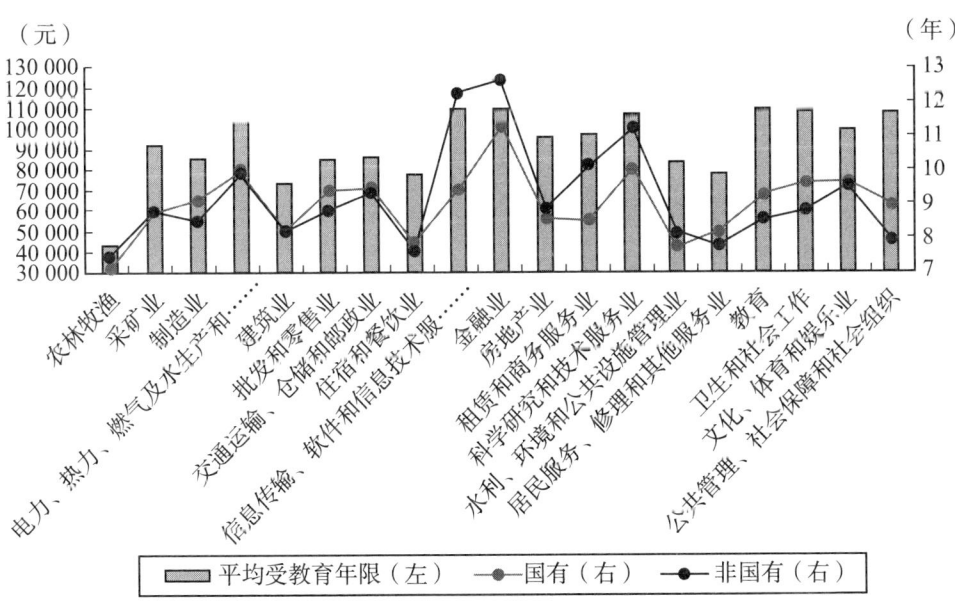

图3-13 不同所有制平均工资对比及各行业就业人员平均受教育年限情况

三、人力资本在不同地区之间的错配

自改革开放以来,中国经济迅猛发展的同时,地区之间经济发展的差距也日益严重,这种差距是有目共睹的。尽管"西部大开发""振兴东北"等战略已提出十余载,但东部沿海省份经济发展依然大幅度领先于中西部省份,差距未见明显好转。例如2015年,上海人均GDP是贵州的3.42倍,是甘肃的4.13倍,北京人均GDP与贵州和甘肃的比值也分别达到3.45和4.17。分地区来看,将中国大陆各省市根据地理位置划分华北、东北、华东、华中、华南、西南和西北七个地区,其中华北包括北京、天津、河北、山西和内蒙古,东北包括辽宁、吉林和黑龙江,华东包括上海、江苏、浙江、安徽、福建、江西和山东,华中包括河南、湖北和湖南,华南包括广东、广西和海南,西南包括重庆、四川、云南、贵州和西藏,西北包括陕西、甘肃、青海、宁夏和新疆。2015 年,华东地区人均 GDP 达到 6.58 万元,华北地区为 5.77 万元,而西南地区和西北地区分别为 3.58 万元和 3.94 万元,差距不可谓不悬殊。造成中国各区域间发展差异的因素很多,作为最主要的生产要素之一的人力资本无疑也发挥着不可忽视的作用。

图 3-14 显示了 2015 年七个地区间人均 GDP 以及就业人员平均受教育年限的对比。就业人员平均受教育年限最高的是华北地区,达到 11.31 年,华东地区 10.29 年排名第二,而西南地区最低,仅有 8.91 年,可见各地区之间就业人员受教育程度的差距不可谓不大。华北地区尽管人均受教育年限遥遥领先,但其人均 GDP 却仅与华南地区持平,是什么具体原因导致这种现象我们不得而知,但可以知道的是,人力资本在地区之间边际产出效率有较大差距,人力资本存在着较为严重的错配。

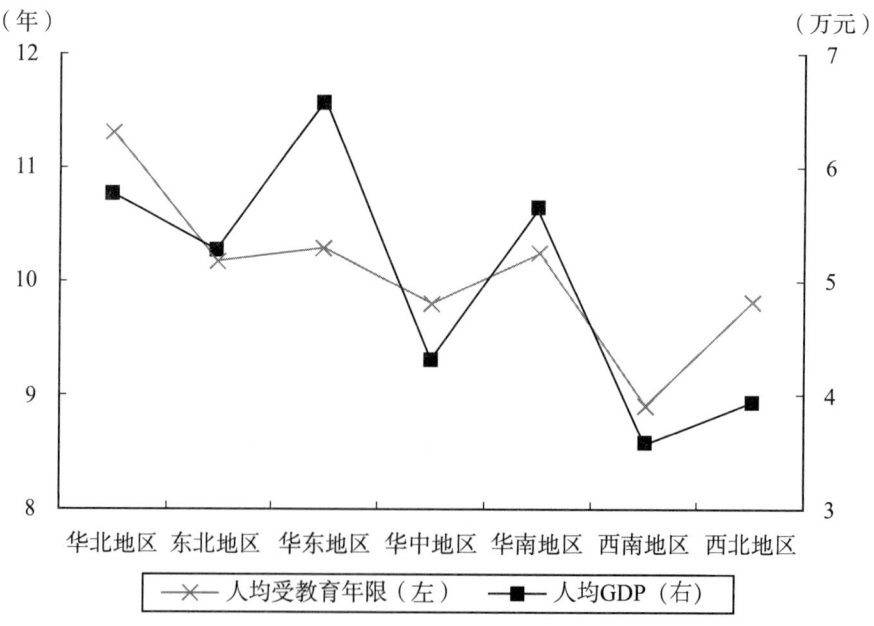

图 3-14 2015 年各地区人均 GDP 及就业人员平均受教育年限

图 3-15 展示了七个地区就业人员平均受教育年限从 2010 年至 2015 年的发展情况,可以看到,近几年来各地区就业人员平均受教育年限都有明显提高,但各地区间的差异也依然显著,其中华北地区就业人员平均受教育年限最高,与最

低的西南地区差距始终保持在2年以上,各地区间人力资本的分布情况近几年来并没有好转的趋势。

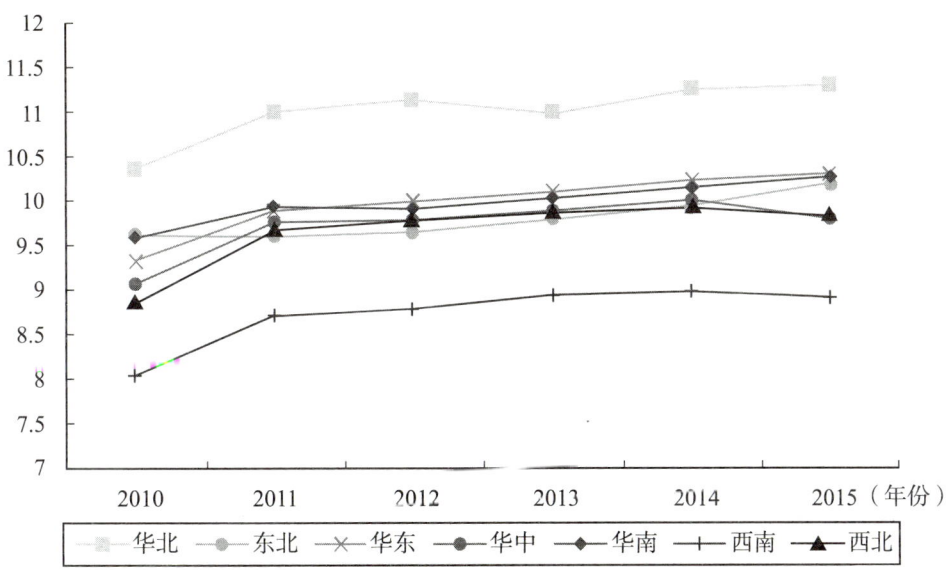

图3-15 各地区就业人员平均受教育年限变动

综上所述,本书认为中国人力资本的错配是多层面的,其存在于不同行业之间,存在于不同所有制部门之间,也存在于不同区域之间。无论是哪个层面的错配,都将对生产效率产生不利影响,本书第四部分将就从三个层面,测算人力资本错配对全要素生产率的影响。需要注意的是,三个层次之间的错配并不是相互独立的,而是相互交错,我中有你,你中有我。本研究并不能单独测算各个层面人力资本错配对全要素生产率的影响,而是在不考虑其他层面错配的前提下,单独对每个层面进行测算,具体的测算见第十章。

第四节 全要素生产率

全要素生产率(total factor productivity,TFP)是指各种要素投入水平既定的条件下,所达到的额外生产效率,是推动经济增长的动力之一。实际上,从计算方法上来看,全要素生产率是一个"余值",即经济增长中不能够被资本、劳动力和人力资本等要素投入所解释的部分,我们可以将其看作是要素配置效率提高、技术进步或者创新等"难以衡量"的因素带来的效率提升所带来的额外经济增长。全要素生产率增长率可以为正值，也可以为负值。前者说明资源配置效率提高，而后者说明资源配置效率下降。

从 2008 年之后，中国的全要素生产率增速开始呈现下降趋势。具体来看，2007 年中国的全要素生产率增长率约为 7.24%，而 2008 年开始全要素增长率却不足 3%。值得注意的是，2011 年中国的全要素生产率增长率降低到 1.68%，对经济增长的贡献为 17.73%，此后全要素生产率增长率继续出现快速下降趋势，同时对经济增长率的贡献也随之降低。特别是近年来，中国的全要素生产率增长率几乎不足 0.5%，而全要素增长率对经济增长的贡献也仅有 5% 左右。即使采用佩恩表中的 TFP 增长率，也同样出现了类似的情况（见图 3 – 16a、图 3 – 16b；陆旸，2016）。

全要素生产率依赖于两个途径：个体企业技术进步与资源再配置效应，这两个途径都离不开制度与政策环境改善。提高潜在增长率的方法包括两类，分别是提高要素投入和提高生产效率，陆旸、蔡昉（2016）认为，提高全要素生产率（包括技术进步和提升要素配置效率）才是中国未来长期经济发展的动力来源，改革也可以影响潜在增长率，如果生产要素供给和 TFP 的提高面临诸多制度障碍，则只有通过改革清除这些障碍才有利于增加要素供给并提高生产效率，从而最终提高潜在增长率。因此，存在的制度性障碍越大，改革越彻底，对潜在增长率的正向影响就会越显著，这也就是所谓的"改革红利"，回顾过去 40 年中国经济增长，三次全要素生产率的提升莫不是经济体制改革促成：1978 年改革开放和家庭联产承包责任制的确立；1992 年"南方谈话"和社会主义市场经济地位的确立；2001 年加入 WTO 等。

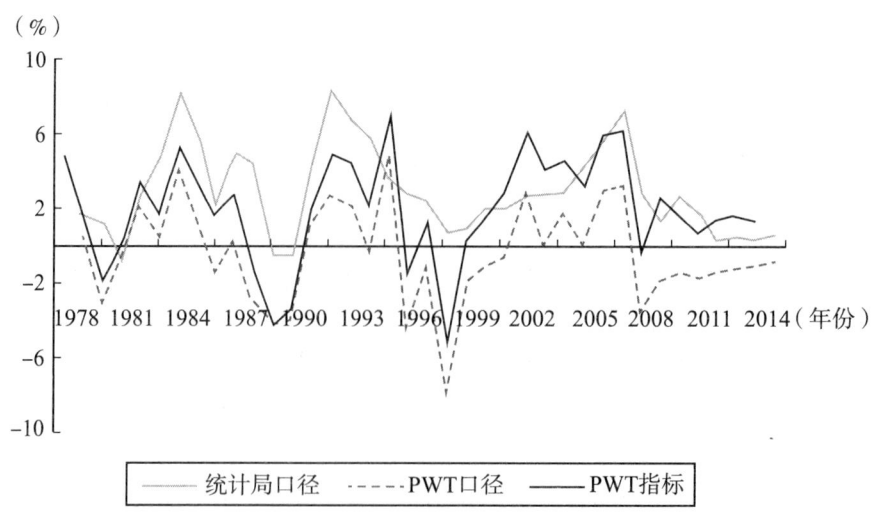

图 3 – 16a 中国 1978～2015 年总全要素生产率变化趋势（索洛残差）

资料来源：陆旸：《中国全要素生产率的变化趋势》，载于《中国金融》2016 年第 20 期。

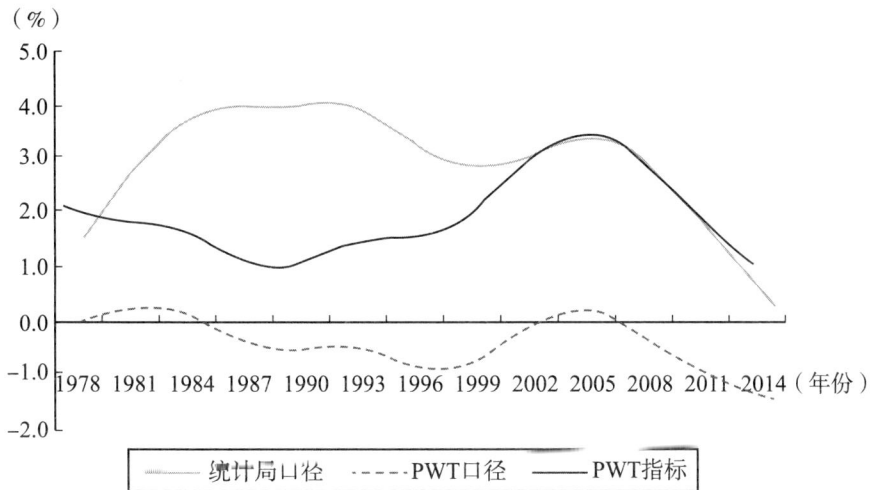

图 3 – 16b 中国 1978 ~ 2015 年总全要素生产率变化趋势（滤波趋势）

资料来源：陆旸：《中国全要素生产率的变化趋势》，载于《中国金融》2016 年第 20 期。

但从目前的情况来看，改革红利对中国潜在经济增长的正面影响正在减弱。首先，中国加入 WTO 的制度红利已经释放（见图 3 – 17），在最近十年中，缺少正面的技术冲击支撑潜在产出。由国际市场竞争带来的效率提高的空间下降，经济活动更多地面向国内市场，而国内由于各种制度、政策方面的原因，面临行业垄断、政府支配资源过多等问题，这些摩擦因素形成了对市场竞争的限制，不利于全要素生产率的提升。

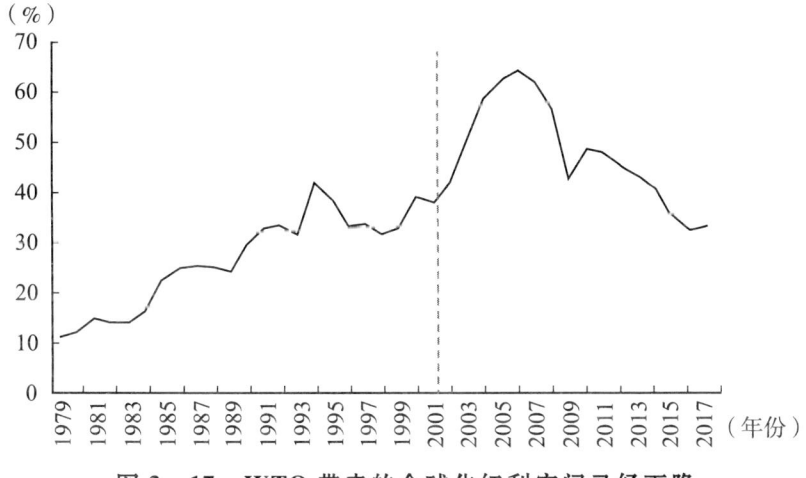

图 3 – 17 WTO 带来的全球化红利空间已经下降

注：虚线表示中国加入 WTO 时间，2001 年 11 月 10 日。
资料来源：海关总署、国家统计局，2017。

但是，中国政府正在采取措施，最值得期待的是2013年11月召开的党的十八届三中全会，提出了"全面深化改革"总体任务，改革领域涵盖行政和司法等，目标是建立一个现代国家治理体系与社会主义现代化强国。有了宏伟蓝图，自党的十八届三中全会之后至十九届三中全会，国家出台了一系列相关政策（见表3-6）。

表3-6　党的十八届三中全会至十九届三中全会主要内容

序号	改革领域	改革内容	改革的突破口
1	国家安全委员会	引导优势民营企业进入军工科研和维修领域	
2	国企改革	(1) 组建若干国有资本运营公司。 (2) 国有资本继续控股经营的自然垄断行业，根据不同行业特点实行网运分开、放开竞争性业务。 (3) 要完善各类国有资产管理体制，改革国有资本授权经营体制，加快国有经济布局优化、结构调整、战略性重组，促进国有资产保值增值，推动国有资本做强做优做大，有效防止国有资产流失。深化国有企业改革，发展混合所有制经济，培育具有全球竞争力的世界一流企业	(1) 试点地区国资改革将明确功能定位并实施分类管理。分为竞争类、功能类、公共服务类。 (2) 国资委将通过管资本为主的职能转变，来推动国企改革的全面深化，使国企走在高质量发展前列。 (3) 投资运营公司试点升级至综合性改革，出资人监管权责清单落地
3	土地要素市场改革	(1) 建立城乡统一的建设用地市场。 (2) 农用地开放金融属性，提出"承包经营权抵押、担保权能"。 (3) 推进城乡要素平等交换和公共资源均衡配置。 (4) 建立有效调节工业用地和居住用地合理比较机制，提高工业用地价格。 (5) 经济体制改革必须以完善产权制度和要素市场化配置为重点，实现产权有效激励、要素自由流动、价格反应灵活、竞争公平有序、企业优胜劣汰。 (6) 产权制度是社会主义市场经济的基石。要以保护产权、维护契约、统一市场、平等交换、公平竞争为基本导向，完善相关法律法规。对各种侵权行为要依法严肃处理，对产权纠纷案件要依法甄别纠正。	(1) 修订并发布《土地管理法》和《农村集体土地征收补偿条例》。 (2) 农村土地确权和登记。 (3) 扩大农村用地转为商业用地试点。 (4) 探索宅基地所有权、资格权、使用权分置改革。 (5) 深化要素市场化配置改革，重点在"破""立""降"上下功夫。 (6) 强化知识产权保护，实行侵权惩罚性赔偿制度。加快技术、土地等要素价格市场化改革，深化资源类产品和公共服务价格改革，防止

续表

序号	改革领域	改革内容	改革的突破口
3	土地要素市场改革	(7) 巩固和完善农村基本经营制度，深化农村土地制度改革，完善承包地"三权"分置制度。保持土地承包关系稳定并长久不变，第二轮土地承包到期后再延长三十年	市场垄断。要用有力的产权保护、顺畅的要素流动，让市场活力和社会创造力竞相迸发
4	劳动力要素市场改革	(1) 加快户籍制度改革。 (2) 基础养老全国统筹，适时适当降低社会保险费率。 (3) "单独二孩"，增加劳动力供给，推迟人口抚养比的拐点	(1) 放宽中小城市户籍制度。 (2) 扩大养老金覆盖面，并改为全国统筹。 (3) 扩大医保范围，居民基本医保人均财政补助标准再增加40元，扩大跨省异地就医直接结算范围
5	金融市场改革	(1) 允许具备条件的民间资本依法发起设立中小型银行等金融机构。 (2) 推进政策性金融机构改革。健全多层次资本市场体系，推进股票发行注册制改革，发展并规范债券市场，提高直接融资比重。 (3) 完善保险经济补偿机制，建立巨灾保险制度。 (4) 放宽或取消银行、证券、基金管理、期货、金融资产管理公司等外资股比限制。 (5) 提高直接融资特别是股权融资比重。 (6) 设立国家融资担保基金，支持优质创新企业上市融资	(1) 银行业：允许更多民营和小型银行，存款保险制度放开银行间同业存单-大额存单利率。 (2) 汇率：扩大每日交易区间。 (3) 资本账户开放：放开对外投资，海外融资，QFII额度。 (4) 资本市场：资产支持证券，股票市场监管和透明度。 (5) 上海自贸试验区：试点市场化举措
6	打破垄断，推动全面开放格局	(1) 实行统一的市场准入制度，制定负面清单。 (2) 凡是能有市场形成价格的都交给市场，政府不进行不当干预。 (3) 要以"一带一路"建设为重点，坚持引进来和走出去并重，遵循共商共建共享原则，加强创新能力开放合作，形成陆海内外联动、东西双向互济的开放格局	(1) 阶梯电价、水价制度，完善煤电联动。 (2) 天然气市场定价，提高价格。 (3) 优化区域开放布局，加大西部开放力度。赋予自由贸易试验区更大改革自主权，探索建设自由贸易港

续表

序号	改革领域	改革内容	改革的突破口
6	打破垄断,推动全面开放格局	(4) 推进贸易强国建设。拓展对外贸易,培育贸易新业态新模式,推进贸易强国建设。实行高水平的贸易和投资自由化便利化政策,全面实行准入前国民待遇加负面清单管理制度,大幅度放宽市场准入,扩大服务业对外开放,保护外商投资合法权益。凡是在我国境内注册的企业,都要一视同仁、平等对待	
7	深化党和国家机构改革	(1) 完善坚持党的全面领导的制度,加强党对各领域各方面工作领导,确保党的领导全覆盖,确保党的领导更加坚强有力。要建立健全党对重大工作的领导体制机制,强化党的组织在同级组织中的领导地位,更好发挥党的职能部门作用,统筹设置党政机构,推进党的纪律检查体制和国家监察体制改革。 (2) 转变政府职能,优化政府机构设置和职能配置,就是要纠正单纯以经济增长速度评定政绩的偏向,重视民生,同时要加大政府购买公共服务力度	(1) 厘清政府与市场边界。 (2) 简政放权。 (3) 向社会部门购买服务,推动公共服务创新。 (4) 提高行政效率,全面提高政府效能,建设人民满意的服务型政府
8	深化财税体制改革	(1) 深化财税体制改革。推进中央与地方财政事权和支出责任划分改革,抓紧制定收入划分改革方案,完善转移支付制度。 (2) 健全地方税体系,稳妥推进房地产税立法,改革个人所得税,继续改革和完善增值税制度,按照增值税税率三档并两档的方向,合理调整税率水平,重点降低制造业和交通运输等行业的税率,目的是支持实体经济的发展	(1) 扩大营改增范围。 (2) 将高能耗、污染产品纳入消费税征税范围。 (3) 房产税:建立不动产登记制度,扩大房产税试点。 (4) 结构性减税:减免小微企业和新兴产业税收。 (5) 资源税、环保税逐步开始从价计征。 (6) 提高个人所得税起征点,增加子女教育、大病医疗等专项费用扣除,合理减负,鼓励人民群众通过劳动增加收入、迈向富裕。 (7) 大幅提高企业新购入仪器设备税前扣除上限。

续表

序号	改革领域	改革内容	改革的突破口
8	深化财税体制改革		（8）实施企业境外所得综合抵免政策。扩大物流企业仓储用地税收优惠范围。继续实施企业重组土地增值税、契约等到期优惠政策。 （9）增值税由四档变三档，再由三档并二档，制造业等行业增值税税率将从17%降至16%，交通运输、建筑、基础电信服务等行业及农产品等货物的增值税税率将从11%降至10%。此外，工商业小规模纳税人（50万元和80万元，3%）年销售额标准统一上调到500万元，对于部分先进制造业、现代服务业企业和电网企业在一定时期内未抵扣完的进项税款予以退还
9	生态环境监管体制改革	（1）对自然资源确权登记，取消部分县生产考核，让位自然，资源有偿使用制度和生态补偿制度。 （2）设立国有自然资源资产管理和自然生态监管机构，完善生态环境管理制度。 （3）构建国土空间开发保护制度，完善主体功能区配套政策	（1）统一行使全民所有自然资源资产所有者职责。 （2）统一行使所有国土空间用途管制和生态保护修复职责。 （3）统一行使监管城乡各类污染排放和行政执法职责。 （4）建立以国家公园为主体的自然保护地体系

资料来源：中共中央关于全面深化改革若干重大问题的决定，2012；2017年10月18日习近平总书记代表十八届中央委员会向大会作报告《决胜全面建成小康社会　夺取新时代中国特色社会主义伟大胜利》；2018年3月5日，李克强总理代表国务院在十二届全国人大五次会议上作《政府工作报告》。

党的十八届三中全会之后，中国出台了密集的改革措施，昭显政府改革的决心。随着政府体制、金融、财税、民生等领域的改革全面铺开，中国经济和全要素增长率的增长虽然面临较大风险和不确定性，但中国可以在改革中化解风险，如同前三次重大社会变革，成为支持未来中国经济增长的持续动力。

第四章

影响中国潜在增长率的短期因素分析

前面一章从劳动力、物质资本、人力资本与全要素生产率等四个维度分析潜在增长率的变化原因。结论是除全要素生产率面临较大的不确定性之外，劳动力和物质资本要素皆朝着不利于中国潜在产出提高的方向发展。我们知道，影响当前经济增速下滑的因素有结构性成分和周期性成分，绝大多数的研究文献对潜在增速的测算重点关注结构因素，然而，只有少数的研究文献对短期的周期性因素诸如需求对潜在增长率的影响进行研究，下面就此展开分析。

第一节 短期的周期性需求因素对潜在增长率影响机制的理论分析

一些文献（Zweimuller and Brunner, 2005; Echevarria, 1997; Kongsamut et al., 2001）对此进行了研究，并认为短期因素通过一些中介环节如金融体系、人力资本价值等对长期结构性因素有所影响，如果短期的周期性因素确实会对潜在增速产生影响，那么政策建议就会有所不同，不仅要关注供给侧结构性改革，需求侧也应当有所反应。为此，从市场均衡、市场出清的角度，在开放经济的背景下，有必要考虑短期与中长期因素（或周期性因素与结构性因素）的相互作用机制及其对中国潜在增长率的影响。下面就对这一短期因素（周期性需求）与潜在增长率之间的关系及其影响机制做进一步的理论分析。

一、短期的周期性需求与潜在增长率之间的关系

理论上看，在沿袭萨伊定理的传统经济增长理论中，一国经济长期增长的潜力受到一国长期供给能力的各项因素的制约，这些因素主要是劳动力人数、资本或储蓄资金的供给、生产组织的效率或技术创新能力，以及在开放经济中的一国比较优势及其发挥等。而影响一国社会需求的因素，诸如收入的增长率及分布、社会成员的消费或储蓄意愿及消费习惯和消费观念，以及在开放经济中一国社会成员对进口品的偏好和选择等因素，常常被忽略或是仅仅作为一个短期性因素而在长期经济增长研究中不予考虑，这在古典以及新古典经济增长理论中均有体现。

但是，在新卡莱斯基主义（neo – Kaleckians）和新凯恩斯主义（neo – Keynesians）经济增长理论中，经济增长是由需求引导的。他们认为需求不仅会对短期经济波动产生影响，而且提出成本悖论和节俭悖论证明需求会引导长期经济增长，提出所谓的需求引导经济增长的概念。[1][2][3][4] 而关于新古典经济增长理论以及马克思经济增长理论的改进和再研究也发现这些理论假设中存在不合理之处，并据此提出符合现实的改进并证明需求会影响长期经济增长。[5][6][7] 后续的大量研究还认为供给本身也并不完全独立于需求，提出需求可以通过影响供给多方面的因素从而影响长期经济增长，[8] 认为一方面经济的潜在增长率取决于物质资本、劳动力资源和要素生产率的增长。但是每一个潜在增长率本身又会受到需求决定

---

[1] Marco Missaglia. Demand Policies for Long – Run Growth: Beingkeynesian Both in the Short and in the Long Run?, *Metroeconomica*, 2007, 58, pp. 74 – 94.

[2] Palley, T. I. Aggregate Demand in a Reconstruction of Growth Theory: the Macrofoundations of Economic Growth, *Review of Political Economy*, 8, pp. 23 – 35.

[3] Blecker, R. (2002) Distribution, Demand and Growth in neo – Kaleckian Macro Models, in: M. Setterfield (Ed.) The Economics of Demand – Led Growth: Challenging the Supply-side Visionof the Long Run (Cheltenham, Edward Elgar), pp. 129 – 152.

[4] Brouwer, E. & Kleinknecht, A. (1999) Keynes-plus? Effective Demand and Changes in Firm-level R&D: an Empirical Note, *Cambridge Journal of Economics*, 23, pp. 385 – 399.

[5] Andre Lorentz, TommasoCiarli, Maria Savona, Marco Valente. The Effect of Demand-driven Structural Transformations on Growth and Technological Change, *Journal of Evolutionary Economics*, 2016, 26, pp. 219 – 246.

[6] Amitava Krishna Dutt. The Role of Aggregate Demand in Classical Marxian Models of Economic Growth, *Cambridge Journal of Economics*, 2015, 35, pp. 357 – 382.

[7] Gerhard Colm, John Cornwall and Arthur Smithies. Discussion, *The American Economic Review*, 1962, 52, pp. 87 – 92

[8] Mark Setterfield. Supply and Demand in the Theory of Long-run Growth: Introduction to Asymposium on Demand-led Growth, *Review of Political Economy*, 2003, 15, pp. 23 – 31.

的实际增长率的影响。因此,一定的供给或供给能力的形成总是与需求或预期需求相关。一国长期供给的潜力如果要转化为现实的长期供给能力,保证长期供给者获得完全成本补偿(但也有相关文献认为不需要完全成本补贴的假设)或正常利润的"长期均衡价格"必须发生作用,在各个时点上的市场出清价格将具有向"长期均衡价格"回归的趋势(如果前者暂时偏离了后者的话),而这就要求人们在分析长期经济增长时,既考虑短期需求的稳定性问题,又考虑长期需求与长期供给的一致性问题(即"长期均衡价格"的决定问题)。① 根据总需求决定的增长理论,需求方面的变化情况,例如,促使企业投资更多的动物精神,会影响经济的长期增长率。②

因此,综上所述,到目前为止对于长期经济增长与需求变动之间关系的讨论主要从以下几个方面出发:(1)基于新卡莱斯基主义者(neo - Kaleckians)和新凯恩斯主义(neo - Keynesians)理论的需求引导型(demand-led growth)经济增长;(2)新古典经济增长理论与马克思经济增长理论中需求的长期增长效应的证明,以实证为基础的需求水平通过作用于供给侧要素推动经济长期增长;(3)需求结构通过作用于供给侧要素推动经济长期增长。

二、周期性需求对潜在增长率的影响机制分析

在巴罗和萨拉伊·马丁(Barro and Sala - i - Martin, 1995)、阿吉翁与霍依特(Aghion and Howitt, 1998)和琼斯(Jones, 1998)等的书中都没有将需求作为影响经济增长的因素纳入模型分析,正如阿米塔瓦·克里希纳·杜特(Amitava Krishna Dutt, 2006)所说,只有少数的新经济增长理论模型中讨论了需求对经济增长的作用,那些少数考虑了需求的新经济增长理论称为新凯恩斯主义、后凯恩斯主义和结构主义。③

在主流经济增长理论中,通常假设在经济增长的过程中经济总是处于充分就业的状态并且投资总是等于储蓄,因此只要技术或人力资本进步,人均单位资本产出就会提高,从而经济就会增长。但是事实上关于需求影响长期经济增长的讨论并没有停止过,甚至后凯恩斯主义经济学家和结构主义经济学家在讨论经济增长时给予需求以中心地位。在早期的经济增长理论中,需求在增长分析中也曾处

---

① 贺力平:《国内市场需求与中国长期经济增长》,载于《经济研究》1999年第8期。
② Amitava Krishna Dutt. The Role of Aggregate Demand in Classical - Marxian Models of Economic Growth, *Cambridge Journal of Economics*, 2011, 35, pp. 357 - 382.
③ Amitava Krishna Dutt. Aggregate Demand, Aggregate Supply and Economic Growth, *International Review of Applied Economics*, 2006, 20: 319 - 334.

于重要地位,如哈罗德(1939)在模型中区分了投资和储蓄行为,并指出在经济增长的过程中,有保证的经济增长率可以不等于自然增长,从而经济增长不仅仅由供给能力决定,罗宾逊(1962)和卡恩(1959)也曾将需求纳入经济增长分析的框架,认为增加总需求可以增加长期经济增长率。[1][2][3]

新凯恩斯主义、后凯恩斯主义和结构主义理论从不同的角度证明需求作为短期因素会对长期经济增长产生影响。凯恩斯主义增长理论沿袭了哈罗德(Harrod, 1939)增长理论的思想,即总需求处于理论的核心地位[4]。哈罗德经济增长理论的主要贡献在于明确地区分了储蓄和投资行为,储蓄不必然等于投资,在后续的凯恩斯主义增长理论中通常假设资本投资比与产能利用率成正比,与自主投资成正比。在这样的假设下,模型得到的有保证的长期经济增长率可能背离或者不同于经济的自然增长率,而在新古典增长理论中,因为储蓄总是等于投资,则资本产出率的变动会促使长期经济增长率始终趋向于自然增长率。

新凯恩斯主义增长模型和后凯恩斯主义增长模型的中心思想都是投资行为独立于储蓄行为,经济中存在有效需求不足的情况,通过摒弃新古典增长理论中投资和储蓄始终相等的假设,认为经济中长期存在有效需求不足的情况,而有效需求可能通过影响投资、财政政策、资本积累从而影响技术进步和产能利用率,最后作为短期因素的需求以及需求冲击会对长期增长产生影响。同时,在投资行为独立于储蓄行为的基础上,凯恩斯主义增长理论认为资本积累是由投资驱动的,是由厂商的投资支出决定了资本积累率,这与新古典经济理论中资本积累由家庭户的储蓄行为决定不同。在均衡时产出增长率是与总需求增长率相等的,这意味着在新凯恩斯主义增长理论中,总需求增长率会制约和影响产出增长率,而在沿袭萨伊定理思想的新古典增长理论中,总需求增长率是随总产出增长率的变化而变化的。进一步地,当将技术积累方程加入新凯恩斯主义增长模型中时,该理论的完整逻辑就是总需求的增长会影响厂商的投资支出,而投资支出会影响技术进步,最后总需求的增长或变动就会影响技术进步和经济增长。

后凯恩斯主义是一个没有明确定义的标签,之所以称其为后凯恩斯主义是因为他们承认并继承了凯恩斯的理论,而后凯恩斯主义的主要特点在于他们的分析

---

[1] Harrod, R. F. An Essay in Dynamic Theory, *Economic Journal*, 1939, 49, pp. 14 – 33.
[2] Robinson, J. Essays in the Theory of Economic Growth (London: Macmillan), 1962.
[3] Kahn, R. F. Exercises in the Analysis of Growth, Oxford Economic Papers, 1959, 11, pp. 143 – 156.
[4] Thomas I. Palley. Growth Theory in a Keynesian Mode: Some Keynesian Foundations for New Endogenous Growth Theory, *Journal of Post Keynesian Economics*, 1996, 19, 114 – 135.

中强调了不确定性和金融的作用。① 后凯恩斯主义认为投资方程是不稳定的，资本边际效率是投资项目未来现金流量的函数。因为未来是具有不确定性的，因此企业家的期望往往是不稳定的，那么企业的投资也是不稳定的。后凯恩斯主义否认一切均衡和稳定的增长分析，认为金融和产品市场中的不确定性会影响企业投资预期，从而影响长期经济增长。

与古典以及新古典经济增长理论一样，在马克思主义经济理论中，需求也是作为一个短期因素考虑的。在短期中，马克思认识到由于存在有效需求不足的情况，可能导致产出高于经济中可能实现的需求，从而引发经济危机的可能。但是，虽然早期的政治经济学理论认识到了总需求的短期影响，但是并未将其看作影响经济增长的重要因素，也并未发展出一套将总需求加入经济增长的理论。与古典经济增长理论一样，马克思经济增长理论也强调资本积累和技术进步在经济增长中的作用，并且在一些假设中消除了总需求对经济增长可能产生的影响。

阿米塔瓦·克里希纳·杜特（Amitava Krishna Dutt，2011）对马克思经济增长理论中消除了总需求对经济增长影响的假设进行讨论，对这些假设提出质疑，并通过更正这些假设构建新的模型解释了需求可以驱动长期经济增长。

首先，马克思经济增长理论认为，总需求可以影响短期经济增长，但是不能影响长期经济增长。但是，阿米塔瓦·克里希纳·杜特（2011）证明，如果总需求可以在短期内影响经济增长，那么总需求只有在收入分配和产能利用率在长期内都是严格外生的情况下才不会对长期经济增长产生影响，只要收入分配或者产能利用率中任意一个不是严格外生的，那么总需求就会对长期经济增长产生影响，而收入分配和产能利用率都是外生的假设过于严格。其次，即便允许收入分配外生，当初始收入分配是外生的并且工资调整到与通货膨胀变动一致的速度是外生的情况下，总需求都可以对长期经济增长产生影响。最后，阿米塔瓦·克里希纳·杜特还认为在长期经济增长实现均衡的时候，并不一定要求实现所有的调整。如果长期经济增长均衡的状态下实现了所有的均衡，那么每个短期增长中的均衡状态的总和就是长期经济增长的均衡状态，那么如同总需求在短期中对经济增长产生的作用一样，其也会对长期经济增长产生作用。②

从前面的讨论中可以看出，需求水平会对长期经济增长产生影响，尽管在传统的经济增长理论中，萨伊定律认为供给会自动创造需求，供给潜力会决定经济

---

① James R. Crotty, Post – Keynesian Economic Theory: An Overview and Evaluation, *The American Economic Review*, 1980, 70, pp20 – 25.

② Amitava Krishna Dutt, The Role of Aggregate Demand in Classical Marxian Models of Economic Growth, *Cambridge Journal of Economics*, 2011, 35, 357 – 382.

发展的潜力，但是在后续的实证研究中发现，需求并不一定会自动等于供给，收入分配、制度环境、消费偏好、国内外环境都有可能造成供给和需求的脱节，从而影响长期经济增长。因此，从需求水平的角度来看，主要存在以下几个方面的供需不匹配：第一，储蓄与投资之间的脱节或缺口。这是凯恩斯最早提出的，认为储蓄和投资往往由不同社会成员来进行，并分别决定于不同的经济变量，社会经济中因而缺乏自动的机制来保证储蓄与投资的平衡；第二，收入分配中工资增长与利润增长之间的脱节。这是沿着《资本论》思路的经济学者的普遍看法。这种观点认为，利润是积累或投资的来源，工资是消费需求的主体；如果没有一定的社会机制来保证工资和利润的协调增长，那么消费需求增长会受到抑制，而生产和投资则将出现过度增长；第三，开放经济中国内需求与国内供给之间的脱节或缺口。这是许多研究经济发展与国际经济的学者提出的看法。他们认为，如果一国在进口物品上的开支超过了该国在国际市场上的出口收入，即出现贸易逆差，那么这意味着国内潜在供给小于国内现实需求，即一部分国内需求净转移到国外，净进口替代了一部分国内潜在供给；第四，城市化过程中需求和供给的脱节。在经济发展过程中，需求和供给是推动经济发展的两种基本市场力量。因此，可以从这几个角度出发，进一步探究需求对长期经济增长的直接影响。国内外有大量学者机构对此进行了实证和理论探讨。

罗斯托（1962）对经济增长阶段的划分以及其对每个阶段中经济主导力量转变的论述体现了经济增长过程中需求结构对经济增长的作用。需求结构失衡会制约经济发展，影响经济增长的速度，而这也体现了不同经济增长阶段需求影响经济增长的特征。以罗斯托对长期经济增长阶段的划分，一国经济增长大致可以划分为六个阶段[①]：（1）"传统社会"阶段，这个阶段不存在现代科学技术，主要依靠手工劳动，农业居于首位。（2）为"起飞"创造前提的阶段，即从传统社会向"起飞"阶段过渡的时期，近代科学知识开始在工、农业中发生作用。在第一阶段和第二阶段，社会生产力水平相对低下，人们日常的消费需求刚性较大，投资需求只能缓慢地增长。因此，在罗斯托经济增长的第一阶段和第二阶段，一国的经济增长主要受到消费需求的影响，但是由于投资需求的制约，消费需求无法转化为有效需求，因而投资需求是制约第一阶段和第二阶段经济实现快速增长的主要因素。（3）"起飞"阶段，即经济史上的产业革命的早期，新的技术在工、农业中得到推广和应用，投资率显著上升，工业中主导部门迅速增长，农业劳动生产率空前提高，从而在第三阶段中后期，投资需求可能会超过消费需求并

---

① 华尔特·惠特曼·罗斯托：《经济成长的阶段：非共产党宣言》，国际关系研究室编译所译．商务印书馆1962年版。

主导经济增长，投资需求增长会带动各部门经济发展，提高经济中的工业和服务业生产部门的劳动力数量，使得居民整体收入和消费能力得到快速提高。在这一阶段，经济增长速度有所提高，但是由于此时国家整体仍处于城市化和工业化前期，虽然投资需求提高但消费需求仍受到抑制，因此对经济的驱动作用不明显。(4) 走向"成熟"发展的阶段，现代科学技术得到普遍推广和应用，经济持续增长，投资扩大，新工业部门迅速发展，国际贸易迅速增加。在第四阶段，投资需求主导驱动一国经济增长。(5) "高额群众消费"阶段，主导部门转到耐用消费品生产方面。在第五阶段，国家生产力水平已极大提高，产业结构基本完善，人们收入水平迅速提升，消费能力和消费水平显著改善，用于基本建设和生产的投资已趋于饱和状态，同时一国的消费基础已基本形成，因而在这一时期，一国经济增长开始由投资需求驱动向消费需求驱动转变。(6) "追求生活质量"阶段，主导部门是服务业与环境改造事业。在第六阶段，生产力水平已达到很高状态，产业结构已完全成熟，人们收入水平达到较高水平，因而在这一时期，一国经济增长则主要由消费需求主导。因此总的来看，在第一阶段至第四阶段是属于提升生产力水平和建立健全国民经济产业阶段，在这一时期，国家需要积累大量的资本来进行投资和发展生产，对消费大多采取抑制政策，因而，由于消费需求与投资需求此消彼长的关系，投资需求是制约长期经济增长的重要因素，并进一步影响了整体经济增长水平的提高。在第五阶段和第六阶段，经济发展过程中的城市化和工业已基本完成，积累了大量资本，因而消费需求成为拉动经济增长的重要因素。可以看出在整个经济增长过程中，投资需求和消费需求的协调度都会影响长期经济增长的速度。

在对我国经济发展过程中需求和经济增长关系的分析中，也可以看出需求对长期经济增长的作用。刘金全（2002）利用 Granger 因果关系检验了 1992~2001 年 10 年间积累消费和经济增长之间的关系，认为我国经济增长在整体上存在消费驱动的现象，并且在消费需求和经济增长之间出现了双向 Granger 因果关系。① 纪明（2010）在建立索洛增长模型的框架下进行理论和实证分析，认为需求变动会直接影响经济增长，需求结构失衡会制约经济增长，认为自 1993 年以来居民消费需求增长滞后使得我国经济增长转向依赖投资和出口，这实际上影响了中国经济增长的方式和进程。而在开放型的经济中，国内需求和国内供给之间可能脱节，或出现需求拉动的经济增长。张鹤、刘金全和顾洪梅（2005）对 1990 年 1 月至 2003 年 12 月的产出水平和进出口水平的水平值和进出口值进行分析，发现国外总需求和总供给与我国经济增长之间存在正相关关系，中国经济对出口（进

---

① 刘金全：《当前中国经济增长的有效需求驱动特征》，载于《经济科学》2002 年第 1 期。

口）具有强依赖性。[①] 在城市化过程中，我国也由于常年的基础设施投资和靠投资拉动的经济增长而出现了大量的过剩产能，阻碍经济结构优化和经济进一步发展。

总之，前面的论述，无论从理论上还是实证上，都论证了需求对长期经济增长的作用及制约，那么，需求究竟是通过什么样的机制对长期经济增长产生作用呢？需求通过作用于供给侧要素从而影响长期经济增长。在经济发展的过程中，供给和需求是相互影响相互决定的，因此需求在经济发展的过程中，如果能对供给侧的因素产生影响，那么考察经济长期增长就不能忽视需求的作用或仅仅将其看作是影响经济的一个短期因素。下面就需求水平及结构通过不同途径对潜在增长率产生影响的机制进行详细分析。

（一）需求水平影响长期经济增长

需求水平通过以下几个途径影响长期经济增长：

第一，需求通过作用于生产率来影响长期经济增长。为什么需求会影响长期的生产率呢？从理论上看，生产率＝产出/投入，如果在供给侧要素未充分利用的情况下，投入就是投入需求，投入需求＝产出/生产率。因此如果投入需求增加，生产率应该降低。约翰·F. 沃克和哈罗德·G. 瓦特（1999）基于一个现实假设即美国在战后的40年中，无论是在经济增长时期还是在经济停滞时期，其供给侧的要素其实都是未实现充分利用的状态，而在这种情况下，经济无论是在高速增长时期还是在衰退时期其经济发展都是由需求拉动的，并使用美国战后40年的数据证实了美国经济在这个过程中，无论是在长期还是在短期其增长都是由需求拉动的，其产出变动的趋势与需求变动的趋势是一致的。[②] 以需求为导向的产出增长也会通过对干中学的影响来影响生产资源的开发。随着需求和产出的增加，生产活动的增加，它也将增加学习的工作量，从而提高与这种生产活动相关的要素生产率水平。

第二，需求影响技术进步。经济增长必然需要技术进步作为支撑，经济增长的过程也必然伴随着对技术进步需求的演变过程。谷石玫、周丽梅（2012）认为现实经济增长中对技术进步产生的需求是影响技术进步最持久的动力，它影响技术进步的速度以及技术进步的内容和形式。首先，需求会影响技术进步的速度。需求由一定经济时期居民和国家（地区）整体的购买意愿以及购买能力所决定，

[①] 张鹤、刘金全、顾洪梅：《国外总需求和总供给对中国经济增长拉动作用的经验分析》，载于《世界经济》2005年第4期。

[②] John F. Walker and Harold G. Vatter. , Demand：The Neglected Participantin the Long Run U. S. Productivity Record, 1999（2）.

因此不同的经济增长阶段下的需求水平不同，对技术进步的要求也不同，经济增长的客观需求是推动技术进步的直接动力。当经济发展到一定阶段时，人们的收入水平相对上一个阶段会发生变化，从而直接影响人们对技术进步的要求；而在市场经济中，为满足人们不断增长的需求，相互竞争的生产主体会想方设法提高产品供给的能力和生产的效率，以更低的成本占领更多的市场份额，从而产生了技术进步的动力。因此，每项新技术的产生和应用，实际上都来源于经济上的需要，并始终伴随经济增长的过程。其次，需求会影响技术进步的形式和内容。在经济发展的不同阶段，经济发展水平不同，经济需求的层次也不同，从而导致对技术进步的形式和内容的选择也会不同，在农业经济占主导地位的经济发展时期，很难想象人们对信息技术的需求会大于对农耕技术或集体耕种技术的需求，因为现实的需求水平决定了经济生活和生产的内容和标准，从而影响人们对技术进步的要求。同时，经济发展具有延续性和继承性，这一经济阶段的出现是上一个经济阶段发展的结果，因而随着经济发展而发展的技术也具有延续性和继承性。因此，只有以自身经济发展现状和现有技术水平为基础，采用循序渐进的方式，依据现实经济发展的需求，选择技术进步的方向，从而实现在该经济发展阶段所呼吁和要求的技术进步。①

不同的经济增长目标也会促使技术进步主体选择不同的技术结构。市场需求及经济环境的动态变化使各个产业部门有不同的收入需求弹性。这就促使科学技术工作必须面向实际经济建设，要根据经济增长过程中面临的关键问题，去选择研究开发的重点并规划技术发展的方向，使技术进步与经济增长密切结合起来，形成技术推力和经济增长需求拉力的有效接轨。

第三，需求影响投资意愿和流动性。需求也可能对企业的融资能力和金融发展产生影响。经济增长缓慢，削弱了盈利能力，可能会妨碍企业利用留存收益来为投资提供资金，并在金融机构的眼中对他们所认为的信贷价值产生不利影响。后者也可能有较高的流动性偏好，因此不太愿意在缓慢增长的时期对工业资本的非流动性投资作出财政承诺。

（二）需求结构影响长期经济增长

需求结构可以划分为消费、投资、出口三个基本组成部分。经济发展的过程中，这三个组成要素之间的关系影响着经济的长期发展和发展方向。需求结构也可以根据经济增长过程中收入不平等、城市化进程等等因素的影响对不同种类质

---

① 谷石玫、周丽梅：《技术进步与经济增长关系中的供给与需求》，载于《当代经济研究》2012年第10期。

量的消费品的需求来定义。

第一,需求偏好与经济增长。经济增长的过程可以由产出和就业在部门之间的结构转换来描述,而需求是推动这种结构转换发生的重要因素。在长期经济增长的过程中,部门生产率的差异以及部门收入需求弹性的差异是导致结构转换的重要原因。从需求方面看,在低收入国家中,居民绝大部分的收入都花在维持生存的基本产品(主要是食物)上,因此大部分人口在农业部门工作;而在富裕国家,消费者较少对基本生活用品的消费而增加其他如耐用品、服务的消费,从而推动了制造业和服务业的发展,推动劳动力人口向这些部门流动。克里斯蒂纳·埃切瓦里(Cristina Echevarria,1997)[①]使用一个持续增长的索洛模型来计算并验证了经济增长的过程中,部门组成的变化会影响经济增长。因为在国民经济的三个基本部门农业部门、制造业部门和服务业部门中的生产率和技术进步率是不同的,在历史经验中农业部门的生产率最低,其次是服务业部门,然后是制造业部门,而在经济发展的过程中,随着人民收入的增长,而由于非位似偏好(non-homothethic preference)的存在和收入弹性在不同部门的差异使得经济增长出现部门组成的变化,部门组成的变化导致总的生产增长率发生变化,从而影响经济增长。因此,不同时期或者不同收入水平的需求偏好会驱动部门转化从而影响经济增长。

同样,除了资源和劳动力在三大部门之间的流动,每个部门内部也存在着劳动力和资源的流动和分配,如随着经济发展,制造业部门中的技术密集型和资本密集型的产品生产部门的份额会上升,而如服装等轻工业产品的份额会降低。这种经济现象上的转变,其理论上的解释从供给的角度看是不同部门的技术进步率不同,而从需求的角度看应该来源于非位似偏好和等级偏好(hierarchic preference)。[②]非位似偏好是随着经济的增长和人均收入的提高,消费者对于不同商品的偏好会发生变化,各部门商品之间的收入替代弹性也会发生变化,从而引起部门结构的转变。等级偏好是指在经济发展的过程中,新的产品会不断被生产出来而旧的产品市场份额会不断下降,那些新被引进的产品具有较高的收入弹性而随着经济的发展这些商品的收入弹性会不断降低,从而成为低收入弹性的商品,因而称消费者的偏好具有等级性质。在松山(Matsuyama,2002)的模型中,在等级偏好的假设下,非线性的恩格尔曲线可以在描述经济增长过程中的部门转换同时符合卡尔多事实的描述。

[①] Cristina Echevarria, Changes in Sectoral Composition Associated with Economic Growth [J]. *International Economic Review*, 1997, 38 (2): 431 - 451.

[②] Reto Foellmi, Josef Zweimüller, Structural Change, Engel's Consumption Cycles and Kaldor's Facts of Economic Growth, *Journal of Monetary Economics*, 2008, 55: 1317 - 1328.

目前，中国经济在需求结构方面的失衡主要表现在消费结构失衡：我国在高储蓄率基础上形成的需求结构畸形发展奠定了产业结构不合理发展的基础，而高投资在投资主体不合理政策与扭曲的产业环境引导下流向第二产业，致使第二产业部分产品严重过剩，如钢铁、铝等，而低层次的消费水平不仅制约第二产业的发展，而且导致其产业结构升级滞后。[1]

第二，需求动力结构与经济增长。需求动力结构是消费、投资、出口三者之间的比例关系。需求动力结构会通过影响经济结构的其他方面影响长期经济增长。首先，需求动力结构会影响产业结构。魏杰（2010）论述了消费需求动力内部结构背离供给结构的三种表现及危害，并提出适应供给结构的消费需求内部结构调整的政策。[2] 张中华（1999）认为消费和投资需求动力内部结构不合理是我国产业结构和投资失衡的主要原因。[3] 沈利生（2011）利用投入产出模型推导了消费、投资和出口需求动力与三次产业增加值之间的关系，定量探讨了消费、投资和出口需求动力结构的变动对三次产业结构变动的影响。[4] 其次，需求动力结构影响经济增长的平稳性。彭焕杰（1988）认为在生产结构不能立即改变的情况下，对消费和投资需求内部结构进行调节，可以解决短期内资源闲置和商品短缺并存的状态，调整经济趋向平衡发展。[5] 关浩杰（2011）研究了需求动力结构变动与经济波动之间关系，发现短期内需求动力结构变动不是经济波动的格兰杰原因，但在中长期需求动力结构变动却是经济波动的格兰杰原因。[6] 最后，需求动力结构与经济产出效率的关系。刘迎秋（1991）认为我国改革开放前由于投资和消费需求结构形成了"逆霍夫曼比例"，因而导致消费品和投资品供给短缺，经济增长水平低下。刘伟和蔡志洲（2010）指出当前我国投资需求增长过快，消费需求增长乏力，总需求结构性矛盾突出，致使经济增长的有效性下降、失业率攀升和产能过剩。[7] 谭小芳等（2006）刻画了不同的投资消费结构在人均消费和人均资本的理论动态模型下对于经济发展的影响，认为如果投资消费比例失衡，经济系统就很有可能处在动态无效率状态。[8] 此外，国内学者对需求动力结构与区

---

[1] 柳欣、赵雷、吕元祥：《我国经济增长中的需求结构失衡探源——基于存量—流量均衡的分析视角》，载于《经济学动态》2012年第7期。
[2] 魏杰：《基于国民生产总值的经济结构调整》，载于《学术月刊》2010年第6期。
[3] 张中华：《产业结构、投资结构决定的理论考察》，载于《中南财经大学学报》1999年第5期。
[4] 沈利生：《最终需求结构变动怎样影响产业结构变动——基于投入产出模型的分析》，载于《数量经济技术经济研究》2011年第12期。
[5] 彭焕杰：《经济稳定增长的实现——我国需求结构调节政策》，载于《管理世界》1988年第3期。
[6] 关浩杰：《需求结构变动非我国经济波动主要冲击源之验证》，载于《现代财经》2011年第12期。
[7] 刘伟、蔡志洲：《国内总需求结构矛盾与国民收入分配失衡》，载于《经济学动态》2010年第7期。
[8] 谭小芳、王迪明、邹存慧：《我国投资和消费结构合理区间的实证研究》，载于《财经问题研究》2006年第4期。

域经济增长差异、与通货膨胀、与服务业发展、与转变经济发展方式等关系问题也进行了专门研究。①

第三，收入和财富不平等影响长期经济增长。收入和财富不平等是影响总需求和需求结构的重要因素，由于收入和财富不平等会直接影响需求的水平和结构，而当居民的偏好为非位似时，便会影响经济增长。收入不平等可能通过影响有效需求从而影响经济增长。有效需求分为消费需求和投资需求，消费需求不足会引起投资需求不足，从而影响经济增长的方方面面。② 墨菲、施莱弗与维希尼（Murphy, K., Shleifer, A. and Vishny, R., 1989）通过构建满足型效用函数将收入不平等纳入效用函数，反映了收入不平等通过影响有效需求影响经济增长的机制，认为富人对收入弹性较大的商品有更高的需求，而穷人只能满足基本的生活需求，因而收入分配不平等时，居民整体对工业产品和服务品的需求不足，从而限制国内产业结构升级和技术进步，制约了经济发展的进程③。此外，收入和财富不平等还可能影响社会对"公共产品"的需求从而影响长期经济增长。社会公共产品即各种基础设施和教育、医疗等公共服务的需求是社会总需求的重要组成部分。不平等是收入、财富的分配状态，它会影响公共政策的制定以及人力资本的积累和经济发展。社会对公共产品需求的提高既体现在对公共产品需求量的提升上，也体现在对公共产品种类和质量的提高上。环境质量需求就是其中一种，随着经济发展水平的提高，人民收入水平提高自然会增加对更好的社会环境的需求，而更好的社会环境需要通过对公共产品的投资来实现。当社会经济发展，社会不平等程度降低，那么根据"社会中间人选择"的理论，社会整体对环境的需求便会提高，社会对"公共产品"的需求也将越来越大，从而推动经济实现更加和谐的增长。

罗伯托·佩罗蒂（Roberto Perotti, 1995）指出，如果经济中出现了更高的收入和财富的不平等，那么政府会选择增加税率，从而导致更低的经济增长，为什么？为回答这一问题，该研究提供了收入不平等和未来收入是负相关的经验证据，并主要考察了经济资源的初始配置是如何影响收入和财富分配的政治结构从而影响经济增长的，其研究结论是不平等会使得经济体易于采用阻滞经济增长的政策。如果有一个人的收入完全是由资本驱动的，那么他希望的最优税率是使得经济增长最快的那个税率水平，而另一个收入并不完全由资本驱动的个体就希望

---

① 杜焱:《经济增长的需求动力结构调整研究述评》，载于《湖南大学学报》2014 年第 1 期。
② 李俊霖、莫晓芳:《城镇居民收入分配差距、消费需求与经济增长》，载于《统计观察》2006 年第 5 期。
③ Murphy, K., Shleifer, A. and Vishny, R., Income Distribution, Market Size and Industrialization. *Quarterly Journal of Economics*, 1989, 104: 537 – 564.

税率高一些，从而使得他获得的公共支出更多，进而实现更加多的收入。如果一个个体拥有的资本水平越低，那么他希望政府制定的税率水平则越高，因此从他的角度出发获得的经济增长率则越低。而这一逻辑结论是从该研究模型中经济增长是完全由物质资本驱动这一理论得来的。①

第四，投资影响长期经济增长。投资需求是总需求的重要组成部分，现有研究如刘阳和秦凤鸣（2009）表明②，对基础设施投资可以推动经济增长，其在解释技术进步、投资成本降低、吸引外资等方面有明显的作用。

第五，出口影响长期经济增长。一国的比较优势的发挥，决定着该国资源的配置及产业结构发展，从而影响长期经济增长。

综上所述，短期周期性因素诸如需求确实会通过一些中介环节或不同途径影响长期结构性因素，从而对长期经济增长产生作用。下面就以金融危机冲击为例，对外部需求的变化给长期经济增长带来的影响进行实证研究。

第二节 外部冲击（金融危机）对潜在增长率影响的实证研究

金融危机因其对经济的巨大破坏力和难以预见性，受到学界的广泛研究和关注，但是，大多争论都集中在金融危机对产出的短期影响及政府应该如何应对类似的经济快速下滑，对金融危机的长期影响则关注较少，特别是金融危机对潜在产出（维持物价稳定的产出水平）影响的研究。造成这一现象的原因是潜在产出无法直接观测，但研究潜在产出对于政策制定者了解当前经济状况和制定相关政策至关重要。在此背景下，本节重点论述 APEC 国家的潜在产出水平在金融危机中受到的影响。

金融危机对潜在产出的可能影响：金融危机可以通过直接和间接的方式影响潜在产出。直接影响即通过三个渠道：劳动力、资本和全要素生产率。第一，直接影响：平狄克（Pindyck，1991）、平狄克和索利马诺（Pindyck and Solimano，1993）认为金融危机降低投资动机，原因是产品需求下降，投资不确定性和风险溢价增加。此外，金融危机中更严格的贷款条件和较高的借贷成本同样抑制投

---

① Roberto Perotti. Growth, Income Distribution, and Democracy What the Data Say [D]. Columbia University, 1995.

② 刘阳、秦凤鸣：《基础设施规模与经济增长：基于需求角度的分析》，载于《世界经济》2009 年第 5 期。

资。布兰查德和沃尔福斯（Blanchard and Wolfers，2000）与巴萨尼尼和杜瓦尔（Bassanini and Duval，2009）认为，金融危机造成劳动力市场动荡，使结构性失业增加，这对于劳动力市场原本已经比较紧张的国家来说影响更大。但危机对劳动参与率的影响是模糊的，其受两种效应影响。首先，收入的减少会鼓励更多兼职工作者寻找全职工作并加入到劳动力中（additonal worker effect），对于女性尤其如此。同时，高失业率会使得部分工人失去信心（discouraged worker effect）。他们当中的一些人会退出劳动力。金融危机对全要素生产率的影响也是不确定的。一方面，花费在革新或研发的费用在经济衰退期不可避免地大幅减少；另一方面，公司也可能借萧条时期进行彻底的变革，如我国进行简政放权等一系列的供给侧结构性改革。第二，间接影响：金融危机对潜在产出的间接影响，包括政策制定者在危机期间可能采取的稳定价格政策，基础设施投资政策，这一点在中国尤其明显，自从2008年金融危机以来，为稳增长，的确加大了基础设施建设，年均高达20%左右的增速，这有可能提高潜在产出水平，又可能扭曲资源配置。下面就反映周期性需求巨大波动的金融危机可能对潜在增长率的影响进行实证研究。

一、估计模型设定

本节的思路是使用1985~2014年包括中国的18个APEC国家或地区（APEC共21个国家或地区，因数据限制，只选择其中18个）的非平衡面板数据，构建面板向量自回归模型。在这里，我们主要考虑的外部冲击为金融危机，探究金融危机的冲击对18个APEC国家或地区的潜在增长率的影响。因此，我们借鉴戴维和安娜贝尔（David F. and Annabelle M.，2012）的做法，将重点关注的是形如式（4.1）所示的方程。

$$g_{it} = a_i + \sum_{j=1}^{p} \beta_j g_{i,t-j} + \sum_{j=0}^{p} \delta_j D_{i,t-j} + \varepsilon_{it} \qquad (4.1)$$

其中，g_{it}表示某个国家或地区的年潜在产出增长率，D_{it}为虚拟变量，当金融危机的冲击开始时取1。

我们首先需要对面板序列进行单位根检验，确定其是否为平稳序列。目前已有一系列可用来进行面板单位根检验的方法。由于我们的数据是非平衡面板数据，因此我们主要使用IPS检验和费雪式检验进行面板单位根检验。其中，费雪式检验一般有四种方法构造统计量。

在进行模型估计之前，我们首先需要确定模型的滞后阶数，一般依据AIC、BIC以及HQIC三种准则进行确定。当确定了模型的滞后阶数，接着可以估计模型。我们采用面板 VAR 模型的广义矩估计（GMM）方法。在使用 GMM 方法估计参数之前，需要去除面板 VAR 模型中的地区固定效应和时间效应。我们使用的是中山大学连玉君编写的基于 Stata 软件的"pvar2"外部命令，其已解决这一问题。在实证研究中，由于面板 VAR 模型的系数往往较多，且具体意义不大。我们往往比较关注格兰杰因果关系检验、脉冲响应和预测方差分解。

格兰杰因果关系检验可以用来分析经济变量之间的格兰杰因果关系，但这种关系仅仅是统计意义上的格兰杰因果关系。脉冲响应可以用来检验变量之间的动态关系。脉冲响应函数主要刻画了当对随机扰动项施加了一个标准差的冲击之后对其他变量当前期和未来取值产生的影响，比较直观地刻画出变量之间的动态交互作用和效应，并从动态反应中判断变量间的时滞关系。也可以根据脉冲响应函数图绘制累积脉冲响应函数图，观察当对随机扰动项施加了一个标准差的冲击之后对其他变量产生的累积影响。预测方差分解可以用来分析各个变量对某个变量的预测方差的贡献度。

二、数据来源与处理

本节使用的数据主要是 18 个 APEC 国家或地区在 1985~2014 年的潜在产出增长率和金融危机发生年份。APEC 全称是亚太经济合作组织，是亚太地区重要的经济合作论坛，论坛的主要成员包括大部分东亚、东南亚国家和地区，主要的大洋洲、北美洲和南美洲国家和地区，具体包括澳大利亚、加拿大、中国、日本、韩国、新西兰、新加坡、菲律宾、马来西亚、泰国、印度尼西亚、美国、智利、秘鲁、墨西哥、越南。APCE 还包括俄罗斯、文莱与巴布亚新几内亚，由于相关数据缺失，在不影响结论的情况下，样本剔除这三个国家，仅包括前面的 18 个国家或地区。

本节最关键的是得到 18 个 APEC 国家或地区的潜在增长率。本节主要使用生产函数法进行潜在增长率的估计，采用的是蔡昉、陆旸的方法。具体方法如下：本节使用的是加入人力资本变量的"柯布—道格拉斯"生产函数（为了逻辑一致性，除特殊情况外，其他章节所使用的生产函数与此形式基本一样），形式如式（4.2）所示：

$$Y = AK^{\alpha}(hL)^{1-\alpha} \tag{4.2}$$

其中，Y 表示实际 GDP；A 表示全要素生产率，即 TFP；K 表示资本存量；h 表示人力资本；L 表示就业量；α 表示资本贡献份额，则 $1-\alpha$ 表示劳动贡献份额。将生产函数两边同时除以 hL，其中，Y/hL 表示附加人力资本水平的平均劳动生产率，用 y 表示；K/hL 表示附加人力资本水平的资本劳动比，用 k 表示。

接着两边再对时间 t 求导数，得到式（4.3）：

$$\frac{\Delta y_t}{y_{t-1}} = \frac{\Delta A_t}{A_{t-1}} + \alpha \frac{\Delta k_t}{k_{t-1}} \tag{4.3}$$

在估计潜在增长率之前，还需要估计充分就业时的就业数量，用 L_t^* 表示。充分就业时的就业数量的估计方法如式（4.4）所示：

$$L_t^* = p_t \cdot r_t \cdot (1 - NAIRU_t) \tag{4.4}$$

其中，p_t 表示 15 岁以上的人口总数，r_t 表示通过 HP 滤波得到的 15 岁以上人口的趋势劳动参与率，$NAIRU_t$ 是 15 岁以上人口的自然失业率。现在说明测算自然失业率的方法。测算失业率的方法是基于戈登（Gordon）在 1997 年提出的"三角模型"。通过构建状态空间模型，运用卡尔曼滤波方法进行估计测算。具体方法已在本书第五章阐述。

得到 L_t^* 之后，将 L_t^* 代入生产函数，仿照上述做法，可以计算出附加人力资本水平的平均潜在资本劳动比，即 $K_t/h_t L_t^*$，用 k_t^* 表示，从而可以得到附加人力资本水平的平均潜在资本劳动比增长率。现在需要计算附加人力资本水平的平均潜在劳动生产率。计算方法如式（4.5）所示：

$$\frac{\Delta y_t^*}{y_{t-1}^*} = \frac{\Delta A_t}{A_{t-1}} + \alpha \frac{\Delta k_t^*}{k_{t-1}^*} \tag{4.5}$$

其中，$y_t^* = Y_t^*/h_t L_t^*$，y_t^* 是附加人力资本水平的平均潜在劳动生产率，而 Y_t^* 即潜在产出。现在，通过推导可以得到潜在产出增长率的计算方法如式（4.6）式所示：

$$g_t = \frac{\Delta Y_t^*}{Y_{t-1}^*} = \left(\frac{\Delta y_t^*}{y_{t-1}^*} + 1\right) \cdot \left(\frac{h_t L_t^*}{h_{t-1} L_{t-1}^*}\right) - 1 \tag{4.6}$$

下面说明数据来源。实际产出、资本存量、人力资本等数据来源于佩恩表 9.0。15 岁以上的人口总数、劳动参与率、失业率等数据来源于世界银行与国际货币基金组织的调查数据库。金融危机的数据则是来源于 2012 年所著的论文 Systemic Banking Crises Database（Luc Laeven and Fabian Valencia）。具体是其论文中所总结的关于世界主要国家的金融危机数据表（1970~2011）。

表 4-1 给出的是部分国家的金融危机冲击后 1 年内的潜在产出增长率的下降情况和 4 年内的潜在产出增长率累积下降情况。从表 4-1 中可以看出，金融危机冲击开始 1 年内潜在产出增长率平均大约下降 0.067，4 年内平均下降 0.031。因此，金融危机的冲击确实会导致潜在产出增长率的下降，但我们需要通过构建适当的模型以确定金融危机的冲击具体导致潜在产出增长率下降的幅度。

表4-1 部分国家金融危机冲击后的潜在产出增长率下降情况

国家	金融危机时间	1年内	4年内
日本	1992年	0.021	0.014
日本	1997年	0.026	0.013
印度尼西亚	1997年	0.181	0.027
韩国	1997年	0.068	0.025
马来西亚	1997年	0.138	0.067
菲律宾	1997年	0.064	0.039
泰国	1997年	0.027	0.056
美国	2007年	0.010	0.009

三、模型估计与回归结果

（一）面板单位根检验

我们需要对18个APEC国家或地区在1985~2014年的非平衡面板进行面板单位根检验。其中IPS检验使用的是考虑扰动项存在自相关，引入差分滞后项的情形。表4-2报告的是潜在产出增长率序列的IPS检验和费雪式检验结果。其中，IPS检验中根据AIC准则选择的平均滞后期为0.67，而统计量的P值为0.0000，所以拒绝面板单位根的原假设。费雪式检验中的四种形式的检验统计量的P值也均为0.0000，所以拒绝面板单位根的原假设。因此，我们可以认为潜在产出增长率序列不存在单位根，是平稳的。

表4-2 潜在产出增长率序列的IPS检验和费雪式检验结果

IPS检验		检验统计量值	P值
IPS检验		-9.4052	0.0000
费雪式检验	逆卡方变换	-128.3083	0.0000
费雪式检验	逆正态变换	-7.7479	0.0000
费雪式检验	逆逻辑变换	-8.2460	0.0000
费雪式检验	修正逆卡方变换	10.8786	0.0000

（二）模型估计

接下来进行滞后阶数的确定。我们设置最大滞后阶数为5，依据AIC、BIC

以及 HQIC 三种准则进行确定。表 4-3 给出不同滞后阶数下的三种信息准则的值。由结果可以看出，AIC 准则以及 HQIC 准则确定的最大滞后阶数为 4，而 BIC 准则确定的最大滞后阶数为 3。在之后对滞后阶数为 3 与滞后阶数为 4 的模型分别进行估计，基于系数显著性情况与模型的精简性，我们最终选择估计滞后阶数为 3 的模型。

表 4-3 不同滞后阶数的信息准则值

滞后阶数	AIC 准则	BIC 准则	HQIC 准则
1	-5.05995	-4.69033	-4.91418
2	-5.0516	-4.63208	-4.88586
3	-5.22768	4.7549*	-5.04058
4	-5.26591*	-4.73608	-5.05586*
5	-5.2029	-4.57027	-4.96813

注：*表示在此准则下的最优滞后阶数。

确定滞后阶数为 3 之后，接着对模型参数进行估计。表 4-4 给出了 GMM 估计结果，由于我们重点关注的是式（4.1）为代表的模型，因此，我们仅给出以 g_{it} 为因变量的方程的估计结果。由表 4-4，我们可以看出，以 g_{it} 为因变量的方程中，所有系数均在 5% 的显著性水平下显著。

表 4-4 面板 VAR 模型的 GMM 估计结果

项目	系数值	检验统计量	P 值
g（-1）	0.313	5.26	0.000
g（-2）	0.129	2.50	0.012
g（-3）	0.207	3.91	0.000
D（-1）	-0.070	-4.70	0.000
D（-2）	0.018	2.41	0.016
D（-2）	0.020	3.36	0.001

（三）格兰杰因果关系检验

下面进行面板格兰杰因果关系检验。由于格兰杰因果关系检验与滞后阶数存在较大关系，为保证结果的稳健性，我们分别将面板格兰杰因果关系检验模型的滞后阶数设置为 3、4、5，得到的结果均相同。表 4-5 报告的是滞后阶数为 5 期的面板格兰杰因果关系检验结果。由表 4-5，在以 g_{it} 为因变量的方程中，检验变量 D_{it} 系数是联合显著的，因此可以认为金融危机的冲击是潜在增长率的格兰杰原因。因此我们可以认为金融危机的冲击会影响潜在 GDP 增长率。

表 4-5　　　　　　　　面板格兰杰因果关系检验结果

原假设	统计量值	P 值
g 不是 D 的格兰杰原因	32.304	0.000
D 不是 g 的格兰杰原因	6.243	0.283

（四）脉冲响应分析

接着进行脉冲响应的分析。本书通过对变量施加一个标准差的冲击，并使用蒙特卡洛方法模拟了 200 次，得到了脉冲响应函数图，并作出相应的累积脉冲响应图。图 4-1 给出的是潜在产出增长率对金融危机冲击的累积脉冲响应函数图。其中，横轴表示期数，纵轴表示潜在产出增长率对金融危机冲击的响应大小。中间实线表示脉冲响应函数曲线，上下两条虚线表示 95% 置信区间。从累积脉冲响应函数图来看，当金融危机冲击发生时，第 1 期响应值为负，且使潜在产出增长率显著下降，随后第 2 期响应值为负，但第 3 期为正，但累积响应值仍然为负。从第 4 期开始，响应值仍为负，且累积响应值逐渐趋于平稳。因此，从累积响应值来看，对于金融危机的冲击，潜在产出大约一共会下降 1.3%。从总体来看，金融危机的冲击会对潜在产出增长率产生负向影响，且会持续一段时间。

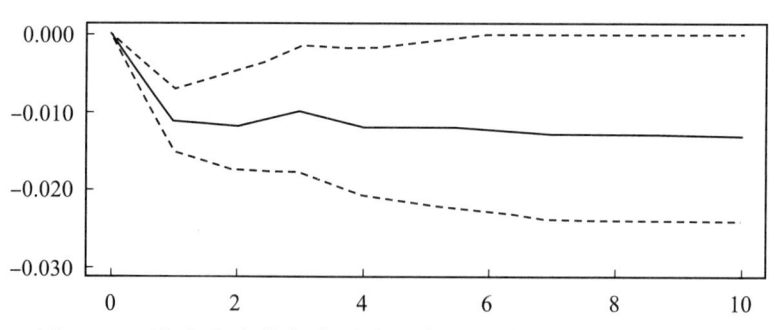

图 4-1　潜在产出增长率对金融危机冲击的累积脉冲响应图

（五）方差分解

下面进行方差分解。我们关注的是金融危机冲击对潜在产出增长率波动的方差贡献率。表 4-6 给出了第 5、第 10、第 15 与第 20 期的方差分解结果。从表 4-5 中可以看出，10 个预测期与 15、20 个预测期的结果影响变化不大，说明经过 10 期以后，系统已基本稳定。因此，金融危机冲击对潜在产出增长率的影响比例约为 15.8%。

表 4-6　　　　　　　　面板方差分解结果

项目	时期	g_{it}	D_{it}
g_{it}	5	0.839	0.161
g_{it}	10	0.842	0.158
g_{it}	15	0.842	0.158
g_{it}	20	0.842	0.158

（六）对潜在产出组成部分的影响

为了更详细地了解金融危机对潜在产出的影响，我们现在分别估计金融危机冲击对潜在产出的各部分的影响。我们采取的方法是：将式（4.1）中的 g_{it} 替换成资本存量增长率 kg_{it}、潜在就业量增长率 Lg_{it} 以及全要素生产率（TFP）增长率 $tfpg_{it}$，然后重新估计式（4.1）的方程。

以下我们只分析相应的累积脉冲响应函数图。图 4-2 是资本存量增长率对金融危机冲击的累积脉冲响应图。图 4-3 是潜在就业量增长率对金融危机冲击的累积脉冲响应图。图 4-4 是 TFP 增长率对金融危机冲击的累积脉冲响应图。

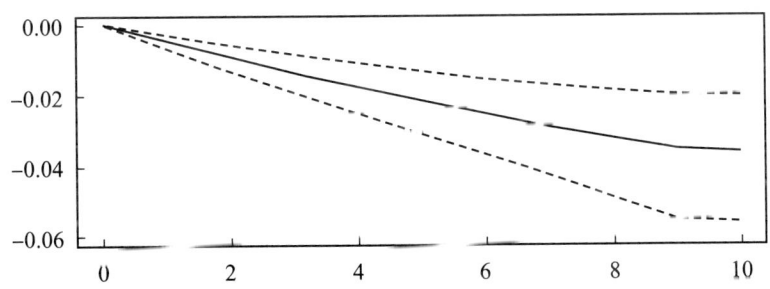

图 4-2　资本存量增长率对金融危机冲击的累积脉冲响应图

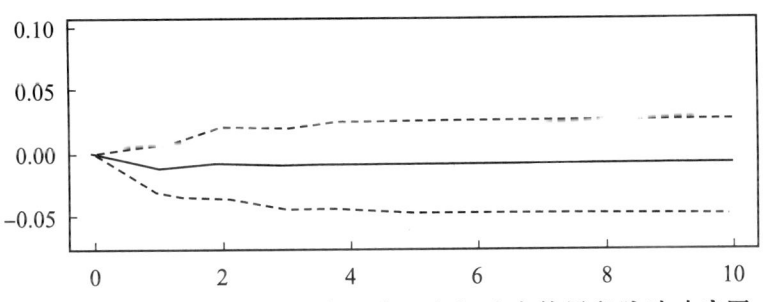

图 4-3　潜在就业量增长率对金融危机冲击的累积脉冲响应图

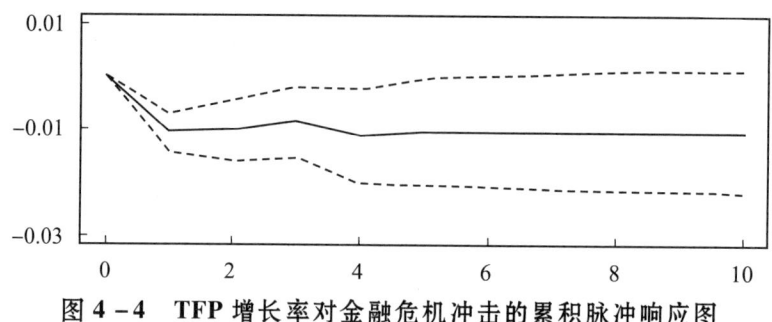

图 4-4　TFP 增长率对金融危机冲击的累积脉冲响应图

从累积脉冲响应图可以看出，金融危机冲击对资本存量的影响为负向影响，资本存量一共下降约 3.8%。金融危机冲击对潜在就业量的影响为负向影响，潜在就业量一共下降约 0.8%。金融危机冲击对全要素生产率的影响为负向影响，全要素生产率一共下降约 1%。通过比较，我们可以发现，金融危机冲击对资本存量的影响最大，对潜在就业量影响最小。

（七）金融危机对潜在增长率变化的影响

本部分讨论中，我们将模型式（4.1）中的 g_{it} 替换成其差分形式，模型如式（4.7）所示。目的是进一步探究金融危机的冲击对潜在增长率变化的影响。

$$\Delta g_{it} = \alpha_i + \sum_{j=1}^{p} \beta_j \Delta g_{i,t-j} + \sum_{j=0}^{p} \delta_j D_{i,t-j} + \varepsilon_{it} \tag{4.7}$$

表 4-7 报告的是潜在增长率差分序列的 IPS 检验和费雪式检验结果。其中，IPS 检验中根据 AIC 准则选择的平均滞后期为 1.50，而统计量的 p 值为 0.0000，所以拒绝面板单位根的原假设。费雪式检验中的四种形式的检验统计量的 p 值也均为 0.0000，所以拒绝面板单位根的原假设。因此，我们可以认为潜在增长率差分序列不存在单位根，是平稳的。

表 4-7　潜在增长率差分序列的 IPS 检验和费雪式检验结果

		检验统计量值	P 值
IPS 检验		-20.8054	0.0000
费雪式检验	逆卡方变换	253.7591	0.0000
	逆正态变换	-13.1057	0.0000
	逆逻辑变换	-16.5700	0.0000
	修正逆卡方变换	25.6632	0.0000

这里我们依然将滞后阶数定为 3，表 4-8 给出了以 Δg_{it} 为因变量的方程的

GMM 估计结果。由表 4-8，我们可以看出，以 Δg_{it} 为因变量的方程中，所有系数均在 5%的显著性水平下显著。表 4-9 报告的是滞后阶数为 5 期的面板格兰杰因果关系检验结果。由表 4-9 可以看出，在以 Δg_{it} 为因变量的方程中，检验变量 D_{it} 系数是联合显著的，因此可以认为金融危机的冲击是潜在增长率变化量的格兰杰原因。因此我们可以认为金融危机的冲击会影响潜在增长率变化量。

表 4-8 面板 VAR 模型的 GMM 估计结果

项目	系数值	检验统计量	P 值
g（-1）	-0.542	-10.07	0.000
g（-2）	-0.338	-5.89	0.000
g（-3）	-0.062	-1.39	0.165
D（-1）	-0.080	-4.60	0.000
D（-2）	0.026	3.15	0.002
D（-2）	0.024	3.91	0.000

表 4-9 面板格兰杰因果关系检验结果

原假设	统计量值	P 值
Δg 不是 D 的格兰杰原因	52.527	0.000
D 不是 Δg 的格兰杰原因	4.003	0.261

图 4-5 给出的是潜在增长率变化量对金融危机冲击的累积脉冲响应函数图。将此累积脉冲响应图与图 4-1 进行比较，可以发现与图 4-1 能够较好地对应起来。从累积脉冲响应图中，我们可以看出对于金融危机的冲击，在第 1 期会使潜在 GDP 增长率显著下降，大约为 -1.1%。第 4 期过后的响应值逐渐趋于 0。

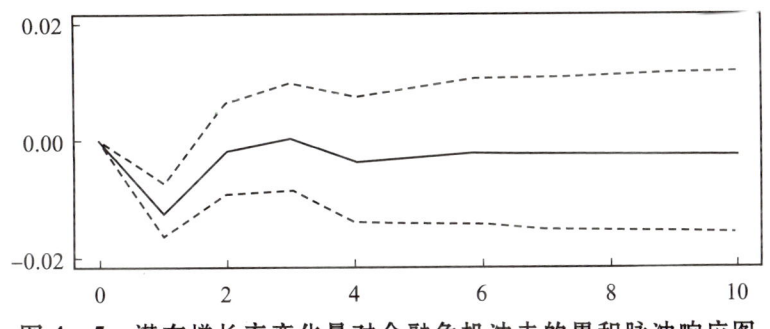

图 4-5 潜在增长率变化量对金融危机冲击的累积脉冲响应图

因此，从累积响应值来看，对于金融危机的冲击，潜在 GDP 增长率大约一共会下降 0.3%。从总体来看，金融危机的冲击会对潜在增长率变化量产生负向影响，且会持续一段时间，但这个影响不具有长期效应。表 4-10 给出了第 5、第 10、第 15 与第 20 期的方差分解结果。从表 4-10 中可以看出，金融危机冲击对潜在 GDP 增长率变化量的影响比例约为 25.3%。

表 4-10　　　　　　　　面板方差分解结果

项目	时期	g_{it}	D_{it}
Δg_{it}	5	0.747	0.253
Δg_{it}	10	0.747	0.253
Δg_{it}	15	0.747	0.253
Δg_{it}	20	0.747	0.253

（八）遗漏变量的考虑——加入改革变量

本部分讨论中，由于存在其他的外需冲击能够影响潜在产出，我们将考虑模型式（4.5）中的遗漏变量。这里我们使用改革带来的冲击，模型如式（4.8）所示，R_{it} 设置为虚拟变量，当改革开始时取 1。由于本部分主要将对比金融危机变量与改革变量对潜在 GDP 增长率的影响，我们将只分析脉冲响应图和方差分解结果。

$$g_{it} = \alpha_i + \sum_{j=1}^{p} \beta_j g_{i,t-j} + \sum_{j=0}^{p} \delta_j D_{i,t-j} + \sum_{j=0}^{p} \gamma_j R_{i,t-j} + \varepsilon_{it} \quad (4.8)$$

图 4-6 给出的是潜在增长率对金融危机冲击的累积脉冲响应函数图，图 4-7 给出的是潜在增长率对改革冲击的累积脉冲响应函数图。观察图 4-6，将此脉冲响应图与图 4-1 进行比较，可以发现与图 4-1 的估计结果相差并不是太大。从累积响应值来看，得到的结果仍然是：对于金融危机的冲击，潜在 GDP 大约

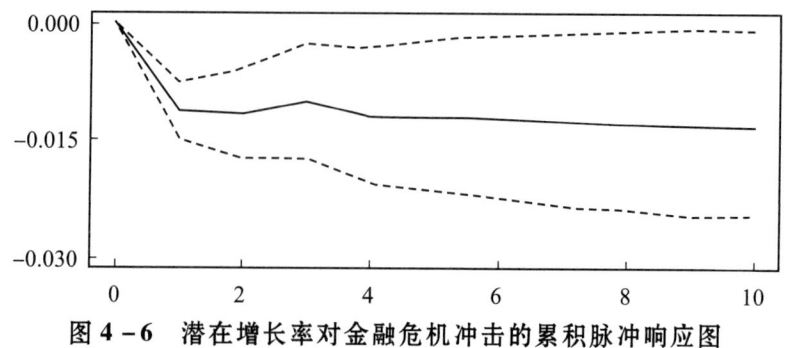

图 4-6　潜在增长率对金融危机冲击的累积脉冲响应图

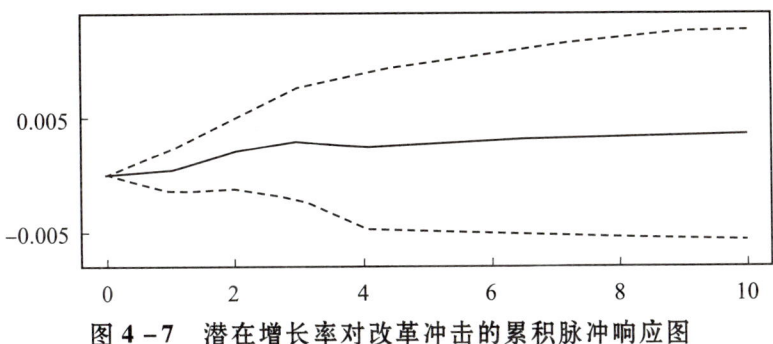

图 4-7 潜在增长率对改革冲击的累积脉冲响应图

一共会下降 1.2%。观察图 4-6，改革冲击对潜在增长率的影响以正向为主，从累积响应值来看，潜在 GDP 大约一共会上升 0.25%。表 4-11 给出了第 5、第 10、第 15 与第 20 期的预测方差分解结果。从表 4-11 中可以看出，金融危机冲击对潜在 GDP 增长率的影响比例约为 15.7%，改革冲击对潜在增长率的影响比例仅为 0.5%。金融危机冲击在短期内对潜在增长率的影响更大。

表 4-11　　　　　　　面板方差分解结果

项目	时期	g_{it}	D_{it}	R_{it}
Δg_{it}	5	0.835	0.161	0.004
Δg_{it}	10	0.838	0.157	0.005
Δg_{it}	15	0.838	0.157	0.005
Δg_{it}	20	0.838	0.157	0.005

四、结论

本节使用了 18 个 APEC 国家或地区在 1985~2014 年的非平衡面板数据，构建了面板向量自回归模型，重点分析了金融危机冲击对潜在产出增长率及其各个部分：资本存量增长率、潜在就业量增长率和 TFP 增长率的影响。

本节的研究表明：金融危机对潜在产出增长率存在影响。格兰杰因果检验表明金融危机的冲击是潜在增长率的格兰杰原因，且金融危机冲击对潜在产出、资本存量、潜在就业量以及全要素生产率的影响均为负向影响。当金融危机冲击发生时，从累积响应来看，潜在产出下降约 1.3%；资本存量下降约 3.8%；潜在就业量下降约 0.8%；全要素生产率下降约 1%。

第二篇

估算

第五章

基于短期视角下中国经济潜在增长率的估算

基于第四章的分析，短期的周期性因素会对长期经济增长产生影响，下面从短期宏观总量均衡与动态一般均衡角度对中国经济潜在增长率进行估算。一是基于短期宏观总量均衡的视角测算中国的潜在增长率，从短期供需均衡的角度考虑，首先采用"三角模型"构建状态空间模型，利用卡尔曼滤波算法测算出中国时变的自然失业率，然后利用奥肯定律测算出 1995～2020 年中国经济的潜在产出及潜在增长率；二是基于动态一般均衡（DSGE）分析视角测算中国的季度潜在增长率。

第一节 短期宏观总量均衡角度下中国经济潜在增长率的估算

分析现有文献可知，目前的研究大多从供给的角度来测算潜在增长率，只有少部分文献从短期供需均衡的角度来测算中国的潜在增长率，这些文献大致又可以分为两类。第一类是利用联立奥肯定律、菲利普斯曲线，再加入其他一些约束条件构建方程系统，然后运用某种方法估计系统的参数、潜在增长率。这一类方法是从短期供需均衡的角度来测算中国的潜在增长率中使用最多的方法。田依民和于洪菲（2014）通过联立改进的菲利普斯曲线和其他一些约束形成动态方程系统，然后介绍并运用"Kalman 滤波"方法估计潜在产出。

第二类是利用改进的奥肯定律估算潜在增长率。安立仁和董联党（2011）在资本驱动的假设下提出了由资本量决定的潜在增长率、自然就业率等概念,并在对奥肯定律重新修正之后,用中国的经济数据建立了相应的模型并加以验证,计算发现中国近年来的潜在增长率高于实际增长率,而模型结果显示实际增长率每高于潜在增长率1%,实际就业率就会上升1.47%,从而对我国高失业高增长的并存提供了有力的解释。

关于本轮中国经济减速的原因,大部分学者都是从总供给的角度来考虑的,少部分学者从供需均衡的角度来研究这一问题,得出的结论都是中国经济减速的原因是需求不足。林毅夫(2013)的研究认为2008年美国"次贷危机"的爆发引起中国对欧美国家出口大幅度下降,从而导致中国经济减速。朱剑冰等(2015)从需求的角度出发,建立多变量状态空间模型,利用卡尔曼滤波算法估计我国潜在产出和潜在经济增长率,其研究结果显示近年来我国实际经济增长率明显低于潜在经济增长率,说明我国经济增长率下降是由经济周期性波动所致。

综上所述,目前研究文献对中国潜在增长率的估算做了比较全面的研究,但对近年来中国经济减速的原因研究较少,同时存在以下问题:一是大部分文献都是从供给的角度来测算潜在增长率和解释经济减速,从供需均衡的角度来研究较少;二是从供需均衡的角度来研究中国的潜在增长率,在使用菲利普斯曲线或者奥肯定律测算时,缺乏对中国转型经济特征事实的考虑和把握。

本节的主要贡献在于从供需均衡的角度出发,采用了一种与现有文献不同的测算思路:首先用"三角模型"构建状态空间模型,利用卡尔曼滤波算法测算出中国时变的自然失业率,然后利用奥肯定律估算出中国经济的潜在产出和潜在增长率,从供需均衡的视角证实了本轮经济减速的主要原因不是周期性的需求不足造成的,而是潜在增长率本身下降。其中,在测算自然失业率时,本文在现有文献的基础上,本节进一步引入了中国就业人口的增长率这一变量,以反映劳动力市场的人口结构变化。

本节余下部分整体安排如下:第二部分介绍自然失业率理论及其测算方法;第三部分介绍状态空间模型和卡尔曼滤波;第四部分是模型的构建与数据说明;第五部分是用状态空间模型和卡尔曼滤波算法测算出中国时变的自然失业率;第六部分利用奥肯定律估算出1995~2050年中国经济的潜在增长率;第七部分为本章小结。

一、自然失业率理论及其测算方法

在西方经济学中,自然失业率的测量同菲利普斯曲线始终是密不可分的。1968年,弗里德曼和菲尔普斯在研究菲利普斯曲线的长期作用时,提出了

"自然失业率"这一概念。由于发现通货膨胀和失业在短期内可以权衡,在长期将失效,弗里德曼和菲尔普斯认为信息充分、理性的经济人最终只关注实际工资,而不会持续地存在货币幻觉。他们还提出如果政府试图通过接受更高的通货膨胀来维持低失业,这种关系也将会消失。从长期看,失业将被真正的经济力量调整到"自然失业"状态,这一水平也就是"自然失业率"。几年之后西方发达国家发生的"滞胀"现象,即同时存在高通膨和高失业,使这一理论得到证实。

自然失业率理论自提出以来受到了一些学者的严厉批判。然而,大量的经济学家仍然将"菲利普斯曲线"作为主要的政策分析工具。同时,虽然我们不能从经济现实中直接观察自然失业率(需要通过经验分析估计自然失业率水平),但正如之前提到的那样,将自然失业率与其他经济指标结合在一起分析,将成为分析宏观经济的一个有效工具。

此外,一个经济体中总失业由自然失业和周期性失业构成的相对比例,决定着宏观政策取舍的主要方向。因此,自然失业率已经逐渐成为很多国家制定宏观经济政策的一项重要参考指标。过去近50年来,大量的文献都试图估计自然失业率或对其决定因素进行理论解释。

弗里德曼和菲尔普斯首次在菲利普斯曲线中导入了"预期通货膨胀",这一关键性变量的作用是来解释失业与通胀的替代关系在不同的曲线之间如何的移动。当预期实现时,稳定的失业率水平就等于自然失业率。附加预期的菲利普斯曲线有两个本质的组成部分:短期内存在失业与通货膨胀的替代关系,而从长期来看,菲利普斯曲线表现为在自然失业率水平上的一条垂线,而不是一条向右下方倾斜的曲线,即失业与通货膨胀之间不存在替代关系。无论通货膨胀率为多少,失业率总会回到自然失业率水平上。当实际的失业率等于自然失业率的时候,通货膨胀率将保持在预期的水平上,因此自然失业率通常也被称为"非加速通货膨胀的失业率"(non-accelerating inflation rate of unemployment, NAIRU)。

然而,附加预期的菲利普斯曲线对失业和通货膨胀之间的替代关系的解释仍然存有局限。20世纪70年代发生的两次严重的石油危机中,油价的剧烈上涨构成了通货膨胀加速的主要原因,因此研究者们意识到,总供给冲击必须加以考虑,于是对附加预期的菲利普斯曲线又作了进一步的改进。

查阅现有文献可以看出,估计自然失业率的方法有3类,分别是结构方法、统计方法和对菲利普斯曲线进行简化式估计的方法。然而,在这些方法之中,最终得到广泛认可、使用最多的是戈登于1997年提出的"三角模型"。该模型指出,通货膨胀率是由以下三个变量共同决定的:即通货膨胀惯性、需求的周期性变动以及一系列反映供给冲击的变量。其中,需求的周期性变动由失业缺口即实际失业率和自然失业率之差所代表。

Gordon 提出的"三角模型"具体如下：

$$\pi_t = \pi_t^e + \beta(U_t - U_t^n) + \delta X_t + v_t \tag{5.1}$$

其中，$U_t - U_t^n$ 表示需求周期性变动，X_t 代表供给面冲击的因素，例如国际石油价格的上涨下跌、进口商品的实际价格的变动等，β 和 δ 是待估计的系数，v_t 是误差项。

估计上述三角模型时，需要一个计算预期通货膨胀率的辅助模型。通常认为，预期通货膨胀率有四种形式的表达式。

预期通货膨胀率服从一阶自回归时，

$$\pi_t^e = \mu + \alpha \pi_{t-1} \tag{5.2}$$

预期通货膨胀率服从随机游走时，

$$\pi_t^e = \pi_{t-1} \tag{5.3}$$

预期通货膨胀率服从多阶递归预期时，

$$\pi_t^e = \mu + \alpha(L)\pi_{t-1} \tag{5.4}$$

预期通货膨胀率由主观确定时，

$$\pi_t^e = 专家预测的均值 \tag{5.5}$$

最常用的做法是用随机游走模型来计算预期通货膨胀率。根据随机游走模型有

$$\pi_t - \pi_t^e = \Delta \pi_t \tag{5.6}$$

则

$$\Delta \pi_t = \beta(U_t - U_t^n) + \delta X_t + v_t \tag{5.7}$$

上式忽略了误差项自相关的可能性。因此，通常使用如下的回归方程：

$$\Delta \pi_t = \beta(L)(U_t - U_t^n) + \delta(L)\Delta \pi_{t-1} + \gamma(L)X_t + \varepsilon_t \tag{5.8}$$

式（5.8）的左边为被解释变量，它表示实际通货膨胀率和预期通货膨胀率之间的差异；等式右边的第一项表示当期的实际失业率与自然失业率之间的差异对被解释变量的影响；等式右边第二项是前一期实际通货膨胀率和预期通货膨胀率之间的差异对被解释变量的影响；第三项是供给波动因素对被解释变量的影响。L 为滞后算子，$\beta(L)$、$\delta(L)$ 和 $\gamma(L)$ 为滞后多项式，ε_t 为没有自相关的干扰项。

此外，还需要对自然失业率的变化做出假设，通常有以下四种类型：

$$U_t^n = U^n \tag{5.9}$$

$$U_t^n = \phi S_t \tag{5.10}$$

$$U_t^n = U_i^n, \quad t_{i-1} < t < t_i, \quad i = 1, \cdots, I \tag{5.11}$$

$$U_t^n = U_{t-i}^n + \eta_t \tag{5.12}$$

其中，η_t 为独立同分布，且 $\eta_t \sim N(0, \lambda\sigma_\varepsilon^2)$；式（5.9）表示自然失业率为常数，不随时间变化而改变；式（5.11）、式（5.12）表示自然失业率随时间变化而改变，为时变的自然失业率。

等式（5.8）很难被估计，因为模型内的参数是非线性的。当假定自然失业率为常数即取条件式（5.9）时，则公式（5.8）经过变形，可以表达成一个可利用最小二乘法方便地进行估计的形式，即

$$\Delta\pi_t = \beta(L)(U_t - U_t^n) + \delta(L)\Delta\pi_{t-1} + \gamma(L)X_t + \varepsilon_t \qquad (5.13)$$

其中

$$\beta(L)(U_t - U_t^n) = \beta(L)U_t - \left(\sum_{i=0}^{p}\beta_i\right)u^n \qquad (5.14)$$

因此，公式（5.8）中的第一项可以分解为两个部分，第一部分是以前各期的实际失业率，第二部分是自然失业率部分。根据自然失业率的定义，它不应对价格差值产生影响，因此，这一部分应该是一个常数项。所以，令：

$$\mu = -\left(\sum_{i=0}^{p}\beta_i\right)u^n \qquad (5.15)$$

将式（5.15）代入等式（5.13）可得

$$\Delta\pi_t = \mu + \beta(L)U_t + \delta(L)\Delta\pi_{t-1} + \gamma(L)X_t + \varepsilon_t \qquad (5.16)$$

对式（5.16）进行回归，估算出系数之后就可以算出自然失业率，结果如下：

$$u^n = -\bar{\mu}/\bar{\beta} \qquad (5.17)$$

其中，$\bar{\beta} = \sum_{i=0}^{p}\beta_i$。

基于这个框架，戈登（1996，1998）通过卡尔曼滤波算法将自然失业率作为一个随时间变动的参数进行估计。估计得到美国的自然失业率在过去的40年内在的5.4%~6.6%这个小区间内波动。

上面为戈登于1997年提出的"三角模型"，该模型实际上假定自然失业率为常量，即自然失业率不随时间发生改变。然而，在20世纪70年代，很多学者开始认识到自然失业率是随机可变的。例如，当时欧盟失业率最高的国家有比利时、西班牙、希腊、法国、意大利和爱尔兰，而这些持续上升的高失业率是由不断上升的自然失业率引起的。受到当时计量方法的限制，研究者还不能从经验分析的角度对时变自然失业率进行检验。

事实上，自然失业率随时间发生变化的现象在发展中国家或经济转型国家更为普遍，因为发展中国家频繁的经济结构调整将直接引起"自然失业率"上升。现有研究显示转型经济体自然失业率是动态变化的（都阳和陆旸，2011）。

中国自改革开放以来经济结构发生了根本性的变化，大致经历了如下几个阶段。1978~1984年实行农村经济体制改革；1985~1989年开始了中国城市经济

体制改革；1989～1991年是中国宏观经济调控实行严格的"治理整顿"时期；1992～1996年中国正式引入市场经济体制，并开始了一轮高速经济增长；1997～2003年中国经济开始了国有经济体制改革，并遭受亚洲金融危机的冲击，城市劳动力市场受到巨大的负面影响；2004～2009年中国经济发展进入"刘易斯转折时期"，同时2008年金融危机也对中国劳动力市场造成了严重影响。可见，伴随着快速的经济发展和多变的劳动力市场冲击，影响中国自然失业率的因素也在不断发生变化。

二、状态空间模型及卡尔曼滤波

在计量经济学文献中，状态空间模型（state space model）被用来估计不可观测的变量，例如理性预期、测量误差、不可观测因素（趋势和循环要素）。状态空间模型在计量经济学领域有大量的应用，例如许多时间序列模型，包括典型的线性回归模型和ARIMA模型都能作为特例写成状态空间的形式（state space form, SSF），并估计参数值。

利用状态空间形式表示动态系统主要有两个优点：第一，状态空间模型将不可观测的变量（状态变量）并入可观测模型并与其一起得到估计结果；第二，状态空间模型是利用强有力的迭代算法——卡尔曼滤波（Kalman Filter）来估计的。卡尔曼滤波可以用来估计单变量和多变量的ARIMA模型、马尔可夫转换模型和变参数模型等。

（一）状态空间模型

状态空间模型一般应用于多变量时间序列。设 y_t 是包含 k 个经济变量的 $k \times 1$ 维可观测向量。这些变量与 $m \times 1$ 维向量 α_t 有关，α_t 被称为状态向量。定义"量测方程"（measurement equation）或称"信号方程"（signal equation）为：

$$y_t = Z_t \alpha_t + d_t + u_t \tag{5.18}$$

其中，$t=1, 2, \cdots, T$，表示样本区间，Z_t 表示 $k \times m$ 的矩阵，d_t、u_t 都表示 $k \times 1$ 向量，u_t 是均值为0，协方差矩阵为 H_t 的扰动项：

$$E(u_t) = 0, \quad \text{var}(u_t) = H_t \tag{5.19}$$

α_t 是不可观测变量，可以表示为一阶的马尔可夫（Markov）过程，状态方程（transition equation）或者说转移方程（state equation）定义如下：

$$\alpha_t = T_t \alpha_{t-1} + c_t + R_t \varepsilon_t \tag{5.20}$$

其中，$t=1, 2, \cdots, T$，T_t 表示 $m \times m$ 的矩阵，c_t 表示 $m \times 1$ 的向量，R_t 表示

$m \times g$ 的矩阵，ε_t 表示 $g \times 1$ 的向量，是均值为 0、协方差矩阵为 Q_t 的扰动项：

$$E(\varepsilon_t) = 0, \ \text{var}(\varepsilon_t) = Q_t \tag{5.21}$$

要使上述状态空间模型成立，需要满足以下两个假设：

（1）初始状态向量 α_0 的均值为 a_0，协方差矩阵为 P_0，即

$$E(\alpha_0) = a_0, \ \text{var}(\alpha_0) = P_0 \tag{5.22}$$

（2）在样本期内，扰动项 u_t、ε_t 相互独立，并且它们两者和初始状态不相关，即

$$E(u_t \varepsilon_t') = 0, \ t = 1, 2, \cdots, T \tag{5.23}$$

且

$$E(u_t \alpha_0') = 0, \ E(\varepsilon_t \alpha_0') = 0, \ t = 1, 2, \cdots, T \tag{5.24}$$

量测方程中的矩阵 Z_t、d_t、H_t 及转移方程中的矩阵 T_t、c_t、R_t、Q_t 构成系统矩阵。通常，它们都被假定为非随机矩阵，也就是说尽管它们能随时间改变，但是都可以预先确定的。对于任一时刻 t，变量 y_t 能够被表示为当前的和过去的 u_t、ε_t 及初始向量 α_0 的线性组合，所以模型是线性的。上述的系统矩阵依赖于一个未知参数的集合，这些参数被称为超参数。状态空间模型的主要的任务就是估计这些参数。

（二）卡尔曼滤波算法

将模型表示成状态空间的形式之后，就可以使用卡尔曼滤波算法对其进行求解。卡尔曼滤波算法的本质是在时刻 t 基于所有可得到的信息计算状态向量的最理想的递推过程。在某些工程问题中，状态向量的当前值具有重要影响（例如，它可以表示火箭在空间的坐标）。卡尔曼滤波算法的主要作用是：当扰动项和初始状态向量服从正态分布时，能够通过预测误差分解计算似然函数，从而可以对模型中的所有未知参数进行估计，并且当新的观测值一旦得到，就可以利用 Kalman 滤波连续地修正状态向量的估计。

考虑状态空间模型式（5.18）和式（5.20），设 a_{t-1} 表示基于信息集合 Y_{t-1} 的 α_{t-1} 的估计量，P_{t-1} 表示估计误差的 $m \times m$ 协方差矩阵，即

$$P_{t-1} = E[(\alpha_{t-1} - a_{t-1})(\alpha_{t-1} - a_{t-1})'] \tag{5.25}$$

当给定 a_{t-1} 和 P_{t-1} 时，α_t 的条件分布的均值由下式给定，即

$$a_{t|t-1} = T_t a_{t-1} + c_t \tag{5.26}$$

在扰动项和初始状态向量服从正态分布的假设下，α_t 的条件分布的均值 $a_{t|t-1}$ 是 α_t 在最小均方误差意义下的一个最优估计量。估计误差的协方差矩阵是

$$P_{t|t-1} = T_t P_{t-1} T_t' + R_t Q_t R_t' \tag{5.27}$$

其中，$t = 1, 2, \cdots, T$，式（5.26）和式（5.27）被称为预测方程（prediction equations)。得到新的预测值 y_t 之后，就能够修正 α_t 的估计值 $a_{t|t-1}$，更新方程（updating equations）是：

$$a_t = a_{t|t-1} + P_{t|t-1}Z_t'F_t^{-1}(y_t - Z_ta_{t|t-1} - d_t) \qquad (5.28)$$

及

$$P_t = P_{t|t-1} - P_{t|t-1}Z_t'F_t^{-1}Z_tP_{t|t-1} \qquad (5.29)$$

其中，

$$F_t = Z_tP_{t|t-1}Z_t' + H_t \qquad (5.30)$$

上述式（5.25）~式（5.29）共同组成了卡尔曼滤波的迭代递推公式。

（三）超参数的估计

在前两节讨论利用 Kalman 滤波递推公式求状态向量的估计量时，假定状态空间模型的系统矩阵 Z_t，H_t，T_t，R_t 和 Q_t 都是已知的，然而实际上系统矩阵是依赖于一个未知参数的集合，这些未知参数称为超参数，用向量 ψ 表示。在状态空间模型中，我们需要估计向量 Ψ。

在许多问题中，特别在关于正态分布的各种估计问题中，极大似然法是最常用的方法，这主要表现在极大似然估计量常具有某些优良的性质。这里采用极大似然法估计未知的超参数。

极大似然法的原理通常用于观测值 y_1，y_2，…，y_T 相互独立且具有同样分布的情形，此时它们的联合概率函数被给定为：

$$L(y, \psi) = \prod_{t=1}^{T} P(y_t) \qquad (5.31)$$

其中，$P(y_t)$ 即是第 t 个观测值集合的联合概率函数。一旦得到样本观测值，$L(y, \psi)$ 就可以被解释为似然函数，并且可以通过关于 Ψ 使函数 $L(y, \psi)$ 达到最大来求出 Ψ 的极大似然估计。

然而，经济时间序列的一个重要特征是经济变量间是不独立的，因此不能用式（5.31）来表示似然函数，而是利用条件概率函数将似然函数表示为：

$$L(y, \psi) = \prod_{t=1}^{T} P(y_t | Y_{t-1}) \qquad (5.32)$$

其中，$P(y_t | Y_{t-1})$ 表示 y_t 以直到时刻 $t-1$ 的信息集合为条件的条件分布，即

$$Y_{t-1} = \{y_{t-1}, y_{t-2}, \cdots, y_1\} \qquad (5.33)$$

$$P(y_t | Y_{t-1}) = P(y_t | y_1, \cdots, y_{t-1}) \qquad (5.34)$$

在总体正态的假定之下，可以将式（5.32）的对数似然函数直接写为：

$$nL(y, \psi) = -\frac{Tk}{2}\ln 2\pi - \frac{1}{2}\sum_{t=1}^{T}\ln|F_t| - \frac{1}{2}\sum_{t=1}^{T}v_t'F_t^{-1}v_t \qquad (5.35)$$

其中
$$v_t = y_t - \tilde{y}_{t|t-1} \tag{5.36}$$

条件均值 $\tilde{y}_{t|t-1}$ 是 y_t 的最小均方误差意义的最优估计量（MMSE），所以 $k*1$ 向量 v_t 可以作为一个预测误差向量来解释，式（5.35）有时也称为似然函数形式的预测误差分解。

三、模型的构建和数据说明

（一）模型的建立

在西方经济学中，自然失业率同菲利普斯曲线始终是密不可分的。1968年，弗里德曼和菲尔普斯（Friedmen and Phelps）在研究菲利普斯曲线的长期作用时提出了"自然失业率"的概念。通常认为，自然失业率是一个正常运行中的经济体所不能避免的失业问题。对于自然失业率的定义，本书将遵循奥托松和汤姆森（Ottson and Thompson, 1996）的界定，将其视为维持稳定的或非加速通货膨胀下失业水平。通常认为真实失业率由两部分组成：自然失业率和周期性失业率。

本节理论模型采用戈登于1997年提出的"三角模型"（tri-angle model）对中国自然失业率进行测算。模型的具体形式如下：

$$\pi_t = \alpha(L)\pi_{t-1} + \beta(L)D_t + \gamma(L)S_t + u_t \tag{5.37}$$

其中，π_t 表示通货膨胀；π_{t-1} 表示通货膨胀的惯性；L 为滞后算子，方程中可以包括若干个通货膨胀的滞后项；D_t 代表引起通货膨胀的需求因素；S_t 代表引起通货膨胀的供给因素；u_t 为随机误差项。一般情况下，π_t、π_{t-1} 和 S_t 为一阶差分形式（含有通货膨胀预期的形式）。

（二）数据界定及来源

对于需求因素 D_t，由于总需求的波动会导致生产要素的利用率波动，尤其是失业率经常偏离充分就业水平，所以，本书以失业率来代表需求因素的影响。

需要重点说明的是中国实际失业率数据的问题。中国官方对于失业率有三种统计指标，分别是城镇登记失业率、城镇调查失业率、人口普查中的失业调查。但是，我国官方的失业统计无论从制度还是方法上都还很不成熟，缺乏一个与国际接轨的失业率统计数据。对第一种城镇登记失业率，这是劳动部门建立的失业登记制度，城镇登记失业率有以下问题：一是对失业的时间缺乏严格界定，二是失业登记人员中未包括企业下岗人员，三是失业登记人员仅限于城镇户口人口，这使得城镇登记失业率比实际的失业率偏低；对第二种城镇调查失业率，是以国家统计局为主多年以来逐步建立起来的城镇劳动力抽样调查数据，它克服了城镇登记失业率存在的一些问题，但该调查失业率数据没有公布；对第三种人口普查中的失业调查，这个数据是国家统计局每十年进行一次的人口普查中的失业调查，这一失业率更科学，更准确，但是不连续，无法使用。

由上面的描述可知，中国官方关于失业率的这三个指标之中，只有国家统计局公布的城镇登记失业率数据是完整连续且对外发布的，其他两个指标要么不对外公布，研究人员无法获得该数据；要么原始统计数据不连续，无法用来作为研究，但城镇登记失业率这一数据对失业时间和失业人员的界定上同国际劳工组织的定义差别较大，并不能代表中国真正的失业率。所以，目前获取与国际定义接轨的失业率数据非常困难，因此需要对中国真实的失业率进行估算。

少部分学者对这一问题进行了有益的探索。周天勇（2003）认为，应当按照过去20多年中国城镇人口劳动参与率这个较为稳定的系数来推算，比较科学和客观，城镇人口劳动参与率应在55%水平上。按此推算，城镇失业人口加上600万名长期在家没有工作的职工，中国2002年的城镇劳动力失业率为12.44%，为3 437万人。实际城镇人口劳动参与率曲线呈下滑趋势。中国如果按真实城镇失业率计算，2003年城镇需要就业和再就业的压力是4 490万人，而不是劳动和社会保障部计算的2 400万人。中国未来18年中，就业和再就业压力最大的时期将是2003～2010年，2011～2015年次之，2015年以后就业和再就业压力将趋缓。其间，劳动力供给的最大来源为农村劳动力向城镇的转移，较难的是国有和集体企业结构调整需要再就业的劳动力，城镇本身新增劳动力就业的压力并不大；最保守估计，需要创造2.7亿多个就业机会，每年需要有1 500万个工作岗位供城镇新增、农村向城镇转移和城镇下岗劳动力就业和再就业。蔡昉（2004）针对国内外学术界对中国关于就业统计的疑问，从就业增长、真实失业水平和劳动参与率变化等方面，系统考察统计数字的一致性问题，揭示了下岗与登记失业之间的消长关系、按照国际通行定义计算的城镇调查失业率，以及劳动参与率的变化及其原因，并有针对性地提出了公共政策建议。

本书采用蔡昉（2004）的方法[①]，公式如下：

$$城镇调查失业率 = \frac{城镇失业人口}{城镇经济活动人口}$$

其中，城镇失业人口 = 城镇经济活动人口 − 城镇就业人口。

[①] 由于农村家庭承包制保证了每个人拥有一块责任田，农村劳动力要么在非农产业就业，要么可以被视为农业就业，失业率很低。所以，在不能获得农村真实失业率的情况下，蔡昉（2004）假设农村经济活动人口的失业率为零，因而把农村就业人口与经济活动人口视为相等。

城镇经济活动人口 = 城乡加总的经济活动人口 - 城镇就业人口数

根据上述公式得出 1978~2015 年中国城镇调查失业率（见表 5-1 和图 5-1）。

表 5-1　　　　　　　估算的中国城镇调查失业率

年份	城镇调查失业率	年份	城镇调查失业率
1993	3.49	2005	4.93
1994	3.52	2006	4.32
1995	3.98	2007	3.76
1996	3.93	2008	4.41
1997	4.50	2009	4.81
1998	6.29	2010	6.18
1999	5.87	2011	5.67
2000	7.61	2012	5.57
2001	4.31	2013	5.73①
2002	4.60	2014	5.84
2003	4.29	2015	5.25②
2004	3.62		

注：①2013 年，李克强总理在《金融时报》撰文透露，上半年中国调查失业率为 5%，同本人估计的数据相差很小。

②国家统计局公布的 2015 年城镇调查失业率为 5.1，同本人估计的数据相差很小。

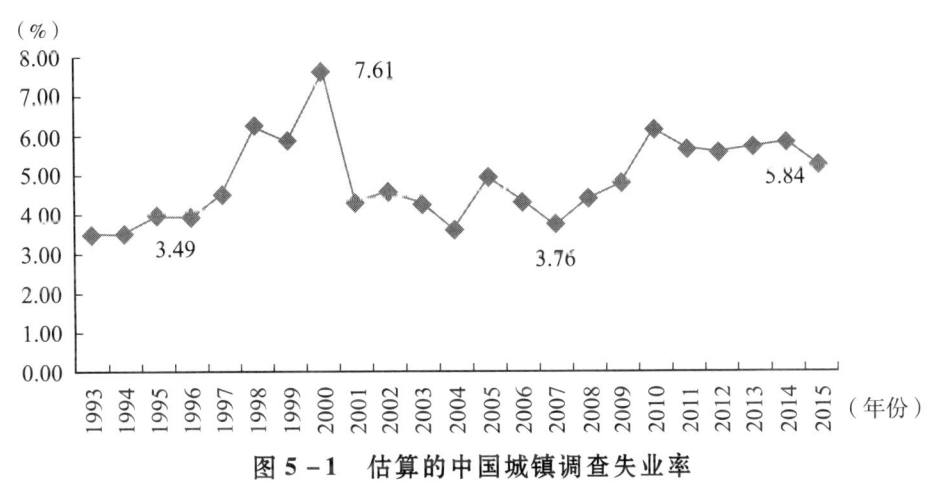

图 5-1　估算的中国城镇调查失业率

从表 5-1 和图 5-1 可以看出，1993 年开始至今，中国的城镇调查失业率变化较大,数值呈现阶段性特征,其背后有深刻的经济背景。1993 年到 1996 年,中国的城镇调查失业率较低,最低的是 3.49%,这一时期城镇存在大量的国有企业,失业的人口较少;1997 年到 2000 年,中国城镇调查失业率逐步提高,最高的是 2000 年,达到 7.61%。在这一段时期,中国启动国有企业改革,大量的国有企业职工下岗,从而中国城镇调查失业率逐步变大。2000 年以后,中国城镇调查失业率逐渐减少,近些年维持在 6% 左右。

对于供给因素 S_t,现有文献显示,中国近十几年来通货膨胀主要是成本推动型的,尤其是原材料价格的上涨。结合数据的可得性,本书选择国家统计局公布的工业生产者购进价格指数:燃料、动力类价格增长率 π_t^{energy} 作为供给面的因素。

对于通货膨胀率,遵从大多数文献的做法,本书选择居民消费价格指数 CPI 这个通货膨胀的代表性指标对通货膨胀率进行估计。由此得出 1978~2015 年中国通货膨胀率(见图 5-2)。

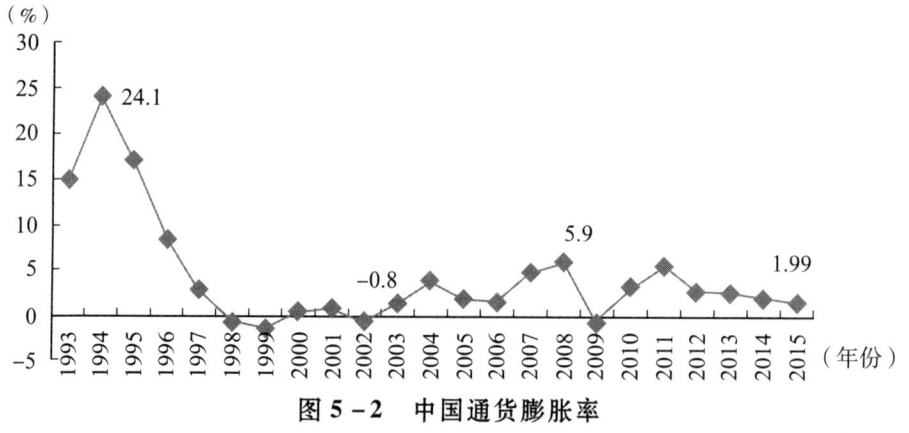

图 5-2 中国通货膨胀率

本书数据来源于 CEIC 中国经济数据库及中国人民银行网站,样本区间为 1978~2015 年(限于篇幅,本书图表只列出部分数据)。

四、实证分析

现有的文献通常假定自然失业率为常量,即自然失业率不随时间发生改变。这是一个最宽松的假设条件,这种方法处理起来比较简单,然而,在 20 世纪 70 年代,很多学者开始认识到时变的自然失业率(Time-Varying NAIRU)。实际上,自然失业率受到人口结构、技术进步等诸多因素的影响,以中国为代表的新兴经济体正处于经济结构不断变迁的过程中,同时还深受当今信息技术进步的影响，所以自然失业率必然是处于变化中的。鉴于此，本书采用时变的自然失业率，以期更符合中国的经济现实。

关于自然失业率的文献，通常假定通货膨胀预期 $\pi_t^e = \pi_{t-1}$，

$$\pi_t - \pi_t^e = \pi_t - \pi_{t-1} = \Delta\pi_t$$

首先，根据自然失业率理论，可以将"失业率"时间序列分解成趋势项（自然失业率）和周期项（周期性失业率），则状态空间模型的第一个量测方程如下：

$$u_t = u_t^T + u_t^C \tag{5.38}$$

其中，u_t 代表城镇调查失业率；u_t^T 代表失业率的趋势项，即自然失业率 NAIRU；u_t^C 代表周期项，即引起通货膨胀的失业率。根据卡尔曼滤波方法可以分别估计出动态的 u_t^T 和 u_t^C。此外，由式（5.38）可得状态空间模型的第二个测量方程：

$$\Delta\pi_t = \alpha(L)\Delta\pi_{t-1} + \beta(L)u_t^C + \gamma(L)S_t + \varepsilon_t \tag{5.39}$$

其中，π_t 代表通货膨胀率，$\alpha(L)$ 代表前期通胀对当期通胀的影响，$\beta(L)$ 代表周期性失业对通胀的影响，ε_t 代表随机干扰项。

为了得到模型的状态方程，借鉴大多数文献的做法，本书假定失业率的长期趋势项 u_t^T 和失业率的周期项 u_t^C 符合如下运动过程：

$$u_t^T = u_{t-1}^T + \phi l_t + \theta_t \tag{5.40}$$

$$u_t^C = \rho u_{t-1}^C + \zeta_t \tag{5.41}$$

其中，l_t 代表每年中国就业人口的增长率，θ_t 和 ζ_t 代表随机干扰项。

值得注意的是，本书与现有文献的区别在于，此处引入了变量 l_t 以反映劳动力市场的人口结构变化。现有关于自然失业率研究的文献表明，人口结构的变化会影响自然失业率。事实上，随着中国的人口红利逐渐消失，新加入劳动力市场的人口逐步下降，自然失业率可能会呈现下降趋势。鉴于此，本书引入变量 l_t。

如果两个经济时间序列在经济意义上没有因果关系，所建立的回归就是伪回归。一些包含单整变量的模型有意义，当且仅当等式两端的变量单整阶数相同，且单整变量之间存在协整关系，否则所建立的模型将是伪回归。为了避免伪回归问题，状态空间模型要求变量是平稳的或者存在协整关系。为了避免出现伪回归，对本书的各个变量进行 ADF 检验，检验结果见表 5-2，显示各变量都是平稳变量。

自然失业率是不可观测变量，因此需要借助趋势分离技术在状态空间模型内予以估计。经过多种滤波方法的优缺点对比分析，本书选择了卡尔曼滤波算法作为时变参数的估计方法，针对这一国际主流估算方法的要求和特点，在运算中进行了相应的调适。

表 5-2　　　　　　　　　各指标 ADF 检验结果

变量	ADF 检验		
u_t	水平量	(C, 0, 0)	-2.6470**
l_t	水平量	(C, 0, 1)	-0.7786**
π_t^{energy}	水平量	(C, 0, 0)	-5.1204***
π_t	水平量	(0, 0, 0)	-2.0582**

注：(1) ***、**、* 分别表示在 1%、5%、10% 的显著性水平。(2) 在 ADF 检验结果中，括号内的第 1 个字符代表检验模型包含常数项，第 2 个字符表示检验模型包含趋势项，0 为不包含常数项或趋势项；第 3 个字符为滞后期。

第一，合理确定了各个变量的滞后期。在动态回归中，确定各个变量合理的滞后期对估计结果非常重要。如果滞后期过短，不能准确地反映解释变量的动态影响，会产生一般的变量缺失所导致的估计有偏的问题。而如果包括了过多的滞后期，不仅会影响估计式的无偏性，也会损失自由度，在观察值有限的情况下，增加了估计的成本。选择滞后期的一般的方法是采用所谓由繁至简原则，即先在回归方程中包含较高的滞后期，然后逐渐减少滞后期，并比较各个估计式的参数，如调整后的平方、准则，在各个估计结果中，选取调整后的平方最大或者准则最小者，为合理的滞后期。为了选择合适的通货膨胀滞后期，本文以 AIC 和 SC 准则反复尝试，最终确定最优的滞后期长度。

第二，慎重选择模型的参数值。在高级计量方法中估计结果容易受某些参数的武断选择的影响，其中的一个关键参数是噪声信号比。噪声信号比反映的是自然失业率的方差和通货膨胀变动的方差的比率。原则上卡尔曼滤波可以通过极大似然函数估计出模型中的所有参数，当然也包括自然失业率的可变性，而以往直接估计两个误差项的研究者们通常都得到了令人失望的结果，因为产生了极为平坦的自然失业率曲线。因此后来的研究当中通常对这一参数施加某种程度的限制。在构造美国的物价通胀模型时，戈登（Gordon，1997）试验了不同的限制条件，最终选择了使得时变的方差小于通货膨胀率的方差的限制条件。他使用 0.2 和 0.4 两个值作为美国误差项的标准差，并认为这两个值使美国的自然失业率得可以随时间变动，但又不至于产生过大的可变性。在戈登（Gordon，1998）的另一篇文章中，使用了相似的值：0.045 和 0.271 的标准差。由于国外大部分的计量分析采用的都是季度数据，而国内目前可获得的基本都是年度数据，因此国外参数未必适合中国的情况，本书估计过程中通过不同取值的对比及权衡，依据整体的估计效果选择出了最合适的比值。

第三，迭代前为扰动项和状态变量设定合理的初始值。卡尔曼滤波算法在迭代之前需要给状态向量设定初始值，然后通过预测误差分解计算似然函数，从而对模型中的所有未知参数进行估计，并在得到新的观测值后连续地修正状态向量的估计值。本书状态空间模型的初始值参考都阳和陆旸（2011）。

运用卡尔曼滤波算法对本章所建立的状态空间模型的参数和超参数进行估计，估计结果见表5-3。结果显示，得出的参数估计值与菲利普斯曲线和奥肯定律所揭示的变量关系完全一致，并且参数都是显著非零的。从表中各参数的值可以看出：通货膨胀率与其滞后一期之间显著负向相关；与当期周期性失业率之间也是显著负向相关；与下一期周期性失业率之间是显著正向相关；与每年中国就业人口的增长率之间是显著正向相关；与燃料、动力类价格增长率也是显著正向相关的。

表5-3　　　　　　　　状态空间模型估计的结果

	$\Delta\pi_{t-1}$	u_t^C	π_t^{energy}	l_t	u_{t-1}^C
Coefficient	-0.571552	-0.835992	0.155940	2.433741	0.983022
z - Statistic	-5 742.034	7 088.727	5 241.837	6 067.590	12 527.48
Prob	0.0000	0.0000	0.0000	0.0000	0.0000

从表5-3可知，估计的各个参数都具有较强的显著性，参数的符号和经济理论是一致的。因此，无论是从统计意义还是从经济理论来看，模型参数的估计结果较为理想。

卡尔曼滤波分离出来的 u_t^T（自然失业率）、u_t^C（周期性失业率）如图5-3所示。

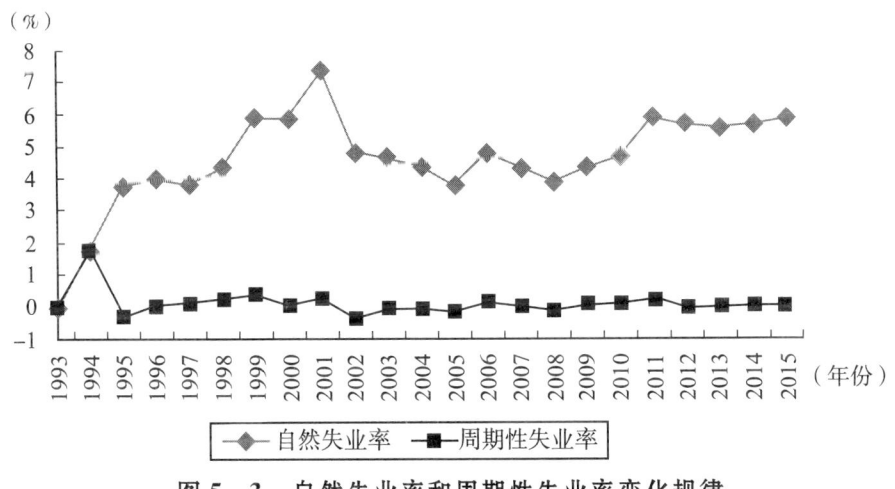

图5-3　自然失业率和周期性失业率变化规律

五、估计潜在增长率

就业与失业现象备受关注,对此问题的研究产生了很多著名的就业理论,如基于"萨伊定律"的古典就业理论,基于有效需求的凯恩斯就业理论,以弗里德曼为代表的货币主义学派就业理论,因研究国家经济发展结构而得出的发展经济学派就业理论等。在 20 世纪 50 年代以前,西方经济学家重点在就业与经济增长的理论研究方面,并在促进就业问题是否需要政府干预的问题上争论不休。20 世纪 70 年代的石油危机带来的"滞胀"现象对各种就业理论提出前所未有的挑战,这一现象促使西方经济学家着重从经验和统计资料入手来研究失业和各经济变量之间的关系。这期间,新西兰经济学家菲利普斯根据英国的经济数据,得出关于失业率和工资变动率之间交替关系的经验菲利普斯曲线,在此基础之上,美国经济学家奥肯(A. M. Okun)于 1962 年提出,在经济变化率和失业变化率之间存在着一种相当稳定的线性关系,即实际 GDP 增长率每比潜在 GDP 增长率高 2%,则失业率就会降低 1%;实际 GDP 增长率每比潜在 GDP 增长率低 2%,则失业率将会升高 1%,这就是著名的"奥肯定律"。奥肯研究失业率与经济增长之间关系的目的是测算"潜在的产出量"。

奥肯定律一经提出,很多学者对这一定理的有效性作了具体的实证研究。通过研究现有的文献发现,奥肯定律是一个有争议的话题。李(Lee,2000)估计了战后 16 个 OECD 国家的奥肯定律的稳健性,认为尽管大多数国家的奥肯定律在统计上是成立的,但是各个国家的奥肯系数的数值却大不相同。诺泰克(Knotek,2007)运用美国 2003~2006 年第一季度的数据进行的研究发现,奥肯定律并不成立,可能的原因是相关变量在不同的经济周期表现不同。皮耶季约克(Pierdzioch,2011)采用 7 个工业国家的数据使用面板模型,认为奥肯定律在这些国家都成立,只是奥肯系数不同。这些分歧和争议主要是由于不同的研究者从不同的奥肯定律形式出发来对奥肯系数的大小做出估计,也由于不同的研究者对"失业"和"产出"的界定不同,还由于研究者所使用的数据和计量方法不同。总的来说,奥肯定律在美国、英国、德国和日本等发达市场经济国家中得到了良好的印证,奥肯定律是宏观经济学中最可靠的经验定律之一。

近年来,中国学术界对奥肯定律在中国的适用性进行了研究。同样的,对于奥肯定律是否适用中国存在争议。周长才(2002)考虑到中国经济发展与体制转轨的现实,通过计算农村隐性失业与城镇隐性失业而得出中国总的失业率,发现总失业率变动与产出变动之间显著负相关,因此认为奥肯定律在中国是存在的。邹薇和胡翱(2003)认为奥肯定律在我国整体上不成立,但用各产业的就业指数替代传统的失业率指标以后，得出了我国第一和第二产业的产出与就业指数之间的变化符合奥肯定律，而第三产业的产出与就业指数之间的变化不符合奥肯定律的结论。姜魏和刘石成（2005）的研究表明，我国的城镇登记失业率与经济增长之间不存在典型的奥肯定律关系，但他们的研究只是将城镇登记失业率的变动与增长率之间进行简单的回归，并没有对奥肯定律的模型形式进行进一步的讨论。李晨（2010）在对我国城镇单位就业人数指标和真实产出指标季度数据分两个区间进行实证分析的基础上，得出反映周期性失业率和真实产出缺口关系的奥肯定律在我国同样适用的结论，并且发现与奥肯系数紧密相关的周期性就业弹性系数不仅在两个数据区间估值比较接近，并且我国的估值与美国和加拿大的估值也比较接近。世界银行的哈努施（Hanusch，2012）运用2001~2011年的季度数据，对包括中国在内的东亚五国建立自回归分布滞后模型，研究得出奥肯定律在中国也是成立的。邹沛江（2013）考虑到中国经济的二元结构，基于对简单奥肯定律的二元分解，研究发现，长期来看奥肯定律在中国仍然成立，只是简单奥肯定律的奥肯系数约为0.264，高估了登记失业率对增长率的影响，需要考虑中国的二元经济结构而对其进行修正（见表5-4）。

表5-4 部分经典文献中中国的奥肯系数

项目	周长才（2002）	李晨（2010）	哈努施（Hanusch，2012）	邹沛江（2013）
奥肯系数	0.29	0.34	0.383	0.264

同时，我们还可以借鉴国外的经验。墨西哥与中国同样是发展中国家，2014年墨西哥人均GDP为9 442美元，中国人均GDP为8 016美元，两国经济具有一定的可比性。伊斯拉斯（Islas，2011）运用克拉克（Clark，1989）的方法，测算出墨西哥的奥肯系数为0.336。

借鉴表5-4和墨西哥的数据，本书假设中国的奥肯系数$\beta=0.30$。

奥肯定律公式：

$$\frac{y-y^*}{y^*}=-\beta(u-u^*) \tag{5.42}$$

则：

$$y^*=\frac{y}{1-\beta(u-u^*)} \tag{5.43}$$

其中$(u-u^*)$即为周期性失业率，y是以1952年为基期的实际GDP。基于上述假设，本书估算出在1978~2015年时间段内中国经济的潜在发展水平（见图5-4，文中图表只列出部分数据）。另外，样本外的测算显示，2016年、2017

年、2018年中国经济的潜在增长率分别为6.6%、6.4%、6.3%。

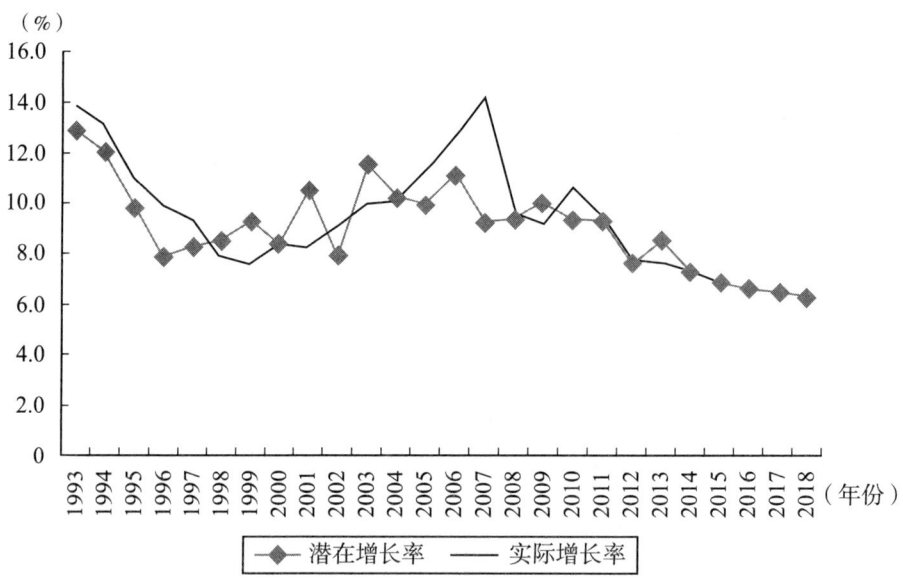

图5-4 潜在增长率和实际增长率变化趋势

六、小结

本章首先采用"三角模型"构建状态空间模型，利用卡尔曼滤波算法测算出中国时变的自然失业率，然后利用奥肯定律测算出1978~2018年中国经济的潜在产出及潜在增长率。本节的主要结论：

第一，2008年以来，中国的自然失业率有所上升，2011~2015年基本保持稳定，平均值为5.75%。

第二，本节模型的测算表明，自2007年以来，尤其是2010年以来，实际增长率一路走低，与此同时，潜在增长率也是呈现出总体下降的趋势，实际增长率和潜在增长率两者的变化趋势基本相同，均是下降，由此可以判定，2010年至今，中国经济增速放缓的原因主要是潜在增长率本身的下降，从供需均衡的角度证明了本轮经济减速的主要原因不是需求不足造成的。这意味着近年来中国经济增长率下滑在某种程度上是合理的回调，一味地推行强的经济刺激政策并不可取。事实上，近年来的货币政策并没有取得令人期待的效果。

第三，因为目前中国经济减速主要是潜在增长率本身下降引起的，而不是周期性需求不足引致的。这意味着未来中国经济要继续保持较高的增长速度，顺利跨越"中等收入陷阱"，需要着力于提高潜在增长率。

第四，样本外的测算显示，2016年、2017年、2018年中国经济的潜在增长率分别为6.6%、6.4%、6.3%。

运用状态空间模型、卡尔曼滤波和奥肯定律从总供给总需求的视角测算潜在产出，虽然既考虑了供给面因素，也考虑了需求面因素，但是没有考虑经济结构、市场化、劳动生产率、服务业发展等因素对经济增长的促进作用。而中国处于一个经济结构不断变迁、服务业快速发展的过程，从总供给总需求的视角有可能低估了潜在产出。

第二节 基于动态一般均衡（DSGE）分析角度下的中国经济潜在增长率的估算

使用生产函数、状态空间模型、卡尔曼滤波和奥肯定律等测算中国潜在经济增长率，这些方法都没有相应的微观基础，并且实际上都是局部均衡，而现实的经济是一般均衡的。

DSGE模型与短期宏观总量均衡的分析方法不同，这种方法具有微观基础，它严格按照一般均衡理论，利用动态最优化方法对各经济主体（居民、厂商、政府等）在不确定环境下的行为决策进行详细的刻画，从而得到各个经济主体在资源约束、技术约束及信息约束等条件下的最优行为方程，再加上市场出清条件，并考虑加总（Aggregation）方法，最终得到不确定环境下总体经济遵循的方程系统。DSGE模型具有显性的建模框架，能够实现微观和宏观的完美结合、长短期分析的有机整合，日益受到包括各国中央银行在内的各方青睐。同时，新凯恩斯动态随机一般均衡模型既能较好地避免卢卡斯批判，又能规避政策的动态不一致性。

现有文献从一般均衡的角度出发，尤其运用动态随机一般均衡模型（DSGE）研究潜在产出潜在增长率是目前使用最少的一种方法。总的来看，采用这种方法的国外文献相对较多，而国内相关文献则较少。国外文献中，茱莉亚（Juillard，2006）采用美国的经济数据建立了DSGE模型，用贝叶斯方法估计了潜在产出，研究表明相对于其他的方法，模型的预测能力具有竞争力，并运行模型估计的结果对产出缺口建立了更稳健的HP滤波末端样本估计。费克等（Fuek et al.，2010）在考虑了增长率冲击的情况下，运用DSGE模型估计了日本经济的潜在产出和产出缺口，研究显示估计的潜在增长率非常平滑并且接近于传统的方法估计的结果，并且模型估计的产出缺口对于通胀有良好的预测功能。

运用新凯恩斯动态随机一般均衡模型来研究中国的潜在产出，是国内经济学者面临的一项理论挑战，极少数的国内学者做了这方面的尝试。马文涛和魏福成（2011）在国内首次采用新凯恩斯动态随机一般均衡模型估计中国的潜在产出和产出缺口，该文研究发现新凯恩斯 DSGE 模型估计的产出缺口较好反映 1992 年以来我国经济周期变化，并预测我国经济在 2011 年第二季度达到局部峰值，与传统方法相比，DSGE 模型有更好的通胀预测能力。该文使用的是大型的 DSGE 模型，这类大型 DSGE 模型对于经济的刻画十分翔实，并在模型中纳入了多种黏性机制。但正是由于刻画得过于精细，这使得模型对产出缺口的测度不稳健，而且对于产出缺口的影响因素的分析可能也没那么直接。另外，考虑到经济的复杂性以及未知性，使用未得到充分证实的 DSGE 模型和相关参数可能会得出误导性的结论。因而，本节将参照艾尔兰（Ireland，2011）使用的小型 DSGE 模型，仅考虑决定经济波动的几个关键方程来构成的模型系统，以此来获得更为稳健的估计结果。

DSGE 是分析短期经济波动的，所以论文的 DSGE 模型求出的应该是产出缺口，然后用实际产出—产出缺口，得到潜在增长率。这里的产出缺口就是反映短期的周期性的经济波动的。潜在增长率是长期的，但是也是会变的，短期内也会变。例如，美国的充分就业率，月度季度都会发生变化，从而短期潜在增长率也会发生变化。

一、动态随机一般均衡模型理论

DSGE 模型来源于 20 世纪 80 年代出现的实际经济周期（RBC）模型，实际经济周期（RBC）模型在一定的假设条件下，采用动态优化的方法推导出家庭和企业等各个经济主体的最优行为方程，尤其强调生产率冲击的作用。

动态随机一般均衡模型（dynamic stochastic general equilibrium）是近些年来宏观经济研究的一大重要进展，是目前世界各国进行宏观经济研究的主流方法。

DSGE 模型与局部均衡的分析方法不同，这种方法是在不确定环境下研究经济的一般均衡问题，它严格按照一般均衡理论，利用动态最优化方法对各经济主体（居民、厂商、政府等）在不确定环境下的行为决策进行详细的刻画，从而得到各个经济主体在资源约束、技术约束及信息约束等条件下的最优行为方程，再加上市场出清条件，并考虑加总（aggregation）方法，最终得到不确定环境下总体经济遵循的方程系统。DSGE 模型建模的框架和思路非常清晰，能够将长期和短期分析有效结合，同时可以将微观经济理论和宏观经济理论完美结合在一个动态方程系统内，因此日益受到包括各国中央银行在内的各方青睐。同时，新凯恩斯动态随机一般均衡模型既能较好地避免"卢卡斯批判",又能规避政策的动态不一致性。

DSGE 模型自产生以来,逐步克服了自身的不足和弱点,并处于不断完善的过程中,近年来取得很大的进度。DSGE 模型借助于计算机硬件和软件的提高和估方法的不断优化,其应用越来越广泛和深入。

目前许多世界机构、中央银行都开发了自己的 DSGE 模型,并利用 DSGE 模型做出政策分析和经济预测,例如国际货币基金组织 IMF、世界银行、美国联邦储备委员会(简称美联储,FRB)。

其中,最著名的是美联储开发的 SIGMA 模型。该模型是一个开放经济下的 DSGE 模型,共有七个模块组成,既包含发达国家也包含发展中国家。SIGMA 模型假设家庭具有无限寿命,且家庭分为两种类型;劳动力市场是垄断竞争的。SIGMA 模型几乎考虑了开放经济条件下的所有摩擦。

中国人民银行(PBC)也开发了自己的 DSGE 模型。中国人民银行的 DSGE 模型在 CMR 模型的基础上,将其扩展到开放经济下,并根据中国经济的实际运行情况作出修正。模型参数采用了校准和 Bayes 估计相结合的方法确定。

与传统的计量经济学模型相比,DSGE 模型具有以下特点:

第一是 DSGE 模型具有微观基础。对于宏观经济研究来说,任何宏观经济变量的最终来源都是单个的个体,例如全社会消费这一变量来源于每个个体的消费,单个个体的行为最终构成全社会的行为,因此单个个体的行为会影响整个经济行为和经济波动。传统的计量经济模型忽略了这一事实,缺乏微观基础,其方程和公式都是直接给出的,具有一定的主观性。而 DSGE 模型在一定的约束下,对各经济主体的行为决策进行研究,推导出个体行为的最优化从而整个经济的行为,因而 DSGE 模型是具有微观基础的,理论上更加严谨。

第二是 DSGE 模型能对经济进行动态刻画。传统的计量经济模描述的经济模型都是静态的,无法体现经济的动态调整过程。DSGE 模型却可以对经济的动态调整过程进行刻画。

此外,稳态对经济的描述非常重要,如果一个经济模型没有稳态,那么经济运行的最终状态将确定。传统的计量经济模回避了这一问题,没有对模型的稳态进行描述,而 DSGE 模型却可以求解稳态值并模拟出对稳态的脉冲响应冲击。

第三是 DSGE 模型能够避免卢卡斯批判。传统的计量经济模型是在一个确定的条件下进行经济研究,模型呈现出一种简化式的模型形式,无法避免著名的卢卡斯批判,因此通过传统的计量经济模型进行的经济分析和给出的政策建议未必可靠,即使有些模型进行了外生性检验,仍然常常受到质疑。而 DSGE 模型是在不确定的条件下对各个经济主体的行为进行刻画,模型本身就包含有预期的影响,因此 DSGE 模型是一种结构性模型,能够避免卢卡斯批判。

第四是 DSGE 模型更便于进行政策分析的比较。通过比较 DSGE 模型和传统的计量经济模型的建立及求解、分析过程可以看出来,DSGE 模型能够定量模拟分析纳入模型中的各种冲击对宏观经济的影响,能够比较各种不同的经济政策比如货币政策对同一个经济变量和总体宏观经济的影响,能够进行社会福利分析,因此 DSGE 模型更便于进行政策分析的比较。这也是为什么各国中央银行普遍开发自己的 DSGE 模型的原因。

二、理论模型

本节的理论模型是在格特勒等(Gertler et al., 2008)、李成等(2009)、康立和龚六堂(2014)建立的小型开放经济的动态随机一般均衡模型的基础之上,参考马文涛和魏福成(2011)的方法建立的。

模型中包含的经济主体有七个部门[①]:家庭、中间品厂商、零售商、银行、资本品生产商、政府和中央银行。具体经济运行方式为:家庭存活期无限,向中间品厂商提供劳动获得工资收入,储蓄获得利息收入,向外国政府购买债券,向零售商购买消费品,获得零售商的净利润;中间品厂商使用银行贷款和自身净资产向资本品生产商购买资本、向家庭雇用劳动来组织生产,在成本最小化的控制下生产中间产品;资本品生产商向中间品生产商购买中间品,生产新资本出售给中间品厂商;银行从家庭吸收存款,然后贷款给中间品生产商;零售商将中间商品差异化之后打包并加工出售,最终被家庭消费;政府征收一次性总税,发行货币;中央银行通过货币政策影响经济活动。

下面就此分别构建价格具有黏性和价格可灵活调整时的模型。

(一) 具有价格黏性的模型

1. 家庭

假设经济中存在无限期存活的连续代表性家庭,家庭的目标是最大化其终身效用。代表性家庭从消费商品中获得正效用,在提供劳动时获得负效用。家庭将选择消费、劳动的组合以求效用最大化。代表性家庭的效用函数为:

[①] 本书在研究价格可灵活调整下的经济时,如果纳入政府,则税收等会导致扭曲,价格与工资难以灵活调整,另外此时货币为中性,所以借鉴马文涛和魏福成(2011),价格可灵活调整时不引入政府和中央银行。

$$E_0 \sum_{t=0}^{\infty} \beta^t U(C_t, N_t) = E_0 \sum_{t=0}^{\infty} \beta^t \left\{ \varepsilon_{c,t} \ln(C_t - hC_{t-1}) - \frac{1}{1+\theta_N} N_t^{1+\theta_N} \right\} \quad (5.44)$$

其中，β 为贴现因子，h 为消费惯性因子，C_t 是家庭实际消费，N_t 是家庭向企业提供的劳动，θ_N 是劳动的供给弹性，$\varepsilon_{c,t}$ 为消费偏好冲击。

假设消费偏好冲击 $\varepsilon_{c,t}$ 均服从 AR（1）过程：

$$\ln(\varepsilon_{c,t}) = (1 - \rho_c) \ln \varepsilon_c + \rho_c \ln(\varepsilon_{c,t-1}) + e_{c,t} \quad (5.45)$$

其中，$\rho_c \in (-1, 1)$ 为冲击持续参数，ε_c 为稳态时的消费需求冲击，$e_{c,t}$ 为随机扰动项，且 $e_{c,t} \sim (0, \sigma_c^2)$。

家庭的预算约束为：

$$C_t + \frac{S_t}{P_t} + \frac{B_t^f EX_t}{P_t} \leq (1 + r_t) \frac{S_{t-1}}{P_t} + \frac{(1 + r_{t-1}^f) B_{t-1}^f EX_t}{P_t} + w_t N_t + \frac{M_{t-1} - M_t}{P_t} + \frac{T_t}{P_t} + \frac{\Omega_t}{P_t} \quad (5.46)$$

其中，w_t 是 t 期家庭提供劳动的实际工资，S_t 是家庭在 t 期的名义储蓄，B_t^f 是家庭在 t 期的名义国外债券持有量，r_t 是 t 期的名义无风险利率，r_t^f 是 t 期的名义国外债券收益率，EX_t 为名义汇率，M_t 是 t 期的名义货币余额，T_t 是 t 期政府的名义税收或转移支付，Ω_t 是最零售商的名义利润，假设零售商的最终拥有者是家庭。

代表性家庭将选择消费、储蓄、购买外国债券和劳动最大化其终身效用，得到最优化的一阶条件：

$$\frac{\varepsilon_{c,t}}{c_t - hc_{t-1}} - \beta h E_t \left(\frac{\varepsilon_{c,t+1}}{c_{t+1} - hc_t} \right) = \lambda_t \quad (5.47)$$

$$N_t^{\theta_N} = \lambda_t w_t \quad (5.48)$$

$$\lambda_t = \beta E_t \left[\frac{\lambda_{t+1}(1 + r_{t+1}) P_t}{P_{t+1}} \right] \quad (5.49)$$

$$\lambda_t EX_t = \beta E_t \left[\frac{\lambda_{t+1} EX_{t+1}(1 + r_t^f) P_t}{P_{t+1}} \right] \quad (5.50)$$

其中，λ_t 是最优化问题的拉格朗日乘子，式（5.47）为消费的欧拉方程，式（5.48）为家庭向企业提供的最优劳动供给方程，式（5.49）为最优储蓄决策方程，式（5.50）为最优外国债券持有量的决策方程。

因为本节建立的是开放经济体的动态随机一般均衡模型，因此，假设家庭既可以消费国内生产的商品，也可以消费国外生产的商品即进口商品。家庭总消费由对国内生产商品的消费和对进口商品的消费通过以下常替代弹性复合而成：

$$C_t = \left[\gamma^{\frac{1}{\xi_c}} (C_t^h)^{\frac{\xi_c - 1}{\xi_c}} + (1 - \gamma)^{\frac{1}{\xi_c}} (C_t^f)^{\frac{\xi_c - 1}{\xi_c}} \right]^{\frac{\xi_c}{\xi_c - 1}} \quad (5.51)$$

其中，C_t^h 代表家庭对国内生产商品的消费，C_t^f 代表家庭对进口商品的消费，

γ_c 代表家庭对本国商品的偏好程度，ζ_c 代表国内生产商品和进口商品之间的替代弹性。

假设 P_t^h 为国内生产商品的价格，P_t^f 为进口商品的价格。对消费者，其目标为消费支出最小化，则通过求解 $C_t P_t = C_t^h P_t^h + C_t^f P_t^f$ 最小化问题，可以求得国内总价格水平为：

$$P_t = \left[\gamma_c (P_t^h)^{1-\zeta_c} + (1-\gamma_c)(P_t^f)^{1-\zeta_c} \right]^{\frac{1}{1-\zeta_c}} \tag{5.52}$$

2. 中间品厂商

假设国内中间品市场为垄断竞争市场，假设所有的中间品厂商连续分布于区间 [0, 1]，中间品厂商的生产函数为：

$$Y_t = A_t K_t^\alpha N_t^{1-\alpha} \tag{5.53}$$

其中，Y_t、A_t、K_t、N_t 分别表示代表性国内中间品厂商的产出、技术水平、资本存量、劳动投入；α 表示中间品厂商的资本产出弹性。

假设技术水平均服从 AR(1) 冲击过程：

$$\ln(A_t) = (1-\rho_a)\ln A + \rho_a \ln(A_{t-1}) + e_{a,t} \tag{5.54}$$

其中，ρ_a 为中间品厂商的技术冲击持续参数，A 为中间品厂商稳态时的技术水平，$e_{a,t}$ 为随机扰动项，并且 $e_{a,t} \sim N(0, \sigma_a)$。

代表性中间品厂商的目标函数为实际利润最大化：

$$\max \left[\frac{P_{w,t}}{P_t} Y_t + Q_t(1-\delta)K_t - K_t Q_t r_{k,t} - w_t N_t \right] \tag{5.55}$$

其中，$P_{w,t}$ 为中间品的价格，Q_t 为资本品相对总体价格水平 P_t 的价格，δ 为折旧率，$r_{k,t}$ 为中间品厂商的实际资本使用成本。

中间品厂商通过选择最优的物质资本存量、劳动最大化其利润，得到的一阶条件：

$$r_{k,t} = \frac{\frac{P_{w,t}}{P_t} \frac{\alpha Y_t}{K_t} + Q_t(1-\delta)}{Q_{t-1}} \tag{5.56}$$

$$w_t = \frac{(1-\alpha)Y_t}{N_t} \frac{P_{w,t}}{P_t} \tag{5.57}$$

中间品厂商在期末从资本品厂商那里购买下一期生产所需的资本，购买所需要的资金来源有两个，一个是自有资金，另一个是银行贷款。中间品厂商的融资预算约束为：

$$Q_{t-1} K_t = V_t + \frac{L_t}{P_{t-1}} \tag{5.58}$$

其中，V_t 是中间品厂商自有资金（净资产），L_t 为银行提供的贷款。

在一定的条件下，厂商的投资决策与其融资结构是无关的，此即著名的 M—

M 定理。正是基于 M—M 定理，传统的经济模型通常可以将厂商的投资决策与融资决策分离处理，因而很少涉及融资结构对实体经济的影响。而伯南克（Bernanke，1999）对此问题进行了深入的探讨，将不完全信息下的债务契约安排引入动态宏观经济模型中，从而详细地分析了借款者的财务状况对其融资成本以及对投资和经济的影响。

由于逆向选择和道德风险问题的存在，银行对不同的借款者，将会视其资信状况、抵押担保情况等进行选择并制定出不同的贷款利率水平，也就是说，借款者的内部融资和外部融资成本存在着差异，即对于借款者来说，存在着外部融资的风险溢价（external finance premium）。这种外部融资的风险溢价在经济的不同阶段表现出不同的特征，从而将对投资及经济产生影响。

对于银行来说，由于信贷市场信息不对称，银行需承担贷款风险，贷款利率必高于经济中的无风险利率，定义外部融资溢价 F_t：

$$F_t = \frac{E_t r_{k,t+1}}{F_t\left(\dfrac{r_{t+1}}{\pi_{t+1}}\right)} \tag{5.59}$$

r_t 是 t 期的名义无风险利率，$r_{k,t}$ 为实际资本收益率。

外部融资溢价受多种因素的影响，这取决于许多特性，如公司的风险、资产净值或拟投资项目的回报率等。考虑厂商的财务杠杆对外部融资溢价的影响，中间品厂商负债越高，则为了对冲风险，银行必定提高外部融资溢价，借鉴李成等（2009），外部融资溢价 F_t 可以进一步表示为：

$$F_t = \left(\frac{Q_t K_{t+1}}{V_{t+1}}\right)^{\varphi} \tag{5.60}$$

其中，φ 代表外部融资溢价 F_t 对 $\dfrac{Q_t K_{t+1}}{V_{t+1}}$ 的弹性。

借鉴格特勒等（Gertler et al.，2003），中间品厂商自有资金 V_t 的演化路径为：

$$V_{t+1} = \eta [K_t Q_{t-1} r_{k,t} - (E_{t-1} r_{k,t})(K_t Q_{t-1} - V_t)] \tag{5.61}$$

$$E_{t-1} r_{k,t} = F_{t-1} E_{t-1}\left\{(1+r_t)\frac{P_t}{P_{t+1}}\right\} \tag{5.62}$$

η 代表每期中间品厂商的存活概率。式（5.61）表示中间品厂商在 t 期期末的净资产是上一期存活下来的中间品生产者的预期净资产。

伯南克等（Bernanke et al.，1996）首次提出了"金融加速器"（financial accelerator）的概念，外部融资溢价（external finance premium）是金融加速器理论的核心概念。"金融加速器"就是当产生一个正向的生产力冲击时，经济体的资产价格出现非预期的上涨，导致中间品生产者的净资产增加负债减少，由上文可知外部融资溢价降低即中间品生产者融资成本下降，则中间品生产者对资本品的需求增加，从而资产价格的进一步上升，经济波动效应放大。式（5.56）~式（5.62）展示了这一机制。

之所以引入中间品厂商的存活概率，是因为如果没有存活概率，意味着厂商可以永久存在，那么厂商可以积累足够的资本购买新的资本品投入生产，即中间品厂商不需要从外部融资不存在外部融资溢价，则这里的"金融加速器"也不存在。

3. 资本品生产者

生产资本品的厂商利用现有资本存量和追加的投资进行加工生产资本品，并出售给中间品厂商。在本书中，资本品生产商在 t 期期末从中间品厂商处购买折旧后的资本 $(1-\delta)K_t$，并对其增加投资 I_t，生产新的资本 K_{t+1}。由于调整投资存在调整成本，假设经该成本调整后的资本水平净增加为 $H(I_t, I_{t-1})$。

资本存量的变化由下面的方程确定：

$$K_{t+1} = (1-\delta)K_t + H(I_t, I_{t-1}) \tag{5.63}$$

$$H(I_t, I_{t-1}) = \left[1 - \frac{v}{2}\left(\frac{I_t}{I_{t-1}} - 1\right)^2\right]I_t \tag{5.64}$$

资本品生产者通过求解下面的最优化问题来确定最优的投资选择：

$$\max_{I_t} E_t \sum_{t=0}^{\infty} \beta^t \lambda_t \{Q_t[(1-\delta)K_t + H(I_t, I_{t-1})] - Q_t(1-\delta)K_t - P_t I_t\}$$

求解一阶条件可得：

$$E_t[\lambda_t(Q_t H_{1,t} - P_t) + \beta \lambda_{t+1} Q_{t+1} H_{2,t+1}] = 0 \tag{5.65}$$

其中，

$$H_{1,t} = \frac{\partial H(I_t, I_{t-1})}{\partial I_t} \tag{5.66}$$

$$H_{2,t+1} = \frac{\partial H(I_{t+1}, I_t)}{\partial I_t} \tag{5.67}$$

4. 零售商

假设本国商品零售商是在区间 [0, 1] 上连续分布的垄断竞争者，采用伯南克（Bernanke, 1999）的做法，假设零售商以价格 $P_{w,t}$ 从中间品厂商买入中间品，将其分解为差异化的价格为 $P_t^h(j)$ 的产品 $Y_t^h(j)$，然后打包之后以价格 P_t^h 在国内出售，则 $X_t = \frac{P_t^h}{P_{w,t}}$ 即为零售商出售的最终品对中间品的成本加成。最终品按照 Dixit-Stigliz 方式加总得到，零售商销售的最终总产出形式如下：

$$Y_t^h = \left(\int_0^1 Y_t^h(j)^{\frac{\varepsilon-1}{\varepsilon}} di\right)^{\frac{\varepsilon}{\varepsilon-1}} \tag{5.68}$$

其中，ε 表示中间产品之间的替代弹性，且 $\varepsilon > 1$。

零售商目标函数：

$$\max \Pi_t = P_t^h Y_t^h - \int_0^1 P_t^h(j) Y_t^h(j) dj \quad (5.69)$$

其中，P_t^h 为零售商出售国内生产的最终品的价格。

零售商选择最优的中间品投入最大化其利润，求得的一阶条件：

$$Y_t^h(j) = \left(\frac{P_t^h(j)}{P_t^h}\right)^{-\varepsilon} Y_t^h \quad (5.70)$$

垄断竞争市场均衡时利润为零，则：

$$P_t^h = \left[\int_0^1 P_t^h(j)^{(1-\varepsilon)} dj\right]^{\frac{1}{1-\varepsilon}} \quad (5.71)$$

假设零售商根据卡长沃（Calvo，1983）提出的方式调整名义价格，每一期企业调整产品价格的概率为 $1-\phi$，因此每期有 $1-\phi$ 比例的零售商调整价格，ϕ 比例的零售商保持价格不变。在 t 期调整价格的零售商将会调整其最优价格水平 P_t^{h*} 来实现利润最大化，零售商的目标函数为：

$$\max_{P_t^*} E_t \sum_{k=0}^{\infty} \phi^k \left\{\Lambda_{t,t+k}\left(P_t^{h*} - \frac{P_{t+k}^h}{X_{t+k}}\right) Y_{t+k}(j)\right\} \quad (5.72)$$

零售商面临的约束为：

$$Y_{t+k}^h(j) = \left(\frac{P_t^{h*}}{P_{t+k}^h}\right)^{-\varepsilon} Y_{t+k}^h \quad (5.73)$$

其中，$\Lambda_{t,t+k} = \beta^k \left(\frac{u_{c,t+k}}{u_{c,t}}\right)$，代表随机贴现因子。

最优化的一阶条件：

$$P_t^{h*} = \frac{\varepsilon}{\varepsilon - 1} \frac{\Delta_{1,t}}{\Delta_{2,t}} \quad (5.74)$$

其中，

$$\Delta_{1,t} = \frac{u_{c,t}}{X_t} (P_t^h)^{\varepsilon} Y_t^h + \phi \beta E_t \Delta_{1,t+1} \quad (5.75)$$

$$\Delta_{2,t} = u_{c,t} (P_t^h)^{\varepsilon-1} Y_t^h + \phi \beta E_t \Delta_{2,t+1} \quad (5.76)$$

根据凯芙（Calvo，1983）提出的价格调整方式，式（5.71）可以进一步化简为：

$$P_t^h = \left[\phi(P_{t-1}^h)^{1-\varepsilon} + (1-\phi)(P_t^h)^{*1-\varepsilon}\right]^{\frac{1}{1-\varepsilon}} \quad (5.77)$$

联立式（5.74）、式（5.75）、式（5.76）、式（5.77），可得到新凯恩斯菲利普斯曲线（New Keynes Philips Curve，NKPC）：

$$\frac{P_t^h}{P_{t-1}^h} = \left(\frac{\varepsilon}{\varepsilon - 1} \frac{P_{w,t}}{P_t^h}\right)^{\frac{(1-\phi)(1-\beta\phi)}{\phi}} \left(\frac{P_{t+1}^h}{P_t^h}\right) \quad (5.78)$$

5. 银行

假设银行业完全竞争，银行从家庭吸收存款。为了对冲信息不对称带来的风险，银行以无风险利率加上外部融资溢价贷款给中间品生产商。同时银行每期从利润中计提 Γ_t 作为贷款损失准备金。

银行面临的约束为：

$$r_{k,t} L_t \frac{P_t}{P_{t-1}} = (1 + r_t) S_t + \Gamma_t \tag{5.79}$$

$$L_t = S_t \tag{5.80}$$

上式意味着银行的存款完全来源于家庭的储蓄。

6. 政府

借鉴伯南克（Bernanke, 1999），设定政府的预算约束为：

$$G_t = T_t + \frac{M_t - M_{t-1}}{P_t} \tag{5.81}$$

其中，G_t 为 t 期政府支出，T_t 为 t 期政府税收。该预算约束意味着，政府通过税收、发行货币来获得收入。

假设政府支出均服从 AR（1）冲击过程：

$$\ln(G_t) = (1 - \rho_g) \ln G + \rho_g \ln(G_{t-1}) + e_{g,t} \tag{5.82}$$

其中，ρ_g 为政府支出冲击持续参数，G 为政府支出稳态时的水平，$e_{g,t}$ 为随机扰动项，并且 $e_{g,t} \sim N(0, \sigma_g)$。

7. 中央银行

中央银行负责制定货币政策，通过货币政策的传导机制来达到调控宏观经济的目的。然而，关于采用价格型货币政策还是数量型货币政策的问题上在学术界有着广泛的讨论。两者都是以盯紧通货膨胀和产出缺口为目标，不同之处在于前者调控货币供给数量，后者控制利率水平。张达平和赵振全（2016）利用 DSGE 模型对价格型货币政策规则和数量型货币政策规则在我国的适用性进行了研究，认为以利率调控为主的价格型货币政策对宏观经济的影响较为显著，当经济受到外生冲击而产生对稳态的偏离时，价格型货币政策调控可以在短期内有效地抚平经济波动。另外，随着当前中国利率市场化改革的推进，泰勒规则更加符合现实的需要。此外，自泰勒规则提出以来，大多数学者认为货币政策的调控对象是通货膨胀和实际产出缺口。然而，近些年来的实证与理论分析指出，由于产出缺口的不可观测性及测度上可能造成的误差，会影响货币政策的调控效率，如用产出增长率代替则能显著降低货币政策制定中的上述偏差（Smets and Wouters, 2007；Coibion and Gorod, 2008）。因此，本章参考茱莉亚（Juillard, 2006）、马文涛和魏福成（2011）采用如下的泰勒规则作为中央行的货币政策规则：

$$r_t = (r_{t-1})^{\rho_r} \left[r \left(\frac{P_t}{P_{t-1}} \right)^{\rho_\pi} \left(\frac{Y_t^h}{Y_{t-1}^h} \right)^{\rho_y} \right]^{(1-\rho_r)} \varepsilon_{t,r} \quad (5.83)$$

其中，ρ_r 反映了利率的平滑程度，r 表示无风险利率的稳态水平。$\varepsilon_{t,r}$ 是货币政策冲击，服从 AR（1）冲击过程：

$$\ln(\varepsilon_{t,r}) = (1-\rho_r)\ln\varepsilon_r + \rho_r \ln(\varepsilon_{t-1,r}) + e_{r,t} \quad (5.84)$$

其中，ρ_r 为货币政策冲击持续参数，$e_{r,t}$ 为随机扰动项，并且 $e_{r,t} \sim N(0, \sigma_r)$。

8. 市场出清

$$Y_t^h = C_t^h + G_t + I_t + NX_t \quad (5.85)$$

其中，NX_t 为本国的净出口。该式也为国内经济的资源约束。值得注意的是，因为本书建立的是开放经济体模型，区别于封闭经济体，这里引入了净出口 NX_t。

（二）价格可灵活调整的模型

伍德福德（Woodford，2003）将潜在产出定义为在给定的偏好、技术和信息结构等实际因素约束下，价格与工资能灵活变动时的产出，即没有工资和价格刚性以及对工资和价格的加成冲击。此时货币保持中性，无法调节经济，货币供给增加仅能导致价格水平的同比率上升。价格可灵活调整时的模型如下，为了和上述的模型加以区分，在每个变量后面加上 f。

1. 家庭

代表性家庭的效用函数为：

$$E_0 \sum_{t=0}^{\infty} \beta^t U(C_{f,t}, N_{f,t}) = E_0 \sum_{t=0}^{\infty} \beta^t \left\{ \varepsilon_{c,t} \ln(C_{f,t} - hC_{f,t-1}) - \frac{1}{1+\theta_N} N_{f,t}^{1+\theta_N} \right\}$$

$$(5.86)$$

家庭的预算约束为：

$$C_{f,t} + s_{f,t} + ex_t b_{f,t}^f \leq (1+r_{f,t})s_{f,t-1} + ex_t(1+r_{f,t}^f)b_{f,t-1} + w_{f,t}N_{f,t} + t_{f,t} + \Omega_{f,t}$$

$$(5.87)$$

弹性价格下，价格与工资能够灵活变动，不存在名义变量和实际变量的偏离，因此，此处与黏性价格下不同的是，这里的预算约束都以实际变量来表示。小写字母表示各个变量的实际变量。

代表性家庭将选择消费、储蓄和劳动最大化其终身效用，得到最优化的一阶条件：

$$\frac{\varepsilon_{c,t}}{C_{f,t} - hC_{f,t-1}} - \beta h E_t \left(\frac{\varepsilon_{c,t+1}}{C_{f,t+1} - hC_{f,t}} \right) = \lambda_{f,t} \quad (5.88)$$

$$N_{f,t}^{\theta_N} = \lambda_{f,t} w_{f,t} \qquad (5.89)$$

$$\lambda_{f,t} = \beta E_t [\lambda_{f,t+1}(1 + r_{f,t+1})] \qquad (5.90)$$

$$ex_{f,t}\lambda_{f,t} = \beta E_t [\lambda_{f,t+1} ex_{f,t+1}(1 + r_{f,t+1}^f)] \qquad (5.91)$$

2. 中间品厂商

假设所有的中间品厂商连续分布于区间 [0, 1]，中间品厂商的生产函数为：

$$Y_{f,t} = A_t K_{f,t}^{\alpha} N_{f,t}^{1-\alpha} \qquad (5.92)$$

其中，$Y_{f,t}$、A_t、$K_{f,t}$、$N_{f,t}$ 分别表示代表性弹性价格下，国内中间品厂商的产出、技术水平、资本存量、劳动投入；α 表示中间品厂商的资本产出弹性。

代表性中间品厂商的目标函数为实际利润最大化：

$$\max\left[\frac{P_{f,w,t}}{P_{f,t}}Y_{f,t} + Q_{f,t}(1-\delta)K_{f,t} - K_{f,t}Q_{f,t}r_{f,k,t} - w_{f,t}N_{f,t}\right] \qquad (5.93)$$

其中，$P_{f,w,t}$ 为弹性价格下中间品的价格，$Q_{f,t}$ 为弹性价格下资本品相对总体价格水平的价格，δ 为折旧率，$r_{f,k,t}$ 为弹性价格下中间品厂商的实际资本使用成本。

中间品厂商通过选择最优的物质资本存量、劳动最大化其利润，得到的一阶条件：

$$r_{f,k,t} = \frac{\dfrac{P_{f,w,t}}{P_{f,t}}\dfrac{\alpha Y_{f,t}}{K_{f,t}} + Q_{f,t}(1-\delta)}{Q_{f,t-1}} \qquad (5.94)$$

$$w_{f,t} = \frac{(1-\alpha)Y_{f,t}}{N_{f,t}}\frac{P_{f,w,t}}{P_{f,t}} \qquad (5.95)$$

中间品厂商在期末从资本品厂商那里购买下一期生产所需的资本，购买所需要的资金来源有两个，一个是自有资金，另一个是银行贷款。中间品厂商的融资预算约束为：

$$Q_{f,t-1}K_{f,t} = V_{f,t} + \frac{L_{f,t}}{P_{f,t-1}} \qquad (5.96)$$

其中，V_t 是中间品厂商自有资金（净资产），L_t 为银行提供的贷款。

弹性价格下，市场没有摩擦，贷款利率等于无风险利率，不存在外部融资溢价，此时金融加速器机制无法发挥作用。

3. 资本品生产者

生产资本品的厂商利用现有资本存量和追加的投资进行加工生产资本品，并出售给中间品厂商。在本书中，资本品生产商在 t 期期末从中间品厂商处购买折旧后的资本 $(1-\delta)K_{f,t}$，并对其增加投资 $I_{f,t}$，生产新的资本 $K_{f,t+1}$。由于调整投资存在调整成本，假设经该成本调整后的资本水平净增加为 $H(I_{f,t}, I_{f,t-1})$。

资本存量的变化由下面的方程确定：

$$K_{f,t+1} = (1-\delta)K_{f,t} + H(I_{f,t}I_{f,t-1}) \quad (5.97)$$

$$H(I_{f,t}I_{f,t-1}) = \left[1 - \frac{v}{2}\left(\frac{I_{f,t}}{I_{f,t-1}} - 1\right)^2\right]I_{f,t} \quad (5.98)$$

资本品生产者通过求解下面的最优化问题来确定最优的投资选择：

$$\max_{I_t} E_t \sum_{t=0}^{\infty} \beta^t \lambda_{f,t} \{Q_{f,t}[(1-\delta)K_{f,t} + H(I_{f,t},I_{f,t-1})] - Q_{f,t}(1-\delta)K_{f,t} - P_{f,t}I_{f,t}\}$$

求解一阶条件可得：

$$E_t[\lambda_{f,t}(Q_t H_{f,1,t} - P_{f,t}) + \beta\lambda_{f,t+1}Q_{f,t+1}H_{f,2,t+1}] = 0 \quad (5.99)$$

其中，

$$H_{f,1,t} = \frac{\partial H(I_{f,t}I_{f,t-1})}{\partial I_{f,t}} \quad (5.100)$$

$$H_{f,2,t+1} = \frac{\partial H(I_{f,t+1}I_{f,t})}{\partial I_{f,t}} \quad (5.101)$$

4. 零售商

假设本国商品零售商是在区间 [0,1] 上连续分布的垄断竞争者，采用伯南克（Bernanke，1999）的做法，假设零售商以价格 $P_{f,w,t}$ 从中间品厂商买入中间品，将其分解为差异化的价格为 $P_{f,t}^h(j)$ 的产品 $Y_{f,t}^h(j)$，然后打包以价格 $P_{f,t}^h$ 在国内出售，则 $X_{f,t} = \frac{P_{f,t}^h}{P_{f,w,t}}$ 即为零售商出售的最终品对中间品的成本加成。最终品按照 Dixit–Stigliz 方式加总得到，零售商销售的最终总产出形式如下：

$$Y_{f,t}^h = \left(\int_0^1 Y_{f,t}^h(j)^{\frac{\varepsilon-1}{\varepsilon}}dj\right)^{\frac{\varepsilon}{\varepsilon-1}} \quad (5.102)$$

其中，ε 表示中间产品之间的替代弹性，且 $\varepsilon > 1$。

零售商目标函数：

$$\max \Pi_{f,t} = P_{f,t}^h Y_{f,t}^h - \int_0^1 P_{f,t}^h(j)Y_{f,t}^h(j)dj \quad (5.103)$$

其中，$P_{f,t}^h$ 为零售商出售国内生产的最终品的价格。

零售商选择最优的中间品投入最大化其利润，求得的一阶条件：

$$Y_{f,t}^h(j) = \left(\frac{P_{f,t}^h(j)}{P_{f,t}^h}\right)^{-\varepsilon} Y_{f,t}^h \quad (5.104)$$

垄断竞争市场均衡时利润为零，则：

$$P_{f,t}^h = \left[\int_0^1 P_{f,t}^h(j)^{(1-\varepsilon)}dj\right]^{\frac{1}{1-\varepsilon}} \quad (5.105)$$

因为价格可以灵活调整，所以零售商只需要决定当期的价格使得当期利润最大化。零售商的目标函数为：

$$\max\left\{\left(P_{f,t}^{h*} - \frac{P_{f,t}^{h}}{X_{f,t}}\right)Y_{f,t}^{h}(j)\right\} \tag{5.106}$$

零售商面临的约束为：

$$Y_{f,t}^{h}(j) = \left(\frac{P_{t}^{h*}}{P_{f,t}}\right)^{-\varepsilon}Y_{f,t}^{h} \tag{5.107}$$

最优化的一阶条件：

$$P_{f,t}^{h*} = \frac{\varepsilon}{\varepsilon - 1}\frac{\Delta_{f,1,t}}{\Delta_{f,2,t}} \tag{5.108}$$

其中，

$$\Delta_{f,1,t} = \frac{u_{f,c,t}}{X_{f,t}}(P_{f,t}^{h})^{\varepsilon}Y_{f,t}^{h} + \phi\beta E_{t}\Delta_{f,1,t+1} \tag{5.109}$$

$$\Delta_{f,2,t} = u_{f,c,t}(P_{f,t}^{h})^{\varepsilon-1}Y_{f,t}^{h} + \phi\beta E_{t}\Delta_{f,2,t+1} \tag{5.110}$$

根据凯芙（Calvo，1983）提出的价格调整方式，式（5.107）可以进一步化简为：

$$P_{f,t}^{h} = [\phi(P_{f,t-1}^{h})^{1-\varepsilon} + (1-\phi)(P_{f,t}^{h})^{*1-\varepsilon}]^{\frac{1}{1-\varepsilon}} \tag{5.111}$$

零售商选择最优价格，得到的一阶条件为：

$$P_{f,t}^{h*} = P_{f,t}^{h} \tag{5.112}$$

价格可以灵活调整时 $\phi = 0$，则

$$P_{f,t}^{h*} = \frac{\varepsilon}{\varepsilon - 1}\frac{P_{f,t}^{h}}{X_{f,t}} \tag{5.113}$$

联立式（5.112）、式（5.113）可得：

$$X_{f,t} = \frac{\varepsilon}{\varepsilon - 1} \tag{5.114}$$

5. 银行

假设银行业完全竞争，银行从家庭吸收存款，贷款给中间品生产商。同时银行每期从利润中计提贷款损失准备金。

银行面临的约束为：

$$r_{f,k,t}L_{f,t}\frac{P_{f,t}}{P_{f,t-1}} = (1 + r_{f,t})S_{f,t} + \varGamma_{f,t} \tag{5.115}$$

$$L_{f,t} = S_{f,t} \tag{5.116}$$

6. 市场出清

$$Y_{f,t} = C_{f,t}^{h} + G_{f,t} + I_{f,t} + NX_{f,t} \tag{5.117}$$

其中，$NX_{f,t}$ 为弹性价格下本国的净出口。该式也为国内经济的资源约束。

在上述模型的基础上，产出缺口定义为：

$$YGAP_{t} = \ln Y_{t}^{h} - \ln Y_{f,t}^{h} \tag{5.118}$$

三、模型的对数线性化

为了便于分析外生冲击对经济的动态影响,需要各变量围绕稳态的情况下,对模型进行对数线性化处理。本书以 X 表示 X_t 的稳态值,$\widetilde{X}_t$ 表示变量 X_t 对其稳态值的偏离程度,即:

$$\widetilde{X}_t = \ln X_t - X \tag{5.119}$$

可进一步化简:

$$\widetilde{X}_t = \ln X_t - X = \ln \frac{X_t}{X} = \ln\left(1 + \frac{X_t - X}{X}\right) \approx \frac{X_t - X}{X} \tag{5.120}$$

对数线性化后的特征在于可以描述出变量变动的大小和趋势,有利于分析其动态特征及波动趋势。

对于方程 $f(X_t)$,有:

$$\begin{aligned} f(X_t) &\approx f(X) + f'(X)(X_t - X) \\ &\approx f(X) + f(X)\frac{f'(X)X}{f(X)}\left(\frac{X_t - X}{X}\right) \\ &\approx f(X) + f(X)\gamma\widetilde{x}_t \\ &\approx f(X)(1 + \gamma\widetilde{x}_t) \end{aligned}$$

其中,$\gamma = \dfrac{f'(X)X}{f(X)}$,因此可以采用上述方法得到方程的对数线性化形式,这也是本书对数线性化所采用的主要方法。本书中用没有带时间下标的变量来表示变量的稳态值。

根据上述方法,对上述模型进行数线性化,可得:

(一) 具有价格黏性的模型

1. 家庭部门

$$\widetilde{\lambda}_t = \frac{1}{1-\beta h}\left[\widetilde{\varepsilon_{c,t}} - \frac{1}{1-h}(\widetilde{C}_t - h\widetilde{C_{t-1}})\right] - \frac{\beta h}{1-\beta h}\left[\widetilde{\varepsilon_{c,t+1}} - \frac{1}{1-h}(\widetilde{C_{t+1}} - h\widetilde{C}_t)\right] \tag{5.121}$$

$$\widetilde{\lambda}_t + \widetilde{w}_t = \theta_N \widetilde{N}_t \tag{5.122}$$

$$\widetilde{\lambda}_t = \beta \widetilde{r_{t+1}} + \widetilde{\lambda_{t+1}} - \widetilde{\pi_{t+1}} \tag{5.123}$$

$$\widetilde{\lambda}_t = \beta \widetilde{r_{t,f}} + \beta \widetilde{EX}_t + \widetilde{\lambda_{t+1}} - \widetilde{\pi_{t+1}} \tag{5.124}$$

$$\widetilde{P}_t = \gamma_c \widetilde{P}_t^h + (1-\gamma_c)\widetilde{P}_t^f \tag{5.125}$$

2. 中间品厂商

$$\frac{r_k}{r_{k+1}}\widetilde{r_{k,t+1}} + \widetilde{Q_{t-1}} = \frac{Q(1-\delta)}{Q(1-\delta)+r_k}\widetilde{Q_{t+1}} + \frac{r_k}{Q(1-\delta)+r_k}\widetilde{r_{k,t+1}} + \widetilde{P_{w,t}} - \widetilde{P_t} \tag{5.126}$$

$$\widetilde{w_t} = \widetilde{Y_t} - \widetilde{N_t} + \widetilde{P_{w,t}} - \widetilde{P_t} \tag{5.127}$$

$$\widetilde{Y_t} = \widetilde{A_t} + \alpha \widetilde{K_t} + (1-\alpha)\widetilde{N_t} \tag{5.128}$$

$$\widetilde{Q_{t-1}} + \widetilde{K_t} = \widetilde{V_t} + \widetilde{L_t} - \widetilde{P_{t-1}} \tag{5.129}$$

$$\widetilde{F_t} = \widetilde{Q_t} + \widetilde{K_{t+1}} - \widetilde{N_{t+1}} \tag{5.130}$$

$$\widetilde{N_{t+1}} = \widetilde{K_t} + \widetilde{Q_{t-1}} + \widetilde{r_{k,t}} + \widetilde{N_t} \tag{5.131}$$

3. 资本品生产商

$$\widetilde{K_t} = \delta \widetilde{I_t} + (1-\delta)\widetilde{K_{t-1}} \tag{5.132}$$

$$\widetilde{Q_t} - v(\widetilde{I_t} - \widetilde{I_{t-1}}) + \beta v(\widetilde{I_{t+1}} - \widetilde{I_t}) = 0 \tag{5.133}$$

4. 零售商

$$\widetilde{\pi_t} = \beta E_t(\widetilde{\pi_{t+1}}) + \frac{(1-\phi)(1-\beta\phi)}{\phi}(-\widetilde{X_t}) \tag{5.134}$$

5. 银行

$$\widetilde{r_{k,t}} + \widetilde{\pi_t} + \widetilde{L_t} = \widetilde{r_t} + \widetilde{S_t} \tag{5.135}$$

$$\widetilde{L_t} = \widetilde{S_t} \tag{5.136}$$

6. 政府

$$\widetilde{G_t} = \widetilde{T_t} \tag{5.137}$$

7. 中央银行

$$\widetilde{r_t} = \rho_r \widetilde{r_{t-1}} + (1-\rho_r)\rho_\pi \widetilde{\pi_{t-1}} + (1-\rho_r)\rho_y \widetilde{Y_t^h} + \varepsilon_{t,r} \tag{5.138}$$

8. 市场均衡

$$\widetilde{Y_t^h} = \frac{C}{Y}\widetilde{C_t} + \frac{G}{Y}\widetilde{G_t} + \frac{I}{Y}\widetilde{I_t} \tag{5.139}$$

(二) 价格可灵活调整下的模型

1. 家庭部门

$$\widetilde{\lambda_t} = \frac{1}{1-\beta h}\left[\widetilde{\varepsilon_{c,t}} - \frac{1}{1-h}(\widetilde{C_t} - h\widetilde{C_{t-1}})\right] - \frac{\beta h}{1-\beta h}\left[\widetilde{\varepsilon_{c,t+1}} - \frac{1}{1-h}(\widetilde{C_{t+1}} - h\widetilde{C_t})\right] \tag{5.140}$$

$$\tilde{\lambda}_t + \tilde{w}_t = \theta_N \tilde{N}_t \tag{5.141}$$

$$\tilde{\lambda}_t = \beta \widetilde{r_{t+1}} + \widetilde{\lambda_{t+1}} - \widetilde{\pi_{t+1}} \tag{5.142}$$

$$\tilde{\lambda}_t = \beta \widetilde{r_{t,f}} + \beta \widetilde{EX_t} + \widetilde{\lambda_{t+1}} - \widetilde{\pi_{t+1}} \tag{5.143}$$

2. 中间品厂商

$$\frac{r_k}{r_{k+1}}\widetilde{r_{k,t+1}} + \widetilde{Q_{t-1}} = \frac{Q(1-\delta)}{Q(1-\delta)+r_k}\widetilde{Q_{t+1}} + \frac{r_k}{Q(1-\delta)+r_k}\widetilde{r_{k,t+1}} + \widetilde{P_{w,t}} - \tilde{P}_t \tag{5.144}$$

$$\tilde{w}_t = \tilde{Y}_t - \tilde{N}_t + \widetilde{P_{w,t}} - \tilde{P}_t \tag{5.145}$$

$$\tilde{Y}_t = \tilde{A}_t + \alpha \tilde{K}_t + (1-\alpha)\tilde{N}_t \tag{5.146}$$

$$\widetilde{Q_{t-1}} + \tilde{K}_t = \tilde{V}_t + \tilde{L}_t - \widetilde{P_{t-1}} \tag{5.147}$$

3. 资本品生产商

$$\tilde{K}_t = \delta \tilde{I}_t + (1-\delta)\widetilde{K_{t-1}} \tag{5.148}$$

$$\tilde{Q}_t - v(\tilde{I}_t - \widetilde{I_{t-1}}) + \beta v(\widetilde{I_{t+1}} - \tilde{I}_t) = 0 \tag{5.149}$$

4. 零售商

$$\widetilde{X_{f,t}} = 0 \tag{5.150}$$

5. 银行

$$\widetilde{r_{k,t}} + \tilde{\pi}_t + \tilde{L}_t = \tilde{r}_t + \tilde{S}_t \tag{5.151}$$

$$\tilde{L}_t = \tilde{S}_t \tag{5.152}$$

6. 市场均衡

$$\tilde{Y}_t^h = \frac{C}{Y}\tilde{C}_t + \frac{G}{Y}\tilde{G}_t + \frac{I}{Y}\tilde{I}_t \tag{5.153}$$

7. 市场均衡

$$\tilde{Y}_t^h = \frac{C}{Y}\tilde{C}_t + \frac{G}{Y}\tilde{G}_t + \frac{I}{Y}\tilde{I}_t \tag{5.154}$$

8. 产出缺口

$$\widetilde{YGAP}_t = \tilde{Y}_t^h - \tilde{Y}_{f,t}^h \tag{5.155}$$

四、数值模拟分析

在上一部分中，我们给出了所建立的 DSGE 模型的均衡条件及对数线性化方程。接下来我们对模型进行数值模拟计算。我们需要先对模型相关参数进行校准和估计，然后通过数值模拟的方法来分析各种冲击是如何影响潜在产出的。

本书模型的参数主要有三类：稳态值参数、结构性参数和冲击规则参数。对于内生变量的稳态值参数，本书通过联立模型的方程组直接求解得；对于结构性参数和冲击规则参数，较为常用的参数我们采用经典文献中的取值，其余参数用贝叶斯方法进行估计。

（一）数据的预处理

为了避免估计中的随机奇异性（Stochastic Singularity）问题，模型中的可观测变量数目不能超过外生冲击个数，本书模型中包含四种随机冲击，我们选取四个变量的时间序列数据来估计参数。模型选取的可观测变量包括国内生产总值（GDP）、全社会消费品零售总额、消费者价格指数（CPI）和银行间七天同业拆借利率。同多数文献一样，用 GDP 实际增长率指标表示产出增长率；用全社会消费品零售总额实际增长率作为消费增长率的近似度量；消费者价格指数来代表通货膨胀率；将银行间七天同业拆借利率作为短期名义利率的代理变量。

借鉴刘金全和张小宇（2012）的做法，将银行间七天同业拆借利率作为短期利率的代理变量。由于数据频率为月度数据，根据银行间七天同业拆借量对七天内同业拆借加权平均利率的月度数据进行加权平均以获取季度数据。具体方法如下：

$$r_t = r_{t1}\frac{f_{t1}}{\sum f} + r_{t2}\frac{f_{t2}}{\sum f} + r_{t3}\frac{f_{t3}}{\sum f} \quad (5.156)$$

上式中，r_t 表示季度加权的同业拆借平均名义利率。r_{ti} 表示在本季度内第 i 月的同业拆借加权平均利率，f_{ti} 表示相应季度内第 i 月的同业拆借交易量，其中 $i=1,2,3$。$\sum f$ 表示整个季度同业拆借交易量总额。

为了消除价格因素的影响，本书利用定基比消费者价格指数（CPI）将名义的国内生产总值、社会商品零售总额进行折算得到各变量的实际值。其中，价格指数 CPI 的原始数据为月度环比，将一个季度内三个月的月度环比 CPI 连乘，得到季度环比 CPI 的数据，同时得到季度 CPI 的定基比。为消除季节因素的影响，我们采用 Census X12 方法对这些数据进行季节调整。

我们采用季度数据，数据来自中国经济数据库。由于我国同业拆借市场始于 1996 年 1 月，因此本书样本区间为 1996 年第一季度到 2017 年第三季度，基期为 1996 年第一季度。

（二）参数校准

对于较为常用的参数，本书主要采用现有经典文献中研究的结果取值。分部门的参数校准结果如下。

1. 家庭部门

参照杨坤等（2014），主观贴现因子 β 的取值设为 0.993。参照康立和龚六堂（2014），家庭对本国商品的偏好程度 γ_c 取为 0.5，家庭对本国商品和进口商品的替代弹性 ζ_c 设为 1。

2. 企业部门

参考目前绝大部分文献，资本折旧率 δ 设为 0.025，即年度折旧率为 10%。参考杨坤等（2015），中间品的替代弹性 ε 取值为 4.61。参考陈昆亭和龚六堂（2006），资本产出弹性 α 取 0.7。参考李成等（2009），中间品厂商的存活概率 η 取为 0.9728，外部融资溢价对总资产与净资产之比的弹性 φ 取为 0.02。

3. 资本品生产商

参考康立和龚六堂（2014），资本品生产商投资调整成本参数 v 取为 5。

4. 政府部门及中央银行

参考杨坤等（2015），泰勒规则中利率自相关系数 ρ_r、央行泰勒规则中通胀缺口系数 ρ_π、央行泰勒规则中产出增长率系数 ρ_y 分别取为 0.9、1.01、0.1。

各参数校准结果汇总见表 5-5。

表 5-5　　　　　　　　模型参数校准结果

参数	参数描述	参数值
α	资本产出弹性	0.7
β	贴现因子	0.9936
γ_c	家庭对本国商品的偏好程度	0.5
ζ_c	商品替代弹性	1
ε	中间品替代弹性	4.61
ρ_r	利率自相关系数	0.90
ρ_π	通胀缺口系数	1.01
ρ_y	产出增长率系数	0.10
η	中间品厂商的存活概率	0.9728
v	投资调整成本参数	5
φ	外部融资溢价对总资产与净资产之比的弹性	0.02

（三）参数估计

本节采用当前主流的贝叶斯（Bayesian）方法对参数进行估计。传统的估计方法通常假定参数为常数，与之相对，贝叶斯估计假定模型中的参数是随机变量。贝叶斯估计的原理是首先给定参数的先验分布，然后导入实际数据，根据实际数据对先验分布进行修正，即计算参数的后验分布，从而得到参数的估计值。

似然函数的对数形式为：

$$\ln L(\theta \mid Y_T^*) = -\frac{Tk}{2}\ln(2\pi) - \frac{1}{2}\sum_{t=1}^{T}\mid F_t \mid - \frac{1}{2}v_t'F_t^{-1}v_t \qquad (5.157)$$

其中，$L(\theta \mid Y_T^*)$ 是似然函数，样本数据为 $Y_T^* = (y_t^*, t = 1, 2, \cdots, T)$，$T$ 是样本容量，k 是变量 y_t 的维数。

假设参数 θ 是随机变量，其先验分布的概率密度函数为 $p(\theta)$，则根据贝叶斯定理，其事后分布的概率密度函数为：

$$p(\theta \mid Y_T^*) = \frac{L(\theta \mid Y_T^*)p(\theta)}{p(Y_T^*)} \qquad (5.158)$$

即：

$$\ln p(\theta \mid Y_T^*) = \ln L(\theta \mid Y_T^*) + \ln p(\theta) - \ln p(Y_T^*) \qquad (5.159)$$

其中，$p(Y_T^*)$ 是边际概率密度函数，其由以下式子确定：

$$p(Y_T^*) = \int [L(\theta \mid Y_T^*)p(\theta)]d\theta \qquad (5.160)$$

$p(Y_T^*)$ 是边际概率密度函数，并不依赖于参数 θ，事后分布的概率密度函数 $p(\theta \mid Y_T^*)$ 的核为：

$$p(\theta \mid Y_T^*) \propto L(\theta \mid Y_T^*)p(\theta) \qquad (5.161)$$

对于参数 θ，设其估计值为 $\hat{\theta}$，对于函数 $F(\theta, \hat{\theta})$，贝叶斯的点估计为：

$$\hat{\theta} = \arg\min \int F(\theta, \hat{\theta})p(\theta \mid Y_T^*)d\theta \qquad (5.162)$$

贝叶斯置信区间定义为：

$$1 - \alpha = Pr(B \mid Y_T^*) = \int p(\theta \mid Y_T^*)d\theta \qquad (5.163)$$

其中，B 就是 $1-\alpha$ 置信度下的贝叶斯置信区间，表示参数的事后估计值落在这个区间的概率是 $1-\alpha$。贝叶斯估计的置信区间通常并不唯一，所以 Matlab 中采用最高事后概率密度置信区间（highest posterior density credible region，HPD）。

如果 B 满足以下条件，则称 B 为贝叶斯估计的 HPD 置信区间：

$$1 - \alpha = Pr(B \mid Y_T^*) = \int p(\theta \mid Y_T^*)d\theta \qquad (5.164)$$

$$\forall \theta_1 \in B, \forall \theta_2 \in B, p(\theta_1 \mid Y_T^*) \geqslant p(\theta_2 \mid Y_T^*) \qquad (5.165)$$

估计中采用 Metropolis – Hastings 算法模拟两个相互独立的马尔可夫链，抽取样本容量为 4 万，本书待估参数的先验分布主要遵循现有经典文献中的设定。其中，外生冲击平滑系数假定为服从贝塔分布；消费习惯参数假定服从正态分布。模型中各个参数的均值和标准差主要参考马文涛和魏福成（2011）、杨坤等

(2015)。本章使用的软件为 Matlab Dynare 4.4.3 工具箱。由此获后验分布均值 90%置信区间，估计的结果见表 5-6。

表 5-6　　　　　　　　　贝叶斯参数估计结果

参数	参数含义	参数描述	先验类型	先验均值	后验均值	90%置信区间	标准差
h	消费习惯参数	Normal	0.600	0.6973	0.5795	0.8214	0.100
θ_N	劳动供给弹性	Normal	0.500	0.4251	0.2593	0.6083	0.100
ϕ	价格黏性系数	Normal	0.700	0.6782	0.4944	0.8924	0.100
ρ_c	偏好冲击平滑系数	Beta	0.3647	0.3793	0.3374	0.3924	0.010
ρ_a	技术冲击平滑系数	Beta	0.600	0.8893	0.8451	0.9504	0.010
ρ_r	货币冲击平滑系数	Beta	0.900	0.8818	0.7539	0.9185	0.010
ρ_g	政府支出冲击平滑系数	Beta	0.700	0.8768	0.8245	0.8935	0.010
σ_c	偏好冲击标准差	Normal	0.700	0.7836	0.7316	0.7955	0.010
σ_a	技术冲击标准差	Normal	0.600	0.6547	0.6139	0.6846	0.010
σ_r	货币冲击标准差	Normal	0.400	0.5875	0.5535	0.5947	0.010
σ_g	政府支出冲击标准差	Normal	0.500	0.6537	0.6326	0.6876	0.010

图 5-5 为参数估计的先验分布和后验分布图，我们可以从形态上判断贝叶斯估计的效果。首先，参数估计的后验分布图表现较为光滑，与先验分布形态基本能对应；其次，大部分参数的后验分布与先验分布既不太近也不太远；此外，后验分布基本是正态分布，且后验分布的众数接近于后验分布的均值。由此可知，模型的参数估计较为有效。

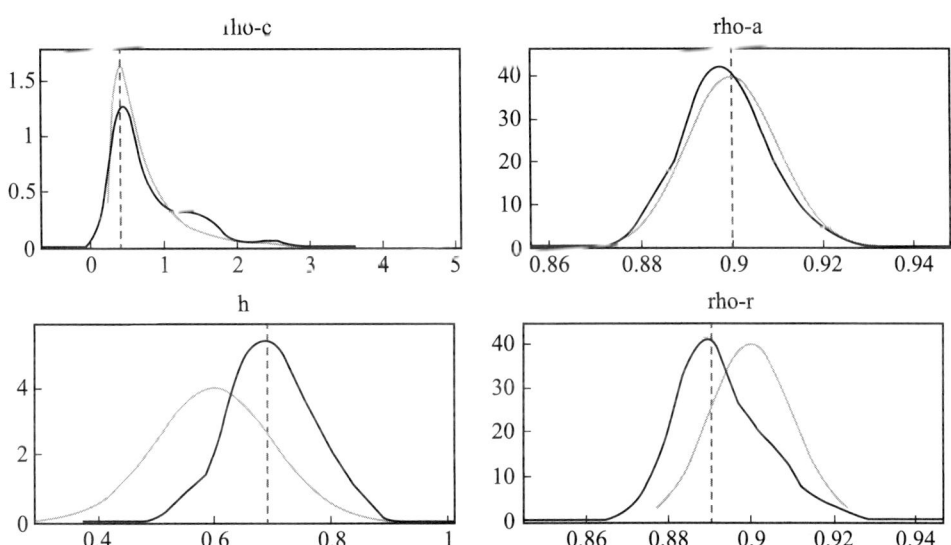

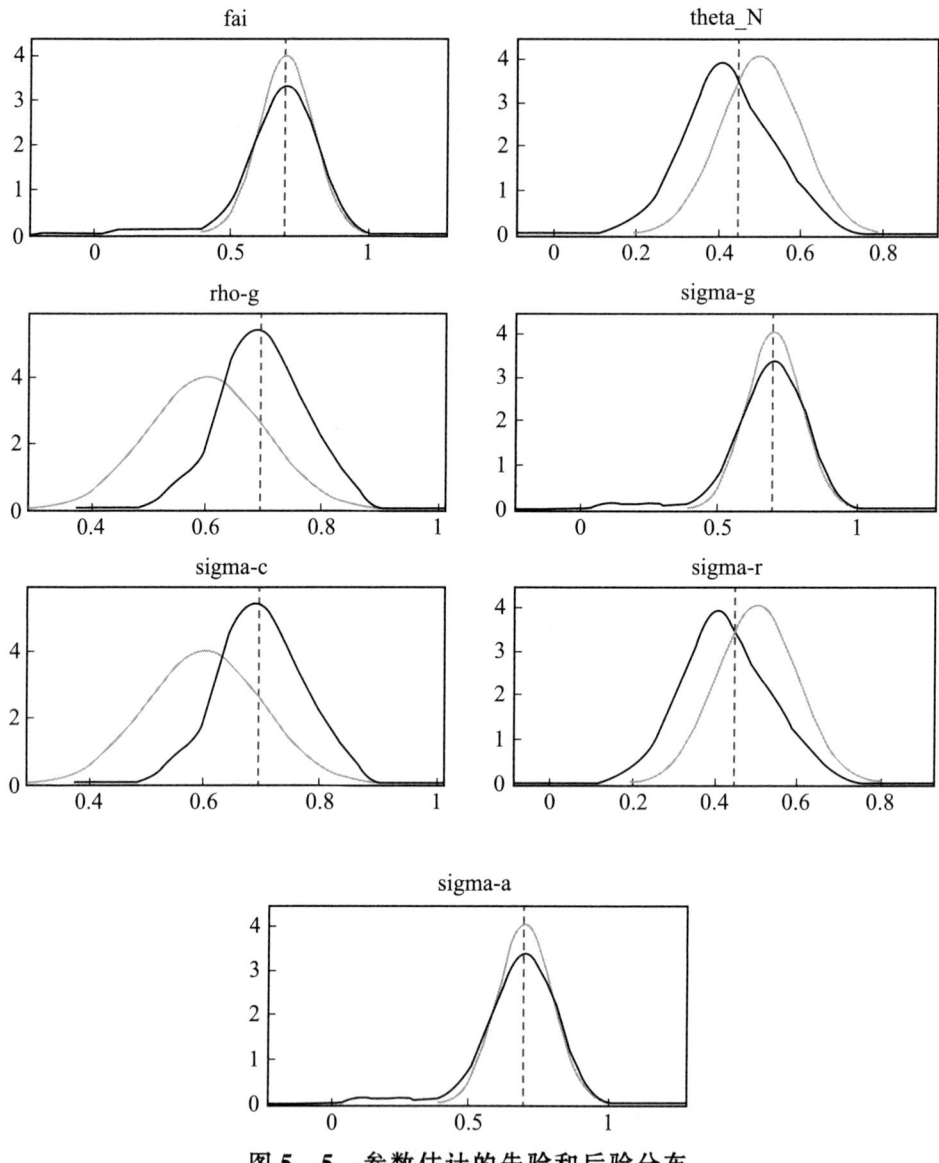

图 5-5 参数估计的先验和后验分布

注：图中灰色线代表参数的先验分布，黑色线代表参数的后验分布，虚线代表后验众数。

五、中国经济潜在增长率测算

在上述参数校准和贝叶斯估计的基础上，我们可以利用卡尔曼滤波算法从状态空间系统估计和预测 DSGE 模型的不可观测变量。

DSGE 模型的对数线性化系统表述为：

$$X_t = Z_t A_t + d_t + u_t \tag{5.166}$$

$$A_t = T_t A_{t-1} + B_t + R_t \varepsilon_t \tag{5.167}$$

式（5.166）为量测方程，式（5.167）为状态方程，X_t 为可观测变量，A_t 为内生变量向量，ε_t 为外生冲击。设 a_{t-1} 是基于信息集合 X_{t-1} 得到的 A_{t-1} 的估计值，H_{t-1} 表示估计误差的协方差矩阵，当给定 a_{t-1} 和 H_{t-1} 时，A_t 条件分布的均值为：

$$a_{t|t-1} = T_t a_{t-1} + B_t \tag{5.168}$$

估计误差的协方差矩阵：

$$H_{t|t-1} = T_t H_{t-1} T_t' + R_t Q_t R_t' \tag{5.169}$$

式（5.168）、式（5.169）为预测方程。

得到 X_t 的预测值之后，就可以对估计的 a_{t-1} 进行修正，更新方程为：

$$a_t = a_{t|t-1} + H_{t|t-1} Z_t' F_t^{-1} (H_t - Z_t a_{t|t-1} - d_t) \tag{5.170}$$

$$H_t = H_{t|t-1} - H_{t|t-1} Z_t' F_t^{-1} Z_t H_{t|t-1} \tag{5.171}$$

其中，

$$F_t = Z_t H_{t|t-1} Z_t' + H_t \tag{5.172}$$

预测误差为：

$$v_t = X_t - E_{t-1}(X_t) \tag{5.173}$$

利用上述方程系统即可以对 DSGE 模型进行估计和预测。DSGE 模型的估计和预测分为滤波（filtering）和平滑算子（smoother）。与滤波算子相比，平滑算子能充分利用样本信息和模型信息，提高测度的稳健性，因此本文选择平滑算子来预测。

我们采用前文经过季度调整的 1996 年第一季度到 2017 年第三季度的实际 GDP 增长率、全社会消费品零售总额增长率、消费者价格指数、利率数据，利用上述原理计算得到样本期内的产出缺口，将实际产出减去产出缺口即得到潜在产出和潜在增长率，同时，我们并向前预测了 8 个季度的产出缺口和潜在增长率，如图 5-6 所示。

从图 5-6 中样本期的估算结果来看，从 2010 年以来，中国的潜在经济增长率实际上一直在下降。从图 5-6 中样本外的估算趋势来看，中国的潜在经济增长率还有可能继续下降，2017 年第四季度的潜在增长率为 6.82%；2018 年四个季度的潜在增长率分别为 6.76%、6.64%、6.61%、6.58%；2019 年前三个季度的潜在增长率分别为 6.53%、6.50%、6.47%，具体估算结果见表 5-7。

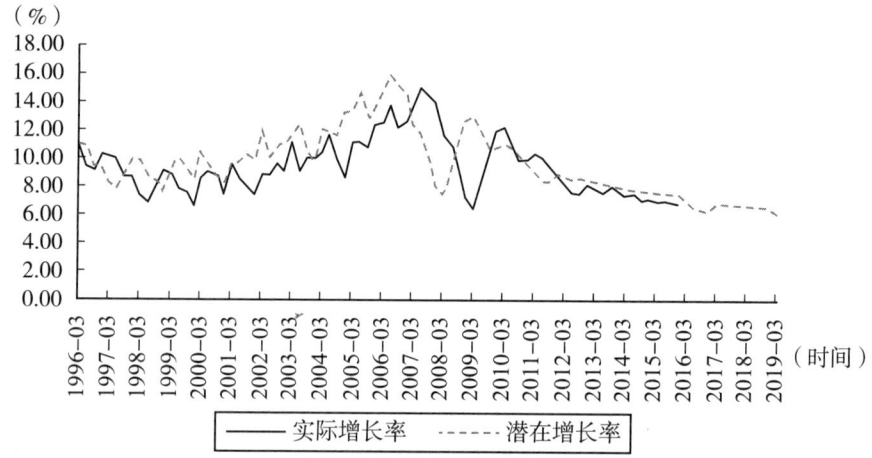

图 5-6　实际增长率和潜在增长率

表 5-7　　　　　　　　中国潜在增长率的预测

项目	2017 年	2018 年				2019 年		
	第四季度	第一季度	第二季度	第三季度	第四季度	第一季度	第二季度	第三季度
潜在增长率（%）	6.82	6.76	6.64	6.61	6.58	6.53	6.50	6.47

资料来源：作者计算得到。

六、稳健性检验

为了确保实证结果的稳健性，接下来我们将对模型的结论进行稳健性检验，具体而言，我们将从不同的参数环境、样本区间和财政政策三个方面来进行稳健性检验。

（一）不同的参数环境

为了考察本文实证结果对不同参数环境的敏感性，对部分参数进行了变动（见表 5-8）。

表 5-8　　　　　　　　不同参数基期替换值

参数	参数描述	本文取值	替换值
h	消费惯性系数	0.6973	0.913（杨熠等，2013）

（二）样本区间

中国宏观经济波动在 2008 年前后变化较大，因此我们使用 2009 年第一季度到 2017 年第三季度的数据对模型进行重新进行估计。

根据上述稳健性检验规则，测算的三种情形下的潜在增长率（见图 5-7）。从图 5-7 可知，三种情况下测算的潜在增长率与原来的估算走势较为接近。因此，模型的估计较为稳健。

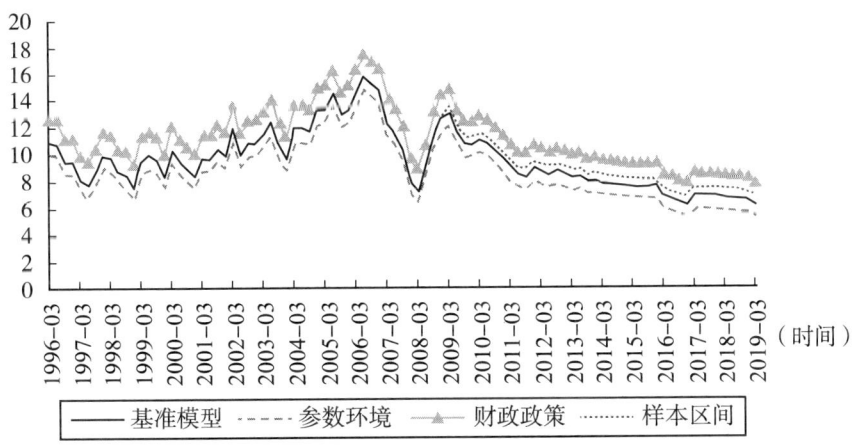

图 5-7 四种情形下的潜在增长率

七、小结

本节利用 1996 年第一季度到 2017 年第三季度的数据，构建了当今主流的宏观经济分析法——新凯恩斯动态随机一般均衡模型（NK-DSGE），采用校准和贝叶斯方法估计模型的结构性参数，分析了"新常态"下影响中国经济潜在增长率的因素，估算了样本内的潜在增长率，最后对 8 个周期的潜在增长率进行了预测。

本节的研究表明：

第一，从 2010 年至今，中国经济增速放缓的原因是潜在增长率的下滑。并且，对潜在增长率的短期预测结果显示，潜在增长率将会继续下降。

第二，2017 年第四季度的潜在增长率为 6.82%；2018 年四个季度的潜在增长率分别为 6.76%、6.64%、6.61%、6.58%；2019 年前三个季度的潜在增长率分别为 6.53%、6.50%、6.47%。

第六章

基于长期视角下的中国经济潜在增长率的估算

上一章从短期角度估算中国经济潜在增长率,接下来我们将从长期角度(供给角度)来估算中国经济的潜在增长率。第二章对潜在产出的概念进行了系统的梳理,在此基础上,对国内外关于潜在经济增长率的测算、中国经济减速的原因以及未来中国经济潜在增长空间的相关文献进行了综述,可以发现,国内外学者对潜在产出和潜在经济增长率进行了较为广泛的研究,研究方法有多种,主要是统计分解趋势法、生产函数法、结构计量模型法,其中使用最多的是生产函数法。查阅文献可以发现,现有研究对中国潜在经济增长率的测算缺乏对中国转型经济特征事实的考虑和把握,忽略了这些特征事实对中国潜在增长率造成的影响。鉴于此,本章在考虑中国经济特征事实的基础上运用生产函数法来研究中国潜在经济增长率。

目前国内外学者主要采用三种方法来估算一个经济体的潜在产出:第一种是统计分解趋势法,该方法源自新古典主义经济学,做法是将某一变量运用统计的方法分解为两部分或者多部分或者假设某一变量符合某种特定的运动规律,最常用的是 HP 滤波法和线性趋势法。不过沈坤荣和李猛(2010)认为统计分解趋势法在很大程度上是一种统计方法,其中蕴含的经济学意味稍显匮乏。第二种是生产函数法,这种方法是基于凯恩斯主义从供给角度考虑来测算潜在经济增长率。生产函数法的优点在于具备经济理论支持,同时能够进行影响要素分析,缺点是要求的数据质量较高。第三种是在基于经济理论构建的结构计量模型方法,这种方法在考虑上述两种方法缺陷的基础上将两者的优点相结合,使统计趋势分解法建立在更多的经济学基础之上,与此同时,使生产函数法所使用的统计数据和模型更加匹配。这种方法的具体代表有结构向量自回归法(SVAR)和多变量滤波法。这类方法的优势在于可以将那些能够影响到实际产出的因素纳入其中,比如通货膨胀、失业缺口等,能够融合更多的其他因素或者外部冲击,但是也对数据质量要求较高,同时存在末端样本这一问题。

在上文所述的三种方法之中,目前国内外最普遍使用的一种测量潜在增长率的方法是生产函数法,比如国际货币基金组织(IMF)、经济合作与发展组织(OECD)就使用该方法计算潜在产出。使用生产函数法测算中国的潜在产出,大致的逻辑与步骤类似,详细而言就是,首先设定理论模型,然后在采集可靠数据的基础上估计出生产函数,最后将各种生产要素的潜在水平代入上述估计出来的生产函数即可求得潜在产出和潜在增长率。不过因为研究的出发点不同,现有文献研究的侧重点不尽相同。例如,郭晗和任保平(2014)重点考虑了劳动结构、物质资本和人力资本的结构,构建了一个结构性生产函数,以省级面板数据进行计算,估算出中国的潜在经济增长率。郭豫媚和陈彦斌(2015)将人力资本要素纳入到生产函数中构建模型,在此基础上估算了1979~2020年中国的潜在经济增长率,最后主要从当前及未来的货币政策的角度给出了自己的政策建议。陆旸和蔡昉(2016)从人口红利的角度出发,认为人口结构变化可以通过直接和间接影响一个国家的潜在增长率,该文着力于研究我国人口结构的变化对潜在增长率的影响,分别对中国与日本的潜在经济增长率进行了研究。杜修立和郑鑫(2017)在索洛模型框架下结合人口结构和产业结构的转型,运用生产函数法构建经济增长系统模型来估算中国的潜在经济增长率,并根据实际经济数据和对未来结构转型的情形设定,对中国"十三五"期间经济增长率进行模拟预测,结果显示"十三五"期间中国经济增长率将出现明显下降,处于6.22%~7.17%之间。

综上所述,现有的研究文献利用生产函数法对中国潜在增长率估算做了比较全面的研究,但存在以下问题:一是在估算方法上还存在拓展和优化的空间;二是缺乏对中国转型经济特征事实的考虑和把握,即没有考虑结构调整、体制条件变动以及发展方式转换等因素可能会对潜在增长率造成的影响。

与现有文献相比,本章可能的贡献在于:(1)现有的研究文献都没有考虑中国目前面临的严重的产能过剩问题。一方面,伴随着中国经济近30年的高速增长,中国的劳动力、土地等要素成本不断上升,加之2008年以来美国次贷危机和欧洲主权债务危机相继爆发,对中国出口贸易形成较大冲击,但是中国的产业结构升级尚未完成;另一方面,随着中国迈入中等偏上收入经济体,国内的消费需求结构也在不断发生变化,但是原有的产品供给不能适应消费需求结构的改变,两者出现不匹配的状况,这些原因导致形成很多无效的产能,中国出现严重的产能过剩问题。鉴于此,我们对生产函数法做了改进,首次在国内相关文献的模型中引入了产能利用率,将无效的过剩的产能剔除掉。(2)生产要素内部投入结构的改变能够改变要素配置效率,当一种要素从低效率部门转移到高效率部门时,能够在要素投入总量不变的情况下,提高要素的单位产出,即要素内部投入结构的变化能够影响要素的产出弹性,从而对经济增长产生影响。鉴于此,为了表征中国经济结构的变迁,本章将资本产出弹性设定为时变的而不是固定的,构建了一个时变弹性的生产函数。(3)对技术水平(TFP)和就业人口采用数理模型测算,避免了现有文献中假设的主观性和随意性。其中,就业人口通过 ARMA 模型和 Leslie 矩阵算法得到各年的人口结构,再加总得相应年份的适龄劳动人口的数据。(4)首次在国内相关文献中考虑了服务业的快速发展对潜在增长率的影响。

本章余下部分的安排如下:第一节建立本章的计量模型;第二节进行实证分析;第三节为中国潜在经济增长率的估算和模拟分析;第四节是本章小结。

第一节 模型的建立

一、模型

很多文献都对 Cobb – Douglas 生产函数有过相关的论述,其结论大多认为该函数是适合中国当前的实际情况的,本书以这些相关研究为基础,采用下面的柯布—道格拉斯生产函数进行研究:

$$Y_t = A_t \widetilde{K_t^{\alpha(t)}} (H_t L_t)^{\beta(t)} \quad (6.1)$$

其中,Y_t 代表总产出,A_t 代表全要素生产率(技术水平),$\widetilde{K}_t$ 表示有效物质资本存量,L_t、H_t 分别代表就业人口和人力资本,$H_t L_t$ 表示附加人力资本之后的有效劳动,$\alpha(t)$、$\beta(t)$ 分别表示资本的产出弹性、有效劳动的产出弹性。

有效物质资本存量 $\widetilde{K}_t$ 进一步表示为:

$$\widetilde{K}_t = \mu_t K_t \quad (6.2)$$

其中,μ_t 代表产能利用率,K_t 表示物质资本存量。

现有文献研究表明,产业结构变动会对要素弹性产生影响,所以本文借鉴郭晗和任保平(2014),将弹性定义为产业结构的线性关系式,从而将结构内生于生产函数，具体形式为：

$$\alpha(t) = \sum_{i=1}^{m} \alpha_i \lambda_{it} \tag{6.3}$$

其中，α_i 表示第 i 个产业的资本产出弹性，系数 λ_{it} 表示第 t 期第 i 个产业的物质资本存量在所有产业的物质资本存量中的比重。

大量关于生产函数的实证研究表明，中国的生产函数满足规模报酬不变，即 $\alpha(t) + \beta(t) = 1$，我们采用这一结论，则式（6.1）可进一步写成：

$$y_t = A_t \widetilde{k_t^{\alpha(t)}} \tag{6.4}$$

其中 $y_t = \dfrac{Y_t}{H_t L_t}$，表示有效劳动的人均产出；$\widetilde{k}_t = \dfrac{K_t}{H_t L_t}$，表示有效劳动的有效人均物质资本存量。

结合式（6.1）~式（6.4），则生产函数可确定为：

$$y_t = A_t \widetilde{k}_t^{\sum_{i=1}^{m} \alpha_i \lambda_{it}} \tag{6.5}$$

两边取对数：

$$\ln y_t = \ln A_t + \sum_{i=1}^{m} \alpha_i \lambda_{it} \times \ln \widetilde{k}_t \tag{6.6}$$

假设产业部门划分遵循一般的三次产业划分法，即 $m = 3$，并且中国经济的产能过剩问题主要存在于第二产业，所以最终估计的生产函数可确定为：

$$\ln y_t = c + \alpha_1 \lambda_{1t} \times \ln k_t + \alpha_2 \lambda_{2t} \times \ln \widetilde{k} + \alpha_3 \lambda_{3t} \times \ln k_t + u_t \tag{6.7}$$

其中 c 是常数项，u_t 是随机干扰项，待估计参数为 α_1、α_2、α_3。

二、变量界定和数据来源

本书选取 1978~2015 年中国经济的相关变量进行研究，所有数据来源于中国经济数据库（CEIC）、中国经济与社会发展统计数据库（CSYD）。相关变量界定如下：

总产出。本文以 1952 年为基期的实际 GDP 来代表。具体做法是将 1952 年的名义 GDP 连乘以上年为 100 的 GDP 平减指数，得到历年的实际 GDP，即：$GDPR_t = GDP_{1952} \times \prod_{1953}^{t} GDPD_t$。其中，$GDPR_t$ 表示 t 期的以 1952 年为基期的实际 GDP，GDP_{1952} 表示 1952 年的名义 GDP，$GDPD_t$ 表示 t 期的以上年为 100 的 GDP 平减指数。

本章运用生产函数法估计中国潜在经济增长时，资本存量是其中需要用到的一个重要指标。对于资本存量的准确估算将是一个难点和重点问题，因为它会在很大程度上影响到本章后续研究的可靠性和准确性。现有关于资本存量的研究有很多，但是估计结果差异较大。因此，我们很有必要对于资本存量进行专门讨论，重新探讨以往的相关研究，扬长避短，得出相对可靠的估计数据，对于我国的资本存量 K 进行重新估算。

大多数学者和 OECD 国家对于资本存量的估算方法均采用戈登史密斯（Goldsmith，1951）开创的 PIM 方法，即永续盘存法。其理论假设比较简化，核心思想是采用相对效率几何递减的模型，在此模型下重置率（折旧率）都为常数且相等，资本存量 K 的基本公式为：

$$K_t = (1 - \delta_t)K_{t-1} + I_t \tag{6.8}$$

其中，K_t 表示当年的资本存量，K_{t-1} 表示上一年的资本存量，δ_t 表示这一模式下的折旧率或者重置率，我们将视其为一个固定常数，I_t 表示当年投资。

综合以往的研究来看，估算我国资本存量主要有四个关键变量：（1）基期资本存量 K_0；（2）重置率或折旧率 δ_t 的确定；（3）每年投资额度 I_t 的确定；（4）以不变价格折算的固定资产价格指数的确定。

本部分拟对影响资本存量的因素逐一进行探讨与定量分析，重新估算我国的资本存量。

（一）折旧率

现有相关研究关于折旧率的处理争议最大，而资本存量的计算结果对折旧率的变化又是相当的敏感，因此，关于折旧的处理方法就显得尤为重要。

现有文献确定折旧率的方法主要有：一是假定某个特定不变的资本折旧率，其中折旧率从 0 到 10% 不等。如龚六堂和谢丹阳（2004）对全国各省都假定 10% 的折旧率；二是分时期设定不同的折旧率。如王小鲁等（2009）假定 1952～1977 年折旧率为 5%，1978～2007 年资本折旧加速平滑，最终达到 8%；三是每个省份假定不同的折旧率。如张健华和王鹏（2012）不仅考虑了省份的差异，并进一步考虑了时间变化带来的影响，分省份分三个时期假定了不同的折旧率。总的来看，折旧率的可选择范围较为宽泛，一些文献研究对折旧率的确定存在较大的主观性。

张军等（2004）通过回顾和比较已有研究中国资本存量的相关文献，考虑到中国国内生产总值历史数据的几次重大补充和调整，对各年投资流量、投资品价格指数、折旧率重置率、基年资本存量的选择与构造以及缺失数据进行了认真的处理和研究，并在此基础上利用补充和调整后的分省数据，根据永续盘存法估计了中国大陆 30 个省区市 1952～2000 年各年末的物质资本存量。遵从大多数文献的做法，本章同样采用张军等（2004）的研究结论。

（二）基期资本存量 K_0

基期的资本存量按照国际常用方法计算：

$$K_0 = \frac{I_0}{g+\delta} \tag{6.9}$$

在上述的公式中，I_0 代表在所选择的基期的投资额度，g 表示当年实际投资额的平均增速，δ 代表折旧率。

（三）历年投资流量的选取

在已有的对投资流量指标的文献研究中，主要有积累额、资本形成总额、固定资本形成总额、全社会固定资产投资和新增固定资产投资几种，但目前常见的一般是固定资本形成总额和全社会固定资产投资。本书认为由于我国投资过程中存在着较大的浪费和高估，若采用全社会固定资产投资可能会导致资本存量虚增（从数据上看，1985~2000年时两个投资流量大致相等，而2000年之后，全社会固定资产投资明显高于固定资本形成总额）。同时，鉴于数据的可得性，本书采用固定资本形成总额作为投资流量的指标。

（四）投资价格指数的估算

由于每年投资品价格明显不同，每年投资流量不具可比性，因此必须将以当年价格表示的投资用一定的价格指数进行平减，折算成以基年不变价格表示的实际值。一般来说，固定资产投资价格指数被普遍认为是最合适的指标，但该指数自1993年的统计年鉴才开始公布，只有1991年以来的数据，1990年以前的数据需用其他的价格指数来替代。

在各种替代方案中，张军和章元（2004）采用上海市固定资产投资价格指数对全国数据进行调整，该方法得到后续不少学者的认可。因此，对于投资价格指数，1991年以前的投资品价格指数采用张军等（2004）提供的投资隐含平减指数，1991年之后的数据则根据国家统计局公布的固定资产投资价格指数进行对接。在此基础上，我们将求得以1952年为基年的可比价实际固定资本形成总额。

需要注意的是，我们选择1952年为基期来估算物质资本存量以及总产出水平，但最终用于估计的样本则并非从1952年开始。这样做的目的是：根据永续盘存法的估算特性，样本时期越长，基期数值差异对近期总资本存量数据的影响越小。因此，将基期时间定得越早，基期资本存量估算的误差影响也会越小。而对于可比价的数据样本，无论以哪一年为基期，其序列的增长率都会保持一致。

产能利用率。这一指标值需特别说明。产能过剩是中国经济的重要命题，近年来中国经济面临着产能过剩的问题，尤其电解铝和水泥等行业产能过剩问题比较严重。改革开放以来，伴随着市场化制度的逐步深入，我国经济不仅快速增长,而且遭遇了三次大规模产能过剩。1998~2001年期间,我国出现了第一次大规模产能过剩,2003~2006年期间,我国再次出现了大规模产能过剩,2009年至今开始,我国又爆发了第三次大规模产能过剩。并且,我国的三次大规模产能过剩,后一次都比前一次更加严重、更加恶化。正是在这样的背景下,近年来,产能过剩成为我国经济理论界和宏观经济管理层共同关注的重大经济管理问题之一。

所谓产能,即生产能力,是由可用的投入要素所能达到的最大产出。本书界定的产能指第二产业的产能,是第二产业所包含的全部企业的生产能力集合而成的,以产品数量或产品价值来表示,其微观基础是各个工业企业的生产能力。所谓产能过剩,是指产能达到一定程度,超过生产和消费需求量。本书界定的产能过剩仅指工业产能过剩。工业产能过剩问题作为宏观经济管理的对象之一,它会通过生产领域和货币流通领域作用于国民经济的方方面面。严重的工业产能过剩问题会阻碍国民经济的健康运行,并且,如果不能很好地对工业产能过剩问题加以治理和化解,最终会对经济的稳定协调运行和社会的和谐发展产生不利的影响。

产能利用率是研究产能过剩的核心指标。产能利用率是实际产出与产能之比,当实际产出小于产能,就说明存在产能过剩。由于实际产出属于宏观经济统计范畴,通常用增加值表示。通过产能利用率,我们可以分析出一国产能是否过剩以及过剩的程度。以美国为例,79%~83%的产能利用率是经济运行的正常区间;若产能利用率超过90%,说明产能不足,存在生产设备能力超负荷现象;若产能利用率低于79%,说明可能存在产能过剩问题。

中国现有的产能利用指标有以下三种:

一是国家统计局工业产能利用率。国家统计局早有工业产能利用率调查,由于调查数据并未系统发布,市场认识不够。国家统计局从2006年开始通过工业企业联网直报系统进行《工业企业生产经营状况及趋势判断专项调查》,其中就包含工业企业产能利用率的季度调查,并于2009年对工业产能利用率调查进行了完善。该项调查与欧盟统计局的调查类似,是一种主观调查。国家统计局在官方报道中常引用调查结果,但从未正式系统地发布数据。

二是OECD中国制造业产能利用率。在"经济趋势调查"中,OECD使用国家统计局的调查数据计算了中国产能利用率,但数据更新不及时。此外,市场通常认为该数据为制造业产能利用率,其实应该是工业产能利用率,因为相关调查并未将制造业从工业中区分出来。

三是中国人民银行5 000户工业企业设备能力利用水平。中国人民银行每季度进行5 000户工业企业问卷调查,其中有一项企业设备能力利用水平调查,企业根据自身生产情况选择当季设备利用水平是超负荷、正常或不足，中国人民银行使用认为"超负荷"的占比减去认为"不足"的占比来计算设备利用的扩散指数。尽管扩散指数不能反映产能利用的绝对水平，但可以很好地反映产能利用的变化，并且时间序列可以追溯至1992年，是考察中国产能状况不可多得的数据。

产能利用率一般通过企业调查法获得，但是在缺乏调查数据的情况下则需要通过估计得到。具体而言，产能利用率主要通过以下三类方法得到：

1. 企业调查法

由于产能利用率是实际产出与生产能力之比，企业调查法就通过调查获得企业实际产出和生产能力进而计算产能利用率，我们称之为客观调查法，代表性较强的是美国普查局的"企业生产能力季度调查"。理论上，一般可以将生产能力理解为在现有组织、设备和技术条件下，在正常且可持续的生产安排下，保证设备检修和维护需要，考虑劳动力和原材料供给的最大产出。在实际操作中，如何定义生产能力却是一个问题，不同的定义可能带来不同的结果。在调查实践中，很多机构直接向企业询问产能利用率而不是生产能力，以获得实际产能利用率的近似值，我们称之为主观调查法，欧盟统计局就是采用这种方法。这类调查获得的不是实际产能利用水平，而是企业对自身产能利用状况的判断，因而是一种主观的产能利用率。本质上讲，它仍无法回避产能定义的问题，并且可能掺杂财务和销售等因素的影响，其数据准确性不如客观调查法。

此外，由于没有客观地按价值量表示的产能数据，主观调查法在加权形成总体产能利用率时面临权重选择的问题。不过，主观调查法通常也能获得产能利用率绝对水平的较好估计。

目前，企业调查法多为季度调查，月度产能利用率主要通过插值获得。不同的调查方法、样本空间和计算方法，都可能带来不同的产能利用率。不过，绝大多数调查数据都能较好地反映经济的产能利用水平，而不会对产能分析产生太大的影响。

2. 产出缺口法

在具体研究中，可能出现调查法数据频率太低、时间跨度太小、数据质量不高甚至并不可得等情况，这时就需要研究人员自己进行估计。目前已有很多估计方法问世，如产出峰值法、数据包络分析方法（Data Envelopment Analysis，DEA）、资本存量法和产出缺口法等。由于实际产出数据通常是易得的，这些估计方法之中，最具代表性的是产出缺口法。

产出缺口法是通过估计潜在产出或产出缺口，进而利用相应的公式计算产能利用率，根据潜在产出估计方法可分为滤波法和生产函数法。滤波法是通过对实际产出序列进行频率过滤得到潜在产出，生产函数法则是通过对全要素生产率和相关参数的估计来计算潜在产出。

在没有合意产能利用率数据的情况下，这些方法能够估计一个近似的产能利用率序列，这样的序列或许能够反映产能利用率的部分波动特征，却有许多先天不足：首先，潜在产出无法准确衡量和计算，不同方法得到的产能利用率差别较大，估计的产能利用率的绝对水平可靠性差；其次，产能估计过多运用产出信息，这势必影响估计结果的周期分析价值；此外，中国产能利用率相关估计大多使用年度数据，估计的产能利用率难以运用，也无法对其进行及时跟踪。

3. 变量拟合法

考虑到产出缺口法等估计方法的种种弊端，在没有可得的调查法数据的情况下，有些分析人士想到一个变通的方法，即根据其他国家产能利用率和相关宏观经济变量的关系进行变量拟合，包括完全的变量拟合和部分的变量拟合（使用宏观经济变量和部分调查数据拟合产能利用率数据序列）。我们认为这种方法并不可取：一方面，其他经济变量与产能利用率关系的不确定性使估计结果的准确性缺乏保障，例如美国工业产出与产能利用率同步，而欧元区工业产出则领先于产能利用率；另一方面，拟合得到的产能利用率所包含的信息已体现在其他变量中，无法据此进行有效的周期分析。

梁泳梅等（2014）较为完整地梳理和总结了产能利用率的主要测算方法——峰值法、函数法（包括成本最小化标准与利润最大化标准情形）、数据包络分析方法，对这些方法进行比较分析，发现目前中国工业的落后产能普遍存在，而且非市场因素的影响也比较大，考虑到这些因素使用技术意义上生产能力的数据包络分析方法可能更符合中国的现实情况。鉴于此，我们采用董敏杰等（2015）的方法和数据作为本书产能利用率的数据。

人力资本 H_t。参考陆旸和蔡昉（2014）以及郭晗和任保平（2014）的设定，人力资本 H_t 以就业人员的受教育年限来代表。具体做法是：将各个学历的受教育年限分别乘以该学历的总人数在总就业人口中的占比，然后求其和得到该年的人力资本。其中，设定文盲、小学、初中、高中、大学及以上学历的受教育年限分别为 0、6、9、12 和 16。此外，劳动力人数 L_t 则直接以国家统计局公布的历年全国就业人数来代表。数据来源于《中国人口与就业统计年鉴》和《中国劳动统计年鉴》。

此外，因为缺少三次产业中的投资价格平减指数，我们无法计算得出相关产业的资本存量，因此，我们利用每个产业的固定资产投资在总固定资产投资中的占比来表示 λ_{1t}、λ_{2t}、λ_{3t}。该指标的统计从 1996 年开始，此前的比重数据则以分产业的基本建设投资比重来近似代替。

通过 Stata12.0 整理的各个变量的样本数据统计特征如表 6-1 所示。

表 6 – 1　　　　　　　　样本数据统计特征

项目	$\ln y_t$	$\lambda_{1t} \times \ln k_t$	$\lambda_{2t} \times \ln \tilde{k}$	$\lambda_{3t} \times \ln k_t$
均值	6.374355	0.162803	2.681608	4.127077
最大值	7.075940	0.252109	3.255594	4.609742
最小值	5.696644	0.077889	1.967297	3.369686
标准差	0.443815	0.053441	0.428991	0.360989

第二节　实证分析

在进行模型系数估计之前，我们需要先对相关变量做一系列的平稳性检验，然后在检验通过之后进行相应的时间序列分析。为了表述方便，令 var1 = $\lambda_{1t} \times \ln k_t$，var2 = $\lambda_{2t} \times \ln \tilde{k}$，var3 = $\lambda_{3t} \times \ln k_t$。对各个变量的 ADF 单位根检验显示，$\ln y_t$、var1、var2、var3 在 5% 的显著性水平下都是一阶单整。具体检验结果如表 6 – 2 所示。

表 6 – 2　　　　　　　　各指标 ADF 检验结果

变量		ADF 检验	
lny	水平量	(C, T, 0)	– 2.2926
	一次差分	(C, 0, 4)	– 5.7632***
var1	水平量	(C, 0, 3)	– 2.5772
	一次差分	(0, 0, 0)	– 3.9939***
var2	水平量	(C, T, 1)	– 2.7984
	一次差分	(0, 0, 0)	– 2.6492**
var3	水平量	(C, T, 1)	– 2.5241
	一次差分	(0, 0, 0)	– 2.5106**

注：(1) ***、**、* 分别表示在 1%、5%、10% 的显著性水平。(2) 在 ADF 检验结果中，括号内的第 1 个字符代表检验模型包含常数项，第 2 个字符表示检验模型包含趋势项，0 为不包含常数项或趋势项；第 3 个字符为滞后期。

对 $\ln y_t$、var1、var2、var3 进行协整检验，检验结果显示，两种检验统计量下检验都显示在 5% 的显著性水平存在 1 个协整关系。具体检验结果如表 6 – 3 所示。

表6-3　　　　　　　　　Johansen 协整检验的结果

迹检验

协整关系数量	特征根	迹统计量	5%关键值	P值
没有	0.845935	59.45354	47.85613	0.0028
最多1个	0.511677	22.04595	29.79707	0.2960
最多2个	0.288687	7.710401	15.49471	0.4969
最多3个	0.043885	0.897549	3.841466	0.3434

最大特征根检验

协整关系数量	特征根	最大特征根统计量	5%关键值	P值
没有	0.845935	37.40760	27.58434	0.0020
最多1个	0.511677	14.33555	21.13162	0.3381
最多2个	0.288687	6.812852	14.26460	0.5115
最多3个	0.043885	0.897549	3.841466	0.3434

因为本书研究的潜在增长率是一种长期的关系，所以可以直接对模型进行回归。回归结果如下[①]：

$$\ln y = 1.6966 + 0.7494 \times var1 + 0.7335 \times var2 + 0.6355 \times var3$$
$$(2.759)^{**}\ (3.503)^{***}\ (10.066)^{***}\ (6.430)^{***}$$
$$+ [AR(1) = 0.808217988873]$$
$$(6.217)^{***}$$

Adjusted R2 = 0.9940　　Prob（F - statistic）= 0.0000　　DW = 1.9923

我们进行了 Glejser 异方差检验，发现在1%的显著性水平下模型不存在异方差，具体检验结果如表6-4所示。

表6-4　　　　　　　　　Glejser 异方差检验结果

F 统计量	3.581708	P值	0.0358
Glejser 统计量	8.132874	P值	0.0433

根据弹性的定义，将估算出来的系数乘以相应的三产产业的投资比重，可分别得到时变的三产产业的资本产出弹性（见图6-1，只显示部分年份的数据），再将之求和可以得到时变的资本产出弹性，结果见图6-2（只显示部分年份的数据）。

[①] ***、**、* 分别表示在1%、5%、10%的水平下显著，括号内为 t 值。

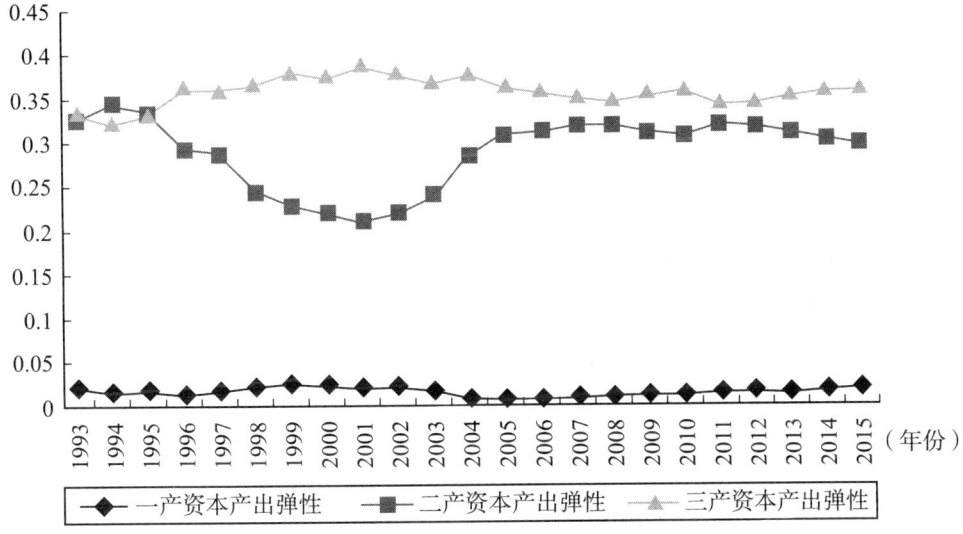

图 6-1 时变的三产产业的资本产出弹性

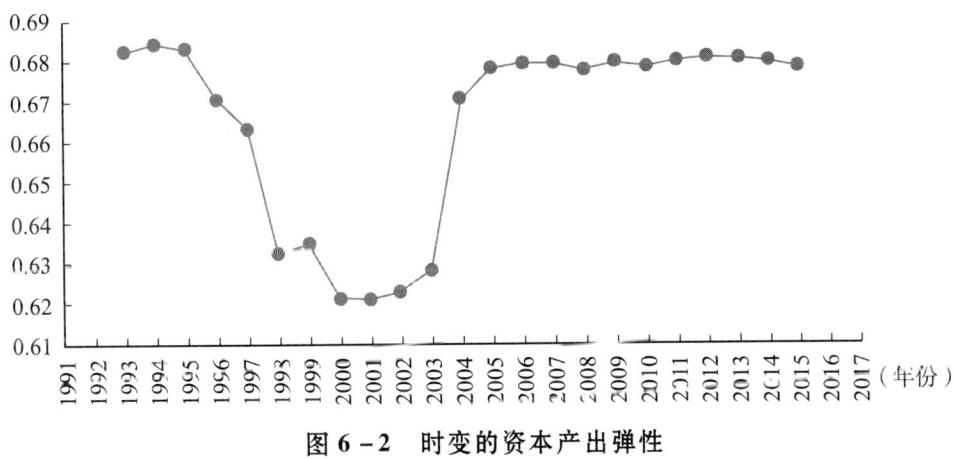

图 6-2 时变的资本产出弹性

从上述估计的生产函数系数及三产产业的资本产出弹性公式可知，提高产能利用率可以提高第二产业的资本产出弹性。在当前中国产能过剩的背景下，推进工业领域的去过剩产能工作意义重大。从产业结构来讲，目前中国的产能过剩主要集中于传统的重化工行业，如钢铁、汽车、造船、电解铝等，关闭这些行业的"僵尸企业"，有利于提高第二产业的要素产出效率。

从图 6-2 可以看出，1993~2015 年的资本产出弹性平均约在 0.6440 的水平，近似于国内大多数文献研究的结论（0.7）。从变化趋势看，1993~2001 年，资本的产出弹性由 0.6824 持续下降为 0.6210，随后开始持续反弹至 2006 年的 0.6792；2008 年，国际金融危机的爆发，使得投资的经济效率下降，资本对经济增长边际贡献下滑，资本产出弹性出现连续两年下降，2012 年有所恢复，但此后一直维持下降趋势。截至 2015 年，资本产出弹性回到了 2011 年的低水平。照此态势，预计未来的资本产出弹性将很有可能持续走低。

根据上述模型的估计结果和资本产出弹性，可以求出历年的潜在产出，进而可以求出 1978~2015 年的潜在增长率，结果见图 6-3（只显示部分年份的数据）。

从图 6-3 可以看出，自 2007 年以来，中国经济总体表现出下滑的趋势，特别是 2010 年以来，实际增长率一路走低，与此同时，潜在增长率也是呈现出总体下降的趋势，尤其是近年来潜在增长率更是持续下滑，实际增长率和潜在增长率两者的变化趋势基本相同，由此可以判定，2010 年至今，中国经济增速放缓的原因主要是潜在增长率本身的下降，这意味着对于中国经济的宏观调控要由对需求侧的管理转向以供给侧的管理为主。

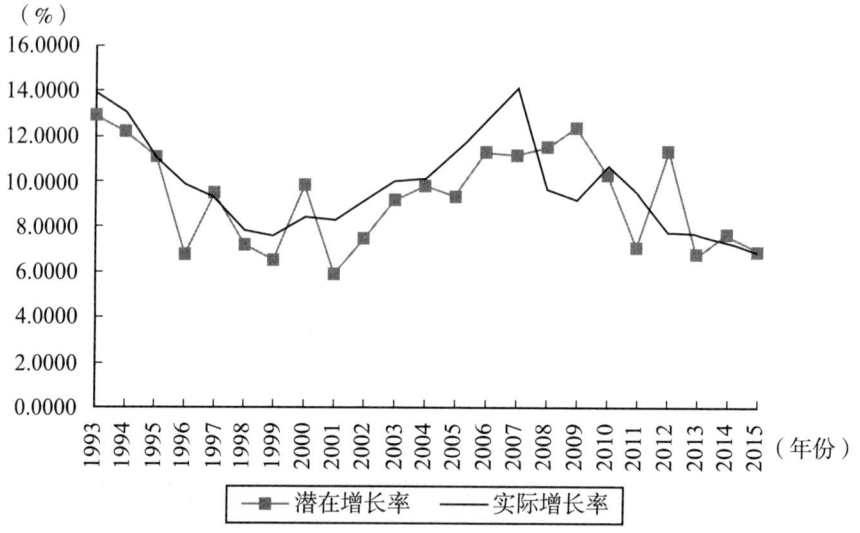

图 6-3　1993~2015 年中国潜在增长率和实际增长率变化趋势

第三节　潜在增长率的预测

为测算未来中国的潜在经济增长率，在前述生产函数的设定下，我们需要对六个外生变量进行估算。在参考中国季度宏观经济模型课题组（2015）基础上，变量的预测分为乐观和悲观两种情景。

一、潜在技术水平的估算

对于潜在技术水平，本书在通过回归方程的方式，引入两个与现阶段中国经济改革和增长效率息息相关的变量：混合经济的比重 GYS 以及第三产业劳动生产率 YL 来解释技术变迁。然后，再分别利用状态空间模型对这两个经济变量进行预测，并代入计量回归方程，求得未来潜在技术水平的变化。

其中，将有效劳动人均产出 y_t 的实际值与式（6.7）的拟合值相减得到残差项代表技术水平（SL）；混合经济的比重变量（GYS）用以下公式近似代表：

$$GYS = \frac{股份制经济固定资产投资 + 联营经济固定资产投资}{总固定资产投资}$$

第三产业劳动生产率（YL）用以下公式代表：

$$YL = \frac{第三产业劳动生产率}{第二产业劳动生产率}$$

模型设定如下：

$$SL = \phi_0 + \phi_1 \log(YL) + \phi_2(GYS) \qquad (6.10)$$

首先，对各个变量进行平稳性检验。对各变量进行 ADF 检验，结果显示在 5% 的显著水平下 $SL \sim I(0)$[①]，$\log(YL) \sim I(1)$，$GYS \sim I(1)$，具体检验结果如表 6-5 所示。

表 6-5　　　　　　　　各指标 ADF 检验结果

变量		ADF 检验	
SL	水平量	(C, 0, 2)	-2.9620**
log（YL）	水平量	(C, 0, 1)	-1.3695
	一次差分	(0, 0, 0)	-2.481041**
GYS	水平量	(C, T, 0)	-0.1617
	一次差分	(0, 0, 0)	-2.5259**

注：(1) ***、**、* 分别表示在 1%、5%、10% 的显著性水平。(2) 在 ADF 检验结果中，括号内的第 1 个字符代表检验模型包含常数项，第 2 个字符表示检验模型包含趋势项，0 为不包含常数项或趋势项；第 3 个字符为滞后期。

其次，进行协整检验，迹检验和最大特征根检验分别显示，上述变量在 5% 的显著水平下存在 5 个和 2 个协整关系。具体检验结果如表 6-6 所示。

---

① 实际上，因为 SL 是前述回归的残差项，所以 SL 必定平稳。

表 6 – 6　　　　　　　　　Johansen 协整检验的结果

迹检验

协整关系数量	特征根	迹统计量	5% 关键值	P 值
没有	0.939315	130.6668	69.81889	0.0000
最多 1 个	0.864979	80.22974	47.85613	0.0000
最多 2 个	0.682218	44.18789	29.79707	0.0006
最多 3 个	0.556751	23.55288	15.49471	0.0025
最多 4 个	0.390350	8.907664	3.841466	0.0028

最大特征根检验

协整关系数量	特征根	最大特征根统计量	5% 关键值	P 值
没有	0.939315	50.43707	33.87687	0.0002
最多 1 个	0.864979	36.04185	27.58434	0.0032
最多 2 个	0.682218	20.63501	21.13162	0.0585
最多 3 个	0.556751	14.64521	14.26460	0.0435
最多 4 个	0.390350	8.907664	3.841466	0.0028

对式（6.10）进行回归，回归结果如下①：

$SL = 0.2644 \times GYS + 0.1606 \times LOG(YL) + 0.0514 \times DUM2000 - 0.0519 \times DUM201113$

　　(6.308)***　　　(21.563)***　　　(2.790)**　　　(-4.282)***

Adjusted $R^2 = 0.6434$　　　DW = 1.119

DUM2000 表示 2000 年取值为 1 的虚拟变量；DUM201113 则表示 2011 ~ 2013 年值为 1 的虚拟变量。同式（6.10）相比，这里引入了虚拟变量，原因是此处引入虚拟变量可以提高模型的拟合度，可能的原因是 2000 年、2011 ~ 2013 年有一些新的经济政策或者科技政策导致该年前后的模型系数发生变化。

因为 DW = 1.119，落在不能确定区间，需进一步用 LM 检验法检验，结果显示不存在自相关，具体检验结果如表 6 – 7 所示。

表 6 – 7　　　　　　　　　LM 检验的结果

F 统计量	1.014774	P 值	0.3877
LM 统计量	2.532008	P 值	0.2820

---

① ***、**、* 分别表示在 1%、5%、10% 的水平下显著，括号内为 t 值。

进一步进行异方差检验，结果显示不存在异方差，具体检验结果如表 6-8 所示。

表 6-8　　　　　　　　　Glejser 检验的结果

F 统计量	0.993870	P 值	0.4410
LM 统计量	4.190125	P 值	0.3809

接下来，利用状态空间模型和 Kalman 滤波，我们分别对市场化程度和相对劳动生产率进一步向前预测，得到 2016~2025 年的市场化及相对劳动生产率指标，再将其代入上述估计式子，得到取对数的技术水平的潜在值序列，见图 6-4。

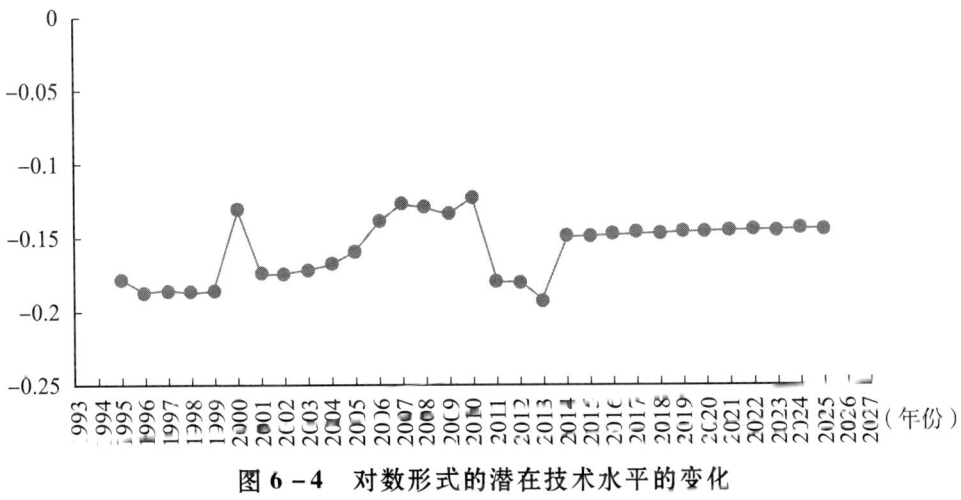

图 6-4　对数形式的潜在技术水平的变化

二、就业人数的估算

与前面第三章的第一节一样，采用如下公式估算就业人口：

$$就业人数 = 适龄劳动人口 \times 劳动参与率 \times \frac{就业人数}{经济活动人口}$$

首先，中国的劳动参与率一直比较稳定，数值变化很小，所以采用相邻两年劳动参与率平均值作为下一年的劳动参与率，以此类推可以估算未来年份的劳动参与率。其次，就业人口在经济活动人口中的占比在 0.97 左右的极小范围内变动，数值非常稳定，取 0.97。最后，对于适龄劳动人口，采用 1980~2015 年的数据，运用 ARMA（p, q）模型得到未来的分年龄层生育率和死亡率趋势，然后构建双性别 Leslie 转移矩阵，取 2015 年为基年逐年推出未来的分年龄人口，再加总得到 15~59 岁的适龄劳动人口的数据。其中，对于 ARMA（p，q）模型，借鉴任强和候大道（2011）的做法，取 $p=3$，$q=2$。构建的双性别 Leslie 转移矩阵为：

$$M = \begin{bmatrix} b_0 & \cdots & \cdots & \cdots & b_{85+} & 0 & 0 & \cdots & \cdots & 0 \\ s_0 & & & & & 0 & 0 & \cdots & \cdots & 0 \\ & s_1 & & & & 0 & 0 & \cdots & \cdots & 0 \\ & & \cdot & & & & \cdot & & & \cdot \\ & & & \cdot & & & & \cdot & & \cdot \\ & & & & s_{85}\ s_{85+} & & & & \cdot & \cdot \\ \hline b_0^* & \cdots & \cdots & \cdots & b_{85+}^* & 0 & \cdots & \cdots & \cdots & 0 \\ 0 & 0 & 0 & 0 & 0 & s_0^* & & & & \\ \cdot & & & & & & \cdot & & & \\ \cdot & & & & & & & \cdot & & \\ \cdot & & & & & & & & s_{85}^*\ s_{85+}^* \end{bmatrix}$$

其中，s_x、s_x^* 分别是男性和女性相应年龄的存活率，$s_x = 1 - d_x$，$x_x^* = 1 - d_x^*$，d_x、d_x^* 分别是男性和女性相应年龄的死亡率。b_x^* 代表 15~49 岁的育龄妇女的生育率。因为统计年鉴中的分年龄别生育率对新生儿不区分性别，本书将通过出生性别比 s 把两者分离开来：

$$b_x = \frac{100}{100+s} \times f_x \times s_0 \tag{6.11}$$

$$b_x^* = \frac{100}{100+s} \times f_x \times s_0^* \tag{6.12}$$

因为出生性别比 s 数值即为稳定，本书直接取 $s=112$。f_x 代表育龄妇女相应年龄的生育率。特别说明的是，此处的生育率是考虑了"全面二孩政策"之后的育龄妇女相应年龄的生育率，具体的做法是：将原来的生育率乘以生育率调整系数，得到在"全面二孩政策"之后的育龄妇女相应年龄的生育率。

最后，人口预测公式：

$$P^{(n+t)} = M^{(n)} \times P^{(t)} \tag{6.13}$$

其中，$P^{(t)}$ 为第 t 年的人口矩阵，$P^{(n+t)}$ 为第（n+t）年的人口矩阵，$M^{(n)}$ 为 n 年期的 Leslie 转移矩阵。

三、人力资本的估算

人力资本是集中体现规模报酬递增的新增长要素的一个代表性变量。教育部颁布的《国家中长期教育改革和发展规划纲要（2010~2020）》对中国教育的发展提出了具体的要求，因此，假设乐观情形下达到这一规划的目标，在此基础上每年的人力资本增长率相同。较悲观的情形下，我们假设自 2016 年起，全国就业人员中的大专以上学历占比以每年相同的比例上升至 2020 年的 20%，文盲率则以每年相同比例下降至 0%。另外，假设小学程度的占比和初中程度的占比分别以 2011~2013 年的平均数减少 0.55 和 0.4，剩下的则全部体现为高中程度的占比变化。

四、物质资本的估算

2008 年金融危机之后，中国经济正在逐步产业升级，提高增长的质量，摆脱对高规模投资的依赖，固定资产投资增速将会持续出现下滑。但是，中国经济体量巨大，各地区经济发展不平衡，中西部地区基础设施建设仍有很大空间。另外，近些年中央和很多地方政府都出台了对战略性新兴产业的扶持政策，相关产业的投资将会增加。因此，我们参考中国经济增长课题组（2012）的基础上，假设乐观情形下，物质资本的增长率在 2016~2020 年间延续自 2010 年以来每年 1.0 个百分点的下降，此后每五年以 0.5 个百分点的比例下降。较悲观的情形下，物质资本的增长率在 2016~2020 年间以每年 1.0 个百分点的下降，此后每五年以 0.8 个百分点的比例下降。

五、产能利用率的估算

过去几十年，基于改革与人口红利，中国的经济一直处于一种腾飞的态势，但是自从 2008 年至今，由于受到国际金融危机等多方面的深入影响，国内外市场需求不振，导致我国的一些产业供过于求，出现产能过剩问题，尤其表现在电解铝、煤炭、钢铁、玻璃等行业领域内。2013 年国务院出台《关于化解产能严重过剩矛盾的指导意见》，不过出现产能过剩问题的诸多企业大部分都是国有企业，从意见执行的结果来看，最终实施的效果并不是十分的理想。工业和信息化部针对相关行业造成产能过剩的落后生产模式进行了规模调整，通过立法来依次淘汰落后产能，在技术、环保、能耗、环境污染程度等方面进行了严格的规定。在此基础上，2016 年国务院出台《关于钢铁行业化解过剩产能实现脱困发展的意见》。基于以上原因，我们假设乐观情形下，从 2016 年开始，用 10 年时间达到产能利用率在 79%~83% 的合理区间，中间年份以几何平均增长率增长，此后产能利用率基本保持在这一区间；较悲观的情形下，我们假设 2016 年开始，用

10 年时间使产能利用率达到约 70% 的水平，中间年份以几何平均增长率增长，此后产能利用率基本保持在这一区间。

六、三次产业投资占比估算

当前中国经济的服务业正在快速发展，服务业的发展是实现经济转型升级的根本途径。2017 年 6 月，国家发改委颁布了《服务业创新发展大纲（2017～2025 年）》。因此，在假设乐观情形下，首先假设第三产业的投资占比增速加快，2020 年第三产业的投资占比为 70%，2025 年为 75%；同时假设对第一产业投资所占的比重不变，则第二产业所占的比重将逐年下降。为此，资本产出弹性也将缓慢下降。在较悲观的情形下，假设到 2020 年，第三产业的投资占比由 2014 年的 56.2% 提高到 60%，第一产业投资占比延续 2014 年的增量（0.2%），到 2020 年占比增加到 3.5%；随后，第三产业投资占比每十年增加 10 个百分点，而第一产业投资占比基本维持不变，第二产业的投资占比则是由一产和三产的投资占比变动决定的。

在上述假设的基础上，本章估算出在 2016～2025 年时间段内中国经济的潜在增长率（见表 6-9）。在 2016～2025 年期间，中国经济的潜在增长率逐步下降，其中"十三五"期间，乐观情景下中国经济潜在增长率为 6.9%，悲观情景下潜在增长率为 6.5%；"十四五"期间，乐观情景下中国经济潜在增长率为 6.3%，悲观情景下潜在增长率为 5.8%。

表 6-9 中国经济潜在增长率的预测

年份	潜在就业人数（亿人）	人力资本 H（年）乐观	人力资本 H（年）悲观	物质资本 K 增速（%）乐观	物质资本 K 增速（%）悲观	产能利用率 乐观	产能利用率 悲观	全要素生产率增速（%）乐观	全要素生产率增速（%）悲观	潜在经济增长率（%）乐观	潜在经济增长率（%）悲观
2016～2020	7.1308	10.36	10.34	10	10	0.70	0.67	2	1.6	7.0	6.7
2021～2025	6.7196	10.83	10.79	9.5	9.2	0.83	0.70	2.4	1.7	6.5	5.9

资料来源：作者计算得到。

第四节 本章小结

本章使用一个结构性时变弹性生产函数，将制度变革、结构调整、产能过剩等因素纳入经济增长的分析框架，运用 1993～2015 年中国经济的时间序列数据估计了样本内的中国经济潜在增长率。

本章的研究发现：从 2010 年至今，中国经济增速放缓的主要原因是潜在增长率的下滑。这意味着对于中国经济的宏观调控，要由对需求侧的管理转向从供给侧的管理为主，我们应该着力提高潜在增长率，使中国经济形成一个 L 形的复苏。

第七章

区域经济潜在增长率的估算

前面章节均是从全国的角度估算潜在增长率，考虑到我国幅员辽阔，地区间经济发展的差异较大，区域经济发展不平衡性突出，其资本效率、人口结构以及制度条件都有所区别，从全国视角得出的政策建议也许并不适合各个区域甚至不利于区域经济发展，经济政策应当因地制宜，不能"一刀切"，因此本章从区域的角度出发，梳理影响各个区域长期经济增长的因素，通过对区域之间人口、资本状况以及区域之间制度的比较分析，测算各个区域未来一段时间内的经济潜在增长率并分析区域经济发展不均衡的原因，为我国区域经济均衡稳定发展提供相应的政策建议。

第一节 区域经济发展回顾

一、区域经济发展政策

20世纪70年代，我国开始实施不平衡的发展战略，强调部分地区率先发展，鼓励外商投资，与国际经济建立起往来关系，中央政府的税收等各项优惠政策开始向沿海地区倾斜，沿海地区经济高速发展，东部、中部、西部与东北部地区的经济差距开始呈现扩大趋势。

（一）东部率先发展

改革开放以来，东部地区率先发展，成立珠海、厦门、汕头、深圳第一批经济特区，福建和广东成为全国最早对外开放的省份，我国开始进入地区差别化发展时代。1985 年，长三角、闽东南和环渤海地区也开始建立经济开发区，改革开放形成的地区差别化战略，即在局部地区进行对外开放和市场经济的实验，成功后推广到其他地区。东南沿海开放后，内陆地区也相继对外开放。

东部地区地理位置优越，靠近港澳台，交通便捷，再加上政府政策的倾斜，资金、劳动力以及新近的技术开始向东部集聚，加速东部地区经济发展，东部区域与其他地方经济差距被逐渐拉大。

（二）西部大开发

在改革开放的推动下，东部地区经济快速发展，内陆地区尤其是西部地区发展缓慢，区域发展不均衡现象突出，1999 年，江泽民总书记在党的十五届四中全会上首次提出"西部大开发"战略。西部大开发战略实施以来，西部地区的建设、环境改善以及人民的生活水平得到了有效的提高。

（三）东北老工业基地振兴

2003 年 10 月，中共中央、国务院下发《关于实施东北地区等老工业基地振兴战略的若干意见》中，将重振东北老工业基地作为一项政策方针，国务院还提出一系列优惠政策，成立领导小组、设立专项基金、加大人力资源激励和人才引进以促进经济体制改革，增强经济活力。

（四）中部崛起

中部地区作为我国原材料、能源的重要供给基地，重要的工业基地与农业主产区，是我国连接东西的枢纽地带。为构造东、中、西部互联互动、经济优势互补的区域协调发展模式，2006 年中共中央政治局出台《中共中央 国务院关于促进中部崛起的若干意见》，鼓励东部沿海地区的企业加强与中部地区的联系及合作，提高农业的生产率，鼓励农业剩余劳动力向沿海地区转移，支持制造业发展并在现代装备制造业方面给予税收、研发投入、资金供给方面的政策支持，完善中部交通运输体系，加强中部地区东西、南北的连通。

二、区域经济发展状况

尽管从全国来看，我国经济下行压力巨大，宏观经济面临较大的结构性问题，但是本书注意到，从地区的角度来看，近两年中西部地区的增长率大体上还保持在较高的水平，宏观经济运行情况较好，东部地区经济增长开始放缓，然而东北部地区的经济增长则开始出现较大的问题，增长率远低于全国水平，以2015年为例，在全国经济下行经济增长仅为6.9%的情况下，重庆、西藏、新疆、江西、贵州、湖北等中西部地区的经济增长率还保持在全国前列，分别为11%、11.01%、8.8%、9.1%、10.7%、8.85%，而北京、上海、广东、浙江等地的经济增长开始放缓，分别为6.9%、6.94%、8%、7.96%，东北部地区的经济下滑情况较为严重，黑龙江、吉林、辽宁的经济增长情况不容乐观，均低于全国平均水平，分别为5.66%、6.3%、3%。其中中部地区的山西经济也出现了严重的下滑，经济增长率仅为3.1%。[①]

第二节 区域潜在产出的测算

一、基于生产函数法的要素产出弹性的测算

在长期，一国经济增长取决于其人口、资本、全要素生产率以及相应的政治制度，考虑到生产函数法能更好帮助我们梳理各个地区的经济结构、要素资源禀赋特征如何影响经济增长，本章基于生产函数法来测算当前以及未来一段时期经济增长的潜在增长率，在测算的过程中，将详细地考察各个地区的要素资源禀赋和经济结构差异是如何导致各个地区不同的潜在增长水平，从而更好地因地制宜提供相应的政策建议。

（一）生产函数法计量

生产函数最常见的一种是柯布—道格拉斯生产函数模型，最早是由数学家柯布

---

① 作者根据国家统计局网站相关资料整理。

以及经济学家道格拉斯共同提出，其原型为 $Y = AX_1^{\alpha_1} X_2^{\alpha_2} \cdots X_N^{\alpha_N}$，其中 $0 < \alpha_i < 1$，$i = 1，2，3，\cdots，N$，A 为常数，X_i 为第 i 种要素的投入量，α_i 为第 i 种要素的产出弹性。后来索罗（1956）在新古典基础上引入技术进步因素，新古典增长理论应运而生并不断发展壮大，其最初的形式是资本、劳动、索罗余量（技术进步）下的简单版的柯布–道格拉斯生产函数，$Y = AK^\alpha L^\beta$，$\beta = 1 - \alpha$。

20世纪80年代，内生增长理论开始成为宏观经济增长的一个重要的研究方向，其代表性人物，卢卡斯（1988）和罗默（1990）将人力资本这一概念纳入增长理论，将知识等人力资本也当作是一种生产要素，并具有一定的外溢性，从而产生递增的边际生产率，内生增长理论在于对于 A 的解释，而不是将其当作外生给定。其中罗默（1986，1990）在经济中引入研发部门，并进行研发投资。罗默将生产要素分成资本、人力资本、非技术性的劳动以及新的思想的产生。而卢卡斯则是将人力资本直接引入生产函数当中，形式如下：$Y_t = K_t^\alpha H_t^\beta [A_t L_t]^{1-\alpha-\beta}$，$\alpha > 0$，$\beta > 0$，$\alpha + \beta < 1$，卢卡斯的人力资本模型将资本进行进一步区分为物质资本、人力资本，并将原始劳动力下所表现出来的技术水平当作是内生增长的源泉，其中人力资本既可以通过教育手段获得，也可以在干中学中取得。

人力资本的引入在长期经济增长中具有重大的意义，经济增长更关注资源的效率与质量而不仅仅是数量的增加。在引用上来看，许多专家学者在生产函数的体系下进行进一步扩展，主要是从全要素生产率 A 的角度引入更多的解释变量用来解释经济增长。

（二）生产函数的模型

考虑到潜在产出是经济资源充分利用时的产出水平，本书选取了劳动力、资本存量、人力资本等作为影响经济增长的主要因素，基于带有人力资本的生产函数模型测算各要素的产出弹性，并考察均衡路径上的要素弹性表现，并作为未来潜在产出预测的一个镜像。

$$Y_{t,j} = A_{t,j} K_{t,j}^\alpha (H_{t,j} L_{t,j})^{1-\alpha} \tag{7.1}$$

上式进一步写成：

$$y_{t,j} = A_{t,j} k_{t,j}^\alpha \tag{7.2}$$

其中，$y_{t,j} = \dfrac{Y_{t,j}}{H_{t,j} L_{t,j}}$ 表示效率劳动力下的人均产出，$k_{t,j} = \dfrac{K_{t,j}}{H_{t,j} L_{t,j}}$，表示效率劳动力下的人均资本存量。

对式（7.2）两边同时取对数，获得估算方程：

$$\ln y_{t,j} = \ln A_{t,j} + \alpha \ln k_{t,j}$$

$$\ln y_{t,j} = \ln A_{t,j} + \alpha \ln k_{t,j} + \varepsilon_t \tag{7.3}$$

(三) 数据的来源与说明

鉴于从 1992 年我国市场化改革开始，各个地区的经济结构较之前有较大的改变，本书选取 1993~2015 年各省数据，考虑到西藏地区 2000 年以来的固定资产投资数据缺失以及后续模型中某些数据的缺失，所以不计算西藏地区，重庆在 1996 年以前与四川同属一个省，在计算基期的资本存量以及 1978 年后到 1995 年的固定资产投资、固定资产投资价格指数时只有四川省，因而将两个省合并为一个省考虑。

(1) 实际产出：参照常用的做法，以各个省的实际总产出以其 1993 年为基期的实际 GDP 连乘以上年为 100 的 GDP 指数。

(2) 物质资本存量：关于物质资本存量的估算，目前普遍采用较多的方法是戈登史密斯在 1951 年开创的永续盘存法：$K_{t,j} = K_{t-1,j}(1 - \delta_{t,j}) + I_{t,j}$，涉及当年投资 I 的选取，投资品价格指数构造，经济折旧率 δ 的确定，基期资本存量的确定。贺菊煌 (1992)、邹志庄 (1993)、樊纲和樊小鲁 (2000) 等对全社会的物质资本存量进行估算，张军 (2004)、郝枫 (2006)、单豪杰 (2008) 则对分省的物质资本存量进行估算，由于早期经济数据的缺失，以及国家在发展转型过程中，国内生产总值核算体系从物质产品平衡体系 (MPS) 到联合国国民经济核算体系 (SNA)，原先核算体系下的经济数据不再更新，此外不同专家学者关于投资的选取不同，以及所对应的价格指数看法不同，折旧率以及基期物质资本存量的不确定，导致所估算的物质资本存量在总量上有所区别。

目前，学界认可度较高的是张军 (2004)、单豪杰 (2008) 物质资本存量的测算，实际上张军 (2004)、单豪杰 (2008) 关于投资的选取一致，均为历年各省的固定资本形成总额，他们关于价格指数、折旧率、基期物质资本存量的确定有所不同，其中张军是利用各年固定资本形成总额 (当年价格)，1952 年为 1 和上一年为 1 的固定资本形成总额指数计算 1952~1995 年的各省投资隐含平减指数作为替代的价格指数，单豪杰采取的是充分利用官方的最新数据《中国国内生产总值核算历史资料 (1952~2004)》提供的 1952~2004 年全国和分省的固定资本形成价格指数，之后采取各省的全国及分省的固定资产投资价格指数。折旧率方面，张军通过加权估计各个省的资本品的折旧率，得到各省固定资本形成总额的经济折旧率 δ 为 9.6%，单豪杰利用年鉴中固定资产投资结构的变化作为权重对资本品进行加权，得到平均的经济折旧率 δ 为 10.96%，基期资本存量方面，张军采用的该地区当年固定资本形成总额除以 10% 作为初始资本存量，单豪杰则是利用次年的实际资本形成额除以平均折旧率 10.96%。

本章分别在张军、单豪杰的物质资本存量测算方法上，得到各个地区的两套物质资本存量，为避免基期的资本存量对结果造成较大的影响，将基期取到1978年，参照张军（2004）和单豪杰（2008）的做法得到其基期的物质资本存量，为避免价格指数的不确定性，价格基期选取1993年，价格的选取同样参照张军、单豪杰的做法，并将1978~1993年的价格指数转化为1993年为基期，折旧率的选取，张军的折旧率取9.6%，单豪杰的折旧率取10.96%，投资选取历年各省的固定资本形成总额，其数据来自新中国统计资料六十年汇编，各个地方的统计年鉴。

（3）劳动力数据来自历年《中国人口和就业统计年鉴》。

（4）人力资本：人力资本最早是美国经济学家舒尔茨（1960）提出，舒尔茨认为人力资本表现为人的知识、技能、熟练程度等，人力资本通过教育、健康的投资获得，本书参照陆旸和蔡昉（2014）设定，以就业人员的平均受教育年限代表人力资本 $H_{t,j}$，采用人均受教育年限法，将文盲、小学初中、高中、大专以上的受教育年限设定为0年、6年、9年、12年、16年，$H_{t,j} = \sum T_{t,i,j} P_{t,i,j}$，其中 $T_{t,i,j}$ 表示 j 地区各教育阶段的教育年限设定，$P_{t,i,j}$ 为 j 地区处在各阶段的就业人口比重。由于我国从1996年才开始统计分地区从业人员受教育程度，1996年以来的数据来源于历年《中国人口和就业统计年鉴》中分地区从业人员受教育程度分组构成，1993年到1994年的数据采用《中国人口和就业统计年鉴》中省、自治区、直辖市15岁及15岁以上分性别的各种文化程度人口数近似替代。其中缺失的1995年与2000年在已经计算的人均受教育年限上进行插值。

本章在计算完各个省份的实际GDP、实际资本存量、就业人数以及人力资本的基础上，按照我国东部、西部、中部、东北部的划分方法计算各个区域以及全国的上述数值，其中东部包括北京、天津、河北、上海、江苏、浙江、福建、山东、广东、海南10个省份，西部包括内蒙古、广西、四川、贵州、云南、陕西、甘肃、青海、宁夏、新疆10个省份，中部包括山西、安徽、江西、河南、湖北、湖南6个省份，东北部包括辽宁、吉林、黑龙江3个省份。东部的实际GDP、实际资本存量、就业人数为东部十省的实际GDP、实际资本存量、就业人数分别加总，东部的就业人员的人均受教育年限为东部十省的人均受教育年限以该省就业人数占东部总的就业人数的加权平均。西部、中部、东北部的计算方法同东部一样。

因此，本章将得到34个回归方程（29个省份、四个区域以及全国（不包括西藏）），从而可以得到各个地区的资本产出弹性，人力资本和劳动力产出弹性以及全要素增长率，从而可以对各个地区的产出增长进行分解，并为下一步的潜在产出测算奠定基础。

（四）模型结果

从区域的角度来看，如表7-1所示，得到的东部、东北部地区的资本产出弹性分别为 0.745、0.734，中部、西部地区的资本产出弹性分别为 0.682、0.681，全国的资本产出弹性为 0.695。资本产出弹性均处于较高的水平，一方面表明了东部、东北部地区的资本产出弹性的效率更高，另一方面整体上说明我国经济增长对资本的依存度较大。

表 7-1　基于张军、单豪杰物质资本存量测算的资本产出弹性

省份	张军 log(A)	张军 log(K/HL)	张军 F	单豪杰 log(A)	单豪杰 log(K/HL)	单豪杰 F
上海	-0.060	0.908	988.985	0.310	0.876	698.410
北京	-0.306	0.917	4 141.257	0.518	0.834	2 415.381
海南	0.981	0.782	302.774	0.577	0.831	204.451
天津	0.614	0.821	1 227.386	0.681	0.819	1 121.832
江苏	0.991	0.806	25 876.550	0.972	0.813	29 292.436
山东	1.651	0.716	8 299.680	1.688	0.716	8 843.747
广东	1.884	0.725	2 816.867	2.034	0.713	2 499.122
浙江	2.154	0.662	9 154.590	2.143	0.667	8 825.198
河北	2.062	0.656	3 554.029	2.083	0.658	3 536.893
福建	2.370	0.635	5 285.478	2.378	0.638	5 112.981
陕西	0.477	0.825	1 444.163	0.766	0.796	2 041.548
新疆	1.722	0.703	1 419.137	1.691	0.710	1 624.530
贵州	0.775	0.733	3 991.875	0.986	0.709	3 132.543
甘肃	1.682	0.676	5 058.851	1.795	0.666	5 349.128
内蒙古	2.358	0.662	1 406.939	2.402	0.661	1 324.827
云南	1.854	0.677	2 947.352	2.049	0.659	2 633.663
青海	1.134	0.659	1 353.128	1.206	0.654	1 289.086
四川	2.500	0.632	756.839	2.329	0.654	934.022
宁夏	1.722	0.642	2 771.574	1.805	0.637	2 628.956
广西	3.109	0.559	1 239.380	2.991	0.574	1 094.738
安徽	0.651	0.845	2 672.701	1.264	0.783	7 901.105
湖南	1.430	0.733	7 679.511	1.317	0.751	4 178.434
湖北	1.484	0.700	1 008.444	1.544	0.698	974.523
山西	2.961	0.574	713.665	2.044	0.673	291.218
江西	1.612	0.674	5 924.939	1.917	0.640	2 473.755
河南	2.670	0.599	3 233.583	2.721	0.597	3 193.911

续表

省份	张军 log(A)	张军 log(K/HL)	张军 F	单豪杰 log(A)	单豪杰 log(K/HL)	单豪杰 F
黑龙江	0.797	0.824	1 842.878	0.869	0.821	1 690.208
辽宁	1.474	0.736	2 542.671	1.238	0.767	1 201.396
吉林	2.098	0.625	2 029.861	2.156	0.621	1 875.729
东部	1.426	0.749	7 550.271	1.501	0.745	7 278.348
东北部	1.654	0.720	1 906.267	1.563	0.734	1 310.516
中部	1.767	0.678	7 329.073	1.770	0.682	7 116.670
西部	1.716	0.680	10 814.297	1.747	0.681	12 160.113
全国	1.556	0.694	8 287.448	1.582	0.695	8 523.069

从省份的角度来看，东部地区的资本产出弹性在 0.638 到 0.876 的范围内，资本效率较高，其中上海、北京、海南的资本产出弹性效率分别为 0.876、0.834、0.831，福建、河北、浙江的资本产出弹性分别为 0.638、0.658、0.667。西部地区的要素产出弹性在 0.574~0.796 的范围内，其中陕西、新疆、贵州的资本产出弹性分别为 0.796、0.710、0.709，资本转化效率较高，广西、宁夏、四川的资本产出弹性分别为 0.574、0.637、0.654，资本转化效率较低，中部省份的资本产出比落在 0.597~0.783 的区间范围内，其中安徽、湖南的资本产出弹性分别为 0.783、0.751，河南、江西的资本产出弹性分别为 0.587、0.640，东北部的资本产出弹性在 0.621~0.821 的区间范围内，其中黑龙江、吉林、辽宁的资本产出弹性分别为 0.821、0.767、0.621。

上海、北京、天津等东部城市有着较高的资本产出弹性，一方面是因为来自上海、北京、天津等东部城市的投资份额是市场主导为主，加之东部地区普遍有着具有更好的基础设施、市场化环境、科技人才，另一方面的原因是，东部地区凭借率先发展的优势，吸引了大量劳动力人口向东部地区集聚，加速了城市化进程，催动了较高的房地产投资。广西、宁夏、青海、河南、安徽等中西部地区资本产出弹性较低，一方面与中西部地区的投资过多的与政府主导的政策性投资相关；另一方面，也与这些地区的经济结构滞后于城市化发展水平有关，中西部地区较为丰厚的劳动力与自然资源的潜在优势没有进行充分的转化，持续高能耗的产业亟待转型。尽管东北部地区近些年出现了人才的大量流失，高端制造业与现代服务业发展不足等问题突出，但是过去 20 年平均的资本产出弹性较高，资本效率仍然较高。

(五) 物质资本存量测算的讨论

将张军和单豪杰的物质资本存量的估计下各个省份的资本产出弹性进行对比,如图7-1所示,发现所得到的结果相近,一方面在于张军和单豪杰在估计物质资本存量的时候,所取的投资均为固定资本形成总额,其变化趋势相同,所不同的在于对于基期物质资本存量的测算与折旧率以及投资价格指数的选取上,由于本章选取的是1978年基期的物质资本存量水平,基期对后面1993~2014年的物质资本存量影响不大,折旧率的选取对物质资本存量的绝对大小有一定影响,张军所选取的9.6%的折旧率低于单豪杰所选取的10.06%的折旧率从而使得张军估算的物质资本存量明显大于单豪杰所估算的物质资本存量,但对物质资本存量的变动趋势影响不大,投资价格指数的选取对物质资本存量的影响较大,特别地表现在对于北京以及山西的物质资本存量的估计上,其物质资本存量的变化趋势发生较大的变化,投资价格指数的分歧来自过去年份价格平减数值的缺失,各个专家学者对过去投资的物价看法不一,尽管如此,我们可以看出,物质资本存量的趋势与投资的变动趋势的关系最大,不同的学者关于物质资本存量的估算在选取折旧率、基期物质资本存量、投资价格指数上有所不同,但是对于投资的选取还是具有一定的一致性,因此本章认为,所估算的物质资本存量的变化趋势基本是可信的,可以看出各个地区的资本产出弹性在0.7左右的范围上下波动,表明过去20年中国经济对资本的严重依赖性,投资驱动经济发展的模式明显。

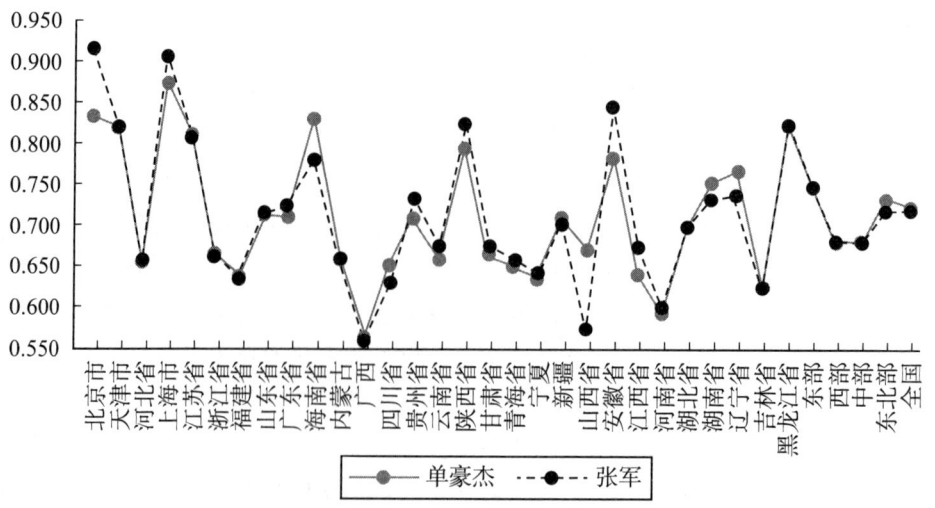

图7-1 基于张军、单豪杰测算的各个省产出弹性对照图

二、基于状态空间模型的时变弹性的测算

(一) 要素弹性逆转现象

事实上在世界其他国家,也都出现了资本劳动的要素弹性逆转过程,库兹涅茨(1989)从收入法的角度在研究欧美工业化国家的过程中劳动收入和资本收入在国民收入中占比中发现,英国在 100 年的发展历程中,劳动收入从 1860 年占国民收入的不到 50% 的比重,提高到 1960 年的 70%,德、法、美劳动收入份额也发生了相应的增加,出现了要素弹性逆转。

事实上过去发展的二十年是我国经济结构不断转型变化的二十年,我国的产业结构从第一产业到第二产业再到第三产业不断地进行转型,互联网等新兴产业的兴起壮大,城市化迅猛加速发展,政府管理、服务水平得到有效的提高,基础设施不断完善,投资大量增加、劳动力在各个地区自由流动,释放出巨大的改革红利,投资驱动的经济发展模式带动经济得到平稳高速的发展,但是投资不断增加的过程中所导致的资本的边际效率不断降低等问题尤为突出,此外,尽管人口老龄化问题较为突出,过去计划生育带来的劳动力增长放缓使得人口红利逐渐消失,但是教育的普及在一定程度上使得人力资本在保持持续的稳定增长,劳动者的收入水平得到有效的提高。资本边际收益的递减以及劳动者收入水平的提高也是一种福利分配的结果,过去的改革红利正逐步被大家所分享。此外,人力资本的培育在未来有利于培育创新驱动经济增长的内生增长。资本劳动的要素弹性逆转过程一方面可能是投资增加带来的资本效率的大幅下降导致要素弹性逆转,另一方面可能是人力资本提升带来的要素弹性逆转。

(二) 资本存量增加带来的资本效率降低

从区域的角度来看,如图 7-2 所示,市场化改革初期的 1994~2001 年,资本存量的增长率有逐步放缓的趋势,从最初年均 13% 的增长率下降到年均 11% 的增长率,东部的资本存量增长率大于其他区域,改革开放的红利逐步得到释放。加入世界贸易组织以来,我国经济又引发新一轮的浪潮,投资进一步增长,从 2001~2007 年,年均资本存量增长率从 11% 左右达到 15%。在 2008 年金融危机下,投资的增长率有所下降,紧跟着在政府的财政刺激下出现了短暂的上升,随后从 2009~2015 年开始一直下降,但是始终保持在 10% 的高速增长水平,其中西部、中部的资本存量的增长率高于东部地区。

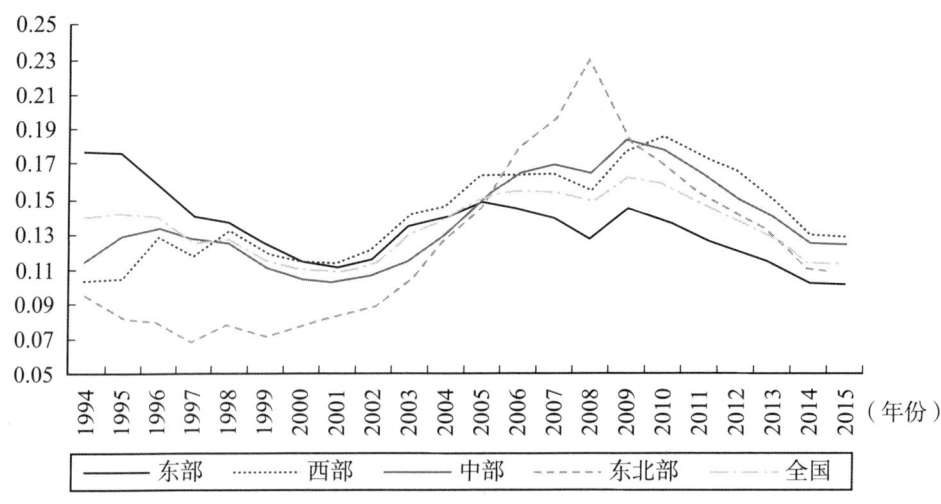

图7-2 各个区域的投资增长率

如图7-3所示,区域经济高速增长的背后,各个地区的资本产出比呈现逐年上升的趋势,上升的速度也在逐步较快,资本的效率降低明显,1993~1999年以来整体上落在1.5~2的区间,加入世界贸易组织以来经济开始高速增长,开始达到2~3的范围,随着西部大开发、中部崛起战略的提出,更多的政策导向性投资开始向中西部聚集,西部、中部的资本产出比增加最为明显,开始超过东部地区,2008年金融危机以后,资本产出比上升速度进一步加快,尤其以东北部的资本产出比增速最为迅猛,超过了东部地区。尽管政府进行了刺激政策,但是效果不佳,整体落在2.5~3.5的区间范围内,可以看出,中西部地区的资本效率下降最为严重,其次是东北部、全国、东部地区。以张军的物质资本存量测算为基础,2015年西部地区的资本产出比为3.703,中部地区的资本产出比为3.385,东北部地区的资本产出比为3.224,东部地区的资本产出比为2.780,全国的资本产出比为3.105。

从省份的角度来看,如表7-2所示,各个省的资本产出比上升趋势较为明显,以单豪杰2015年的资本产出比为例,东部省份2015年的资本产出比落在2.021~3.769的区间范围内,其中广东、上海、江苏的资本产出比分别为2.021、2.346、2.362,资本效率较高,天津、海南、河北的资本产出比分别为3.769、3.372、3.268,资本效率较低,西部省份2015年资本产出比在2.833~6.265的区间范围内,其中四川、甘肃的资本产出比分别为2.833、2.878,产出效率较高,宁夏、青海、内蒙古、新疆的资本产出比分别为6.265、5.784、4.490、4.350,产出效率较低,中部省份2015年的资本产出比在2.390~4.276,其中安徽、湖南的资本产出比分别为2.390、2.667,产出效率较高,东北部省份

2015年的资本产出比落在2.763~4.165的区间范围内,其中黑龙江、辽宁的资本产出比分别为2.763、2.775,产出效率较高,吉林的资本产出比为4.165,产出效率较低。

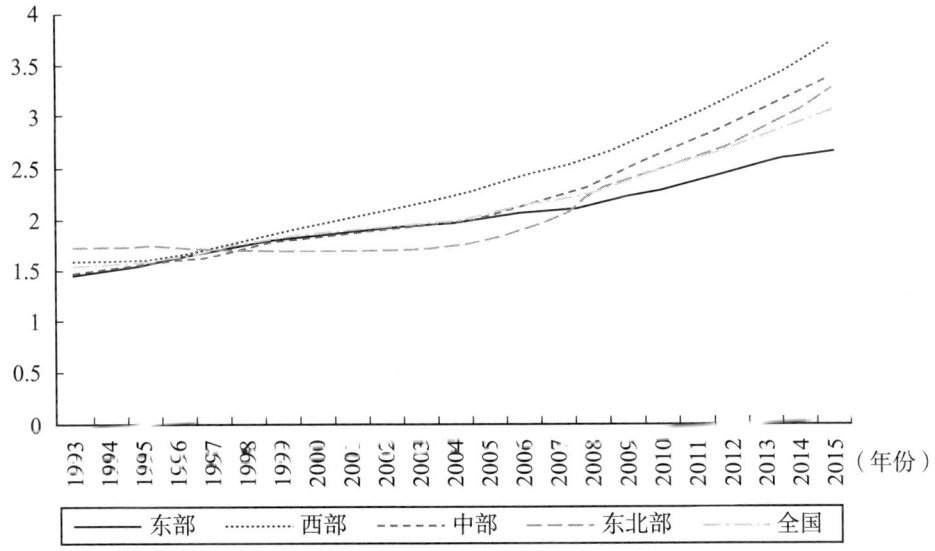

图7-3 单豪杰物质资本存量下各个区域的资本产出比

表7-2 不同物质资本存量下各个地区资本产出比

项目	张军				单豪杰			
	1993年	2000年	2007年	2015年	1993年	2000年	2007年	2015年
天津	2.588	2.588	2.671	3.946	2.483	2.443	2.533	3.769
海南	1.992	2.304	2.082	3.532	2.269	2.254	1.969	3.372
河北	1.401	2.016	2.369	3.450	1.336	1.918	2.248	3.268
福建	1.495	2.008	2.411	3.259	1.434	1.911	2.291	3.095
北京	2.628	2.859	2.917	3.191	2.098	2.607	2.734	2.987
浙江	1.373	2.009	2.545	2.974	1.315	1.914	2.421	2.798
山东	1.576	1.852	2.237	2.880	1.500	1.755	2.128	2.726
江苏	1.565	1.852	2.086	2.501	1.524	1.761	1.981	2.362
上海	1.994	2.695	2.507	2.521	1.719	2.519	2.354	2.346
广东	1.158	1.503	1.586	2.137	1.041	1.415	1.501	2.021
宁夏	2.994	2.946	4.009	6.568	2.834	2.761	3.803	6.265

续表

项目	张军 1993 年	张军 2000 年	张军 2007 年	张军 2015 年	单豪杰 1993 年	单豪杰 2000 年	单豪杰 2007 年	单豪杰 2015 年
青海	2.562	3.118	3.760	6.043	2.418	2.941	3.557	5.784
内蒙古	1.730	1.838	2.833	4.699	1.683	1.737	2.730	4.490
新疆	2.326	2.987	3.450	4.577	2.259	2.825	3.257	4.350
广西	1.129	1.734	2.229	4.184	1.225	1.680	2.129	3.994
贵州	2.189	2.335	2.862	3.800	1.920	2.155	2.695	3.616
云南	1.716	2.061	2.449	3.733	1.510	1.915	2.308	3.560
陕西	2.412	2.130	2.378	3.232	2.097	1.952	2.242	3.071
甘肃	1.671	1.777	2.215	3.035	1.539	1.665	2.095	2.878
四川	1.208	1.939	2.604	2.989	1.278	1.877	2.484	2.833
河南	1.553	1.986	2.603	4.486	1.473	1.881	2.482	4.276
山西	1.442	1.934	2.449	4.111	2.292	2.039	2.372	3.916
湖北	1.430	2.174	2.401	3.083	1.334	2.060	2.270	2.927
江西	1.516	1.864	2.542	2.972	1.235	1.706	2.406	2.808
湖南	1.538	1.686	1.974	2.804	1.601	1.620	1.874	2.667
安徽	1.963	1.862	2.005	2.524	1.530	1.677	1.877	2.390
吉林	1.571	1.798	2.688	4.376	1.499	1.693	2.574	4.165
辽宁	1.565	1.635	1.968	2.922	1.769	1.600	1.881	2.775
黑龙江	1.872	2.005	2.016	2.917	1.777	1.881	1.895	2.763
西部	1.656	2.060	2.628	3.703	1.595	1.952	2.499	3.524
中部	1.574	1.933	2.338	3.385	1.536	1.836	2.221	3.217
东北部	1.660	1.778	2.123	3.224	1.722	1.703	2.021	3.062
东部	1.574	1.974	2.196	2.780	1.463	1.865	2.081	2.627
全国	1.599	1.962	2.287	3.105	1.532	1.858	2.170	2.944

中西部与东北部地区资本效率都出现了较大的下降，尽管中部崛起、西部大开发与东北部振兴战略的提出在一定程度上改善了区域的基础设施、教育，但是更多的投资还是属于效率低下的投资，这也与中西部、东北部地区的产业结构转型落后，高端制造业和现代服务业发展明显不足有关。

(三) 人口老龄化与人力资本的增加

从区域角度来看，如图7-4所示，1994~2015年各个地区劳动增长率在0~2%上下波动，其中东部地区的劳动增长率最快，中部、西部、东北部地区的劳动增长率明显慢于东部地区，1997~1999年东北部地区的劳动增长率出现负增长，这与中西部、东北部地区的人口开始向发达的东部沿海城市靠拢有关，但是近年来随着东部发达地区的生活成本的提高以及中西部地区劳动者工资收入的提高，东部、中部、西部、东北部地区的劳动人口增长率开始出现一定程度的趋同。

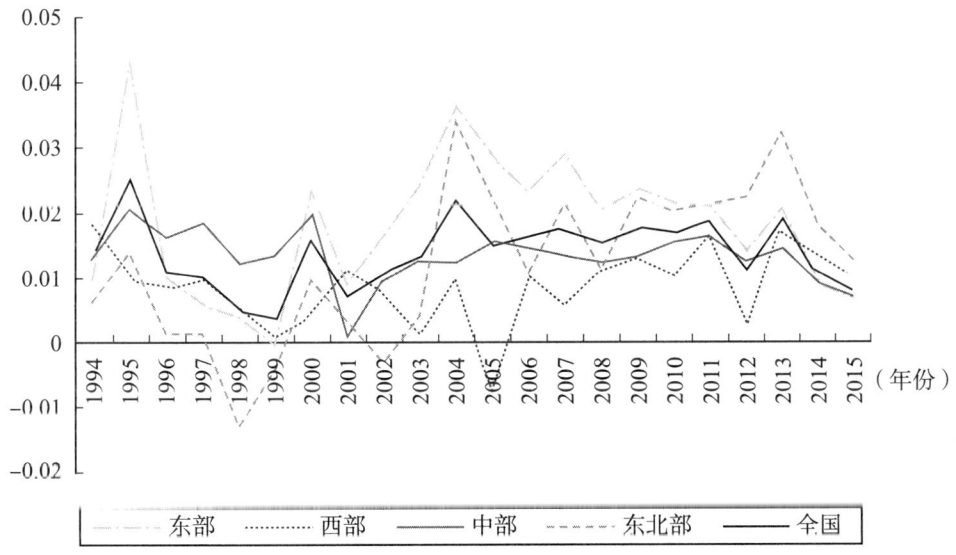

图7-4 各个区域劳动人口增长率

从区域角度来看，如图7-5所示，各个地区劳动力人均受教育年限逐年上升，上升的速度也在逐步较快，资本的效率降低明显，1993~2010年以来整体上落在6~9年的区间范围内，2011~2015年，劳动力的人均受教育年限在9~11年的区间范围内，教育的普及程度较好，其中2010年以前东北部地区劳动力的受教育年限最高，是源于过去东北部地区的国企较多，国企及干部职工的受教育年限较高，2010年以后，东北部地区人才流失严重，劳动力人均受教育年限基本没有增长，而全国、东部、中部、西部地区的劳动力人均受教育年限均保持匀速增长，西部地区劳动力的人均受教育年限较低，2015年西部地区劳动力的人均受教育年限为9.32年，中部地区劳动力的人均受教育年限为9.81年，东北部地区劳动力的人均受教育年限为9.90年，东部地区劳动力的人均受教育年限为10.41年，全国的劳动力人均受教育年限为9.93年。

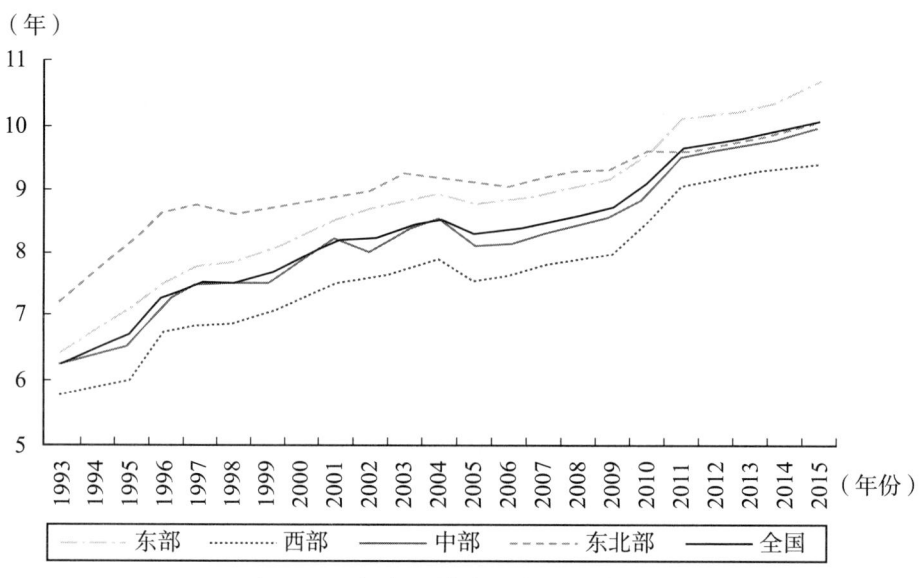

图 7-5　各个区域劳动力受教育程度

从省份的角度来看，各个省劳动力人均受教育年限逐年上升，东部省份 2015 年劳动力人均受教育年限落在 9.82~13.39 的区间范围内，其中北京、上海、天津的劳动力人均受教育年限分别为 13.39、12.58、11.77，劳动力的人均受教育程度较高，河北、福建、山东劳动力人均受教育年限分别为 9.82、10.05、10.09，劳动力的人均受教育程度相对较低，西部省份 2015 年劳动力的人均受教育年限在 8.50~10.33 的区间范围内，其中陕西、内蒙古的劳动力人均受教育年限为 10.33、10.08，劳动力的人均受教育程度较高，云南、贵州、宁夏劳动力人均受教育年限分别为 8.5、8.54、9.04，劳动力的人均受教育程度较低，中部省份 2015 年劳动力人均受教育年限在 9.08~10.6，其中山西、湖南的劳动力人均受教育年限分别为 10.6、10.23，劳动力的人均受教育程度较高，安徽、江西劳动力人均受教育年限分别为 9.08、9.57，劳动力的人均受教育程度较低，东北部省份 2015 年劳动力受教育年限落在 9.56~10.21 的区间范围内，其中黑龙江、吉林、辽宁的劳动力人均受教育年限分别为 9.56、9.86、10.21，劳动力的人均受教育程度较高（见表 7-3）。

表 7-3　各个地区劳动力的受教育程度

省份	1993 年	1996 年	1999 年	2002 年	2005 年	2008 年	2011 年	2015 年
北京	9.02	10.85	11.08	11.15	11.67	11.75	13.10	13.39
上海	8.24	10.07	10.32	10.39	10.80	11.49	11.67	12.58
天津	7.67	8.98	9.69	10.15	10.11	10.51	11.25	11.77

续表

省份	1993年	1996年	1999年	2002年	2005年	2008年	2011年	2015年
广东	6.44	7.61	8.47	9.00	9.18	9.45	10.08	10.37
浙江	6.22	7.26	7.61	8.34	8.18	8.53	9.82	10.24
海南	6.67	7.29	7.88	8.66	8.74	8.80	9.80	10.21
江苏	6.39	7.52	7.85	8.11	8.64	8.75	9.84	10.19
山东	6.02	6.91	7.34	8.70	8.19	8.63	9.93	10.09
福建	5.75	6.77	7.28	8.01	8.16	8.27	9.80	10.05
河北	6.49	7.55	8.16	8.66	8.68	8.75	9.72	9.82
陕西	7.06	8.32	8.53	9.10	9.15	9.14	10.12	10.33
内蒙古	6.49	7.66	7.82	8.34	8.75	8.64	9.97	10.08
新疆	6.36	7.92	8.63	9.04	8.82	8.92	9.69	9.85
广西	6.28	7.16	7.30	8.00	8.20	8.41	9.22	9.47
四川	5.97	6.76	7.01	7.67	7.35	7.75	9.03	9.33
青海	4.66	5.02	6.15	6.47	6.94	7.41	9.19	9.27
甘肃	5.14	5.96	6.52	6.91	6.97	7.11	8.97	9.15
宁夏	6.09	6.89	6.87	7.77	7.75	8.41	9.32	9.04
贵州	4.68	5.75	6.15	6.88	6.46	7.18	8.13	8.54
云南	4.61	5.80	5.98	6.29	6.53	6.99	8.15	8.50
山西	6.45	7.30	7.67	7.78	8.46	8.67	10.21	10.60
湖南	6.59	7.43	7.91	8.35	8.44	8.66	10.19	10.23
湖北	6.49	7.43	7.70	7.60	8.15	8.59	9.85	10.05
河南	6.38	7.40	7.55	8.68	8.40	8.62	9.31	9.78
江西	6.14	7.01	7.57	7.92	8.03	8.59	9.35	9.57
安徽	5.53	6.68	6.82	7.24	7.25	7.60	8.73	9.08
辽宁	7.27	8.66	8.83	9.02	9.27	9.45	9.83	10.21
吉林	7.43	8.61	8.79	9.13	8.98	9.17	9.67	9.86
黑龙江	7.05	8.68	8.50	8.84	9.04	9.08	9.26	9.56
东部	6.45	7.54	8.02	8.70	8.77	9.04	10.10	10.41
东北部	7.24	8.65	8.70	8.98	9.12	9.25	9.59	9.90
中部	6.26	7.23	7.52	8.02	8.12	8.44	9.52	9.81
西部	5.78	6.76	7.04	7.61	7.57	7.89	9.06	9.32
全国	6.27	7.31	7.65	8.22	8.29	8.58	9.63	9.93

考虑人力资本存量增长率时，如图7-6所示，从区域的角度来看，1994~2015年各个地区人力资本存量增长率在2%~6%上下波动，其中东部、中部、西部地区人力资本存量的增长率相近，2008~2015年，东北地区的人力资本存量增长率较低，东北部这一地区的劳动力增长较快，但劳动力的人均受教育程度增长较慢，东部、东北部地区劳动力的人均受教育程度属于较高的水平，但是增量有限，中西部地区的受教育程度虽然较低，但是增量迅猛，未来一段时间有着较大的增长潜力。

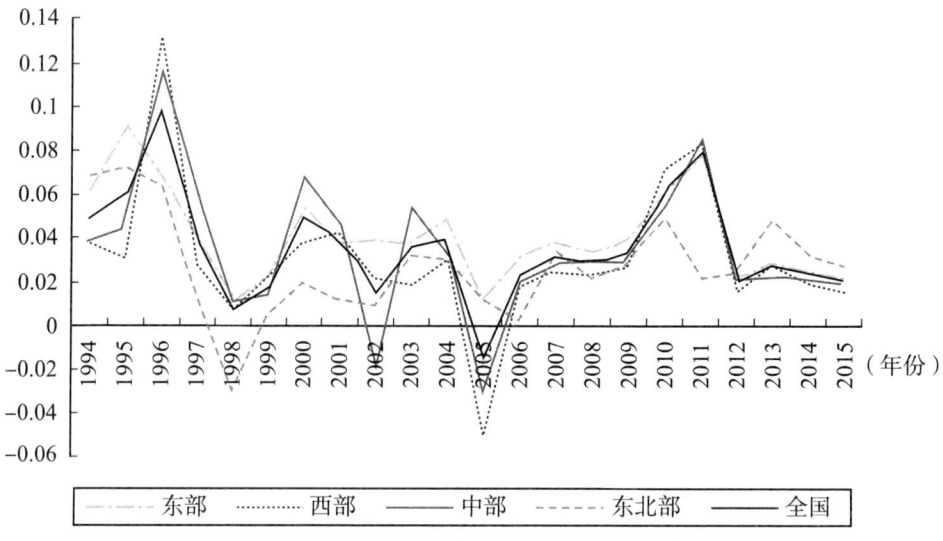

图7-6 各个区域的人力资本增长率

1996年以后每五年增长率的平均值，如表7-4所示，东部、中部地区2011~2015年的平均劳动增长率较2006~2010年的平均劳动增长率有所下降，分别从年均2.4%降至1.6%，1.4%降至1.3%，西部、东北部地区的2011~2015年平均劳动增长率较2006~2010年平均劳动增长率有所上升，分别从1.0%上升至1.3%，1.7%上升至2.4%，但是从人力资本的角度，东部地区的2011~2015年平均人力资本增长率较2006~2010年平均人力资本增长率放缓，从4.1%下降至3.9%，中部、西部、东北部地区的2011~2015年平均物质资本存量增长率较2006~2010年平均物质资本存量的增长率均有所上升，分别从3.3%上升到3.8%，3.4%上升到3.7%，2.8%上升到3.2%，人力资本的提升在一定程度上缓解了平均劳动增长率的下降。

表7-4　　各个地区平均劳动增长率与平均人力资本增长率

省份	劳动平均增长率 2000年	2005年	2010年	2015年	人力资本存量平均增长率 2000年	2005年	2010年	2015年
上海	0.009	0.034	0.024	0.062	0.038	0.042	0.033	0.091
海南	0.000	0.025	0.030	0.054	0.028	0.043	0.043	0.080
天津	-0.011	0.022	0.061	0.047	0.013	0.030	0.073	0.073
福建	0.012	0.024	0.037	0.043	0.054	0.035	0.062	0.069
北京	-0.014	0.075	0.033	0.029	0.017	0.088	0.042	0.054
河北	0.008	0.011	0.016	0.021	0.043	0.021	0.028	0.039
山东	0.009	0.014	0.019	0.008	0.041	0.023	0.040	0.036
浙江	0.008	0.026	0.033	0.005	0.025	0.038	0.057	0.034
广东	0.024	0.047	0.032	0.013	0.063	0.063	0.045	0.028
江苏	0.002	0.007	0.008	0.000	0.020	0.020	0.028	0.017
内蒙古	0.006	-0.003	0.026	0.058	0.015	0.016	0.040	0.080
新疆	0.000	0.033	0.025	0.062	0.048	0.039	0.037	0.076
青海	0.016	0.005	0.011	0.008	0.094	0.031	0.036	0.053
贵州	0.006	0.011	-0.018	0.019	0.067	0.018	0.012	0.053
云南	0.013	0.014	0.024	0.017	0.070	0.029	0.057	0.045
甘肃	0.001	-0.011	0.015	0.003	0.045	-0.002	0.045	0.039
四川	0.000	-0.005	0.005	0.009	0.039	-0.002	0.034	0.033
宁夏	0.028	0.017	0.018	0.023	0.063	0.031	0.045	0.029
陕西	0.007	0.018	0.010	-0.001	0.040	0.027	0.020	0.017
广西	0.015	0.010	0.014	-0.009	0.049	0.023	0.029	0.010
山西	-0.004	0.015	0.024	0.025	-0.009	0.032	0.042	0.063
安徽	0.015	0.012	0.020	0.019	0.059	0.017	0.048	0.043
河南	0.043	0.003	0.013	0.019	0.087	0.013	0.026	0.042
湖南	0.006	0.012	0.009	0.004	0.041	0.019	0.027	0.032
湖北	0.009	0.009	0.006	0.003	0.052	0.012	0.028	0.030
江西	-0.004	0.020	0.019	0.010	0.049	0.025	0.041	0.029
辽宁	0.003	0.007	0.018	0.025	0.016	0.016	0.029	0.036
吉林	-0.017	0.013	0.011	0.025	0.002	0.014	0.022	0.036
黑龙江	0.008	0.018	0.020	0.020	0.026	0.027	0.030	0.023

续表

省份	劳动平均增长率				人力资本存量平均增长率			
	2000 年	2005 年	2010 年	2015 年	2000 年	2005 年	2010 年	2015 年
东部	0.009	0.023	0.024	0.016	0.040	0.035	0.041	0.039
中部	0.016	0.010	0.014	0.013	0.055	0.017	0.033	0.038
西部	0.006	0.005	0.010	0.013	0.045	0.013	0.034	0.037
东北部	-0.001	0.012	0.017	0.024	0.015	0.019	0.028	0.032
全国	0.009	0.013	0.017	0.015	0.043	0.023	0.036	0.38

从上述分析可以看出，中西部地区虽然近些年处于人口的流出地，高素质的人才呈现孔雀东南飞之景，东部以及东北部地区虽然属于人口的流入地，劳动力增长速度更快，劳动者受教育的年限快速增长，人力资本增长率更高。但是资本的效率方面，东部与中西部有着较为明显的差别，一方面，东部的市场化环境更高，基础设施更好，企业的结构升级更成功，另一方面，与中西部地区的经济发展对政策的依赖较大，其内生增长的动力不足。

（四）全要素生产率大幅下滑

从图 7-7 中可以看出，自 1992 年市场化改革以来，区域的全要素生产率变化较为频繁，其中 1994~1996 年有所下降，从原来的接近 3% 的增长率下降到 1% 左右，1997~2001 年处于震荡期间，全要素增长率始终为正，在 1% 左右徘徊，自加入世界贸易组织以来，全要素生产率开始大幅提高，稳定在 2% 的增长水平，但是自 2008 年金融危机以来，全要素生产率出现了较大幅度的下滑，全要素生产率从正的 2% 的增长下降到 -2% 的增长，近几年在新常态，供给侧结构性改革下，全要素生产率开始有所上升，从 -2% 的增长率回升至 -1% 的增长水平，其中东北部地区的全要素生产率近年来则呈现较大幅度的下滑，可能与该地区经济结构有关。

1996 年后每五年的增长率取平均值，如表 7-5 所示，西部、东部地区 2011~2015 年的平均全要素增长率较 2006~2010 年有所下降，分别从 0.5% 降至 -1.1%，0.5% 降至 -1.2%。中部、东北部地区的 2006~2010 年及 2010~2015 年的平均全要素增长率处于负增长，分别从 -0.2% 下降至 -1.3%，-1.6% 下降至 -2.1%。各个区域 1996~2000 年以及 2001~2005 年平均全要素增长率处于较高的增长区间，其中东部 2001~2005 年平均全要素增长率为 1.9%，西部、中部、东北部的平均全要素增长率为 1.7%、2.4%、1.5%。各个地区来看，其 1996~

2005 年的平均全要素增长率处于较高的水平,2006~2015 年的平均全要素生产率处于较低的水平。其中海南、天津、新疆、内蒙古、青海、辽宁、黑龙江近五年的平均全要素增长率下降最快,分别为 -4.4%、-3.6%、-3.2%、-3.6%、-3.9%、-2.6%、-3.2%。

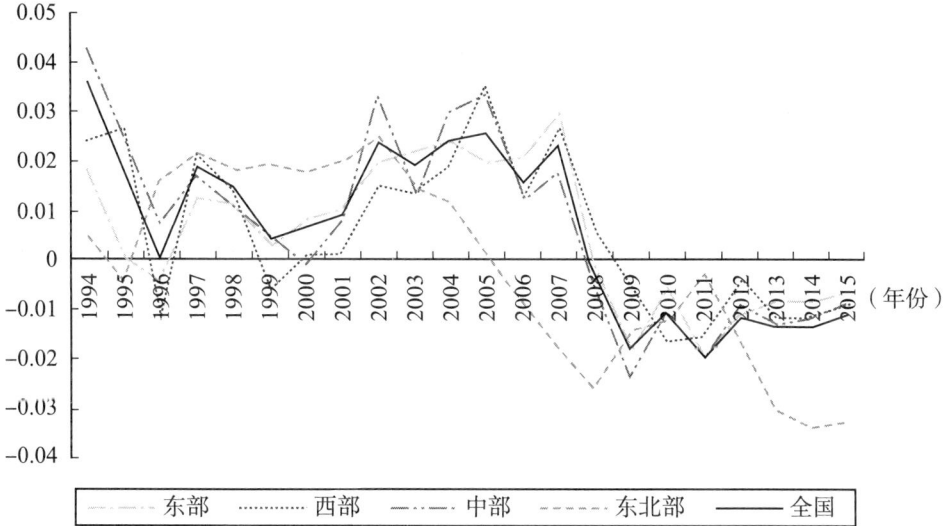

图 7-7 单豪杰物质资本存量测算下各个区域的全要素增长率

表 7-5 不同物质资本存量测算下各个地区的平均全要素增长率

省份	张军				单豪杰			
	2000 年	2005 年	2010 年	2015 年	2000 年	2005 年	2010 年	2015 年
上海	-0.005	0.016	0.006	0.004	-0.003	0.028	0.012	0.005
浙江	0.002	0.001	0.007	0.001	0.006	0.011	0.011	0.002
江苏	0.004	0.004	0.003	-0.005	0.009	0.014	0.006	-0.005
山东	0.005	0.008	0.000	-0.007	0.010	0.018	0.004	-0.006
福建	0.004	0.010	-0.002	-0.010	0.008	0.021	0.001	-0.010
河北	-0.004	0.017	-0.003	-0.017	0.000	0.027	0.001	-0.016
广东	-0.001	0.012	0.002	-0.018	0.002	0.022	0.007	-0.017
北京	0.014	-0.001	0.007	-0.021	0.016	0.008	0.016	-0.017
海南	0.027	0.021	0.000	-0.033	0.037	0.034	-0.001	-0.044
天津	0.023	0.020	-0.020	-0.036	0.029	0.030	-0.017	-0.036
四川	-0.031	0.005	0.020	0.014	-0.024	0.014	0.022	0.013

续表

省份	张军 2000年	张军 2005年	张军 2010年	张军 2015年	单豪杰 2000年	单豪杰 2005年	单豪杰 2010年	单豪杰 2015年
广西	-0.004	0.020	-0.008	-0.001	0.005	0.030	-0.008	-0.002
甘肃	0.011	0.010	-0.012	-0.008	0.014	0.020	-0.008	-0.007
宁夏	0.024	0.000	-0.006	-0.012	0.028	0.010	-0.002	-0.011
陕西	0.036	0.005	-0.012	-0.020	0.036	0.014	-0.007	-0.016
贵州	0.001	-0.010	0.014	-0.019	0.001	-0.003	0.020	-0.017
云南	-0.001	0.012	-0.001	-0.019	0.001	0.022	0.003	-0.018
新疆	0.002	0.004	0.009	-0.029	0.008	0.014	0.013	-0.032
内蒙古	0.042	0.010	-0.017	-0.038	0.049	0.018	-0.013	-0.036
青海	0.000	0.009	0.021	-0.038	0.003	0.019	0.025	-0.039
江西	0.009	-0.004	0.007	0.010	0.008	0.007	0.014	0.014
湖北	-0.021	0.014	0.014	-0.011	-0.017	0.025	0.018	-0.011
安徽	0.016	0.007	-0.007	-0.020	0.011	0.018	0.000	-0.015
河南	-0.008	0.025	-0.011	-0.016	-0.004	0.035	-0.008	-0.015
湖南	0.013	0.005	0.000	-0.018	0.022	0.015	0.001	-0.019
山西	0.018	0.022	-0.022	-0.024	0.031	0.031	-0.021	-0.030
吉林	0.030	0.012	-0.027	-0.006	0.021	0.011	-0.028	-0.005
辽宁	0.020	0.011	-0.014	-0.024	0.031	0.011	-0.011	-0.026
黑龙江	0.002	0.020	-0.013	-0.032	0.003	0.020	-0.014	-0.032
西部	-0.001	0.007	0.002	-0.011	0.004	0.017	0.005	-0.011
东部	0.002	0.009	0.001	-0.013	0.006	0.019	0.005	-0.012
中部	0.002	0.014	-0.005	-0.013	0.008	0.024	-0.002	-0.013
东北部	0.017	0.014	-0.018	-0.021	0.019	0.015	-0.016	-0.021
全国	0.004	0.011	-0.002	-0.015	0.009	0.020	0.001	-0.014

1992年市场化改革以来，投资增速加快、人口红利的释放及人力资本的积累、全要素生产率的增长使得我国各个区域的经济高速增长，然而经济高速增长的背后是政府主导的大量投资导致各个地区投资效率低下，中、西部地区较为明显，计划生育带来的人口老龄化及劳动力增长的放缓，东北部、东部地区较为明显，主要依靠吸收中西部的劳动力。自2008年金融危机以来，我国各个区域经济增速开始出现下行，城市化以及工业化后期，各个区域的投资增速开始放缓，

经济增长的模式开始发生改变,经济结构也开始发生转变,由投资拉动经济增长模式更多地转向人力资本、创新带动经济增长,要素弹性开始出现逆转。

三、基于状态空间模型的时变弹性测算

传统的 Cobb–Douglas 生产函数估计的资本和劳动力产出弹性,反映的是整个时期的平均水平,但是自改革开放以来,我国的经济结构在不断地发生变化,人均收入得到提升,要素产出弹性逆转现象较为明显,因此本节将基于时变弹性的生产函数进行潜在产出的测算与分析。

现代计量经济学的发展,使得估计不同时期变参数模型成为可能,高宇明(2008)运用卡尔曼滤波的方法对时变产出弹性进行估算,章上峰(2009)运用非参计量的方法对时变产出弹性进行估算,验证了我国要素产出弹性逆转的现象。可变参数模型中,状态空间模型能将不可观测的状态变量加入到可观测的量测方程中,能较好地刻画状态变量的变化规律,此外状态空间模型是采用卡尔曼滤波迭代算法,得到 t 信息计算状态向量的一种最理想的递推过程,并连续地对状态向量进行修正,估计结果将更加准确,可以充分反映状态向量的变化特征。

$$Y_{t,j} = A_{t,j} K_{t,j}^{\alpha_t} (H_{t,j} L_{t,j})^{1-\alpha_t} \tag{7.4}$$

上式进一步写成:

$$y_{t,j} = A_{t,j} k_{t,j}^{\alpha_t} \tag{7.5}$$

其中,$y_{t,j} = \dfrac{Y_{t,j}}{H_{t,j}L_{t,j}}$ 表示效率劳动力下的人均产出,$k_{t,j} = \dfrac{K_{t,j}}{H_{t,j}L_{t,j}}$,表示效率劳动力下的人均资本存量。

对式(7.5)两边同时取对数,得到如下估算方程:

$$\ln y_{t,j} = \ln A_{t,j} + \alpha_t \ln k_{t,j} \tag{7.6}$$

测量方程:
$$\ln y_{t,j} = C_t + a_t \ln k_{t,j} + \varepsilon_t \tag{7.7}$$

状态方程:
$$\alpha_t = \alpha_{t-1} + \varepsilon_{1t} \tag{7.8}$$

可变参数模型中,状态空间模型能将不可观测的状态变量加入到可观测的量测方程中,能较好地刻画状态变量的变化规律,此外状态空间模型采用卡尔曼滤波迭代算法,是依据 t 期所得到的信息计算状态向量的一种最理想的递推过程,对状态向量连续地修正,因此估计更为准确,更能充分反映状态向量的变化特征。

(一)模型的初步结果

对前面设定的状态空间模型两个方程式(7.7)、式(7.8)进行卡尔曼滤波估算,估算结果见图 7-8,是基于单豪杰物质资本存量测算的各个地区的资本

产出弹性变化，整体上看，模型拟合的结果较好，要素产出弹性的逆转现象较为明显，山西资本产出弹性从 0.757 下降到 0.296，新疆资本产出弹性从 0.67 下降到 0.317，资本产出弹性下滑较快，其他省份的资本产出弹性平均从 0.71 下降到 0.56，人力资本的要素弹性占比有所上升。

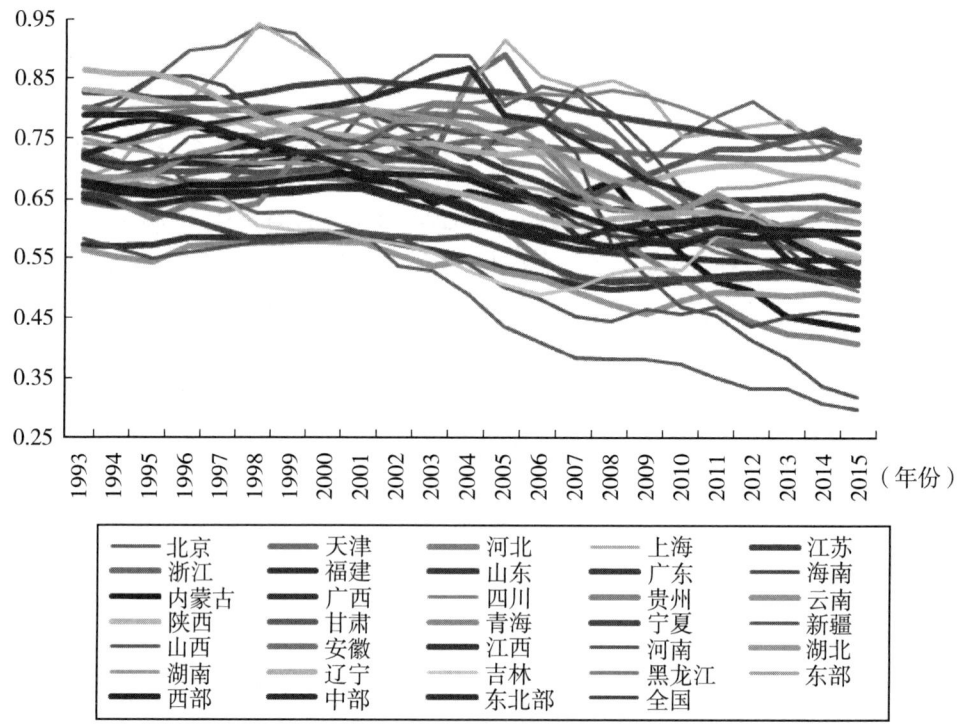

图 7-8 各个地区的时变资本产出弹性

（二）模型检验

表 7-6 为时变参数状态空间模型的检验结果，系数最终状态的均方误差较小，t 值较大，统计结果显著。

表 7-6 时变弹性的模型检验

省份	系数初始状态	系数最终状态	均方误	t 值
北京	0.765	0.748	0.004	65.576
天津	0.726	0.586	0.001	35.637
河北	0.641	0.521	0.004	21.609
上海	0.682	0.723	0.006	62.404

续表

省份	系数初始状态	系数最终状态	均方误	t值
江苏	0.824	0.756	0.005	13.128
浙江	0.653	0.715	0.003	11.606
福建	0.648	0.545	0.006	19.736
山东	0.714	0.654	0.005	17.701
广东	0.679	0.510	0.002	22.520
海南	0.795	0.517	0.001	48.108
内蒙古	0.758	0.440	0.001	27.568
广西	0.570	0.526	0.010	15.621
四川	0.694	0.737	0.001	16.555
贵州	0.689	0.624	0.048	19.840
云南	0.561	0.489	0.013	18.853
陕西	0.828	0.684	0.000	12.451
甘肃	0.718	0.763	0.034	21.984
青海	0.668	0.416	0.008	46.926
宁夏	0.656	0.513	0.006	19.180
新疆	0.670	0.335	0.001	51.715
山西	0.757	0.306	0.005	37.474
安徽	0.798	0.564	0.052	17.150
江西	0.721	0.528	0.019	30.645
河南	0.580	0.459	0.000	17.799
湖北	0.682	0.633	0.000	18.666
湖南	0.748	0.687	0.012	12.880
辽宁	0.862	0.562	0.006	25.200
吉林	0.660	0.566	0.001	24.380
黑龙江	0.800	0.513	0.006	23.400
东部	0.739	0.615	0.002	21.200
西部	0.675	0.593	0.002	12.660
中部	0.668	0.590	0.003	11.500
东北部	0.787	0.548	0.005	21.090
全国	0.714	0.590	0.002	14.930

(三) 时变弹性的具体结果

各个区域的时变资本产出弹性估算结果，如图7-9所示，从区域角度看，1993~2001年，市场经济改革以来，东部、中部、西部、全国的资本产出弹性均呈现一定程度的上升，其中东部的资本产出弹性在0.7~0.8的范围内，中西部的资本产出弹性在0.65~0.7的范围内，全国的资本产出弹性落在0.7~0.75的范围内。加入世界贸易组织以来，随着投资的进一步加大，以及西部大开发、中部崛起战略的推进，资本的效率开始逐步下降，2002~2008年，资本产出弹性出现了明显的下滑，资本的产出弹性落在0.6上下。近些年，伴随着经济新常态，政府开始着力转变经济发展方式，资本产出弹性开始呈现较为稳定的状态，波动的幅度大大减小，东北部地区的资本产出弹性下降尤为严重。东部、西部、中部、东北部、全国地区2015年的资本产出弹性分别为0.615、0.593、0.590、0.548、0.590，人力资本要素份额加大。尽管各个区域均呈现较为明显的要素弹性逆转现象，但其原因并不相同，东部区域更多的是由人力资本提升带来的主动型的要素弹性逆转，逆转现象相对较为缓慢，而中西部、东北部区域则更多是投资过快带来的效率下降所引起的被动型的要素弹性逆转，逆转现象相对更快。

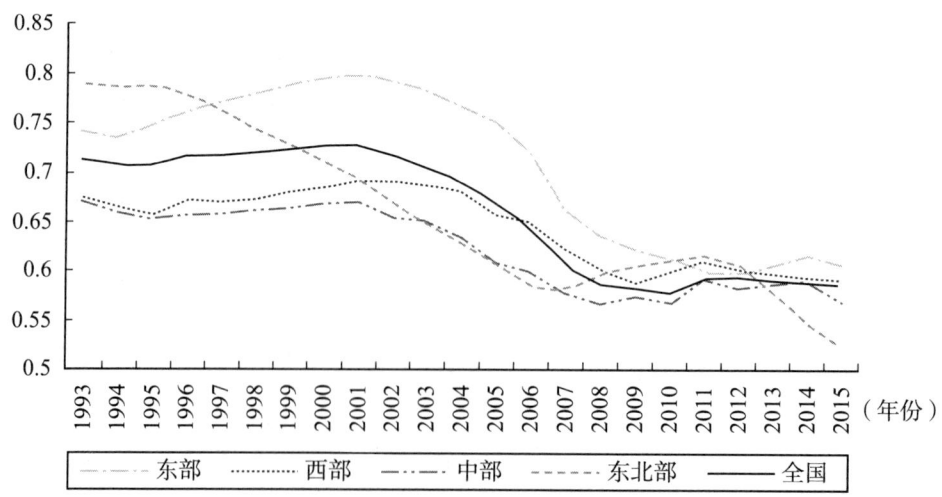

图7-9 各个区域的时变资本产出弹性

各地区的时变资本产出弹性估算结果，如表7-7所示，东部省份2015年的资本产出弹性落在0.510~0.756的范围内，其中江苏、北京、上海的资本产出弹性为0.756、0.748、0.723，资本转化效率较高，广东、海南、河北的资本产出弹性为 0.510、0.517、0.521，资本转化效率较低，西部地区 2015 年的资本产出弹性在 0.335~0.756，其中甘肃、四川、陕西的资本产出弹性为 0.763、0.737、0.684，资本转化效率较高，新疆、青海、内蒙古的资本产出弹性为 0.335、0.416、0.440，资本的产出效率较低，中部省份的资本产出弹性落在 0.306~0.687 的范围内，其中湖南、湖北的资本产出弹性为 0.687、0.633，山西、河南的资本产出弹性为 0.306、0.459，资本的产出弹性较低。东北部地区的资本产出弹性落在 0.513~0.566 的区间范围内，其中吉林、辽宁、黑龙江的资本产出弹性为 0.566、0.562、0.513。

表 7-7 各个地区的时变资本产出弹性

省份	1993 年	1996 年	1999 年	2002 年	2005 年	2008 年	2011 年	2015 年
江苏	0.824	0.814	0.835	0.838	0.824	0.785	0.757	0.756
北京	0.765	0.895	0.923	0.851	0.801	0.770	0.787	0.748
上海	0.682	0.811	0.907	0.724	0.913	0.845	0.759	0.723
浙江	0.653	0.666	0.688	0.722	0.740	0.726	0.715	0.715
山东	0.714	0.706	0.713	0.748	0.696	0.632	0.644	0.654
天津	0.726	0.667	0.725	0.712	0.889	0.742	0.631	0.586
福建	0.648	0.645	0.657	0.646	0.594	0.558	0.545	0.545
河北	0.641	0.648	0.682	0.671	0.593	0.512	0.519	0.521
海南	0.795	0.850	0.757	0.770	0.756	0.790	0.640	0.517
广东	0.679	0.716	0.748	0.738	0.682	0.559	0.576	0.510
甘肃	0.718	0.691	0.694	0.713	0.664	0.670	0.731	0.763
四川	0.694	0.686	0.747	0.794	0.814	0.828	0.778	0.737
陕西	0.828	0.801	0.758	0.739	0.721	0.675	0.702	0.684
贵州	0.689	0.676	0.684	0.747	0.710	0.650	0.581	0.624
广西	0.570	0.582	0.583	0.572	0.532	0.496	0.519	0.526
宁夏	0.656	0.611	0.580	0.583	0.563	0.509	0.514	0.513
云南	0.561	0.567	0.575	0.553	0.525	0.472	0.493	0.489
内蒙古	0.758	0.771	0.719	0.673	0.646	0.677	0.510	0.440
青海	0.668	0.637	0.713	0.773	0.776	0.591	0.475	0.416
新疆	0.670	0.748	0.771	0.771	0.759	0.572	0.452	0.335

续表

省份	1993年	1996年	1999年	2002年	2005年	2008年	2011年	2015年
湖南	0.748	0.717	0.707	0.699	0.672	0.631	0.665	0.687
湖北	0.682	0.721	0.768	0.779	0.745	0.683	0.655	0.633
安徽	0.798	0.792	0.794	0.787	0.776	0.743	0.571	0.564
江西	0.721	0.768	0.794	0.831	0.786	0.716	0.633	0.528
河南	0.580	0.558	0.576	0.583	0.501	0.443	0.467	0.459
山西	0.757	0.669	0.624	0.535	0.436	0.380	0.349	0.306
吉林	0.660	0.665	0.594	0.571	0.503	0.523	0.586	0.566
辽宁	0.862	0.838	0.762	0.684	0.637	0.613	0.628	0.562
黑龙江	0.800	0.800	0.797	0.747	0.664	0.600	0.559	0.513
东部	0.739	0.762	0.789	0.792	0.750	0.633	0.601	0.615
西部	0.675	0.670	0.680	0.689	0.657	0.601	0.611	0.593
中部	0.668	0.656	0.662	0.654	0.609	0.567	0.592	0.590
东北部	0.787	0.778	0.727	0.669	0.606	0.597	0.616	0.548
全国	0.714	0.716	0.723	0.715	0.665	0.585	0.594	0.590

第三节 GDP增长贡献率的分解

在上述时变弹性模型所得到的产出弹性的基础上，计算出全要素生产率的增长率，然后按照生产函数的分解将各个部分的增长率乘以其要素产出弹性除以总的增长率得到其增长贡献率，计算公式为：

$$E_{K_t} = \frac{\alpha_t \frac{\Delta K_t}{K_t}}{\frac{\Delta Y_t}{Y_t}} \times 100\% \tag{7.9}$$

$$E_{HL_t} = \frac{(1-\alpha_t) \times \frac{\Delta HL_t}{HL_t}}{\frac{\Delta Y_t}{Y_t}} \times 100\% \tag{7.10}$$

$$E_{A_t} = 100\% - E_{K_t} - E_{L_t} \tag{7.11}$$

表 7-8 为各个地区的经济增长贡献率，从区域的角度看，进一步观察自 2000 年开始，每五年增长贡献率的平均值，东部地区人力资本的增长贡献率从 2000~2005 年的 6.2% 上升到 2006~2010 年的 11.4%，再到 2011~2015 年的 16.5%，稳步上升，事实上中部、西部、东北部的人力资本增长率对经济的贡献率的上升趋势也基本相当，分别由 5.4%~10.6% 再到 14.9%，3.7% 到 9.5% 再到 12.8%，6.2% 到 8.3% 再到 14.1%。2005~2015 年，资本增长率对经济的增长率则稳定在 70%~80%，全要素生产率则稳定在 5%~15%，资本增长率对经济增长贡献率上升时，全要素生产率的贡献率则下降，2001~2005 年到 2006~2010 年间，东部地区的资本的增长贡献率从 80.4% 下降到 72% 时，全要素生产率的贡献率从 13.4% 上升到 16.6%，2006~2010 年到 2011~2015 年间东部地区资本的增长贡献率从 72% 上升到 76.3% 时，全要素生产率的增长贡献率从 16.6% 下降到 7.3%，体现出一种资本与技术进步相互替代的关系。

表 7-8　　　　各个地区的经济增长贡献率的分解

省份	资本的增长贡献率			人力资本的增长贡献率			全要素生产率的增长贡献率		
	2005 年	2010 年	2015 年	2005 年	2010 年	2015 年	2005 年	2010 年	2015 年
江苏	87.8	83.4	85.8	2.6	4.3	4.3	9.6	12.2	9.8
天津	69	86.6	81.9	4.8	12.4	21.7	26.2	1	-3.6
浙江	90.1	76.5	81.5	7.9	13	11.7	2	10.4	6.8
北京	82.2	69.3	80.2	11.2	8.3	19.1	6.6	22.4	0.7
山东	82.3	74.9	79.9	4.8	10.9	12.8	12.9	14.3	7.2
广东	69	65.2	77.5	13.7	15.2	14.9	17.4	19.6	7.5
海南	54.7	82.6	77.4	10.6	7.9	33.7	34.7	9.6	-11.1
河北	69	68.9	76.2	6.7	11.5	20.9	24.2	19.6	2.9
福建	69.8	68.9	68.5	11.9	20.2	28.1	18.3	10.9	3.4
上海	66.1	74.5	61.3	6.9	5.4	29	27	20.1	9.7
甘肃	84.3	88.2	93.5	-0.5	13.1	9.1	6.2	-1.4	-2.6
陕西	76	83	88	6.1	4.2	4.4	17.9	12.7	7.6
广西	62.9	82.5	83.4	9.5	10.4	4.3	27.6	7.2	12.3
宁夏	79.2	72.9	80.2	11.9	17.1	13.7	8.8	10.1	6.1
四川	105.7	86.1	79.8	-0.4	4.4	7	-5.3	9.5	13.2

续表

省份	资本的增长贡献率			人力资本的增长贡献率			全要素生产率的增长贡献率		
	2005 年	2010 年	2015 年	2005 年	2010 年	2015 年	2005 年	2010 年	2015 年
青海	94.9	64.4	79.8	5.7	10.8	26.2	-0.6	24.8	-6
贵州	98.2	68.3	78.3	4.6	3.4	16.5	-2.8	28.3	5.2
云南	62.4	60.7	77.5	14.6	25	19.5	23	14.3	3
内蒙古	83.1	82.6	73	3.2	8.5	39.5	13.7	8.9	-12.4
新疆	83.4	64.7	58.1	9.5	13.6	40.8	7.1	21.7	1.1
湖南	75.2	76.4	93	5.9	7.1	9.5	18.9	16.5	-2.5
湖北	79.7	72.1	83.8	2.7	6.3	9.5	17.6	21.6	6.6
河南	62.5	74.4	70.6	5	11.1	23.1	32.5	14.5	6.3
安徽	80.8	80.5	70.2	3.4	9.8	16.4	15.8	9.7	13.3
江西	88.4	81.9	62.4	3.7	8.7	11.4	7.8	9.4	26.2
山西	50.7	61.4	49.8	11.7	23.2	45.6	37.6	15.4	4.6
辽宁	69.1	82	86.6	4.8	8.1	16.2	26.1	9.9	-2.8
黑龙江	60.1	74.8	82.2	7.2	9.7	11.8	32.7	15.5	6
吉林	66.5	70.5	78.6	6	7.2	14.4	27.5	22.4	7
东北部	65	84.5	84.9	6.2	8.3	14.1	28.8	7.3	1
西部	82.4	75.4	80.8	3.7	9.5	12.8	13.9	15.1	6.4
中部	70.6	75.5	80.6	5.4	10.6	14.9	24	13.9	4.5
东部	80.4	72	76.3	6.2	11.4	16.5	13.4	16.6	7.3
全国	77.6	74.3	77.5	7	12.8	18.9	15.4	13	3.6

本节进一步将人力资本增长贡献率进行分解为劳动增长的贡献率与教育增长的贡献率，计算公式为：

$$E_{L_t} = \frac{(1-\alpha_t) \times \frac{\Delta L_t}{L_t}}{\frac{\Delta Y_t}{Y_t}} \times 100\% \qquad (7.12)$$

$$E_{H_t} = E_{HL_t} - E_{L_t} \qquad (7.13)$$

进一步观察自 2000 年开始，每五年增长贡献率的平均值，东部地区 2010~2015 年人力资本增长贡献率为 16.5%，其中劳动力增长贡献率为 9.6%，教育增长贡献率为 6.9%，教育的增长贡献率占人力资本增长贡献率的 42%，低于劳动力增长贡献率的占比，西部、中部、全国也是这种情况，表明当前劳动力增长贡献率依旧是经济增长贡献率较大的一部分，教育增长贡献率有待提高（见表 7-9）。

表 7-9　　各个地区的人力资本增长贡献率的分解

省份	人力资本增长贡献率 2005 年	2010 年	2015 年	劳动率增长贡献率 2005 年	2010 年	2015 年	教育增长贡献率 2005 年	2010 年	2015 年
北京	11.2	8.3	19.1	1.7	1.8	8.8	9.5	6.5	10.2
天津	4.8	12.4	21.7	1.3	2.0	7.6	3.5	10.4	14.1
河北	6.7	11.5	20.9	3.4	4.8	9.5	3.3	6.6	11.4
上海	6.9	5.4	29.0	1.4	1.5	9.3	5.5	3.9	9.7
江苏	2.6	4.3	4.3	1.7	3.2	4.3	0.9	1.2	0.1
浙江	7.9	13.0	11.7	2.5	5.5	9.9	5.4	7.5	1.9
福建	11.9	20.2	28.1	3.7	8.2	10.4	8.3	12.0	17.7
山东	4.8	10.9	12.8	1.8	5.8	10.0	2.9	5.0	2.9
广东	13.7	15.2	14.9	3.4	4.5	8.0	10.3	10.7	7.0
海南	10.6	7.9	33.7	4.3	2.4	10.7	6.2	5.5	23.0
内蒙古	3.2	8.5	39.5	3.8	2.9	10.7	-0.6	5.6	28.8
广西	9.5	10.4	4.3	5.2	5.3	8.4	4.3	5.1	-4.1
四川	-0.4	4.4	7.0	0.5	3.8	5.2	0.9	0.6	1.8
贵州	4.6	3.4	16.5	1.9	8.6	10.5	2.7	-5.2	6.0
云南	14.6	25.0	19.5	7.5	14.6	12.0	7.1	10.3	7.6
陕西	6.1	4.2	4.4	2.0	2.2	4.6	4.0	2.0	-0.2
甘肃	-0.5	13.1	9.1	2.6	8.7	8.3	-3.1	4.5	0.8
青海	5.7	10.8	26.2	4.8	7.5	22.4	0.9	3.3	3.8
宁夏	11.9	17.1	13.7	5.5	10.3	2.8	6.5	6.7	10.8
新疆	9.5	13.6	40.8	1.5	4.5	7.7	8.0	9.1	33.1
山西	11.7	23.2	45.6	6.1	10.0	27.2	5.6	13.1	18.3
安徽	3.4	9.8	16.4	0.9	5.7	9.2	2.5	4.1	7.2
江西	3.7	8.7	11.4	0.8	4.7	7.4	3.0	4.1	4.0
河南	5.0	11.1	23.1	3.7	5.5	12.6	1.3	5.5	10.6
湖北	2.7	6.3	9.5	0.8	5.0	8.6	2.0	1.4	0.9
湖南	5.9	7.1	9.5	2.2	4.7	8.4	3.7	2.4	1.1

续表

省份	人力资本增长贡献率			劳动率增长贡献率			教育增长贡献率		
	2005 年	2010 年	2015 年	2005 年	2010 年	2015 年	2005 年	2010 年	2015 年
辽宁	4.8	8.1	16.2	2.8	3.1	4.8	2.0	5.0	11.3
吉林	6.0	7.2	14.4	0.7	3.4	4.4	5.3	3.7	10.0
黑龙江	7.2	9.8	11.8	2.4	3.1	1.4	4.8	6.6	10.4
东部	6.2	11.4	16.5	2.2	4.9	9.6	4.0	6.6	6.9
西部	3.7	9.5	12.8	2.4	6.6	8.4	1.3	2.8	4.4
中部	5.4	10.6	14.9	2.1	6.1	9.8	3.3	4.4	5.1
东北部	6.2	8.3	14.1	2.4	3.1	3.6	3.8	5.1	10.5
全国	7.0	12.8	18.9	2.9	6.8	11.4	4.1	6.0	7.5

第四节 区域潜在增长率测算与产出缺口的分析

依据前面一节得到的生产函数，本节采用类似 OECD（2005）的方法估算潜在增长速度，估计出资本和劳动力的弹性，剩余部分作为全要素生产率，对全要素生产率继续 HP 滤波，得到平滑值，代入生产函数方程。

$$\ln Y_{t,j} = \alpha_t \ln K_{t,j} + (1 - \alpha_t) \ln H_{t,j} hpL_{t,j} + hpTFP_{t,j} \qquad (7.14)$$

其具体步骤为（1）将实际产出与拟合产出相减，得到残差项，即索罗余量下的技术进步；（2）对索罗余量进行 HP 滤波，得到趋势项，视作潜在的技术水平；（3）考虑到地区失业数据的缺乏，根据经济活动人口与适龄劳动人口计算劳动参与率，再分别对适龄劳动人口和劳动参与率进行 HP 滤波分析，得到其趋势项，将其相乘，得到潜在就业人员；（4）人力资本与物质资本保持不变；（5）代入生产函数计算潜在产出。

本节测算得到时变参数下的产出缺口，为进行比较，加入了常用的直接用 HP 滤波方法处理后的产出缺口，从图 7-10 中可以看出 HP 滤波测算方法下，各个地区（东部、中部、西部、东北部、全国）产出缺口大体走向相似，1993 年市场改革、2002 年加入世界贸易组织以来，经济处于过热状态，2008 年金融危机以来，经济处于过冷状态。其中 HP 滤波测算的产出缺口变动较大，在 -5% ~ +15% 的区间范围内。

时变弹性测算产出缺口较 HP 滤波所测算的更小，如图 7-11 所示，且各区域存在较大的差异，1996~1999 年，亚洲金融危机期间，经济增长率放缓，产出缺口为负，经济整体呈现过冷状态；2002年我国加入世界贸易组织，经济的整体发展速度加快，产出缺口为正，我国经济整体呈现过热状态，西部大开发、中部崛起使得西部、中部地区的经济相对其他地区处于过热的状态；2011年之后，经济过热的状况得到一定程度的改善，产出缺口在0左右徘徊，潜在增长率开始接近实际增长率，这也是我国经济新常态下的转型结果。

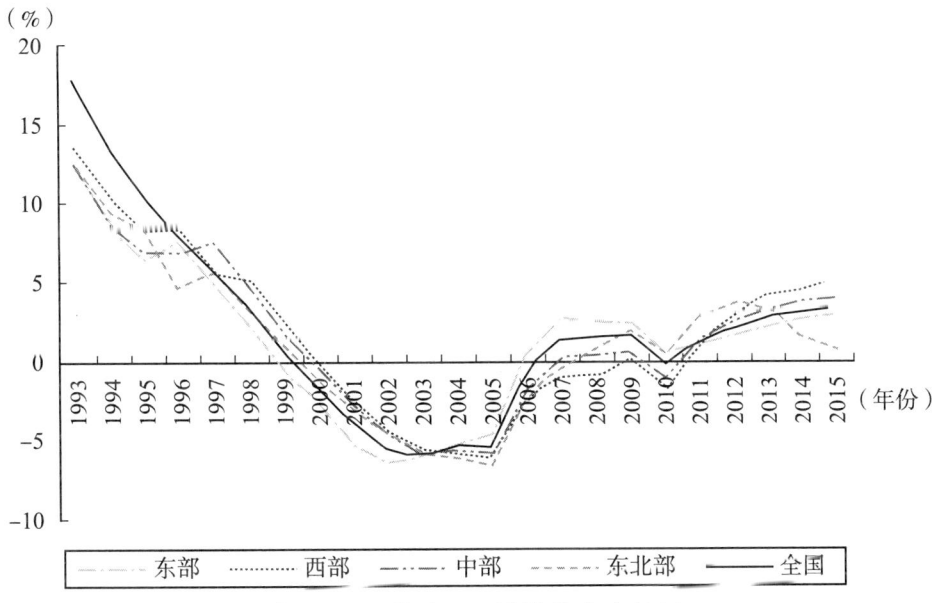

图7-10 基于HP滤波的产出缺口

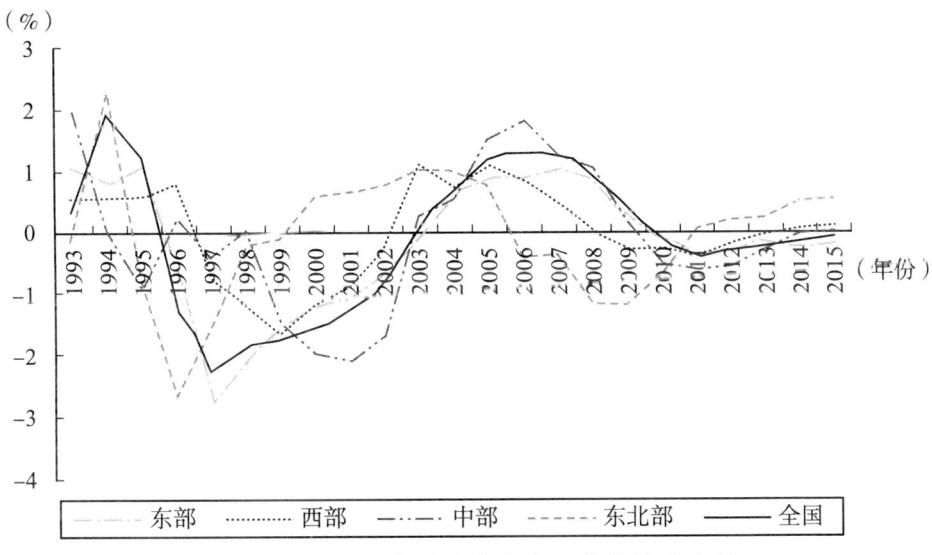

图7-11 基于时变弹性的生产函数法的产出缺口

第五节 关键变量的预测

一、区域资本存量预测

尽管要素弹性逆转现象在我国正在发生,投资驱动的资本效率低下的模式正在向人力资本驱动经济增长的模式转变,但是资本对经济的增长贡献率依然是占比最大的,其对经济增长的效果最为明显,这与投资一方面作为需求增加内需,一方面又作为供给生产产品有关。

谢晶晶、罗乐毅(2005)在1985~2001年面板数据的基础上分析城市化进程中城市化率与固定资产投资的关系时,发现城市化促进投资需求。刘艺容(2006)用向量自回归的方法研究1978~2000年消费率与城市化率关系时发现,在我国城市化率加速期间,消费率在缓慢下降,投资率在缓慢上升。陈昌兵(2010)在研究城市化与投资率和消费率间的关系时,将城市化发展作为城市化规模阶段和城市化市民化阶段,发现规模化阶段投资随着城市化率的增加而增加,市民化阶段投资随着城市化率的增加而减少,存在一种倒U形关系,并通过世界各国和我国各省市面板数据模型进行了实证,发现世界各国以及我国的投资率与城市化率均存在倒U形关系。考虑到资本存量增长率与投资增长率的正相关关系,资本存量增长率与城市化率存在倒U形关系,本书在借用该模型的基础上用各个地区的城市化率预测未来一段时间的资本存量增长率,将经济结构内生于对未来一段时期资本存量增长率的预测。为避免资本存量增长率与城市化率的内生性问题,本书将加入滞后一期的城市化率来预测资本存量。

(一)模型构建

根据上面的分析,建立如下回归方程:

$$Capth_{it} = \alpha_0 + \beta_0 city_{it-1} + \beta_1 citysq_{it-1} + \beta_2 x_{it-1} + \varepsilon_{it} \quad (7.15)$$

$Capth_{it}$为i地区资本存量增长率,$city_{it}$为i地区的城市化水平,为城镇人口占总人口的比重,x_{it}参照陈昌兵的处理方式,选取工业比重,为工业产值占GDP的比重,数据来源于国家统计局。考虑到各个区域之间经济结构具有一定的相似性,将按照四个区域以及全国视角分别进行面板模型的回归,从而得到各个地区资本存量增长率与城市化率的系数平均效应,再参照各个地区未来的发展规划外推未来城市化水平以及其工业产值从而预测该地区的未来实际资本存量增长率。

资本存量增长率：资本存量选取第三章中所测算的单豪杰的物质资本存量，取其变化率。城市化率：城镇人口占总人口比重，1993～2000 年为周一星（2006）的修订值，2005～2014 年为统计局数据，2001～2004 年根据联合国法利用 2000 年和 2005 年数据修订得到，重庆合并到四川里面计算。工业比重：为第二产业工业增加值占 GDP 比重。

从区域的角度来看，如图 7-12 所示，1993～2001 年，二产占比开始呈缓慢下降趋势，各个地区差异巨大，东北部地区从 1993 年的 45.7% 下降到 41.6%，东部地区从 1993 年的 41.6% 下降到 2001 年的 38.7%，中部地区从 1993 年的 37% 下降到 2001 年的 34.5%，西部地区从 1993 年的 34% 下降到 31.4%，其中东北部、东部地区的二产占比始终高于其他区域，率先从第一产业农业为主的经济状况进入第二产业城市工业化，2001～2007 年，自加入世界贸易组织以来，各个区域的工业化程度进一步加深，整体都呈现较快的上升趋势，达到 42% 上下，2008 年金融危机下，二产占比开始出现短暂的下降再上升后从 2011 年开始持续下降，各个地区开始由二产转向三产，此时中西部地区的二产占比高于东部地区。

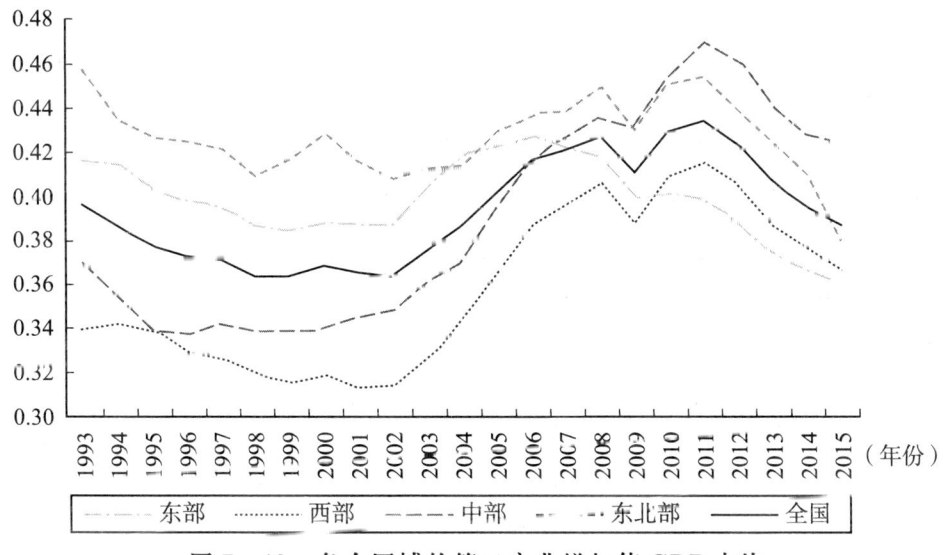

图 7-12　各个区域的第二产业增加值 GDP 占比

从区域的角度来看，如图 7-13 所示，市场化改革的二十年来，东部、东北部地区的城市化进程明显高于中西部地区，城市化的聚集更快，东部、东北部地区的城市化率一直处于 45% 以上，而中西部地区的城市化率则一直处于 55% 以下，近年来，东北部地区的城市化率的增长速度大幅下滑，城市人口外流现象较为突出，到 2015 年，东部地区的城市化率为 67.62%、东北部地区的城市化率为 59.96%、中西部、全国地区的城市化率分别为 50.55%、48.08% 和 56.55%。

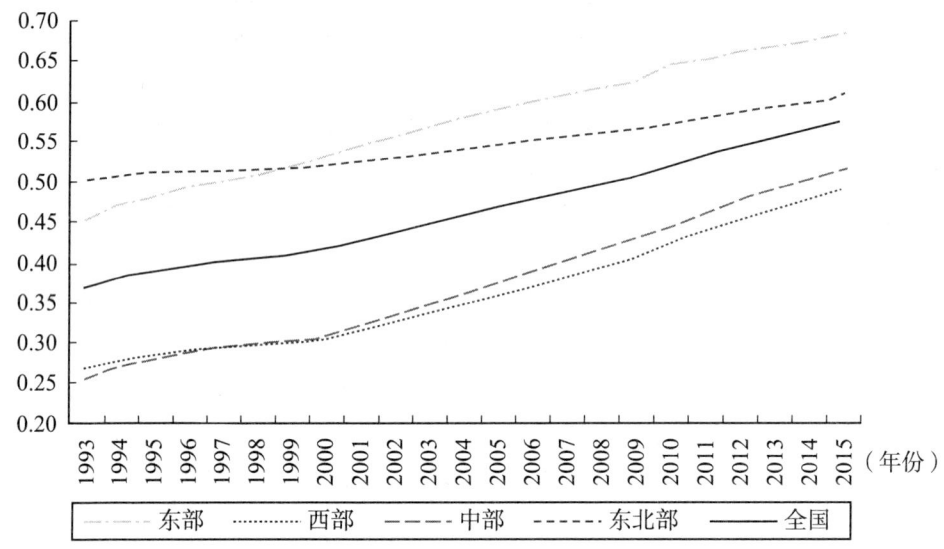

图 7-13　各个区域的城市化率

（二）模型结果

东部、中部、西部、东北部以及全国的情况在测算完各省状况后按照之前方法进行汇总，对前面回归方程进行估计，得到如表 7-10 所示的估计结果。

表 7-10　　　资本存量增长率与城市化率的倒 U 形关系

项目	northeast	middle	East	West	Country
α_0	-4.4027 (-0.3)	-0.1356** (-2.57)	0.0658** (2.47)	-0.0773** (-2.1)	-0.055** (-2.57)
$city_{it-1}$	15.1730*** (4.73)	1.2615*** (3.81)	0.1309** (2.36)	0.7318** (2.51)	0.4799*** (4.15)
$citysq_{it-1}$	-12.5662** (-4.52)	-1.4293*** (-3.86)	-0.1416* (-1.8)	-0.7511* (-1.9)	0.4702*** (-3.74)
lnshare	0.0736 (0.477)	0.2544*** (3.47)	0.1488*** (6.07)	0.1980** (2.23)	0.2520*** (5.16)
观察值	63	126	210	210	609
F	18.98	5.87	5.15	4.20	4.53

注：*、**、*** 分别代表在 10%、5%、1% 水平下显著。

从表 7-10 可以看出，资本存量增速与城市化率成正比，与城市化率平方项成反比，城市化率与资本存量增速存在着倒 U 形关系，东部地区城市化与资本存量增速的拐点为 46.25%，其他条件不变下，当城市化率小于 46.25% 时，资本存量增速随着城市化率的增加而增加，而当城市化率大于 46.25% 时，资本存量增速随着城市化率的增加而减少，其中西部、中部、东北部、全国地区的城市化率拐点分别为 48.72%、44.13%、60.37%、51.03%，当前东部地区的城市化率已经大幅超过拐点位置，2015 年 67.62% 大于拐点 46.25%，中西部、东北部地区的城市化率则接近于拐点地区，东北部地区的城市化率为 59.96%（接近其拐点 60.37%）、中部、西部、全国地区的城市化率分别为 50.55%（略微大于其拐点 44.13%）、48.08%（接近其拐点 48.72%）以及 56.55%（略微大于其拐点 51.03%）。

各个地区工业占 GDP 比重的系数均为正，表明工业化发展对资本存量增速具有明显的正向影响，中西部地区工业占 GDP 对资本存量增速的影响比东部要大，中部、西部、东部、东北部、全国 2015 年的工业 GDP 占比的系数分别为 0.2544、0.1980、0.1488、0.0736、0.2520。

（三）预测结果

随着城市化率的进一步推进，以及产业结构的转变，更多的第二产业向第三产业转换的过程中，未来一段时期的资本存量增速将进一步下降，具体地以未来五年为一个估计周期，通过假定各个区域城市化进程以及工业化进程的设定来预测未来一段时期资本存量的增长速度。

参照迟福林（2015）的预测，至 2020 年第二产业增加值占比将达到 36%，2030 年将降至 30%，本书在此基础上假定相同间隔时间下降相同的大小，2040 年第二产业占比下降至 24%，2050 年第二产业占比下降至 18%。紧接着在全国的基础上对各个区域的第二产业占比进行相应的假定，假定各个区域的第二产业占比与全国同步，参照刘霞辉（2015）预测，至 2020 年中国城市化率将达到 57.67%，2030 年中国城市化率将高至 67.81%。本书在此基础上假设相同间隔时间增加相同的大小到 2040 年城市化率为 77.95%，2050 年城市化率为 88.09%，紧接着在全国的基础上对区域的城市化进程进行相应的假定，假定各个区域城市化率的变化情况与全国同步。

进而得到未来一段时期每隔五年的资本存量增长率，表 7-11 中的数值具有较好的惯性下滑的趋势，其中中西部城市化率在拐点附近，第二产业的占比还较高，未来一段时期资本存量下滑幅度不大，其增长率还可以维持在较高的位置，东部、东北部、全国的城市化率已经远远超过其拐点位置，第二产业正在逐步地被第三产业取代,未来一段时期资本存量的增速小于中西部。

表 7-11　　　　　未来各个区域投资增长率的预测　　　　单位:%

年份	东部	西部	中部	东北部	全国
2020	10.2	12.5	12.4	11.2	10.5
2025	9.6	11.4	11.2	10.2	9.8
2030	9.2	10.6	10.3	9.7	9.4
2035	8.6	10	9.7	9	8.9
2040	8.3	9	9	8.6	8.5
2045	7.7	8.1	8	8	7.9
2050	6.8	7.1	7.2	7	7

二、区域潜在就业增长率与人力资本的预测

根据前面第三章对影响潜在增长率的劳动力与人力资本的测算基础上,进一步测算在考虑二孩政策以及延迟退休政策下各个区域的适龄劳动人口常住人口占比,从图 7-14 中可以看出,适龄劳动人口占比从 2010 年的 0.6 降到 2050 年的 0.5 左右,东北部甚至降低至 0.4 左右,受到全面二孩及延迟退休的影响,其下降的趋势较为平缓,在 2025 年女性退休年龄达到 55 岁,2035 年女性退休年龄达到 60 岁,2045 年女性与男性退休年龄达到 60 岁时,适龄劳动占比略有上升。其中中部 2050 年适龄劳动人口占比为 0.529,西部为 0.524,全国为 0.510,东部为 0.502,东北部为 0.416,这与各个地区的总和生育率有关,中西部地区的总和生育率普遍高于全国水平,东部地区的总和生育率略低于全国水平,东北部地区的总和生育率则更低。

从各个省份来看,如图 7-15 所示,各个地区的适龄劳动人口稳步下降,其中东部、东北部地区的省份下降得最快,其中北京从 2010 年的 0.724 下降到 2050 年的 0.432,上海从 2010 年的 0.688 下降到 2050 年的 0.409,天津从 2010 年的 0.7 下降到 2050 年的 0.448,辽宁从 2010 年的 0.648 下降到 2050 年的 0.422,吉林从 2010 年的 0.673 下降到 2050 年的 0.416,均远低于全国水平,中西部地区的省份下降得较慢,其中广西从 2010 年的 0.601 下降到 2050 年的 0.534,贵州从 2010 年的 0.571 下降到 2050 年的 0.566。东部、东北部地区的劳动力短缺较为严重,尽管各个地区保持劳动力的正常流动才更有利于地区发展,户籍制度阻力需要得到消除,以使劳动力能够在各区域优化配置,从而提高经济

效率,但是,东北地区人口流失问题仍需要引起重视。

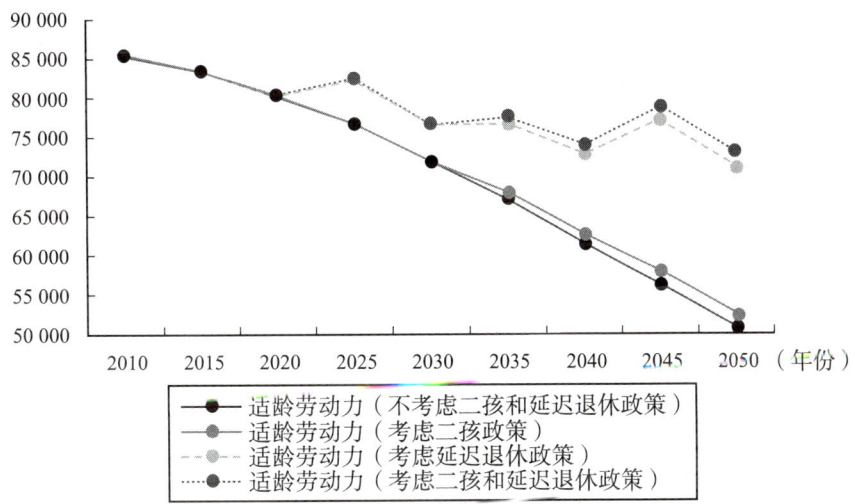

图 7-14 二孩与延迟退休对各个区域适龄劳动力的影响

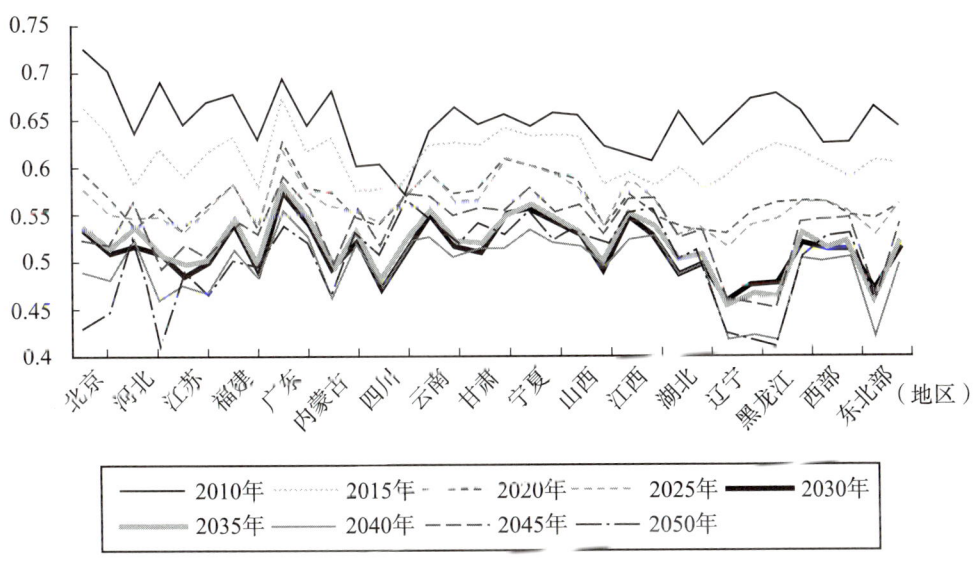

图 7-15 二孩与延迟退休对各个地区适龄劳动力的影响

(一) 关于劳动力流动的讨论

(1) 流动人口:流动人口是我国户籍制度下的特殊产物,指离开户籍所在地在其他地方居住、生活、工作的人。国家卫计委《中国流动人口发展报告 2016》表明,2015 年我国流动人口总量 2.47 亿人,人口向沿海城市、交通发达城市聚集,大城市人口持续增长,中西部、东北部人口处于外流状态。

(2) 迁移人口:迁移人口是一定统计时间内,由外地往本地的人口。流动与迁移相近但有所区别,流动与迁移虽然都是空间的变动,但是迁移更多的是指在打算永久变更居住地的情况。

(3) 常住人口:常住人口指经常居住在某一地区的人口,在普查区内经常居住的人数。包括常住该地临时外出,但不包括临时居住的人口。

本书的人口预测是基于2010年人口普查的人口数据,且并未考虑到劳动力的流动,以2015年实际的各省常住人口与不考虑人口流动的各省的人口相减得到其流动的常住人口,图7-16可以看出,中西部、东北部是人口属于人口的净流出,东部属于人口的净流入地区,2010~2015年,中部地区净流出为390.49万人,东北部地区为116.47万人,西部地区净流出为11.21万人,东部地区净流入518.17万人,其中天津、北京、广东的人口净流入最多,分别为226.65万人、175.4万人、81万人,河南、贵州、湖北、黑龙江人口净流出最多,分别为230.47万人、81.22万人、71.22万人、66.61万人,东北三省全部为人口的净流出地域,且人口流出超过西部地区。

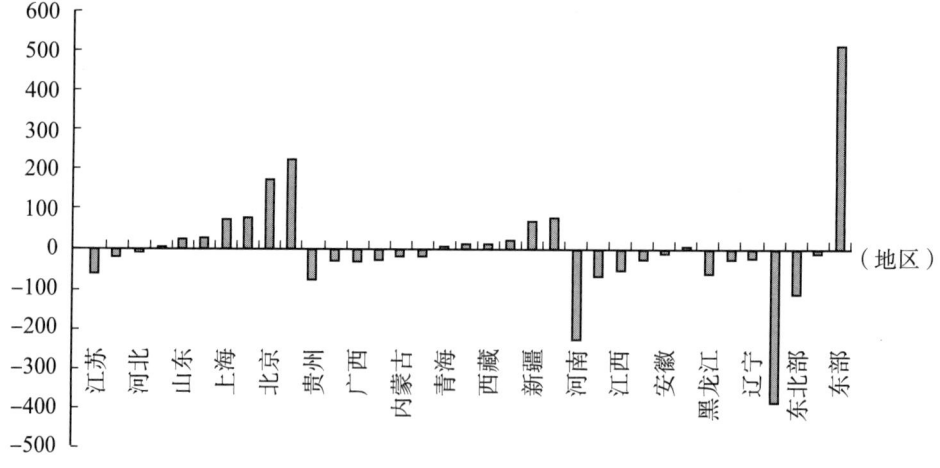

图7-16　2015年各个地区人口流动

考虑到各个区域之间人口流动趋势较为复杂,而且只有人口普查里面有各地区年龄层人口的数据,我们作一些简单的假设,以2015年各个地区常住人口占其加总人数的比例不变,同时以2015年各个地区劳动力人口占其加总总劳动人口的比例不变,考察人口年龄结构变化所带来的各个地区人口数量的变化,得到各个地区的适龄劳动占比总人口情况。如图7-17所示,此时各个地区的劳动力人口下降速度与全国的速度保持一致。

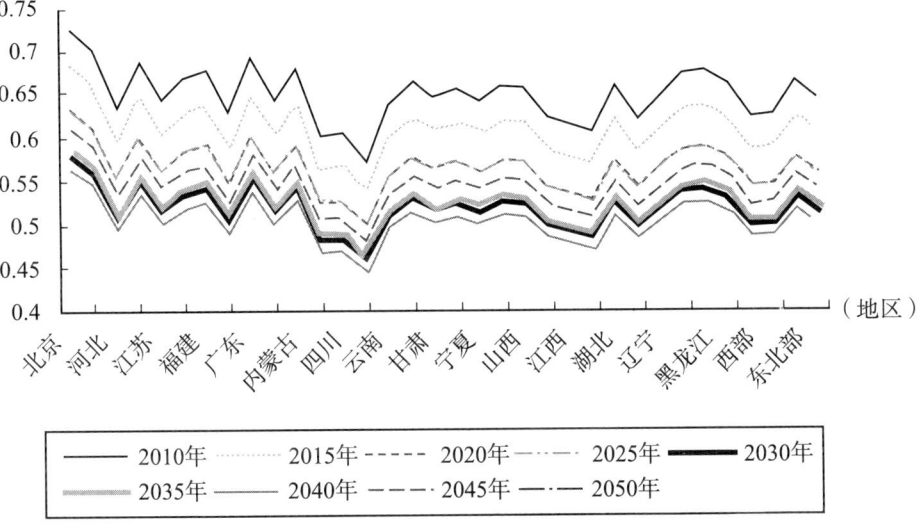

图 7-17 考虑人口流动时各个地区适龄劳动力

(二) 劳动参与率与人力资本增长趋势的预测

劳动参与率，首先计算出各个区域的之前年份的劳动参与率，参照王金营(2015)在关于我国人口劳动参与率与未来劳动力供给分析中指出，发达国家的劳动参与率随着社会保障水平完善和收入的提高，老龄人口劳动参与率下降，但我国养老保障制度的完善需要较长的时期，劳动参与率会有一个先上升后下降的过程。据此趋势按照各个地区的社会保障水平，按照不同的变动速度进行插值，从而得到目前的劳动参与率，再按照相同时间相似的比例变化往前推，并进行 HP 滤波。

劳动者的受教育程度参照《国家中长期教育改革和发展规划纲要（2010～2020）》要求，到 2020 年，全国主要劳动年龄人口中的高等教育比例要达到 20%，全国主要劳动年龄人口中的高等教育比例要达到 20%，青壮年文盲全部扫除，文盲率则以每年相同比例下降至 0，按照相应的权重加权得到 2020 年全国的劳动者的受教育情况，本书在此基础上假定其以后节点的滑动平均受教育程度，紧接着在全国的基础上对区域劳动者的受教育程度进行相应的假定，假定各个区域劳动者的受教育程度变化情况与全国同步。

结合之前各个区域适龄劳动力的预测据此得到各个区域未来一段时期人力资本增长的预测如下，表 7-12 中数值也较为明显地体现了延迟退休政策以及二孩政策对人力资本增长率的影响，2035 年女性退休年龄达到 60 岁，以及 2045 年女性退休年龄达到 65 岁，男性退休年龄达到 65 岁，二孩开始踏入工作岗位，共同使得人力资本的增长率在 2045 年呈现上升趋势，较大地缓解了人口老龄化带来的劳动力不足问题。

表7-12　　　　　　未来各个区域人力资本增长率的预测　　　　　　单位：%

年份	东部	西部	中部	东北部	全国
2020	1.7	1.3	1.6	1.4	1.5
2025	1.3	1.1	1.4	1.2	1.3
2030	0.7	0.5	0.8	0.9	0.7
2035	0.9	0.7	1.1	1.1	1.1
2040	0.7	0.6	0.8	0.9	0.9
2045	1.0	0.8	0.9	1.0	1.0
2050	0.7	0.5	0.6	0.7	0.6

三、区域全要素生产率的预测

全要素生产率也称为技术进步的索罗余值，索罗将其视作外生给定，但是近些年的研究开始试图寻找一些能解释技术进步的因素从而将其内生化。微观层面上，罗莫（Romer，1990）、格罗斯曼（Grossman，1991）等指出，具有盈利动机的专利技术的发明能解释技术进步。宏观层面上，新制度经济学者诺思（North，1991）指出一个国家的制度变革也是解释技术进步的一个重要因素，经济制度的改善能创造一个提高全要素生产率的经济环境。当前我国经济正处于第二产业向第三产业转型的过程中，张平、刘霞辉（2012）指出产业转型中第三产业效率低下是当前我国经济下行的重要原因。本书选取第三产业效率作为全要素生产率的一个重要解释变量。市场化改革以来，我国经济高速发展，全要素生产率大幅提升，本书选取市场化程度作为全要素生产率的另一个重要的解释变量。

（一）模型构建

在此基础上，本部分将构造各个省的经济结构制度变量内生于技术进步来预测未来的TFP增长率，考虑市场化指数Market、第三产业效率与全要素生产率的影响关系。

$$\ln TFP_{it} = \alpha_0 + \beta_0 \ln Market_{it} + \beta_1 \ln sanchan_{it} + u_{it} \qquad (7.16)$$

市场化指数，采用的是分地区国有及国有控股总产值占GDP比重，2012年之前的数据均来源于《中国统计年鉴》，由于统计口径的改变2012年之后的数据来自各省统计年鉴，其中山西2012~2015年缺失值、江苏2013~2015年缺失值、河南2012~2015年、湖南2013~2015年缺失值、海南2012~2013年缺失值，用该年该地区当年的国有控股的销售产值表示。

从区域的角度来看,如图 7-18 所示,市场化改革初期的 1993~2001 年,其国有及国有控股占比逐步下降,2001~2007 年,自加入世界贸易组织以来,国有及国有控股占比大幅增加,到 2007 年达到顶峰,最近几年开始呈现加快的速度,其中东北部地区的数值远远高于其他区域,其次是西部、中部地区,东部地区的国有及国有控股占比最低,侧面反映了东北部地区国有企业对经济的增长贡献较大,中西部地区也是以国企居多,市场化程度较低,资源的使用效率较低,而东部地区的市场化程度较高,资源的使用效率较高。

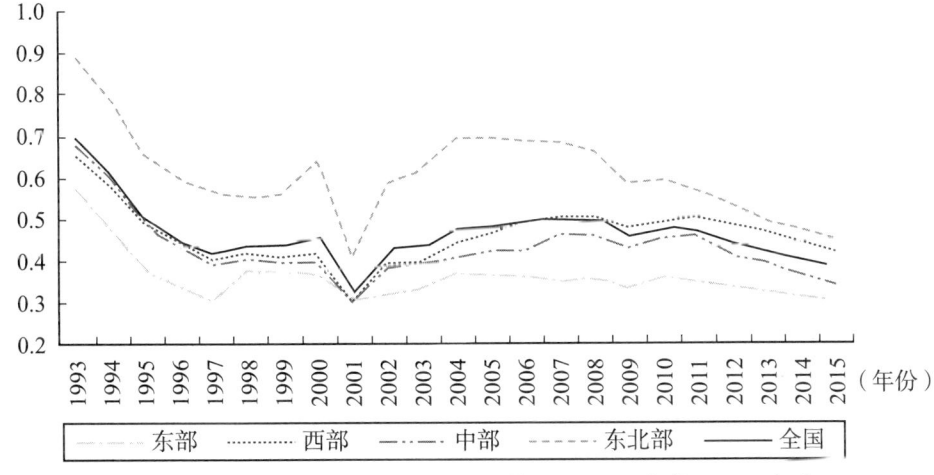

图 7-18 各个地区国有及国有控股工业总产值 GDP 占比

第三产业效率,以 1993 年为基期的第三产业劳动生产率与第二产业劳动生产率比值作为第三产业的效率。

对于上海 1993~1998 年第二产业、第三产业就业人数缺失值,广西 1994 年、1996~1998 年、2001 年第二产业、第三产业就业人数的缺失值,贵州 1999~2004 年第二产业、第三产业就业人数缺失值,假定其缺失部分的变动率与整体就业人数的变动率相似,再用最近不缺失的数值按照上述变动率进行类推。

从区域的角度来看,如图 7-19 所示,第三产业的效率均低于 1,第三产业的劳动生产率低于第二产业的劳动生产率,且市场化改革以来的 20 年来,第三产业与第二产业劳动生产率差别呈现扩大的趋势,东部地区的第三产业效率较高,中西部地区较低,一方面我国工业化进程的深度逐步加强,工业品的产出比较高,另一方面我国服务业为主的第三产业还处于较为低端的水平,教育、医疗等现代服务业还处于政府垄断阶段,服务业的产出比较低,2011~2015 年,第三产业的效率呈现较为缓慢的上升趋势。

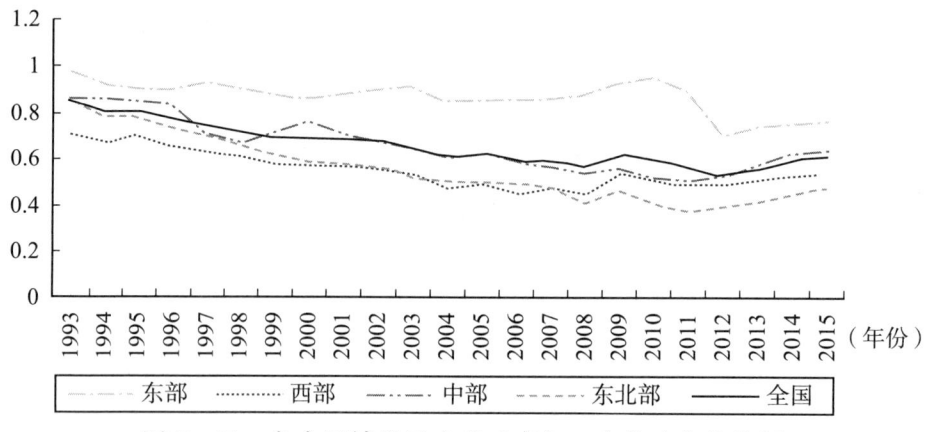

图 7-19　各个区域的三产劳动率与二产劳动率的比例

(二) 模型结果

模型估计结果,如表 7-13 所示,全要素生产率的提高与第三产业劳动效率以及市场化程度呈现正相关关系,在其他情况不变下,市场化程度每提高 1 单位,即 $Market_{it}$ 减少 1 单位,全要素生产率则增加 0.1777 单位,在其他条件不变下,第三产业效率每提高一单位,即 $sanchan_{it}$ 增加一单位,全要素生产率则增加 0.1065 单位。

表 7-13　全要素生产率的影响因素分析

项目	$\ln TFP_{it}$
α_0	-4.4027 (-0.3)
$\ln Market_{it}$	-0.1777 *** (-8.35)
$\ln sanchan_{it}$	0.1065 *** (3.89)
观察值	638
F	18.98

(三) 预测结果

随着市场化程度的提高,规模以上工业总产值占比下降,创新驱动带来的第三产业效率的提高,未来一段时期的全要素生产率将呈上升趋势,具体地以未来五年为一个估计周期,通过假定各个区域市场化程度进程以及第三产业效率的设定来预测未来一段时期全要素生产率的增长速度。

市场化程度，当前我国正在进行简政放权，扩大开放，加强与周边国家的合作，未来一段时期市场化改革的大势是不可逆转的，按照当前的变化情况，对市场化程度变量进行每五年的滑动平均得到其未来的预测值。考虑到西方发达国家第三产业劳动生产率与第二产业劳动生产率相近，且我国经济第三产业效率在近些年来有增加的趋势，在最理想的状况下，假定在2050年，第三产业效率为1，即第二产业劳动生产力与第三产业劳动生产力相同，本节紧接着在此假定下，未来第三产业效率等距离增加，直到2050年增加为1。

据此得到未来一段时期各个区域全要素生产率的增长率并进行HP滤波，结果见表7-14，未来一段时期全要素增长率呈现较为缓慢的增长，东部地区增长最快，中部、西部以及东北部地区开始从负的增长状态中转向正向增长。本节的全要素生产率的增长率比其他文献设定的数值小，一方面源于本节生产函数计量回归时没有寻找全要素生产率的替代变量进行回归，全要素生产率为索罗余值。另一方面，本节在进行全要素生产率的计量回归时，选取的是变化较为缓慢的市场化程度以及第三产业效率数值，在假定其未来变化趋势时幅度也较小。

表7-14　　　　未来各个区域全要素生产率的增长率预测　　　　单位：%

年份	东部	西部	中部	东北部	全国
2020	0.1	-0.2	-0.3	-1.8	-0.1
2025	0.1	0.1	-0.2	-1.3	0.1
2030	0.3	0.3	0.0	-0.7	0.4
2035	0.7	0.6	0.4	0.2	0.6
2040	0.8	0.8	0.5	0.3	0.8
2045	1.1	1.1	0.7	0.5	1.0
2050	1.3	1.2	1.1	0.8	1.1

第六节　区域潜在增长率的预测与情景模拟

一、要素产出弹性的设定及基准情形下潜在增长率的预测

2050年我国基本实现现代化，参照西方发达国家工业化进程中，国民收入

中资本劳动要素份额 3∶7 的假定，假设 2050 年资本的要素产出弹性均达到 0.3，在没有外来冲击的情形下，资本产出弹性逐年相同比例下降，则未来一段时期的资本产出弹性预测见表 7-15。

表 7-15　　　　　　　未来一段时期资本产出弹性的假定

年份	东部	西部	中部	东北部	全国
2020	0.559	0.539	0.498	0.494	0.534
2025	0.517	0.500	0.465	0.461	0.495
2030	0.474	0.460	0.432	0.429	0.456
2035	0.432	0.420	0.399	0.397	0.417
2040	0.390	0.380	0.366	0.365	0.378
2045	0.348	0.340	0.333	0.332	0.339
2050	0.300	0.300	0.300	0.300	0.300

结合上述投资率、人力资本增长率、全要素生产率、产出弹性未来一段时期的预测，本节将得到潜在产出增长率，如表 7-16 所示，在没有外来冲击下，未来一段时期我国经济各个区域的潜在增长率将呈现惯性下滑的趋势，其中中西部地区在近二十年来将成为我国经济增长的重要推手，一方面源于其尚处于工业化的中期，经济发展过程中需要较大的投资主导；另一方面其人力资本也存在较大的提升空间。东部地区虽然短暂落后于中西部地区，但是在向后工业化转型过程中，创新驱动经济的作用将较为明显，全要素生产率的提高将使得东部经济再次成为我国经济增长最快的地方，东北部地区的经济增长则存在较大的结构性矛盾，一方面城市化进程后期投资再难增长，另一方面人才流失使得人力资本的增长较之前有大幅下滑，国有企业为主的重工业资源的效率以及创新动力不足，其内生增长动力不足。2035 年以及 2045 年潜在产出弹性较上一个五年基本无变化，此时正是由于延迟退休政策缓解人力资本放缓所致，加之全要素生产率也有一定的增长。

表 7-16　　　　　　未来一段时期潜在增长率的预测　　　　　　　单位：%

年份	东部	西部	中部	东北部	全国
2020	6.6	7.1	6.7	4.4	6.2
2025	5.7	6.3	5.8	4.1	5.6
2030	5.0	5.4	4.9	4.0	5.0
2035	4.9	5.2	4.9	4.0	4.9

续表

年份	东部	西部	中部	东北部	全国
2040	4.5	4.6	4.3	3.9	4.4
2045	4.4	4.4	4.0	3.8	4.2
2050	3.8	3.7	3.7	3.4	3.5

二、考虑要素弹性逆转较为缓慢的情景

西方国家发展的例子表明了要素弹性逆转是经济体从工业化向城市化阶段必经的阶段，资本的报酬开始递减，人力资本得到较好的培育，创新的驱动加强，经济体开始由最初的要素驱动转向创新驱动，我国经济也正在经历类似的结构调整与发展，要素弹性逆转的快慢其实也说明了我国经济转型的快慢，我国经济体开始从传统的依靠投资带动经济增长的范式转向更多的向创新驱动，社会福利进一步加强。考虑到2050年资本的要素产出弹性达到0.4，资本产出弹性逐年相同比例下降，处于一个较为缓慢的一个要素弹性逆转过程。

表7-17为资本产出弹性下降较为缓慢时的场景，2030年，各个区域的资本产出弹性在0.5左右，2050年各个区域的资本产出比为0.5，惯性下滑。

表7-17　　　　未来一段时期资本产出弹性的假定

年份	东部	西部	中部	东北部	全国
2020	0.575	0.556	0.513	0.510	0.551
2025	0.546	0.530	0.496	0.492	0.526
2030	0.516	0.504	0.477	0.474	0.501
2035	0.487	0.478	0.457	0.455	0.475
2040	0.458	0.452	0.438	0.437	0.450
2045	0.429	0.426	0.419	0.418	0.425
2050	0.400	0.400	0.400	0.400	0.400

各个区域的潜在增长率如表7-18所示，大于基准时候的潜在增长速度，要素弹性逆转实际上也是经济在经历城市化快速发展过程中必然会面临寻找新的增长点的一个过程，此时经济结构进一步优化，但是增长空间有限。要素弹性逆转的过程也是当前我国经济向新常态转化的一个过程，经济增长放缓，但是增长的质量更好、效率更高。其逆转的快慢也是经济体结构转型的快慢，也是未来高增长持续多久的快慢，未来的经济增长将更加依赖于创新驱动。

表7-18　　　　　未来一段时期潜在增长率的预测　　　　　单位：%

年份	东部	西部	中部	东北部	全国
2020	6.7	7.3	6.9	4.6	6.4
2025	5.9	6.7	6.1	4.3	5.9
2030	5.4	5.9	5.3	4.4	5.4
2035	5.4	5.7	5.4	4.5	5.4
2040	5.0	5.2	4.9	4.5	4.9
2045	5.0	5.0	4.6	4.4	4.8
2050	4.4	4.3	4.3	4.0	4.1

三、考虑创新驱动的全要素生产率增长更快的情景

盲目依靠投资拉动的经济增长方式不可持续，一方面，过多的投资会使得资本的折旧消耗过大，另一方面，过多的投资会使得资本的效率降低，产出不升反降，经济体在结构转换的过程中，稳定状态的经济增长率应当是创新的增长率，对市场化程度的进程以及第三产业效率的进程作进一步放松，假定第三产业效率在2040年便可以达到1的水准，2050年，第三产业的劳动生产率高于第二产业，此时代入方程，得到未来一段时期全要素生产率增长率并进行HP滤波，结果见表7-19。

表7-19　　　　未来一段时期全要素生产率的增长率预测　　　　单位：%

年份	东部	西部	中部	东北部	全国
2020	0.3	0	-0.1	-1.6	0.1
2025	0.4	0.4	0.1	-1	0.4
2030	0.7	0.7	0.4	-0.3	0.7
2035	1.2	1.1	0.9	0.2	1.1
2040	1.3	1.3	1	0.7	1.3
2045	1.5	1.4	1.2	1	1.4
2050	1.5	1.5	1.3	1.1	1.4

创新驱动加快下，各个区域的潜在增长率较基准时更高，如表7-20所示，到2050年，东部、西部、全国还有4%的潜在增长率，中部、东北部的潜在增长率为3.9%和3.7%。

表 7-20　　　　　未来一段时期潜在增长率的测算　　　　　单位：%

年份	东部	西部	中部	东北部	全国
2025	6.0	6.6	6.1	4.4	5.9
2030	5.4	5.8	5.3	4.4	5.3
2035	5.4	5.7	5.4	4.4	5.4
2040	5.0	5.1	4.8	4.4	4.9
2045	4.8	4.7	4.5	4.3	4.8
2050	4.0	4.0	3.9	3.7	4.0

附录：

附表 1　　　　　张军物质资本存量测算下的结果检验

省份	张军				
	$\log(A)$	$\log(K/HL)$	t1	t2	F
北京	-0.306	0.917	-2.372	64.353	4 141.257
天津	0.614	0.821	2.850	35.034	1 227.386
河北	2.062	0.656	22.534	59.616	3 554.029
上海	-0.060	0.908	-0.222	31.448	988.985
江苏	0.991	0.806	22.904	160.862	25 876.550
浙江	2.154	0.662	35.687	95.680	9 154.590
福建	2.370	0.635	31.310	72.701	5 285.478
山东	1.651	0.716	25.068	91.103	8 299.680
广东	1.884	0.725	16.250	53.074	2 816.867
海南	0.981	0.782	2.576	17.400	302.774
内蒙古	2.358	0.662	13.778	37.509	1 406.939
广西	3.109	0.559	22.417	35.205	1 239.380
四川	2.500	0.632	12.314	27.511	756.839
贵州	0.775	0.733	10.144	63.181	3 991.875
云南	1.854	0.677	17.907	54.290	2 947.352
陕西	0.477	0.825	2.826	38.002	1 444.163

续表

省份	张军					
	log(A)	log(K/HL)	t1	t2	F
甘肃	1.682	0.676	23.808	71.126	5 058.851
青海	1.134	0.659	8.999	36.785	1 353.128
宁夏	1.722	0.642	16.546	52.646	2 771.574
新疆	1.722	0.703	9.495	37.671	1 419.137
山西	2.961	0.574	15.487	26.715	713.665
安徽	0.651	0.845	4.584	51.698	2 672.701
江西	1.612	0.674	25.074	76.974	5 924.939
河南	2.670	0.599	28.593	56.865	3 233.583
湖北	1.484	0.700	8.829	31.756	1 008.444
湖南	1.430	0.733	21.914	87.633	7 679.511
辽宁	1.474	0.736	12.489	50.425	2 542.671
吉林	2.098	0.625	19.128	45.054	2 029.861
黑龙江	0.797	0.824	4.755	42.929	1 842.878
东部	1.426	0.749	19.152	86.892	7 550.271
西部	1.716	0.680	32.443	103.992	10 814.297
中部	1.767	0.678	28.097	85.610	7 329.073
东北部	1.654	0.720	11.760	43.661	1 906.267
全国	1.556	0.694	23.571	91.035	8 287.448

附表2　单豪杰物质资本存量测算下的结果检验

省份	单豪杰				
	log(A)	log(K/HL)	t1	t2	F
北京	0.518	0.834	3.402	49.147	2 415.381
天津	0.681	0.819	3.045	33.494	1 121.832
河北	2.083	0.658	22.793	59.472	3 536.893
上海	0.310	0.876	1.000	26.427	698.410
江苏	0.972	0.813	23.829	171.150	29 292.436
浙江	2.143	0.667	34.800	93.943	8 825.198

续表

省份	单豪杰			
	log（A）	log（K/HL）	t1	t2	F
福建	2.378	0.638	30.948	71.505	5 112.981
山东	1.688	0.716	26.622	94.041	8 843.747
广东	2.034	0.713	16.936	49.991	2 499.122
海南	0.577	0.831	1.173	14.299	204.451
内蒙古	2.402	0.661	13.712	36.398	1 324.827
广西	2.991	0.574	19.789	33.087	1 094.738
四川	2.329	0.654	12.366	30.562	934.022
贵州	0.986	0.709	11.948	55.969	3 132.543
云南	2.049	0.659	19.375	51.319	2 633.663
陕西	0.766	0.796	5.646	45.183	2 041.548
甘肃	1.795	0.666	26.732	73.138	5 349.128
青海	1.206	0.654	9.480	35.904	1 289.086
宁夏	1.805	0.637	17.154	51.273	2 628.956
新疆	1.691	0.710	9.929	40.305	1 624.530
山西	2.044	0.673	5.791	17.065	291.218
安徽	1.264	0.783	16.703	88.888	7 901.105
江西	1.917	0.640	20.540	49.737	2 473.755
河南	2.721	0.597	29.240	56.515	3 193.911
湖北	1.544	0.698	9.131	31.217	974.523
湖南	1.317	0.751	14.600	64.641	4 178.434
辽宁	1.238	0.767	6.931	34.661	1 201.396
吉林	2.156	0.621	19.120	43.310	1 875.729
黑龙江	0.869	0.821	5.014	41.112	1 690.208
东部	1.501	0.745	20.023	85.313	7 278.348
西部	1.747	0.681	35.219	110.273	12 160.113
中部	1.770	0.682	27.751	84.360	7 116.670
东北部	1.563	0.734	9.080	36.201	1 310.516
全国	1.582	0.695	24.394	92.320	8 523.069

第七节　区域潜在增长率的趋同

一、区域经济趋同的研究方法

关于对区域经济增长趋同现象的研究，新古典经济增长理论以索洛、斯旺为代表，其认为在资本边际报酬递减以及技术进步一致的条件下，落后地区较发达地区发展更快，区域间的收入差距减少。然而以罗默和卢卡斯为代表的内生经济增长理论将知识和人力资本引入经济增长模式，提出了要素收益递增假定，认为人均产出可以无限增长，增长率可能随时间变化而单方面递增，区域间收入差距不一定能随着时间的推移而消失。

为了进一步验证这两种增长理论，给国家或地区间的经济发展提供相应的政策建议，国内外学者进行了大量实证检验的文献，1986 年鲍莫尔（Baumol）在研究 OECD 国家经济发展收敛情况时，发现在选定合适的政策变量等控制变量，期初人均产出水平较低的国家经济增长率会更高。国内的学者在对地区经济增长趋同上也进行相应的实证检验。蔡和都阳（2000）、沈坤荣和马俊（2002）等研究发现，地区经济在改革开放以来不存在普遍的趋同，但是存在俱乐部收敛。樊纲和王小鲁（2004）则在地区经济趋同的研究上发现，要素边际生产率递减规律的存在有助于缓和地区经济发展的不平衡。

区域经济增长趋同可以分为 δ 趋同和 β 趋同两种类型，δ 趋同指的是人均收入水平上的趋同，β 趋同指期初人均产出水平较低的区域通常有更快的增长速度，即人均收入增长速度与其初始水平呈负相关关系，β 趋同又可以分为绝对 β 趋同和条件 β 趋同，有条件的 β 趋同是考虑到不同质的区域经济具有不同的稳态，将试图影响稳态的因素控制住时，区域经济增长与期初人均产出负相关。

二、区域经济差异的 δ 趋同测度

δ 趋同指的是不同地区人均收入的离差随时间推移而下降，常用的指标是变异系数，标准差除以均值，变异系数随着时间的变化逐渐减少时，说明该组区域之间发生了 δ 趋同。

本书以 1993~2014 年各省人均 GDP 的变异系数来测度 δ 趋同，δ 值变大，

说明发生了 δ 趋异，区域经济差异呈扩大趋势；δ 值变小，说明发生了 δ 趋同，区域经济差异呈缩小趋势，结果如图 7-20 所示。

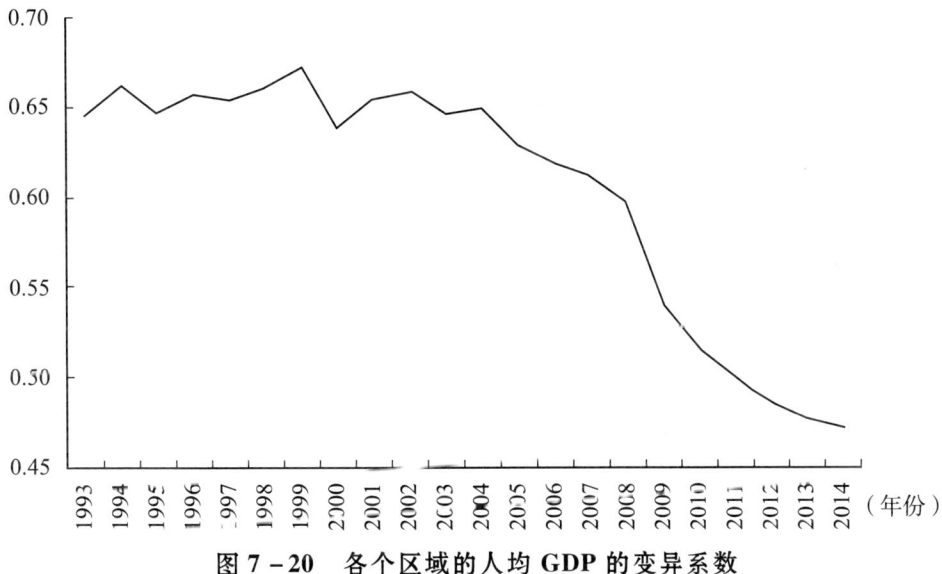

图 7-20 各个区域的人均 GDP 的变异系数

图 7-20 描述了我国各个省区人均 GDP 变异系数的演变趋势，图中可以看出，我国省区人均 GDP 水平差异以 2004 年为分水岭，在 2004 年之前呈震荡趋势，2004 年之后省区人均 GDP 的差距逐渐缩小。本书认为自 2004 年以来，区域经济差距是 δ 趋同的，区域间人均收入水平的差距是减少的。

三、区域经济差异的 β 趋同实证检验

（一）模型构造及数据来源

为进一步验证各个区域是否存在 β 趋同，β 趋同是假定区域之间不存在经济增长条件差异的情况下而发生的 β 趋同，欠发达区域比发达区域增长得更快。其回归方程为：

$$\gamma_{i,t} = \alpha_0 + \beta\log(GDP)_{i,0} + \beta_1\log(HK)_{i,t} + \beta_2 Market_{i,t} + \beta_3 IND_{i,t} + \beta_4 LOCAL_{i,t}$$

(7.17)

变量的解释如表 7-21 所示，其中 $\gamma_{i,t}$ 为 i 省 t 期的人均生产总值增长率，$\log(GDP)_{i,0}$ 是 i 省期初的人均国内生产总值的对数值，$\log(HK)_{i,t}$ 是 i 省 t 期的人均人力资本存量的对数值，本书参照陆旸和蔡昉（2014）设定，以就业人员的平均受

教育年限代表人力资本，采用人均受教育年限法，将文盲、小学、初中、高中、大专以上的受教育年限设定为 0 年、6 年、9 年、12 年、16 年，$H_{t,j} = \sum T_{t,i,j} P_{t,i,j}$ 来计算 H，其中 $T_{t,i,j}$ 表示 j 地区各教育阶段的教育年限设定，$P_{t,i,j}$ 为 j 地区处在各阶段的就业人口比重。$Market_{i,t}$ 为 i 省 t 期的市场化指数，为分地区国有及国有控股总产值占 GDP 比重，2012 年之前的数据均来源于《中国统计年鉴》，由于统计口径的改变 2012 年之后的数据来自各省统计年鉴，其中山西 2012~2015 年缺失值、江苏 2013~2015 年缺失值、河南 2012~2015 年缺失值、湖南 2013~2015 年缺失值、海南 2012~2013 年缺失值，用该年该地区当年的国有控股的销售产值表示。$IND_{i,t}$ 为 i 省 t 期的产业结构，为工业产值占 GDP 的比重，数据来源于国家统计局。

表 7-21　　　　　　　　　　变量解释及指标构造

变量	变量描述	指标构造
被解释变量 $\gamma_{i,t}$	人均 GDP 年增长率	—
解释变量 $\log(GDP)_{i,0}$	期初的人均 GDP	—
$\log(HK)_{i,t}$	人力资本	参照陆旸和蔡昉（2014）设定
$Market_{i,t}$	市场化程度	国有及国有控股总产值占 GDP 比重
$IND_{i,t}$	产业结构	工业产值占 GDP 的比重
$LOCAL_{i,t}$	区域的虚拟变量	东、中、西部

（二）实证结果

实证结果如表 7-22 所示，模型（1）是将人均 GDP 年增长率 $\gamma_{i,t}$ 直接与被解释变量 $\log(GDP)_{i,0}$ 回归，估计的系数为 -0.01，在 10% 的显著水平上显著，期初人均 GDP 每增加一个点，该地区的人均 GDP 增长率减少 0.01，区域间 β 趋同是存在的。

表 7-22　　　　　　　　　　模型结果

变量	模型（1）	模型（2）	模型（3）
$\log(GDP)_{i,0}$	-0.010 * (-2.004)	-0.015 *** (-3.359)	-0.018 ** (-2.567)
$\log(HK)_{i,t}$		0.015 ** (2.651)	0.017 *** (4.180)
$Market_{i,t}$		-0.024 *** (-3.023)	-0.022 * (-2.011)

续表

变量	模型（1）	模型（2）	模型（3）
$IND_{i,t}$		0.098*** (6.224)	0.096*** (6.950)
DUMM - 东部			-0.000 (-0.037)
DUMM - 中部			-0.004 (-0.828)
DUMM - 西部			-0.003 (-0.391)
常数项	0.175*** (4.505)	0.160*** (4.577)	0.181*** (3.371)
样本量	588	588	588
R^2	0.029	0.108	0.110
F 值	4.02	13.45	14.11

注：*** $p<0.01$，** $p<0.05$，* $p<0.1$。

模型（2）是在模型（1）的基础上加入了人力资本存量、市场化程度、产业结构等指标，加入控制变量后，期初人均 GDP 在 1% 水平上显著，期初人均 GDP 水平每增加一个点，该地区的人均 GDP 增长率减少 0.015，这一效应可以被人力资本存量、市场化程度、工业产值占比所抵消，其中市场化指标取的是反向指标，其系数为负，市场化程度每提高 1 点，该地区的人均 GDP 增长率增加 0.024。

模型（3）在模型（2）的基础上加入了地区的虚拟变量，虚拟变量均不显著，β 趋同的效果不受到地区的影响。

四、基本结论和建议

综合以上分析，2004~2014 年我国各个地区出现了明显的 δ 趋同，区域经济人均收入水平的离差有所下降。通过进一步的模型分析，本章得到了我国各个区域存在 β 趋同，地区的经济增长率与期初的人均产出水平反向相关，在控制其他影响稳态的条件下，地区的经济增长率还受到人力资本存量、市场化程度、工业产值比重的影响，其可以抵消期初人均产出水平带来的负向效应。为此政府应加强落后地区的人才教育、人才引进工作，改善地区市场化环境，加快工业化。

第三篇

展望

第八章

生育政策选择与潜在增长率：
一个简单的人口内生模型

前面各章分别从短期、长期、区域视角对潜在增长率进行了估算，基于这些测算结果，我们还要从"估算"转向"展望"，就是从劳动力、物质资本、人力资本与全要素生产率入手，不仅要考虑量，更要关注质的提升，即，提高劳动力质量、资本产出效率与全要素生产率，从而提升我国经济长期增长潜力，特别是，要从提高要素利用效率、资源再配置效率，创新驱动来促进技术进步，从而进一步提高我国经济长期增长潜力，达到全要素生产率的提高，矫正要素价格扭曲对我国经济造成的不利影响，并提出切实可行的政策建议。因此，研究中国经济的长期增长潜力变动轨迹趋势，以及影响我国经济的长期增长潜力的因素有哪些？这些因素究竟如何以及多大程度上影响长期增长潜力呢？通过解答这一系列问题，对于明确我国未来一段时期的经济增长走势，帮助制定未来5~30年的国民经济和社会发展规划，顺利实现重大战略目标、基本跨越中等收入阶段、转型升级为中等水平发达国家，实现社会主义现代化强国，以及如何及时、准确、科学地实施相应的宏观调控政策，无疑具有重要的理论和学术意义。为此，需要从不同方面，探讨对重塑"人口红利"的人口政策选择、具有"效率补偿效应"的消费结构转换、提升"全要素生产率"两个路径（资源再配置与个体企业技术进步）、再获新的"开放红利"的"一带一路"等与促进人工智能等新技术发展对中国未来5~30年的潜在增长空间进行展望。

针对我国具有中国特色的社会主义市场经济，政策调整对潜在经济增长率的变化也有着重要的影响作用。本章主要针对计划生育政策，从生育率与潜在经济增长之间的动态关系入手，建立人口内生模型，探讨放开生育政策在刺激生育率水平提高之外，能否通过加速人力资本积累和技术进步，以缓解人口红利消失的困局来赢得经济的再发展，为测算中国潜在经济增长率提供生育政策角度的参考。

人口与经济增长的关系一直是古今中外不变的热点话题。中国作为世界上人口最多的国家，人口在社会发展中扮演着关键性的角色，而人口政策也是我国通过人口影响社会、经济发展的具有中国特色的重要政策手段。20世纪70年代以来，我国逐步推行计划生育政策，我国总和生育率从6.1左右快速下降到1.6左右水平，低于世界平均总和生育率，随着生活水平的提高、医疗卫生条件改善，人均预期寿命也从66.5岁快速上升到73.3岁，人口在短期内经历了显著的转型。这段时期里，我国经济也经历了结构性的变化，先是实现了三十多年奇迹般举世瞩目的高速增长，后在2014年进入经济增长新常态。

许多学者都认为在结构性的经济增长变化中，人口起着不可小觑的作用。陆旸、蔡昉（2013）指出过去三十多年经济的高速增长，人口红利贡献巨大，且中国的人口红利具有独特性，然而中国的人口转变也要快于一般人们的认识，人口老龄化以及人口红利消失等不利的人口结构直接和间接地降低了中国的潜在GDP增长率。学者普遍认为解决人口红利消失等不利的人口结构问题，是让我国经济走上可持续发展道路的重要途径。从世界角度而言，为应对人口老龄化等问题，欧美等发达国家使出浑身解数，普遍采取鼓励生育的政策，努力避免不利人口结构带来的巨大负面影响。采取各种形式的人口政策，成为世界范围内解决不利人口结构的重要政策手段。同样，2011年11月我国全面实施双独二孩政策，2013年12月单独二孩政策实施，2015年10月正式实施全面放开二孩政策，试图从要素投入的视角根本上解决我国经济转型的困境。但是二孩政策能否对经济发展起到有效的促进作用，仍是一个备受争议的重要话题。

与发达国家普遍鼓励多生育的人口政策不同，我国的二孩政策具有以下三个特征，这三个特征有助于我们更清楚地回答这个问题。

首先，我国的二孩政策本质上仍是一种限制性生育政策，说明国家仍然有从人口大国向人才大国转变的考虑。所以限制性生育政策的边际调整能否在缓解劳动力数量下降的同时改善劳动力质量，产生直接的质量上人口红利，是一个重要的考虑因素。

其次，由于计划生育等人为干预，我国人口转变速度远快于发达国家，再加上经济非同寻常的高速增长，人民生活水平和文化水平都得到快速的改善，使得家庭结构发生着快速变化，也导致了不同类型的家庭受到生育观念和生育政策的影响存在差异。这点远远复杂于发达国家逐步发展所呈现的高人力资本低生育率情况。

最后，我国的高储蓄率也是极具中国特色的经济现象，储蓄率的高低会影响社会资本积累和投资水平的高低，产生间接的人口红利。而储蓄率的高低和我国的人口结构有着高度的相关性。莫迪利亚尼（Modigliani）和曹（Cao，2004）通过对中国47年的储蓄率进行分析，发现中国高储蓄率的现象可以很大程度上用人口抚养比的变化解释。汪伟（2010）通过理论和经验分析发现，人口政策很可能是储蓄率上升的重要原因。钟水映和李魁（2009）通过估计中国省际动态面板数据得出，居民储蓄率上升的重要原因之一是少儿抚养负担的下降，而老年抚养负担的影响并不明显。

基于此，本章研究的出发点是，在内生增长理论基础上，通过引入家庭部门和生育率政策以考察生育率政策影响经济增长的基本途径，从理论上考虑生育率政策对经济增长的影响效应。并根据理论结果，将家庭进行结构分组，与中国特殊国情相结合，进一步分析生育率政策对劳动力数量和质量的影响，以及劳动力数量和质量之间的替代作用。接着结合中国数据，模拟生育政策变化和其他结构性的变化对技术进步率和经济增长率带来的动态变化路径。最后，从实证研究的角度，使用历史数据来验证生育率政策对技术进步、经济增长的影响机理。探究生育率政策对中国经济增速下滑带来的只是短暂的延缓，还是实质上的扭转，争取为中国现实问题提出科学的解答。

本章余下部分的安排如下：第一节总结关于生育率政策、人力资本、经济增长的理论研究；第二节建立本章的基本模型；第三节理论分析模型，给出本章的主要结论；第四节通过数值模拟定量测算生育率政策变化的政策效应；第五节实证检验模型关键假设；第六节进行总结与政策讨论。

第一节 文 献 综 述

人口与经济增长的关系在古今中外一直备受关注，学者们关于两者的讨论从很早就开始了，下面就这方面的相关文献进行综述。

一、国外研究概述

戴蒙·史密斯（Dam Smith，1776）在《国富论》中指出"人口的增长是一国繁荣的标志"，认为经济发展的源泉来自人口数量的增长，人口的增长通过劳动分工来提高劳动生产率。达维尔·里亚多（Davld Rieardo，1817）认为人口持续增长但土地资源有限，提出人口压力的说法，在《政治经济学及赋税原理》中指出了人口和自然资源之间的关系，分析了报酬递减的可能性。马尔萨斯（Thomas Robert Malthus，1798）发表著名的《人口论》，用人口与生活资料的关系总结人口与经济增长的关系，悲观地认为由于资源有限，人口增长会抑制经济增长，成为对后世影响巨大的"马尔萨斯主义"。

新古典增长理论的发展也带来了人口经济增长理论的突破［索洛（Solow，1956），纳尔逊（Nelson，1956），丹尼森（Denison，1962），库普曼（Koopmans，1965），卡斯（Cass，1965）等］。如阿罗（Arrow，1962）"干中学"模型中，社会的技术进步率取决于人口增长率，虽然此时人口增长率外生给定。随着世界范围内人口老龄化的发生，更多的学者不仅仅局限于对人口数量和增长率的分析，诺登斯坦（Notestein，1945）首先提出"人口转变"这一概念。布鲁姆和威廉姆森（Bloom and Williamson，1998）考虑了人口年龄分布的改变可能带来的人口红利的变化。莫迪利亚尼（Modigliani，1970）提出生命周期假说，认为人口结构会影响储蓄和投资，指出在人一生的不同阶段，消费、储蓄等决策都会不同。梅森和李（Mason and Lee，2006）则进一步分析认为这种生育率下降带来的人口结构变化，在储蓄和投资方面，会在发展中国家进一步发掘人口红利。布鲁姆等（Bloom et al.，2007）分析得到了寿命延长对家庭储蓄和经济发展的积极影响。

除此之外，学者在人口增长通过人力资本途径影响经济增长方面展开了丰富的讨论。欧文·费雪（Irving Fisher，1906）在《资本的性质与收入》中首次提出了人力资本的概念，西奥多·舒尔茨（Theodore Schulz，1960）系统阐述了人力资本理论。罗默（Romer，1990）认为人力资本有利于创新发生，促进产业升级和技术进步，进而带动经济增长。切舍和玛吉尼（Cheshir and Margini，2000）研究了人力资本对区域经济增长的影响，发现人力资本是决定区域经济要素的重要因素。特谢拉和奎罗斯（Teixeira and Queiros，2016）认为人力资本可以通过两种途径影响经济增长，一方面直接影响劳动供给，另一方面通过提高劳动生产率间接提高经济增长。同样人力资本对经济增长差异也有着重要解释力，阿米特拉吉特（Amitrajeet，2013）指出，人力资本是地区经济增长的基本动力。对经济欠发达地区而言，进行人力资本投资有助于拉动当地生产效率增长，从而快速缩短其与较发达地区间的经济差距。切舍和玛吉尼（2000）也发表了人力资本对区域经济影响的观点。卡德里和瓦希德（Qadri and Waheed，2013）运用计量模型来探讨人力资本和经济增长之间的关系。其核心模型的敏感度分析表明，即使在加入其他相关变量的情况下，人力资本对经济增长的积极作用依然显著。特谢拉和奎罗斯（2016）认为人力资本是经济增长的决定要素之一，在国家技术进步方面扮演重要角色，在对转型地中海国家的短期跨度研究中发现，人力资本对经济增长的影响虽不及长期跨度那样具有决定作用，但是这种影响仍发挥重要作用。多年来，针对人力资本与经济增长间关系的文献经久不衰，运用各种最新计量模型对二者关系以及影响机制的研究表明，人力资本对经济增长的确具有重要作用，国家间经济发展水平很大程度上受人力资本投资影响，尤其是在发达国家和发展中国家人力资本的构成以及对人力资本的投入都有所不同，对经济增长的影响也显著不同。学者们在内生化人口影响方面也做出了积极的贡献，将生育率和寿命作为内生变量纳入模型分析中（Grossman，1972；Ehrlich and Chuma，1990）。贝克尔和刘易斯（Becker and Lewis，1973）发展了家庭在生育数量和质量上的决策。霍尔格·斯特鲁利克（Holger Strulik），克劳斯·普雷特钠（Klaus Prettner），亚历克西雅·普斯卡维茨（Alexia Prskawetz，2013）将基于R&D的增长模型和家庭生育和教育模型结合在一起，解释了以研发为基础的经济增长以及大众教育的兴起和人口结构转变，解释了为什么现代创新型经济往往以低或者负的人口增长为特征。德拉克罗伊斯和德普克（de la Croix and Doepke，2003）的研究，将数量和质量的替代关系引入到不平等的分析中，论证了生育率差异对经济增长和不平等演化的重要作用。

中国作为人口第一大国，又处于人口发展深度转型期，如何化解人口总量与结构矛盾，促进人口和经济长期均衡发展，是一个紧迫且重要的话题。中国学者针对人口结构和经济增长也展开了丰富的研究。

二、国内研究概述

国内关于人口的研究，最早是从20世纪50年代后期才开始开展起来。马寅初（1957）论述了人口增长对经济发展的影响，提出新中国控制人口数量的重要性，对中国的计划生育政策提供了理论支持。张纯元等（1983）系统性分析人口与经济的关系，在人口如何最大程度地促进经济增长的问题上，提出"最优人口经济效益"的概念。郑至晓（1994）系统论述了人口结构对经济发展的影响，如人口数量与质量、人口分布、人口转变以及人口投资。此后，张世晴（1994）、田雪原（1996）、李竞能（2000）等学者纷纷对人口与经济研究做出重要贡献。而后，中国学者主要结合中国的特殊国情，从人口老龄化、储蓄、收入不平等、创新等角度深入分析人口转变可能带来的影响。

考虑人口老龄化可能带来的影响，刘永平和陆铭（2008）根据我国家庭养儿防老的特殊国情，指出家庭往往将子女数量、质量和家庭储蓄视为养老资源，基于这个动机而重视后代培养，为老龄化趋势下中国未来经济增长趋势的判断提供了基础。郭凯明和颜色（2016）则从延迟退休年龄的角度探讨在生育率政策放松和人口老龄化背景下，对劳动力供给的长期影响。彭希哲和胡湛（2011）从居民公共服务需求角度分析人口老龄化带来的社会保障体制压力，以及对投资等生产性支出的基础效应。

根据生命周期假说，储蓄和人口的年龄结构相关，汪伟（2009，2010）通过实证研究表明在21世纪初期，中国虽然进入老龄化阶段，但高储蓄和高经济增长仍然存在，在充分考虑生育政策、子女培养与养老决策的相互作用下，指出人口政策造成的储蓄与增长效应很可能是高储蓄率存在的重要原因。董丽霞和赵文哲（2011）从内生人口结构视角下研究了少儿抚养比、老人抚养比对储蓄率的影响，发现两者都和储蓄率呈现负相关关系。钟水映和李魁（2009）通过估计中国省际动态面板数据得出，居民储蓄率上升的重要原因之一是少儿抚养负担的下降，而老年抚养负担的影响并不明显。从生命周期的角度来说，居民储蓄行为具有生命周期特征，个人在年轻时储蓄率较高，年老时消费率较高，人口年龄结构变化会改变全社会储蓄率。而居民公共服务需求也具有生命周期特征，老龄人口比例上升要求公共支出更多地投入到养老、医疗等方面，对社会保障体制形成较大压力，也会挤出投资等生产性支出。

郭凯明和颜色（2017）则使用统一增长模型，将生育率选择和中等收入陷阱结合起来，从收入不平等的角度分析中等收入陷阱的产生机制和我国未来经济增长问题。张等（Zhang et al.，2003）的研究发现死亡率下降对经济增长会产生非单调影响。陆旸和蔡昉（2013）则根据统计数据测算了调整人口政策对中国长期潜在增长率的影响。蔡昉（2010）指出人口转变使得适龄劳动力数量减少，导致生产性活动降低。

从创新角度来说，郭凯明、余靖雯、龚六堂（2016）引入人口转变与企业家精神的关系，认为人口转变不利于形成创新和创业的企业家精神，当收入差距较大时，人口转变的抑制性将会显现，并通过数值模拟和实证分析得到当前的人口转变不利于经济增长。人力资本增长也会影响到社会创新水平，人力资本是一个人具有的能力、技能和知识的综合体现。经济增长离不开人力资本，人力资本通过影响生产、消费、投资及储蓄等直接或间接地刺激经济增长，然而也是导致地区经济发展不平衡的主要原因之一。而刘永平和陆铭（2008）指出我国家庭也存在数量和质量的替代关系，也就是生育率和教育的替代关系，因此低生育率家庭往往会多投入教育，后代子女人力资本水平更高。罗森茨维西和张（Rosenzweig and Zhang，2009）等也持同样的观点。但是生育率与教育的关系也并非简单的线性替代关系，钱（Qian，2009）的研究发现，对于已有一个小孩的家庭，如果再生育一个小孩反而会提高第一个小孩的入学率，这可能是因为家庭认为教育具有规模效应或者家庭把学校作为照看小孩的一种选择。而针对我国计划生育试图通过减少生育率提高人力资本建设人才强国的角度来说，罗森茨维西和张（Rosenzweig and Zhang，2009）关于中国家庭的研究表明，多生一个小孩会降低家庭所有小孩的学习成绩、上大学的可能性以及健康程度。但是，这种数量和质量替代的情况并不意味着人口政策会显著促进人力资本积累。他们的研究表明一孩化的人口政策对于人力资本发展的贡献虽然存在但作用却是有限的。同样针对放松计划生育的方式，如果人口政策对于家庭教育投入的影响很大，那么放松计划生育政策在带来劳动力供给数量上升的同时可能会降低教育投入和人力资本。刘永平和陆铭（2008）分析了这两种作用方向相反的效应受哪些因素的影响，他们发现放松计划生育政策并不必然导致经济增长，具体取决于老年抚养比、资产产出弹性、少儿抚养比以及维持后代生存的必须照顾时间等参数设定。陈昆亭等（2008）通过一个内生人力资本模型指出，如果父母双方都是独生子女，那么允许二孩的计划生育政策有利于人力资本的长期增长。

也有许多学者直接考察生育率政策本身，如郭凯明（2013）在内生增长模型中引入人口政策，考虑技术工人和非技术工人差异带来的劳动力结构，指出人口政策对经济增长的影响取决于资本与劳动力结构的匹配程度，但是在现在情形下，人口政策对经济增长的影响会逐渐转向抑制作用，在分析人口政策对经济增长的影响时，有必要考虑资本与教育竞争的机制。许多学者针对人口红利逐渐消失的问题，指出可以通过适度放松中国的人口政策，来延缓人口红利的消失，从而维持经济的高速增长（于学军，2003；蔡昉，2004；陈友华，2005；王德文，2007）。但生育率水平的高低，或者生育政策对生育率水平的影响很大程度上受到经济发展的影响，所以在评估生育率政策影响的时候需要充分考虑社会因素（邹至庄，2005；都阳，2003）。

现有的文献已经从各个角度如创新、劳动力结构、人口红利、储蓄等，试图分析人口结构转变和生育政策对经济增长的影响。但是现有文献大多仅仅止步于分析人口结构或生育政策对劳动力结构等中间变量的影响，或者直接分析对经济增长的影响，而缺少中间机制的讨论。虽然部分文献提出评估生育率政策影响时，需要考虑社会对生育决策的反向影响，但是此方面的研究和理论分析尚且十分有限。本书通过将生育政策引入家庭—三部门模型，从理论上丰富生育率政策影响的传导过程分析：生育率政策通过影响家庭决策，从而影响劳动力结构、储蓄、创新，进而影响经济增长，并将人口的增长路径融合进模型，填补理论的空白。而本章的理论框架可以将生育率与经济增长的双向影响纳入其中，丰富了生育率政策的理论研究。同时通过数值模拟和实证分析，完善和弥补理论部分，从而得到更有实际意义的结论，为中国评估人口政策影响和接下来的政策措施提供有用的建议。总结来说，本章的理论创新点体现在三个方面：丰富生育政策对经济影响机理的讨论；同时考虑生育率内生化和与经济增长的相互关系；考虑了家庭的异质性。

第二节 模型框架

本章的理论框架如图 8-1 所示。

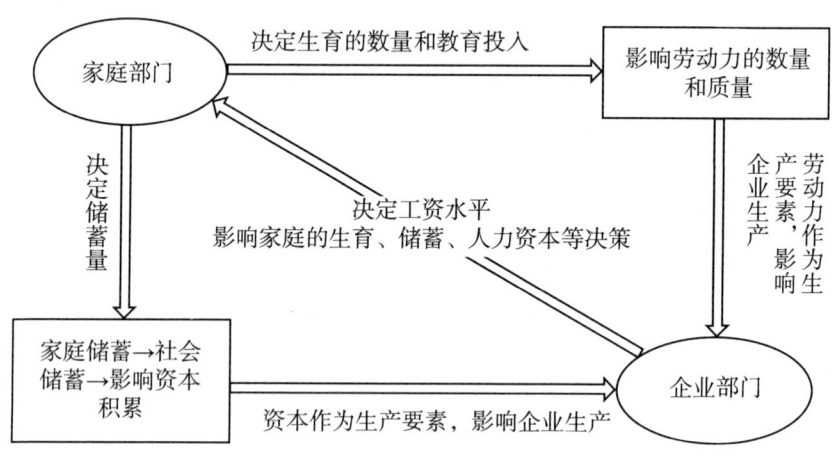

图 8-1 理论框架

模型主要借鉴及拓展了霍尔格·斯特鲁利克（Holger Strulik，2013）的研究框架，建立家庭—三部门模型。图 8-1 中的家庭部门是一个三期的代表性家庭模型；企业部门由最终生产部门、中间生产部门和研发部门构成，三部门的设定有利于分析技术进步。其中家庭在工资等约束下决定生育的数量、对子女的教育投入和为老年期消费进行的储蓄。家庭的生育和教育决策会影响到劳动力的数量和质量，而储蓄决策会影响到社会总储蓄量，进而影响资本积累。劳动力和资本作为生产要素影响企业生产，进而影响经济增长和技术进步。但是企业工资也具有内生性，工资水平反过来又会影响到家庭的各种决策。从这个角度，这个模型框架解决了生育决策和经济增长双向影响的问题。

基于此，结合我国国情，本章所构建的理论模型是在通常的家庭效用最大化基础上，加入了生育率政策、人力资本积累，以及人口增长模型。将内生化的生育率融入人口增长方程中，得到社会总人口以及社会总人口结构，为后续分析提供理论支持。下面是具体的模型设定。

一、家庭部门

家庭中，每个人生存三期：少年期、成年期、老年期。少年期由父母抚养，接受教育，积累人力资本，从而在进入成年期以后作为劳动力投入，获得收入；成年期负责抚养子女，赡养父母以及自我消费，除了这些当期的支出，还需储蓄一部分收入用以自己进入老年期后的消费；老年期只消费无收入，消费来源于子女的赡养和自己成年期的储蓄。为了简化模型设定，在不失一般性情况下，对赡养父母部分做了新的拓展，假设父母收到的赡养费是恒定的，但成年期为父母提供的赡养费的多少，受到人口结构的影响。如 t 期成年人口比重大，意味着同时期兄弟姐妹数量多，固定的赡养费均摊到每对成年夫妇身上就会相对较少，这个设定与现实直觉比较符合，即成年人口占比大时，成年人的赡养压力会相对较低。这个设定有助于将生育率政策变化带来的未来人口结构变化，纳入到家庭的决策中，与现实直觉也比较符合：社会整体人口结构会影响到当前的家庭决策。由此拓展了生育政策影响经济增长的一条途径。

接下来构建家庭的最优决策模型，决策由成年期夫妇决定：

$$\text{Max}\,\mu\log c_t + \mu\beta\log(c_{t+1}) + \gamma\log(\bar{e}+e_t) + \eta\log(n_t)$$
$$\text{s.t. } c_t + s_t + e_t n_t + F m_t = w_t h_t (1-\tau n_t)$$
$$c_{t+1} = R_{t+1} s_t + F$$
$$n_t \leq \bar{n}$$
$$e_t > 0 \tag{8.1}$$

其中，μ 为消费的偏好系数；β 度量时间偏好，反映对当期和下一期的消费偏好程度；γ 为父母对子女教育的关心程度；η 度量父母对子女数量的偏好程度；c_t 是当期（成年期）消费；c_{t+1} 是当期成年人的老年期消费；s_t 是当前储蓄；e_t 是每个子女的教育投入；$\bar{e}$ 同霍尔格·斯特鲁利克（Holger Strulik, 2013）一样，设定成子女对父母和同伴的观察和模仿而习得的教育，受环境和天赋影响；F 是老年期收到的固定赡养费；m_t 衡量赡养压力的大小，是与兄弟姐妹数量即成年/老年比人口结构呈反方向变动，m_t 越大，赡养压力越大，m_t 将在人口模型部分定义；w_t 是一单位劳动的工资；h_t 是一个家庭成年期提供的劳动力数量，也是成年期的人力资本数量；τ 是抚养每个子女投入的劳动力比重或投入的时间，体现对子女的重视程度；n_t 是生育的子女数量，$\bar{n}$ 是生育上限，代表生育政策。可以看出 $h_t(1-\tau n_t)$ 就是一个家庭扣除在抚养子女上投入的劳动力后，实际用于生产的劳动力数量。

假设人力资本的积累方程是：$h_{t+1} = A_h \left(\dfrac{e_t}{w_t}\right)^v h_t^{1-v} + \bar{e}$，其中，$A_h$ 度量教育带来的人力资本增加效益。$\dfrac{e_t}{w_t}$ 是为了去除通货膨胀的影响，因此除以名义收入。公式含义为：在原有天赋和经验习得教育 $\bar{e}$ 的基础上，下一代的人力资本积累受到教育投入和父母人力资本水平的影响。

二、企业部门

（一）最终生产部门

最终生产部门投入人力资本和中间品以生产最终品，获得收入，在完全竞争市场下追求利润最大化，没有定价权。其生产函数为 $Y_t = B_t (H_t^Y)^{1-\alpha} \int_0^{A_t} x_t(i)^\alpha di$。其中 B_t 是干中学带来的技术进步，假设干中学公式为 $B_{t+1} - B_t = d_1 L^{d_2}$，$H_t^Y$ 是所有家庭提供的人力资本中投入最终产品部门的部分，$x_t(i)$ 是最终产品部门生产所需的中间品，来自中间厂商。A_t 是这个中间品的数量，由研发部门决定，则其利润函数为：$\pi_t^Y = Y_t - w_t H_t^Y - \int_0^{A_t} p_t(i) x_t(i) di - c(H_t^Y - H_{t-1}^Y)^2$。其中 w_t 是人力资本工资，假设所有人力资本工资相同。$p_t(i)$ 是中间品价格，$c(H_t^Y - H_{t-1}^Y)^2$ 是调整成本。

（二）中间产品部门

中间产品部门投入人力资本和专利以生产中间品，获得收入，在垄断竞争市场下追求利润最大化，拥有定价权。每个中间品的利润函数为 $\pi_t(i) = p_t(i) x_t(i) - r_t k_t(i)$。假设一单位的资本 $k_t(i)$ 可以生产一单位的中间品 $x_t(i)$，即 $k_t(i) = x_t(i)$。其中 p_t 与最终生产部门一致，为中间品价格。r_t 为资本收益率，在完全竞争的货币市场下，与家庭部门的储蓄利率相对应。

（三）研发部门

研发部门基于以前的知识和投入人力资本，研发出新的专利，为市场提供新技术支持，在完全竞争市场下追求利润最大化。假设知识积累方程为 $A_t - A_{t-1} = \delta A_{t-1}^\theta (H_t^A)^\lambda$，其中 $0 < \theta < 1$，当 A_{t-1} 越大时，对知识积累的贡献幅度边际递减，

体现最简单的思想最早被发现,越复杂的思想越难被发现。$(H_t^A)^\lambda$ 体现人力资本的贡献,且贡献幅度边际递减,与琼斯(Jones, 1995)基本一致。

因此,研发部门的利润函数为:$\pi_t^A = p_t^A(A_t - A_{t-1}) - w_t H_t^A - d(H_t^A - H_{t-1}^A)^2$,$H_t^A$ 为投入研发部门的人力资本,$d(H_t^A - H_{t-1}^A)^2$ 是研发部门的调整成本。为了简化分析,这里假设专利权只持续一期,那么根据无套利条件,$p_t^A = \pi_t$,π_t 是中间厂商的利润。

同样本书假设资本积累方程为:$K_{t+1} = s_t N_t$。

三、社会人口[*]

与前两个部门相对应,将人口也分成三期:少年期、成年期、老年期。设少年期人口为 Q_t,成年期人口为 N_t,老年期人口为 P_t。由于一个家庭的成年人口,实质是一对成年夫妇。为了与之匹配,我们将社会上所有人口也两两匹配算作一个人口,比如一对男孩女孩算一个少年期人口,一对老年夫妻算老年人口。不考虑性别结构,鳏寡孤独等情况。那么,社会总人口实际上等于 $2(Q_t + N_t + P_t)$。假设社会人口的一半为 T_t,则 $T_t = Q_t + N_t + P_t$。

设一对成年夫妻生育率为 n_t,少年期存活率为 q_q,成年期存活率为 q_n,老年期不存活到下一期。

设基期为 $t-1$ 期,基期人口数量设为 Q_{t-1},N_{t-1},P_{t-1}。

在 t 期时,$Q_t = \dfrac{N_t n_t}{2}$,$N_t = Q_{t-1} q_q$,$P_t = N_{t-1} q_n$

其中,

$$Q_t = \frac{N_t n_t}{2} = \frac{n_t q_q}{2} Q_{t-1}$$

因此可写为:

$$Q_t = C_t Q_{t-1}, \quad N_t = C_2 Q_{t-1}, \quad P_t = C_3 N_{t-1}$$

$$C_t = \frac{n_t q_q}{2}, \quad C_2 = q_q, \quad C_3 = q_n$$

在 t 期以上时:

$$N_{t+1} = C_2 Q_t = C_2 C_t Q_{t-1}; \quad P_{t+1} = C_3 N_t = C_2 C_3 Q_{t-1}$$

$$Q_{t+1} = \frac{N_{t+1} n_{t+1}}{2} = \frac{n_{t+1} q_q}{2} C_t Q_{t-1} = C_{t+1} C_t Q_{t-1};$$

---

[*] 详细推导过程见本章后的附录。

$$N_{t+2} = C_2 Q_{t+1} = C_2 C_{t+1} C_t Q_{t-1}; \quad P_{t+2} = C_3 N_{t+1} = C_2 C_3 C_t Q_{t-1}$$

$$Q_{t+2} = \frac{N_{t+2} n_{t+2}}{2} = C_{t+2} C_{t+1} C_t Q_{t-1};$$

$$\cdots\cdots$$

$$Q_{t+n} = \prod_0^n C_{t+i} Q_{t-1}, \quad N_{t+n} = C_2 \prod_0^{n-1} C_{t+i} Q_{t-1}, \quad P_{t+n} = C_2 C_3 \prod_0^{n-2} C_{t+i} Q_{t-1}$$

总结可得人口方程：

以 $t-1$ 期为基期，那么：

t 期时，$Q_t = C_t Q_{t-1}$，$N_t = C_2 Q_{t-1}$，$P_t = C_3 N_{t-1}$

t 期以上时，$Q_{t+n} = \prod_0^n C_{t+i} Q_{t-1}$，$N_{t+n} = C_2 \prod_0^{n-1} C_{t+i} Q_{t-1}$，$P_{t+n} = C_2 C_3 \prod_0^{n-2} C_{t+i} Q_{t-1}$

其中，$n = 1, 2, 3, 4, \cdots$

$$C_t = \frac{n_t q_q}{2}, \quad C_2 = q_q, \quad C_3 = q_n$$

由此可推出一些重要的人口结构公式：

劳动力基数（成年人口）占总人口比重为：

$$\frac{N_t}{T_t} = \frac{N_t}{Q_t + N_t + P_t} = \frac{C_2 Q_{t-1}}{(C_t + C_2) Q_{t-1} + C_3 N_{t-1}} \tag{8.2}$$

$$\frac{N_{t+n}}{T_{t+n}} = \frac{N_{t+n}}{Q_{t+n} + N_{t+n} + P_{t+n}} = \frac{C_2 C_{t+n-1}}{C_{t+n} C_{t+n-1} + C_2 (C_{t+n-1} + C_3)} \tag{8.3}$$

老年抚养比为：

$$\frac{P_t}{N_t} = \frac{C_3 N_{t-1}}{C_2 Q_{t-1}} \tag{8.4}$$

$$\frac{P_{t+n}}{N_{t+n}} = \frac{C_3}{C_{t+n-1}} \tag{8.5}$$

少儿抚养比为：

$$\frac{Q_t}{N_t} = \frac{C_t Q_{t-1}}{C_2 Q_{t-1}} = \frac{C_t}{C_2} \tag{8.6}$$

$$\frac{Q_{t+n}}{N_{t+n}} = \frac{\prod_0^n C_{t+i} Q_{t-1}}{C_2 \prod_0^{n-1} C_{t+i} Q_{t-1}} = \frac{C_{t+n}}{C_2} \tag{8.7}$$

$$n = 1, 2, 3, 4, \cdots$$

在这部分，可定义家庭部分中 $m_{t+n} = \phi\left(\frac{P_{t+n}}{N_{t+n}}\right)$，其中 ϕ 是 $\frac{P_{t+n}}{N_{t+n}}$ 的增函数，$n = 0, 1, 2, 3, 4, \cdots$ 可以看到，老年抚养比和上一期生育率成反比，少儿抚养比

和这一期生育率成正比。很容易理解，这一期老年人来自上一期的成年人口，而这一期成年人来自上一期的少儿人口，少儿人口的数量取决于上一期成年人口和上一期生育率，所以当上一期生育率偏低，那么这一期成年人口相对于老年人口就会偏低，老年抚养比则偏高。而这一期少年人口取决于这一期成年人口和生育率，生育率越高，少年人口越高，因此少儿抚养比越高。老年抚养比和少儿抚养比虽然都是人口结构的重要指标，但蕴含的信息不同，老年抚养比的变化蕴含着上一期生育率的信息，而少儿抚养比的变化则蕴含着当期生育率的信息。

同样需要注意与模型密切相关的一些人口变量：劳动力基数、劳动力与人力资本存量。

劳动力基数就是成年人口：N_t。

劳动力是扣除抚养子女所需劳动力后，实际可投入生产的部分：$L_t = (1 - \tau n_t) N_t$。

人力资本存量部分就是，劳动力乘以人力资本部分，这部分是具有生产力的劳动力，也是生产中真正的劳动要素：$H_t = L_t h_t$。在企业模型部分，H_t 分成了 H_t^A 和 H_t^Y 两部分分别投入到研发部门和最终产品生产部门中。

第三节 理论分析

一、家庭行为

在第二节构建的模型中，已知家庭的决策模型为：

$$\text{Max} \mu \log c_t + \mu \beta \log(c_{t+1}) + \gamma \log(\bar{e} + e_t) + \eta \log(n_t)$$
$$\text{s.t. } c_t + s_t + e_t n_t + F m_t = w_t h_t (1 - \tau n_t)$$
$$c_{t+1} = R_{t+1} s_t + F$$
$$n_t \leq \bar{n}$$
$$e_t \geq 0 \tag{8.8}$$

在上述约束式下，求解使得目标函数值最大的 c_t、n_t、e_t 并得到 s_t。结果如下[①]：

[①] 具体计算过程见附录1。

(1) 当 $n_t \neq \bar{n}$ 时：

$$n_t^1 = \begin{cases} \dfrac{(w_t h_t - \tilde{F})\eta}{(\mu(1+\beta)+\eta)\tau w_t h_t}, & w_t h_t \leq z_t^1 \\ \dfrac{(w_t h_t - \tilde{F})(\eta - \gamma)}{[\mu(1+\beta)+\eta](\tau w_t h_t - \bar{e})}, & 其他 \end{cases} \quad (8.9)$$

$$e_t^1 = \begin{cases} 0, & w_t h_t \leq z_t^1 \\ \dfrac{\gamma \tau w_t h_t - \eta \bar{e}}{\eta - \gamma}, & 其他 \end{cases} \quad (8.10)$$

$$c_t^1 = \mu \frac{w_t h_t - \tilde{F}}{\mu(1+\beta)+\eta} \quad (8.11)$$

$$s_t^1 = \mu\beta \frac{w_t h_t - \tilde{F}}{\mu(1+\beta)+\eta} - \frac{F}{R_{t+1}} \quad (8.12)$$

(2) 当 $n_t = \bar{n}$ 时，

$$e_t^2 = \frac{\gamma w_t h_t (1 - \tau \bar{n}) - \gamma \tilde{F} - \mu(1+\beta)\bar{n}\bar{e}}{[\mu(1+\beta)+\gamma]\bar{n}} \quad (8.13)$$

$$c_t^2 = \mu \frac{w_t h_t (1 - \tau \bar{n}) - \tilde{F} + \bar{n}\bar{e}}{\mu(1+\beta)+\gamma} \quad (8.14)$$

$$s_t^2 = \mu\beta \frac{w_t h_t (1 - \tau \bar{n}) - \tilde{F} + \bar{n}\bar{e}}{\mu(1+\beta)+\gamma} - \frac{F}{R_{t+1}} \quad (8.15)$$

其中，$z_t^1 = \dfrac{\eta}{\gamma} \dfrac{\bar{e}}{\tau}$，$\tilde{F} = Fm_t - \dfrac{F}{R_{t+1}}$，生育率为正意味着 $\eta - \gamma > 0$。

结果（1）表示当"生育决策与生育政策不一致"时，家庭做出的生育、教育、消费、储蓄等各项决策，结果（2）表示当"生育决策与生育政策保持一致"时，家庭做出的教育、消费和储蓄决策。其中结果（1）由于存在角点解，使得当收入低于阈值 z_t^1 时，教育投入为 0。相应的生育、消费等决策也发生改变。这里的 $\bar{n}$ 就是生育政策规定的生育上限。

从结果来看，无论"生育决策与生育政策是否一致"，还是"收入是否低于阈值 z_t^1"，都存在一些相同的规律，譬如教育投入和家庭对子女质量偏好成正比。下面四个基本结论总结了影响生育数量、教育投入、消费水平、教育水平的一些共同因素[①]。

（一）四个基本结论

基本结论 1：生育数量（n_t），与对单个子女抚养投入（τ）成反比；与家庭

---

① 四个基本结论总结的是共同因素。当收入不同［如式（8.8）不同的生育决策］，或者生育决策不同，如结果（1）、结果（2），相同的参数也会有不同的影响。这种不同的影响将在后续总结为四类家庭。

赡养父母压力（$\tilde{F}$）、家庭的消费偏好（μ）、未来消费的偏好（β）成反比；与家庭对子女数量偏好（η）成正比。

其中抚养投入（τ）决定子女成长时期的生活水平和父母关爱，本章将这一点进行拓展与教育偏好（γ）一同作为子女"质量"维度[①]考察。大多数文献综述中将教育偏好（γ）和生育数量（n_t）的负向变动关系总结为质量和数量的替代关系。本节的结论显示，当家庭更加愿意为子女的成长投入更多的时间，以提高子女的生活质量和幸福感，也同样具有质量和数量的替代关系。而式（8.9）显示，在一般收入水平下（$w_t h_t > z_t^1$）的生育决策也符合教育偏好（γ）和生育数量（n_t）的负向变动关系。在我国的现实情况下，$w_t h_t \leq z_t^1$ 条件所代表的贫困家庭由于受到收入的极大约束，生育选择与教育偏好（γ）的替代关系确实并不显著。家庭赡养父母压力（$\tilde{F}$）、家庭的消费偏好（μ）和未来消费的偏好（β）则反映了人口结构和消费倾向。当社会人口结构老龄化、社会消费倾向上升时，会伴随社会总体生育率水平下降，这与西方发达国家的生育率发展路径一致。当家庭属于偏好数量型（η高），会选择生育更多的子女。

基本结论2：教育投入（e_t），与收入（$w_t h_t$）和对教育的重视程度（γ）成正比；与自学和学习环境（$\bar{e}$）成反比。

收入（$w_t h_t$）可以拆分成两部分来看，当单位工资水平越高时（w_t越高），家庭拥有更高的劳动回报率；当家庭（父母）的人力资本水平越高时（h_t越高），愿意投入的教育越大。当父母对子女质量重视程度很高时（γ），投入的教育越多，这点正好与基本结论1相佐。教育投入与自学和环境因素（$\bar{e}$）成反比，即当子女自我学习环境变好时，意味着教育投入成本下降，父母需要对子女投入的教育负担减轻。

基本结论3：消费水平（c_t），与家庭对消费的偏好（μ）和收入（$w_t h_t$）成正比，与赡养父母压力（F）、未来消费的偏好（β）成反比。

很直观可以理解，当家庭喜好消费时，会提高对当期消费水平，收入提高时可以用于当期消费的金额也会随之增大；而当家庭相对于当期消费，更注重未来消费质量时，会适当降低当期消费以增加储蓄为未来做准备；当赡养父母压力增大时，家庭需要减少消费去完成赡养的职能。

基本结论4：储蓄水平（s_t），与赡养父母压力（$\tilde{F}$）成反比，与家庭对消费的偏好（μ）、未来消费的偏好（β）成正比。

当家庭对消费的偏好提高时，家庭会更热爱于消费，无论是当期还是未来消费，所以提高一定的储蓄是必需的。当对未来消费偏好提高时，需要增加储蓄以

[①] 不同于其他文献单纯将教育多少作为质量维度。

满足未来消费。当赡养父母压力增大时，用于赡养的收入增加，可用于储蓄的收入减少。

从基本结论 1 到基本结论 4，可以看到：

这些代表家庭偏好的参数，一定程度上也体现了家庭所处的文化环境。从基本结论 1 可以看出，如果二孩政策本意希望能促进人口的增长，增加人口生育率，那么应该有针对性地加强家庭生育观点宣传，尤其是鼓励高人力资本家庭多生育（提高 η），也有利于提高生育率水平和生育质量。同样需要加大养老保障制度的健全，减少家庭的后顾之忧（$\tilde{F}$ 下降）。但是从中也可以看到一些趋势：随着家庭对子女重视程度越来越高，无论是在生活水平上还是教育质量上（τ 和 γ）基本会导致家庭选择少生优生。而基本结论 2 则从工资和人力资本的角度说明，可以通过健全劳动力市场，鼓励合理的劳动回报率，有助于提高家庭教育投入；另一方面来说，人力资本越高的家庭越愿意为子女投入教育。基本结论 3 则说明完善社会养老保障制度，不仅有利于促进生育率的提高，还有助于刺激家庭消费，有利于我国经济从外向型经济到内向型经济的转型。而结论 4 从另一角度说明完善社会养老保障制度的重要性：有利于增加储蓄，为企业投资提供更多的资本支持。

总结来说，提高劳动回报率从而提高家庭收入、完善养老保障制度从而降低家庭负担、鼓励生育和宣传家庭教育从而提高生育意愿和改善教育环境，有助于改善家庭的生育、教育、消费、储蓄等决策。然而也要意识到，随着家庭对子女生活和教育质量意识提高，生育率下降不可避免。

四个基本结论总结了共同的影响因素，然而稍作分析可以看出，同一个参数也可以产生不同的影响，例如式（8.9），当收入大于阈值 z_t^1 时，生育水平更容易受到子女天赋和教育环境的影响 $\bar{e}$。这种差异的影响可以归因于不同的家庭特征。前面介绍到我国二孩政策三大特征，其中第二点也提到，由于我国远快于发达国家的人口转变速度和经济增长速度，使得家庭结构也发生着快速变化，也导致了不同类型的家庭受到生育观念和生育政策的影响存在差异。因此对家庭决策进行结构分类是必要的。接下来，将根据结果（1）和结果（2）进行家庭的划分和定义。

（二）四类家庭

我们对结果（1）、（2）进行整理划分成四类，基本思路是结果（1）为一大类，代表生育水平不易受到生育政策影响的一大类家庭，结果（2）为一大类，代表生育水平受生育政策限制的一类家庭。其中"不易受生育政策影响"的这一大类家庭，根据收入阈值 z_t^1 划分为高收入家庭和低收入家庭，而高收入家庭中，进行参数分析时发现，当 $\tau\tilde{F}>\bar{e}$ 时，收入越高生育数量越多，反之，收入越高生育数量越少，因此根据 $\tau\tilde{F}>\bar{e}$ 将高收入家庭划分为两类，由此得到四类家庭，总结于表 8-1。

表 8-1　家庭的四个分类以及对应的生育、教育、消费和储蓄决策

项目	家庭 1	家庭 2	家庭 3	家庭 4
特征	1. 收入低 2. 决策取决于偏好，不取决于收入 3. 生育决策观念影响大，政策影响小 4. 偏好多生，教育投入少	1. 收入高 2. 决策既取决于偏好，又取决于收入 3. 生育决策观念影响大，政策影响小 4. 偏好多生，收入越高生育越多	1. 收入高 2. 决策既取决于偏好，也取决于收入 3. 生育决策受观念影响大，政策影响小 4. 偏好少生，收入越高生育越少	1. 收入高 2. 决策既取决于偏好，也取决于收入 3. 生育决策受生育政策影响大 4. 生育数量与生育政策一致
划分	$w_t h_t \leq z_t^1$ $\tau\tilde{F}<\dfrac{\eta}{\gamma}\bar{e}$	$w_t h_t > z_t^1$ $\tau\tilde{F}>\bar{e}$	$w_t h_t > z_t^1$ $\tau\tilde{F}<\bar{e}$	$w_t h_t > z_t^1$
生育决策	$n_t=\dfrac{(w_t h_t-\tilde{F})\eta}{(\mu(1+\beta)+\eta)\tau w_t h_t}$	$n_t=\dfrac{(w_t h_t-\tilde{F})(\eta-\gamma)}{[\mu(1+\beta)+\eta](\tau w_t h_t-\bar{e})}$	$n_t=\dfrac{(w_t h_t-\tilde{F})(\eta-\gamma)}{[\mu(1+\beta)+\eta](\tau w_t h_t-\bar{e})}$	$n_t=\bar{n}$
教育投入	$e_t=0$	$e_t=\dfrac{\gamma\tau w_t h_t-\eta\bar{e}}{\eta-\gamma}$	$e_t=\dfrac{\gamma\tau w_t h_t-\eta\bar{e}}{\eta-\gamma}$	$e_t=\dfrac{\gamma w_t h_t(1-\tau\bar{n})-\gamma\tilde{F}-\mu(1+\beta)\bar{n}\bar{e}}{[\mu(1+\beta)+\gamma]\bar{n}}$
消费投入	$c_t=\mu\dfrac{w_t h_t-\tilde{F}}{\mu(1+\beta)+\eta}$	$c_t=\mu\dfrac{w_t h_t-\tilde{F}}{\mu(1+\beta)+\eta}$	$c_t=\mu\dfrac{w_t h_t-\tilde{F}}{\mu(1+\beta)+\eta}$	$c_t=\mu\dfrac{w_t h_t(1-\tau\bar{n})-\tilde{F}-\bar{n}\bar{e}}{\mu(1+\beta)+\gamma}$
储蓄投入	$s_t=\beta c_t-\dfrac{F}{R_{t+1}}$	$s_t=\beta c_t-\dfrac{F}{R_{t+1}}$	$s_t=\beta c_t-\dfrac{F}{R_{t+1}}$	$s_t=\beta c_t-\dfrac{F}{R_{t+1}}$
其他	收入高低的分界线 $z_t^1=\dfrac{\eta}{\gamma}\dfrac{\bar{e}}{\tau}$，受到子女自我教育禀赋、父母对子女抚养投入、父母的教育偏好和生育数量偏好影响			

这四类家庭的生育、教育、消费和储蓄决策，除了受到前面四个基本结论中总结的因素影响外，不同家庭面对同样参数变化时会有不同的决策反应。

可以很明显看出，在生育决策方面，只有家庭 4 受到生育政策的限制，由于二孩政策是有限制性的放开政策，所以生育率与生育上限一致。而低收入家庭（家庭 1）和高收入家庭（家庭 2 和家庭 3）主要差别在于教育偏好（γ）和自学教育环境（$\bar{e}$）对生育率的影响程度不同。高收入家庭的生育决策更容易受到教育偏好（γ）和自学教育环境（$\bar{e}$）的影响。

在教育收入方面，家庭 1 作为低收入家庭的理论表示投入的教育为零，因而不受任何因素影响。家庭 2 和家庭 3 教育投入除了受到基本结论 2 中总结的因素影响，还与子女数量偏好（η）成反比，与子女单位抚养投入（τ）成正比；而家庭 4 由于决策受到政策扭曲大，教育投入与家庭对子女的教育偏好（η）无关，而与对子女单位抚养投入（τ）成反比。相比其他类家庭，家庭 2 受子女数量偏好影响最大。

在消费投入方面，不易受生育政策影响的三类家庭（家庭 1、家庭 2 和家庭 3）受到的消费影响因子类似，家庭 4 消费水平由于受到生育政策的扭曲则与子女数量偏好（η）无关。由于生育政策抑制和隐藏了家庭 4 对子女数量的欲求，数量偏好（η）对家庭影响力非常小，而与之对应，子女单位抚养投入（τ）和子女教育偏好（γ）则被激发出来，与前三类家庭不同，家庭 4 的消费需求还与子女单位抚养投入（τ）、子女教育偏好（γ）和自学和教育环境（$\bar{e}$）成正比。而生育政策作为子女数量偏好（η）的替代，其对消费水平的影响取决于单位教育投入和单位抚养投入的高低（$\bar{e}$ 和 $w_t h_t \tau$ 的高低），当单位教育投入高于单位抚养投入时，家庭 4 的消费水平和生育政策成正比。

而就储蓄水平而言，除基本结论 3 总结的因素外，和上述的消费投入是一样的。

从上面分析可以看到，同样的参数会对不同的家庭产生不同的影响，因此将结果做家庭的划分是必要的，从而可以制定更具有针对性的政策建议。

除了之前提到的具有普适效应的刺激消费措施，政府也应该精准定点制定政策。例如提高劳动回报率可以提高家庭的教育投入，但是对生育率的影响却不尽相同，需要关注收入的提高能否使得一部分低收入家庭（家庭 1）跨越收入阈值，从而增加该类家庭的教育投入（从 0 到正）和改变生育决策。收入的提高会使得家庭 2 增加生育率而使得家庭 3 降低生育率，因此需要关注家庭 2 和家庭 3 在社会上的占比结构，方能更好地判断对生育率的影响。同样需要关注家庭结构占比的教育决策，对家庭 2 和家庭 3 而言，对子女的更多付出（τ）往往也伴随着教育投入的增加；而家庭 4 决策在受到生育政策扭曲后，对子女的抚养投入（τ）和对子女的教育投入具有替代作用。此时政策应该首先精准定位容易受到生育政策限制的家庭，制定政策减轻父母的抚养压力，有利于提高未来人口的人力资本水平而不至于影响人口增长。针对低收入家庭（家庭 1），改善底层人民的教育环境对刺激消费有着重要的作用。像家庭 2 这类家庭，当对子女数量偏好越大时，消费水平和教育投入以及储蓄水平都会降低。数量效应会大于质量效应，政府应当针对这类家庭鼓励少生优育。

由于以家庭 1 为代表的低收入家庭，教育投入为 0，不利于社会人力资本的积累和技术进步。考虑到高收入和低收入的分界线，在其他条件不变的情况下，与子女自我教育禀赋 $\bar{e}$、生育数量偏好 η 成正比，和单位抚养投入 τ、教育重视程度 γ 成反比。直观上可以理解假设父母对于教育、消费等偏好和从前一样，当子女自我教育能力差时，父母需要投入更多的教育以保证效用最大化，当子女自我教育能力上升时，父母无须投入教育就可以保证同样的效用水平。当父母对生育数量偏好增大时，有限的资源，父母会将资源更多地投入到生育当中，数量增加带来的效用增加足以弥补教育投入减少带来的效用损失。而父母对子女抚养投入提高，则体现了对子女的重视程度，重视程度越高，越愿意投入教育；而教育偏好则不用多说。

所以如果希望社会上更多的家庭投入教育，提升社会整体人力资本水平。应当针对中低收入群体多加宣传教育的重要性，提升家庭对教育的重视程度，鼓励少生优育，有助于降低分界线，让更多的家庭投入教育。要充分发挥政府政策对各类家庭比重的影响。

二、企业行为与均衡增长路径

（一）企业行为[*]

企业模型部分，求解过程主要是利用利润最大化：
其中对中间产品部门求利润最大化，一阶导结果可得：

$$p_t(i) = p_t = \frac{r_t}{\alpha} \tag{8.16}$$

这意味着对于所有类型的产品，价格都是一样的。因此索引 i 可以去掉。也因为资本品都以同样的价格出售，等量需求，所有总资本为：$K_t = A_t x_t$。因此生产函数：

$$Y_t = B_t (H_t^Y)^{1-\alpha} \int_0^{A_t} x_t(i)^\alpha di$$

可以写成：

$$Y_t = B_t (H_t^Y)^{1-\alpha} A_t^{1-\alpha} K_t^\alpha \tag{8.17}$$

---

[*] 具体计算过程见附录 2。

（二）均衡增长路径（BGP）

均衡增长路径（BGP）是一种经济均衡状态，在这个状态下增长率和各部门劳动力比重都不发生改变。这里定义增长率为：

$$g_{x,t} = \frac{x_{t+1} - x_t}{x_t}$$

接下来分别求解均衡增长路径上的技术进步率、资本增长率、经济增长率：

1. 技术进步率

在研发部门中，技术积累方程为：

$$A_t - A_{t-1} = \bar{\delta} A_{t-1}^{\theta} (H_t^A)^{\lambda} \tag{8.18}$$

对式（8.18）进行变形可得式（8.19），其中 g_A 为技术进步率，g_H 是人力资本总量增长率①：

$$1 + g_A = (1 + g_H)^{\frac{\lambda}{1-\theta}} \tag{8.19}$$

而人口模型中，人力资本总量定义为：$H_t = h_t L_t$，变形可得式（8.20），其中 g_h 是人力资本增长率，g_L 是劳动力增长率：

$$1 + g_H = (1 + g_h)(1 + g_L) \tag{8.20}$$

将式（8.19）代入式（8.20）中可得技术进步率：

$$1 + g_A = (1 + g_h)^{\frac{\lambda}{1-\theta}} (1 + g_L)^{\frac{\lambda}{1-\theta}} \tag{8.21}$$

式（8.21）表明技术进步率主要由劳动力增长率和人力资本增长率决定。劳动力增长率主要受生育率影响，而人力资本增长率则取决于人力资本存量和教育投入。

结合家庭模型分情况讨论，结果如表 8-2 所示②。

表 8-2　　　　不同家庭决策下的技术进步率均衡增长水平

项目	生育选择	技术进步率
当教育投入为 0 时	情况 1：$n_t \neq \bar{n}$	$1 + g_A = \left(\dfrac{q_q}{2} \dfrac{\eta \bar{e} - \tau\gamma \tilde{F}}{[\mu(1+\beta)+\eta]\tau\bar{e}} \right)^{\frac{\lambda}{1-\theta}}$
当教育投入不为 0 时	情况 2：$n_t \neq \bar{n}$	$1 + g_A = \left(\left(\dfrac{\eta-\gamma}{\tau}\right)^{1-v} \dfrac{A_h q_q \gamma^v}{2[\mu(1+\beta)+\eta]} \right)^{\frac{\lambda}{1-\theta}}$
	情况 3：$n_t = \bar{n}$	$1 + g_A = \left(\dfrac{\bar{n} q_q A_h}{2} \left(\dfrac{\gamma\tau}{\eta-\gamma}\right)^v \right)^{\frac{\lambda}{1-\theta}}$

---

* 具体计算过程见附录 3。

① 在均衡增长路径上，因为各部门劳动力分布不变，因此 H_t^A 和 H_t^Y 以及 H_t 增长率相同。

② 计算过程见附录。

其中情况 1 为不对子女投入教育且生育率不受限的第一类家庭情况，情况 2 对应于投入教育但是生育率不受限的第二、三类家庭，情况 3 则与受生育政策限制的第四类家庭对应。在这三种情况下，我们分别计算得到对应的技术进步率。

本节接下来，按三种情形分析，第一种情形是分析生育政策不变下，各参数变化对均衡增长路径上劳动增长率（g_L）、人力资本增长率（g_h）和技术进步率（g_A）的变化影响；第二种情形是分析各参数不变情形下，生育政策变化对均衡增长路径上劳动增长率（g_L）、人力资本增长率（g_h）和技术进步率（g_A）的变化影响；第三种情形是对各参数变化下，生育政策变化对均衡增长路径上劳动增长率（g_L）、人力资本增长率（g_h）和技术进步率（g_A）的变化影响。

（1）第一种情形：生育政策（n）不变下，家庭对子女的数量偏好（η）、家庭对子女的质量偏好（γ）、家庭对子女的抚养投入（τ）、家庭对老人的赡养压力（$\tilde{F}$）这四个参数变化对均衡增长路径上的技术进步率的影响。得到如图 8-2、图 8-3、图 8-4、图 8-5，每幅图分别代表对应参数变化时，均衡增长路径上劳动增长率（g_L）、人力资本增长率（g_h）和技术进步率（g_A）的变化。其中情况 1、情况 2、情况 3 分别对应表 8-2 的三种情形。

首先，考察家庭对子女的数量偏好（η）变化对技术进步率的影响，见图 8-2。

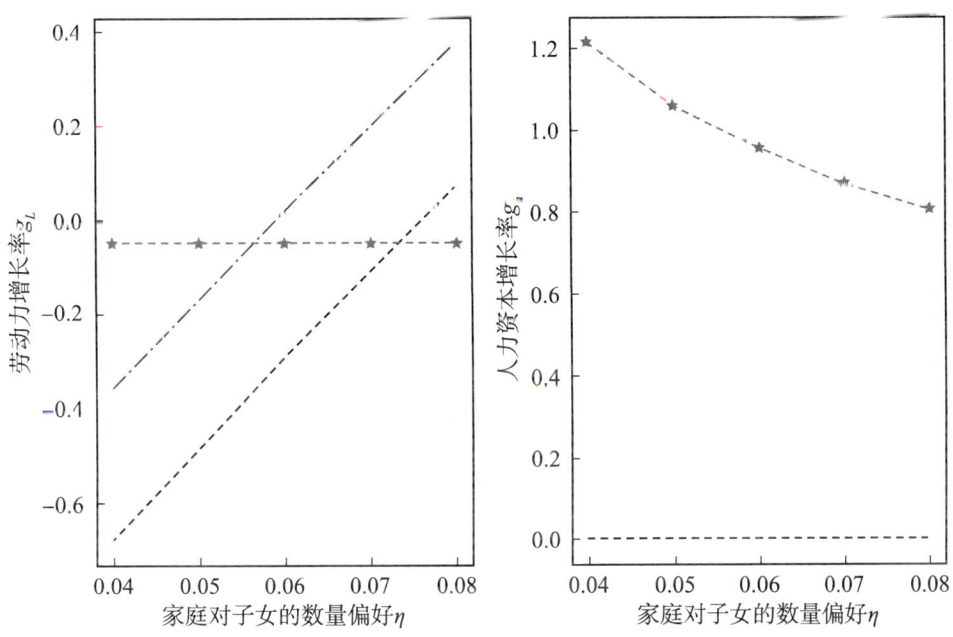

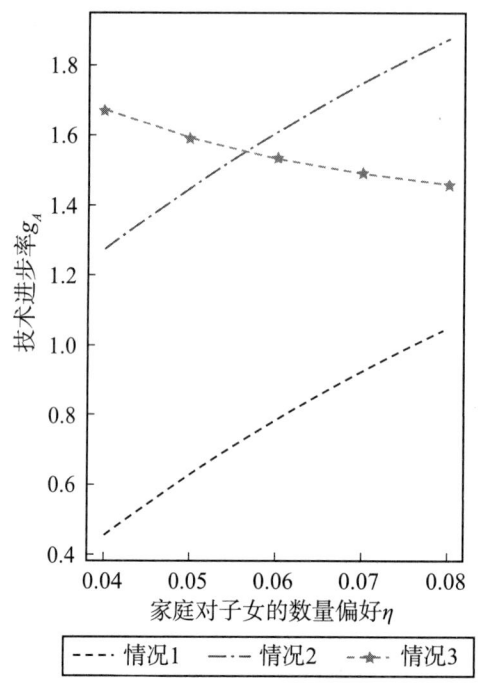

图 8-2　数量偏好（η）变化对技术进步率的影响

从图 8-2 可以看出，当 η 上升时，情况 3 劳动力增长率不变，是因为生育率恒等于生育政策规定的上限，而情况 1 和情况 2 劳动力增长率上升。由于"数量和质量的替代作用"，情况 2 和情况 3（重合）的人力资本增长率都在下降，而情况 1 由于不投入教育导致人力资本始终不变，人力资本增长率恒为 0。最终在情况 1（或情况 2）下劳动力数量的上升抵消了人力资本不变（或下降）的不利影响，使得当数量偏好上升时，进入知识生产过程的那部分劳动力数量相应增加，从而使技术进步率提高。而情况 3 下，由于家庭的生育决策受到生育政策限制，导致无法通过劳动力的增长抵消人力资本下降的趋势，技术进步率呈现下降趋势。

对照四类家庭可以得到，低收入家庭（家庭 1）由于教育投入已经到达最低限，当对生育偏好提升时，并不会影响人力资本的变化，反而会给社会提供更多的劳动力。而家庭 4 由于受到生育政策约束，在希望能生育更多子女而不得如愿时，对社会技术的进步是负面影响的。因此在鼓励家庭多生多育时应当考虑家庭 4 的占比，可根据实际情况，通过政策手段影响各类家庭的比重。

其次，考察家庭对质量偏好（γ）变化对技术进步率的影响，见图 8-3。

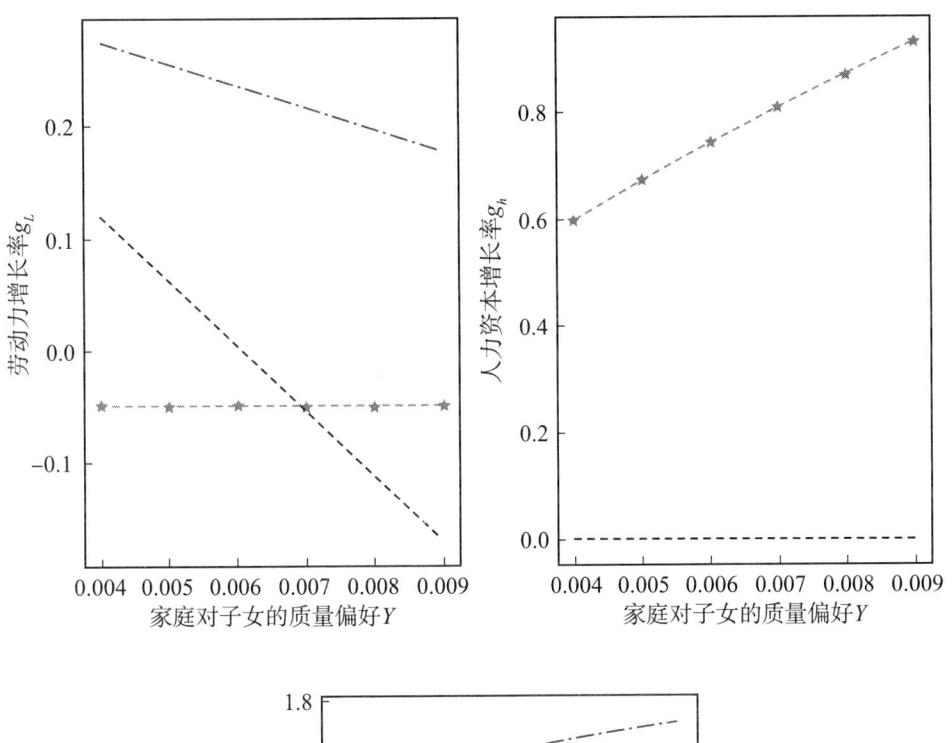
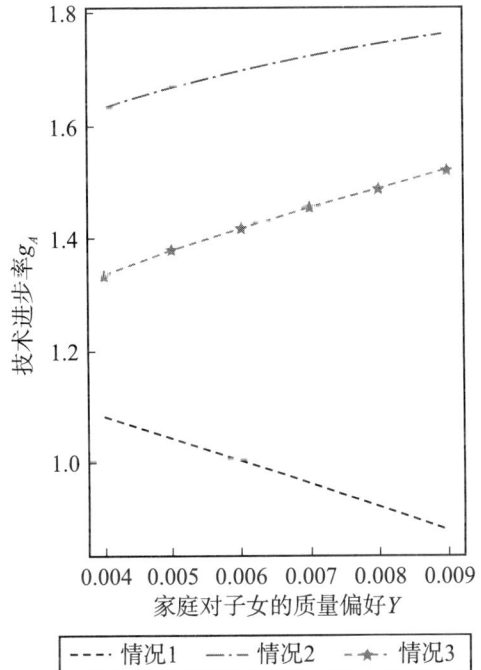

---- 情况1　—·— 情况2　-★- 情况3

图 8-3　质量偏好（γ）对技术进步率的影响

图 8-3 展示了家庭不同质量偏好（γ）下技术进步的变化，该图显示，当 γ 上升时，情况 3 受生育政策限制，劳动增长率不变，其他两种情况劳动力增长率下降，其中第一种情况下降速度最快，而情况 2、情况 3 的人力资本增长率则会上升，情况 1 因不投入教育增长率不变。总体上来说，人力资本的增长抵消了劳动力下降的不利影响，但是由于第一种情况无法带来人力资本的益处，最终带来了技术进步率的下降。

随着经济的发展，人们对子女教育重视程度的提高，在一定情况下有利于我国人力资本的积累。但是，如图 8-3 所示，我们也需要注意低收入家庭 1 所对应的情况 1，在情况 1 下，家庭 1 最终带来的还是技术进步的下降；而且从图 8-3 可以看到，家庭 1 对这种质量偏好的变化最为敏感。因此政策应当尽可能缩小贫困人口的比重，以及对贫困地区进行教育补贴使其后代能获得增长性的人力资本积累。随着教育意识的普及，贫困地区会逐渐降低对生育数量的偏好，而由于经济限制，即便少生子女，也无法提供更多的教育资源，最终导致这部分群体劳动力下降而人力资本未上升。如何降低贫困家庭的比重，可参见上一小节中对四类家庭的讨论。

再次，考察家庭对抚养投入（τ）变化对技术进步率的影响，见图 8-4。

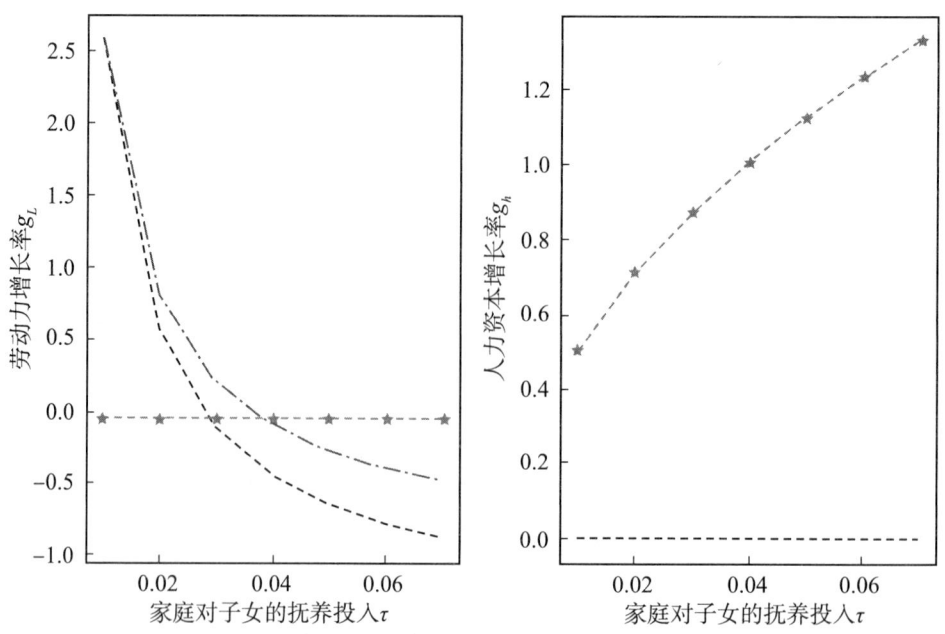

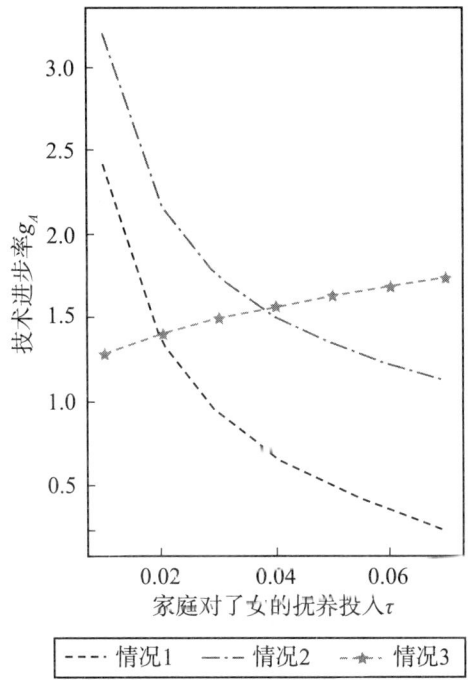

图 8-4 抚养投入（τ）对技术进步率的影响

家庭对子女抚养投入的增加，往往意味着在单个子女身上需要花费的精力和耗费更多劳动，一方面可以视为对子女重视程度的上升，另一方面也可视为负担的加剧和可供给劳动力的下降。如图 8-4 所示，当 τ（抚养投入）上升时，除了情况 3，劳动力增长率都在下降。家庭投入的增加使得人力资本上升（除情况 1）。最终对技术进步率的综合影响也不尽相同。

可以看到，情况 1 代表的家庭 1，由于收入水平低，而仍然需要对子女提供更多的劳动投入时，无论是自身可供劳动力，还是后代数量上都会受到负面影响。而情况 2 代表的高收入或者中产阶级人群，更多的付出也会缩减可供劳动。虽然情况 2 存在人力资本的上升，但无法抵消劳动力下降的不利影响（即，进入知识生产过程的那部分劳动力相应减少），最终和情况 1 一样带来技术进步率的下降。而情况 3 人力资本的作用更加强劲，最终带来技术进步率的上升。

同样的政策建议是，针对不同家庭的差异性影响，应当精准施政，总体上还是应该通过政策手段，加强公共基础设施建设，减轻家庭对子女的抚养压力。

最后，考察家庭对赡养压力（$\tilde{F}$）变化对技术进步率的影响，见图 8-5。

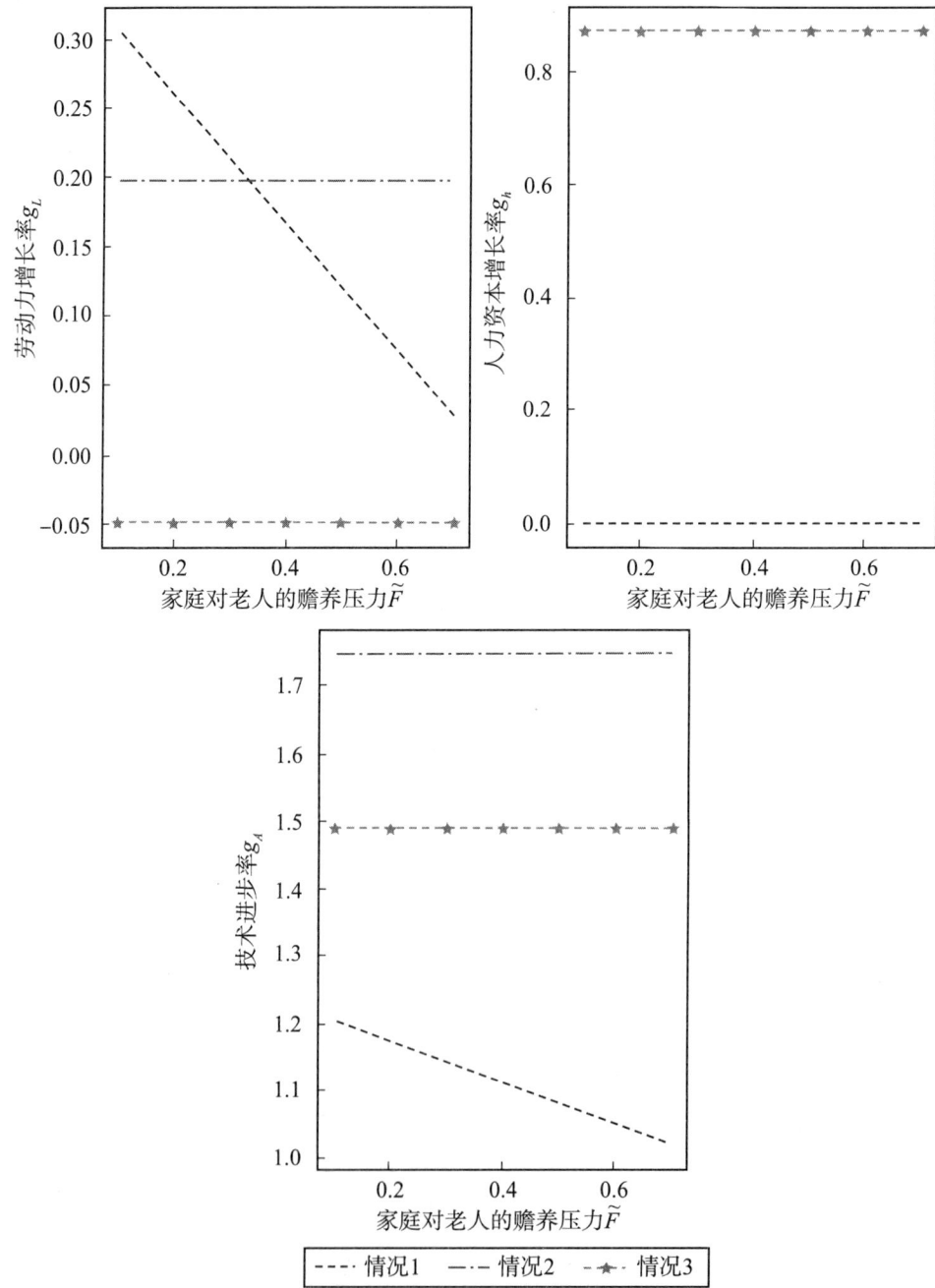

图 8-5 赡养压力（$\tilde{F}$）对技术进步率的影响

作为家庭的另一重压力—赡养压力增大时，会给情况 1 代表的贫困家庭带来最大的影响。很显然如果有一定的经济条件和社会条件，养老的压力会比贫困家庭的压力轻。因此影响也不显著。最终的综合影响，技术进步率依旧全部为正，但是家庭1带来的技术进步率在下降。因此在资源有限的情况下，首先应当选择减轻家庭1的赡养压力，对技术进步率的改善最为有效。

（2）第二种情形：家庭对子女的数量偏好（η）、家庭对子女的质量偏好（γ）、家庭对子女的抚养投入（τ）、家庭对老人的赡养压力（$\widetilde{F}$）这四个参数不变下，生育政策（$\bar{n}$）变化对均衡增长路径上的技术进步率的影响。得到图8-6，每幅图分别代表对应参数变化时，均衡增长路径上劳动增长率（g_L）、人力资本增长率（g_h）和技术进步率（g_A）的变化。其中情况1~情况3分别对应表8-2的三种情形。

由于只有家庭4（对应于情况3）受到生育政策的限制，因此也只有情况3有明显变化。从图8-6来说，生育政策的放宽对技术进步率的影响是积极的。也同样需要注意的是，在评估生育政策的影响效果时，应当考虑受政策限制的群体范围。

（3）第三种情形：家庭对子女的数量偏好（η）、家庭对子女的质量偏好（γ）、家庭对子女的抚养投入（τ）、家庭对老人的赡养压力（$\widetilde{F}$）这四个参数变化下，生育政策（$\bar{n}$）变化对均衡增长路径上的技术进步率的影响。得到图8-7，每幅图分别代表对应参数变化时，均衡增长路径上劳动增长率（g_L）、人力资本增长率（g_h）和技术进步率（g_A）的变化。其中情况1~情况3分别对应表8-2的三种情形。

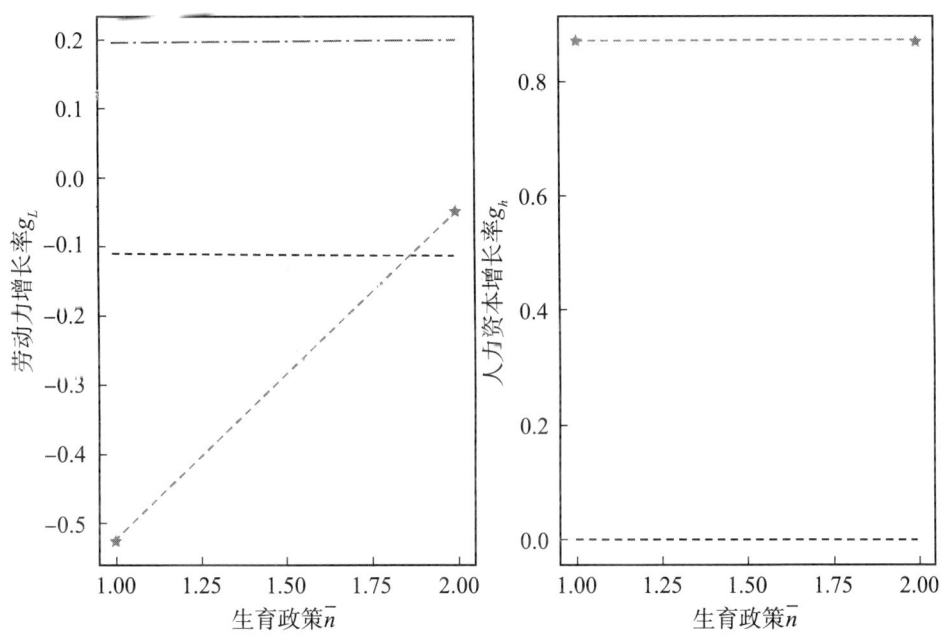

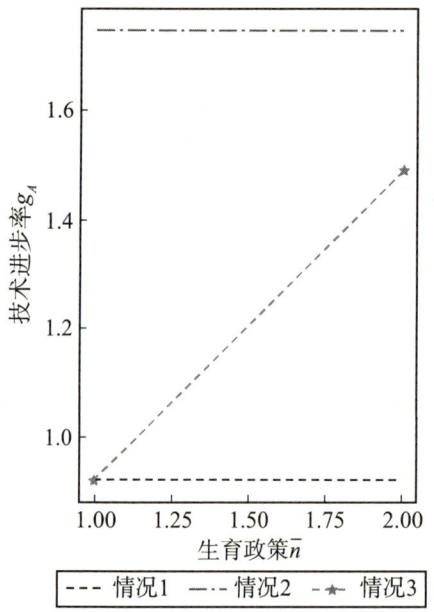

图 8-6 生育政策（$\bar{n}$）对技术进步率的影响

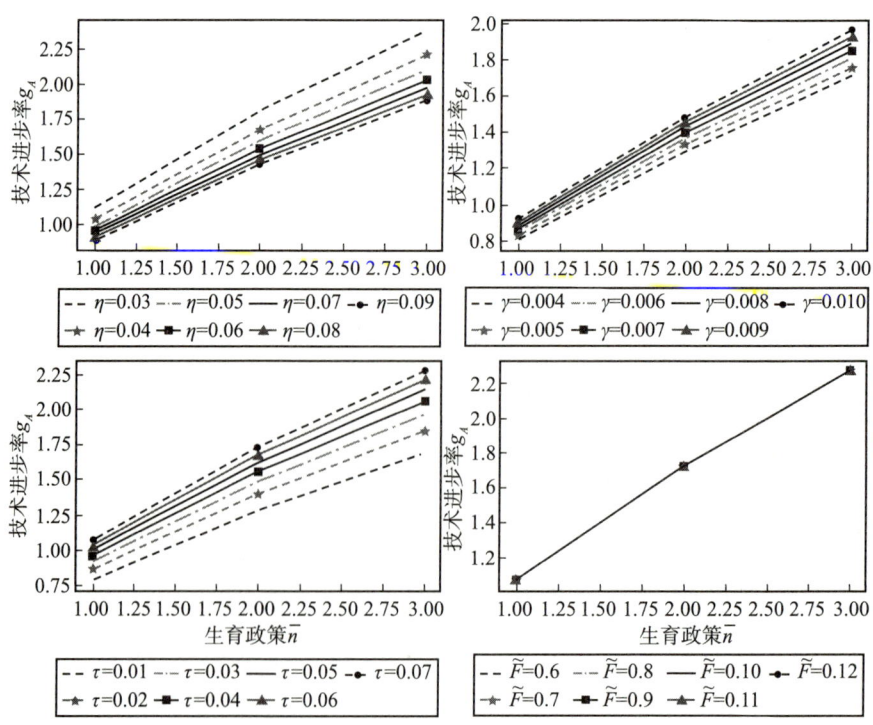

图 8-7 不同参数条件下，生育政策对均衡增长路径上技术进步率的影响

注：由于生育政策只影响情况 3，因此这里绘制的图形仅包括情况 3。

结果如图8-7所示，其他四个参数：数量偏好（η）、质量偏好（γ）、抚养投入（τ）、赡养压力（$\tilde{F}$）变化时，生育政策对技术进步率的影响有哪些变化。

横轴是生育率，纵轴是技术进步率。可以看到，参数的变化不会对生育政策的效果产生趋势上的影响。也就是对受生育政策限制的家庭施加影响，不会在实质上改变生育政策的效果。从影响方向上来看，家庭对子女的数量偏好越小（η越小），生育政策对技术进步率的积极影响越大，且数量偏好越小时，积极影响增加的幅度也随之变大。对子女的质量偏好则呈反方向变化。而抚养投入越大时，对技术进步率的影响越积极，但是影响幅度呈收敛趋势，因此针对家庭4的抚养类政策应当考虑最优的一个边界。而赡养压力基本不影响生育政策对技术进步率的影响。

2. 资本增长率和经济增长率

资本积累方程为 $K_{t+1}=s_t N_t$，对应的增长率公式是：

$$1+g_K=(1+g_s)(1+g_N)$$

因此资本增长率取决于储蓄增长速度和人口增长速度。

根据式（8.17）推导经济增长率，可得：

$$\frac{Y_t}{Y_{t-1}}=\frac{B_t}{B_{t-1}}\left(\frac{H_t^Y}{H_{t-1}^Y}\right)^{1-\alpha}\frac{A_t^{1-\alpha}}{A_{t-1}^{1-\alpha}}\frac{K_t^\alpha}{K_{t-1}^\alpha}$$

即：

$$1+g_Y=(1+g_B)(1+g_H)^{1-\alpha}(1+g_A)^{1-\alpha}(1+g_K)^\alpha$$

由于边干边学的递减收益，在稳定状态下 $g_B=0$，所以：

$$1+g_Y=(1+g_H)^{1-\alpha}(1+g_A)^{1-\alpha}(1+g_K)^\alpha \qquad (8.22)$$

将式（8.19）代入式（8.22）得：

$$1+g_Y=\left((1+g_A)^{\frac{1-\theta}{\lambda}}\right)^{1-\alpha}(1+g_A)^{1-\alpha}(1+g_K)^\alpha$$

因此，经济增长率取决于技术进步率和资本增长率。

由于资本增长率的解析式过于复杂，本节数理模型结果分析将在下一节的数值模拟部分，讨论资本增长率、经济增长率等的发展路径，以及生育政策的影响效果。

三、数值模拟

（一）参数估计

为了更好地解释和预测生育率政策对人力资本积累、技术进步率和经济增长的影响，并检验模型结论的适用性，本节将继续引入家庭结构，并通过参照我国相关数据，校准模型参数进行数值模拟。

首先关于生育率上限 $\bar{n}$，由于我国现实施的为二孩政策，且是本节主要分析对象，$\bar{n}$ 初始值设为 2。

生产函数中劳动产出弹性参数 $1-\alpha$，根据我国历年投入产出表，范围在 0.4 ~ 0.6 之间。为了加强参数设置的科学性，本节同样参考已有的文献研究结论，其中王小鲁和樊纲（2000）将劳动的产出弹性估值为 0.4，张军（2002）设置劳动弹性为 0.5，汪伟（2017）认为中国的资本产出弹性不可能长期高水平维持，将资本产出弹性设置为 0.4，对应而言，本节基准模型暂定为 0.5，后续会进行敏感性分析。

人力资本积累函数中教育弹性参数 v，郭凯明（2017）指出我国家庭代际收入弹性在 0.4 ~ 0.6 之间，而人力资本代际传递决定了代际收入弹性，以此推算，可以认为 $1-v=0.5$。因此设置 $v=0.5$。而知识积累方程相应参数为 $\theta=0.35$，$\lambda=0.45$，后续会进行敏感性分析。

本节人口数据基于 2010 年第六次人口普查数据，以 0 ~ 29 岁为少年期，29 ~ 59 为成年期，60 以上为老年期（一方面与现实结合，另一方面为了保证和前面模型相匹配，少年期、成年期和老年期时长应该差不多）。其中，根据普查数据，各期人口死亡率分别为 0.056%、0.247%、13.204%。各期临界点年龄的存活率是 0.05%、0.6%。由于模型简化假设老年期不存活到下一期，所以调整可得 $\{q_q,\ q_n\}$ 分别为 $\{0.95,\ 0.91\}$。基于普查数据，各期人口比重为 41.24%、45.44%、13.32%，因此我们将模型中 $t-1$ 期人口初始值设为 $\{Q_{t-1}=82,\ N_{t-1}=91,\ P_{t-1}=26\}$。数值大小不影响判断，本节主要研究趋势变化和增长率的变化。

从而根据 $\{K_t=S_{t-1}N_{t-1},\ N_t=q_qQ_{t-1},\ P_t=q_nN_{t-1}\}$ 得到：$\{K_t=100,\ N_t=77.9,\ P_t=82.81\}$，借鉴霍格·斯特里克（Holger Strulik, 2013）的设定，$B_{t+1}-B_t=d_1L_t^{d_2}$，其中 $d_1=0.4$，$d_2=0.008$，意味着每单位工人工资以 0.8% 的速度增长（根据国家统计局居民人均收入与支出数据，国民收入指数平均增长速度是 0.0018，国民收入平均增长速度是 0.125），用以表示干中学带来的技术进步。我们设 $B_{t-1}=14$ 作为初始值。而其他系数如 $\{A_h,\ \delta\}$，借鉴霍尔格·斯特鲁利克（Holger Strulik, 2013）设定初始值为 $\{14,\ 0.1\}$，$A_{t-1}=1$，后续的敏感性检验可以看出，这两个数值的设定影响并不显著。

由于本节参数众多，且鲜有文献类似本节的理论框架，许多参数不容易找到已有的文献结果进行对应。本节接下来的参数估计主要步骤为：设置基准模型，在之前已经确定的参数基础上，根据我国现有的数据，对待估参数进行调整，并进行敏感性分析，确保取值的稳定性和科学性，如果有文献涉及此参数，则进行对照分析。

为了更好地与现实做比较,我们将世代跨度转换成年度数据。设每一期为30年。

第一步,设置基准模型。根据国家统计局数据,1992年以来我国家庭储蓄率基本处于25%~40%之间。我们基准模型取家庭储蓄率为30%,对应模型参数即为$\frac{s_t}{w_t h_t}=0.3$。此外,根据模型分析中的设定,四类家庭的生育率范围应该分别为$\{n_t^1\in[2,4], n_t^2\in[2,4], n_t^3\in(0,1], n_t^4=2\}$,四类家庭对应的参数范围为:家庭1要符合$w_t h_t^1 \leq z_t^1$,$\tau^1 \widetilde{F^1} < \frac{\eta^1}{\gamma^1}\overline{e^1}$;家庭2要符合$w_t h_t^2 > z_t^2$,$\tau^2 \widetilde{F^2} > \overline{e^2}$;家庭3要符合$w_t h_t^3 > z_t^3$,$\tau^3 \widetilde{F^3} > \overline{o^3}$,家庭4要符合$w_t h_t^4 > z_t^4$。同时,$\eta > \gamma$,以保证生育率为正。除此之外,由模型可知,$R_t = \alpha^2 B_t (H_t^\gamma)^{1-\alpha} A_t^{1-\alpha} K_t^{\alpha-1}$,而根据我国利率特点,目前我国的利率体系包括官方管制利率和市场化利率。因此,确定R需要结合这两方面信息。官方管制利率中,1年期存款利率是中央银行调整其他档次利率的基础,1992年1季度~2009年4季度均值为4.8275%;市场利率多用7天同业拆借利率代表,1996年1季度~2009年4季度均值为3.96%。故R可定位两者均值1.0439,因此基准参数值的设定要满足$R_t = 1.05$。

第二步,为了参数设定与现实更符合,我们在经济含义上再对参数$\{\mu, \beta, \gamma, \tau, \overline{e}, h, m_t, F, \eta\}$做一些设定:如家庭1收入低,往往代表着我国的低收入家庭群体,这类家庭往往无法给子女提供良好的教育环境,除少数天赋异禀,大部分子女会受到环境约束,难以通过自我学习获得知识,因为$\overline{e}$相比较其他家庭偏低;同样,由于受到收入低的影响,这类家庭的消费欲望往往也会比较低,以勤俭节约为主,所以μ相比较其他家庭偏低;低收入家庭往往父母文化水平有限,因此$\overline{e}$相比较其他家庭偏低;虽然低收入家庭养儿防老动机更强,但是随着社会的发展,提高子女的质量也有利于养儿防老,而且家庭对子女教育的重视已经不局限于收入高低,所以η和γ并不能一概而论。而家庭2和家庭3主要区别在于对生育率的选择上,家庭2明显表现出对生育率的偏好更多,因此这里假定$\eta^2 > \eta^3$。假设所有家庭的m_t都受到社会总体成年/老年比影响,在这里假设$m_{t+n} = \phi\left(\frac{N_{t+n}}{P_{t+n}}\right) = \frac{P_{t+n}}{N_{t+n}}$,这种简化不影响分析结果。

因此,当四类家庭比重$\{a_1, a_2, a_3, a_4\}$分别为$\{0.2, 0.1, 0.2, 0.5\}$时,我们可以得到家庭参数如表8-3所示。

表 8-3　　　　　　　　四类家庭主要参数估计结果

第一期	生育率	教育投入	平均值	利率
家庭 1	2.61808	0	平均生育率	1.05897
家庭 2	1.92076	0.01718	1.89021	
家庭 3	0.87259	0.01719	平均储蓄率	
家庭 4	2	0.01773	0.30088	

注：结果符合上文的各项要求。

（二）参数设定的稳健性检验以及主要指标走势

为了保证参数估计的科学性，本部分将比较各个参数在不同取值下，生育率政策对资本增长、技术进步和经济增长，相应的资本增长率、技术进步率和经济增长率影响的变化情况。并且通过对关键变量的分析保证其参数设定稳定且符合经济预期。

通过检验关键性变量具有恰当的经济含义，以保证参数设定的稳定性和科学性。

首先是利率变化，可以看到，最初的利率和目前现实水平基本一致，而在理论假设情况下，利率持续增长，但仍保持在正常水平上，没有出现不符合预期的数值。

其次是人力资本水平变化，可以看到家庭 3 的人力资本增长最快，这符合前面对家庭 3 的假定：高收入高级知识分子低生育偏好，家庭 4 其次，家庭 4 代表了中产阶级家庭。而家庭 2 因为对生育偏好大，由于质量和数量的替代效应，人力资本出现幅度不大的下降。家庭 1 根据模型假定，教育投入为 0，则人力资本水平一直保持在 $\bar{e}$ 的水平。因此人力资本的变化也基本符合经济逻辑（见图 8-8）。

图 8-9 中的收入水平计算公式是工资减去边界值，即 $c = w_t h_t - \frac{\eta}{\gamma}\frac{\bar{e}}{\tau}$。当数值为正代表在低收入界限之上，可以归为家庭 2、3、4 类，当数值为负代表收入水平在低收入水平线之下，属于家庭 1 范围内。可以看到家庭 3 增长最快，家庭 4 其次，家庭 2 缓慢增长，家庭 1 有小幅增长但几乎可以忽略不计，家庭 1 始终在低收入家庭行列。这说明单纯靠家庭自身的人力资本积累，贫困家庭很难越过贫困线，需要政府更多外在的助力，也符合现实的情况。当我们目光转向生育率水平时，可以看到家庭 1 和家庭 2 都首先有一个生育率缓慢下降阶段，之后进入生育率快速下降阶段，最终再趋于平稳。这和西方发达国家的生育率变化路径一致。总和生育率水平持续下降。对比之前的人力资本，可以看到两者确实呈现反方向变化：人力资本持续上升，总和生育率水平下降。这个模拟也符合其他文献研究结果。

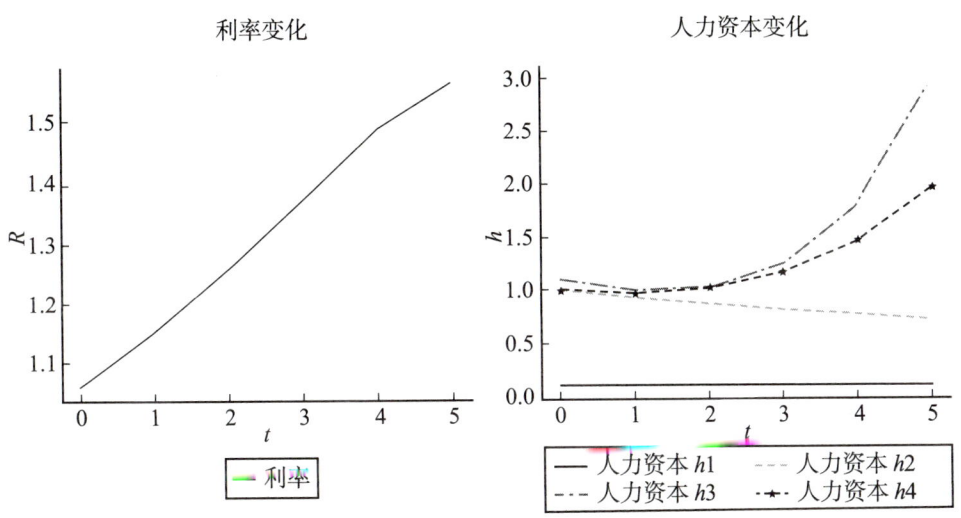

图 8-8 利率水平和人力资本水平变化

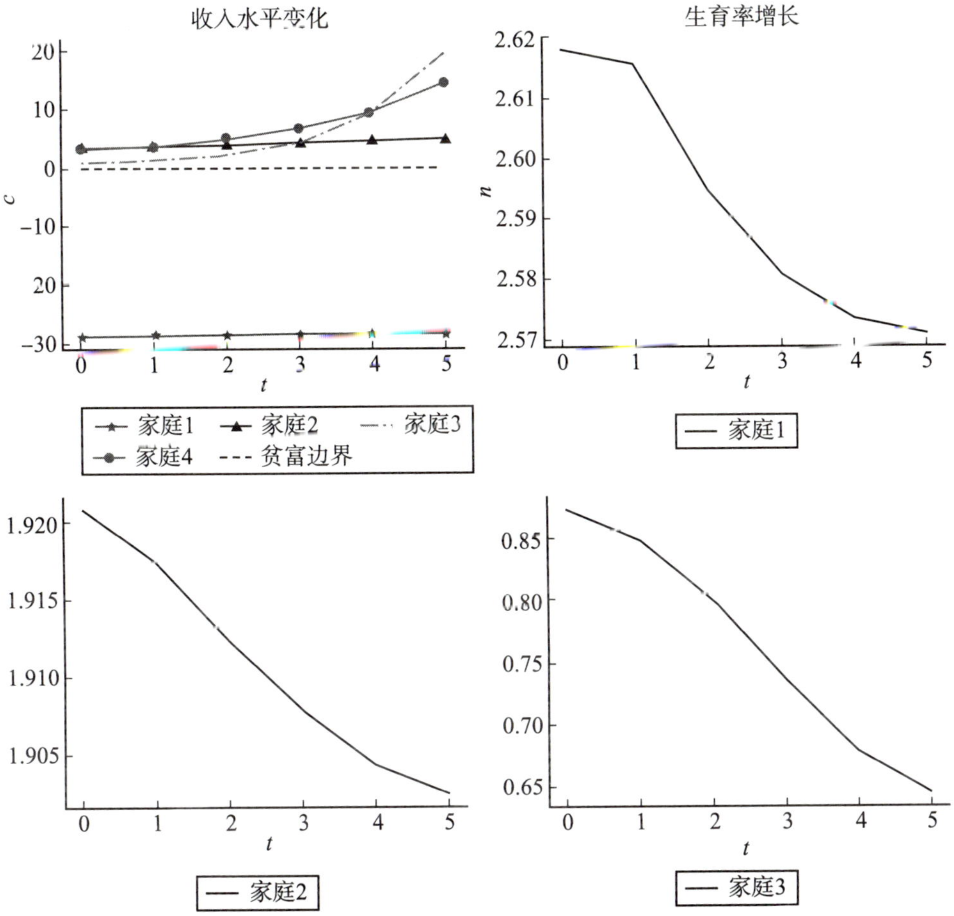

第八章 生育政策选择与潜在增长率：一个简单的人口内生模型

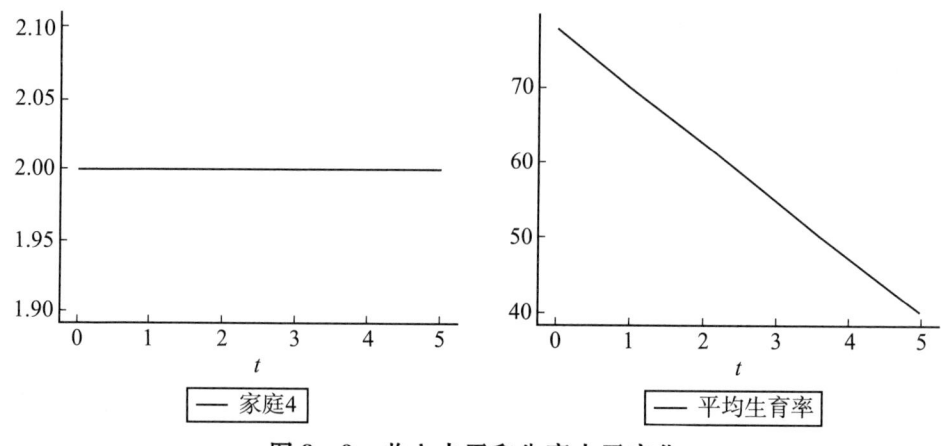

图 8-9 收入水平和生育水平变化

图 8-10 显示人口增长呈现持续下降。其实很容易理解,在本章模型中,人口以家庭为单位划分,而总和生育率一直低于 2。一个家庭有一对夫妇,如果生育率少于 2 就意味着人口的净增长为负,人口自然会持续下降。但是由于人力资本的增长,人力资本总量最终克服劳动力下降带来的负面影响,趋势从下降转向上升。

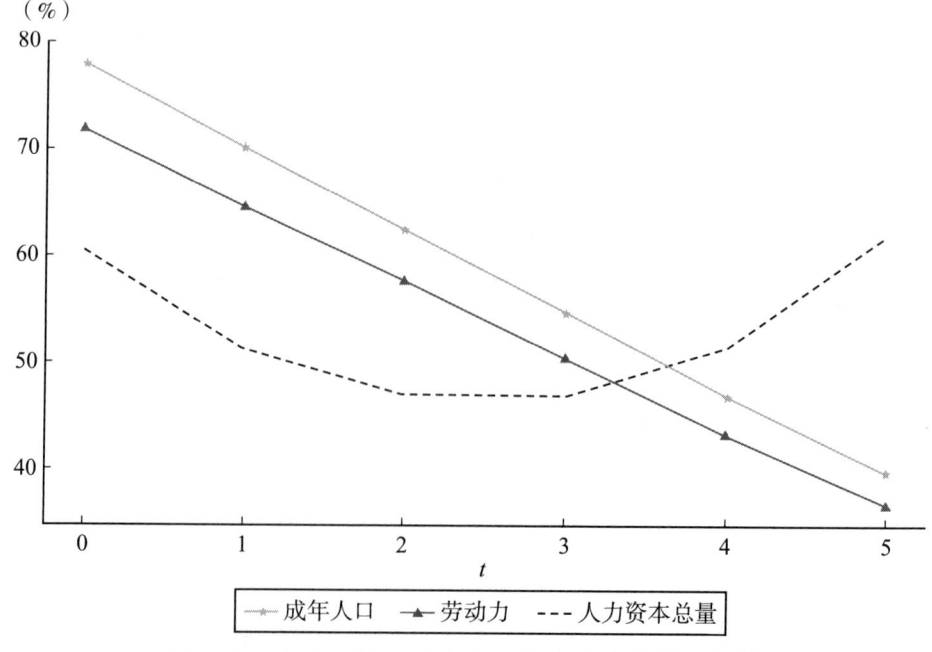

图 8-10 成年人口—劳动力—人力资本总量变化趋势

当我们将目光转向储蓄、资本、技术进步、产出时,从图 8-11 可以看到,经济保持持续增长。资本积累开始有一个下降的过程,之后加速上升,而技术进步持续上升,之后趋于收敛。资本积累和储蓄总量相关。可以看出家庭 3 由于收入高、人力资本积累快,储蓄也是最快最多的。政府应该多鼓励家庭 3 的产生。家庭 4 和社会平均水平差不多。当我们考察储蓄、资本、技术进步、产出对应的变化率时,从图 8-12 可以看到,经济增长率持续上升,技术进步率先变化不大到缓慢下降再到加速下降过程,资本增长率由负转正后持续上升,平均储蓄增长率上升。

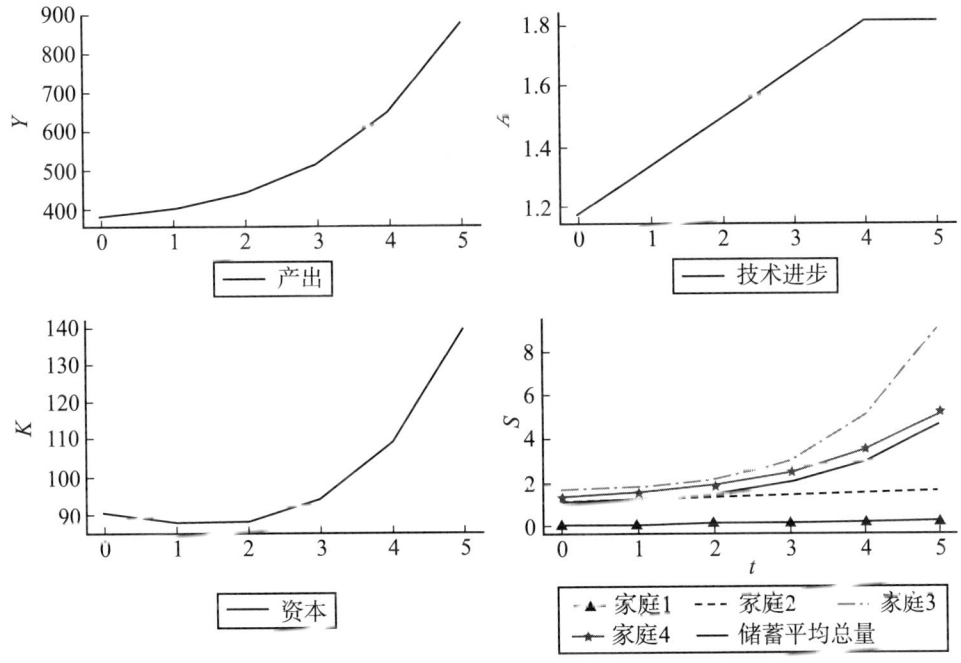

图 8-11 储蓄、资本、技术进步、产出的变化趋势

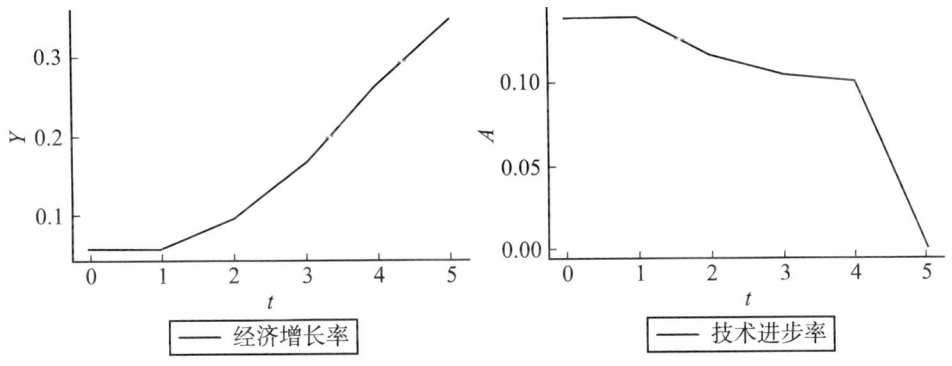

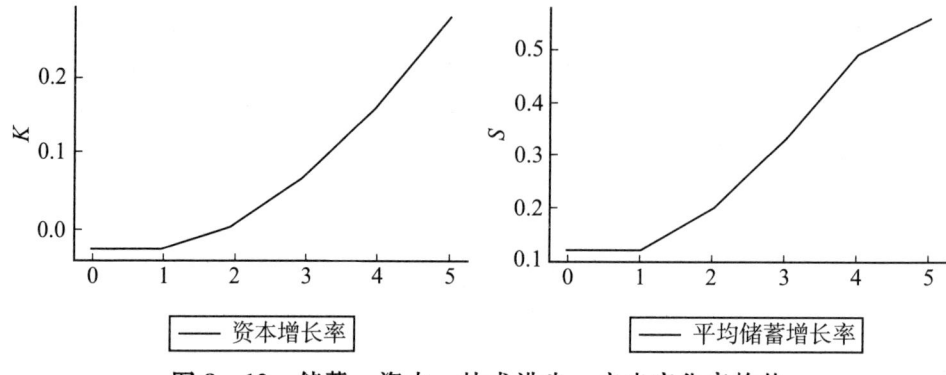

图 8-12 储蓄、资本、技术进步、产出变化率趋势

综上可以看到,在本节估计的参数下,关键变量基本符合经济逻辑和经济预期,参数的估计具有科学性。回归到本节的主题上,在已证明参数科学的情况下,下面继续探讨生育政策对经济增长的影响。

(三) 家庭参数分析和人口结构变动

由图 8-13 可知,家庭 4 对经济增长的作用是比较明显的。而家庭 2 不利于资本积累,主要原因在于储蓄量的不足(见图 8-14)。可以看到当家庭 1 转换成家庭 3 时对经济增长以不利为主(见图 8-15)。

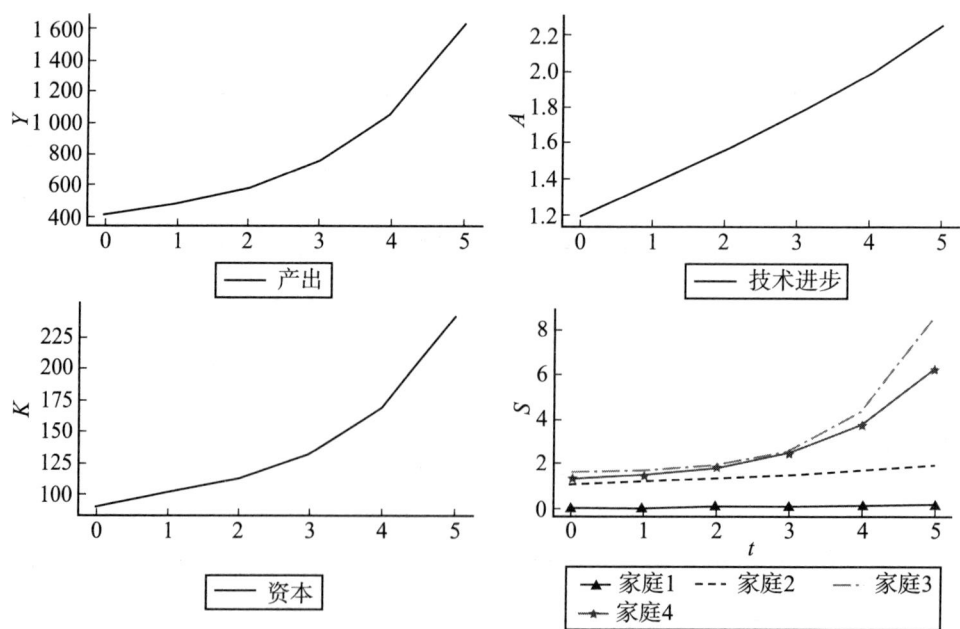

图 8-13 当家庭 4 的比重上升为 1 时

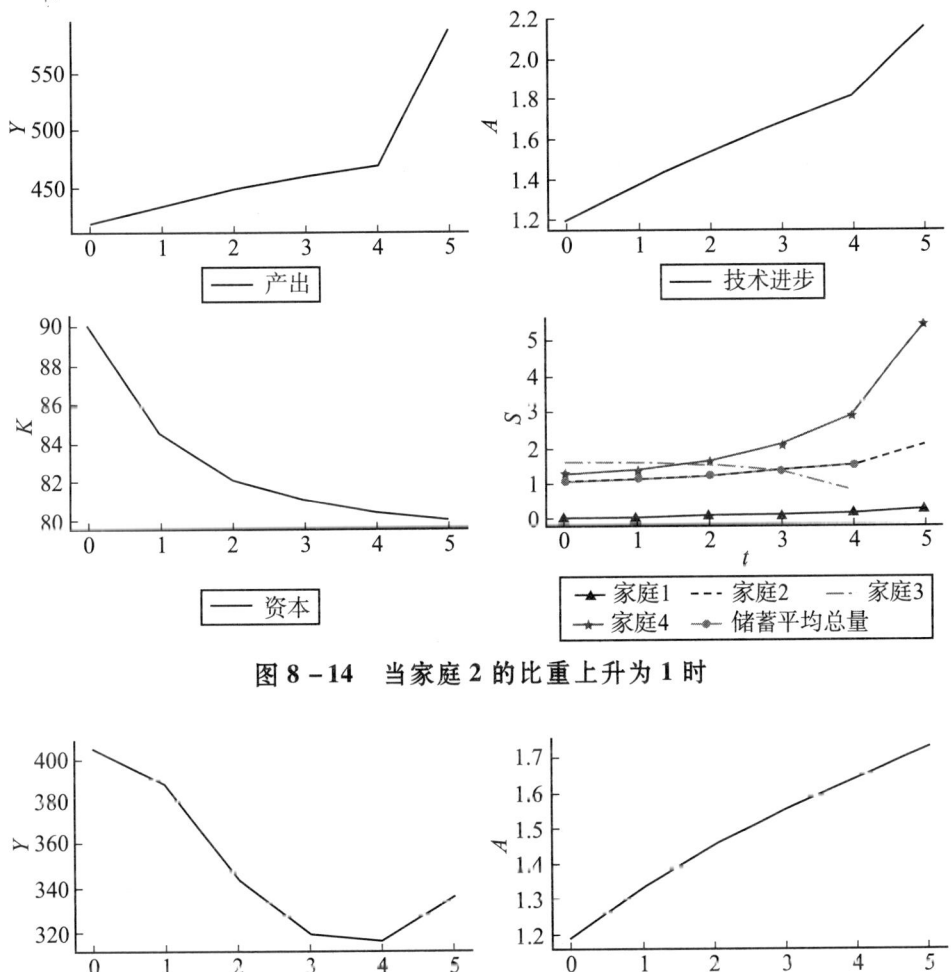

图 8-14 当家庭 2 的比重上升为 1 时

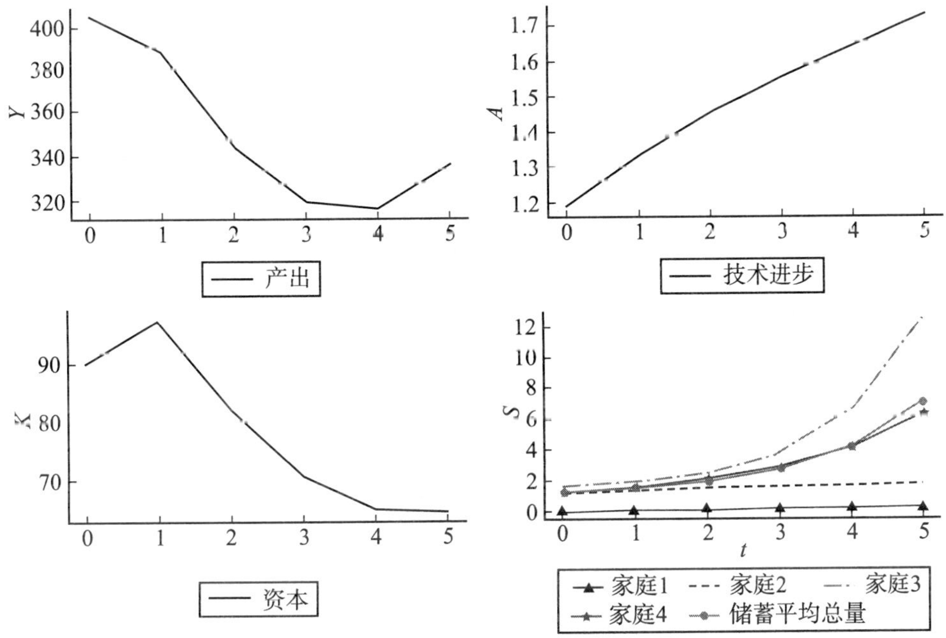

图 8-15 减少家庭 1 的 0.1 份额,增加家庭 3 的 0.1 份额

考虑抚养比时，图 8-16 虚线代表生育率，带三角标记实线代表老年抚养比，随着时间的推移出现先下降后上升的情况。根据前面人口模型的假设，老年抚养比与上一期生育率成反比关系，在前面参数估计部分，我们根据人口数据假设 $t-1$ 期人口初始值设为 $\{Q_{t-1}=82, N_{t-1}=91, P_{t-1}=26\}$，这暗含着按照本章人口部分的设定，倒推得到 $t-1$ 期的生育率为：1.8022，而由于二孩政策的放开，我们得到的 t 期的生育率将近 1.90，之后生育率继续下降，因此老年抚养比会呈现先下降后上升的趋势，这也说明了二孩政策的放开在短期内有助于缓解人口老龄化问题，长期效果不佳。而由于从 t 期开始，生育率就不断下降，因此少儿抚养比一直处于下降状态。

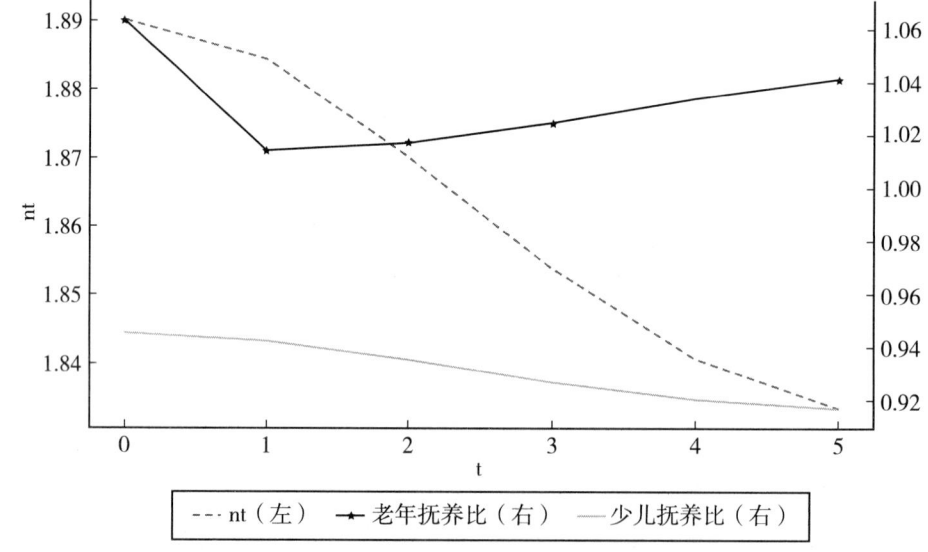

图 8-16 少儿、老年抚养比和生育率

从图 8-16 的分析也可以部分看出，老年抚养比的变化其实是包含了上一期生育状况的信息。因此使用老年抚养比进行回归时，实际上是在考察上一期生育率和经济增长之间的关系，而使用少儿抚养比进行回归时，是在考察这一期生育率和经济增长之间的关系。

我们继续看一下少儿抚养比、老年抚养比和少儿老年抚养比与平均储蓄率、技术进步率、资本增长率以及经济增长率之间的关系。

从图 8-17 可以看到，老年抚养比与平均储蓄增长率、资本增长率、技术进步率以及少儿抚养比基本呈现同向变动，而少儿抚养比的反向变动更为显著。

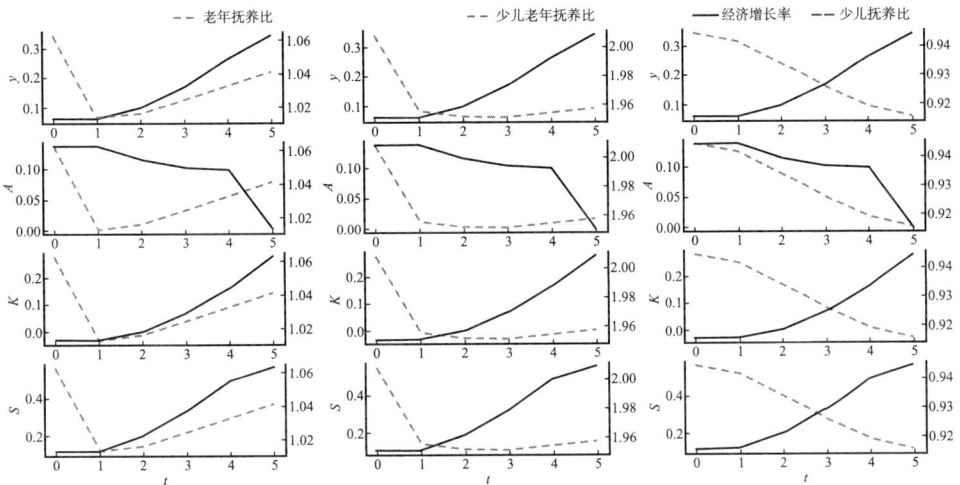

图 8-17 抚养比与平均储蓄总量、技术进步总量、资本总量以及经济增长总量

(四) 参数不变情况下, 生育率政策的影响

首先在假设其他参数不变的情况下, 考察生育率政策可能产生的影响。

在图 8-18、图 8-19 中, 我们分别考察了生育政策为一孩政策 $\bar{n}=1$, 二孩政策 $\bar{n}=2$ 和全面放开生育政策 (家庭 4 比重为 0, 转为家庭 3)。其中图 8-18, 为了更加方便考察, 横轴为生育政策 $\bar{n}=1, 2, 3$ 的情形。图 8-19、图 8-20 是与一孩政策做对比, 可以看到, 二孩的放开对劳动力的影响是有作用的, 但是在技术进步方面不尽如人意。

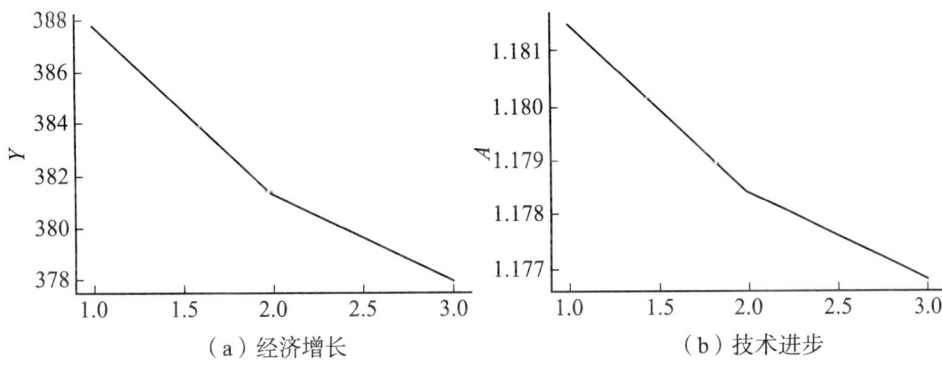

(a) 经济增长 (b) 技术进步

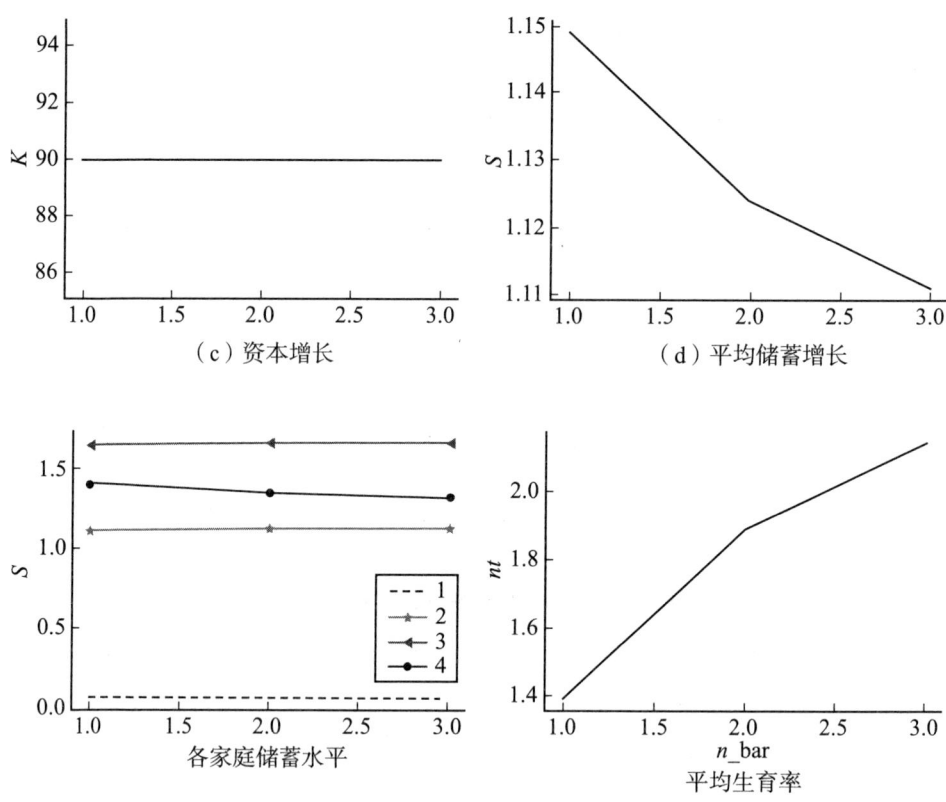

图 8-18 储蓄、生育率、资本、技术进步、产出增长趋势

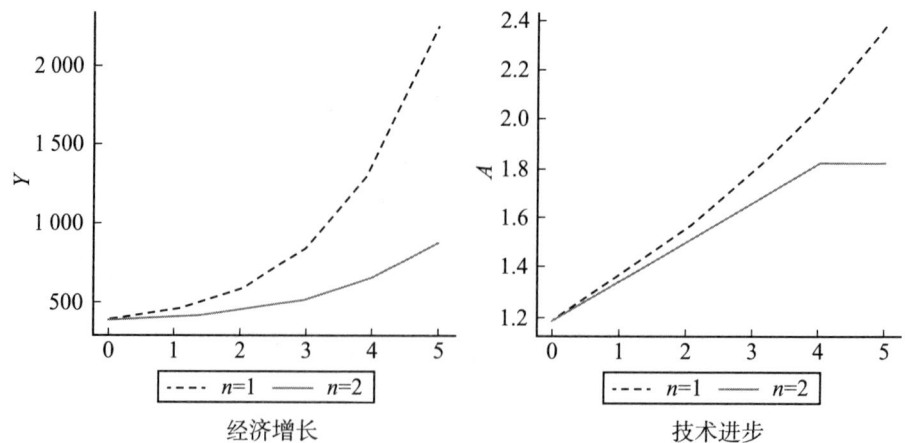

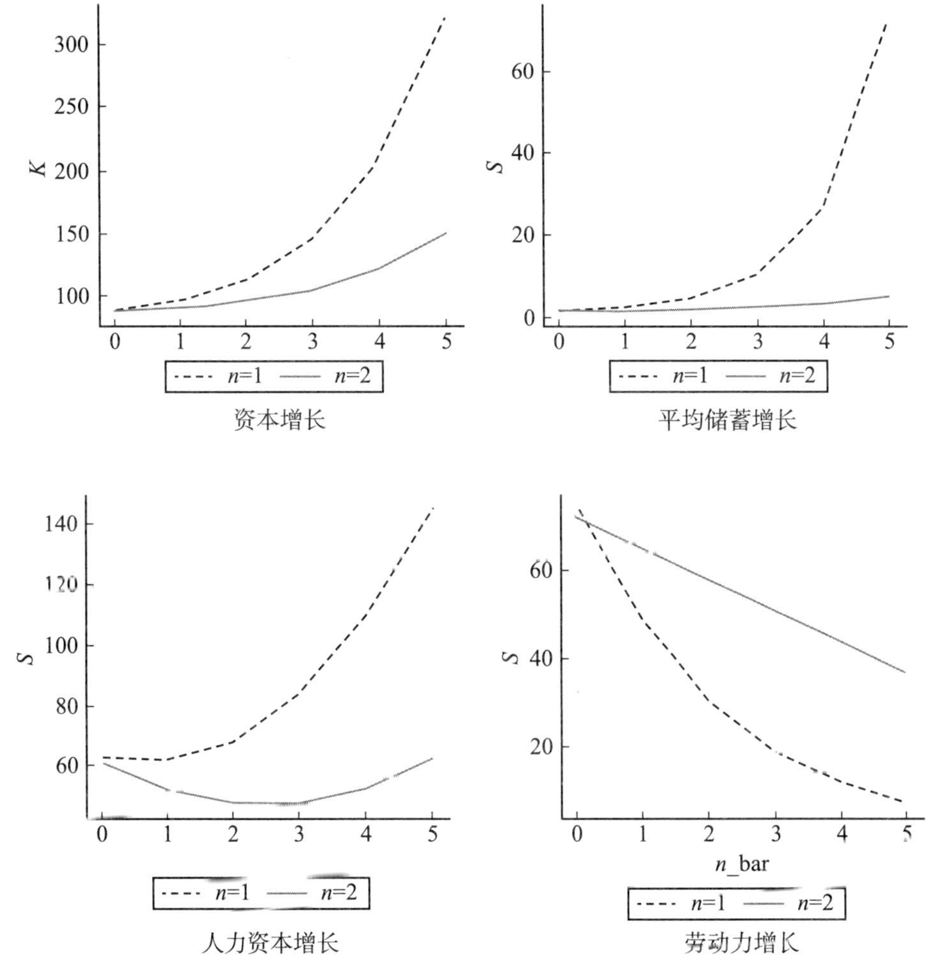

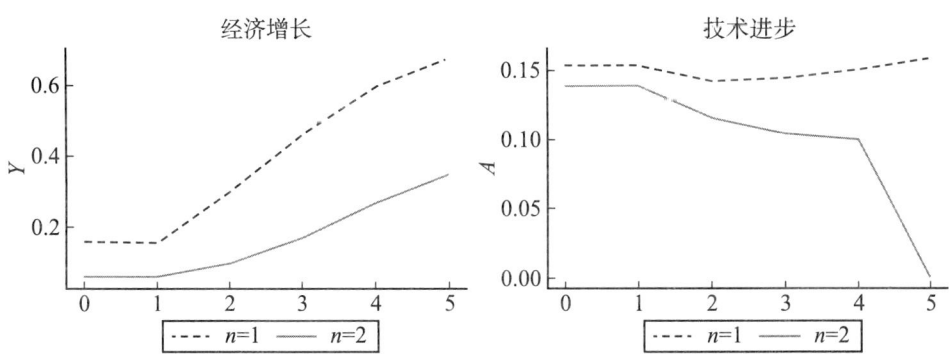

图 8-19 当生育政策变化时储蓄、资本、技术进步、产出增长趋势

第八章 生育政策选择与潜在增长率：一个简单的人口内生模型

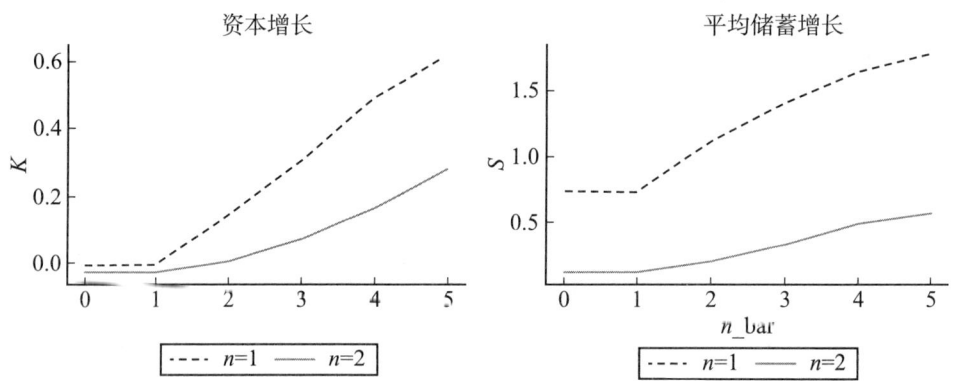

图 8-20 当生育政策变化时储蓄、资本、技术进步、产出增长率趋势

从技术进步可以看到，当我们假设生育率比预期要高一些时，把生育政策的上限略微调高一个百分点。如图 8-21 所示，$\bar{n}$ 从 2.1 开始，基本可以从第二期开始超越一孩所可能的技术进步情况。其中 2.1 表现最好，其次是 2.5。从某种程度上来看，2.1 和 2 在数值上差别不大，但是带来的影响却全然不同，我国二孩政策开放带来的经济影响在一定程度上也存在这种不确定性和节点上的变动。图 8-22 表达的信息类似。

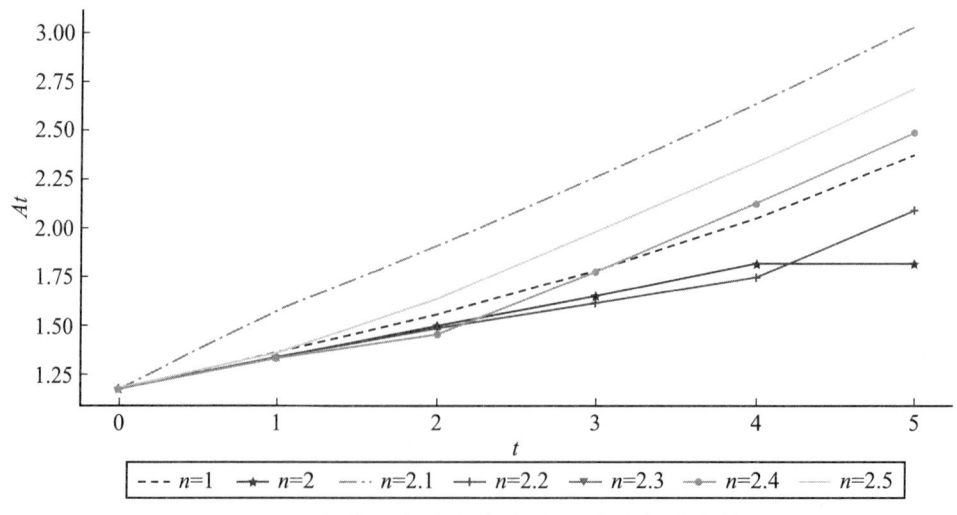

图 8-21 当进一步放宽生育政策时技术进步趋势

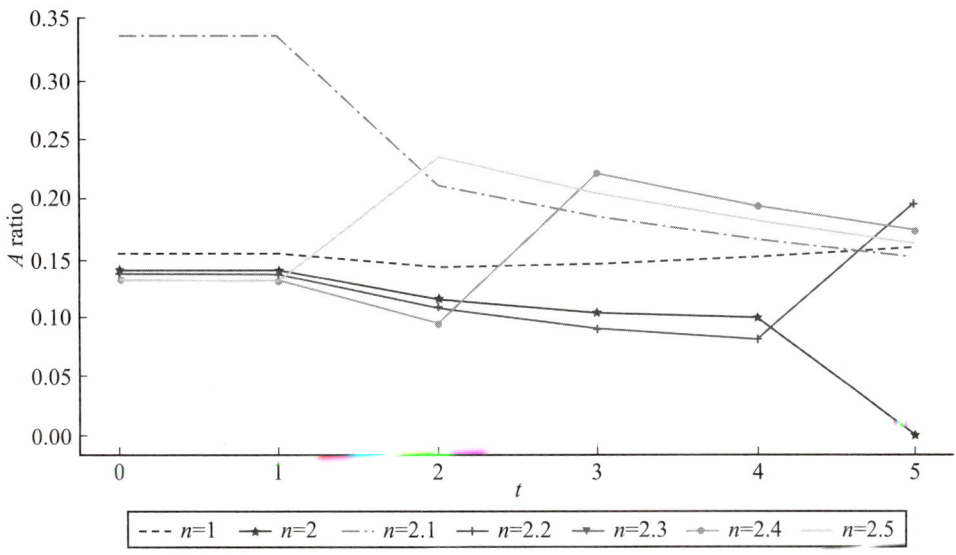

图 8-22 当进一步放宽生育政策时技术进步率趋势

第四节 实证分析

一、数据

（一）指标以及数据来源（见表 8-4）

表 8-4　　　　　　变量含义和数据来源说明

变量名	变量含义	数据来源
gdp	链式方法计算的实际 GDP	根据佩恩表 7.1 数据计算而得
DRy	抚养比（少年占成年比）	世界银行
$DRold$	抚养比（老年占成年比）	世界银行
hc	人力资本	佩恩表 9.0
$openk$	开放度	佩恩表 7.1
K	资本	根据佩恩表 7.1 数据计算而得

gdp 的计算过程：$gdp = rgdpch \times POP$。rdgpch 是实际人均 GDP，POP 是总人数，数据来自佩恩表 7.1。

K 的计算过程：

第一步：得到工人数 $worker = (rgdpch \times POP)/rgdpworker$，

第二步：计算工人数增长率，记为 n，

第三步：由索洛的基本动态方程得，$K/y = s/(n + g + \delta)$，按照通常文献（MRW, 1992; Romer, 1989; Ertur and Koch, 2007）做法，$g + \delta = 0.05$，因此 $K = ki/(n + 0.05) \times y$。

其中，涉及计算过程所使用的变量说明如表 8-5 所示。

表 8-5　　　　　　　　　　计算公式中变量说明

rgdpch	POP	rgdpworker	ki
链式方法计算的实际人均 GDP	总人数	链式方法计算的实际每工人 GDP	投资占 GDP 比，可视为储蓄率

（二）数据范围

时间跨度：1961~2010 年，共 50 年；样本国家：共 87 个国家，来源：从 91 个非石油国家中删减数据缺失严重的国家后，剩余 87 个国家。

二、实证估计

（一）计量模型设定

根据前面理论分析结果，设定如下对数模型：

方程式（8.23）考察少年抚养比变化对 GDP 增长率的影响。

方程式（8.24）考察老年抚养比变化对 GDP 增长率的影响。

$$\log gdp = \beta_0 + \beta_1 \log DRy + \beta_2 \log hc + \beta_3 openk + \beta_4 \log K + \gamma_1 DRy \log hc + \gamma_3 DRy \log K \quad (8.23)$$

$$\log gdp = \beta_0 + \beta_1 \log DRold + \beta_2 \log hc + \beta_3 openk + \beta_4 \log K + \gamma_1 DRoldhc + \gamma_3 DRold \log K \quad (8.24)$$

其中，gdp，DRy，DRold，hc，openk，K 含义如表 8-4 所示。令 $\log gdp = \log(gdp)$，$\log k = \log(k)$，由于 openk 作为控制变量存在，且单位即百分比，所以不进行对数处理。由于政策变量难以度量，而抚养比是人口结构的关键性且具有代表性的指标，这里使用抚养比 DR 来间接衡量生育政策对经济增长的影响。因此 DR 是关键变量，间接反映生育政策选择，其余三个是控制变量，$DRhc$，$DRlogk$ 分别是 DR 和 hc，$logk$ 的交叉项。

首先根据前文的数值模拟部分已经得到的理论结论推测模型变量系数可能的符号方向，其中老年抚养比与经济增长率之间存在一定的正相关性，而根据生命周期假说，老年抚养比上升储蓄将会减少，不利于资本的形成，因而应与资本的交叉项为负向关系。同样，少儿抚养比与经济增长率以及资本增长率呈现明显的负向关系，这两项的符号也应当为负。

（二）估计方法选择

常见的面板数据回归方法有：混合回归、固定效应回归和随机效应回归。

混合回归一般假设不存在个体效应，认为所有个体都拥有完全一样的回归方程，以横截面回归的方式进行 OLS 回归。当个体效应存在的时候，一般以固定效应和随机效应形态存在，因此可以进行固定效应回归和随机效应回归。

即便假设不同个体之间的扰动项互相独立，但是由于同一个体在不同时期扰动项的自相关性，我们进行混合回归时应当使用聚类稳健的标准差①对标准差进行估计。

本节首先使用 LSDV 检验来检验个体效应的存在性，以此判断是否应该使用混合回归，结果如表 8-6 所示。

表 8-6　　　　　　方程式（8.23）的 LSDV 检验

loggdpch	Coef.	Robust Std. Err.	z	P>|z|	[95% Conf. Interval]
logDRy	-0.4606835	0.3679845	-1.25	0.211	-1.18192　0.2605528
loghc	2.754119	0.4322363	6.37	0.000	1.906952　3.601287
openk	0.0006095	0.000505	1.21	0.227	-0.0003804　0.0015994
logK	0.2220816	0.0243268	9.13	0.000	0.174402　0.2697613
DRyloghc	-0.0066189	0.0051389	-1.29	0.198	-0.016691　0.0034532
DRylogK	0.00048	0.0001907	2.52	0.012	0.0001063　0.0008538
_ICountry_2	-0.4884981	0.057888	-8.44	0.000	-0.6019565　-0.3750397
_ICountry_3	-0.9216098	0.0411478	-22.40	0.000	-1.002258　-0.8409616
_ICountry_4	-1.661597	0.0977532	-17.00	0.000	-1.853189　-1.470004

① 聚类是由每个个体不同时期的所有观测值组成。不同聚类的观测值不相关，同一聚类的观测值可以存在相关性。

续表

logrgdpch	Coef.	Robust Std. Err.	z	P>|z|	[95% Conf. Interval]	
_ICountry_5	-0.5986536	0.046227	-12.95	0.000	-0.6892569	-0.5080503
_ICountry_6	-1.464684	0.0824092	-17.77	0.000	-1.626203	-1.303165
_ICountry_7	-0.9815589	0.087904	-11.17	0.000	-1.153848	-0.8092702
_ICountry_8	0.6099243	0.0515424	11.83	0.000	0.508903	0.7109456
_ICountry_9	-1.368397	0.0699438	-19.56	0.000	-1.505484	-1.231309
_ICountry_10	1.666667	0.0580557	28.71	0.000	1.55288	1.780454
_ICountry_11	-2.488441	0.079106	-31.46	0.000	-2.643486	-2.333396
_ICountry_12	-1.769185	0.1102432	-16.05	0.000	-1.985258	-1.553113
_ICountry_13	-0.0219189	0.0441458	-0.50	0.620	-0.1084431	0.0646052
_ICountry_14	-1.200859	0.0615935	-19.50	0.000	-1.32158	-1.080138
_ICountry_15	-1.006326	0.0359928	-27.96	0.000	-1.07687	-0.9357809
_ICountry_16	-0.3283347	0.0824724	-3.98	0.000	-0.4899775	-0.1666919
_ICountry_17	-0.6646731	0.0573773	-11.58	0.000	-0.7771306	-0.5522156
_ICountry_18	-2.131015	0.0915661	-23.27	0.000	-2.310481	-1.951548
_ICountry_19	0.2423073	0.029212	8.29	0.000	0.1850529	0.2995618
_ICountry_20	-1.456929	0.0598172	-24.36	0.000	-1.574168	-1.339689
_ICountry_21	-1.306161	0.0507635	-25.73	0.000	-1.405656	-1.206667
_ICountry_22	-0.8866998	0.0527759	-16.80	0.000	-0.9901387	-0.7832609
_ICountry_23	-1.132606	0.0444368	-25.49	0.000	-1.219701	-1.045511
_ICountry_24	0.4600486	0.0580482	7.93	0.000	0.3462763	0.573821
_ICountry_25	0.6553693	0.0621685	10.54	0.000	0.5335214	0.7772173
_ICountry_26	0.0012131	0.07424	0.02	0.987	-0.1442947	0.1467209
_ICountry_27	-1.325367	0.0436321	-30.38	0.000	-1.410884	-1.239849
_ICountry_28	0.8893812	0.0373287	23.83	0.000	0.8162183	0.9625441
_ICountry_29	0.4325811	0.0433032	9.99	0.000	0.3477085	0.5174538
_ICountry_30	-1.083394	0.0607895	-17.82	0.000	-1.20254	-0.9642492
_ICountry_31	-0.5711928	0.0548672	-10.41	0.000	-0.6787305	-0.4636551
_ICountry_32	-0.1641284	0.0567537	-2.89	0.004	-0.2753636	-0.0528931
_ICountry_33	-1.136107	0.0893201	-12.72	0.000	-1.311171	-0.961043
_ICountry_34	-1.408715	0.0863465	-16.31	0.000	-1.577951	-1.239479
_ICountry_35	0.9078478	0.0444948	20.40	0.000	0.8206395	0.9950561
_ICountry_36	2.28039	0.0862899	26.43	0.000	2.111265	2.449516

续表

logrgdpch	Coef.	Robust Std. Err.	z	P>|z|	[95% Conf. Interval]	
_ICountry_37	-1.430433	0.0415996	-34.39	0.000	-1.511967	-1.348899
_ICountry_38	-1.47938	0.0669519	-22.10	0.000	-1.610604	-1.348157
_ICountry_39	0.9175292	0.0762936	12.03	0.000	0.7679966	1.067062
_ICountry_40	-1.838838	0.0660313	-27.85	0.000	-1.968257	-1.709419
_ICountry_41	-1.939083	0.0879445	-22.05	0.000	-2.111452	-1.766715
_ICountry_42	0.870094	0.0577481	15.07	0.000	0.7569098	0.9832783
_ICountry_43	-0.773141	0.0714616	-10.82	0.000	-0.9132032	-0.6330789
_ICountry_44	-0.1337176	0.0187671	-7.13	0.000	-0.1705005	-0.0969347
_ICountry_45	-1.721231	0.0521827	-32.98	0.000	-1.823507	-1.618955
_ICountry_46	0.0342883	0.0644115	0.53	0.594	-0.091956	0.1605326
_ICountry_47	-0.949642	0.0810946	-11.71	0.000	-1.108584	-0.7906995
_ICountry_48	1.115814	0.0593736	18.79	0.000	0.9994435	1.232184
_ICountry_49	-1.117883	0.0867168	-12.89	0.000	-1.287845	-0.9479215
_ICountry_50	-1.017736	0.0879243	-11.58	0.000	-1.190065	-0.845408
_ICountry_51	-1.998379	0.090349	-22.12	0.000	-2.17546	-1.821299
_ICountry_52	-2.607177	0.0930352	-28.02	0.000	-2.789523	-2.424832
_ICountry_53	-1.96472	0.072709	-27.02	0.000	-2.107227	-1.822212
_ICountry_54	-0.53474	0.0626521	-8.54	0.000	-0.6575359	-0.4119441
_ICountry_55	-1.030499	0.0923291	-11.16	0.000	-1.211461	-0.8495377
_ICountry_56	1.034076	0.0611305	16.92	0.000	0.9142626	1.15389
_ICountry_57	-1.635135	0.0661001	-24.74	0.000	-1.764689	-1.505581
_ICountry_58	-0.3149456	0.0299243	-10.52	0.000	-0.3735962	-0.256295
_ICountry_59	-1.365217	0.0491618	-27.77	0.000	-1.461573	-1.268862
_ICountry_60	-0.5278157	0.0795848	-6.63	0.000	-0.6837991	-0.3718324
_ICountry_61	-1.699744	0.0751134	-22.63	0.000	-1.846964	-1.552524
_ICountry_62	0.9241116	0.0568283	16.26	0.000	0.8127301	1.035493
_ICountry_63	-2.187396	0.1058419	-20.67	0.000	-2.394842	-1.97995
_ICountry_64	-0.3403232	0.0340425	-10.00	0.000	-0.4070453	-0.2736012
_ICountry_65	-0.1234315	0.051594	-2.39	0.017	-0.2245539	-0.022309
_ICountry_66	0.0099228	0.1128018	0.09	0.930	-0.2111647	0.2310103
_ICountry_67	-1.713152	0.0761136	-22.51	0.000	-1.862331	-1.563972
_ICountry_68	-1.294983	0.0950788	-13.62	0.000	-1.481334	-1.108632

续表

logrgdpch	Coef.	Robust Std. Err.	z	P>|z|	[95% Conf. Interval]	
_ICountry_69	-0.7849062	0.0835342	-9.40	0.000	-0.9486302	-0.6211821
_ICountry_70	-1.079338	0.1251511	-8.62	0.000	-1.324629	-0.834046
_ICountry_71	-1.554967	0.1117878	-13.91	0.000	-1.774067	-1.335867
_ICountry_72	-0.7500472	0.0548024	-13.69	0.000	-0.857458	-0.6426364
_ICountry_73	-0.8368782	0.0456103	-18.35	0.000	-0.9262727	-0.7474837
_ICountry_74	-0.6993201	0.0647698	-10.80	0.000	-0.8262666	-0.5723737
_ICountry_75	-1.917271	0.0933295	-20.54	0.000	-2.100193	-1.734348
_ICountry_76	0.1490044	0.0548881	2.71	0.007	0.0414257	0.256583
_ICountry_77	-2.183725	0.0631983	-34.55	0.000	-2.307592	-2.059859
_ICountry_78	-0.669578	0.0613806	-10.91	0.000	-0.7898818	-0.5492743
_ICountry_79	1.134571	0.0481966	23.54	0.000	1.040108	1.229035
_ICountry_80	-0.8163355	0.0572724	-14.25	0.000	-0.9285873	-0.7040837
_ICountry_81	-0.8998433	0.0731191	-12.31	0.000	-1.043154	-0.7565326
_ICountry_82	-1.784943	0.0597699	-29.86	0.000	-1.90209	-1.667796
_ICountry_83	1.686317	0.0779621	21.63	0.000	1.533514	1.83912
_ICountry_84	0.3384597	0.0356306	9.50	0.000	0.268625	0.4082944
_ICountry_85	0.2962634	0.0341933	8.66	0.000	0.2292457	0.3632811
_ICountry_86	-1.645863	0.0802791	-20.50	0.000	-1.803207	-1.488519
_ICountry_87	-1.996079	0.1216532	-16.41	0.000	-2.234515	-1.757643
_cons	12.80506	1.618247	7.91	0.000	9.63335	15.97676
sigma_u	0					
sigma_e	0.1885287	(fraction of variance due to u_i)				
rho	0					

表8-6、表8-7显示，大多数个体虚拟变量显著性均很强，因此可以认为87个国家的面板数据存在个体效应，不应使用混合回归。从直观上来看，不同国家国情不同，因此很可能存在不随时间变化的遗漏变量，故在混合回归和固定效应回归中应该选择固定效应模型。

表 8-7　　　　　　　方程式（8.24）的 LSDV 检验

log*rgdpch*	Coef.	Robust Std. Err.	z	$P>\|z\|$	[95% Conf. Interval]	
log*DRold*	0.776624	0.2677844	2.90	0.004	0.2517762	1.301472
log*hc*	1.531108	0.2408314	6.36	0.000	1.059088	2.003129
openk	0.0007204	0.0005382	1.34	0.181	-0.0003345	0.0017753
log*K*	0.3049494	0.0268517	11.36	0.000	0.2523212	0.3575777
*DRold*log*hc*	0.0983244	0.0274935	3.58	0.000	0.0444382	0.1522106
*DRold*log*K*	-0.0059648	0.0017487	-3.41	0.001	-0.0093922	-0.0025373
_ICountry_2	-0.5623189	0.051789	-10.86	0.000	-0.6638236	-0.4608143
_ICountry_3	-0.840213	0.0578838	-14.52	0.000	-0.9536632	-0.7267628
_ICountry_4	-1.53037	0.1041778	-14.69	0.000	-1.734555	-1.326185
_ICountry_5	-0.4365634	0.074713	-5.84	0.000	-0.5829982	-0.2901286
_ICountry_6	-1.36189	0.085554	-15.92	0.000	-1.529573	-1.194208
_ICountry_7	-0.8627395	0.1096375	-7.87	0.000	-1.077625	-0.647854
_ICountry_8	0.6909062	0.0967022	7.14	0.000	0.5013733	0.880439
_ICountry_9	-1.343206	0.0808942	-16.60	0.000	-1.501756	-1.184656
_ICountry_10	1.701793	0.0968111	17.58	0.000	1.512047	1.891539
_ICountry_11	-2.291976	0.1355322	-16.91	0.000	-2.557615	-2.026338
_ICountry_12	-1.703505	0.1033702	-16.48	0.000	-1.906107	-1.500903
_ICountry_13	-0.0573915	0.0424416	-1.35	0.176	-0.1405754	0.0257924
_ICountry_14	-1.291026	0.0728946	-17.71	0.000	-1.433897	-1.148155
_ICountry_15	-1.000834	0.0526294	-19.02	0.000	-1.103986	-0.8976821
_ICountry_16	-0.1961759	0.1340485	-1.46	0.143	-0.4589062	0.0665543
_ICountry_17	-0.5777344	0.0781228	-7.40	0.000	-0.7308522	-0.4246166
_ICountry_18	-2.052265	0.1126203	-18.22	0.000	-2.272997	-1.831534
_ICountry_19	0.3169063	0.0768676	4.12	0.000	0.1662485	0.467564
_ICountry_20	-1.386148	0.0856467	-16.18	0.000	-1.554013	-1.218284
_ICountry_21	-1.344537	0.0648198	-20.74	0.000	-1.471582	-1.217493
_ICountry_22	-0.796937	0.0941075	-8.47	0.000	-0.9813844	-0.6124896
_ICountry_23	-1.091966	0.0674723	-16.18	0.000	-1.224209	-0.9597225
_ICountry_24	0.5059071	0.077799	6.50	0.000	0.3534238	0.6583903
_ICountry_25	0.9184421	0.0883653	10.39	0.000	0.7452494	1.091635
_ICountry_26	0.1052692	0.1027038	1.02	0.305	-0.0960266	0.306565
_ICountry_27	-1.309265	0.0428532	-30.55	0.000	-1.393256	-1.225275
_ICountry_28	1.125863	0.0961953	11.70	0.000	0.9373233	1.314402

续表

logrgdpch	Coef.	Robust Std. Err.	z	$P>|z|$	[95% Conf. Interval]	
_ICountry_29	0.4876984	0.061069	7.99	0.000	0.3680054	0.6073913
_ICountry_30	-0.9350798	0.1301134	-7.19	0.000	-1.190097	-0.6800623
_ICountry_31	-0.3873371	0.0641695	-6.04	0.000	-0.5131069	-0.2615672
_ICountry_32	-0.0684138	0.0944258	-0.72	0.469	-0.253485	0.1166575
_ICountry_33	-1.045412	0.1079977	-9.68	0.000	-1.257083	-0.8337399
_ICountry_34	-1.316831	0.119123	-11.05	0.000	-1.550307	-1.083354
_ICountry_35	0.9619199	0.0999466	9.62	0.000	0.7660281	1.157812
_ICountry_36	2.283651	0.1177505	19.39	0.000	2.052865	2.514438
_ICountry_37	-1.466652	0.047032	-31.18	0.000	-1.558833	-1.374471
_ICountry_38	-1.629159	0.0679037	-23.99	0.000	-1.762248	-1.49607
_ICountry_39	1.285907	0.1249635	10.29	0.000	1.040983	1.530831
_ICountry_40	-1.892538	0.0625243	-30.27	0.000	-2.015083	-1.769992
_ICountry_41	-1.803157	0.1344986	-13.41	0.000	-2.06677	-1.539545
_ICountry_42	1.009715	0.0595933	16.94	0.000	0.8929139	1.126515
_ICountry_43	-0.60129	0.1033448	-5.82	0.000	-0.8038421	-0.3987378
_ICountry_44	-0.0252991	0.0838826	-0.30	0.763	-0.1897059	0.1391077
_ICountry_45	-1.665726	0.0837959	-19.88	0.000	-1.829963	-1.501489
_ICountry_46	0.1008866	0.0816236	1.24	0.216	-0.0590927	0.2608659
_ICountry_47	-0.8361064	0.1101331	-7.59	0.000	-1.051963	-0.6202495
_ICountry_48	1.174599	0.0827203	14.20	0.000	1.01247	1.336728
_ICountry_49	-1.004633	0.1058676	-9.49	0.000	-1.212129	-0.7971361
_ICountry_50	-0.9090314	0.109047	-8.34	0.000	-1.12276	-0.6953031
_ICountry_51	-1.862104	0.1263361	-14.74	0.000	-2.109718	-1.614489
_ICountry_52	-2.470772	0.122805	-20.12	0.000	-2.711465	-2.230079
_ICountry_53	-1.805512	0.121515	-14.86	0.000	-2.043677	-1.567347
_ICountry_54	-0.4402896	0.1296856	-3.40	0.001	-0.6944688	-0.1861104
_ICountry_55	-0.7976348	0.1512802	-5.27	0.000	-1.094139	-0.501131
_ICountry_56	1.12371	0.1220593	9.21	0.000	0.8844784	1.362942
_ICountry_57	-1.507195	0.1038864	-14.51	0.000	-1.710809	-1.303581
_ICountry_58	-0.3007118	0.0285289	-10.54	0.000	-0.3566275	-0.2447961
_ICountry_59	-1.443499	0.0678067	-21.29	0.000	-1.576398	-1.310601
_ICountry_60	-0.4674998	0.0922442	-5.07	0.000	-0.6482951	-0.2867045
_ICountry_61	-1.858854	0.0874422	-21.26	0.000	-2.030238	-1.687471

续表

log rgdpch	Coef.	Robust Std. Err.	z	P>|z|	[95% Conf. Interval]
_ICountry_62	0.9784197	0.077568	12.61	0.000	0.8263891 1.13045
_ICountry_63	-2.155025	0.1304899	-16.51	0.000	-2.410781 -1.899269
_ICountry_64	-0.2756761	0.0762023	-3.62	0.000	-0.4250299 -0.1263222
_ICountry_65	0.0058747	0.1202164	0.05	0.961	-0.2297451 0.2414946
_ICountry_66	0.4292524	0.1501469	2.86	0.004	0.1349698 0.723535
_ICountry_67	-1.654733	0.0957897	-17.27	0.000	-1.842477 -1.466988
_ICountry_68	-1.117578	0.1291746	-8.65	0.000	-1.370755 -0.8644002
_ICountry_69	-0.6655668	0.1199261	-5.55	0.000	-0.9006176 -0.4305161
_ICountry_70	-0.9835465	0.161037	-6.11	0.000	-1.299173 -0.6679198
_ICountry_71	-1.421159	0.1365744	-10.41	0.000	-1.68884 -1.153478
_ICountry_72	-0.6932546	0.0692119	-10.02	0.000	-0.8289074 -0.5576017
_ICountry_73	-0.8117371	0.0734517	-11.05	0.000	-0.9556998 -0.6677744
_ICountry_74	-0.5635005	0.1019273	-5.53	0.000	-0.7632743 -0.3637267
_ICountry_75	-1.7787	0.1255656	-14.17	0.000	-2.024804 -1.532596
_ICountry_76	0.2136821	0.0927489	2.30	0.021	0.0318976 0.3954665
_ICountry_77	-2.140426	0.0819142	-26.13	0.000	-2.300974 -1.979877
_ICountry_78	-0.6105098	0.0695982	-8.77	0.000	-0.7469198 -0.4740998
_ICountry_79	1.174132	0.0639817	18.35	0.000	1.04873 1.299534
_ICountry_80	-0.6698727	0.110299	-6.07	0.000	-0.8860548 -0.4536905
_ICountry_81	-0.7204871	0.1138206	-6.33	0.000	-0.9435714 -0.4974027
_ICountry_82	-1.755952	0.0734534	-23.91	0.000	-1.899918 -1.611986
_ICountry_83	1.681211	0.0605174	27.78	0.000	1.562599 1.799823
_ICountry_84	0.4301794	0.1067564	4.03	0.000	0.2209408 0.6394181
_ICountry_85	0.3697147	0.0991416	3.73	0.000	0.1754008 0.5640286
_ICountry_86	-1.457614	0.1216348	-11.98	0.000	-1.696013 -1.219214
_ICountry_87	-1.847064	0.1351876	-13.66	0.000	-2.112027 -1.582102
_cons	9.144524	0.6903919	13.25	0.000	7.791381 10.49767
sigma_u	0				
sigma_e	0.18732672	(fraction of variance due to u_i)			
rho	0				

当存在个体效应时，个体效应也可能以随机效应的形式存在。为了正确判断这87国家面板数据中的个体效应是以哪一种效应形式存在，本节接下来使用豪

斯曼检验进行判断，结果如表 8-8 所示。

表 8-8　　　　　　　　豪斯曼检验

方程（1）	FE_y	RE_y	Differance	S. E.
log*DRy*	-0.4606835	-0.566041	0.1053574	0.014023
log*hc*	2.754119	2.528817	0.2253018	0.0205109
openk	0.0006095	0.0001364	0.0004731	0.0000338
log*K*	0.2220816	0.2581091	-0.036027	0.0014214
*DRy*log*hc*	-0.0066189	-0.0054u1	-0.001218	0.0002098
*DRy*log*K*	0.00048	0.0004859	-5.88e-06	4.55e-06
_cons	12.11755	11.82536	0.292189	0.0441264

b = consistent under Ho and Ha; obtained from x
B = inconsistent under Ha, efficient under Ho; obtained from x
Test: Ho: difference in coefficients not systematic
chi2(7) = $(b-B)'[(V\_b-V\_B)^{(-1)}](b-B)$ = 651.23
Prob > chi2 = 0.0000

方程（2）	FE_old	RE_old	Differance	S. E.
log*DRold*	0.776624	0.7376325	0.0389915	0.0114764
log*hc*	1.531108	1.475623	0.0554859	0.011403
openk	0	0	0.0003781	0.0000344
log*K*	0.3049494	0.3358669	-0.030917	0.0015203
*DRold*log*hc*	0.0983244	0.0909271	0.0073973	0.0016984
*DRold*log*K*	-0.0059648	-0.005459	-0.000506	0.0001023
_cons	8.54253	7.895531	0.646999	0.0037586

b = consistent under Ho and Ha; obtained from x
B = inconsistent under Ha, efficient under Ho; obtained from x
Test: Ho: difference in coefficients not systematic
chi2(7) = $(b-B)'[(V\_b-V\_B)^{(-1)}](b-B)$ = 669.57
Prob > chi2 = 0.0000

表 8-8 结果显示 p 值为 0.0000，因此选择使用固定效应模型，而非随机效应模型。最终我们选择的模型为固定效应模型。

当使用固定效应模型时，也可以同时考虑时间效应，相比较而言，个体固定效应用于不随时间变化但个体间不同的变量，而时间固定效应则主要控制随时间变化但个体间相同的变量，由此可以得到双向固定效应模型。文献中也常常使用组间估计量作为一种对照的估计方法。这些估计方法的结果将在下一节展示。

(三) 估计结果

估计结果如表 8-9 所示,根据上一部分检验结果,本节最终选择固定效应模型作为面板数据的估计模型为表 8-9 加黑部分。同时将其他估计方法的结果一并展示,作为对比参考。

表 8-9   实证模型 (不同估计方法) 估计结果

方程 (1)	OLS	FE	RE	BE	MLE
模型	混合回归	固定效应	随机效应	组间估计	随机效应 MLE 估计
$logDRy$	0.38507316**	**-0.46068349***	-0.56604093***	2.0034198***	-0.47161334***
$loghc$	0.25885884*	**2.7541193***	2.5288174***	0.49273516***	2.731644***
$openk$	0.00317241***	**0.0006095***	0.00013636***	-0.00315781	0.00056094***
$logk$	0.83889339***	**0.22208164***	0.25810906***	0.983781***	0.22568052***
$DRyloghc$	-0.00072345	**-0.00661892***	-0.00540087***	-0.00724628***	-0.00649725***
$DRylogk$	-0.00022053*	**0.00048004***	0.00048593***	-0.00101079***	0.00048079***
_cons	-3.0669378***	**12.117552***	11.825363***	-11.82019***	12.085129***
方程 (2)	OLS	FE	RE	BE	MLE
模型	混合回归	固定效应	随机效应	组间估计	随机效应 MLE 估计
$logDRold$	-0.2962365***	**0.77662401***	0.73763248***	-0.40481939***	0.73306494***
$loghc$	0.1221711	**1.5311084***	1.4756225***	-0.17184376***	1.5256944***
$openk$	-0.00348244***	**0.00072042***	0.00034232***	-0.0040029***	0.00068081***
$logk$	0.83472854***	**0.30494943***	0.33586686***	0.90679353***	0.30805982***
$DRoldloghc$	0.02656509***	**0.09832441***	0.09092707***	0.02695292***	0.09756397***
$DRoldlogk$	-0.00060041	**-0.00596477***	-0.00545863***	-0.00053324***	0.0059129***
_cons	-1.062046***	**8.5425304***	7.8955315***	-2.3078017***	8.4718668***

注:*** 代表1%的显著性,** 代表5%的显著性。

(四) 结果解释

从表 8-6、表 8-7 可以看到,固定效应模型的系数符号与我们前面的预估基本一致。核心解释变量抚养比系数显著,且其与其他控制变量的交互项也保持显著性。从结果而言,老年抚养比的系数为正,与 GDP 增长率呈现正相关关系;

少儿抚养比与 GDP 增长率呈现负相关关系。可能的解释是：老年抚养比上升，老年人的刚性消费需求上升促进了经济增长，而少儿抚养比上升，因抚育少儿，减少了劳动力供给，对经济增长产生了不利影响。

其次，少儿抚养比的上升，因教育投入不足，给人力资本带来负面作用，从而对经济产生负面影响，老年抚养比上升，则因老年人的负储蓄，给资本增长带来较大的负面影响，从而对经济增长产生负面影响。

第五节　潜在经济增长率

潜在经济增长率作为实际经济增长率的一个增长标杆，有助于判断未来增长趋势、识别未来的实际经济增长空间。而生育政策作为我国一项重要的人口政策，能有效分析其对潜在经济增长率的影响途径和影响效果，无疑对判断经济走势和制定经济政策有着非常重要的意义。许多学者也在分析生育政策与潜在经济增长方面做着积极的贡献，其中以蔡昉、陆旸为主要代表学者。蔡昉、陆旸在研究人口对潜在经济增长率影响时指出人口红利消失导致的潜在增长率下降已经在许多文献中被证实，可见人口结构对潜在经济增长率的影响效果和研究意义。

在研究人口与潜在经济增长率之间的关系上，现有研究主要从潜在增长率测算出发，通过假设不同的人口政策，比较测算结果，从而判断影响的方向和效果。其中陆旸、蔡昉（2013）使用生产函数法，在四种的人口调整方案下（低方案、中方案、高方案、晚升高方案）估计了中国的短期和长期潜在增长率，发现人口结构的影响随着时间的推移更加显著，而放开人口政策对潜在增长率的影响是非单调的，从短期来看影响为负，长期来看影响更加显著且为正。之后陆旸、蔡昉（2014）在测算中加入人力资本因素，并考虑抚养比变化带来的"资本形成率"的变化；将结果与人口变化相似的日本比较，指出现有的人口政策并不能从根本上逆转潜在增长率不断下降的趋势，而与此同时，由于我国人口结构的迅速变化，也带来了未来潜在增长率的迅速降低。陆旸、蔡昉（2016）则从改革红利入手，将"全面二孩"政策作为综合改革的一部分，通过模拟各项改革措施来改变劳动参与率和全要素生产率，测算改革对潜在增长率的贡献。结果显示劳动参与率的提升只能短期促进潜在增长率的变化，全要素生产率则具有长期效应，改革总体上可以直接提高潜在增长率。

使用测算来研究人口政策与潜在经济增长率的关系，主要是通过生产函数的分解，研究人口变化对劳动力的影响。本章前三个部分则从理论和实证两个角度探析生育率政策与经济增长之间的关系；理论部分通过家庭—三部门模型，可以得到生育率政策与经济增长的详细影响渠道，这个渠道分析同样适用于潜在经济增长率。其中静态分析和数值模拟详细分析生育政策对经济增长的影响，以及影响生育政策效果的因素。实证分析则使用全球范围内 87 个国家的面板数据检验了生育政策影响的显著性。

本章是从不同的切入点探索生育政策对潜在经济增长率的影响，重点分析影响的途径和效果。

前面介绍的文献分析生育政策的主要途径是通过改变劳动参与率和自然失业率在加入人力资本后分析全要素生产率的影响。而本章理论部分已经详细展示了生育率、抚养比、储蓄、人力资本的相互影响，进而产生对资本、技术进步、经济增长的影响；而经济增长会带来工资的变化，从而反过来影响生育率等水平；产生双向的影响效果。

我们根据中国家庭结构独特具有的复杂性，根据理论结果对家庭进行划分分析，发现不同的家庭对同样的政策会有着不同的反应，甚至同样的政策通过不同类型家庭而产生的效果呈现相反的情况，而有些政策比如生育政策并不是对所有家庭都有效果。因此在考虑生育政策对潜在经济增长率的影响时，也要充分考虑我国家庭结构的异质性。

在对均衡增长路径分析中，我们发现生育政策的开放对均衡增长路径是有着正面影响；而在动态增长路径中，我们发现在小幅开放生育政策下，生育政策短期的效果为负；而在全面放开生育政策的情形下，生育政策在长期情形下对潜在经济增长率的影响是正面的；这与陆旸、蔡昉的结论基本一致。

另外，由于测算类文献对人口增长主要是采取假设不同增长情况而后进行测算，本章将人口增长模型引入框架中，避免假设情形，直接与家庭决策相关联，通过模型计算出未来的人口增长路径。

本章附录

附录 1　家庭模型求解

在第二部分构建的模型中，已知家庭的决策模型为：
$$\text{Max} \mu \log c_t + \mu \beta \log(c_{t+1}) + \gamma \log(\bar{e} + e_t) + \eta \log(n_t)$$
$$\text{s. t. } c_t + s_t + e_t n_t + F m_t = w_t h_t (1 - \tau n_t)$$

---

* 为了和正文对应，正文中含有的公式，使用正文中的编号，其他使用（1）（2）此类编号。

$$c_{t+1} = R_{t+1}s_t + F$$
$$n_t < \bar{n}$$
$$e_t \geq 0$$

（一）首先对上面四个式子进行简化

使用拉格朗日法求极值：

$$\begin{aligned}L =\ & \mu\log e_t + \mu\beta\log(c_{t+1}) + \gamma\log(\bar{e} + e_t) + \eta\log(n_t) \\ & + \lambda_1(c_t + s_t + e_t n_t + Fm_t - w_t h_t(1 - \tau n_t)) \\ & + \beta\lambda_2(c_{t+1} - R_{t+1}s_t - F) + \lambda_3(n_t - \bar{n})\end{aligned}$$

对 c_t，c_{t+1} 一阶求导后可得：

F. O. C

$$\frac{\partial L}{\partial c_t} = \mu \frac{1}{c_t} + \lambda_1 = 0 \tag{1}$$

$$\frac{\partial L}{\partial c_{t+1}} = \mu\beta \frac{1}{c_{t+1}} + \lambda_2\beta = 0 \tag{2}$$

$$\frac{\partial L}{\partial s_t} = \lambda_1 - \lambda_2 \beta R_{t+1} = 0 \tag{3}$$

由式（2）、式（3）可得：

$$\mu \frac{1}{c_t} = -\lambda_1$$

$$\mu\beta \frac{1}{c_{t+1}} = -\lambda_2\beta$$

相除得到：

$$\beta \frac{c_t}{c_{t+1}} = \frac{\lambda_2\beta}{\lambda_1}$$

即

$$\frac{c_t}{c_{t+1}} = \frac{\lambda_2}{\lambda_1} \tag{4}$$

将式（4）代入式（3）中可得：

$$\frac{c_t}{c_{t+1}} = \frac{\lambda_2}{\lambda_1} = \frac{1}{\beta R_{t+1}}$$

即：
$$c_{t+1} = \beta R_{t+1} c_t \tag{5}$$

我们将式（5）代入相应约束条件中得到：

$$c_t + s_t + e_t n_t + Fm_t - w_t h_t(1 - \tau n_t)$$

$$\beta c_t - s_t = \frac{F}{R_{t+1}}$$

两式相加得到：

$$(1+\beta)c_t + e_t n_t + Fm_t - \frac{F}{R_{t+1}} = w_t h_t(1 - \tau n_t)$$

式（1）前两项同理可以转换如下：

$$\mu \log c_t + \mu\beta \log(c_{t+1}) = \mu \log c_t + \mu\beta \log(\beta R_{t+1} c_t) = \mu\beta \log(\beta R_{t+1}) + \mu(1+\beta)\log c_t$$

（二）化简后求解

令 $\tilde{F} = Fm_t - \dfrac{F}{R_{t+1}}$，家庭的最优化问题可简化为：

$$\text{Max}(1+\beta)\log c_t + \gamma \log(\bar{e} + e_t) + \eta \log(n_t) \tag{6}$$

$$\text{s.t. } (1+\beta)c_t + e_t n_t + \tilde{F} = w_t h_t(1 - \tau n_t) \tag{7}$$

$$n_t \leq \bar{n} \tag{8}$$

$$e_t \geq 0 \tag{9}$$

此时，拉格朗日方程为：

$$L = \mu(1+\beta)\log c_t + \gamma \log(\bar{e}+e_t) + \eta \log(n_t) + \lambda_1((1+\beta)c_t + e_t n_t + \tilde{F} - w_t h_t(1-\tau n_t)) + \lambda_2(n_t - \bar{n}) + \lambda_3 e_t$$

一阶求导得：

$$\frac{\partial L}{\partial c_t} = \mu(1+\beta)\frac{1}{c_t} + \lambda_1(1+\beta) = 0$$

$$\frac{\partial L}{\partial e_t} = \gamma \frac{1}{\bar{e}+e_t} + \lambda_1 n_t = 0$$

$$\frac{\partial L}{\partial n_t} = \eta \frac{1}{n_t} + \lambda_1(e_t + w_t h_t \tau) + \lambda_2 = 0$$

即：

$$\mu \frac{1}{c_t} = -\lambda_1$$

$$\gamma \frac{1}{\bar{e}+e_t} = -\lambda_1 n_t - \lambda_3$$

$$\eta \frac{1}{n_t} + \lambda_1(e_t + w_t h_t \tau) = -\lambda_2$$

即：

$$\gamma \frac{1}{\bar{e}+e_t} = \mu \frac{1}{c_t} n_t - \lambda_3$$

$$\eta \frac{1}{n_t} + \lambda_2 = \mu \frac{1}{c_t}(e_t + w_t h_t \tau)$$

如果 $n_t < \bar{n}$，则 $\lambda_2 = 0$，可得：

$$n_t^1 = \begin{cases} \dfrac{(w_t h_t - \tilde{F})\eta}{(\mu(1+\beta)+\eta)\tau w_t h_t}, & w_t h_t \leq z_t^1 \\[2ex] \dfrac{(w_t h_t - \tilde{F})(\eta - \gamma)}{[\mu(1+\beta)+\eta](\tau w_t h_t - \bar{e})}, & \text{其他} \end{cases} \tag{10}$$

$$e_t^1 = \begin{cases} 0, & w_t h_t \leq z_t^1 \\ \dfrac{\gamma \tau w_t h_t - \eta \bar{e}}{\eta - \gamma}, & \text{其他} \end{cases} \tag{11}$$

$$c_t^1 = \mu \frac{w_t h_t - \tilde{F}}{\mu(1+\beta) + \eta} \tag{12}$$

$$s_t^1 = \beta c_t^1 - \frac{F}{R_{t+1}} \tag{13}$$

其中，$z_t^1 = \dfrac{\eta}{\gamma} \dfrac{\bar{e}}{\tau}$，$\tilde{F} = F m_t - \dfrac{F}{R_{t+1}}$，生育率为正意味着 $\eta - \gamma > 0$。

考虑到，虽然我国实施限制性的生育政策，比如一孩和二孩政策。但是超生的情况在一定程度上具有普遍性。如果我们不对家庭模型添加生育政策限制条件，求得的最优解同上面一致。所以为了和后续家庭结构划分相匹配，这里把 $n_t < \bar{n}$，拓展为 $n_t \neq \bar{n}$。

如果 $n_t = \bar{n}$，则 $\lambda_2 \neq 0$，可得

$$e_t^2 = \frac{\gamma w_t h_t (1 - \tau \bar{n}) - \gamma \tilde{F} - \mu(1+\beta) \bar{n} \bar{e}}{[\mu(1+\beta) + \gamma] \bar{n}} \tag{14}$$

$$c_t^2 = \mu \frac{w_t h_t (1 - \tau \bar{n}) - \tilde{F} + \bar{n} \bar{e}}{\mu(1+\beta) + \gamma} \tag{15}$$

$$s_t^2 = \mu \beta \frac{w_t h_t (1 - \tau \bar{n}) - \tilde{F} + \bar{n} \bar{e}}{\mu(1+\beta) + \gamma} - \frac{F}{R_{t+1}} \tag{16}$$

附录 2 企业模型求解

(一) 最终生产部门

利润函数为 $\pi_t^Y = Y_t - w_t H_t^Y - \int_0^{A_t} p_t(i) x_t(i) di - c(H_t^Y - H_{t-1}^Y)^2$，其中 $Y_t = B_t (H_t^Y)^{1-\alpha} \int_0^{A_t} x_t(i)^\alpha di$。

最大化利润可得：

$$\frac{\partial \pi_t^Y}{\partial H_t^Y} = (1-\alpha) B_t (H_t^Y)^{-\alpha} \int_0^{A_t} x_t(i)^\alpha di - w_t - 2c(H_t^Y - H_{t-1}^Y) = 0 \tag{1}$$

$$\frac{\partial \pi_t^Y}{\partial x_t(i)} = \frac{\partial Y_t}{\partial x_t(i)} - p_t(i) = \alpha B_t (H_t^Y)^{1-\alpha} x_t(i)^{\alpha-1} - p_t(i) = 0 \tag{2}$$

即

$$w_t = (1-\alpha) \frac{Y_t}{H_t^Y} - 2c(H_t^Y - H_{t-1}^Y) \tag{3}$$

$$p_t(i) = \alpha B_t (H_t^Y)^{1-\alpha} x_t(i)^{\alpha-1} \tag{4}$$

(二) 中间产品部门

利润函数为 $\pi_t(i) = p_t(i)x_t(i) - r_t k_t(i)$。假设一单位的资本 $k_t(i)$ 可以生产一单位的中间品 $x_t(i)$，即 $k_t(i) = x_t(i)$。

把式 (4) 代入，求得利润最大化，可得：

$$\pi_t(i) = \alpha B_t(H_t^Y)^{1-\alpha} x_t(i)^\alpha - r_t x_t(i)$$

$$\frac{\partial \pi_t(i)}{\partial x_t(i)} = \alpha^2 B_t(H_t^Y)^{1-\alpha} x_t(i)^{\alpha-1} - r_t = \alpha p_t(i) - r_t = 0$$

即：

$$p_t(i) = p_t = \frac{r_t}{\alpha} \tag{5}$$

这里的 r_t 就是家庭模型中的储蓄率 R_t。

这意味着对于所有类型的产品，价格都是一样的。因此索引 i 可以去掉。也因为资本品都以同样的价格出售，等量需求，所有总资本为：$K_t = A_t x_t$。因此生产函数：

$$Y_t = B_t(H_t^Y)^{1-\alpha} \int_0^{A_t} x_t(i)^\alpha di = B_t(H_t^Y)^{1-\alpha} A_t x_t^\alpha$$

可以写成：

$$Y_t = B_t(H_t^Y)^{1-\alpha} A_t^{1-\alpha} K_t^\alpha$$

因此，中间产品部门的利润函数也可以写成：

$$\pi_t = p_t x_t - r_t k_t = (1-\alpha) p_t x_t$$
$$= \alpha(1-\alpha) B_t(H_t^Y)^{1-\alpha} x_t^\alpha = \frac{\alpha(1-\alpha) Y_t}{A_t}$$

(三) 研发部门

利润函数为：$\pi_t^A = p_t^A(A_t - A_{t-1}) - w_t H_t^A - d(H_t^A - H_{t-1}^A)^2$，其中 $A_t - A_{t-1} = \bar{\delta} A_{t-1}^\theta (H_t^A)^\lambda$，假设专利权只持续一期，那么根据无套利条件，$p_t^A = \pi_t$，$\pi_t$ 是中间厂商的利润。

$$\pi_t = p_t^A(A_t - A_{t-1}) - w_t H_t^A - d(H_t^A - H_{t-1}^A)^2$$
$$= p_t^A \bar{\delta} A_{t-1}^\theta (H_t^A)^\lambda - w_t H_t^A - d(H_t^A - H_{t-1}^A)^2$$

$\pi_t = 0$，可得：

$$w_t = p_t^A \bar{\delta} A_{t-1}^\theta (H_t^A)^{\lambda-1} - \frac{d(H_t^A - H_{t-1}^A)^2}{H_t^A} \tag{6}$$

$$p_t^A = \frac{w_t H_t^A + d(H_t^A - H_{t-1}^A)^2}{\bar{\delta} A_{t-1}^\theta (H_t^A)^\lambda} = \pi_t = \frac{(1-\alpha)\alpha Y_t}{A_t} \tag{7}$$

附录3 均衡增长路径求解

由：
$$H_t = h_t L_t$$

可得：
$$\frac{H_t}{H_{t-1}} = \frac{h_t L_t}{h_{t-1} L_{t-1}}$$

即：
$$1 + g_H = (1 + g_h)(1 + g_L)$$

其中 g_H 是人力资本劳动力的增长速度，等于 $\frac{H_t}{H_{t-1}} - 1$。

g_h 是人力资本的增长速度，等于 $\frac{h_t}{h_{t-1}} - 1$。

g_L 是人力资本的增长速度，等于 $\frac{L_t}{L_{t-1}} - 1$。

由：
$$A_t - A_{t-1} = \bar{\delta} A_{t-1}^{\theta} (H_t^A)^{\lambda}$$

可得：
$$\frac{A_t - A_{t-1}}{A_{t-1}} = \bar{\delta} A_{t-1}^{\theta-1} (H_t^A)^{\lambda} = 1 + g_A$$

再次转化可得：
$$(H_t^A)^{\lambda} = \frac{1 + g_A}{\bar{\delta}} A_{t-1}^{1-\theta}$$

则：
$$\left(\frac{H_t^A}{H_{t-1}^A}\right)^{\lambda} = \frac{A_{t-1}^{1-\theta}}{A_{t-2}^{1-\theta}}$$

即：
$$(1 + g_H)^{\lambda} = (1 + g_A)^{1-\theta}$$

可得：
$$1 + g_A = (1 + g_H)^{\frac{\lambda}{1-\theta}}$$

将：
$$1 + g_H = (1 + g_h)(1 + g_L)$$

代入得：
$$1 + g_A = (1 + g_L)^{\frac{\lambda}{1-\theta}} (1 + g_h)^{\frac{\lambda}{1-\theta}}$$

由

$$Y_t = B_t(H_t^Y)^{1-\alpha} A_t^{1-\alpha} X_t^\alpha$$

可得：

$$\frac{Y_t}{Y_{t-1}} = \frac{B_t}{B_{t-1}} \left(\frac{H_t^Y}{H_{t-1}^Y}\right)^{1-\alpha} \left(\frac{A_t}{A_{t-1}}\right)^{1-\alpha} \left(\frac{K_t}{K_{t-1}}\right)^\alpha$$

可得：

$$1 + g_Y = (1 + g_H)^{1-\alpha}(1 + g_A)^{1-\alpha}(1 + g_K)^\alpha$$

$$1 + g_Y = (1 + g_A)^{1-\alpha}(1 + g_K)^\alpha$$

$$1 + g_A = (1 + g_L)^{\frac{\lambda}{1-\theta}}(1 + g_h)^{\frac{\lambda}{1-\theta}}$$

附录 4　数 值 模 拟

由于参数多、公式复杂，无法求出显性解。因此数值模拟的值主要是使用软件 Python 求解以下的方程组而得。

设未知变量是 w_t、H_t^A、H_t^Y、B_t。方程组为：

$$w_t - (1-\alpha) B_t (H_t^Y)^{-\alpha} A_t^{1-\alpha} K_t^\alpha - 2c(H_t^Y - H_{t-1}^Y) = 0 \tag{1}$$

$$p_t^A \delta A_{t-1}^\theta (H_t^A)^\lambda - d(H_t^A - H_{t-1}^A)^2 - w_t H_t^A = 0 \tag{2}$$

$$H_t^A + H_t^Y - H_t = 0 \tag{3}$$

$$B_t - B_{t-1} = d_1 L_t^{d_2} \tag{4}$$

第九章

新常态下消费结构转换与人力资本积累

随着一个国家经济由中等偏上收入经济体向高收入经济体过渡，居民消费将由以实物消费为主转变为服务消费与高质量的实物消费并重的消费结构。当前我国经济已经进入了新常态，供给侧结构性改革促进了经济增长并带动居民收入提高时，需求侧的消费结构也将随之调整，居民对教育、医疗卫生等支出比重的提高，不仅扩大内需，而且从长远看，消费结构对经济增长也应该具有正面影响，即袁富华等（2016）所强调的消费的"动态效率补偿"效应，将增加经济的人力资本存量积累，进一步提升和改善供给能力，促进经济增长。因而，从供给侧启动的结构性改革将通过提升全要素劳动生产率这一直接渠道促进经济的潜在增长，从长远看，从需求侧改善居民消费结构将通过扩大人力资本存量这一间接渠道推动经济的潜在增长，提高增长质量。更重要的，人力资本存量的提高又将强化劳动生产率的增长，劳动生产率的增长将成为持续提高潜在增长率的稳固基础。这一过程最终将使中国经济长期增长持续稳定地建立在劳动生产率稳定增长的基础上，有利于从根本上扭转现有的靠投资驱动的经济增长方式。

第一节 新常态下消费结构转换

2015年，中国经济的持续下行促使决策高层全面反思自2009年国际金融危机以来的以总量需求为主导、侧重需求面"大水漫灌"的宏观调控政策的缺陷，以及长期以来一直致力于转变经济发展方式却无法取得突破性进展的症结，提出了适应经济新常态认识、重在改善有效供给能力、提高经济增长质量的供给侧结构性改革，明确了"去产能、去库存、去杠杆、降成本、补短板"的五大重点任务以及"宏观政策要稳、产业政策要准、微观政策要活、改革政策要实、社会政策要托底"的宏观调控总体政策思路，坚定了从供给侧着眼，稳定经济增长，充分发挥我国经济巨大潜能的战略方向，做好产业结构调整的"加减乘除"四则运算，加快转变经济发展方式，培育形成新的经济增长动力。

应该说，供给侧结构性改革的提出是本届政府对过去两三年关于中国经济增长的"三期叠加"和"新常态"判断的进一步探索和升华，是最高决策层基于当前经济形势全面深刻认识之后，所主动选择的经济治理药方。但同时，也是现阶段一些结构性、体制性、素质性突出矛盾和问题倒逼出来的结果，是不得不去闯的关口。对于一个具备广阔内部市场的国家而言，在借助外部市场和工业化顺利跨越贫困增长阶段之后，其维持经济持续增长的关键所在早已体现为"在内不在外"、在于非均衡发展下的结构性困境而非周期性和外部性的因素冲击。产能过剩与供给不足并存是本轮中国经济下行过程中所呈现出来的最典型特征。

然而，目前看来，尽管在总体改革方向上已殊无异议，但在具体工作重点方面，仍存不明之处。这一方面体现在从已有的权威解读[①]和出台的政策[②]上看，当前对于供给侧结构性改革的工作重心似乎更多在做减法和除法，即简政放权、清除过剩产能、去除库存、降低企业生产成本、为企业减负等，而对加法和乘法，即扩大有效供给、提高生产力、加大对人力资本投入、鼓励创新发展、创造新产业、培育新增长动力等，还缺少具体的推动手段。去过剩产能，在短期内可能不利于中国经济的平稳过渡，尤其是在当前世界经济重新动荡不安的背景下，中国经济下行会进一步恶化世界经济的复苏局面，造成国内外经济互相掣肘的恶性循环，不利于国内总体改革的推进。因此，如何"去产能"，需要一个度的把握，具体到实际操作中，这将很难实现；另一方面，更关键的是，无论是做减法、除法，还是做加法、乘法，似乎都忽略了市场需求在此间扮演的重要角色。以房地产业为例，由于房地产业强大的上下游产业关联拉动效应，中央和地

---

① 2016年1月4日，人民日报头版头条、二版整版刊登对权威人士的专访：七问供给侧结构性改革。

② 2016年2月2日，央行、银监会发布房贷新政，在不实施"限购"措施的城市，居民家庭首次购买普通住房的商业性个人住房贷款，原则上最低首套房首付25%，各地可向下浮动5个百分点。

方政府希望能够通过一些扶持政策为房地产业去库存,以扭转房地产业投资急剧下降的不利局面,促进经济回暖。2016年以来的第一个去库存重磅政策,就落实在降低首套商品房的首付比例上。然而,相关研究和统计数据却表明,房地产业的去库存未必会如政策所愿。首先,从城镇居民人均居住面积看,2012年,我国城镇居民人均住房面积就已达到32.9平方米①,基本接近英国、法国、德国和日本等发达国家在20世纪90年代初的水平②,进一步增长的空间有限;其次,从未来数年的住房需求看,对房地产的需求增速趋于见顶:(1)第三次人口生育高峰所出生的适龄买房人口(出生于1983~1990年)的刚性需求正在减弱;(2)城镇化超过50%之后,扩张速度将放缓,由此"城市新市民"对房地产的消化能力在下降。房地产市场库存的高企、供需格局的反转以及房地产企业对未来的预期弱化,使企业的投资积极性明显下滑。2015年我国房地产开发投资额为6.5万亿元,与2014年基本持平,预计2016年房地产开发投资额还将呈现下降趋势;最后,从更长期的视角看,根据以往的国际经验观察,随着一个国家逐渐由中等收入国家向更高收入的国家跨越,居民以住房消费、汽车消费等为主的重型消费结构将逐渐被现代服务品消费所替代(周学,2014),这就意味着,如果我国能在未来五年内顺利跨过人均GDP10 000美元的大关,住房消费的需求将随之减弱。换言之,即使从今时起,强有力的政策刺激诱发房地产业去库存顺利进行,但这或许也只不过是将未来几年的需求提前释放,房地产业作为重要支柱产业的时代一去不复返。

基于上述分析,我们认为,当前的供给侧结构性改革需要重视市场消费需求尤其是居民消费结构变迁的影响。白重恩(2015)指出,尽管当前我国有些行业存在严重的产能过剩问题,但并不是总需求不足,而是供给的结构不能满足需求结构变化所带来的挑战。这表明,我国在加快去过剩产能、去库存的同时,需要放长眼光,围绕未来5~10年、10~20年的市场消费需求结构趋势变化,打造新兴产业,突破体制瓶颈,补齐供给短板。这一方面,既有利于供给侧结构性改革的加法和乘法操作,有的放矢,进一步明晰供给调整工作的重点和方向,同时,另一方面,也可避免过剩产能问题的循环出现,使得新形成的供给能力与消费需求时刻匹配,实现以新供给创造新需求、新需求推动新消费、新消费倒逼新产业产生的创造性破坏的良性产业演进过程。而要做到这点,充分了解和把握居民消费结构的变化方向是重要前提。

---

① 引自:2013年,温家宝在第十二届全国人民代表大会上的《政府工作报告》。
② 用于得到上述判断的文献资料,引自:白雪、王洪卫:《住宅产业综合测度方法研究——基于恩格尔系数与人均住房面积模型分析》,载于《财经研究》2005年第9期;该文转引自:关柯、芦金锋、曾赛星编:《现代住宅经济》,中国建筑工业出版社2002年版。

一、新常态下中国城乡居民消费结构演变

利用 1992~2012 年全国城镇和农村居民人均八大类消费支出的调查数据，可以大概描绘出过往 20 多年来中国居民的消费结构变化。首先，食品支出的比重大幅下滑。1992 年，城镇居民的各类支出中，食品支出占比高达 52.9%，到 2012 年，食品支出占比仅为 36.2%，下降了近 16.7 个百分点，年均下降约 0.8 个百分点（见图 9-1）；而同期，农村居民的食品支出占比下降的幅度还要更大，由 1992 年的 57.5% 下滑到 2012 年的 39.3%（见图 9-2）。2013 年、2014 年，在调整支出统计口径之后，城乡居民的食品支出占比进一步下降。其中，城镇居民的食品支出占比分别下调为 30.1% 和 30.0%，农村居民的食品支出占比则分别下调到 34.1% 和 33.6%。此外，衣着支出、家庭设备用品及服务支出占比也是稳中趋降。其中，城镇居民这两类支出在前十年持续下降，到 2004 年前后，开始出现回升，但基本维持在一个平稳的水平。2012 年，城镇居民衣着支出和家庭设备用品及服务支出的占比分别为 10.9% 和 6.7%，较 1992 年分别小幅下降 3.2 个和 1.7 个百分点（见图 9-1）；农村居民方面，这两类支出占比的变动幅度更加微弱。1992~2012 年间，衣着支出占比仅由 8.0% 小幅下降到 6.7%，家庭设备用品及服务支出占比则由 5.6% 轻微提高到 5.8%（见图 9-2）。

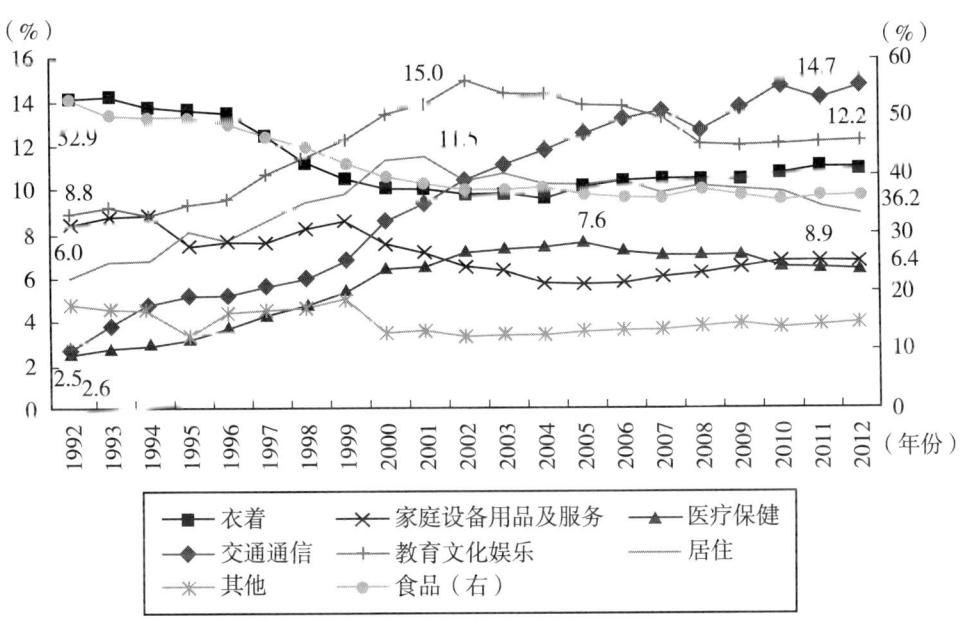

图 9-1 城镇居民八大类消费支出的比例变化

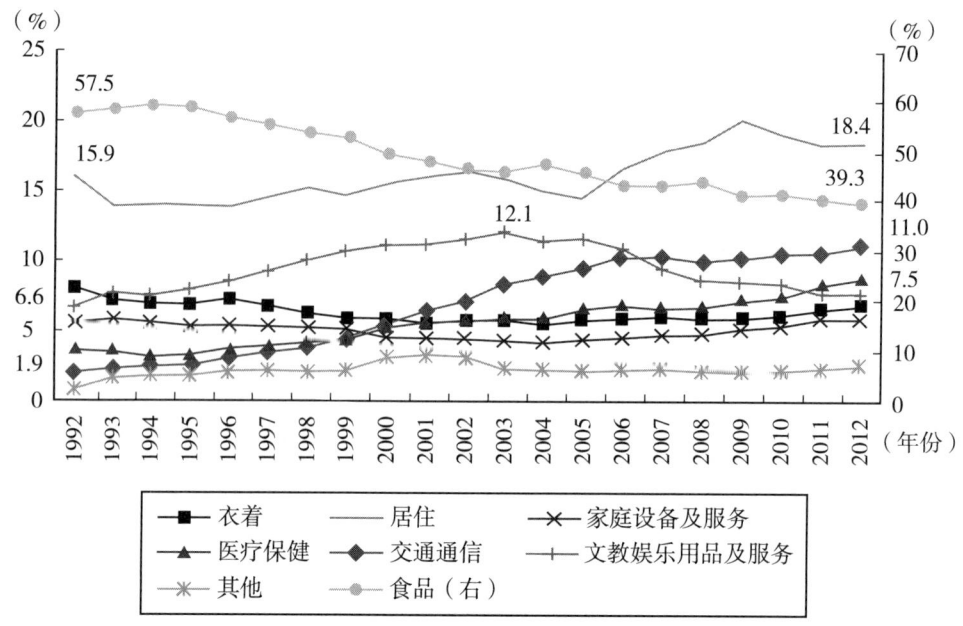

图 9-2　农村居民八大类消费支出的比例变化

其次，交通通信和居住支出显著提升，尤其是对城镇居民而言，这两项支出占比之和已经超过食品支出占比，约占全部支出的 1/3。其中，交通通信支出方面，无论是城镇居民，还是农村居民，其占比均呈现出持续上扬的趋势。城镇居民此类支出的比重由 1992 年的 2.6%，快速提高到 2012 年的 14.7%（见图 9-1），农村居民则由 1992 年的 1.9% 增长到 2012 年的 11.0%（见图 9-2）；居住支出方面，由于原有统计口径的误差过大，城镇居民的居住支出占比自 2001 年以后不升反降，到 2012 年，居住支出占比仅为 8.9%，但在 2013 年统一城乡住户调查、调整相关统计口径之后，居住支出的占比一下子跳升到 23.3%，成为仅次于食品支出的第二大支出。2014 年，小幅回落到 22.5%；农村居住支出占比，在新口径下，也出现一些变动，但幅度相对较小，仅由 2012 年 18.4% 调整到 2013 年的 21.1%。

最后，教育文化娱乐支出呈现"先上升、后下降"的趋势。其中，城镇居民教育文化娱乐支出的拐点出现在 2002 年，在占比最高达到 15% 之后，其比重开始逐步下降，近几年基本稳定在 12.2% 左右；农村居民的教育娱乐文化支出最高占比出现在 2003 年，达到 12.1%，随后开始逐渐下降，到 2012 年，比重回到 7.5%，基本跌到 20 世纪 90 年初期的水平。2013 年调整口径之后，比重提高到 10.1%，但仍处于较低水平；医疗保健支出则出现城乡差异。城镇居民的医疗保健支出自 1992 年开始连续上升 13 年之后，从 2006 年开始缓慢下滑，直到 2012

年，仍未摆脱下降趋势。2013 年，调整口径之后，进一步下滑到 6.1%。而农村居民的医疗保健支出则基本保持上涨的趋势，从 1992 年的 3.7%，一路提高到 7.5%，增长超过一倍。二者的差异表现，可能与 2005 年之后城乡差别的医疗保险制度有关。城镇居民享受到的医疗保障要优于农村居民，从而导致城镇居民个人承担的医疗卫生支出增速放缓。

简单总结，可以发现，过去二十多年来，随着中国经济顺利突破贫困障碍，中国居民的消费行为呈现出以下两个特征。

第一，食品衣着类支出在总支出的比重中大幅下降，由原先近七成的比重，逐渐下降到五成以下。与此同时，交通通信和住房的支出大幅提高，逐渐成为消费支出的重要组成部分。这种消费结构的演变，基本符合发展经济学的理论预期，也与以往的国际发展经验相一致。当一个国家由贫穷向中等收入过渡时，随着资本财富的积累，消费者会逐渐降低对食品、衣着等满足最基本生存物品的消费，而逐渐提高对更高层次、更高享受的实物消费比重。这就从需求层面解释了中国的汽车和房地产业在过去二十年间的高速增长。可以说，恰恰是因为居民对交通和住房的强烈需求，使得一旦制约这两大产品的供给因素得以突破之后，两个产业很快就发展起来，并迅速成为支撑经济增长的支柱产业。

第二，教育文化娱乐、医疗保健等服务产品的支出比重较低，不及全部支出的 20%。并且，从趋势上看，自 2002 年以来，这两类支出的占比还呈现出下降的趋势。其中，一方面是由于住房、交通通信等现阶段居民主要消费项目占比提高带来的挤压，另一方面，也与这些服务产品本身的供给机制不畅、价格高企息息相关。

二、新常态下中国城乡居民消费结构趋势展望

从现有的消费结构出发，未来 5~20 年，中国居民的消费结构将如何演变呢？理论上，随着一个国家经济由中等偏上收入经济体向发达经济体的过渡，居民消费的结构将开始由以实物消费为主转变为服务消费与高质量的实物消费并重、渐趋服务消费为主的消费结构。对比韩国的转型发展经验，这一判断基本成立。

2014 年，中国城镇居民的教育文化娱乐、医疗保健以及其他项目的三项支出占总消费支出的比重约为 19.9%，相当于韩国在 20 世纪 80 年代初的水平（18.8%）。与此同时，2014 年，中国以 2005 年价格计算的实际人均 GDP 约为 3 862.0 美元，也基本与韩国在 1981 年的实际人均 GDP 相当（4 151.2 美元）。而自 1981 年起，韩国的人均实际 GDP 在八年内突破到 8 158.1 美元，并于 1992 年顺利突破万亿美元大关，进入到发达经济体行列。伴随经济顺利实现中等收入

陷阱跨越的进程，韩国教育、健康、文化娱乐及杂项四项支出的比重也由1981年的18.8%，迅猛提高到1989年的28.6%。1990年、1991年，略微回调之后，又开始重启升势。到1997年，提高为29.1%。随后，受亚洲金融危机的影响，下滑到2000年28.1%。很快，伴随经济的回暖，又提升到2009年最高的33.8%（见图9-3）。因此，如果照这种发展趋势，这就意味着，未来5~20年，随着中国经济由一个中等偏上收入国家逐渐向高收入国家转变，教育文化娱乐和医疗保健的支出比重将出现较大幅度的提高。

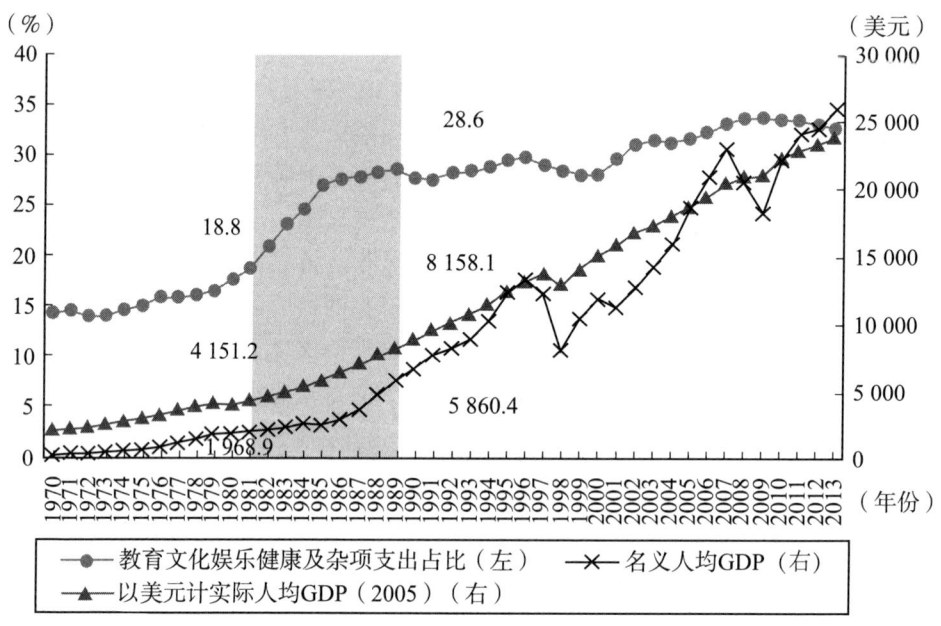

**图9-3 韩国实际人均GDP与居民教育文化娱乐等
服务产品支出比重的变化对比**

注：居民教育等服务产品支出包括教育、健康、文化娱乐及杂项四项支出之和，数据来自UNDATA；以美国计的名义人均GDP和实际人均GDP（2005年价格平均）数据均来自CEIC数据库。

进一步地，从韩国20世纪70年代以来的各项消费分类支出比重变化中，我们还可以看出，韩国在20世纪80年代到90年代初发力突破中等收入陷阱的过程中，伴随的是教育文化娱乐健康支出和住房交通通信支出的齐头并举，二者各自在20世纪90年代初期先后超过食品服装支出。相对而言，在这一阶段，住房交通通信支出的上升趋势更为明显，但自1998年起，经过长达23年的支出占比提高之后，住房交通通信支出的比重开始逐渐下降，并延续至今，而教育文化娱乐健康支出占比则保持上涨趋势，二者之间的差距迅速缩小（见图9-4）。

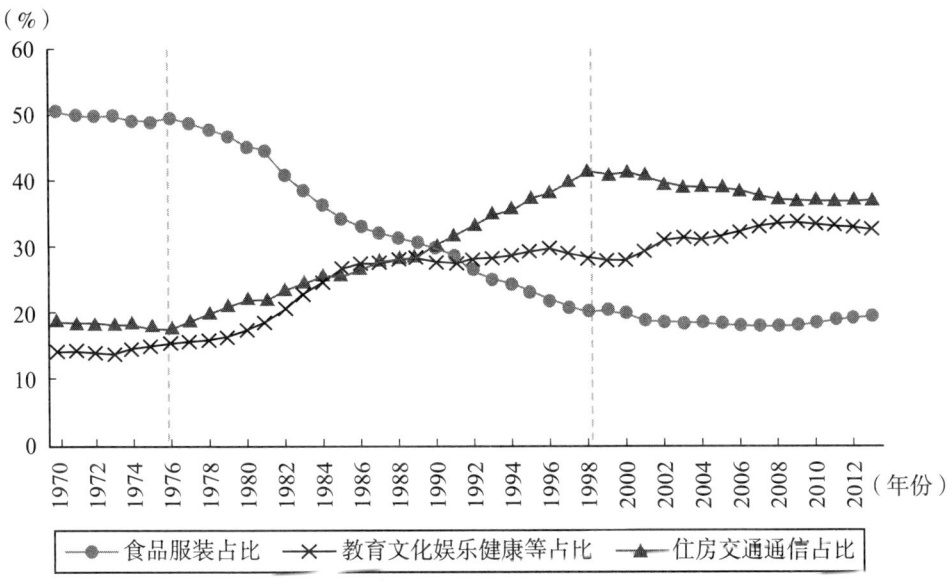

图 9—4 韩国居民消费的分类支出比重变化

注：UNDATA 共将消费分成 12 项分类，分别是：1. 食品饮料；2. 酒精、烟草、麻醉品；3. 服装、鞋类；4. 住房、水电、燃料；5. 家具及住房维护；6. 健康；7. 交通；8. 通信；9. 文化娱乐；10. 教育；11. 餐饮住宿；12. 杂项。这里的教育文化娱乐健康等支出包含 6、9、10、12 项；食品服装支出包含 1、3 项；住房交通通信支出包含 4、5、7、8 项。数据来自 UNDATA。

除韩国（1981~1989 年间，韩国实际人均 GDP 由 4 151 美元快速提升至 8 158 美元，同一时期教育、健康、文化娱乐及杂项四项支出占消费的比重也从 18.8% 迅速提升至 28.6%）外，本课题组成员王燕武和李文溥（2016）还以日本、美国为参照探讨了这一转型过程：日本在 1980~1995 年人均 GDP 迅速提升的时期，教育、文化娱乐、健康及杂项支出占比由 1980 年的 23.3% 快速提高到 1990 年的 29.4%，增加近 6.1 个百分点，之后一直保持平稳上升势头。美国在 1970~2008 年的近四十年里，随着人均 GDP 的持续上升，居民的教育、文化娱乐、健康等支出占比由 1970 年的 28.2%，稳步提高到 2008 年的 45.3%，增长了 17.1 个百分点。1998 年起，教育、文化娱乐、健康等支出占比超过食品、服装、住房、交通通信支出占比，成为居民消费的第一大支出。

因此，对比韩国、日本、美国的消费结构变迁经验，我们认为，在今后十年之内，随着中国人均收入逐渐从中等偏上收入经济体过渡到高收入经济体国家（"十三五"期间人均名义 GDP 将突破 10 000 美元），中国居民的消费结构将出现新一轮的升级转换。居民消费将由以住房交通和食品衣着等实物消费为主的消费结构，逐渐转变为服务消费与高质量的实物消费并重的消费结构。同时，这一轮的需求升级转换，将很有可能全面替代已经高速增长了近 20 年的住房交通消费需求,成为未来 10~20 年之内,中国经济的主要新增消费需求动力。

事实上,经过 30 多年来高速经济增长带来的财富积累,东部沿海一些发达地区已经接近或达到了高收入国家的水平,居民的消费能力和消费观念也发生了明显的改变。除了物质生活的满足之外,也越来越追求更为高端的服务消费的满足,包括健康、便捷的生活,优质的教育、娱乐、文体产品等,由此也触发了近些年来健身、娱乐、旅游、智能设备、互联网以及信息产业的高速发展。即使在实物性消费方面,居民对产品质量的要求越来越高。以往对于淘宝等网购网站的评价多集中在价格便宜,而现在则开始关注产品质量的好坏、是否为假货等;以往出国购物的品种,多以奢侈品为主,而现在出国购物已经逐渐铺开到日常用品,充分说明,随着收入水平的提高,国内部分居民的需求偏好已向发达国家的普通居民趋近,由此,对产品的品质要求也在提升。

然而,与消费结构正在悄然升级的趋势相悖的是,当前中国经济供给结构的一大特征是实物消费品的产能大部分过剩甚至严重过剩,现代服务品的有效供给能力却严重不足。以教育和卫生资源为例,2014 年,我国中小学在校师生比、每万人拥有医院数和病床数分别为 0.066、0.189 和 36.27,分别约为 1978 年的 1.67 倍、1.96 倍和 3.17 倍,而同期,实际人均 GDP 的增长倍数高达 19.78 倍,出现了全国性的中小学上学难、就医难问题。这种供需结构的不对称,在相当程度上抑制了居民消费需求的满足以及消费率的提高。而造成现代服务有效供给能力不足、效率低下的主要原因在于体制改革滞后、政府垄断严重以及国有经济比重过高。电影行业、旅游行业、健身行业、互联网金融、互联网交通服务等竞争因素较强的行业,在近些年飞速增长,成为新兴产业。与传统教育、医疗的萎靡不振形成了鲜明对比。

因此,比照相应的发展阶段,随着中国逐渐从中等偏上收入经济体成长为高收入经济体,中国应消除体制性障碍,促进居民的消费结构呈现相似的转型升级,即从"衣食住行"为主转向"科教文卫"为主的消费结构转换,因为前者是简单劳动力的再生产,而后者则是人力资本再生产,凡是跨越中等收入陷阱的国家无一例外均是"科教文卫"的消费超过"衣食住行",促进人力资本的积累,即消费的"动态补偿机制",导致经济中全要素生产率的提升,使经济长期增长得以维持。下面就新常态下消费结构转换对潜在产出的影响或内在机制进行分析。

第二节 消费结构转换与人力资本积累

从投资转向消费,并改善消费的内部结构,促进人力资本培育,进而提高全要素生产率。传统的依靠投资带动经济增长的模式不可持续,未来十年,随着中国从中等偏上收入经济体向高收入经济体过渡,中国居民的消费结构将出现新一轮的升级转换。从以住房交通和食品衣着等实物消费为主,逐渐转变为以服务消费与高质量的实物消费并重。它将逐步替代已高速增长了近二十年的住房交通消费需求,成为未来 10~20 年之内,中国经济的主要新增消费需求动力。关于消费与经济增长的论证一直是国内较为缺乏的,传统的发展模式是以储蓄投资为主的经济发展模式,事实上需求侧的消费结构如居民对教育、医疗卫生等支出比重的提高,不仅扩大了内需,而且从长远看,将有助于经济中的人力资本存量积累,进一步提升和改善供给能力,促进经济增长。因而,从供给侧启动的结构性改革将通过提升全要素劳动生产率这一直接渠道促进经济增长,从长远看,从需求侧改善居民消费结构将通过扩大人力资本存量这一间接渠道推动经济增长,改善增长质量。更重要的,人力资本存量的提高又将强化劳动生产率的增长,劳动生产率的增长将成为持续提高居民收入的稳固基础。这一过程最终将使中国经济增长的持续稳定地建立在劳动生产率稳定增长的基础上,有利于从根本上扭转现有的靠投资驱动的经济增长方式。

理论上,随着一个国家经济由中等偏上收入经济体向高收入经济体过渡,居民消费将由以实物消费为主转变为服务消费与高质量的实物消费并重,逐渐趋向以服务消费为主的消费结构。中国季度宏观经济模型课题组(2016)、王燕武和李义溥(2016)以韩国、日本、美国为参照探讨了这一转型过程:1981~1989年间,韩国实际人均 GDP 由 4 151 美元快速提升至 8 158 美元,同一时期教育、健康、文化娱乐及杂项四项支出占消费的比重也从 18.8% 迅速提升至 28.6%。日本在 1980~1995 年人均 GDP 迅速提升的时期,教育文化娱乐健康及杂项支出占比由 1980 年的 23.3% 快速提高到 1990 年的 29.4%,增加近 6.1 个百分点,之后一直保持平稳上升势头。美国在 1970~2008 年的近四十年里,随着人均 GDP 的持续上升,居民的教育文化娱乐健康等支出占比由 1970 年的 28.2%,稳步提高到 2008 年的 45.3%,增长了 17.1 个百分点。自 1998 年起,教育、文化娱乐、健康等支出占比超过食品、服装、住房、交通通信支出占比,成为居民消费的第一大支出。比照相应的发展阶段,我们认为,随着中国逐渐从中等偏上收入经济体成长为高收入经济体,中国居民的消费结构也应该呈现相似的转型升级。

当供给侧的结构性改革促进了经济增长并带动居民收入提高时,需求侧的消费结构也将随之调整,居民对教育、医疗卫生等支出比重的提高,不仅扩大了内需,而且从长远看,将有助于经济中人力资本存量积累,进一步提升和改善供给能力,促进经济增长。因而,从供给侧启动的结构性改革将通过提升全要素劳动生产率这一直接渠道促进经济增长,从长远看,从需求侧改善居民消费结构将通过扩大人力资本存量这一间接渠道推动经济增长,改善增长质量。更重要的,人力资本存量的提高又将强化劳动生产率的增长,劳动生产率的增长将成为持续提高居民收入的稳固基础。这一过程最终将使中国经济增长的持续稳定地建立在劳动生产率稳定增长的基础上,有利于从根本上扭转现有的靠投资驱动的经济增长方式。

厦门大学宏观经济研究中心中国季度宏观经济模型课题组(2017)驱动 CQMM,对消费结构转型升级进行政策模拟,模拟结果显示,消费结构转型升级对国民经济的影响是多重的。一方面,中国当前的居民消费仍以交通通信和居住支出为主,约占全部居民消费支出的 1/3,它带动了住房、汽车等重型消费的关联产业的强势发展,也由此塑造了中国以房地产、交通等产业为核心的投资架构。2016 年的固定资产投资中,房地产业和基础设施投资的比重分别占 22.7% 和 19.9%。然而,随着中国逐步朝高收入经济体迈进,根据发达国家的转型经验,居民消费结构将出现变迁,具体表现为住房、交通需求增长将逐步见顶,代之以教育文娱、医疗保健等服务性消费需求。假设这一消费结构在较快时间内发生转变,可能在短期内影响住房、汽车等重型消费,引起整体消费下降。

另一方面,教育文娱、医疗保健等服务性消费有利于人力资本积累,可产生袁富华等(2016)所强调的"动态效率补偿"效应,将有助于提高经济效率、促进经济增长。在两方面效应的共同作用下,模拟期内 GDP 增速实现了轻微上涨(见图 9-5)。这一净值为正的增收效应部分弥补了消费结构转变造成的消费下降,令居民消费实际增速最终仅稍微下降(见图 9-6),人力资本存量略有上升(见图 9-7)。

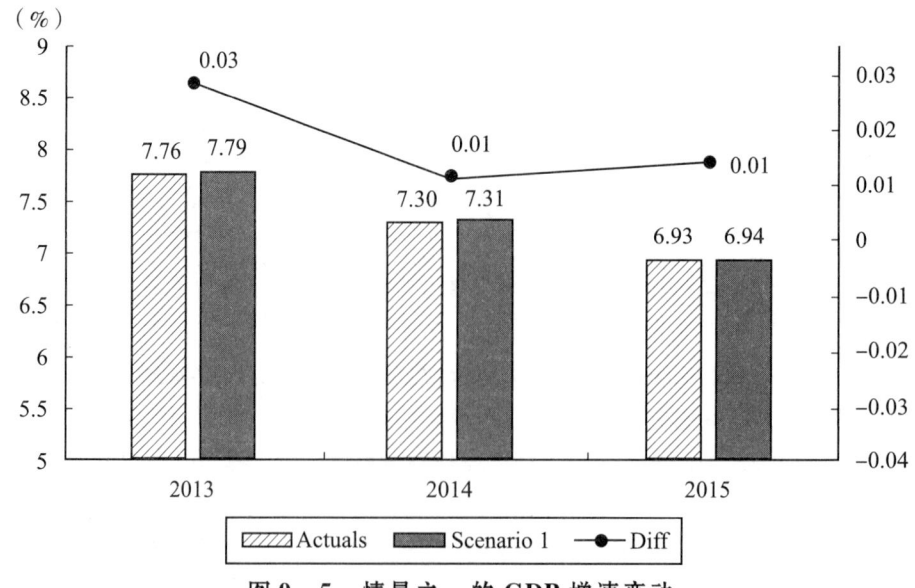

图 9-5 情景之一的 GDP 增速变动

资料来源:课题组计算。

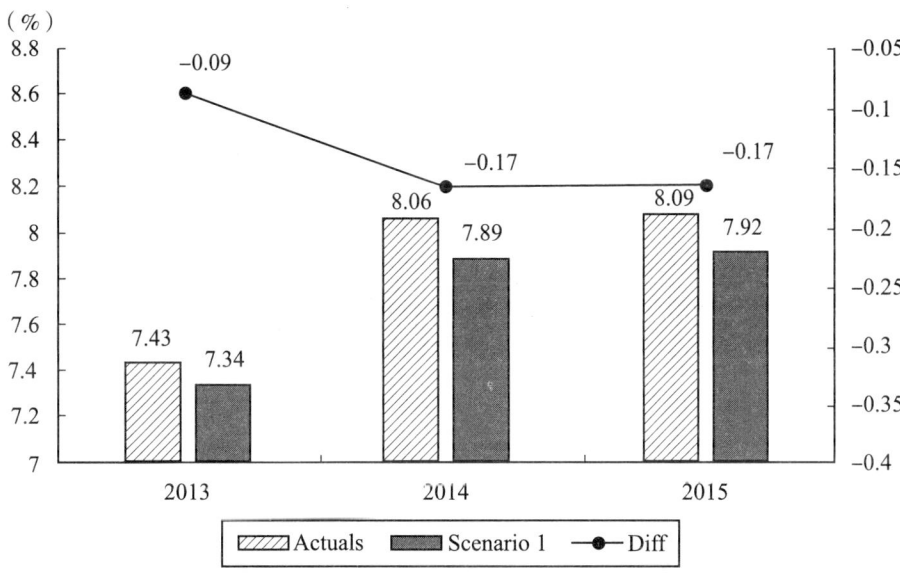

图 9-6 情景之一的居民消费实际增速变动

资料来源：课题组计算。

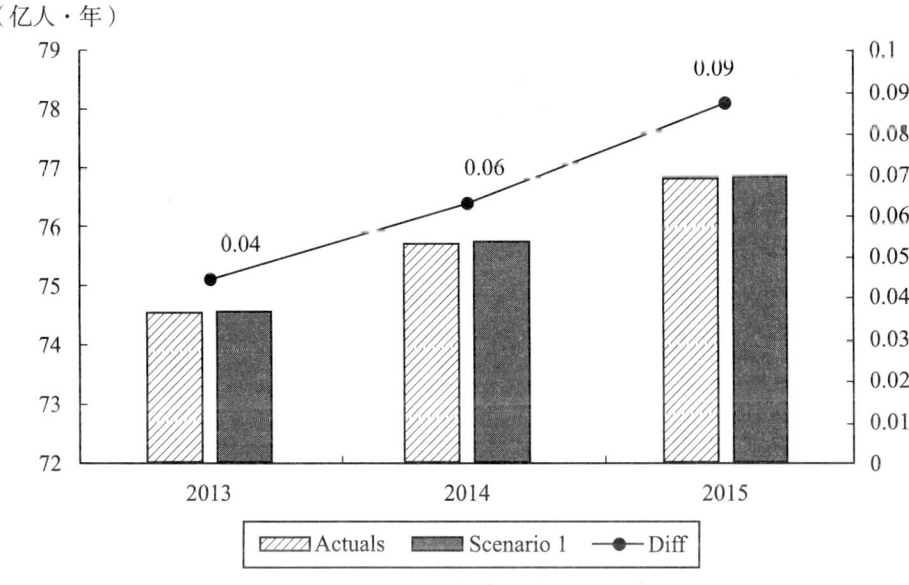

图 9-7 情景之一的人力资本存量变动

资料来源：课题组计算。

第十章

资源再配置与效率增进

从前面对中国经济增长路径的分析可以发现，中国的经济主要依靠增加要素投入带来增长。然而随着高储蓄率与高投资率带来的边际投资收益下降，单纯依靠要素投入累加的增长效果正在减弱。从经济增长理论来看，通过物质资本或劳动力要素投入来提高人均 GDP 增长率必然是不可持续的。特别是随着"人口红利"的消失，劳动人口下降，劳动成本上升，依靠要素驱动的增长模式的"潜在增长率"难以摆脱下滑的趋势。因此，推进基于资源优化和配置效率改进的全要素生产率增长势必成为中国未来长期经济增长的重要动力。而全要素增长率（TFP）的增长有赖于两部分：一是源自微观个体的技术进步；二是源自资源再配置的效率提升。本章首先对资源再配置效应进行估算，在此基础上，对我国资源是否存在错配及其导致的全要素生产率（TFP）损失进行分析，首先对劳动力、实物资本等资源错配导致全要素生产率（TFP）损失进行分析，其次，通过引入人力资本拓展模型对人力资本错配引起的全要素生产率（TFP）损失进行分析，最后，探讨资源再配置与效率增进的实现路径，即在给定个体技术水平和要素投入情况下，通过政策和市场的优化，提升资源再配置效率，进而促进经济的潜在增长率。然后，第十一章讨论如何促进微观个体的技术进步，提升中国经济的潜在增长率。

第一节 中国资源再配置效应估算

改革开放以来中国经济持续高速增长。按照《中国统计年鉴》，1978～2016

年中国 GDP 年均增长率高达 9.65%，2010 年中国人均 GDP 接近 5 000 美元，成为中等偏上收入水平经济体。持续高速的经济发展引发了许多学者对中国经济增长源泉的研究。

从经济增长理论来看，新古典主义认为资源存在着长期的有效配置，劳动力和资本在不同产业部门的边际收益相同，部门间的资本和劳动力转移不能增加总产出，资源的重新配置仅发生在经济扩张期。从而，新古典增长理论将经济增长归结为资本积累，劳动力投入和技术进步的结果。

结构主义经济增长理论认为经济是非均衡的，不存在长期的资源最优配置状态。资源在不同部门间的生产效率不同，劳动力和资本在不同部门间的流动和转移无疑会带来整体生产率水平的提高，从而促进经济增长。因此，结构主义认为经济增长除了新古典经济增长理论所揭示的上述推动因素外，还应该包括资源的重新配置，即资源从生产率低的部门向生产率高的部门转移带来的经济增长。

事实上，资源错配会导致生产效率低下，降低经济增长率。只有资源再配置才能实现生产要素的最优配置，提高经济的运行效率和增长率。根据钱纳里等（Chenery et al.，1986），蒂默和希尔马伊（Timmer and Szirmai，2000）的观点，生产要素内部投入结构的改变能够改变要素配置效率，当一种要素从低效率部门转移到高效率部门时，能够在要素投入总量不变的情况下，提高要素的单位产出，即要素内部投入结构的变化能够影响要素的产出弹性，从而对经济增长产生影响。结构变动对生产率增长的正向影响也被称为"结构红利假说"。世界主要国家的经济发展史表明，经济资源的再配置对一个国家的经济增长有巨大的推动作用。没有结构变化、资源再配置就没有经济持续增长（姚战琪，2009）。

对于中国的经济增长，大部分学者将中国经济的高速增长归结为要素驱动型如高资本投入，或是技术进步，或是制度改革带来的绩效。也有学者注意到资源的产业部门间重新配置（即结构变化）对中国经济增长的影响。刘伟和冯涛（2014）将人力资本纳入经典钱纳里模型进行扩展，首次研究了 1994～2011 年间中国服务业增长过程中的要素再配置效应，结果表明我国服务业的快速增长主要源自要素尤其是资本的驱动，要素再配置的"结构红利"几乎不存在。郝大明（2015）认为改革开放以来资源配置效率的提高，特别是农业劳动力向非农产业的流动和转移，对中国经济增长的贡献很大，利用指数的增量分析方法，从经济增长中直接分离劳动配置效应，从而在经济增长的框架中对劳动配置效应进行直接分析，结果表明，劳动力流动和转移是改革以来特别是 1978～1987 年、1992～1998 年、2003～2014 年中国经济增长的重要来源，并且未来 10 年仍有较大潜力。王恕立和滕泽伟（2015）使用服务业分行业面板数据，对 2004～2012 年间中国服务业分行业的全要素生产率（TFP）、资本和劳动力要素的再配置效应进行测算和分析。发现服务业分行业全要素生产率整体呈上升趋势，但存在较大的行业异质性，且资本、劳动力要素的再配置贡献效应偏低。蔡昉（2017）从劳动力重新配置的角度简述了一系列体制改革的过程和逻辑，从经验角度估算了三个产业总体、分产业以及产业结构变化对劳动生产率提高的贡献，揭示高速经济增长的资源重新配置效应，并阐释其对中国经济进一步改革和发展的含义。

现有文献对中国经济的资源再配置做了丰富的研究，但是存在以下两个问题：一是大多数研究都是着眼于劳动力资源的再配置问题，鲜有研究资本再配置问题。从实践来看，劳动力再配置过程往往与资本再配置过程同时进行，它们之间存在着相互匹配的关系。现代产业部门只有足够的资本投资到位，才有可能将劳动力从传统部门吸纳到现代部门。因此，研究要素再配置对经济增长的贡献时，只强调劳动力再配置效应而忽视资本再配置效应，显然存在疏漏；二是关于劳动力资源的再配置，大多数文献都是基于不同产业的视角研究劳动力再配置问题，基于区域的视角研究劳动力再配置问题的文献较少。事实上，中国作为区域经济发展不平衡的发展中大国，还存在着地区间经济发展的差距，许多研究如林毅夫和刘培林（2003）证明了改革开放以来地区间的经济差距扩大了。经济理论表明，地区间竞争的结果是高效率地区获得较多的资源，从而实现总产出的快速增长。改革开放以来，特别是 20 世纪 80 年代末期开始，随着户籍制度等阻碍人口迁移，导致劳动力市场分割的相关政策的不断松动，地区间劳动力流动特别是由中西部地区向东部沿海地区的劳动力流动规模逐渐扩大，这势必将扩大地区间的经济总量和增长速度的差距，但其同时会促进整体经济增长，因为资源从生产率低的地区转向生产率高的地区如同跨部门重新配置一样会带来整体经济生产率的提高，促进经济增长。因此，中国的劳动力资源再配置问题不仅存在一般意义上的劳动力在不同产业部门间的重新配置，还存在着劳动力的地区间流动，而后者会加强传统的结构变化（即要素部门间重新配置）对经济增长的作用。这是对中国经济持续高速增长的解释原因的补充，同时在考虑了劳动力地区间流动的情况后能更好地解释地区差距扩大的现实。

一、资源再配置效应的测算方法

研究资源再配置效应的难点和关键问题是如何定量地测算资源再配置效应。许多学者对资源再配置效应定量研究作出了贡献（Masell, 1961; Stiroh, 2002; Chenery et al., 1986; Timmer and Szirmai, 2000; Nordhaus, 2002）。其中，钱纳里等学者构建的模型（后文简称钱纳里—塞尔奎因模型）因其理论含义明确而被广泛应用于实证研究。本节采用钱纳里—塞尔奎因模型来测算资源再配置的总效应和资本、劳动力效应。

假定 Y_i、K_i、L_i 分别表示产业 t 的产业增加值、资本存量、劳动力。$i=1$, 2, 3 分别表示第一、第二、第三产业。经济体总的产业增加值、劳动分别为 Y'_t、K'_t、L'_t。经济体总变量和分产业的变量之间的关系为：

$$Y'_t = \sum_{i=1}^{3} Y_{i,t} \tag{10.1}$$

$$K'_t = \sum_{i=1}^{3} K_{i,t} \tag{10.2}$$

$$L'_t = \sum_{i=1}^{3} L_{i,t} \tag{10.3}$$

假设生产函数为：$Y'_t = A_t K'^{\alpha_t}_t L'^{\beta_t}_t$，其中 α_t、β_t 分别为资本和劳动的产出弹性，A_t 为全要素生产率。则经济增长率为：

$$\dot{Y}'_t = \alpha_t \dot{K}'_t + \beta_t \dot{L}'_t + \dot{A}_t \tag{10.4}$$

根据蒂默和希尔马伊（Timmer and Szirmai, 2000），经济体总的产出增长率还可以表示为行业产出增长率的 Domar 加总，即：

$$\dot{Y} = \sum_I S_{s,t} \dot{Y}_{i,t} \tag{10.5}$$

其中，$S_{i,t}$ 表示第 t 时期行业 i 的产出占总产出的比重，$\sum_i S_{i,t} = 1$，

$$\dot{Y}_{i,t} = \alpha_{i,t} \dot{K}_{i,t} + \beta_{i,t} \dot{L}_{i,t} + \dot{A}_{i,t} \tag{10.6}$$

将式（10.4）~式（10.6）简单变形之后有：

$$A'_t - \sum S_{i,t} A_{i,t} = \left[\sum S_{i,t} \alpha_{i,t} K_{i,t} - \alpha_t K'_t \right] + \left[\sum S_{i,t} \beta_{i,t} L_{i,t} - \beta_t L'_t \right] \tag{10.7}$$

根据切纳里等 Chenery et al. 1986），蒂默和希尔马伊（2000），式（10.7）等号左边度量了总的资源再配置效应 TRRE（Total Resources Relocation Effect），即：

$$TRRE_t = A'_t - \sum S_{i,t} A_{i,t} \tag{10.8}$$

资源再配置对经济增长的贡献用资源再配置效应与产出增长率之比来表示。

根据钱纳里—塞尔奎因模型，要素产出弹性为分行业的要素产出弹性的加权平均，即：

$$\alpha_t = \sum_i S_{i,t} \alpha_{i,t} \tag{10.9}$$

$$\beta_t = \sum_i S_{i,t} \beta_{i,t} \tag{10.10}$$

将要素产出弹性代入式（10.7），有：

$$TRRE_t = \sum_i S_{i,t}\alpha_{i,t}(K_{i,t} - K'_t) + \sum_i S_{i,t}\beta_{i,t}(L_{i,t} - L'_t) \qquad (10.11)$$

式（10.11）表明，总的资源再配置效应可以分为两部分，等式右边第一项为资本再配置效应，第二项表示劳动投入的再配置效应。

改革开放以来，中国经济发展的一个关键是生产要素（包括劳动力、资本和技术等）的合理流动提高了生产率。其中，劳动力从农村流向城镇，从农业流向非农产业，对经济增长和生产率提高的贡献很大。为了进一步分解劳动生产率增长的源泉，观察其各个构成因素及其相对贡献，通常有两种方法，分别对应不同的关注重点。第一种是按照功能性分解为全要素生产率、资本劳动比和人力资本等因素贡献。第二种是按照结构性分解为不同产业或行业的贡献，如第一、第二、第三产业的贡献。后一种计算要求的数据比较易得，估算方法比较简单，结论直观、简洁，使用得当的话，其解释力在某种程度上可以涵盖前者。因此，本书采用第二种方法对中国的劳动生产率增长的源泉进行分解。

我们采用蒂默和希尔马伊（Timmer and Szirmai，2000）的做法，分解三个产业对总体劳动生产率的贡献，以及劳动力在三个产业间转移对总体劳动生产率的贡献，即重新配置效应。公式如下：

$$LP = \frac{Y}{L} \qquad (10.12)$$

$$LP = \frac{Y}{L} \qquad (10.13)$$

$$LP^t - LP^o = \sum_{i=1}^{3}(LP_i^t - LP_i^o)S_i^o + \sum_{i=1}^{3}(S_i^t - S_i^o)LP_i^o + \sum_{i=1}^{3}(LP_i^t - LP_i^o)(S_i^t - S_i^o)$$
$$(10.14)$$

对于从产业的视角，LP 代表劳动生产率，$i = 1,2,3$，分别代表三个产业，S_i 代表产业 i 中劳动力比重，o 和 t 代表样本期的起始年份和终止年份。该公式等号左边表示总体劳动生产率的增长，等式右边的第一项表示各产业劳动生产率提高对总体的贡献，第二项和第三项代表产业结构变化对总体劳动生产率的贡献，其中第二项表示静态转移效应，即劳动力向初始年份劳动生产率较高产业转移的贡献，第三项表示动态转移效应，即劳动力向劳动生产率提高速度较快的产业转移的贡献。

对于从区域的视角，LP 代表劳动生产率，$i = 1,2,3,4$ 分别代表四个不同的区域，S_i 代表区域 i 中劳动力比重，o 和 t 代表样本期的起始年份和终止年份。该公式等号左边表示总体劳动生产率的增长，等式右边的第一项表示各区域内劳动生产率提高对总体的贡献，第二项和第三项代表区域间变化对总体劳动生产率的贡献，其中第二项表示静态转移效应，即劳动力向初始年份劳动生产率较高的区域转移的贡献,第三项表示动态转移效应,即劳动力向劳动生产率提高速度较快的区域转移的贡献。

我们借鉴博斯沃思和柯林斯(Bosworth and Collins, 2007)的分解方法,进一步观察三个产业分别对整体劳动生产率提高作出的贡献。这一方法能够单独显示各产业的贡献,并且可以把三个产业对总体劳动生产率贡献之外的残差,作为资源重新配置效应的一种度量。其计算公式为:

$$G_i^t = \sum_{i=1}^{3} G_{i,t}^o S_i^o + R \quad (10.15)$$

对于从产业的视角,G_i^t 为样本期间劳动生产率的增长率,$i=1, 2, 3$,分别代表三个产业。S_i 代表某个产业的产出比重,o 和 t 分别代表样本期间的起始年份和终止年份。R 是一个残差项,相当于总体劳动生产率增长未被产业劳动生产率增长解释的部分。

对于从区域的视角,G_i^t 为样本期间劳动生产率的增长率,$i=1, 2, 3, 4$,分别代表四个不同的区域。S_i 代表某个区域的产出比重,o 和 t 分别代表样本期间的起始年份和终止年份。

二、数据说明

我们选择的样本时期从 1993 年开始,选取 1993—2016 年中国经济的相关变量进行研究。样本时期之所以从 1993 年开始,一是 1992 年中国经济正式开始市场化改革,为了避开剧烈的经济结构变化和经济体制差异;二是官方统计数据显示,就业总数在 1990 年有一个异常的跳跃,从 1989 年的 5.53 亿提高到 1990 年的 6.47 亿,提高幅度高达 17%,没有充分的依据解释这个异常值。

所有数据来源于 CEIC 中国经济数据库、《中国人口与就业统计年鉴》和《中国劳动统计年鉴》。相关变量界定如下:

(一)产出

本节以 1978 年为基期的分产业、分区域的实际 GDP 来代表。具体做法是将 1978 年分产业、分区域的名义 GDP 连乘以上年为 100 的分产业、分区域的 GDP 平减指数,得到历年的实际 GDP。

(二)资本存量

从文中的公式可知,测算资源配置效应时需要用到物质资本存量这个变量。

但是，对于中国的物质资本存量我们无法直接得到数据，需要我们采用某种方法进行估算。实际上，对资本存量的估算是测算资源配置效应时的一个重点和难点。本节测算分产业的资源配置效应时，需要全国的物质资本存量以及分产业的物质资本存量。关于全国的物质资本存量估算的文献较多。对于分产业的物质资本存量的测算，部分学者进行了研究。徐现祥等（2007）采用永续盘存法，基于《中国国内生产总值核算历史资料：1952—1995》和《中国国内生产总值核算历史资料：1996—2002》，系统地估计样本期内我国各省区三次产业的物质资本存量。因此，对于三次产业的物质资本存量这两个数据，我们借鉴徐现祥等（2007）的数据和方法得到，全国的三次产业的物质资本存量由所有省份的数据加总得到。

（三）劳动投入

劳动力人数则直接以国家统计局公布的历年全国、各个省及三个产业的就业人数来代表。数据来源于《中国人口与就业统计年鉴》和《中国劳动统计年鉴》。

本章与前文一样，借鉴大多数文献的做法，将全国划分为东部、西部、中部、东北部四个区域，其中东部包括北京、天津、河北、上海、江苏、浙江、福建、山东、广东、海南10个省份，西部包括内蒙古、广西、四川、贵州、云南、陕西、甘肃、青海、宁夏、新疆10个省份，中部包括山西、安徽、江西、河南、湖北、湖南6个省份，东北部包括辽宁、吉林、黑龙江3个省份。

东部的实际GDP、实际资本存量、就业人数为东部十省的实际GDP、实际资本存量、就业人数分别加总，东部的就业人员的人均受教育年限为东部10省的人均受教育年限以该省就业人数占东部总的就业人数的加权平均。西部、中部、东北部的计算方法同东部一样。

三、资源再配置效应测算及其分析

本节测算分产业和分区域的资源配置效应时，除了用到上述数据以外，还需要分产业的要素产出弹性以及全要素生率等数据。对于分产业的要素产出弹性以及全要素生率，在得到上述分产业的产出、物质资本存量和就业人数之后，建立Cobb‑Douglas生产函数，回归即可得到三次产业的资本产出弹性，进而可以求出样本期的全要素生产率。具体方法和步骤可以参见吴国培等（2015）。

根据钱纳里—塞尔奎因模型，资源再配置效应结果如表10-1所示。

表 10 - 1　　　　1993~2016 年中国资源再配置效应分解

年份	资源再配置总效应	劳动再配置效应	资本再配置效应
1993	-0.00426	-0.00142	-0.00284
1994	0.004155	0.00254	0.001615
1995	0.006042	0.004411	0.001631
1996	-0.00121	-0.00369	0.002478
1997	0.004373	0.0035	0.000873
1998	0.003217	0.001984	0.001233
1999	0.002464	0.004467	-0.002
2000	0.003834	0.002475	0.001359
2001	0.006571	0.00376	0.002811
2002	0.002091	0.001055	0.001036
2003	0.00502	0.003329	0.001691
2004	0.004502	0.002021	0.00248
2005	0.006573	0.003723	0.00285
2006	-0.00587	-0.00329	-0.00258
2007	0.006055	0.004148	0.001907
2008	-0.00027	0.001434	-0.0017
2009	0.006915	0.004382	0.002534
2010	0.005024	0.002961	0.002063
2011	0.004326	0.001474	0.002852
2012	0.004959	0.003751	0.001208
2013	0.002861	0.002023	0.000837
2014	0.004128	0.003328	0.0008
2015	0.003282	0.002181	0.0011
2016	0.004442	0.003325	0.001117
平均	0.003301	0.002245	0.001056

表 10 - 1 计算的结果显示，在 1993~2016 年期间，资源再配置平均使中国经济 TFP 增长率提高 0.33 个百分点，其中资本再配置平均使 TFP 增长率提高 0.11 个百分点，劳动力再配置能使中国经济 TFP 增长率提高 0.22 个百分点，总体来看，劳动力资源再配置效应大于资本再配置效应。

资本再配置效应在样本期的大部分年份为正值，说明大部分年份中国经济存在着资本由边际产出较低的行业向较高行业的正向流动；小部分年份为负值，说明这些年份存在"逆向流动"。

劳动力再配置效应在样本期的大部分年份为正值，这说明在大多数年份，劳动力流动符合边际规则，即由低边际产出行业向高边际产出行业流动。但还有小部分年份为负值，说明这些年份出现了劳动力的"逆向流动"。

根据（Timmer and Szirmai, 2000）的方法，中国劳动生产率提高及其贡献分解如下：

从计算结果来看，如表10-2所示，1993~2016的样本期内，对经济总的劳动生产率提高，产业内劳动生产率提高的贡献大于结构变化对劳动生产率提高的贡献。在结构变化效应中，动态效应是主要的贡献因素，静态效应贡献作用较小，说明这一期间结构变化对劳动生产率提高的贡献主要来自劳动力向劳动生产率提高速度较快的产业转移。

表10-2　　中国劳动生产率提高及其贡献分解——分产业　　单位：%

年份	劳动生产率总增长率	产业内贡献	结构变化贡献	静态效应	动态效应
1993~2015	1 491.6	55.3	44.7	13.7	31.0
1993~2004	208.5	88.6	11.4	8.7	2.7
2005~2016	175.8	69.4	30.6	18.4	12.2

将样本期1993~2016年分为1993~2004年和2005~2016年两个时期进行分析，可以看出两个时期均是产业内劳动生产率提高的贡献大于结构变化对劳动生产率提高的贡献，第一个时期静态效应大于动态效应，第二个时期动态效应大于静态效应。

从计算结果来看，如表10-3所示，1993~2016年的样本期内，对经济总的劳动生产率提高，区域内劳动生产率提高的贡献大于劳动力流动对劳动生产率提高的贡献。区域间贡献效应中，动态效应是主要的贡献因素，静态效应贡献作用略小，说明这一期间劳动力流动对劳动生产率提高的贡献主要来自劳动力向劳动生产率提高速度较快的区域转移。

表10-3　　中国劳动生产率提高及其贡献分解——分区域　　单位：%

年份	劳动生产率总增长率	区域内贡献	区域间贡献	静态效应	动态效应
1993~2015	1 491.6	55.3	44.7	21.3	23.4
1993~2004	208.5	36.9	63.1	26.7	36.4
2005~2016	175.8	65.8	34.2	12.9	21.3

将样本期 1993~2016 年分为 1993~2004 年和 2005~2016 年两个时期进行分析，可以看出第一个时期区域内贡献小于区域间贡献，第二个时期区域内贡献大于区域间贡献。两个时期均是动态效应大于静态效应。

根据博斯沃思（Bosworth）和柯林斯（Collins，2007）的分解方法，三个产业及其重新配置对劳动生产率的贡献如下：

从表 10-4 中的计算结果可见，1993~2016 年期间总体劳动生产率年均增长率为 9.75%，而分期看，第一个时期增长率小于第二个时期的增长率。其中第一产业的贡献稳定下降；第二产业的贡献最大，成为各时期劳动生产率提高的最大贡献部门；第三产业贡献率也有所提高，但贡献率显著低于第二产业；资源重新配置的贡献也有所提高。

表 10-4 三个产业及其重新配置对劳动生产率的贡献——分产业　　　　单位：%

年份	平均增长率	一产贡献率	二产贡献率	三产贡献率	配置贡献率
1993~2015	9.75	7.21	55.8	25.7	11.29
1993~2004	9.67	7.31	63.4	15.8	13.49
2005~2016	9.82	6.79	44.7	27.5	21.01

从表 10-5 中的计算结果可见，1993~2016 年期间东部对中国劳动生产率提高贡献最大，其次是中部和东北部贡献率，西部贡献率最小。而分期看，第一个时期东部对中国劳动生产率提高贡献最大，中部贡献率次之，西部贡献率最小；第二个时期东部对中国劳动生产率提高贡献仍然最大，但是贡献率明显下降，与此同时中部对中国劳动生产率提高的贡献大幅增加，约 10 个百分点。东北部贡献率和西部贡献率在两个时期变化不显著。

表 10-5 三个产业及其重新配置对劳动生产率的贡献——分区域　　　　单位：%

年份	平均增长率	东部贡献率	西部贡献率	中部贡献率	东北部贡献率
1993~2016	9.75	45.9	10.7	28.8	14.6
1993~2004	9.67	46.9	9.4	28.1	15.6
2005~2016	9.82	35.7	11.5	38.3	14.5

四、小结

本节使用钱纳里—塞尔奎因模型研究了 1993~2016 年中国经济的资源再配置总效应、资本效应和劳动力效应，发现资源再配置平均使中国经济 TFP 增长率提高0.33个百分点,总体来看,劳动力资源再配置效应大于资本再配置效应。此外,本节从行业和区域的视角定量测算了样本期内中国劳动生产率提高的源泉,揭示出三个产业的总贡献、分别贡献以及劳动力在其间进行重新配置的贡献,发现劳动力流动对劳动生产率提高的贡献主要来自劳动力向劳动生产率提高速度较快的产业和区域转移,其中第二产业和东部对劳动生产率提高的贡献最大。

通过本节的研究结果可以看出,资源再配置对促进中国经济增长率提高的效应还比较弱,中国资源再配置的潜力还很大。中国经济还存在较多的限制生产要素充分流动的障碍和壁垒,因此从资本再配置的角度看,中国未来的经济增长潜力仍是十分巨大。

为了进一步提高资源再配置对全要素生产率的提升进而促进中国经济的长期增长,需要对当前我国资源误置现状及其导致全要素生产率的损失进行分析,以便能够有针对性地提出相应的政策建议,提高中国经济的潜在经济增长率和实际增长速度。

第二节 资源误置与全要素生产率的损失

贝利等(Baily et al., 1992)研究表明美国20世纪七八十年代50%的制造业生产率的增长都来自资源的再配置。不当的政策则会降低资源配置效率,进而抑制技术进步。贝洛等(Bello et al., 2011)认为,如果技术水平受到企业主努力程度和资本投入的影响,那么差异性税收政策就会影响对于技术水平投入的程度,持续地降低个体的生产率水平,进而降低累计的TFP。谢赫(Hsieh)与克莱诺(Klenow, 2012)指出,印度的企业成熟速度远低于美国的企业水平,原因就在于大量政策的扭曲使得企业的无形投入减少,进而抑制了TFP增长率提高。因此,相对于技术进步累积缓慢的特性,制定适当的政策来促进资源再配置效率的提升,能够对产业结构升级、化解产能过剩等产生立竿见影的效果,对于资源配置效率较低的转型经济体,特别是发展中国家实现经济结构调整有着特殊的意义。

具体到中国实际情况。其一,中国地域辽阔,要素在全国范围内的自由配置相较于一些小国更为困难。由于交通、户籍问题的限制,中国地域经济大部分都有着较强的地方保护主义,即土地、资金、劳动等资源配置都带有各地方政府"规划"色彩,横向分割了要素市场;其二,一些不合理的制度与政策使资源在各部门或者企业的配置存在"计划"偏向（政策的部门偏向，或者所有制偏向、或者因信息不对称引致的规模偏向），导致纵向分割了要素市场；两者结合引致的结果是地方政府对"领地"内的大型企业和国有企业进行倾斜有着强烈的动机，从而进一步损害了中小企业的利益。为了摆脱当前困局，首当其冲是要通过实质性的改革措施，进一步开放要素市场，打通要素流动通道，优化资源配置，全面提高要素生产率。通过资源再配置来促进全要素生产率的增长，既是刺激经济增长的短期捷径，又是推动经济长期增长的必经之路。

实际上政府早已经开始尝试通过推行区域间政策来优化资源配置，推动经济增长。大量区域性政策，包括西部大开发，中部崛起，长三角和珠三角的中心辐射模式等，都体现着跨区域资源配置的特点。然而由于要素配置的复杂性，很少人构建方法对这一类区域政策进行统一的分析和评估。因此，除了对资源配置的情况做出说明，本书还尝试从时间跨度上，结合具体的区域政策，对不同区域间的要素流动状况进行说明和分析，为之后该领域的研究提供支持。

另外，我们将视角继续细化到企业间资源配置的角度。在对不同企业类型的各种分类方式中，按照企业规模进行划分在当前有着特殊的意义。在当前经济萧条的阶段，中国的小型企业所面临的困境尤为明显。一是此前小型企业大多依赖于廉价的生产要素，尤其是劳动力的投入，由于人力成本快速上升，导致其整体利润空间受到挤压，增长受阻；二是由于自身规模、抵押品少等原因，贷款需求受限，特别是在宏观经济下行的大环境下，行业景气程度低、企业负债率居高不下，经济衰退时银行采取谨慎的贷款策略，更多倾向于大型企业，导致小型企业融资首先受阻，从而引发现金流断裂问题。

从定位上而言，小型企业又是社会吸收劳动力的重要部门，仅规模以上制造业企业而言，小型企业以约25%的产出占比，吸收了社会35%左右的劳动力。而且小型企业包含大量的服务型产业，是社会产业结构转型的重要一环。因此，小型企业问题，近年来一直是政府关注的热点。然而从目前所实施的政策效果看，定向宽松的货币政策似乎并未真正缓解不同规模企业间的信贷资源错配问题。尽管货币政策定向宽松的力度持续加大，小型企业的"融资贵、融资难"问题却依旧存在，用传统上的总量货币政策来调结构的举措是否有效，以及如何选择或制定有效的经济政策成为重中之重的问题。

而本节正是以上述问题为导向，立足中国经济现状，通过分析资源配置对于全要素生产率的影响，利用中国工业数据库，定性定量地分析不同规模企业及其空间布局的资源配置扭曲问题，为当前从高速增长转向高质量增长的着力点——提升全要素生产率的政策制定提供科学的判断依据。

一、模型框架

本书模型的设定框架是对勃兰特等（Brandt et al., 2012）的模型拓展，按企业规模而非企业产权，将两个部门拓展为三个部门，分为大、中、小型企业。

（一）假设

全国生产同一种最终产品，其生产出各省份的产出通过 CES 函数加总而成。即：

$$Y = \left(\sum_{i=1}^{m} \omega_i Y_i^{1-\sigma} \right)^{\frac{1}{1-\sigma}} \tag{10.16}$$

其中，Y 为全国的最终产品产出 GDP，Y_i 为 i 省的产出，ω_i 是 i 省在最终 GDP 中的权重，m 为数据中的省份数量，$1/\sigma$ 为省际的替代弹性。

每个省份的产出分别由小型企业，中型企业和大型企业三个企业部门的产出通过 CES 函数加总而成，即：

$$Y_i = (Y_{is}^{1-\phi} + Y_{im}^{1-\phi} + Y_{il}^{1-\phi})^{\frac{1}{1-\phi}} \tag{10.17}$$

其中，Y_{is}，Y_{im}，Y_{il} 分别表示第 i 省的小型企业 s，中型企业 m 和大型企业 l 的产出，$1/\phi$ 为省内产出的替代弹性。

CES 形式意味着不同部类和省份之间存在着一定程度的垄断性。这种垄断性可能来自于地域的分割，也可能来自产出商品种类的不同。这里并没有对省内生产函数的 CES 形式设定权重，而直接采用了等权的设定方式，原因在于不同规模企业部门本身的大小相比于省际之间的差异变动更为剧烈且缺乏一个合理稳定的标准。同时不同规模企业部门本身就受到省内对于不同规模企业倾向性政策的影响。

对于省内的部门假设生产函数为 C-D 形式，即：

$$Y_{ij} = A_{ij} L_{ij}^{\alpha} K_{ij}^{1-\alpha}, \quad 0 < \alpha < 1, \quad j = s, m, l \tag{10.18}$$

其中，A_{ij}，L_{ij}，K_{ij} 分别表示某个规模下企业部门的生产效率，劳动者数量和资本数量。需要说明的是这里所有的变量都是实际变量。

（二）实际 TFP 测算

设：

$$L_i = \sum_j L_{ij}, \quad K_i = \sum_j K_{ij}$$

$$A_i = Y_i / (L_i^{\alpha} K_i^{1-\alpha}) = (Y_{is}^{1-\phi} + Y_{im}^{1-\phi} + Y_{il}^{1-\phi})^{\frac{1}{1-\phi}} / (L_i^{\alpha} K_i^{1-\alpha}) \tag{10.19}$$

设：
$$L = \sum_i L_i, \quad K = \sum_i K_i$$
$$A = Y/(L^\alpha K^{1-\alpha}) = (\sum_{i=1}^m \omega_i Y_i^{1-\sigma})^{\frac{1}{1-\sigma}}/(L^\alpha K^{1-\alpha}) \tag{10.20}$$

因此实际 TFP 的测算与传统索罗余量的测算方式并无二致，其中可能存在的问题也是相近的。但由于本文更多的关心 TFP 损失情况的变动趋势，因此假设简化对接下来的进一步推导是有益的。

（三）最优 TFP 测算

最优 TFP 测算即在社会计划者下求解：
$$\max_{L_{ij} K_{ij}} Y \tag{10.21}$$
$$\text{s.t.} \sum_{i,j} L_{ij} = L, \quad \sum_{i,j} K_{ij} = K$$

同省时，一阶条件为：
$$\left(\frac{Y_{ij}}{Y_{ik}}\right)^{1-\phi} = \frac{L_{ij}}{L_{ik}} = \frac{K_{ij}}{K_{ik}}$$
$$\Rightarrow \frac{L_{ij}}{L_{ik}} = \frac{K_{ij}}{K_{ik}} = \left(\frac{A_{ij}}{A_{ik}}\right)^{\frac{1-\phi}{\phi}} = \left(\frac{Y_{ij}}{Y_{ik}}\right)^{1-\phi}$$
$$\Rightarrow \frac{L_{ij}}{L_i} = \left(\frac{A_{ij}^{\frac{1-\phi}{\phi}}}{A_{is}^{\frac{1-\phi}{\phi}} + A_{im}^{\frac{1-\phi}{\phi}} + A_{il}^{\frac{1-\phi}{\phi}}}\right) \text{其中} j, k = s, m, l \tag{10.22}$$

不同省份时，一阶条件为：
$$\frac{\omega_i}{\omega_n} \left(\frac{Y_i}{Y_n}\right)^{\phi-\sigma} \left(\frac{Y_{ij}}{Y_{nj}}\right)^{1-\phi} = \frac{L_{ij}}{L_{nj}} = \frac{K_{ij}}{K_{nj}}$$
$$\Rightarrow \frac{L_{ij}}{L_{ik}} = \frac{K_{ij}}{K_{ik}} = \left(\frac{\omega_i}{\omega_n}\right)^{\frac{1}{\sigma}} \left(\frac{A_i^*}{A_n^*}\right)^{\frac{\phi-\sigma}{\sigma}} \tag{10.23}$$

同样的，如果对省际的劳动力和资本最优分布情况求导可得：
$$\frac{L_i}{L} = \frac{K_i}{K} = \left(\frac{\omega_i^{\frac{1}{\sigma}} A_i^{*\frac{1-\sigma}{\sigma}}}{\sum_i \omega_i^{\frac{1}{\sigma}} A_i^{*\frac{1-\sigma}{\sigma}}}\right) \tag{10.24}$$

因此合并约束条件可求得省内的最优 TFP，A_i^* 以及全国的最优 TFP，A^* 分别为：
$$A_i^* = (A_{is}^{\frac{1-\phi}{\phi}} + A_{im}^{\frac{1-\phi}{\phi}} + A_{il}^{\frac{1-\phi}{\phi}})^{\frac{\phi}{1-\phi}} \tag{10.25}$$
$$A^* = (\sum_i \omega_i^{\frac{1}{\sigma}} A_i^{*\frac{1-\sigma}{\sigma}})^{\frac{\sigma}{1-\sigma}} \tag{10.26}$$

可以看到省内和全国最优 TFP 的构成同样是 CES 函数的形式。这表明效率分布越为平均（或者接近权重），越有利于整体的效率优化。

二、扭曲的分解

（一）省内扭曲的求解

对于各省的产出而言，利润最大化的目标函数为：

$$\max_{Y_{ij}} P_i Y_i - \sum_j P_{ij} Y_{ij} \tag{10.27}$$

由 Y_{ij} 的一阶条件可得：

$$P_i Y_i^{\phi} Y_{ij}^{-\phi} - P_{ij} = 0 \tag{10.28}$$

式 (10.28) 代入 Y_i 的生产函数可得：

$$P_i = \left(\sum_j P_{ij}^{\frac{\phi-1}{\phi}} \right)^{\frac{\phi}{\phi-1}} \tag{10.29}$$

对于各部门的产出而言，利润最大化的目标函数为 $\max_{Y_{ij}} P_{ij} Y_{ij} - \tau_{ij}^L w L_{ij} - \tau_{ij}^K r K_{ij}$，其中，$\tau_{ij}^L$ 与 τ_{ij}^K 分别表示劳动力市场和资本市场间的摩擦。

由 Y_{ij} 的一阶条件可得：

$$\alpha P_{ij} Y_{ij} = \tau_{ij}^L w L_{ij} \tag{10.30}$$

$$(1-\alpha) P_{ij} Y_{ij} = \tau_{ij}^K r K_{ij} \tag{10.31}$$

将式 (10.30)、式 (10.31) 相除可得到式 (10.32)。

$$\frac{K_{ij}}{L_{ij}} = \frac{1-\alpha}{\alpha} \frac{\tau_{ij}^L w}{\tau_{ij}^K r} \tag{10.32}$$

代入式 (10.30) 可得式 (10.33)，

$$P_{ij} - \check{A}_{ij}^{-1} \left(\frac{\tau_{ij}^L w}{\alpha} \right)^{\alpha} \left(\frac{\tau_{ij}^K r}{1-\alpha} \right)^{1-\alpha} - \check{A}_{ij}^{-1} \lambda \tag{10.33}$$

其中，$\dfrac{A_{ij}}{\tau_{ij}^{K\alpha} \tau_{ij}^{L1-\alpha}} = \check{A}_{ij}$，$\left(\dfrac{w}{\alpha}\right)^{\alpha} \left(\dfrac{r}{1-\alpha}\right)^{1-\alpha} = \lambda$。代入式 (10.29) 可得：

$$P_i = \left[\sum_i \check{A}_{ij}^{\frac{1-\phi}{\phi}} \right]^{\frac{\phi}{\phi-1}} \lambda = \check{A}_i^{-1} \lambda \tag{10.34}$$

由于设定 $Y_i = A_i L_i^{\alpha} K_i^{1-\alpha}$，可知同样存在 $A_i = \check{A}_i \tau_i^{L\alpha} \tau_i^{K 1-\alpha}$。目标即求出 τ_i^K 与 τ_i^L。

代入式 (10.32) 可得：

$$Y_{ij} = A_{ij} \left[\frac{K_{ij}}{L_{ij}} \right]^{1-\alpha} L_{ij} = \check{A}_{ij} L_{ij} \tau_{ij}^L \theta \tag{10.35}$$

其中，$\theta = \dfrac{(1-\alpha)w}{\alpha r}$。

同理存在

$$Y_i = \check{A}_i L_i \tau_i^L \theta \quad (10.36)$$

由式（10.28）、式（10.33）、式（10.34）、式（10.35）、式（10.36）可得：

$$\frac{P_{ij}}{P_i} = \frac{\check{A}_i}{\check{A}_{ij}} = \left(\frac{Y_i}{Y_{ij}}\right)^\phi = \left(\frac{\check{A}_i \tau_i^L}{\check{A}_{ij} \tau_{ij}^L l_{ij}}\right)^\phi \Rightarrow l_{ij} = \frac{\tau_i^L}{\tau_{ij}^L}\left(\frac{\check{A}_i}{\check{A}_{ij}}\right)^{\frac{\phi-1}{\phi}}$$

其中，$l_{ij} = L_i/L_{ij}$。因此有 $\sum_j l_{ij} = 1$，可推出：

$$\tau_i^L = \frac{\check{A}_i^{\frac{1-\phi}{\phi}}}{\sum_j \check{A}_{ij}^{\frac{1-\phi}{\phi}}/\tau_{ij}^L}, \quad \tau_i^K = \frac{\check{A}_i^{\frac{1-\phi}{\phi}}}{\sum_j \check{A}_{ij}^{\frac{1-\phi}{\phi}}/\tau_{ij}^K} \quad (10.37)$$

将式（10.25）代入式（10.37）可知，当不存在摩擦时，应满足 $\tau_{ij}^{*L} = \tau_i^L$，$\tau_{ij}^{*K} = \tau_i^K$。

实证检验中，由式（10.30）、式（10.31）可知：

$$\tau_{ij}^L \propto \frac{P_{ij}Y_{ij}}{L_{ij}}, \quad \tau_{ij}^K \propto \frac{P_{ij}Y_{ij}}{K_{ij}}$$

当不存在摩擦时，有：

$$\tau_{ij}^{*L} = \tau_i^L \propto \frac{P_i Y_i}{L_i}$$

$$\tau_{ij}^{*K} = \tau_i^K \propto \frac{P_i Y_i}{K_i}$$

可证 $A_i^* = \check{A}_i \tau_i^{*L\alpha} \tau_i^{*K 1-\alpha}$。

（二）省际扭曲的求解

对于全国的产出而言，利润最大化的目标函数[①]为 $\max\limits_{Y_i} PY - \sum_i P_i Y_i$。

由 Y_i 的一阶条件可得：

$$PY^\sigma \omega_i Y^{-\sigma} = P_i \quad (10.38)$$

$$P = \left[\sum_i \omega_i^{\frac{1}{\sigma}} P_i^{\frac{\sigma-1}{\sigma}}\right]^{\frac{\sigma}{\sigma-1}} \quad (10.39)$$

由于设定 $Y = AL^\alpha K^{1-\alpha}$，可知同样存在：

$$A = \check{A}\tau^{L\alpha}\tau^{K 1-\alpha} \quad (10.40)$$

目标即求出 τ^K 与 τ^L。同省内扭曲程度的求解，有：

$$P = \left[\sum_i \omega_i^{\frac{1}{\sigma}} \check{A}_i^{\frac{1-\phi}{\phi}} \lambda\right]^{\frac{\phi}{\phi-1}} = \check{A}_i^{-1}\lambda \quad (10.41)$$

[①] 本章舍弃了伯兰特等（Brandt et al., 2012）模型中关于省际产品市场摩擦的设定。原因在于按原文设定，只要产品市场摩擦相同，则这个摩擦大小不影响市场整体的生产效率。该结论并不符合逻辑。

$$Y = \check{A}L\tau^L\theta \quad (10.42)$$

由式（10.34）、式（10.35）、式（10.39）、式（10.41）、式（10.42）可得：

$$\frac{P_i}{P} = \frac{\check{A}}{\check{A}_i} = \left(\frac{Y}{Y_i}\right)^\sigma \omega_i = \left(\frac{\check{A}\tau^L}{\check{A}_i\tau_i^L l_i}\right)^\sigma \omega_i \Rightarrow l_i = \frac{\tau^L}{\tau_i^L}\left(\frac{\check{A}}{\check{A}_i}\right)^{\frac{\sigma-1}{\sigma}} \omega_i^{\frac{1}{\sigma}}$$

其中，$l_i = L/L_i$。因此有 $\sum_i l_i = 1$，可推出：

$$\tau^L = \frac{\check{A}^{\frac{1-\sigma}{\sigma}}}{\sum_i \frac{\check{A}_i^{\frac{1-\sigma}{\sigma}}}{\tau_i^L}\omega_i^{\frac{1}{\sigma}}}, \quad \tau^K = \frac{\check{A}^{\frac{1-\sigma}{\sigma}}}{\sum_i \frac{\check{A}_i^{\frac{1-\sigma}{\sigma}}}{\tau_i^K}\omega_i^{\frac{1}{\sigma}}} \quad (10.43)$$

另外由设定及式（10.28）可知：

$$\tau_i^L = \frac{\alpha P_i Y_i}{wL_i} \propto \frac{P_i Y_i}{L_i}, \quad \tau_i^K \propto \frac{P_i Y_i}{K_i} = \frac{\omega_i P}{P_i}\left(\frac{Y}{Y_i}\right)^\sigma$$

与省内推导相同，当不存在摩擦时，有：

$$\tau_i^{*L} = \tau^L \propto \frac{PY}{L}, \quad \tau_i^{*K} = \tau^K \propto \frac{PY}{K}$$

三、数据来源、处理与统计性描述

（一）参数设置

对于上文关于省份权重，此处设置为 $\omega_i = \frac{1}{10}\sum_{\tau=1998}^{2007}\left(\frac{P_i(t)Y_i^\sigma(t)}{\sum_{i=1}^m P_i(t)Y_i^\sigma(t)}\right)$。

对于省内和省际的产出弹性并没有相关的估计文献，伯兰特（Brandt et al.，2012）的论文中将弹性都设定为 1.5，但这在不同部门产出比不均衡时会引起部门间的过大价格差。同时现实中，不同省份间的产品运输更为困难，因此产品间的弹性相对来说较小，而同一省份内的产品由于流通更为自由，所以可以设定较大的弹性。这里本章将省内不同规模间企业的产品替代弹性设定为 3，而省际的产品替代弹性设定为 1.5，即 $1/\phi = 3$，$1/\sigma = 1.5$。稳健性分析中会对参数的情况进一步进行分析。

对于劳动报酬比例的取值，本节参考张车伟，张士斌（2010）根据统计年鉴调整劳动报酬后重新测定的结果。其文中指出中国在 1998~2004 年间非农业部门平均的劳动份额为 40.58%，因此本书取 $\alpha = 0.4$，要低于发达国家劳动力报酬比例的 2/3 普遍水平。这是由中国经济的转轨特征、二元经济特征和结构性特征共同决定的，使得中国劳动力相对于资本处于较为弱势的地位。而文章的稳健性检验中可以看出，α 的设定对结果影响有限。

（二）数据及处理

本节主要使用的是中国工业数据库，该数据库的全称为"全部国有及规模以上非国有工业企业数据库"，其样本范围为全部国有工业企业以及规模以上非国有工业企业。实际上包含了 1998～2007 年间中国 33 万多家工业企业，占中国工业总产值的 95% 左右，覆盖了中国工业 40 多个大类、90 多个中类、600 多个小类，共计 222 万多条企业的数据信息。由于该数据库数据量极大，数据庞杂，存在大量的无效数据，本节主要参考聂辉华（2012）对该数据库的处理方式，剔除了全部从业人数少于 8 人，权益资本小于等于 0，规模产量少于 300 万元的企业，固定资产净值小于等于 0 的所有数据。

另外由于西藏和海南的物价指数的缺失，所以剔除了这两个地区的企业数据①。由于 1998 年的物价等指标缺失较为严重，考虑到时间序列上对整体结果的影响，因此在测算 TFP 损失时考虑到并未使用该年的数据，但在不涉及物价的统计性描述和一般分析时仍保留 1998 年的数据状况。对样本进行处理后保留 1 936 021 个企业的样本。

实际产出 Y：本书选取数据库中工业增加值作为企业产出的名义变量 Y^{nom}。由于统计年鉴中仅包含全国和各省份的 PPI 指数，因此对于省内部门产出的实际变量，需要通过公式（10.28）推出。

$$P_{ij} = P_i \left(\frac{Y_i^{nom}}{Y_{ij}^{nom}} \right)^{\frac{\phi}{1-\phi}} \tag{10.44}$$

由 Y_i 的生产函数可以推得：

$$Y_i^{1-\phi} = \sum_j Y_{ij}^{1-\phi} \Rightarrow Y_i = \sum_j \left(\frac{Y_i}{Y_{ij}} \right)^{\phi} Y_{ij}$$

$$\Rightarrow Y_i = \sum_j \frac{P_{ij}}{P_i} Y_{ij} \Rightarrow Y_i^{nom} = \sum_j Y_{ij}^{nom}$$

因此，最后实际产出为：②

$$Y_{ij}(t) = \frac{Y_{ij}^{nom}(t)}{P_i(t)} \left(\frac{Y_{ij}^{nom}(t)}{Y_{is}^{nom}(t) + Y_{im}^{nom}(t) + Y_{il}^{nom}(t)} \right)^{\frac{\phi}{1-\phi}} \tag{10.45}$$

劳动力变量 L：本节选取数据库中从业人数作为工作人数的变量。

资本变量 K：本节参考聂辉华和贾瑞雪（2011）以及孙元元和张建清

---

① 两者的总产出，总劳动人口和总固定资产净值分别为全国的 2.2%、1.8% 和 0.4%，删除的影响极小。

② 该公式引致的结论是值得怀疑的。当 $\phi > 1/2$ 时，$\frac{Y_{ij}^{nominal}(t)}{Y_{is}^{nominal}(t) + Y_{im}^{nominal}(t) + Y_{il}^{nominal}(t)}$ 越小，物价越高。这意味着小规模的部门必然有着非常高的售价。在产品接近的部门之间这一结论并没有足够的支持。

(2015) 等处理方法，选取固定资产净值来衡量资本量。

企业规模：对于企业规模的划分，本节参考《关于印发中小企业划型标准规定的通知》，将总销售额超过 4 亿元，职工数量超过 1 000 人的企业划分为大型企业；销售额在 2000 万~4 亿元之间，职工数量在 300~1 000 人之间的企业划分为中型企业，300 万~2000 万元之间，职工数量在 20~300 人之间的企业为小型企业。这里本应使用销售数据，但数据库中销售数据部分缺失，因此对应使用工业总产值为销售额的代替，两者分类结果重合度接近 1。

物价 P：本节选取 WIND 数据库中的工业品出厂价格作为文中的物价。

（三）数据统计性描述

由于本节主要研究的是要素配置的关系，所以相对于绝对量，本节将会把更多的注意力集中于分析要素在不同规模企业和不同省份（区域）中的分布，时间的变化，以及不同规模企业间的要素配置（见图 10-1）。

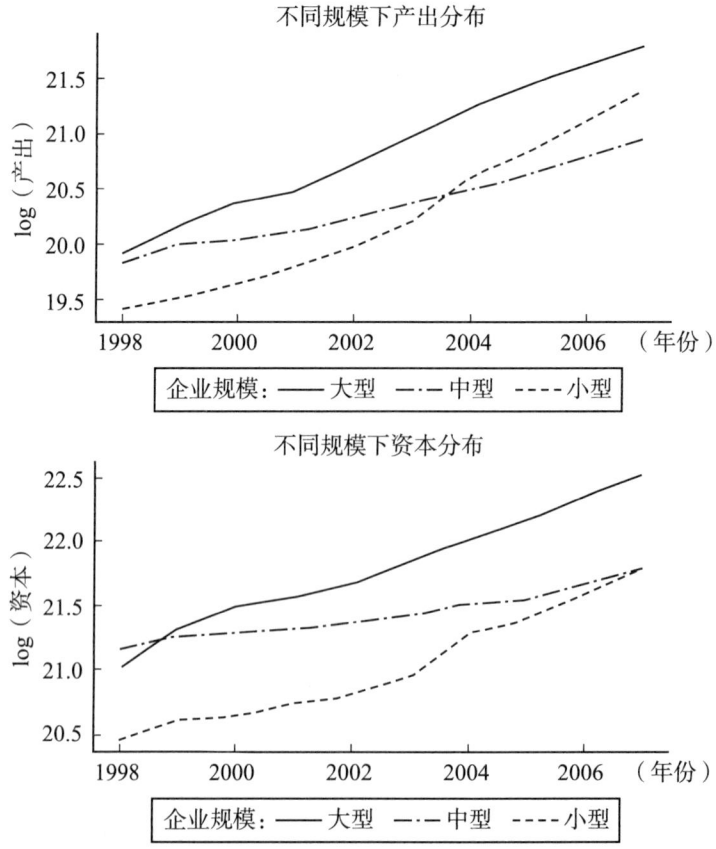

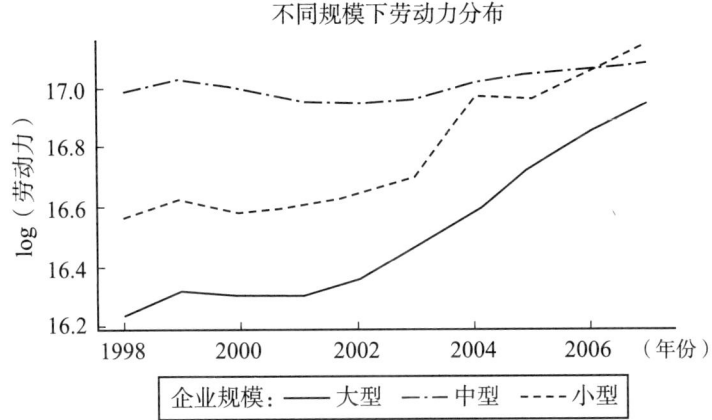

图 10-1 不同规模下产出、资本和劳动力的分布状况

注：上图表示的是大型企业，中型企业和小型企业的实际产出（左上）、资本（右上）、劳动力（下）在 1998~2007 年之间的变动。其中，横坐标为年份，纵坐标为是样本内某一规模下企业的所有产出（资本、劳动力）总和的自然对数。

从图 10-1 中可以看出，就实际总产出而言，样本初期大型企业和中型企业占据较大的市场份额，而小型企业与两者差距较大。但样本期间大中小型企业都保持惊人的增长率，其中大型和小型企业增长更为迅速。这使得 2004 年小规模企业占社会的实际总产出超过中等规模的企业，成为中国经济增长的重要推动力。

就资本存量上而言，其表现形式与实际总产出较为接近。期初中型企业的资本总量略高于大型企业，小型企业差距较大。经历快速增长期后小规模企业的资本总量已经赶超中等规模企业，但资本上小规模企业的增长率要略低于产出。

而劳动力分布上，其表现形式较为不同。样本初期，中型企业占据了社会的大部分劳动力，其次是小型企业和大型企业。在样本期内，中型企业的劳动力数量基本没有发生大的变化，处于一个相对稳定的区间内波动。而大型企业和小型企业的劳动力数量则出现快速的增长。因此在 2007 年末，小型企业所吸纳的劳动力已超过中型企业。

从结果上看，产出和要素配置变动实际上反映了这些年来的两个社会现实：一是部分行业呈现出集聚化。样本期间，中国整体的经济结构仍以第二产业为主，而对于成熟的第二产业体系来说需要适当的规模效应来降低成本，在早期的竞争期过后，资本和劳动力会通过收购合并等方式不断向大规模的企业集聚。二是政府对小型企业的支持以及经济市场化使得市场活力和创造力进一步释放，表现为进入市场的小型企业数量快速增加，同时小型企业本身的实力与质量不断提高。结果使得大型企业和小型企业的整体平均规模上升，中型企业规模相对另两者规模下降。

图 10-2 中每个规模下的全要素生产率是通过 $Y_{jt} = A_{jt} L_{jt}^{\alpha} K_{jt}^{1-\alpha}$ 计算获得，其

中，Y、L、K 为各个规模下产出，劳动力和资本的直接加总。从图中可以看出，全要素生产率从高到低分别是大型企业、小型企业、中型企业。其中，大型企业的全要素生产率在 1998~2004 年间增长速度较快，但在 2004 年后增长速度放缓接近停滞。中型企业在样本期内保持相对较低的稳定增长率。小型企业的全要素生产率展现了超越大中型企业的稳定快速的增长。

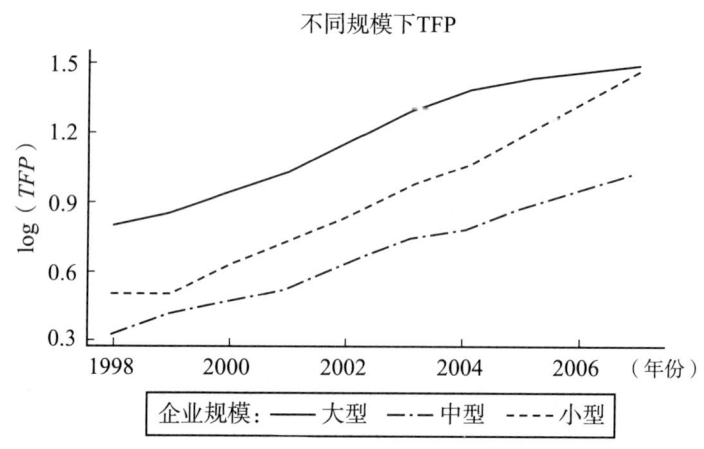

图 10-2　不同规模下 TFP 的变动

注：上图表示的是大型企业，中型企业和小型企业的全要素生产率（TFP）在 1998~2007 年之间的变动。其中横坐标为年份，纵坐标为是样本内某一规模下企业的全要素生产率的对数。

正如上文所述，大型企业的增长可能更多地来自规模效应带来的红利，一旦市场的需求放缓，市场容量达到瓶颈时，大型企业的效率就会面临下降。考虑到 2007 年末刚好是上一轮经济周期开始下行的阶段，大型制造业不同程度地都出现产能过剩的现象，那么不难理解图 10-2 所呈现的生产效率下降。另外，小型企业的增长主要来自技术创新和市场的多元化需求，所以能够更好地抵御经济危机，这使得小企业的全要素生产率能够在 2007 年末继续保持快速稳定的增长。因此在当前国内外市场需求放缓的情况下，通过制度改革，特别是市场化改革来促进小型企业发展从而带动整体经济无疑是一个正确的选择。

大型企业在某一省份内的产出占比，能够反映大型企业在这一省内的市场实力，从一个侧面可以间接地说明区域资源配置的状况。而本书研究的另一个维度就是不同区域对资源配置效率的影响，因此结合大型企业的产出占比能够达到更好的分析效果。

由于国家的发展战略以及其他历史原因，使得部分省份，尤其西部和北方的省份的大型企业的产出占比例要明显高于南方和沿海省份，其中新疆和黑龙江更是接近 80%。而东部沿海省份，尤其是民营经济较为发达的浙江和福建等省份毫无意外地有着较小的大型企业产出占比。这种不同省份的非平衡发展，一方面可能会引发省份间的资源配置失衡，另一方面长期也可能对大型企业集聚的省份的经济增长产生不利的影响。下文会对这一影响进一步深入探讨。

四、实证结果

（一）全要素生产率损失（见图10-3、图10-4）

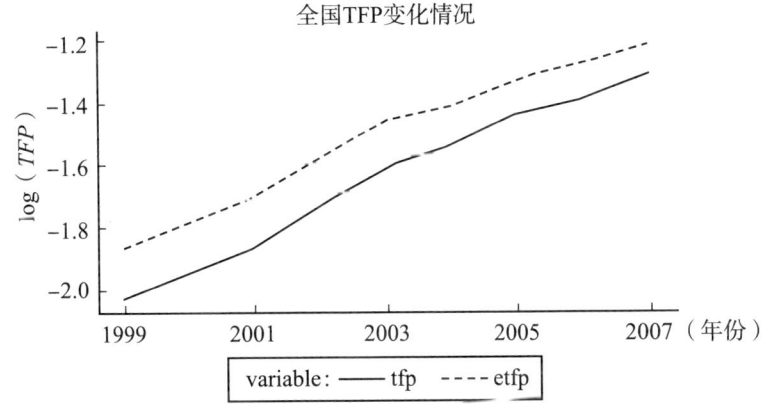

图10-3 全国的 TFP 变化情况

注：上图表示的是全国的全要素生产率在1999~2007年之间的变动情况。其中，横坐标为年份，纵坐标为是样本期内 TFP 的对数。其中实线为实际的全要素生产率，虚线为理想状况下在给定资源下能够达到的最大的全要素生产率 ETFP。

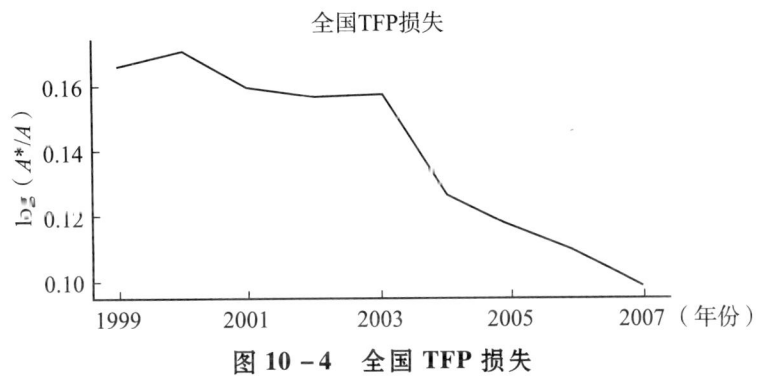

图10-4 全国 TFP 损失

注：上图表示的是全国全要素生产率损失在1999~2007年的变动。其中横坐标为年份，纵坐标为是为全要素生产率的损失。全要素生产率的损失通过理想状态下的最大全要素生产率与实际全要素生产率比值的对数表示。

图 10-3 及图 10-4 分别展示了在 1999~2007 年全国全要素生产率及由于要素错配引起的生产率损失的变动状况。其中，实际的全要素生产率（用 TFP 表示）是直接通过 $Y = AL^{\alpha}K^{1-\alpha}$ 求得，而最优 TFP（用 ETFP 表示），也就是在给定资源下能够达到的最大的全要素生产率，则是通过上文的公式（10.11）获得。而全要素生产率的损失是由最优全要素生产率和实际全要素生产率之间的差额，$\ln A^* - \ln A$，获得的。

从图 10-3 中可以看出，在样本期内，不论是实际的全要素生产率，还是最优的全要素生产率都保持着一个较为稳定的持续性增长，其中实际的全要素生产率的年平均增长率为 7.2%，而最优的全要素生产率的平均增长率为 6.3%。两者的缺口在样本期间内整体呈下降的趋势，在 2000 年达到高点 17.05%，并在 2003 年之后要素错配带来的效率损失明显下降，于 2007 末达到 9.8% 的低点。全要素生产率的损失整体保持在 9.8%~17% 之间，这个结果与谢地和克莱诺（Hsieh and Klenow, 2009）测算出中国存在高达 30% 以上的全要素生产率相差较大，但与使用相似模型的一些学者测算所得的 20% 的平均水平较为接近（Brandt, Tombe, Zhu, 2012）。这种差距的原因可能是多方面的，例如模型或者数据源的不同都可能是差异的来源之一。从下文的稳健性检验中也可以看到，参数本身同样会对扭曲的绝对值产生较大的影响。由于种种差异，使得不同文献间的差异巨大，因此这里我们抛开绝对值而更关心相对一致的趋势性变化和分布的状况。

为了研究大型企业的实力是否会影响各省的 TFP 损失，本节还利用测算出的损失缺口与大型企业的产出比构建省际面板数据，同时使用省份的实际产出的对数值作为控制变量（见表 10-6）。

表 10-6 　　　　大型企业产出比与 TFP 损失情况

	Dependent variable：TFP 损失		
	Estimate	Std. Error	Pr（>|t|）
大型企业产出比	1.832	0.905	0.04415*
log（实际产出）	0.191	0.033	4.057e-08***
大型企业产出比 * log（实际产出）	-0.083	0.049	0.09395
Observations：261	R^2：0.18572		
Adjusted R^2：0.15726	F-Statistic：16.8019*** （df = 3；221）		

注：* p<0.1；*** p<0.01

由于时间效应和个体效应的 F（36,221）值为 28.268，其对应的 p 值接近 0，因此拒绝了混合效应的原假设。同样地，Hausman 检验的卡方统计量为

46.32，同样拒绝了随机效应的原假设。因此，固定效应作为最后选定的模型，并将估计结果展示在表 10-6 中，从估计结果来看，省份实际产出对数作为控制变量取值在 15~21 之间，对于 TFP 损失产生了明显的正向作用。也就是说实际产出越大的省份，损失越为严重。更为关键的是，自变量大型企业产出比对最终省 TFP 损失形成一个正向的作用。因此，这里定量地证明了大型企业的势力越大，这个省份越容易产生扭曲造成 TFP 损失这一事实。

（二）扭曲的分解

在前文的模型框架中我们已经推导过如何通过调整某一个指定要素的扭曲程度以达到消除特定要素摩擦的方法。因此，我们可以拆解出全国 TFP 损失的具体原因。如下方列示：

省际的扭曲 D_b：可以通过 $\ln A^*/A_{nw}$ 求得，其中 A^* 表示全国的最优 TFP，A_{nw} 表示没有省内扭曲时的 TFP，因此两者相除剩余的即为省际的扭曲影响。

省际的劳动扭曲 D_{nbl}：可以通过 $\ln A^{nbl}/A$ 求得，其中 A 表示全国的实际 TFP，A_{nbl} 表示没有省际劳动扭曲时的 TFP。

省际的资本扭曲 D_{nbk}：可以通过 $\ln A^{nbk}/A$ 求得，其中 A_{nbl} 表示没有省际资本扭曲时的 TFP。

省内的扭曲 D_w：可以通过 $\ln A^*/A_{nbw}$ 求得，其中 A_{nw} 表示没有省内扭曲时的 TFP。

省际的劳动扭曲 D_{nwl}：可以通过 $\ln A^{nwl}/A$ 求得，其中 A_{nwl} 表示没有省际劳动扭曲时的 TFP。

省际的资本扭曲 D_{nwk}：可以通过 $\ln A^{nwk}/A$ 求得，其中 A_{nwk} 表示没有省际资本扭曲时的 TFP。

图 10-5 中全国的 TFP 损失被分为两个部分。一部分来自省内的资源配置扭曲，另一部分来自省际的资源配置扭曲。可以看出近 2/3 的 TFP 损失都被省内的资源配置扭曲所解释，这一点与（Brandt et al.，2012）结论一致。模型中将省内的企业按规模划分为大、中、小型三类企业，因此省内的 TFP 损失实际上代表着资源配置在这三类企业间的扭曲程度。TFP 损失越大代表着不同规模企业间的资源配置越发低效率，反之亦然。1999~2003 年间省内的 TFP 损失较大，在 2003 年后开始出现明显的下降，并因此带动全国整体的资源配置效率大幅改善。与孙元元等（2015）得出的省际资源配置情况恶化的结论不同，从图中可以看出省际的 TFP 损失在样本期内较小，除 2003 年外，省际的扭曲持续保持着减小的趋势，并且表现得更为平缓。这意味着出全国统一要素市场逐步建立与完善，使省际间的资源配置效率获得提升。

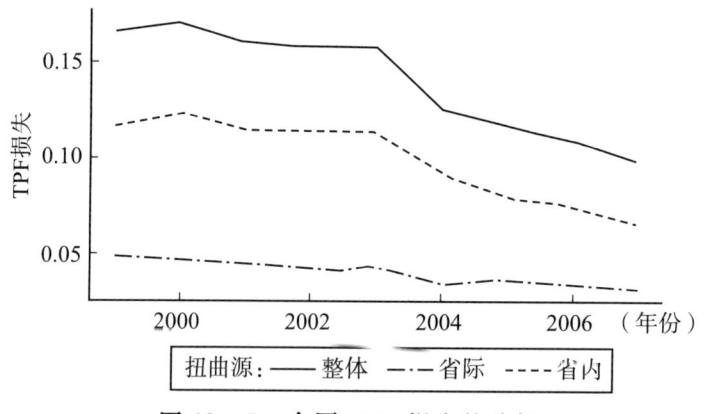

图 10 – 5　全国 TFP 损失的分解

注：上图表示的是全国 TFP 损失在 1999 ~ 2007 年的分解。其中，横坐标为年份，纵坐标为是 TPF 的损失。而三条线分别代表不同的扭曲来源。其中，实线代表整体的 TFP 损失，而短虚线代表由于省际资源配置扭曲带来的 TFP 损失，长虚线代表省内资源配置扭曲带来的 TFP 损失。

1. 省际 TFP 损失情况

我们先将省际 TFP 的损失进一步拆解为劳动力和资本两个部分。从图 10 – 6 中可以看出，尽管省际 TFP 的损失表现为持续下降，但是内在的主导因素在样本的前后期却是完全不同的。在 1999 ~ 2004 年间，主要是劳动力配置效率提升推动省际 TFP 损失的减少，而后以 2004 年为转折点劳动力配置的扭曲开始缓慢上升。这里劳动力配置效率的改善主要很可能得益于劳动力地域限制条件的放宽和自由流动意愿的加强。资本造成的扭曲则刚好相反，在 1999 ~ 2003 年间，其对应的 TFP 损失略有上升。但在 2003 年之后，损失迅速下降，资本的配置效率获得改善，从而进一步推动 2003 年后省际 TFP 损失的下降。资本配置效率的改善很可能得益于中国新一轮的经济扩张和资本流动性的增强。由于中国市场化进程的不断深化以及国家区域发展战略的调整与转移——西部大开发、中部崛起与东北振兴等一系列区域战略出台使得中国区域间的资本流动方向、流动规模乃至流动速度都在不断发生着变化（见图 10 – 6）。

为了进一步证实上述假设，本节利用模型可以进一步将资源配置的扭曲分解到各个不同的省份之间。根据模型设定可知，利用 τ_i^L 和 τ_i^K 可以表示每个省份所面临的劳动和资本的价格扭曲的程度。这里，为了使劳动扭曲和资本扭曲之间可比，我们对不同省份 τ_i^L 和 τ_i^K 的数值进行标准化处理。同时，为了避免极端值干扰结果的可视化效果，我们将其中大于 1 的值调整为 1，小于 – 1 的值调整为 – 1。因此最后呈现在图 10 – 7 中，该省份的颜色标记越深意味着结果越接近 1，也就是该省份相对于其他省份的资本成本或劳动力成本越高，即由于要素流动限制带来扭曲就更为剧烈;相对地,颜色标记越浅意味着结果越接近 -1,也就是该省份相对于其他省份的资本成本或劳动力成本越低,即要素补贴带来的扭曲越为剧烈。为了使结果表现得更为清晰,我们使用圆形标识那些因"补贴"而获益的省份,用三角形标识那些因限制而受损的省份。其中"补贴"和限制的区分标准即为上文模型框架中对于无摩擦条件下扭曲的推导。

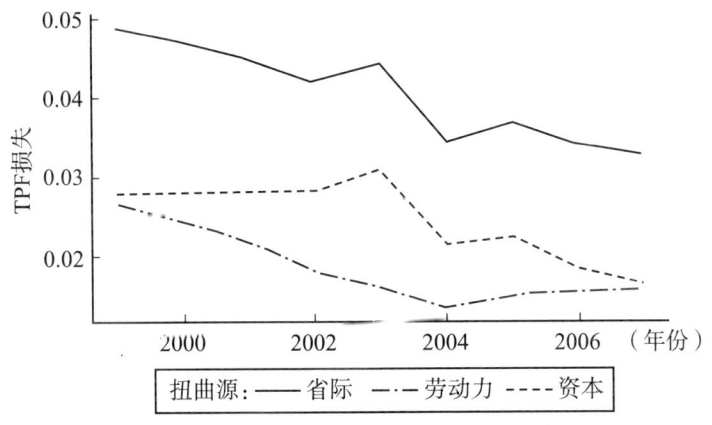

图 10-6 省际 TFP 损失的分解

注:上图表示的是省际 TFP 损失在 1999 年~2007 年的根据要素种类的分解。其中,横坐标为年份,纵坐标是 TPF 的损失。其中,实线代表省际资源配置失衡引发的 TFP 损失,短虚线代表由于省际劳动力资源配置扭曲带来的 TFP 损失,长虚线代表省际资本资源配置扭曲带来的 TFP 损失。

1999 年,按区域的划分大致上呈现了劳动力成本按东南沿海、东北部省份、西部省份,中部省份依次下降的态势,其中东南沿海基本上呈现出由于劳动力限制带来的强烈扭曲,并且远比其他省份的劳动力配置扭曲更为严重,尤其上海、北京等地的情况最为严重。中部省份则表现出另一个方向的扭曲,非常明显地受益于当时劳动力政策的补贴。而 2007 年末劳动力资源配置状况相比于 1999 年发生了较大的改善。最明显主要是东部沿海省份因受益于劳动力配置改善所带来的全要素生产率损失下降较多。另外,中西部地区由于持续性的劳动力输出,使得这些地区的劳动力资源情况略有恶化,尤其是内蒙古和青海等地。东北地区则表现得更为明显,大量人口和劳动力流出使得劳动力资源大幅缺失。总的来说,这种劳动力向东南沿海的运动状况仍是有益的,结合图 10-6 中劳动力扭曲的变化可知在样本期较长一段时间内,省际之间劳动力带来的扭曲都呈现快速下降的趋势。但如何在现有情况下防止一些欠发达地区的劳动力持续性流失是下一步非常值得研究的问题。

另外,2007 年劳动力扭曲分布状况和大型企业的产出占比的分布是有着一定的关联，也就是说大规模企业占比越高的省份似乎越可能受到劳动力约束带来的损失。由于这里已经通过模型得到扭曲的具体数值，因此我们可以利用扭曲和省份的大型企业产出比构建一个面板数据。回归分析中为了使结果数值可比，同样对所有省份的扭曲程度进行了标准化。由于考虑到不同时间段上的扭曲程度并不直接可比，因此假设面板回归同时具有时间效应和个体效应。最后我们将实际产出的对数作为控制变量加入回归方程中，来构建一个简单的计量分析模型。

由于时间效应和个体效应统计量的 $F(36,221)$ 值为 20.19，对应的 p 值接近 0，因此拒绝了混合效应的原假设。同样的，Hausman 检验的卡方统计量为 15.53，因此 p 值接近 0，拒绝了随机效应的原假设。最终我们选择固定效应模型，模型估计结果呈现在表 10-7 中，这里将大型企业产出比作为主要被解释变量，从表 10-7 可以看出，省份实际产出对数作为控制变量取值在 15~21 之间，省份的实际产出对数对于资本扭曲有着较为明显的正向作用。也就是说实际产出越大的省份，往往越面对着更为高昂的劳动力成本。

表 10-7　　　　　　　　大型企业产出比与劳动力扭曲情况

Dependent variable：省际劳动力扭曲			
	Estimate	Std. Error	$Pr(>\|t\|)$
大型企业产出比	-19.688	6.737	0.003838**
log（实际产出）	0.507	0.249	0.043235*
大型企业产出比 × log（实际产出）	1.185	0.367	0.001438**
Observations：261	R^2：0.1476		
Adjusted R^2：0.12498	F-Statistic：12.756*** (df = 3；221)		

注：* p < 0.1；** p < 0.05；*** p < 0.01

另外，省份的平均水平下（实际产出对数的平均为 18.4），大型企业产出比的系数为 2.116（-19.688 + 1.185 × 18.4），也就是说在平均状况下，大型企业产出比对劳动力扭曲的作用是一个正向的作用，大型企业产出比越大，省份的劳动力扭曲就越大。因此，大型企业产出占比比较高的省份如果经济实力较强，那么该省份由于劳动力的限制所带来的扭曲就会非常明显。

这种结果应当是合理的。根据中国的实际情况而言，中国几个人口大省的经济实力都相对较为薄弱。另外，对于经济实力较弱的省份，如果大型企业占比比较高，使得劳动力获得了确定的就业方向，规模化的有效培训可能会降低对应的劳动成本。但是对于经济实力较强的省份来说，由于大型企业本身的限制或者行政干扰反而一定程度上会导致劳动成本上升。因此，应当首先对经济发达省份的大型企业进行把关和检验，排除其可能的行政干扰和限制，推动效率进一步提升。

然而尽管部分省份表现出明显的劳动力成本扭曲的状况，由于模型的设定使得这不一定代表该省需要大量的劳动力，相对生产效率的低下同样会表现为该省份相对劳动成本过高。因此，结合每个省份制造业的人均产出能够更好地分析和发现问题。

受劳动力限制而受损最为严重的几个省份实际情况并不一致。例如，对于内蒙古，吉林等省份，高劳动力成本伴随着相对于其他省份的高人均产出，这说明这些省份的确受到了劳动力不足的严重影响，因此这些省份应当制定针对一般劳动力的政策，吸引劳动力重新回流。而相对于黑龙江、新疆等省份，可以明显看出尽管劳动力成本高企，这些省份的劳动力产出非常低下。因此，仅是简单地通过吸引劳动力并不能解决这些省份的现实问题。更为重要的是应当想办法挽救这些省份衰弱的制造业，提高省内制造业的生产效率。针对高端技术型人才的政策相比盲目的人口限制策略要更为实际有效。

1999年资本成本在东南沿海，中部，西部呈现出从高到低的分布。几乎所有东南沿海的省份都承受着资本相对不足带来的配置扭曲，而大部分西部地区则享受着大量资本补贴带来的资本配置扭曲收益。由此可知这种情况在1999~2003年之间都在持续恶化。然后，随着金融市场逐步完善，这一情形得到好转，2007年末东部沿海省份的资本扭曲得到了较大的改善。中部省份则出现分化，山西、湖北等省份表现为资本相对过多，而河南、湖南表现为资本相对不足。西部同样出现分化，例如，除青海、宁夏外，其他大多数省份资本配置扭曲明显下降。需要额外补充的是，北京和上海的资本扭曲程度要明显低于附近的地区。

形成1999年资本扭曲分布状况的原因，一方面可能与20世纪90年代末政府区域发展战略转移，掀起了西部大开发战略，政府对西部持续的政策性投资有关。政府对西部提供较低的政策性利率并鼓励在企业西部进行投资，使得西部的工业企业相对而言能够获得更低的资本成本，而东部则存在大量中小型成长企业，由于金融市场摩擦及融资渠道有限，无法获得足够的资本，使得扭曲加剧。

样本期内资本的流动上呈现从西部往东南沿海省份和部分中部省份流动的趋势。这种资本扭曲的变化情况可能和2003年中国新一轮经济扩张启动有关。虽然在样本早期资本扭曲程度较高，但东部沿海城市在过去一轮的经济增长中异常活跃，随着民间资本的激活和政府的投资力度加大，使得这些东部沿海城市获得大量的资本流入，资本状况得到改善。而上海和北京作为区域核心，有其特殊优势的经济和政治优势，使得他们始终能够获得相对附近区域较低的资本成本。

政府希望通过西部大开发的策略吸引企业在西部进行投资，从而推动西部整体的经济增长情况。但是，制约西部经济发展的因素不能一概而论之。对于部分经济发展较为落后的西部地区，其主要的原因并不是资本的缺乏，而是省内的技术生产率要远低于东部省份。这部分地区解决问题的关键应该在于如何从技术水平更为发达的东部转移高新设备或者技术人才来实现技术和生产率的提高。

2007 年的资本扭曲分布状况和大型企业的产出占比的分布图是有着一定的关联，通过采用与上文相同的数据处理方法，因此我们使用资本扭曲作为自变量，大型企业产出比作为因变量，而实际产出的对数作为控制变量，并同时使用时间效应和个体效应，得到的结果如表 10 - 8 所示。

表 10 - 8　　　　　　大型企业产出比与资本扭曲情况

Dependent variable：省际资本扭曲			
	Estimate	Std. Error	Pr（>|t|）
大型企业产出比	-14.318	5.25126	0.006915 **
log（实际产出）	1.42629	0.19441	4.128e-12 ***
大型企业产出比 × log（实际产出）	0.74229	0.28615	0.010119 *
Observations：261	R^2：0.316		
Adjusted R^2：0.268	F - Statistic：34.031 *** （df = 3；221）		

注：* $p<0.1$；** $p<0.05$；*** $p<0.01$。

时间效应和个体效应的 F（36, 221）值为 19.235，对应的 p 值接近 0，因此拒绝了混合效应的原假设。同样的，Hausman 检验的卡方统计量为 119.03，因此 p 值接近 0，拒绝了随机效应的原假设。固定效应面板回归的结果呈现在表 10 - 8 中。从结果来看系数无疑都是非常显著的，但复杂程度要明显超过原设想的部分。这里将大型企业产出比作为主要被解释变量。由于控制变量省份实际产出对数取值在 15 ~ 21 之间，所以省份的实际产出对数对于资本扭曲有着非常强烈的正向作用。也就是说实际产出越大的省份，越容易受到资本约束的影响。

另外，省份的平均水平下（实际产出对数的平均为 18.4），大型企业产出比的系数为 - 0.655（ - 14.318 + 0.742 × 18.4），也就是说在平均状况下，大型企业产出比对资本扭曲的作用是一个负向的，大型企业产出比越大，省份的资本扭曲的值越小，也就是这个省份越容易受到资本扭曲的所带来的"隐形补贴"。然而由于实际产出对数对大型企业产出比系数的作用是正向的，因此在省份的实际产出越小时，大型企业产出比的增加产生的隐形补贴会越为明显。而对于经济实力非常强的省份（产出对数大于 19.2），如果其大型企业占比越高，反而可能会面对一个正向的扭曲。

大型企业产出比的这个结果应该是预料之中的。对于经济实力较为弱小的省份，国家往往会通过引入大型企业对其经济进行支撑，并同时提供相应的政策补贴。而且大型企业产出占比越高，省份经济越落后，其对应的势力也就越大。但目前来看，实际产出差异带来的影响要远大于大型企业产出占比差异所带来的影响。

综合以上的情况，对于省际的资源配置需要关注的是对于劳动力而言，部分沿海省份已经开始出现劳动力过剩的情况，而西部省份由于经济落后导致的劳动力流失的恶性循环则未能得到解决（当然，进入21世纪以来，特别是近年来，这一点得到了较大的改善，出现了更多的劳动力回流中西部地区），因此通过进一步对这些省份的细致分析找出背后原因，如何引导劳动力，尤其是高端劳动力进入部分欠发达地区是下一步政策值得关注的要点。而对于资本，需要的是更为开放的市场，使得投资者能够更为自由的选择投资项目与区域。简单地向西部等欠发达地区引进资本并不能解决当下的问题，相反这可能引发更多的资源配置损失。政府需要分而看之，对于技术落后导致资本溢出的省份更是应该考虑优先考虑增强这些地区吸引技术和人才的能力，从而提高技术的区域流动性。

2. 省内 TFP 损失情况

图 10-7 中可以明显看出，与省际扭曲不同，省内的扭曲由劳动力配置主导。在样本期内，从 2000 年开始，尤其是 2004 年之后，省内劳动力配置带来的扭曲呈现加速下降的趋势。另外，资本配置的扭曲在样本期内基本保持稳定，直到 2004 年开始反弹上升，使得 2007 年末，资本带来的扭曲超过劳动力带来的扭曲。需要说明的是根据模型设定，这里省内的要素配置扭曲是指由不同规模企业间的资源配置引起的扭曲。

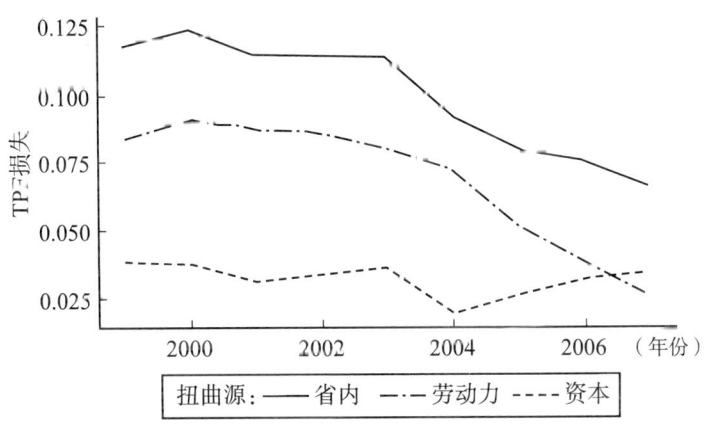

图 10-7 省内 TFP 损失的分解

注：本图表示的是省内 TFP 损失在 1999~2007 年的根据要素种类的分解。其中，横坐标为年份，纵坐标为是 TPF 的损失。其中，实线代表省内资源配置失衡引发的 TFP 损失，而短虚线代表由于省内劳动力资源配置扭曲带来的 TFP 损失，长虚线代表省内资本资源配置扭曲带来的 TFP 损失。

为了进一步区分不同规模企业的扭曲状况，本节利用模型可以进一步将资源配置的扭曲分解到不同规模的企业。根据模型求解的过程可知，τ_{ij}^L 和 τ_{ij}^K 可以用于表示每个省份所面临的劳动和资本的价格扭曲的程度。然而由于不同年份、省份、规模下的 τ_{ij}^L 和 τ_{ij}^K 直接比较是没有意义的，因此这里需要构建一个新的指标。利用同一年份同一省份内大规模企业的要素扭曲情况除以小规模企业的要素扭曲情况（对于劳动力而言，即 τ_{il}^L/τ_{is}^L），我们可以获得大规模企业和小规模企业的相对扭曲程度，并且这个指标是可比的，如表 10-9 所示，这里仅陈列了样本初期 1999 年和样本末期 2007 年的数据。

表 10-9　　大型企业对小型企业的相对劳动力扭曲程度

区域	省份	1999 年	2007 年	区域	省份	1999 年	2007 年	区域	省份	1999 年	2007 年
东部	河北	1.43	1.26	中部	山西	1.37	1.23	西部	贵州	1.87	1.99
	山东	1.7	1.23		河南	1.4	0.91		甘肃	1.9	1.99
	北京	1.93	2.71		湖北	1.63	1.84		内蒙古	2.03	1.14
	江苏	1.96	1.6		安徽	1.92	1.54		四川	2.08	1.16
	天津	2.54	2.48		江西	2.24	1.34		宁夏	2.26	1.17
	浙江	2.83	2.17		湖南	5.01	2.18		重庆	2.38	2.26
	福建	2.84	1.63	东北	吉林	2.58	1.67		广西	2.47	1.62
	上海	3.11	2.45		黑龙江	5.09	2.73		陕西	2.54	1.56
	广东	3.23	1.61		辽宁	1.91	1.42		青海	3.05	1.92
									新疆	4.39	3.35
									云南	8.71	3.28

表 10-9 中数值相对于 1 而言偏离越大，则相对扭曲更为明显，数值越接近 1，则相对扭曲越小。从表 10-9 中可以看出，对于大部分省份，劳动相对扭曲的程度都要大于 1，这意味着相对于小企业资本扭曲程度，大企业劳动配置扭曲程度较大，这说明了大企业要比小企业面临的劳动力市场更加不完善，即存在一定的非瓦尔拉斯特征的劳动力市场。而且对于不同省份来说，这种扭曲程度有着明显的差异。部分省份不同规模企业间的劳动力配置扭曲差异非常巨大。例如，云南在样本初期甚至达到了 8 倍以上，同样地，位于东北的黑龙江省样本初期的相对扭曲程度也高达 5.09。但在样本末期，可以看到一方面在绝对值上这种大规模企业劳动力市场不完善的情况得到改善；另一方面，各省份之间的差异情况也

得到了缓和。整体而言西部的劳动扭曲要大于中部，东部的劳动扭曲最小。进一步分析可以看到省内劳动扭曲的改善主要来自原来一些扭曲较大省份的大幅度减小，如云南、湖南和黑龙江。

大型企业面临更高劳动力配置扭曲，也就是较高劳动力成本的原因可能是多方面的。例如根据效率工资理论，大企业为了维持较高的员工质量会支付更高的工资水平，进而导致了招聘的人员要少于最优的市场出清人数。也可能因为国有企业中行政力量干预使得大规模企业不愿意招聘更多的员工。而一些区域内相对扭曲较大的省份，如云南、黑龙江，通常其大型企业的产出占比也比较高。因此可以理解为大型企业的势力会进一步加强大型企业对劳动力配置的影响。

而西部省份的劳动力扭曲程度普遍要高于中东部的原因较为复杂。一种猜测是相比于东中部，大部分西部地区各省内的大规模企业势力（主要是国有企业）更为强大。通过比较省内劳动力相对扭曲和该省大规模企业的产出占比可以发现两者的相关系数达到 0.55。这说明越是受到大规模企业影响的省份，劳动力配置的扭曲越是剧烈。另一种猜测则是相对于小型企业中的低端劳动力，高端劳动力更容易流动，因此西部的高端劳动力人群更多地向经济发达地区移动，使得大企业多的西部劳动力扭曲更为严重。

随着市场化改革的推进，大企业人员的行政性固化不断削弱，劳动力能够一定程度上自由在大小型企业之间流动，进而使劳动扭曲程度下降。

同样的，我们按照上文陈述的方法对省内劳动力扭曲情况和大型企业产出占比做一个简单的面板计量分析。

通过时间效应和个体效应的统计量和 Hausman 检验的统计量分别拒绝了混合面板效应和随机效应的原假设。最后我们选择固定效应作为最终的结果，并呈现在表 10 - 10 中。

表 10 - 10　　　　　大型企业产出比与省内劳动力扭曲情况

	Dependent variable：省内劳动扭曲		
	Estimate	Std. Error	Pr（>|t|）
大型企业产出比	17.321	9.669	0.07461
log（实际产出）	1.887	0.357	3.178e - 07 ***
大型企业产出比 × log（实际产出）	- 0.73091	0.527	0.16678
Observations：261	R^2：0.193		
Adjusted R^2：0.163	F - Statistic：17.587 *** （df = 3；221）		

注：*** $p < 0.01$。

从表 10-10 中可以看到，实际上大型企业产出比的效果并不显著，而是省份实际产出对数的系数更为明显。当该省的经济实力越强，则该省大型企业和小型企业间面对的劳动力成本的差距就会更加明显。可能的原因是经济实力较弱的省份应该更有动力去补贴大型企业。而经济实力较强的省份则相对政策倾斜更少，由于大型企业自身的特点使得其面对的劳动力成本会更加高昂。

资本扭曲的结果呈现在表 10-11 中。其中，对应的数值相对于 1 偏离越大，则相对扭曲更为明显，数值越接近 1，则相对扭曲越小。从表 10-11 中可以看出，与劳动力的相对扭曲不同，对于大部分省份，资本相对扭曲的程度都要小于 1，这意味着相对于大规模企业资本扭曲程度，小规模企业资本配置扭曲程度较大，这间接说明了小企业要比大企业面临融资环境更为严峻，即当前一直关注的融资难、融资贵的问题。从数值上，对比表 10-8 可知这种来自资本的扭曲程度要小于来自劳动力的扭曲，这与图 10-8 的结果是一致的。

表 10-11　　大型企业对小型企业的相对资本扭曲程度

区域	省份	1999 年	2007 年	区域	省份	1999 年	2007 年	区域	省份	1999 年	2007 年
东部	河北	0.57	0.5	中部	山西	0.45	0.81	西部	贵州	1.27	0.72
	山东	0.66	0.5		河南	0.51	0.42		甘肃	0.6	0.92
	北京	0.44	0.54		湖北	0.46	0.39		内蒙古	0.56	0.64
	江苏	0.69	0.59		安徽	0.7	0.69		四川	1.29	0.67
	天津	0.54	1.08		江西	0.64	0.58		宁夏	0.71	0.76
	浙江	1.15	0.88		湖南	1.3	0.54		重庆	0.75	0.97
	福建	1.37	1.03	东北	辽宁	0.56	0.5		广西	1.27	0.98
	上海	0.66	0.6		吉林	0.64	0.76		陕西	0.8	0.69
	广东	1.18	0.87		黑龙江	1.71	1.4		青海	0.92	0.62
									新疆	1.07	1.64
									云南	3.26	2.43

对于资本要素扭曲的解释有着许多的研究成果。例如，银行愿意把钱贷给大规模企业而不愿意选择小规模的企业，小型企业不得不通过其他途径获得融资因而承担更高的成本。导致这种情况的潜在的原因是金融市场摩擦等，例如，规模大的企业通常拥有更多现金流，更有能力提供抵押品，从而有效地降

低了解决信息不对称的成本。而小规模或拥有更少内部现金流的企业则面临着解决信息不对称问题所花费的成本更高,因此有着更高的企业外部融资溢价。同时也可能是大规模企业对银行有着更强的话语权,又或者大规模企业受到政府的政策倾斜。

另外,从表10-11中可以看出,资本配置扭曲往往呈现明显的区域差异不同,除了西部的资本扭曲略小外,东部的资本扭曲程度较低,中部的资本扭曲程度最高。样本期内扭曲增加的省份,其中,西部11个省份中占4个,东部9个省份中占4个,而中部6个省份中占5个,可以看到,对于中部,很多省份的资本扭曲程度在样本期内并没有改善,甚至变得更加严重,其可能的解释是较早于中部崛起战略的西部大开发已初步取得成效,而东部是改革开放最早的地区,其金融市场相对较为完善,而中部金融市场建设则相对滞后。这同样与图10-8的结果是一致,意味着金融市场改革仍然任重道远。

然后,我们按照上文陈述的方法对省内资本扭曲情况和大型企业产出占比,做一个简单的面板计量分析。

同样按照上文的统计量检验拒绝混合面板和随机效应面板后,最后我们选择固定效应的面板分析,并呈现在表10-12中。

表10-12　　　　大型企业产出比与省内资本扭曲情况

Dependent variable：省内资本扭曲			
	Estimate	Std. Error	Pr（>|t|）
大型企业产出比	-8.185	2.441	0.0009433 ***
log（实际产出）	-0.093	0.090	0.3012396
大型企业产出比 × log（实际产出）	0.506	0.133	0.0001845 ***
Observations：261	R^2：0.16242		
Adjusted R^2：0.13753	F-Statistic：14.2855 *** （df = 3；221）		

注：*** p < 0.01。

从表10-12中可以看到,与省内劳动力扭曲不同的情况是,实际产出作为控制变量并不显著,相反,大型企业产出比对于资本产出扭曲产生重大的影响。由于大型企业产出比的系数为负数,说明该省份的大型企业产出占比越高,那么省内大型企业相对于小型企业受到的资本补贴就会更加强烈。同时,随着该省的实际产出上升,这种现象会有所好转。

这是由于大型企业占比往往代表了大型企业在省份内的实力。相对于劳动力配置效率的提升,资本配置问题随着大型企业实力的加强在不断恶化中。更为关键的是在经济越为落后的地区,这一现象也愈加严重。因此资本配置问题实为当前的关注重点。

综上所述,尽管之前很长一段时间是劳动力在影响省内的资源配置效率,但当前资本配置已经成为不同规模企业间资源配置的主要问题,尤其是对于大规模企业占比高的、资本扭曲在不断加剧的省份,如何让小企业能够获得融资,减少对大企业政策倾斜是当务之急。

五、延伸研究

(一) 稳健性检验

如上文所述,相关文献较少研究中国省际之间的替代弹性和省内的替代弹性,因此本文在伯兰特(Brandt et al., 2012)的基础上适当调整,令省内的产品替代弹性 $1/\phi = 3$,省际的产品替代弹性 $1/\sigma = 1.5$,劳动报酬占比 $\alpha = 0.4$。

这一部分将通过调整参数大小,分析结论是否受到参数的影响。

图 10-8 中,对省内的产品替代弹性 $1/\phi$ 分别取值为 1.5、3 和 5 以观测在不同取值下 TFP 损失的分解情况,其中 3 为本章的基准值。可以看出,随着省内产品替代弹性的增加,因为资源配置导致的全国 TFP 损失同样在增加,并且分解后发现增加完全来自省内资源配置扭曲的增加,省际的扭曲计算结果完全没有发生变化。

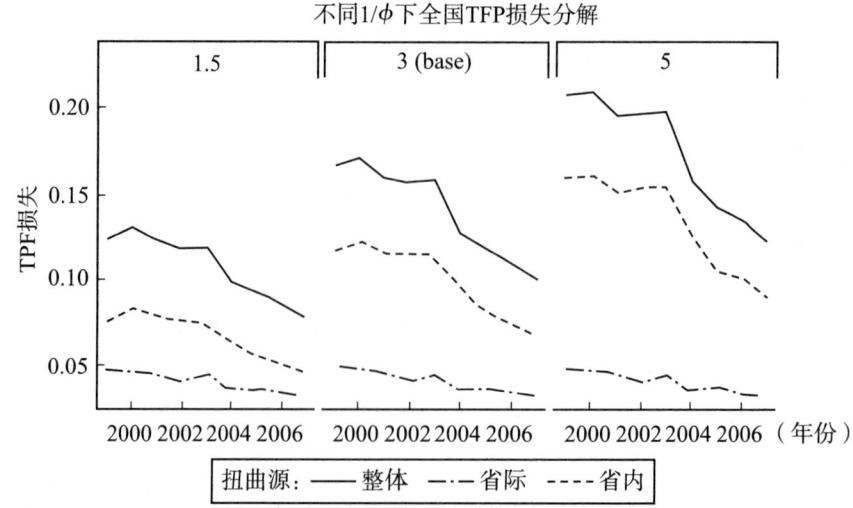

不同 $1/\phi$ 下全国TFP损失分解

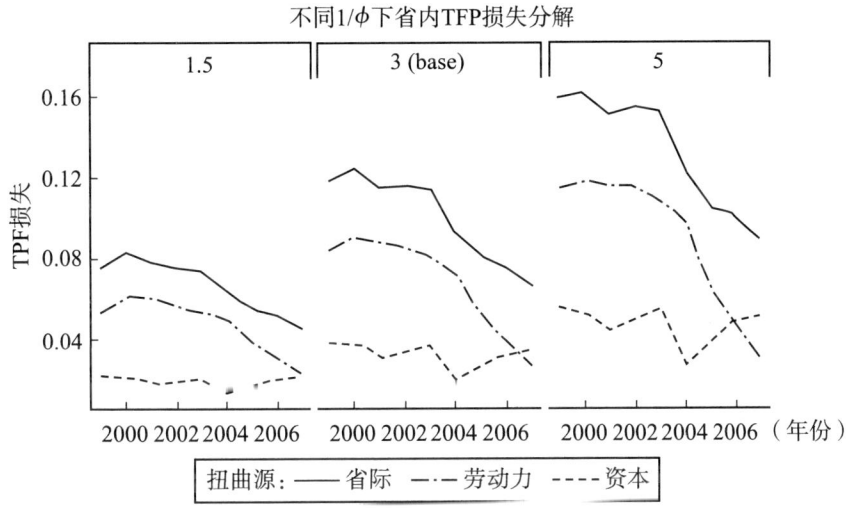

图 10-8　不同 1/φ 下全国 TFP 损失的分解

注：在不同的 1/φ 取值下全国 TFP 损失的分解情况（左）以及省内 TFP 损失的分解情况（右）。其中横坐标为年份，纵坐标为是 TPF 的损失，上方数值分别表示 1/φ 在 1.5、3 和 5 的取值，3 为基准值。

进一步分解省内的 TFP 损失可以看到，省内来自劳动力配置的扭曲和来自资本配置的扭曲基本是成比例增加的。需要注意的是 1/φ 越大使得最后两年中劳动力引起的扭曲下降越快，因此会导致结论略微不同。

可以看到，省内产品替代弹性的增加主要使得省内扭曲的绝对值增加，但趋势上和扭曲程度的排序上并没有发生变化。正如上文所述，本书主要研究的是趋势的变化，因此对于本义的结论并没有太多影响。

图 10-9 中，对省际的产品替代弹性 1/σ 分别取值为 1.5、3 和 5，以观测在不同取值下 TFP 损失的分解情况，其中 1.5 为本章的基准值。与省内替代弹性表现不同的是，省际产品的替代弹性增加时，省际和省内的扭曲程度都会增加。其中值得注意的是，省内扭曲在较大的 1/σ 值下表现出更为强烈的下降趋势，并且在进一步的拆分中可以发现，下降来自省内劳动力资源配置的扭曲。

但总的来说，在趋势和排序上省际产品替代弹性的取值同样不会对结论造成明显的影响。

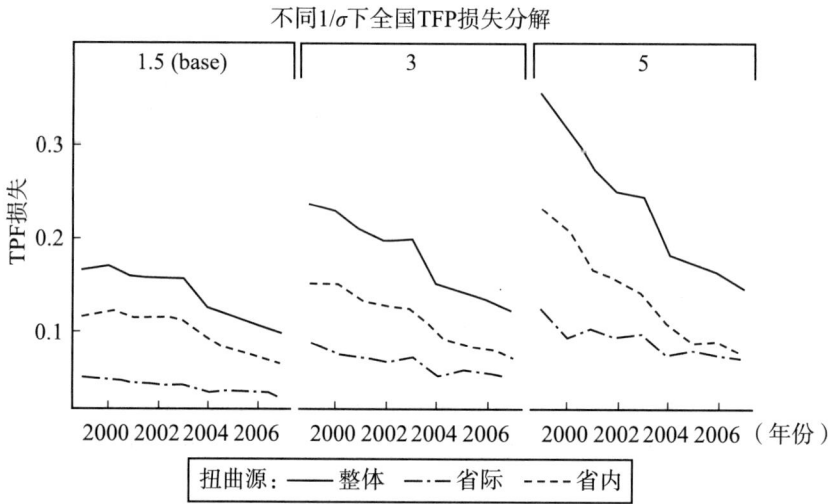

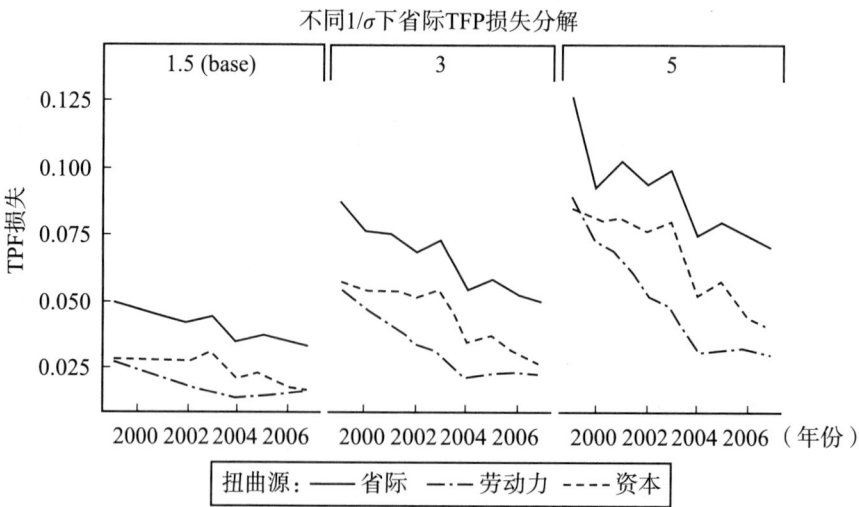

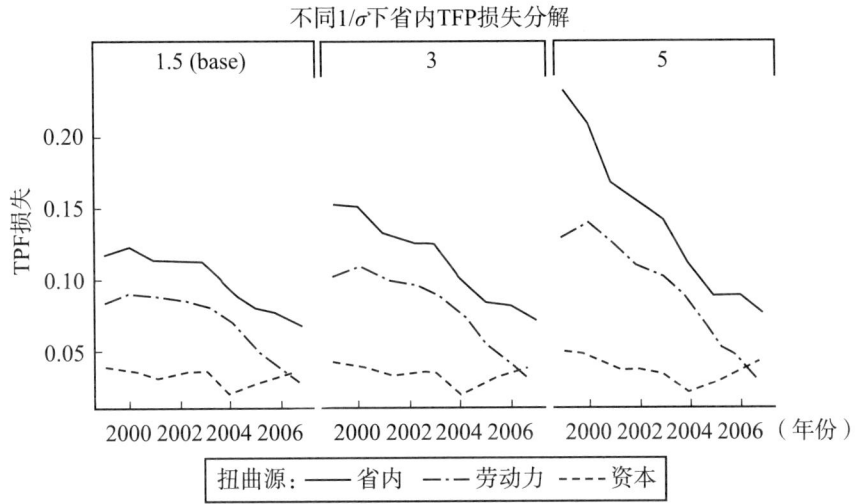

图 10-9 不同 $1/\sigma$ 下全国 TFP 损失的分解

注：本图表示的是不同的 $1/\sigma$ 取值下全国 TFP 损失的分解情况（左）、省际 TFP 损失的分解情况（中）以及省内 TFP 损失的分解情况（右）。其中横坐标为年份，纵坐标为是 TPF 的损失，上方数值分别表示 $1/\sigma$ 在 1.5、3 和 5 的取值，1.5 为基准值。

劳动报酬份额 α 对结果的影响要更为明显。图 10-10 中将 α 分别设定为 0.4、0.5 和 0.6，其中 0.4 为本文的基准值。从图 10-10 中可以看到，随着设定的劳动份额报酬份额占比增加，全国的 TFP 损失随之增加，而主要来源是来自省内的扭曲增加。

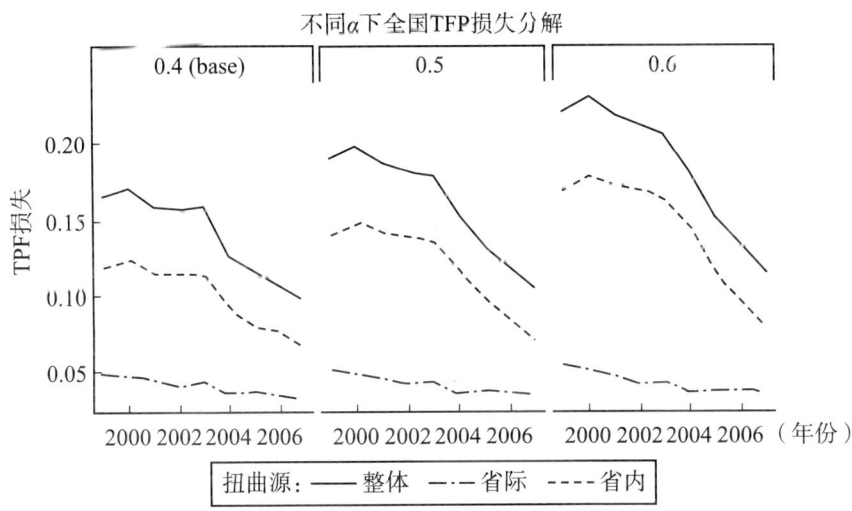

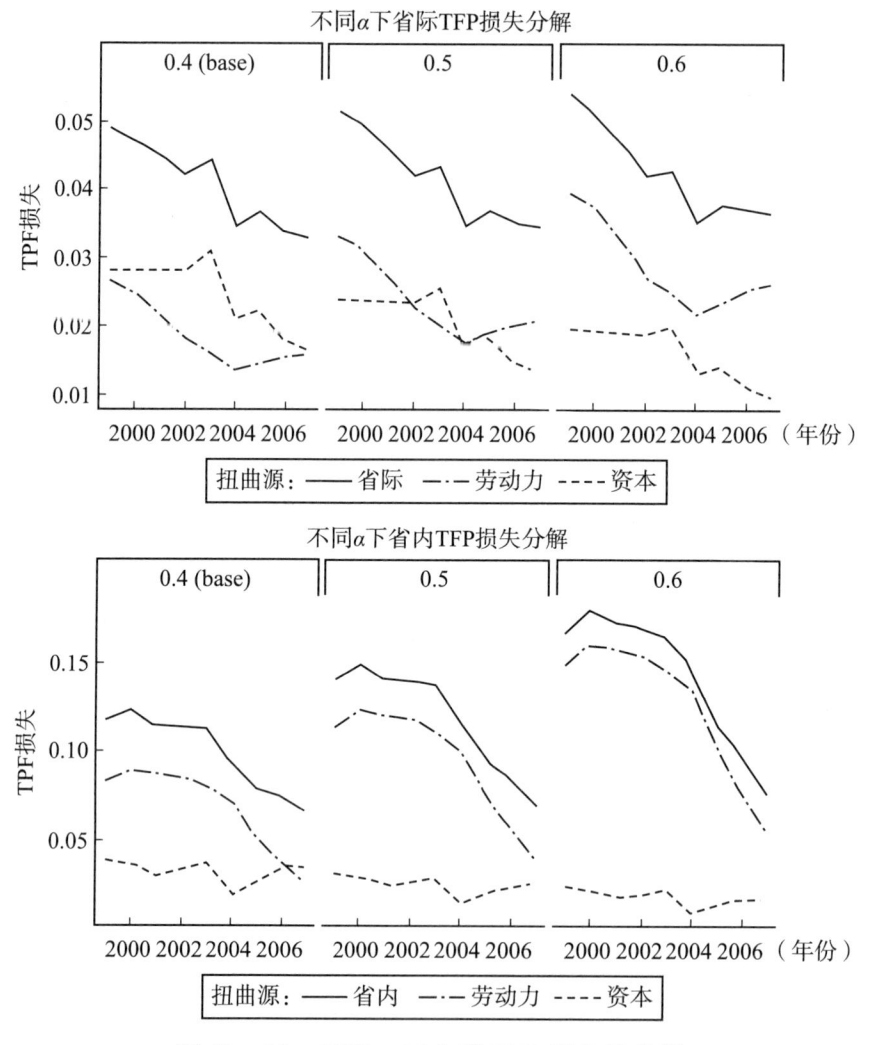

图 10-10 不同 α 下全国 TFP 损失的分解

注：表示的是不同的 α 取值下全国 TFP 损失的分解情况（左）、省际 TFP 损失的分解情况（中）以及省内 TFP 损失的分解情况（右）。其中横坐标为年份，纵坐标为是 TPF 的损失，上方数值分别表示 α 在 0.4、0.5 和 0.6 的取值，0.4 为基准值。

尽管省际的 TFP 总损失没有发生变化，但随着 α 的增加，其中来自劳动力的扭曲损失明显增加而资本配置带来的扭曲减少。这使得在不同的 α 下，省际资源配置面临的主要问题是不同的。值得庆幸的是，尽管劳动和资本扭曲的次序发生变化，但两者本身的变化趋势并不会受到 α 的影响。

而进一步关注随着 α 增加而增加的省内扭曲可以发现，主要是省内劳动力配置的扭曲在快速增加，而资本的扭曲减少较为缓慢。因此使得本来就是劳动力扭曲占优的情况下，差距不断拉大。

综合上述结论可以看出，尽管对绝对值有影响，但是参数 $1/\phi$、$1/\sigma$ 基本不会对本文分析趋势性的结论产生影响，这使得结果非常稳健。而 α 的影响相对而言更为明显，但是与省内和省际的替代弹性而言，其相关研究文献较多，取值在 0.3~0.4 左右应该是非常符合实际情况的。

（二）区域的视角

这里我们将取消省际的分割，而进一步从区域的角度来重新审视要素配置的变动和影响。根据上文观察到的经济发展以及地理位置的特点，本节将东北部设定为辽宁、山东、吉林、黑龙江、北京、天津和河北七个省份，东南部以长三角和珠三角的辐射带设定为上海、江苏、浙江、福建、广东和海南六个省份，中部省份即中部崛起的规划省份山西、安徽、江西、河南、湖北和湖南六个省份。剩下 12 个省份为西部省份。而每个区域的物价水平则通过以省份的产出为权重的加权平均数求出。

图 10-11 中可以看出全要素生产率整体上呈现出较快增长的趋势。同时，尽管整体上东南部、东北部、中部、西部全要素生产率依次下降的排序尚未得到改变，但各区域间的生产率变得更为接近。而对于 TFP 损失而言，在样本初期西部表现得最为明显，但其在样本期内快速下降，并处于最终处于较低水平。而其他几个区域的全要素生产率损失时则表现得较为平稳，中部有略微上升的态势。这说明在样本期内，西部的资源配置效率得到了巨大的改善。正如上文所分析的，这很可能与西部开发这一战略有关。

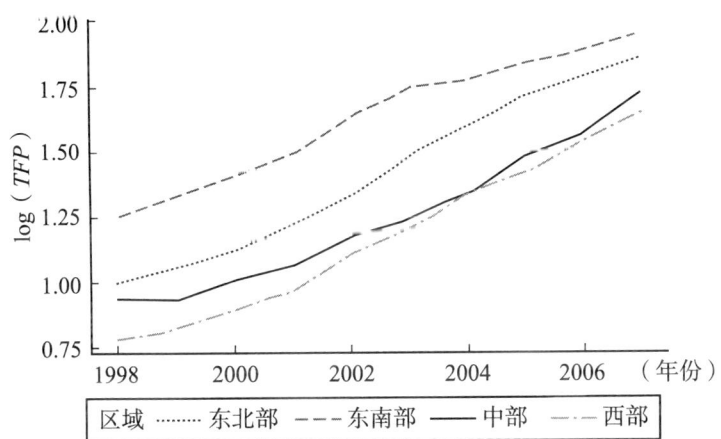

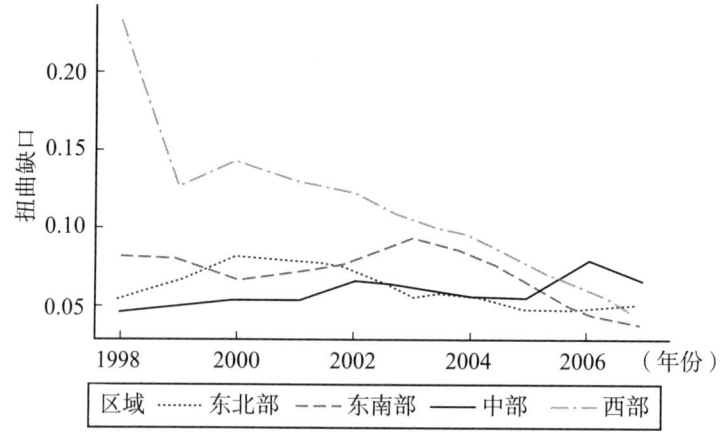

图 10－11　不同区域的 TFP 及 TFP 损失

注：本图表示的是不同时间下不同区域的 TFP 对数变动情况（左）以及 TFP 损失的变动情况（右）。其中，深色短虚线表示东北部，深色长虚线代表东南部，实线代表中部，浅色长虚线代表西部。

结合图 10－11 中两张图可知，东南部在前期增长较快，其主要增长动力来自技术进步，此后从 2003 年开始增长速度放缓，由于 2003 年后东南部的 TFP 损失同样开始呈现快速下降的趋势，说明这一时期来自技术进步的推动进一步削弱。而中部增长相对较为缓慢，但 TFP 损失也在增加意味着大部分的全要素生产率的进步都来自技术进步。而西部 TFP 损失尤为明显的下降以及相对平稳的全要素生产率的增长则说明这段时期内该地区的实际技术水平并没有得到太大的提升。因此，政府可以根据各地的全要素生产率的增长特点从而提出对应的政策。

图 10－12 中，为了使不同年份间的相对劳动力成本和相对资本成本可比，我们使用东南部作为基准线，即令其他区域的 τ_i^L/东南部的 τ_j^L。因此如图所示，对于劳动力而言，早期各区域的成本都要低于东南沿海城市，但是随着劳动力向东南沿海城市的转移，各个区域的劳动力成本在不断上升，2006 年之后已经全部高于东南区域。并且整体上呈现中部，西部，东北部依次上升的趋势，与当前东北的劳动力流动等现象相互印证。

另外，资本上则呈现出东南沿海城市资本成本最为高昂的特点。其中 1999～2003 年之间，各省的资本成本相对下降，其后上升。很大可能上是由于东南沿海城市本身资本成本变动的原因导致。而区域间呈现东北部，中部，西部资本成本依次下降的特点。这再次证明了其他区域存在的问题很可能并非由资本匮乏本身所引致的，而是无法有效提高资本的利用效率。

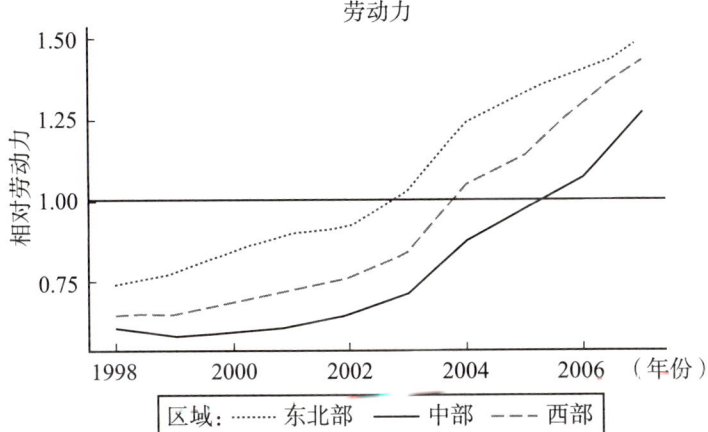

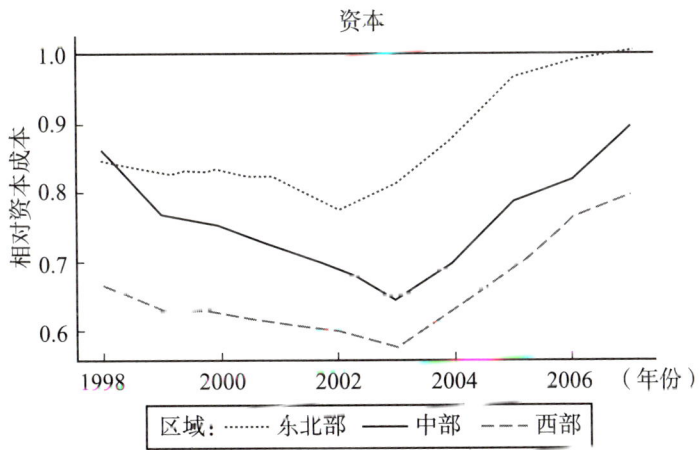

图 10-12　区域间的相对劳动力和资本成本

注：本图表示的是不同时间下不同区域相对于东部的相对劳动力扭曲情况（左）以及资本扭曲情况（右）。其中，短虚线表示东北部，实线代表中部，长虚线代表西部。

图 10-13 中我们采取了同表 10-1、表 10-2 同样的处理方式，令同一区域内的大规模企业扭曲度与小规模企业的扭曲度相比。可以看出，对于劳动力而言不论哪个区域的大规模企业都需要承受较高的成本，其中西部和东南部尤其明显。不过这种扭曲随着时间在逐渐减小，意味着大规模企业的劳动力限制在削弱。另外，资本上大规模企业则享受着较低的资金成本，并且与劳动力相反，中部和东北部这种扭曲更为明显且没有改善。这一区域性现象的原因可能与东北部和中部制造业为主的结构和更为强力的政府有关。

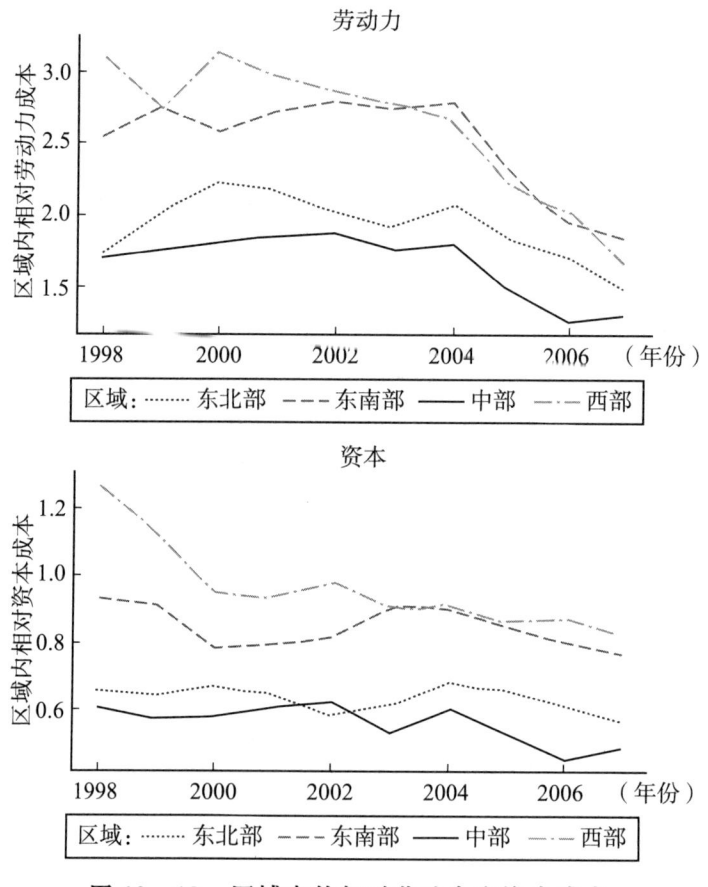

图 10-13 区域内的相对劳动力和资本成本

注：本图表示的是不同时间下不同区域的相对劳动力成本（左）以及相对资本成本（右）。其中，深色短虚线表示东北部，深色长虚线代表东南部，实线代表中部，浅色长虚线代表西部。

六、小结

本节拓展伯兰特等（Brandt et al.，2012）的模型，创造性地从不同规模企业到不同省份，利用1998~2007年间中国工业数据库对资源配置扭曲情况进行分析，并测算出中国由于资源误置导致全要素生产率损失的程度以及各要素所产生的扭曲程度。

从前面的研究结果来看，在样本期内，在社会总量上，大型企业仍占据较强的市场势力，但小型企业在产出和吸纳的劳动力上都增长迅速。同时相对于大型企业全要素生产率增长放缓，小型企业代表的全要素生产率持续保持着高速增长，正在社会的经济结构中扮演着越发重要的角色。

在企业规模分类的基础上，全国的 TFP 损失从 1999 年的 16.6% 到 2000 年的最高点 17.05%，此后持续地保持下降趋势，并在样本末的 2007 年达到 9% 的低点。相对于其他论文而言，本文的 TFP 损失测算结果相对较小，这很大程度上可能是受到分类和数据的影响，因此本文更为关心分布和趋势的变动。在进一步分解中，可以看到来自省内的资源配置扭曲成为全国 TFP 损失的主要来源，并且省际和省内的资源配置扭曲呈现出不同的特点。

在 1999~2003 年间，省际 TFP 损失的下降主要得益于劳动自由流动放宽，使得劳动力从中西部往东部迁徙带来的配置改善。而 2004~2007 之间则更多的得益于资本由西向东的流动。但需要注意的是，持续性的劳动迁徙已经使得西部部分地区丧失过多的劳动力。因此如何引导劳动力，尤其是高端劳动力进入欠发达地区是下一步政策值得关注的要点。同样的，对于资本而言，扭曲呈现出中西部受到补贴，东部资本受到限制的情形。但随着金融市场的逐步健全，资本带来的扭曲正在减少。而考察期间西部发展战略可以发现，西部的高资本产出比和东部的高扭曲显示出简单地向西部等欠发达地区引进资本并不能解决西部发展问题，反而会引发更多的资源误置引致 TFP 损失。对于技术落后导致资本溢出的省份，更应该考虑优先考虑增强这些地区吸引技术和人才的能力，提高技术的区域流动性。

对于省内的 TFP 损失而言，样本期内更多的受到劳动力误置的影响。大型企业相对小型企业面对更高的劳动力成本，并且西部比东部面临着更为严重的情况。这可能是由于效率工资或者大型企业的劳动力固化难以流动导致的。不论如何，在样本期间内这种情况获得迅速的好转并且使得资本成为主要的扭曲。与劳动力相反，信贷约束等原因使得大型企业比小型企业面临的更低的资本成本，并且这种约束带来的扭曲正在逐渐恶化。因此，如何让小企业能够顺利获得融资，减少对大企业政策倾斜成为省内政策的当务之急。

因此，破除体制性障碍，为中小企业营造一个良好的营商环境，是减少资源误置与效率损失，以及提高我国经济潜在增长率的一个重要途径之一。

第三节　人力资本误置与效率损失：基于引入人力资本的拓展模型分析

潜在增长率是经济体资源在充分利用时候的增长水平，多种不同的要素错配与要素扭曲会导致效率损失进而影响潜在增长率，第二节分别从企业规模、区域布局的视角仅对劳动与资本的错配与效率损失进行分析,这里的资本仅指物质资本,但是,我们知道,投入要素不仅仅有劳动与物质资本,还有人力资本,然而,我国人力资本的误配也是一大问题,因为大学以上学历劳动者大量进入并沉积在服务业部门,主要分布在科教文卫等非市场化的事业单位和高度管制的电信、金融、交通业及公共服务部门,而事业单位体制和管制制约了人力资本生产效率的发挥,出现了全社会平均受教育年限较低和部分行业教育过度并存的现象。生产性部门人力资本配置相对较低,制约了产业结构升级和经济增长质量的提高,同时人力资本在非市场化部门的沉积,压低了人力资本的报酬水平,从而降低了居民投资人力资本的积极性,不利于现代服务业的发展和结构变迁的推进。

一、模型设定

首先,我们假设社会中消费标准的一篮子商品,且该篮子商品在完全竞争的市场上,由一个代表性厂商进行生产。假设社会中存在着 I 个不同行业,这些行业的产出作为该代表性厂商的投入要素,假设代表性厂商的生产函数为科布－道格拉斯（C－D）生产函数,则代表性厂商产出 Y 为:

$$Y = \prod_{i=1}^{I} Y_i^{\theta_i}, \text{ 其中 } \sum_{i=1}^{I} \theta_i = 1 \tag{10.46}$$

其中,Y_i 表示行业 i 的产出,θ_i 为投入要素 Y_i 的产出弹性。使成本最小化,则可以推导得出:

$$P_i Y_i = \theta_i P Y \tag{10.47}$$

其中,P 是"一篮子"标准商品（代表性厂商的最终产品）的价格,P_i 是行业 i 的产品价格。我们用最终产品作为计价单位来表示其他产品（代表性厂商的中间产品）的价格,因此,我们可以设定 $P=1$。

由于每个行业中又存在着许许多多生产不同产品的厂商,如果我们用 Y_{ij} 来表示厂商 j 的产出,则整个行业 i 的总产出 Y_i 可以用一个 CES 生产函数来表示。

$$Y_i = \left(\sum_{j=1}^{M_i} Y_{ij}^{\frac{\sigma-1}{\sigma}} \right)^{\frac{\sigma-1}{\sigma}} \tag{10.48}$$

其中,M_i 表示行业 i 内厂商的数量,σ 表示替代弹性。

对于单个企业假设生产函数为 C－D 生产函数形式,且企业规模报酬不变,即:

$$Y_{ij} = A_{ij} L_{ij}^{e\alpha_i} L_{ij}^{o\beta_i} K_{ij}^{\gamma_i} \tag{10.49}$$

其中,Y_{ij} 表示单个企业的产出,A_{ij}、L_{ij}^e、L_{ij}^o、K_{ij} 分别表示各行业企业的生产效率、高等劳动力数量、普通劳动力数量以及资本数量。本文并不假设规模报酬不变，即 α_i、β_i 和 γ_i 之和可以不等于 1。

本模型在谢地和克莱诺（Hsieh and Klenow，2009）的基础上，将劳动力进行了进一步分解，分为受过大学及以上教育的高等劳动力（L^e）和高中及以下受教育程度的普通劳动力（L^o）。α_i、β_i 和 γ_i 分别表示行业 i 的高等劳动力、普通劳动力以及资本的产出弹性。在各行业之间，高等劳动力、普通劳动力和资本等生产要素的产出弹性可以不同，但同一行业内，各企业之间各生产要素的产出弹性，本文视为是相等的。

此模型共涉及三种投入要素，其中普通劳动力视为在厂商之间已达到最优配置，即不存在扭曲，而高等劳动力和资本均存在扭曲。之所以作出如此假设，是因为普通劳动力往往是低技能工作者，他们所从事的岗位不需要太多专业的技能，且这些技能大多是易获得的，所以这些劳动力仅需要简单的培训便可以自由地在各个行业之间流动，而他们的流向完全受工资的影响。同时，企业对普通劳动力的获取也比较容易，不需要支付溢价，所以认为企业在获取普通劳动力时不存在扭曲，总而言之，普通劳动力市场是有效的。高等劳动力和资本的扭曲则是显而易见的。例如，由于"官本位"和"铁饭碗"等观念的存在，央企和国企在高等劳动力市场上具有先天优势，雇用工人的成本也相对较低。假设厂商面临的高等劳动力扭曲为 $\tau_{L^e_{ij}}$，则对高等劳动力越具有吸引力的行业其 $\tau_{L^e_{ij}}$ 越小，反之，其他企业 $\tau_{L^e_{ij}}$ 则相对较大。在资本方面也存在着类似的规律，银行总是更乐意贷款给央企和国企，而不愿意将资金借给更需要的中小微企业。假设厂商面临的资本扭曲为 $\tau_{K_{ij}}$，则央企和国企等具有政府背书的企业的 $\tau_{K_{ij}}$ 很低，而其他企业，特别是中小微企业的 $\tau_{K_{ij}}$ 则很大。

用 π_{ij} 表示行业 i 企业 j 的利润，根据生产函数（10.49）以及扭曲的定义，我们可以得到单个企业的利润函数：

$$\pi_{ij} = P_{ij} Y_{ij} - (1 + \tau_{L^e_{ij}}) \omega^e L^e_{ij} - \omega^o L^o_{ij} - (1 + \tau_{K_{ij}}) R K_{ij} \qquad (10.50)$$

其中，P_{ij} 表示企业的定价，ω^e、ω^o 和 R 分别表示高等劳动力的单位劳动报酬、普通劳动力的单位劳动报酬和资本的租金率。如果生产要素的配置不存在扭曲，则所有的企业都可以以相同的价格获得各生产要素。根据企业利润最大化条件，可以推得企业的定价公式：

$$P_{ij} = \frac{\sigma}{\sigma - 1} \left(\frac{\omega^e}{\alpha_i}\right)^{\alpha_i} \left(\frac{\omega^o}{\beta_i}\right)^{\beta_i} \left(\frac{R}{\gamma_i}\right)^{\gamma_i} \frac{(1 + \tau_{L^e_{ij}})^{\alpha_i} (1 + \tau_{K_{ij}})^{\gamma_i}}{A_{ij}} \qquad (10.51)$$

同时可以推导出资本 – 普通劳动比率、高等劳动 – 普通劳动比率和资本、高等劳动、普通劳动的投入数量以及产出数量：

$$\frac{K_{ij}}{L^o_{ij}} = \frac{\gamma_i}{\beta_i} \cdot \frac{\omega^o}{R} \cdot \frac{1}{1 + \tau_{K_{ij}}} \qquad (10.52)$$

$$\frac{L_{ij}^e}{L_{ij}^0} = \frac{\alpha_i}{\beta_i} \cdot \frac{\omega^0}{\omega^e} \cdot \frac{1}{1+\tau_{L_{ij}^e}} \tag{10.53}$$

$$Y_{ij} \propto \frac{A_{ij}^\sigma}{\left[(1+\tau_{L_{ij}^e})^{\alpha_i}(1+\tau_{K_{ij}})^{\gamma_i}\right]^\sigma} \tag{10.54}$$

从式（10.54）中可以看出，高等劳动的边际产出价值是高等劳动扭曲与（无扭曲的）单位高等劳动报酬的函数：

$$MRPL_{ij}^e \triangleq \alpha_i \frac{\sigma-1}{\sigma} \frac{P_{ij}Y_{ij}}{L_{ij}^e} = \omega^e(1+\tau_{L_{ij}^e}) \tag{10.55}$$

由于假设普通劳动不存在扭曲，因此普通劳动的边际产出价值等于普通劳动单位劳动报酬：

$$MRPL_{ij}^0 \triangleq \beta_i \frac{\sigma-1}{\sigma} \frac{P_{ij}Y_{ij}}{L_{ij}^0} = \omega^0 \tag{10.56}$$

资本的边际产出价值是资本扭曲与（无扭曲的）单位资本价格的函数：

$$MRPK_{ij} \triangleq \gamma_i \frac{\sigma-1}{\sigma} \frac{P_{ij}Y_{ij}}{K_{ij}} = R(1+\tau_{K_{ij}}) \tag{10.57}$$

要推出加总多全要素生产率与各要素配置扭曲的关系，首先要计算出跨行业的均衡要素需求：

$$L_i^e \equiv \sum_{j=1}^{M_i} L_{ij}^e = L^e \frac{\alpha_i \theta_i / \overline{MRPL_i^e}}{\sum_{i'=1} \alpha'_i \theta'_i / \overline{MRPL_{i'}^e}} \tag{10.58}$$

$$L_i^0 \equiv \sum_{j=1}^{M_i} L_{ij}^0 = L^0 \frac{\beta_i \theta_i / \overline{MRPL_i^0}}{\sum_{i'=1} \beta'_i \theta'_i / \overline{MRPL_{i'}^0}} \tag{10.59}$$

$$K_i \equiv \sum_{j=1}^{M_i} K_{ij} = K \frac{\gamma_i \theta_i / \overline{MRPK_i}}{\sum_{i'=1} \beta'_i \theta'_i / \overline{MRPK'_i}} \tag{10.60}$$

其中，

$$\overline{MRPL_i^e} \triangleq \frac{\omega^0}{\sum_{j=1}^{M_i} \frac{1}{1+\tau_{L_{ij}^e}} \frac{P_{ij}Y_{ij}}{P_iY_i}}$$

$$\overline{MRPL_i^0} \triangleq \frac{\omega^0}{\sum_{j=1}^{M_i} \frac{P_{ij}Y_{ij}}{P_iY_i}}$$

$$\overline{MRPK_i} \triangleq \frac{R}{\sum_{j=1}^{M_i} \frac{1}{1+\tau_{K_{ij}}} \frac{P_{ij}Y_{ij}}{P_iY_i}}$$

其中，L_i^e、L_i^0 和 K_i 分别表示均衡需求下行业 i 的高等劳动投入、普通劳动投入以及资本投入。另外，$\overline{MRPL_i^e}$、$\overline{MRPL_i^0}$ 和 $\overline{MRPK_i}$ 分别表示行业 i 的平均高等劳动边际产出价值、平均普通劳动边际产出价值和平均资本边际产出价值。

每个行业的各要素加总可以得到各要素在经济中的总量，即 $L^e \equiv \sum_{i=1}^{I} L_i^e$、$L^0 \equiv \sum_{i=1}^{I} L_i^0$ 以及 $K = \sum_{i=1}^{I} K_i$，总产出可以用 L_i^e、L_i^0、K_i 以及行业的 TFP 的函数来表示：

$$Y = \prod_{i=1}^{I} (TFP_i \cdot L_i^{e\alpha_i} \cdot L_i^{0\beta_i} \cdot K_i^{\gamma_i})^{\theta_i} \tag{10.61}$$

整个模型的推导过程与 Hsieh and Klenow（2009）是一致的。为了衡量总体扭曲程度，谢地和克莱诺（Hsieh and Klenow，2009）引入了两个指标：

$$TFPQ_{ij} \triangleq A_{ij} = \frac{Y_{ij}}{L_{ij}^{e\alpha_i} L_{ij}^{0\beta_i} K_{ij}^{\gamma_i}} \tag{10.62}$$

$$TFPR_{ij} \triangleq P_{ij} A_{ij} = \frac{P_{ij} Y_{ij}}{L_{ij}^{e\alpha_i} L_{ij}^{0\beta_i} K_{ij}^{\gamma_i}} \tag{10.63}$$

在此模型中，$TFPQ$ 是通常人们认为的生产率。而 $TFPR$ 则是用来衡量企业的扭曲程度，当企业间的要素价格相同时，行业内每个企业的 $TFPR$ 也相同。值得一提的是，如果各要素之间反向扭曲，也有可能出现 $TFPR$ 不变的情况。而在没有扭曲的情况下，资本和劳动力应该更多地分配给 $TFPQ$ 较高的企业。

推导可得，企业的 $TFPR$ 与企业各要素的边际产出价值的几何平均成正比关系：

$$TFPR_{ij} \propto (MRPL_{ij}^e)^{\alpha_i} (MRPL_{ij}^0)^{\beta_i} (MRPK_{ij})^{\gamma_i} \propto (1 + \tau_{L_{ij}^e})^{\alpha_i} (1 + \tau_{K_{ij}})^{\gamma_i}$$

所以我们可以知道，企业如果面临一个较高的 $TFPR$，则说明该企业面临着一些壁垒，这些壁垒使得企业各要素的边际产出价值提高，从而导致企业规模小于其本该拥有的正常水平。

根据上文已经推导得到的 $TFPR$ 的表达式，我们可以推导出行业的 TFP：

$$TFP_i = \left[\sum_{j=1}^{M_i} \left(A_{ij} \cdot \frac{\overline{TFPR_i}}{TFPR_{ij}} \right)^{\sigma-1} \right]^{\frac{1}{\sigma-1}} \tag{10.64}$$

其中，$\overline{TFPR_i} \propto (\overline{MRPL_i^e})^{\alpha_i} (\overline{MRPL_i^0})^{\beta_i} (\overline{MRPK_i})^{\gamma_i}$ 与行业 i 内的各要素平均边际产出价值的几何平均成正比。

$$TFPR_{ij} = \frac{\sigma}{\sigma - 1} \left(\frac{MRPL_{ij}^e}{\alpha_i} \right)^{\alpha_i} \left(\frac{MRPL_{ij}^0}{\beta_i} \right)^{\beta_i} \left(\frac{MRPK_{ij}}{\gamma_i} \right)^{\gamma_i}$$

$$= \frac{\sigma}{\sigma - 1} \left(\frac{\omega^e}{\alpha_i} \right)^{\alpha_i} \left(\frac{\omega^0}{\beta_i} \right)^{\beta_i} \left(\frac{R}{\gamma_i} \right)^{\gamma_i} (1 + \tau_{L_{ij}^e})^{\alpha_i} (1 + \tau_{K_{ij}})^{\gamma_i}$$

$$\overline{TFPR_i} = \frac{\sigma}{\sigma-1}\left[\frac{\omega^e}{\alpha_i \sum_{j=1}^{M_i} \frac{1}{1+\tau_{L_{ij}^e}} \frac{P_{ij}Y_{ij}}{P_iY_i}}\right]^{\alpha_i} \left[\frac{\omega^0}{\beta_i \sum_{j=1}^{M_i} \frac{P_{ij}Y_{ij}}{P_iY_i}}\right]^{\beta_i} \left[\frac{R}{\gamma_i \sum_{j=1}^{M_i} \frac{1}{1+\tau_{K_{ij}}} \frac{P_{ij}Y_{ij}}{P_iY_i}}\right]^{\gamma_i}$$

$$= \frac{\sigma}{\sigma-1}\left(\frac{\overline{MRPL_i^e}}{\alpha_i}\right)^{\alpha_i}\left(\frac{\overline{MRPL_i^0}}{\beta_i}\right)^{\beta_i}\left(\frac{\overline{MRPK_i}}{\gamma_i}\right)^{\gamma_i}$$

进一步对资源配置情况进行定量分析，测算资源"有效"配置之后总 TFP 的潜在增长。如果行业内各要素的配置不存在扭曲，企业间各生产要素的边际产出价值相等，那么各企业的 $TFPR$ 也相等，则行业"有效"的 TFP 可以表示为：

$$TFP_i = \left[\sum_{j=1}^{M_i}(A_{ij})^{\sigma-1}\right]^{\frac{1}{\sigma-1}} \quad (10.65)$$

对于每个行业，可以计算出相应行业的实际 TFP 与"有效" TFP 的比值。然后将这些比值代入到最终产品的生产函数中。在我们的模型中可以得到三种有效配置的情况：资本和劳动都有效配置、仅高等劳动有效配置和仅资本有效配置，分别为：

$$\frac{Y}{Y_{efficient}} = \prod_{i=1}^{I}\left[\sum_{j=1}^{M_i}\left(\frac{A_{ij}}{A_i}\frac{\overline{TFPR_i}}{TFPR_{ij}}\right)^{\sigma-1}\right]^{\theta_i/(\sigma-1)} \quad (10.66)$$

$$\left(\frac{Y}{Y_{efficient}}\right)L^e = \prod_{i=1}^{I}\left[\sum_{j=1}^{M_i}\left(\frac{A_{ij}}{A_i'}\frac{\overline{TFPR_i}}{TFPR_{ij}}\right)^{\sigma-1}\right]^{\theta_i/(\sigma-1)} \quad (10.67)$$

$$\left(\frac{Y}{Y_{efficient}}\right)K = \prod_{i=1}^{I}\left[\sum_{j=1}^{M_i}\left(\frac{A_{ij}}{A_i''}\frac{\overline{TFPR_i}}{TFPR_{ij}}\right)^{\sigma-1}\right]^{\theta_i/(\sigma-1)} \quad (10.68)$$

则资源重新配置后，TFP 的潜在增长为 $\left(\frac{Y_{efficient}}{Y}-1\right)$。

此模型不仅可以用于测算行业之间的错配，也可以用来测算其他分类方式下的错配。为方便说明，模型推导过程中企业以行业分类，故而 i 代表行业，若以其他方式分类，则可赋予 i 其他含义。下文拓展此模型时将另行说明。

二、各生产要素产出弹性的估算

谢地和克莱诺（Hsieh and Klenow）的模型中，在对中国和印度的生产要素配置扭曲程度的计算中，所使用的各行业各要素的产出弹性的值都非根据对应国家的具体情况而计算，而是直接通过匹配美国行业，并且直接使用美国各行业各要素产出弹性的值进行计算。由于中国产业结构和行业发展水平都与美国截然不同，本书认为把美国的各行业各要素产出弹性直接套用在中国身上是不合适的，因此本文将利用中国的数据测算各行业各要素的产出弹性。

上文已经给出企业的产出函数为：

$$Y_{ij} = A_{ij} L_{ij}^{e\alpha_i} L_{ij}^{o\beta_i} K_{ij}^{\gamma_i},$$

两边同时取对数得到：

$$\ln Y_{ij} = \ln A_{ij} + \alpha_i \ln L_{ij}^e + \beta_i L_{ij}^o + \gamma_i K_{ij}$$

数据及处理

为了从多个层面测算中国人力资本错配对 TFP 的影响，本文从多个角度选取了数据来源，主要包括中国工业企业数据库、Wind 数据库以及《中国统计年鉴》和《中国劳动统计年鉴》等。

由中国国家统计局调查统计的中国工业企业数据库，是目前为止最权威也最全面的中国企业微观数据库。由于仅有 2004 年的数据包括了职工受教育程度的统计，所以本文只能使用该年数据进行计算。虽然 2004 年已经距离我们有点遥远，但以史为鉴可以知兴替，通过研究该年的情况依然可以为我们提供有价值的信息，为供给侧结构性改革出谋划策。2004 年中国工业企业数据库共统计 279 092 个企业的样本，根据国民经济行业分类标准 GB/T 4754—2002 划分，该数据库覆盖了中国工业 38 个大类，533 个小类。本文所运用的变量有：行业类别，控股情况，不同受教育程度职工数量，产品销售额，期初存货，期末存货，工业中间投入，应交增值税，固定资产净值。由于 2004 年数据中工业增加值和工业总产值缺失，本文参考了刘小玄和李双（2008）的估算方法，估算方法是：工业增加值 = 产品销售额 − 期初存货 + 期末存货 − 工业中间投入 + 增值税。根据受教育程度不同，本文将博士职工数、硕士职工数、本科职工数以及大专职工数加总，计为高等劳动力人数；将高中职工数和初中及以下职工数加总，计为普通劳动力人数。参考聂辉华（2012）本书还对数据做了以下预处理：（1）剔除销售额、职工人数、总资产和固定资产净值缺失的企业。（2）剔除总资产小于流动资产或小于固定资产，或者累计折旧小于当期折旧的企业。（3）剔除销售额低于 500 万元的企业。（4）剔除大学以上劳动力数量小于 1 和大学以下劳动力数量小于 1 的企业。对样本进行以上处理之后，保留下来的有效企业样本数量为 192 031 个。

关于工业企业数据库数据的选取与处理：

（1）本书选取企业年工业增加值作为企业产出，由于数据中缺失工业增加值，可用以下公式得到近似值：工业增加值 = 产品销售额 − 期初存货 + 期末存货 − 工业中间投入 + 增值税。

（2）高等劳动力变量 L^e：本文将企业数据中博士职工人数，硕士职工人数，本科职工人数及专科职工人数加总作为高等劳动力数量。

（3）普通劳动力变量 L^p：本文将企业数据中高中教育程度职工与初中及以下教育职工人数之和作为普通劳动力数量。

（4）资本变量 K：本文选取企业固定资产净值作为资本量。

（5）工资：由于本文将企业职工分为高等劳动力和普通劳动力，对应的职工工资也分为两种水平。根据中国综合社会调查（CGSS）数据，根据受教育程度将受访者分为大学及以上和高中及以下两个组，并得到两组人员的平均工资。

（6）物价 P：本文选取 Wind 数据库中的工业品出厂价格作为文中的物价。

本部分所使用的数据是从 Wind 数据库分别导出了 A 股上市企业数据以及新三板企业数据。其中，A 股上市企业截至选取日共有 3 119 家，所选取指标包括企业所有制属性，所属行业，企业年营业收入，固定资产，所有者权益，以及各受教育程度职工数量。由于从 2011 年开始才披露不同受教育程度员工的数量，故而所选数据年份为 2011 年至 2015 年。对数据做了以下筛选处理：①剔除存在数据空白的企业；②将博士人数、硕士人数、大学本科人数与大学专科人数加总得到大学以上劳动力人数，并剔除少于 5 的企业；将高中学历人数、初中及以下学历人数加总得到大学以下劳动力人数，并剔除少于 5 的企业。③将营业收入为负的企业剔除。经过以上处理，各年符合标准的企业数量分别为 1 882、2 263、2 466、2 680 和 2 818。以国家统计局国民经济行业分类标准（GB/T 4754—2002）为基准，将上市企业根据其主营业务所在行业，对企业进行行业归类，数据所涵盖的行业包括：农林牧渔业、采矿业、制造业、电力热力燃气及水生产和供应业、建筑业、批发零售业、交通运输仓储和邮政业、住宿餐饮业、信息传输软件和信息技术服务业、金融业、房地产业、租赁和商务服务业、科学研究和技术服务业、水利环境和公共设施管理业、教育业、卫生和社会工作业、文化体育和娱乐业等 17 个行业。其中，制造业企业共有 1 700 家，根据其主营产品可将其划分为 21 个小行业。

新三板 2016 年起才开始披露企业不同受教育程度员工数量，故而仅选取了 2016 年的数据。截至选取日新三板企业数量共有 11 632 家，所选取指标同样包括企业所有制属性，所属行业，企业年营业收入，固定资产，所有者权益，以及各受教育程度职工数量。对数据按 A 股企业同样的方式进行处理后剩余 7 331 家。涵盖的行业包括：农林牧渔业、采矿业、制造业、电力热力燃气及水生产和供应业、建筑业、批发零售业、交通运输仓储和邮政业、住宿餐饮业、信息传输软件和信息技术服务业、金融业、房地产业、租赁和商务服务业、科学研究和技术服务业、水利环境和公共设施管理业、教育业、卫生和社会工作业、文化体育和娱乐业、居民服务修理和其他服务业等 18 个行业，其中制造业企业有 4 023 家。

《中国统计年鉴》是最为权威的中国宏观数据库，其系统地囊括了全国和各省、自治区、直辖市各年经济、社会各方面的统计数据，以及多个重要历史年份和近年全国主要统计数据，包括三次产业各自占 GDP 的比重、三次产业就业人员数量和占比情况。

《中国劳动统计年鉴》则统计了全国就业人员的详细情况，包括在不同行业、不同地区，以及在不同所有制部门之间就业人员的分布情况。同时也从不同层面和不同角度统计了就业人员受教育程度情况，以及不同受教育程度就业人员在各地区、各行业的分布情况。

三、人力资本错配对全要素生产率影响的测算

本部分将从多个层面分别测算人力资本错配对全要素生产率的影响。首先选择与谢地和克莱诺（Hsieh and Klenow，2009）相同的方法，利用中国工业企业数据库 2004 年的数据，对制造业于行业层面生产要素的错配进行研究，并与谢地和克莱诺进行对比；随后，还是使用中国工业企业数据库 2004 年数据，分别从企业所有制层面和区域层面进行研究；最后利用 A 股上市企业数据和新三板挂牌企业数据，研究不同行业之间的生产要素错配情况。

在进入各层面的研究之前，为了计算得到生产要素配置的扭曲对 TFP 产生的影响程度，本文需要设定一些必要参数的值。首先，对企业的产出替代弹性 σ 的值进行设定。我们可以从模型中看出，生产要素经过有效的重新配置之后，要素使用效率的改善程度与 σ 息息相关，σ 值越大则改善程度越大。布罗达和韦恩斯坦（Broda and Weinstein，2006）以及亨德尔和尼沃（Hendel and Nevo，2006）认为，在竞争性制造业中，替代弹性 σ 的值一般为 3~10 之间。为了方便与谢地和克莱诺（Hsieh and Klenow，2009）的结果相比较，本书将 σ 值设定为与他们相同，即 $\sigma=3$。其次，还需要设定资本的租金率 R，考虑到 5% 的实际利率和 5% 的折旧率，本书将租金率设为 10%，由于存在配置上的扭曲，每个企业所面临的实际租金率为 $(1+\tau_{K_{ij}})R$。根据模型，R 值的大小并不会影响到扭曲程度的计算，换而言之，即便 R 值的设定有偏差不准确，也只影响平均资本边际产出弹性，资本边际产出弹性的方差并不受影响。

有了以上两个设定之后，便可计算每个企业所面临的扭曲和生产率。依然沿用谢地和克莱诺的假设，假设 σ 不影响企业的产出弹性，企业支付了生产成本之后，剩余的利润按一定比率支付给各生产要素。各企业的扭曲和生产率为：

$$1+\tau_{K_{ij}}=\frac{\gamma_i}{\beta_i}\cdot\frac{\omega^0 L_{ij}^0}{RK_{ij}} \qquad (10.69)$$

$$1 + \tau_{L_{ij}^e} = \frac{\alpha_i}{\beta_i} \cdot \frac{\omega^0 L_{ij}^0}{\omega^e L_{ij}^e} \tag{10.70}$$

$$A_{ij} = K_i \frac{(P_{ij}Y_{ij})^{\frac{\sigma}{\sigma-1}}}{L_{ij}^{e\alpha_i} L_{ij}^{0\beta_i} K_{ij}^{\gamma_i}} \tag{10.71}$$

其中，$\kappa_i = \frac{(P_i Y_i)^{-\frac{1}{\sigma-1}}}{P_i}$，是一个标量，且它无法被观测到，不过 κ_i 的值并不影响我们计算各生产要素重新分配后制造业总 TFP 的潜在增长，因为 κ_i 是一个跨行业的值，它对行业内的投入要素边际产出价值的方差并不产生影响，因此我们可以设定 $\kappa_i = 1$。

(一) 制造业子行业间

在研究不同行业、不同所有制和不同区域之间的人力资本错配之前，我们先研究工业企业内部的人力资本错配对全要素生产率的影响。此部分研究系在谢地和克莱诺的基础上进行升级，调整之处在于，本节增加了将劳动力按受教育程度分为高等劳动力和普通劳动力的假设，此外本文所使用的生产要素产出弹性也与之不同。在谢地和克莱诺计算过程中，中国工业企业的各要素所占份额并非根据中国企业实际情况获得，而是基于美国四位数行业各要素所占份额匹配的。他们认为中国制造业内部存在的大量配置上的扭曲是由各种政策引起的，这些政策造成资本的产出弹性和劳动的产出弹性都包含着较多扭曲因素。但是以美国要素份额替代中国要素份额的做法忽视了中国与美国产业发展现状的差异，因为"一个经济体的禀赋及其结构在每一个特定的发展水平是给定的，并随着发展水平不同而不同，因而经济体的最优产出结构也会随发展水平不同而不同，不同的产业结构也意味着不同的产业资本和劳动的密度差异"（林毅夫，2010），具体到制造业子行业层面来看，即使生产要素的配置不存在扭曲，由于两国间产业发展阶段的差异也会造成行业要素弹性的差异。谢地和克莱诺的研究是在一个理想的情况下，把美国作为一个理想的对比标准，忽略了中美两国行业发展现状的差异，在这样的情况下可能导致所得到的结果出现较大偏误。因此，本文认为，根据中国产业发展现状重新测算生产要素份额，并进行生产要素配置扭曲的再测算具有更现实的意义。

本部分是根据国民经济行业分类标准 GB/T 4754—2002 将工业企业划分为 533 个子行业，通过回归估算得到各行业的各生产要素的产出弹性，绝大部分行业都表现出接近于规模报酬不变，表 10-13 展示了部分具有代表性的行业的高等劳动、普通劳动以及资本的产出弹性。

表 10-13　　制造业代表性子行业各生产要素产出弹性

行业代码	行业名称	α_i	β_i	γ_i
690	其他煤炭采选	0.12	0.28	0.55
911	铜矿采选	0.41	0.21	0.36
1331	食用植物油加工	0.35	0.36	0.31
1411	糕点、面包制造	0.47	0.11	0.39
1521	白酒制造	0.38	0.17	0.39
1620	卷烟制造	0.44	0.22	0.62
1810	纺织服饰制造	0.35	0.22	0.24
2311	书、报刊印刷	0.34	0.22	0.41
2641	涂料制造	0.18	0.35	0.4
2720	化学药品制剂制造	0.19	0.53	0.28
3111	水泥制造	0.39	0.22	0.41
3210	炼铁	0.52	0.21	0.34
3591	钢铁铸件制造	0.39	0.14	0.35
3669	航空、航天及其他专用设备制造	0.11	0.28	0.6
3912	电动机制造	0.38	0.33	0.31
4041	电子计算机整机制造	0.01	0.66	0.32
4411	火力发电	0.03	0.41	0.51

计算后得到若仅资本与高等劳动力均得到有效配置，则全要素生产率潜在增长为25.8%；若仅资本得到有效配置，高等劳动力保持原状，则全要素生产率潜在增长为8.6%，若仅高等劳动力得到有效配置，资本保持原状，则全要素生产率潜在增长9.7%。测算结果与谢地和克莱诺所得到的结果相差甚远。谢地和克莱诺运用规模报酬不变的模型，计算得到我国1998年TFP的潜在增长大约是115%，2005年的潜在增长大约是87%。本节在谢地和克莱诺的基础上进行拓展，将劳动力划分为高等劳动力和普通劳动力，且使用的是不同年份的数据，得到的结果也大相径庭。本书结果比谢地和克莱诺差别原因可能来自以下几个方面：(1) 本文将劳动力按照受教育程度分成了两组，并认为普通劳动力的配置不存在扭曲，而普通劳动力在劳动力中占有较大比重，这很可能是导致计算结果小于谢地和克莱诺的原因。(2) 采用的要素产出弹性不同，谢地和克莱诺即使在计算中国TFP潜在增长时，各要素产出弹性的值依然使用美国的数据，由于中美产业结构截然不同，各行业发展情况也有很大差距，这也可能导致最终的计算结果存在很大误差。

（二）所有制层面

前文已展示，不同制造业子行业之间，就业人员的平均受教育程度与平均工资都有较大差异，为了研究人力资本在不同所有制企业间错配对全要素生产率的影响，此部分将对国有制部门和非国有制部门间人力资本有效配置对全要素生产率的提高程度进行测算，并测算国有制部门内部和非国有制部门内部人力资本有效配置对全要素生产率的提高程度，使用数据来自中国工业企业数据库。

在测算之前，需要对模型假设作部分调整。原模型中的 i 表示不同行业，这里令其表示为不同所有制，即国有制与非国有制，j 依然表示单个企业，例如令 $i=1$ 表示国有制，$i=2$ 表示非国有制，则 Y_{1j_1} 表示国有制中 j_1 企业的产出，K_{2j_2} 表示非国有制中企业 j_2 的资本投入，以此类推。其他假设与前文一致。根据企业所有制性质将数据分为国有制部门与非国有制部门，并分别估算国有制部门和非国有制部门各生产要素的产出弹性 α_i、β_i 和 γ_i。

通过模型测算得到结果，若资本和高等劳动力均得到有效配置，全要素生产率潜在增长 67.3%；若仅资本得到有效配置，高等劳动力保持原状，则全要素生产率潜在增长 34.9%；若仅高等劳动力得到有效配置，则全要素生产率潜在增长 29.3%。

为了进一步研究人力资本在不同所有制之间的错配对全要素生产率的影响，本文对国有制与非国有制企业分类后分别进行测算，即测算不同所有制部门内部行业之间的错配。

首先，对于国有制部门，行业的划分沿用了前面一节的方法，将国有制工业企业划分为 533 个子行业，各行业不同生产要素对应的产出弹性也沿用了前面一节的结果。按照相同的方法计算得到，若资本和高等劳动力均得到有效配置，全要素生产率将提高 38.9%；若仅资本得到有效配置，高等劳动力保持原状，则全要素生产率将提高 20.7%；若仅高等劳动力得到有效配置，则全要素生产率将提高 17.5%。对非国有制工业企业进行相同的计算，若资本和高等劳动力均得到有效配置则全要素生产率将提高 15.4%；若仅资本得到有效配置，则全要素生产率将提高 6.9%；若仅高等劳动力得到有效配置，则全要素生产率将提高 8.6%。从结果可以看出，国有制企业与非国有制企业之间，三种情况下全要素生产率的潜在增长有显著差别。与前面一节的三种情况的结果 25.8%、8.6% 和 9.7% 相比，非国有制企业间各生产要素的错配程度显得轻微一些，而国有制企业间生产要素的错配则严重许多。这一结果是很合理的，首先中国工业企业数据库收录的企业中，国有制企业大多规模较大，尽管国有制企业之间生产效率可能存在较大差异，但因其"国有背景"，即使效率较低的企业往往也能较容易地获得资本和高等劳动力,也就是说在国有制部门内,企业之间资本和高等劳动力的产出效率有很大差异,所以生产要素在企业之间重新配置后对全要素生产率的提高更加明显。非国有制企业则是另一番情景,市场起了较大作用,只有生产效率高、经营良好的企业能够存活并发展,而低效率的企业将被市场淘汰,例如一家市场看好的优秀企业可以轻松地以较低利率从银行获取贷款,也可以较为轻松地招聘到高等劳动力,而经营不善的企业受到的待遇则大相径庭,贷款利率往往很高,甚至被拒绝贷款,导致这些企业只能向影子银行"求助",甚至倒闭;人才的招募方面也类似,只有经营良好的企业能吸引高等劳动力加入,落后企业只能通过大幅提高工资来吸引人才,所以资本和高等劳动力在非国有制部门内的配置更有效率。

以上结果表明,资本与人力资本在国有制与非国有制部门之间存在着严重的错配,其中国有制部门内部各行业间资本和高等劳动力的错配比非国有制部门更为严重。

(三) 区域层面

为研究人力资本在不同区域间错配对全要素生产率的影响,此部分将利用中国工业企业数据库,测算中国大陆各区域之间人力资本有效配置对全要素生产率的影响,并测算各地区内部人力资本得到有效配置时全要素生产率的潜在增长率,进而分析人力资本在区域层面的错配情况。

首先,测算各地区之间的错配程度。这里需对模型假设作部分调整,中国大陆共分为七个区域,分别是华北、东北、华东、华中、华南、西南和西北,令 i 表示为不同区域,例如 $i=1$ 表示华北区域、$i=2$ 表示东北区域,以此类推,其他假设保持不变。其次,梳理数据,根据企业所在省份所属区域对企业进行分组,并回归估算各组企业生产要素的产出弹性 α_i、β_i 和 γ_i。

如果资本和高等劳动力均得到有效配置,全要素生产率潜在增长 78.3%;如果仅资本得到有效配置,高等劳动力保持原状,则全要素生产率潜在增长 31.8%;若仅高等劳动力得到有效配置,则全要素生产率潜在增长 33.3%。可见,生产要素在地区之间的错配是相当严重的,若配置能得到优化,中国经济增长将再次提速,且更加强劲。

为了进一步研究人力资本在不同区域的错配情况,我们对各区域内部人力资本的错配做进一步测算,即根据不同区域将数据分为七个组,并对各区域数据分别测算。区域内部的测算沿用了前面一节的方法,将区域内部企业根据所属行业划分,并沿用估算的各行业生产要素的产出弹性,用相同的方法进行测算。

表 10-14 展示了若生产要素得到有效配置,各地区全要素生产率潜在增长情况。可以看出,西部地区生产要素的错配普遍比较严重,其中西北地区尤甚,

若资本和高等劳动力均得到有效配置,西北地区全要素生产率可增长 112.9%;若仅资本得到有效配置,全要素增长率也可增长 56.3%;仅高等劳动力得到有效配置,全要素生产率可增长 59.7%;三项指标均是七个区域的最大值。西南地区在资本和高等劳动力均得到有效配置的情况下,全要素生产率可增长 85.2%;仅资本得到有效配置,全要素生产率可增长 37.6%;仅高等劳动力得到有效配置,全要素生产率可增长 39.8%。可见,除了资源的匮乏外,低效率的配置也是造成西部地区经济发展滞后的重要原因。东北地区的错配情况也不容乐观,资本和高等劳动力均得到有效配置时,全要素生产率可增长 79.4%,仅资本得到有效配置时可增长 40.4%,仅高等劳动力得到有效配置时可增长 41.3%,两项均高于西南地区。华南地区和华东地区生产要素错配程度最轻,均在 30% 左右。单就高等劳动力来看,华中地区和华南地区错配程度最轻,分别为 18.2% 和 18.7%。

表 10-14　　各地区生产要素重新配置后全要素生产率的潜在增长

项目	华北	东北	华东	华中	华南	西南	西北
K、L^e 有效配置	37.1%	79.4%	29.3%	44.5%	29.0%	85.2%	112.9%
仅 K 有效配置	21.3%	40.4%	18.7%	20.6%	9.1%	37.6%	56.3%
仅 L^e 有效配置	19.4%	41.3%	28.4%	18.2%	18.7%	39.8%	59.7%

不同地区内生产要素的错配程度存在巨大差异,总的来看,经济欠发达的地区生产要素的错配程度要远远高于经济较发达地区,可见,若生产要素的配置能得到优化,地区之间经济发展的差距将大大缩小。

(四) 行业层面

中国工业企业数据库仅 2004 年收录了工人受教育程度信息,数据较老旧,为了更贴近现状地研究人力资本在不同行业间错配对全要素生产率的影响,本部分选用了 A 股上市企业 2011~2015 年数据和新三板企业 2016 年数据。

首先是 A 股上市企业,根据 GB/T 4754—2011 国民经济行业分类标准,A 股上市企业涵盖 17 个行业,根据行业将数据分组,利用各组数据估算出该行业生产要素高等劳动力、普通劳动力和资本对应的产出弹性 α_i、β_i 和 γ_i。然后将数据和参数代入模型进行测算。

表 10-15 给出了三种情况下 A 股企业全要素生产率的增长情况,如果资本投入与高等劳动力均得到有效配置,则 2011 年全要素生产率的潜在增长为 34.8%,2015 年的潜在增长为 22.9%;如果仅资本得到有效配置,高等劳动力保持原状,则 2011 年全要素生产率潜在增长为 10.2%,2015 年潜在增长为

8.8%；如果仅高等劳动力得到有效配置，资本保持原状，则2011年全要素生产率潜在增长为21.5%，2015年为9.8%。通过表10-14展示的结果，我们可以发现，如果资本和高等劳动力能得到有效的配置，对全要素生产率的增长有很大的促进作用，且高等劳动力的作用比资本的作用更为明显。根据表10-15的结果，进一步计算2011~2015年间A股企业生产要素配置的改善情况。可以看出，从2011年到2015年5年的时间里，A股企业之间生产要素的配置有明显的改善，资本和劳动都得到有效配置的情况下，全要素生产率提高了大约12.4%（1.348/1.119-1），平均每年改善3.1%；仅资本得到有效配置的情况下，全要素生产率提高了约1.7%，平均每年改善0.4%；仅高等劳动力得到有效配置的情况下，全要素生产率提高了约10.7%，平均每年改善2.7%。

表10-15　A股企业生产要素重新配置后全要素生产率的潜在增长

项目	2011年	2013年	2015年
K、L^e有效配置	34.8%	24.1%	22.9%
仅K有效配置	10.2%	8.6%	8.8%
仅L^e有效配置	21.5%	12.1%	9.8%

新三板企业涵盖的行业比A股上市企业多1个，测算过程是类似的，估算出18个行业各生产要素的产出弹性，再将数据代入模型进行计算。

如果资本投入与高等劳动力均得到有效配置，则全要素生产率潜在增长49.1%，如果仅资本得到有效配置，高等劳动力保持原状，则全要素生产率潜在增长17.6%，如果仅高等劳动力得到有效配置，资本保持原状，则全要素生产率潜在增长15.1%。与A股的结果对比发现，无论是资本还是高等劳动力，新三板的错配情况都比A股更为严重。

从以上结果可以看出，各行业之间生产要素错配所导致的全要素生产率损失是不可忽视的，其中人力资本的错配所带来的影响尤为严重。但此结果也有一定的局限性，由于新三板挂牌企业本就是规模较大，经营较理想的企业，A股上市企业更是优中选优，这些企业本身对人才就有很强的吸引力，所以此结果可能不能完美地反映全国各行业间资本和人力资本错配的影响，全国总的资源错配情况或许比测算所得结果更为严重。

四、结论和政策建议

人力资本在经济增长中所发挥的重要作用已经无须赘述，在经济增长与社会发展中，人力资本的积累和增长所发挥的作用远比物质资本、劳动力数量增加重要的多。从宏观上来看，人力资本的积累对于一个地区、一个国家甚至全世界来说，都具有强大的推动力。从微观上来看，每个行业，每个企业的发展都与其所拥有的人才数量与质量息息相关，如今企业雇用职工也越来越重视对方的受教育程度，不失一般性地说，受教育程度越高的职员，给企业带来的收益与提升也越高，甚至有一些积极的影响并不表现在账面上，而是从企业文化上来改善企业。然而对企业发挥着如此重要作用的因素，却没有得到足够的重视，在中国最具有权威的企业微观数据库，中国工业企业数据库中，并没有将企业员工受教育程度视作一项重要指标，仅仅在2004年的数据中有体现。上市企业已经从2011年开始陆续披露企业员工受教育情况，本书认为，国家统计局在对企业微观数据进行统计的时候，不妨也加上这一项重要指标，这可以为经济研究做出重大贡献。

本节拓展了（Hsieh and Klenow, 2009）的模型，根据是否受过高等教育，创造性地将劳动力分为高等劳动力和普通劳动力。利用A股上市企业数据、新三板挂牌企业数据、《中国统计年鉴》、《中国劳动统计年鉴》、2004年中国工业企业数据库以及Wind数据库对生产要素特别是人力资本配置扭曲情况进行分析，并测算出中国由于生产要素错配导致全要素生产率损失的程度，以及生产要素得到有效配置时全要素生产率的潜在增长。

本书中的第三章第三节从现状入手，通过行业、所有制和区域等三个层面数据比较，对人力资本的错配进行了质的分析，判断了人力资本在这三个层面的错配情况，包括：行业层面上看，农林牧渔业、采矿业等传统生产性行业人力资本不足，金融等行业人力资本较为充裕；所有制层面上看，非国有制部门人力资本不足，国有制部门人力密集，但生产效率低；区域层面上看，欠发达地区人力资本缺乏，而较发达地区充裕。本章进而从制造业内部、行业之间、不同所有制之间以及不同区域之间等多个层面对生产要素的错配做了量的研究，对资本和人力资本的错配都做了测算。综合两章内容，我们可以合理地推测，若人力资本从金融等行业转移部分至农林牧渔业等行业，从国有制部门转移至非国有制部门，从较发达地区转移至较不发达地区，全要素生产率将会有较大的提高，但现实中人力资本的流向往往与此相反。

无论是从哪个层面分析，造成人力资本错配的因素都是错综复杂的，本书不能囊括所有，仅提供几点拙见：

行业层面：人力资本的错配表现在高素质劳动力过度集中于金融业、信息业、公共管理等行业，而农林牧渔业、采矿业等行业人力资本匮乏。首先，中国目前低素质劳动人口存量大，他们大多只能从事不需要培训或者仅需简单培训即可的低端劳动，这就导致农林牧渔业、采矿业等行业堆积了大量普通劳动力，并将高等劳动力挤出；同时由于可以以较低成本积累劳动力，使得这些行业并没有很强的动力去升级技术。其次，文化观念也是导致人力资本错配的原因之一，从事农林牧渔业、采矿业等行业在当代中国往往是一种无奈的安排，近年来，进入金融业、信息业更是成为越来越多大学毕业生的首要选择。我们相信，随着中国经济继续蓬勃发展，就业人员的受教育程度将不断提升，中国人力资本也将稳步增长，在不同行业间的选择将变得更加平等自由，各行业间人力资本的错配情况也将随之逐步好转。

所有制层面：虽然国有制企业就业人员平均受教育年限高于非国有制企业，但错配的程度也远远高于非国有制企业。国有制企业生产效率差异大，由于有政府的庇佑，许多连年亏损、效率极低的企业依然可以苦苦支撑，摆脱被市场淘汰的命运，在这些企业的高等劳动力无法释放自己的能力，造成人力资本的浪费；而非国有制企业则没有此等待遇，若生产效率低则将被市场淘汰，因而非国有制企业生产效率普遍较高，自然对人力资本的使用效率也较高。不可否认，出现这种不平等现状是因为我国依然处于社会主义初级阶段，而其中国有企业所存在的问题是显而易见的。

区域层面：较发达地区人力资本市场活跃度高，流动壁垒低，竞争激烈，高等劳动力要想不被替代就必须尽其所能，高等劳动力的配置由市场决定，故而配置效率高。反观欠发达地区，由于吸引人才较难，通常要支付较高的报酬，人力资本成为稀缺的生产要素，在这样缺乏竞争的环境下，高等劳动力的配置难免出现低效率。区域之间之所以会出现这样不平等的情况，除了地理位置本身的优劣外，政策因素和历史因素也有着深远的影响。

正如前文所述，在三个层面人力资本错配对全要素生产率的影响不是相互独立的，不同层面的问题相互影响，在分析问题时将三个层面因素综合在一起分析，才能更立体地解释现存问题，同时也只有从三个层面同时下手，才能更好地解决人力资本错配的问题，从而提高全要素生产率。

纠正人力资本错配的政策建议：

相比于十几年前，中国的人力资本在数量上有了很大的飞跃，达到了很大的规模，质量上也实现了较大程度的提升。但是中国的人力资本的配置仍存在许多问题，这也许是我国发展现阶段所必须承受的阵痛，但并不代表我们要将这种现象放任自流。要从根本上促进人力资本在企业间更有效率地配置，本书认为可从以下几个方向予以坚持：

第一，应继续大力推进教育事业，提高人力资本存量。

中国就业人员平均受教育程度近年已大幅提升，但人力资本存量仍然不足。要使人力资本在企业间能得到更有效率的配置，首先必须有量作保证。只有拥有充足的量，人力资本市场才能保持高活跃度，从而让市场在人力资本的配置中发挥更重要的作用。

第二，推进落后产业的现代化建设，促进各行业全面发展。

我国第一产业占比过大，第三产业占比少。其中主要原因是我国第一产业生产效率低，例如农耕方式的落后性，我国农业的发展距离"现代化"还有非常大的距离，要实现农业的"现代化"，人力资本是必不可少的。农业是国民经济的基础，为实现我国农业的机械化、科技化和集约化发展，未来特别需要着力扩大高等农业教育的招生规模，制定激励政策，吸纳更多优秀人才和知识青年投入到农林牧渔等行业。

第三，应破除"所有制歧视"，打造非国有企业与国有企业公平竞争的环境。

尽管"多种所有制之间应当平等竞争"已成为一种社会共识，但现实中"所有制歧视"依然相当严重，高效率的非国有企业难以获得宝贵的资源，而低效率的国有企业拥有过多资源的情况数不胜数，这造成了资源的严重错配，抑制了经济的发展。人力资本方面，国有制企业的岗位溢价，例如"官本位"的思想和"铁饭碗"等观念，吸引着越来越多高等劳动力涌向国企，这也使得在决定高等劳动力流向时，工资水平的力量受到大大削弱。因此，必须通过制度改革，优化人力资本的配置，才能提高人力资本的生产效率，促进人尽其才，物尽其用，提高全要素生产率。

要纠正人力资本在不同所有制之间的错配，使人力资本能在不同所有制之间更有效率地流动和配置，就必须消除"所有制歧视"，具体来说：（1）消除隐形的制度障碍，让非国有制企业也可以自由进入到竞争性行业。（2）纠正金融机构在金融服务方面对非国有经济的歧视。企业的所有制在生产资源的配置中发挥着举足轻重的作用，由于中国体制的特殊性，利率非由市场决定，而是由国家制定，且该利率往往偏低，低于市场出清利率。失去高收益诱惑的银行等掌控着大量资本的金融机构对风险的承受能力也较低，因此它们更加愿意贷款给国有企业，而非私营企业，这直接导致资本配置的扭曲。因此本书认为，加快利率市场化改革必须付诸行动。（3）消除税收等方面的差别，减轻非国有企业的税收负担。（4）从意识上消除歧视，树立各种所有制之间互相平等的观念，从认知上打破国有企业"高高在上"的地位。

第四，应积极推进人力资本的市场建设，让市场决定人力资本的价格。

尽管改革开放以来中国产品市场已经基本实现市场化，但要素市场的发育较为缓慢，人力资本市场更是如此，不成熟的市场使人力资本的流动变得困难，成本高昂，因此人力资本在企业之间的有效配置也就难以实现。促进人力资本市场发育对提高人力资本配置效率有至关重要的作用，具体来说可以加快对户籍制度和人事制度的改革，逐步清除造成就业歧视的各种规章制度，构建公平的人力资本市场，从而提高人力资本在企业间的配置效率。

在经济增长稍有放缓的背景下，中国经济已逐步告别"粗放型增长"，纠正生产要素的错配，从微观层面提升生产要素配置的效率是中国经济走向"集约型增长"的必经之路，也是中国未来的发展新动力。人力资本作为最主要的生产要素之一，其重要性显而易见，若人力资本的配置效率能得到优化，对经济发展将有重大贡献。

第十一章

政府补贴、创新激励与技术进步

我国经济潜在增长空间展望，需要着力提升全要素生产率，而全要素生产率的提高不外乎两个途径，第十章已经论述了其中一个途径，即通过资源的再配置效应，来增进效率，另一个途径则是通过个体企业的技术进步，即我们通常所说的"创新"二字，来提高全要素生产率，从而拓宽我国经济潜在增长空间。创新是提升我国经济长期增长潜力的重要源泉之一，世界现代化进程、各国经济的兴衰都表明，哪个国家先掌握了领先的技术革命并推广运用到生产中去，其经济将迅速发展，国力也将显著增强。然而，当前我国存在由于创新的资金投入不足、创新主体不明确、创新人才缺乏等所导致的创新水平低下、经济增长方式粗放、核心技术对外依存度高等困境，因此，在这种情形下，根据我国国情，健全与完善创新体系，促进创新发展，提升我国经济长期增长潜力，就显得十分重要。

结合中国当下政府主导下的创新体系，即政府补贴与创新激励，是否可以有效提升我国个体创新能力，以促进我国从高速经济增长向高质量增长的转变，本章深入地剖析创新、经济增长之间的内在逻辑联系，揭示促进创新的核心制度范畴，从而提出相应的政策建议完善我国创新体系的建立。下面就这一创新机制做理论上的研究。

第一节　个体创新与政府干预的原因及政策工具*

当一个社会存在个体企业创新不足时，往往咎于"降低创新市场失灵、系统失灵以及符合战略的需要"的理由，政府会对此进行干预，特别是对创新市场失灵的干预，否则，个体企业 R&D 投资低于社会最优 R&D 水平，原因有两个：一是企业不愿意投资；二是企业没有能力投资。对于前者，政府的政策以降低企业创新成本为主要目标，采取金融激励（比如加速折旧、税收减免）和财政补贴（包括低息贷款、财政拨款等）；而后者，政府可将解决金融市场信息不对称作为主要目标，具体做法是选择金融管制、公共基金、贷款保证等方式。这里提到的创新市场失灵是指由于创新的高风险性，而带来创新成功收益不足以抵消 R&D 投入，如果没有政府支持，人们一般不愿意进行创新。此外，系统失灵是指由于创新系统结构上的缺陷，而使创新体系内知识的生产、利用和扩散不畅，需要政府通过制度重构，来采取适当的组织与管理措施和制度保证促进知识生产、利用与扩散。而战略的需要主要指的是对于涉及国防和能源安全等领域的研发活动，必须由政府出面安排。如果创新存在市场失灵、系统失灵与不符合战略需要，就会出现创新市场失效问题，因此，创新市场失效的普遍存在和企业在研发和技术上的投入不足，意味着政府需要建立长期支持基础研究、共性技术研究和商业化的制度结构，涉及四个方面：一是促使企业创新投入的公共支持风险资本市场制度，例如软件、设备、器械等领域，通常都面对 SMEs 的成本与新技术标准相关的风险，资金的有限性，就需要建立支持风险资本市场；二是促进技术转移的创新应用制度，如那些企业规模小、收益外部性与资金有限的农业与轻工业，就需要建立促进先进技术向低技术行业转移制度；三是发展复杂系统支持合作 R&D、基础研究，如那些高成本、高风险及有限资金的航空、电子技术、电信、计算机、半导体等领域，需要通过 R&D 合作、资助、支持发展基础技术；四是支持高技术产业发展的支撑制度等，如那些知识基础来源于外部商业领域，创新者没有认识到潜在的应用或者与潜在的应用者没有建立有效的沟通的生物技术、化学、材料科学与药学等，需要建立高技术支撑制度促进高科技领域的技术扩散。以上创新体系的构建确实很大程度地促进了 R&D 的投入与社会的创新发展，正如列文（Levin）与赖斯（Reiss，1984）与斯科特（Scott，1984）使用美国数

---

* 王俊：《政府 R&D 资助作用机制及激励效应研究》，经济科学出版社 2012 年版。

据、霍尔曼（Holemans）与斯劳威根（Sleuwaegen，1988）用比利时数据、安东内利（Antonelli，1989）用意大利企业层面数据、科莱特（Klette）与莫恩（Moen，1997）使用挪威公司层面数据、托伊娃宁（Toivanen）与尼尼宁（Niininen，2000）使用芬兰公司层面数据、狄盖特（Duguet，2004）使用法国数据进行实证研究，均得出同样结论，政府直接资助企业R&D的影响是正的且显著，从而证明了两者是互补关系，政府补贴有助于个体企业创新。

第二节 政府补贴与创新激励的理论模型

本节尝试从技术创新出发，在阿吉翁（Aghion，2015）的模型基础上，考虑政府补贴的影响，用一个简单的熊彼特增长模型来解释为什么政府的研发补贴会促进创新。

一、模型设定

考虑如下一个离散时间的模型：在这个模型中，每个人只存活一期。每一期中有一半的人拥有资本从而作为企业主存在，另外一半人只能作为工人提供劳动力。到下一期的时候，上一期作为企业主存在的人的后代继承企业，而上期另一半人的后代只能继续提供劳动力除非他们在这一期成功创新从而成为新的企业主。

本节采取的是中间产品质量提升的模型形式。在这个经济中最终产品的生产以中间产品为原料，并且采取如下形式：

$$\ln Y_t = \int_0^1 \ln y_{it} \, di \quad (11.1)$$

其中，Y_t是t时刻所生产的最终品，y_{it}是t时刻最终品厂商所使用的第i种中间品的数量。而每种中间品的生产遵循线性生产函数形式：

$$y_{it} = q_{it} l_{it} \quad (11.2)$$

其中，l_{it}是生产第i种中间产品所使用的劳动力的数量，q_{it}是劳动生产力。每个中间产品厂商凭借生产技术垄断市场。

当第i中间产品部门t时刻有新的创新时，中间产品的生产力q_{it}提升η_H倍，因此有：

$$q_{it} = \eta_H q_{it-1} \quad (11.3)$$

与此同时，该中间产品部门 $t-1$ 时刻的生产技术 q_{it-1} 的技术扩散成为公开的技术，因此在任何一个中间产品部门创新成功的厂商相对于潜在进入的厂商拥有 η_H 倍的优势。t 时刻结束以后，如果第 i 种中间产品部门没有厂商创新成功，那么技术领先厂商的生产技术向落后厂商溢出，使得厂商间的技术水平的差异缩小到 η_L，并且 $\eta_L < \eta_H$。因此在任何一个中间产品部门存在着两种情况：一是如果有厂商创新成功，那么技术领先厂商享有 η_H 倍的优势；二是如果没有厂商创新成功，那么技术领先厂商享有 η_L 倍的优势。

最后，我们假设在 t 时刻如果领先厂商没有创新成功，但可以通过游说政府干预阻止其他厂商进入市场，其中政府干预成功并阻止其他厂商进入的概率为 z。如果成功阻止其他厂商进入的话，那么领先的厂商将继续享有优势，只是此时享有的是 η_L 倍的优势。

对于生产中间产品的潜在进入者和领先厂商来说进行技术创新需要投入最终产品，这里将创新的成本函数设定为创新成功概率的函数，并且随着创新成功概率的增大而增大，反映了为了使得创新成功的概率增大，厂商所需要的投入越多的事实。但政府可能通过补贴或者降税等方式补贴中间产品厂商以鼓励创新，因此中间产品厂商的创新成本函数如下：

$$C_t(x) = \left[\beta x + \theta \frac{x^2}{2}\right](1-s)Y_t \tag{11.4}$$

其中，x 是在位厂商或者潜在进入企业创新成功的概率，s 是政府的补贴率，β、θ 衡量了厂商研发投入的效率。

二、模型求解

我们分两步求解模型：第一步，将创新成功的概率视为给定求解厂商和工人的收入份额情况；第二步，通过求解厂商利润最大化将创新成功的概率内生化。

（一）创新成功概率给定下的收入份额

在下面的部分假定潜在厂商和领导厂商的创新成功的概率给定，其中在 t 时刻潜在进入厂商创新成功的概率为，领导厂商创新成功的概率为 $\tilde{x}$。

由式（11.2）可以得到 t 时刻中间厂商 i 的边际成本为：

$$MC_{it} = \frac{w_t}{q_{it}} \tag{11.5}$$

由成本加成定价可知中间品 i 的价格为：

$$p_{it} = \frac{w_t \eta_{it}}{q_{it}}, \quad \eta_{it} \in \{\eta_H, \eta_L; \eta_H > \eta_L\} \tag{11.6}$$

由式（11.6）可知领导厂商可以凭借高的技术水平获得高的加成。

根据最终产品部门的生产函数的设定可以知道最终产品厂商在所有的中间产品上花费相同的 Y_t，因此在均衡的时候有：

$$Y_t = p_{it} y_{it} \quad (\text{对任意的 } i \text{ 均成立}) \tag{11.7}$$

因此，我们可以推导出任何中间产品部门 t 时刻的劳动力需求和均衡时的利润。由式（11.6）、式（11.7）得到 t 时刻第 i 种中间产品部门的劳动力需求如下：

$$l_{it} = \frac{Y_t}{w_t \eta_{it}} \tag{11.8}$$

均衡时的利润为：

$$\pi_{it} = \frac{\eta_{it} - 1}{\eta_{it}} Y_t \tag{11.9}$$

因此，创新成功的企业凭借高的加成能获得更高的利润。

$$\pi_{H,t} = \frac{\eta_H - 1}{\eta_H} Y_t = \pi_H Y_t > \pi_{L,t} = \frac{\eta_L - 1}{\eta_L} Y_t = \pi_L Y \tag{11.10}$$

由 t 时刻劳动力市场的出清条件 $\int l_{it} di = 1$ 和式（11.8）我们可以计算得到工资 w。

$$w_t = Y_t \left[\frac{\mu_t}{\eta_H} + \frac{1 - \mu_t}{\eta_L} \right] \tag{11.11}$$

其中，μ_t 为 t 时刻市场中获得高加成的厂商比例。

这里我们假定 η_{it} 足够大使得满足如下条件：$\pi_{H,t} > \pi_{L,t} > w_t$。由式（11.10）和式（11.11）可以得到厂商和工人的收入份额分别如下：

$$\text{工人的收入份额} = \frac{w_t}{Y_t} = \left[\frac{\mu_t}{\eta_H} + \frac{1 - \mu_t}{\eta_L} \right]$$

$$\text{厂商的收入份额} = \frac{\mu_t \pi_{H,t} + (1 - \mu_t) \pi_{L,t}}{Y_t} = 1 - \frac{\mu_t}{\eta_H} - \frac{1 - \mu_t}{\eta_L}$$

因为在有创新的中间产品部门中加成更大，因此当均衡时，创新成功的部门所占的比例 μ_t 增加的时候，相对的收入由工人流向厂商。根据大数定理可知，创新成功的部门所占的比例 μ_t 等于任何一个中间产品部门中潜在进入厂商或者领导厂商创新成功的概率，因此有下式：

$$\mu_t = (1 - z) x + \tilde{x} \tag{11.12}$$

当潜在进入厂商或者领导厂商创新成功的概率变大的时候，创新成功的部门

所占的比例 μ_t 也增大，但潜在进入厂商和领导厂商创新成功的概率变大所带来的 μ_t 增大的程度不同，尤其是当政府干预成功的概率 z 比较大的时候。

（二）内生化创新成功的概率

接下来我们转向内生化潜在进入厂商和领导厂商创新成功的概率 x 和 $\tilde{x}$，这是通过厂商利润最大化的过程实现的。对于领导厂商而言，其利润最大化的条件如下：

$$\max_{\tilde{x}}\{\tilde{x}\pi_H Y_t + (1-\tilde{x}) - (1-z)x^*\pi_L Y_t + (1-z)x^* w_t - C_t(\tilde{x}, \tilde{s})\} \tag{11.13}$$

式（11.13）中前三项是领导厂商在各种情况下的期望收益：第一项是领导厂商创新成功时获得的收益乘以领导厂商创新成功的概率 $\tilde{x}$；第二项是潜在进入厂商和领导厂商都创新失败时获得的收益，此时由于技术的外溢使得领导厂商只能获得较低的利润 $\pi_L Y$；第三项是潜在进入企业创新成功时领导厂商所获得的收益，此时领导厂商被潜在进入厂商取代，只能作为工人提供劳动力。最后一项是领导厂商的创新投入成本。

求解式（11.13）得到领导厂商创新成功的概率如下：

$$\tilde{x} = \max\left\{\frac{\pi_H - \pi_L - \beta(1-\tilde{s})}{\theta(1-\tilde{s})}, 0\right\} \tag{11.14}$$

对于潜在进入厂商，其利润最大化条件如下：

$$\max_{x}\{(1-z)x\pi_H Y_t + (1-x(1-z))w_t - C_t(x, s)\} \tag{11.15}$$

与领导厂商的利润最大化条件相同，式（11.15）前两项是潜在进入厂商在各种情况下的期望收益：第一项是如果潜在进入厂商创新成功时候的所获得的收益，此时他将取代现在的领导厂商并获得较高的收益 $\pi_H Y$；第二项是如果没有创新成功那么潜在进入厂商只能作为工人提供劳动力。第三项是潜在进入厂商的创新投入成本函数。

求解式（11.15）可得：

$$x = \max\left\{\frac{(1-z)\left[\pi_H - \left(\frac{\mu_t}{\eta_H} + \frac{1-\mu_t}{\eta_L}\right)\right] - \beta(1-s)}{\theta(1-s)}, 0\right\} \tag{11.16}$$

因此，均衡时的创新成功的部门所占的比例计算结果如下：

$$\mu_t = (1-z)x^* + \tilde{x}^* \tag{11.17}$$

（三）简单情形：均衡时只有潜在进入厂商创新

根据式（11.14）可知只有 $\pi_H - \pi_L - \beta(1-\tilde{s}) < 0$ 即 $\pi_H - \pi_L < \beta(1-\tilde{s})$ 的

时候 $\tilde{x}^* = 0$，此时只有潜在进入厂商进行创新，因此均衡时候的创新成功的部门所占的比例为：

$$\mu^* = (1-z)x^* \quad (11.18)$$

将式（11.18）代入式（11.16）得到如下结果：

$$x^* = \frac{\left(\pi_H - \frac{1}{\eta_L}\right)(1-z) - \beta(1-s)}{\theta(1-s) - (1-z)^2\left(\frac{1}{\eta_L} - \frac{1}{\eta_H}\right)} \quad (11.19)$$

对式（11.19）式求关于政府补贴 s 一阶导数可得如下结果：

$$\frac{\partial x^*}{\partial s} = \frac{\beta\left[\theta(1-s) - (1-z)^2\left(\frac{1}{\eta_L} - \frac{1}{\eta_H}\right)\right] + \theta\left[\left(\pi_H - \frac{1}{\eta_L}\right)(1-z) - \beta(1-s)\right]}{\left[\theta(1-s) - (1-z)^2\left[\frac{1}{\eta_L} - \frac{1}{\eta_H}\right]\right]^2} > 0$$

$$(11.20)$$

因此根据式（11.20），我们可以得到如下结论：政府的补贴使得潜在进入厂商创新成功的概率增大从而使得技术进步，促进长期经济增长。

三、模型结果分析

从前面理论模型推导的结论式（11.20）可知，政府的补贴使得潜在进入厂商创新成功的概率增大从而促进技术进步，这也就意味着政府在补贴研发活动以及分配和执行创新产权方面可能扮演着某种重要角色。然而，由于研究部门与政府部门之间存在信息不对称，研发补贴也无法避免寻租问题，以及税收、补贴、直接转移支付、金融参与、发展性银行融资、专利设计等政策工具的有效性存在激励问题与困难，等等。政府对研发的补贴在许多国家被批评为浪费资金与没有必要。但是，正如我们所知道的，在创新过程中很可能存在某种因素阻碍研发投资和新技术向将来潜在创新者扩散，例如，一是知识溢出的不断深化、基础与应用研究之间互补性增强。知识的溢出性不断深化，许多应用研究成果的取得越来越离不开基础研究的强有力支持，而基础知识的强外部性（私人收益低于社会收益，私人成本大于社会成本）决定了其供给低于社会最优量，需要政府提供补贴或公共投资；二是研究部门面临的信贷约束，创新属于高风险领域，研发投入所获得成功概率低，R&D 存在着非常大的不确定性，而且贷款的企业为防止信息的漏损也不愿意向外部资本的供给者提供足够的信息，因此，企业 R&D 的融资困难，传统金融部门难以满足研发投入的融资需求；三是由事先描述创新特性不可能性所导致的合同不完备性。因此，政府补贴在发达国家是很普遍的，例如，亚当和法博尔（Adam and Farber，1987、1988）指出政府在总研发的开支中所占的份额在美国和法国约为50%，在德国为33%，在日本为20%。

不同政府对于创新干预时面对如下问题：其态度与政策措施选择是不同的，是研发补贴的提供还是限于专利法的设计和执行？研发补贴是针对特别部门、行业或工厂还是对所有部门一视同仁？当然，这些问题仍值得进一步深入研究。但并不能否认，政府补贴对创新存在激励作用，是提高微观生产效率进而使全要素生产率提升的一个重要途径，从而促进经济的长期增长。

第十二章

"一带一路"与中国经济长期增长潜力

自2013年国家主席习近平提出"一带一路"倡议以来已经形成了陆海内外联动、东西双向互济的开放格局。随着"一带一路"倡议的不断深入推进,不仅将为中国的开放发展创造更大的空间,也将为各国发展和全球经济带来更大的机遇。与各方同心协力,坚持共商、共建、共享,为构建人类命运共同体,建设持久和平、普遍安全、共同繁荣、清洁美丽的世界作出贡献。同时,中国共产党第十九次全国代表大会通过了《中国共产党章程(修正案)》的决议。推进"一带一路"倡议被写入党章,这将为中国与各方携手共建"一带一路",推动构建新型国际关系,共建人类命运共同体注入强劲动力。因此,"一带一路"是我国长期的全方位对外开放的新战略,将进一步释放对外开放红利,提升我国潜在增长率。

第一节 "一带一路"与潜在经济增长

"一带一路"从最早的构想,到相应政策落地实施,再到贸易的大幅增长,其理念开始由之前的产能合作,消化国内优势产能逐渐转向对抗逆全球化浪潮,全面推进全球战略经济合作。据中国一带一路网披露,"一带一路"贯穿亚非欧大陆,其沿线有70个国家和地区。2016年,"一带一路"国家(不包括中国)人口占全球的46%,人口众多,其GDP总量约占全球的17%,体量较大,近年来"一带一路"贸易大幅增长,其中70个国家的双边贸易总量占我国出口总量的34%,对我国乃至世界经济影响巨大,截至2017年底,"一带一路"沿线70个国家如下,其中包含2个位于东亚的国家,18个位于西亚的国家,中亚包括5个国家,东欧包括9个国家,南欧有11个国家,大洋洲、北美洲、东非、南非都只包括1个国家,北非2个国家,南亚8个国家,东南亚11个国家,见表12-1。

表12-1 "一带一路"国家分布

区域	主要国家
南亚	印度、孟加拉国、马尔代夫、斯里兰卡、尼泊尔、巴基斯坦、不丹、阿富汗
东亚、南亚	印度尼西亚、新加坡、缅甸、柬埔寨、老挝、蒙古国、菲律宾、韩国、东帝汶、泰国、越南、马来西亚、文莱、
西亚	巴勒斯坦、巴林、沙特阿拉伯、阿塞拜疆、亚美尼亚、叙利亚、约旦、阿联酋、黎巴嫩、科威特、土耳其、伊朗、卡塔尔、格鲁吉亚、阿曼、也门、以色列、伊拉克
中亚	塔吉克斯坦、乌兹别克斯坦、库曼斯坦、吉尔吉斯斯坦、哈萨克斯坦
非洲	埃塞俄比亚、埃及、摩洛哥、南非
东欧	拉脱维亚、黑山、摩尔多瓦、波黑、俄罗斯、立陶宛、爱沙尼亚、白俄罗斯、乌克兰
南欧	克罗地亚、塞尔维亚 罗马尼亚、斯洛伐克、匈牙利、马其顿、斯洛文尼亚、波兰、捷克、阿尔巴尼亚、保加利亚
大洋洲、北洋洲	新西兰、巴拿马

资料来源:中国一带一路网。

截至2016年底我国对"一带一路"国家直接投资存量为1447亿美元,占中国对外投资存量总额的10.7%。可以预计,随着"一带一路"倡议的深化和中国企业"走出去"步伐的加速,我国对"一带一路"国家的直接投资前景广阔,未来将在扩大我国贸易出口,促进劳动生产率及技术进步,区域经济均衡发展,进而促进我国潜在增长率上有较大作用。具体分析如下:

一是促进出口及对外直接投资,维持经济平稳增长。

"一带一路"国家经济增速较快,资源丰富,基础设施及制造业等方面的需求较多,存在较大的市场规模,相较而言,我国工业体系成熟,具有较为明显的比较优势,对外OFDI近年来增长迅猛,OFDI常有以下分类:获取东道国自然资源禀赋（资源寻求型）、跨越东道国的贸易壁垒（市场寻求型）、获得东道国的低廉的劳动成本及技术资源（效率寻求型、创新资产寻求型）。"一带一路"国家的自然资源丰富、劳动力成本低廉，相对而言，国内的自然资源相对紧缺，人口红利的消失使得劳动力成本上升较快，通过进口及直接投资的方式可以进一步开阔国内市场，促进出口，维持经济平稳增长。

二是有利于企业国际化，进一步提高我国的技术进步。

"一带一路"的对外直接投资在一定程度上有利于我国企业进一步走向世界，进一步国际化，进而促进技术进步的逆向溢出效应，一方面对外直接投资可以帮助企业稳定获得东道国资源供给，如自然资源供给、金融资本供给等，或者较为直接的技术资源。企业通过优化资源配置寻求利润最大化，进而通过研发再投入提高企业研究开发能力。另一方面企业为了占据东道国市场份额，需要参与市场竞争，这就需要使产品满足东道国消费者的需求，以市场为导向的企业就会增加研发投入，围绕消费者需求进行产品更新升级，充分发挥我国企业在国际市场上竞争的比较优势，从而促使企业提高研究开发能力。

三是区域的协同发展，促进潜在增长率提升。

21世纪之后，我国区域经济缓慢下行，区域不平衡现象突出，中西部地区较东部地区增长更快，但GDP占比不高，东部地区的现代制造业及高端服务业不足，经济转型面临结构性问题，在此基础上，"海上丝绸之路"有利于进一步推动东部地区对外开放，促进东部地区结构转型。西部地区投资由政府主导为主，投资效率低下，资源利用水平不高，劳动力与人力资本流失也是当前中西部地区所面临的重大问题。"陆上丝绸之路"有利于加强中西部地区的延边开放，加速产业转移的承接。在"一带一路"倡议下，区域经济互联互通将得到有效改善，以此为契机加快东部自贸区建设，增强中西部运输通道建设，加强中西部的对外联系，能促进要素自由流动，从而促进区域潜在增长率的提高。

第二节 "一带一路"背景下的OFDI与贸易出口

一、"一带一路"背景下的OFDI

"一带一路"国家近年来的对外直接投资增长迅猛，其数值自2003年开始统计，根据《中国对外直接投资统计公报》统计：

如图 12-1 所示，2016 年，我国对"一带一路"国家的 OFDI 流量为 186 亿美元，增速较快，年平均增长率在 35% 左右。2015 年 OFDI 流量值为 211 亿美元，为近十年来最高值。我国对"一带一路"国家的 OFDI 存量已达 1 447 亿美元，增长较快，年均增长率在 41% 左右，"一带一路"政策的实施带来了投资增速的迅猛增加，促进"一带一路"国家经济政治文化交流。

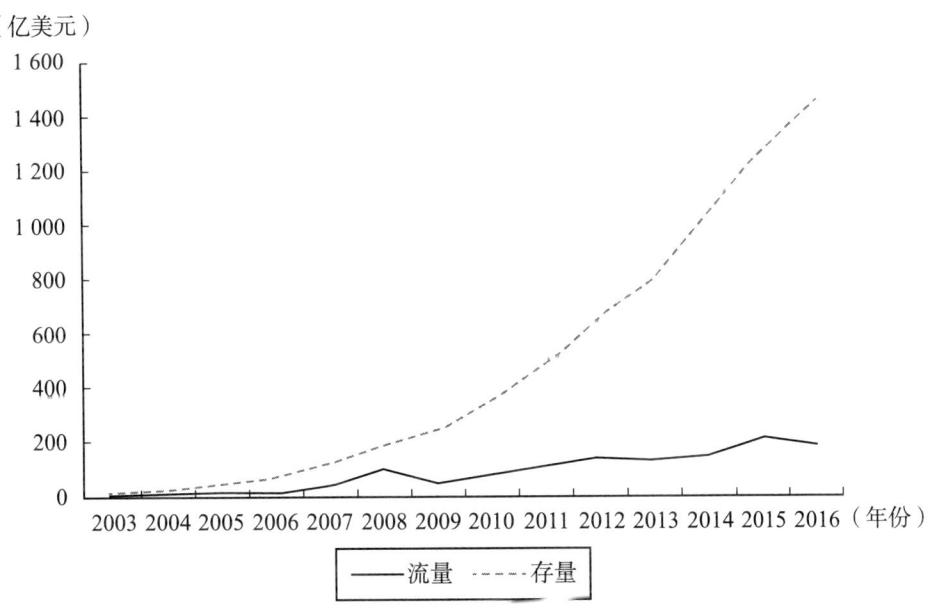

图 12-1　我国对"一带一路"国家投资规模

资料来源：根据《中国对外直接投资统计公报》整理。

当前我国对"一带一路"国家直接投资还存在较大的差距，如图 12-2 所示，2008 年金融危机前我国对"一带一路"国家投资的流量缓慢上升，2008 年达到最大值，为 16.5%，金融危机之后，波动较大且有所下降，2016 年其占比为 9.5%。如果从存量的角度观察，我国对"一带一路"国家投资一直处于上升状态，近年来有所下行。

从"一带一路"地区来看对外直接投资，如图 12-3 所示，2016 年末，与我国相邻近的亚洲国家占比最大，为 81.2%，其中东南亚、西亚国家的占比依次为 49.6%、13.2%，OFDI 存量占比较大，我国对东欧国家对外直接投资存量占比为 9.4%，相应地，南亚、中亚、非洲 OFDI 存量占比较少，还存在较大的发展空间。

从"一带一路"国家来看对外直接投资，如图 12-4 所示，2016 年底，我国对"一带一路"国家投资主要集中在俄罗斯、新加坡、印度等国家。占比前十的国家其总量为整个"一带一路"国家对外直接投资的64%,新加坡占比最高,达到23.1%。

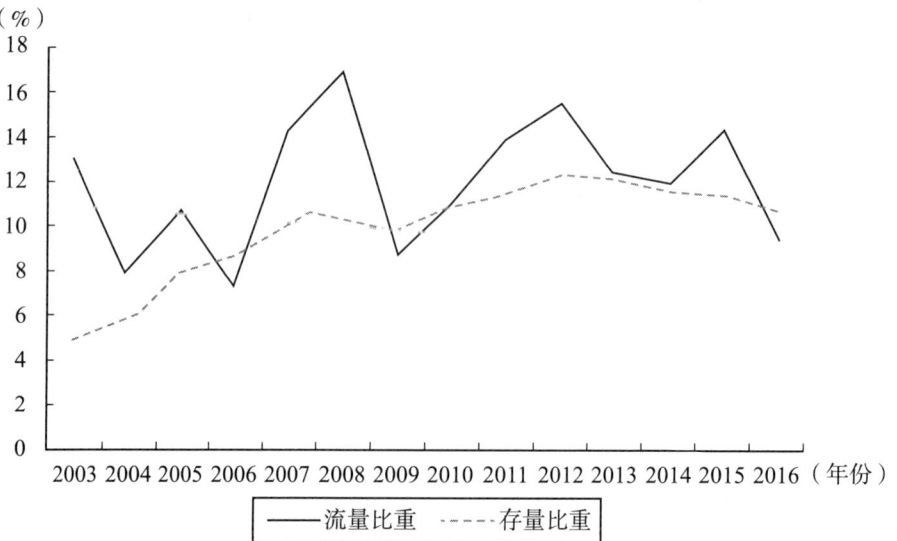

图12-2 我国对"一带一路"国家直接投资规模占我国OFDI总额比重
资料来源:《中国对外直接投资统计公报》。

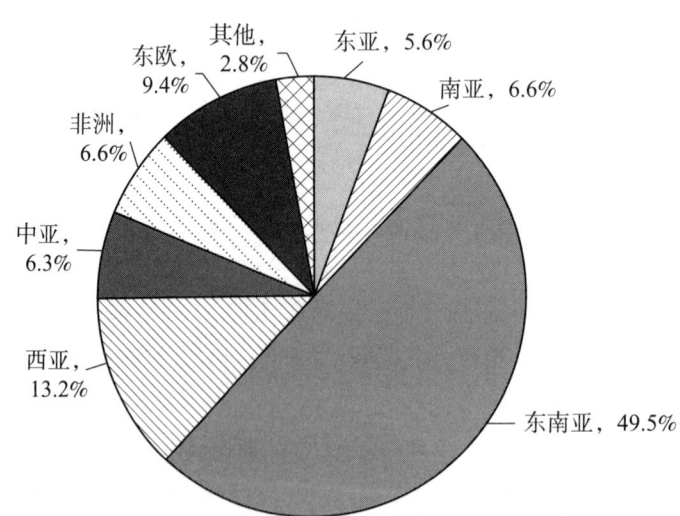

图12-3 我国对"一带一路"国家直接投资的地域结构分析
资料来源:《中国对外直接投资统计公报》。

从我国对"一带一路"国家直接投资的行业分布来看,我国对"一带一路"国家投资的行业主要集中在能源、交通、环境、农业、科技等行业,涵盖的行业较为全面,不同国家因其自然资源禀赋不同,其相对的比较优势不同,"一带一路"的区域经济开放有利于我国学习国外先进的行业技术,促进相关产业的转型升级。

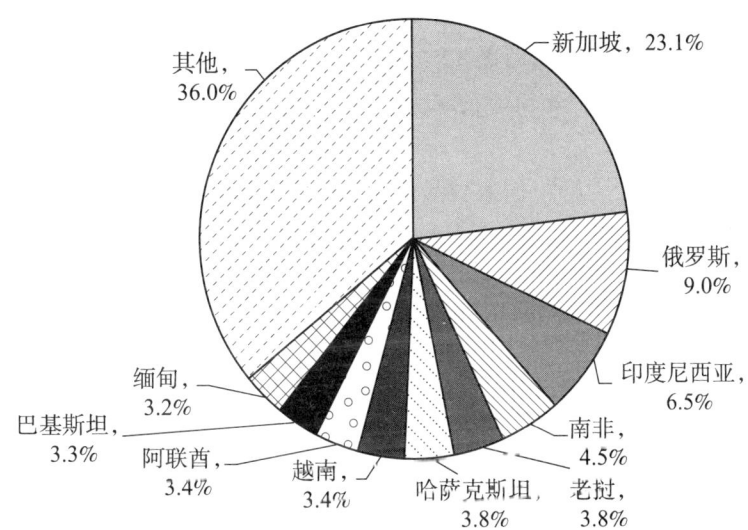

图 12-4 我国对"一带一路"国家直接投资的国别结构分析

资料来源:《中国对外直接投资统计公报》。

根据美国传统基金会的统计数据,如图 12-5 所示,2016 年底,能源业 OFDI 存量占比最高为 32.5%,其次是交通运输、环境业、房地产行业。

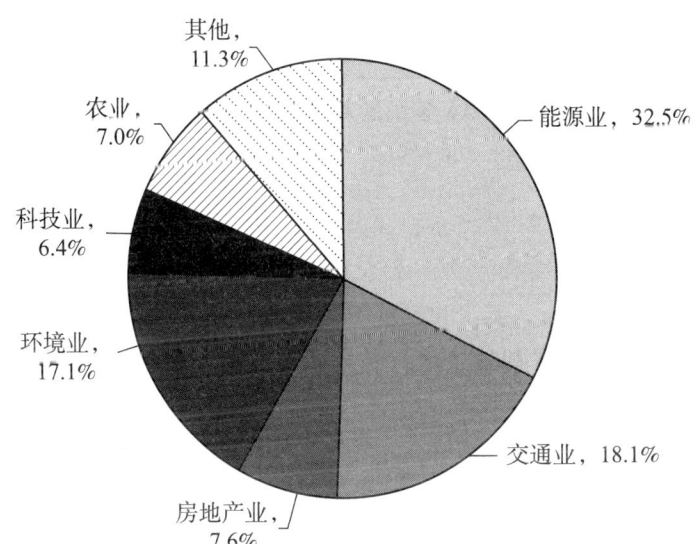

图 12-5 我国对"一带一路"国家直接投资的行业结构分析

资料来源:美国传统基金会(Heritage Foundation)。

二、"一带一路"背景下的贸易规模

国家统计局披露的数据如图 12-6 所示，2016 年我国对"一带一路"国家的出口达 7 059 亿美元，年均增长率为 17%。从进口规模来看，2016 年我国从东道国的进口量为 5 556 亿美元，年均增速约为 12%。从整体上来看，自 2011 来以来，我国与"一带一路"国家贸易额占我国对全球贸易额比重呈现稳步上升态势。2016 年占比达 25.7%，约为我国贸易总额的 1/4。

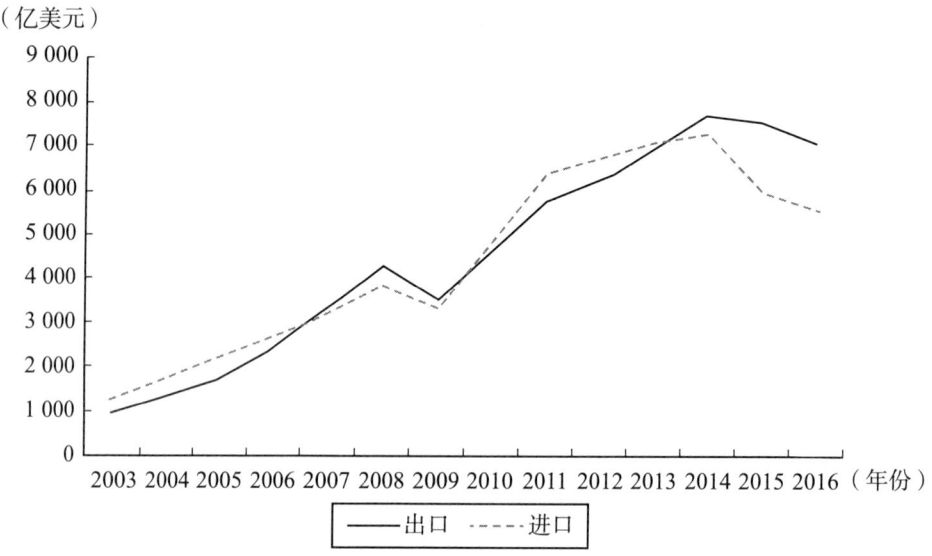

图 12-6　2003~2016 年我国对"一带一路"国家贸易规模

资料来源：根据国家统计局相关数据整理。

从出口来看，如图 12-7 所示，我国与"一带一路"国家的贸易量占我国与全球贸易量的比重稳步增长。这一比值从 2003 年的 21.9% 上升到了 2016 年的 33.7%。从进口比重来看，其变化幅度不大，2016 年的进口比重为 35%。

从"一带一路"国家和地区出口来看，如图 12-8 所示，2016 年末，与我国相临近的亚洲国家占比最大，为 81.2%，其中东南亚、西亚国家的占比依次为 36.3%、16.1%，贸易出口占比较大，我国对中东欧国家出口占比为 11%，相应地，南亚、东亚、非洲出口占比较少，还存在较大的发展空间。

从"一带一路"国家和地区进口来看，如图 12-9 所示，2016 年末，与我国相邻近的亚洲国家占比最大，为 85.4%，高于出口比重，其中东南亚、西亚国家的占比依次为 35.3%、29.3%，贸易进口占比较大，我国对中东欧国家进口占比为 8.5%，相应地，南亚、东亚、非洲进口占比较小。

从"一带一路"国家出口来看，如图 12-10 所示，2016 年底，我国对"一带一路"国家投资主要集中在韩国、新加坡、印度等国家。占比前十的国家其总量为整个"一带一路"国家出口的 65.4%，其中对韩国的出口占比最高，达到 13.1%。

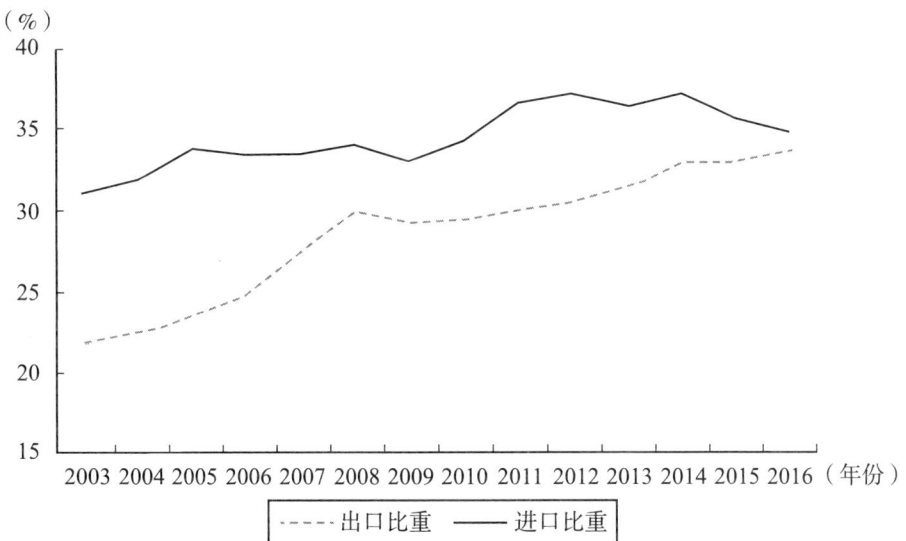

图 12-7 我国对"一带一路"国家贸易规模占我国贸易总额比重

资料来源：根据国家统计局相关数据整理。

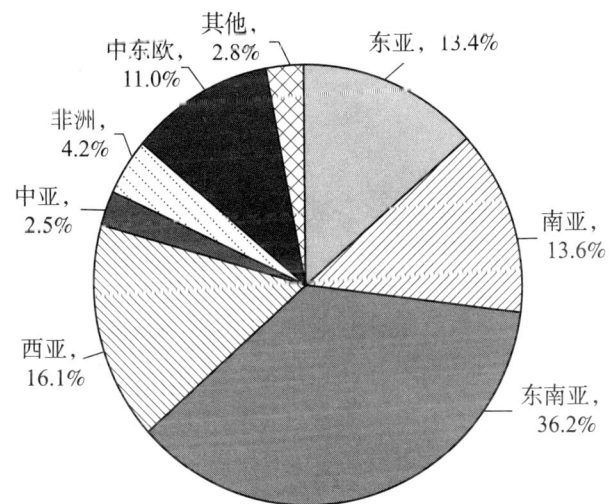

图 12-8 我国对"一带一路"国家出口的地域结构分析

资料来源：根据国家统计局相关数据整理。

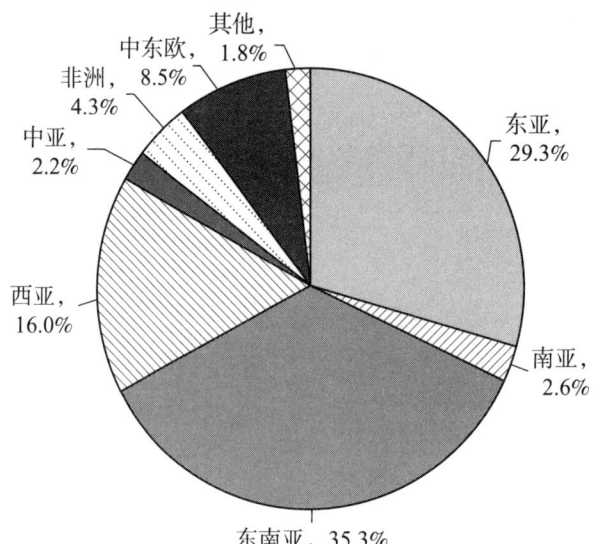

图 12-9　我国对"一带一路"国家进口的地域结构分析

资料来源：根据国家统计局相关数据整理。

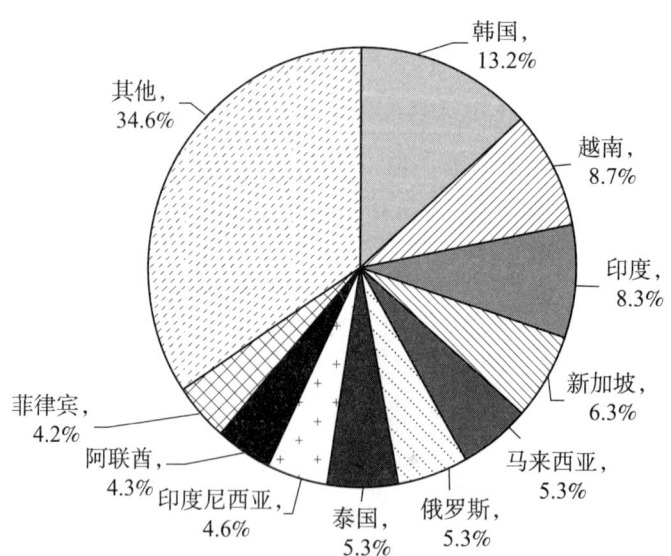

图 12-10　我国对"一带一路"国家出口的国别结构分析

资料来源：根据国家统计局相关数据整理。

从"一带一路"国家进口来看，如图 12-11 所示，2016 年底，我国对"一带一路"国家进口主要集中在越南、哈萨克斯坦、波兰等国家。占比前十的国家其总量为整个"一带一路"国家进口的 76.8%，其中对越南的进口贸易占比最高，达到 28.6%。

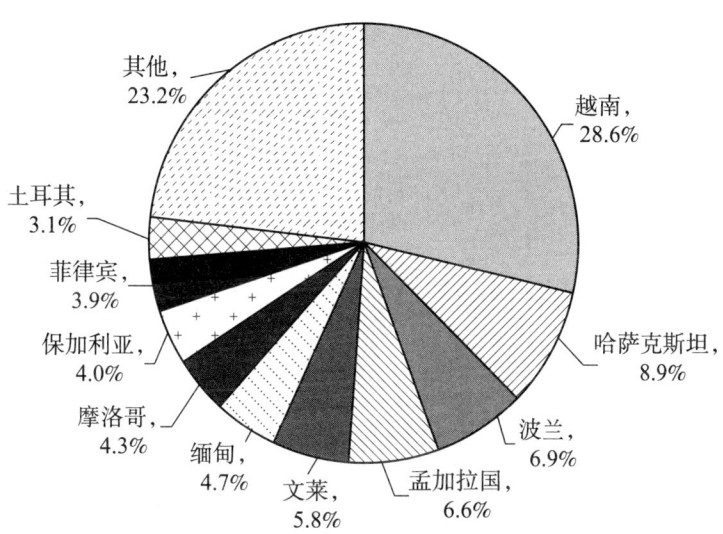

图 12-11　我国对"一带一路"国家进口的国别结构分析

资料来源：根据国家统计局相关数据整理。

由联合国贸易统计，国际贸易按照 SITC 标准可被分成十大类。如图 12-12 所示，2016 年底，贸易出口集中在制成品、机械运输等，占比高达 85.6%，其中机械及运输设备占比 40.7%，主要以材料分类的制成品占比 24.2%，杂项制品占比 20.6%。

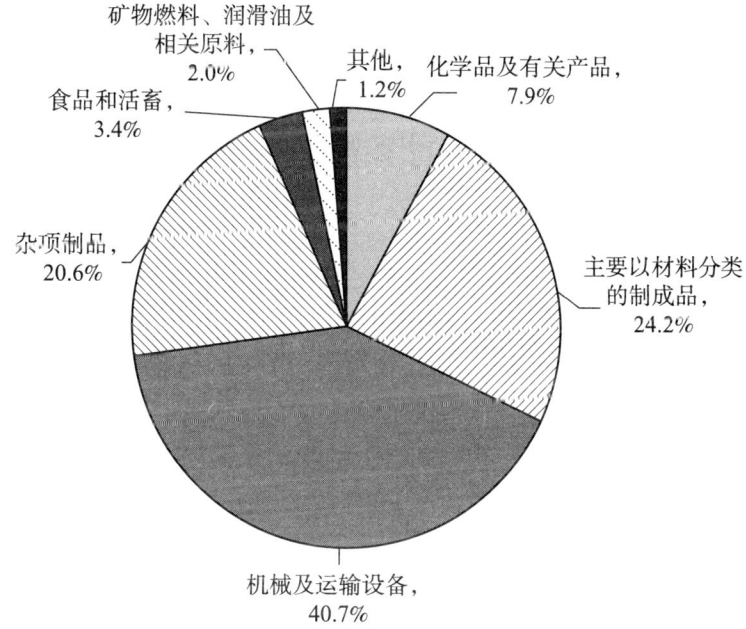

图 12-12　我国对"一带一路"国家出口的行业结构分析

资料来源：UNCTAD。

由联合国贸易统计，如图 12-13 所示，2016 年底，贸易进口集中在机械及运输设备、矿物等，占比高达 69.7%，其中机械及运输设备占比 36.6%，矿物燃料润滑油及相关原料占比 20.5%，化学品及有关产品占比 12.6%。

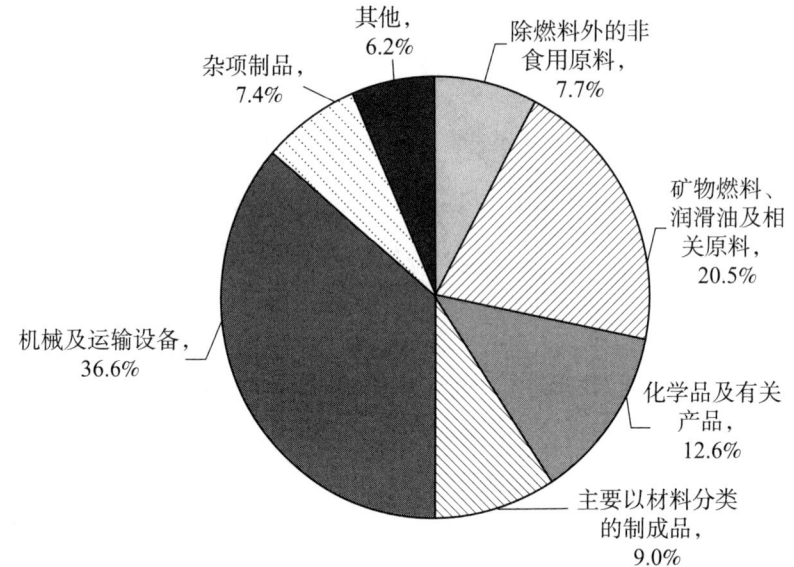

图 12-13 我国对"一带一路"国家进口的行业结构分析

资料来源：UNCTAD。

第三节 "一带一路"国家投资动机分类与实证分析

一、OFDI 投资动机分类

尽管当前处在经济全球化的大浪潮下，但各国之间贸易摩擦不断，保护主义抬头。美国及欧盟主要国家在贸易政策上存在关税壁垒与非关税壁垒两种方案，关税壁垒指的是征收高额进口关税，非关税壁垒指的则是进口许可证制、进口配额制等贸易政策。

当前我国也较大程度上受到贸易保护主义的影响，出口开始出现下滑，对外直接投资依旧大幅增长，在这个大背景下，"一带一路"倡议诞生，未来会有更多的企业进行对外直接投资。对外投资分类主要是资源寻求型、效率寻求型、市场寻求型、创新资产寻求型。

（一）资源寻求型

"一带一路"国家自然资源禀赋相对丰富，其资源的成本相对于其他国家会较低，而这对企业来说是至关重要的。当东道国原材料价格相对国内更便宜的时候，企业会选择购买国外原材料，反过来当东道国资源禀赋紧缺，国内原材料的价格较国外更便宜的时候，企业会选择购买国内的原材料。

一般企业通过进口或者直接投资的方式购买国外较为便宜的原材料，我国对于石油、铁矿石、铜的进口量较大，但是进口的渠道容易受到外贸政策，贸易壁垒的影响，近年来，我国企业开始对自然资源丰富的东道国直接在原材料端进行投资。

（二）效率寻求型

"一带一路"国家经济相对不发达，人口众多，劳动力成本相对较为便宜，当前我国人口老龄化现象较为严重，劳动力成本上升较快，通过对外直接投资，可以获取当地廉价的劳动力成本，节约成本，提高效率，特别是劳动密集型企业。

（三）市场寻求型

"一带一路"国家大多处于发展中国家阶段，其国内具有较大的市场潜力，我国企业可以通过对其直接投资扩大市场规模，形成跨国企业。

对外直接投资扩大市场规模的，一般企业本身产品的竞争力足够强，在国外市场具有较强的吸引力，可以直接去当地国家投资，一方面，可以更好地扎根在当地国家，及时地对新发生的状况作出相应的调整；另一方面，可以利用当地具有比较优势的资源。

（四）创新资产寻求型

对于企业而言，技术进步是其核心的竞争力，仅仅靠管理的效率而忽视产品的技术进步，容易被替代，最后消亡。提高技术进步途径主要是模仿及创新，改革开放以来，我国的 FDI 大幅增长，模仿创新使得我国的技术进步大幅发展，但是企业在对外直接投资的时候也可以获得技术进步，特别是对技术资源较为丰富或者在某一方面较为优秀的国家投资，可以利用当地的研发人员进行研发，获得技术外溢，从而获得技术进步。

根据商务部披露的境外投资企业名录，结合工业企业数据库，统计出"一带一路"国家 OFDI 海外分支机构的性质按上述相应的动机进行分类。再按照该国不同投资动机企业的数量占比，将国家分类如表 12-2 所示。

表 12-2　"一带一路"国家 OFDI 投资动机分类

投资动机	主要国家
市场寻求型	巴基斯坦、摩洛哥、巴拿马、立陶宛、拉脱维亚、爱沙尼亚、摩尔多瓦、白俄罗斯、克罗地亚、斯洛文尼亚、罗马尼亚、马其顿、塞尔维亚、匈牙利、东帝汶、菲律宾、马来西亚、新加坡、巴勒斯坦、孟加拉国、马尔代夫、尼泊尔、乌克兰、黑山、波黑、俄罗斯、斯里兰卡、印度尼西亚、约旦、土耳其、斯洛伐克、新西兰
效率寻求型	缅甸、吉尔吉斯斯坦、巴林、埃塞俄比亚、埃及、南非、阿尔巴尼亚、保加利亚、捷克、柬埔寨、泰国、越南
资源寻求型	蒙古国、阿塞拜疆、阿联酋、塔吉克斯坦、文莱、伊拉克、土库曼斯坦、黎巴嫩、也门、亚美尼亚、哈萨克斯坦、乌兹别克斯坦、科威特、阿富汗、伊朗、卡塔尔、沙特阿拉伯、格鲁吉亚、老挝、叙利亚、阿曼
创新资产寻求型	以色列、韩国、波兰、印度

二、OFDI 投资动机的实证分析

（一）模型设置

为进一步解释"一带一路"对外直接投资的动机，本节将 OFDI 作为被解释变量，以 food、beverages 作为市场寻求型动机的代理变量，materials、mineral、animal_oil 作为效率寻求型的代理变量，chemicals、manufact、transport 作为资源寻求型动机的代理变量，miscellaneous、commod 作为创新寻求型的代理变量，我国的 GDP、东道国的 GDP、贸易自由度、东道国效率、东道国政治稳定性作为相应的控制变量，为避免异方差问题，上述变量均取对数。

$$\ln OFDI_{it} = \alpha + \beta_1 \ln food_{it} + \beta_2 \ln beverages_{it} + \beta_3 \ln materials_{it} + \beta_4 \ln mineral_{it}$$
$$+ \beta_5 \ln animal\_oil_{it} + \beta_6 \ln chemicals_{it} + \beta_7 \ln manufact_{it}$$
$$+ \beta_8 \ln transport_{it} + \beta_9 \ln miscellaneous_{it} + \beta_{10} \ln commod_{it} + \beta_{11} X_{it} \varepsilon_{it}$$

(二) 数据来源

我国对东道国进出口贸易的行业数据来自 UNTACD 中的 SITC 行业分类,共包括 10 类一级行业,具体如表 12 – 3 所示。

表 12 – 3   SITC 行业分类统计

SITC 分类	主要产品
SITC 0	Food and live animals
SITC 1	Beverages and tobacco
SITC 2	Crude materials, inedible, except fuels
SITC 3	Mineral fuels, lubricants and related materials
SITC 4	Animal and vegetable oil and fats
SITC 5	Chemicals
SITC 6	Manufact goods classified chiefly by material
SITC 7	Machinery and transport equipment
SITC 8	Miscellaneous manufactured articles
SITC 9	Commod. & transacts. Not class. Accord. To kind

资料来源:UNTACD。

其数据的描述性统计如表 12 – 4 所示,OFDI 及控制变量的数据来自第二节。

表 12 – 4   SITC 出口行业描述统计表

变量	回归模型中的含义	数量	均值	标准差	最小值	最大值
food	SITC 0	852	8.176	1.638	4.661	12.821
materials	SITC 2	852	7.367	1.937	2.073	12.508
mineral	SITC 3	852	6.404	3.636	-7.217	13.190
chemicals	SITC 5	852	10.03	1.723	3.728	12.061
manufact	SITC 6	852	12.264	1.507	4.253	13.175
transport	SITC 7	852	13.822	1.613	6.781	16.197
miscellaneous	SITC 8	852	12.201	1.535	5.096	13.091

(三) 实证结果

本节采用 Wald 检验比较固定效应模型和混合 OLS 模型,实证结果得到 F 统计量为 12.32，表明固定效应模型优于混合 OLS 模型；其次，本节采用 Hausman 检验来比较固定效应模型和随机效应模型，实证结果得到 p 值为 0.000，表明固定效应模型优于随机效应模型，因此本节将采用固定效应模型对模型进行分析。

本节先对涉及的变量进行 LLC 单位根检验，本节的 16 个变量 P 值均小于 0.05，各变量是平稳的，面板回归的结果在模型（1）部分，然后依次在模型（2）中加入控制变量我国的 GDP 及东道国的 GDP，模型（3）中加入控制变量贸易自由度，模型（4）中加入控制变量东道国政治稳定性及东道国政府效率（见表 12-5）。

表 12-5　　　　　　　　　OFDI 投资实证分析

变量	模型（1） ofdi	模型（2） ofdi	模型（3） ofdi	模型（4） ofdi
$food$	0.008 (0.08)	-0.086 (-0.93)	-0.086 (-0.93)	-0.080 (-0.87)
$beverages$	0.145*** (4.35)	0.100*** (3.21)	0.100*** (3.20)	0.099*** (3.19)
$materials$	0.119** (2.37)	0.045 (0.95)	0.045 (0.96)	0.043 (0.91)
$mineral$	0.040 (1.39)	0.006 (0.24)	0.006 (0.24)	0.005 (0.20)
$animal\_oil$	0.120*** (3.61)	0.065** (2.09)	0.064** (2.06)	0.067** (2.15)
$chemicals$	0.730*** (5.47)	0.659*** (5.32)	0.660*** (5.32)	0.651*** (5.24)
$manufact$	0.239* (1.70)	-0.048 (-0.36)	-0.045 (-0.34)	-0.017 (-0.13)
$transport$	0.285** (2.11)	0.250** (1.98)	0.247* (1.95)	0.236* (1.86)
$miscellaneous$	-0.012 (-0.11)	-0.008 (-0.09)	-0.011 (-0.11)	-0.021 (-0.22)
$commod$	0.023 (1.18)	0.053*** (2.91)	0.052*** (2.87)	0.052*** (2.80)
gdp_host		0.038 (0.97)	0.039 (1.00)	0.062 (1.50)

续表

变量	模型（1）ofdi	模型（2）ofdi	模型（3）ofdi	模型（4）ofdi
$pgdp\_host$		1.989*** (12.11)	1.989*** (12.11)	1.959*** (11.90)
$trade\_degree$			0.053 (0.44)	0.045 (0.38)
$pol\_stability$				-0.301** (-2.28)
gov_effect				0.196 (0.72)
Constant	-5.584*** (-12.01)	0.940 (1.17)	0.949 (1.18)	0.491 (0.58)
样本量	966	966	966	966
R^2	0.599	0.656	0.656	0.658
国家数量	69	69	69	69
F统计量	132.3	140.5	129.6	113.1

注：*$P<0.1$；**$P<0.05$；***$P<0.01$。

模型估计结果见表12-5所示，其中，Beverages、chemicals在1%的水平下显著，增加控制变量后，其结果依旧显著，是稳健的。animal_oil在1%的水平下显著，增加控制变量后，显著水平下降到5%，但是依旧对OFDI有正向作用。Transport在5%的水平下显著，增加控制变量贸易自由度之后，其显著性水平降低，在10%的水平下显著。Commod在加入控制变量后在1%的水平上显著。验证了上述"一带一路"倡议中OFDI投资动机的划分，存在市场寻求型、效率寻求型、资源寻求型OFDI。2012年，我国劳动年龄人口首次出现了绝对下降，这意味着我国人口红利消失的拐点出现，此后我国劳动力成本上升，劳动密集型产业逐渐转移至劳动力成本更低的国家。所以，从长期来看，我国对于劳动力价格较低的国家投资，并非只是为了获取低廉的劳动力，而是基于综合的考量。人均月收入不仅能够体现劳动力成本，在一定程度上也能体现东道国购买力水平和经济发展水平：人均月收入越高，东道国居民的购买力越强，投资环境越好。因此，我国对于劳动力价格较低的国家投资是综合考虑的结果。

第四节 "一带一路"与贸易规模的实证分析

一、模型设置

国际区域经济一体化研究常用"引力模型",丁伯根(Tinbergen,1962)最早将引力模型用到国际贸易领域,即区域经济一体化国家之间的贸易流量与其各自的 GDP 正比例变动,与距离反比例变动。

$$M_{ij} = A_0 Y_i^{\alpha_1} Y_j^{\alpha_2} d_{ij}^{\alpha_3} U_{ij}$$

这里,M_{ij}是两国之间的贸易量。Y_i和Y_j分别表示两国的收入水平,d是两个国家之间的距离,U是其他影响贸易流量的扰动项。对两边分别取对数得到以下的面板回归模型。

$$\ln M_{ij} = \ln A_0 + \alpha_1 \ln Y_i + \alpha_2 \ln Y_j + \alpha_3 \ln d_{ij} + \ln U_{ij}$$

引力模型被提出后,开始成为研究贸易问题的重要工具,人均收入、人口、汇率等因素也被加入引力模型。利普西和韦斯(Lipsey and Weiss,1981)则在上述基础上加入了东道国是否为欧共体成员的哑变量。布罗斯多姆等(Blomstrom et al.,1988)则是加入人均 GDP 变量作为原始模型的控制变量。山胁(Yamawaki,1991)把母国和东道国的就业率加入了回归模型。舍多尔等(Chedor et al.,2002)在上述宏观变量上加入了反映企业微观技术及公司规模等微观控制变量。布拉维(Blavy,2001)还用引力模型对贸易潜力模型进行了实证研究。此外,还有学者在上述基础上考虑了两国的边界、是否为同盟国等更多的控制变量。

基于之前学者的研究,本节在引力模型的基础上加入 OFDI、政治稳定性、贸易自由度等指标。构建的回归模型如下所示。

$$\ln EXP_{ijt} = \alpha + \beta_1 \ln OFDI_{ijt} + \beta_2 \ln GDP_{it} + \beta_3 \ln GDP_{jt} + \beta_4 \ln PGDP_{jt}$$
$$+ \beta_5 \ln DIS_{ij} + \beta_6 \ln tra\_de_{jt} + \beta_{12} pol\_st_{jt} + \beta_{13} gov\_ef_{jt} + \varepsilon_{ijt}$$

$$\ln IMP_{ijt} = \alpha + \beta_1 \ln OFDI_{ijt} + \beta_2 \ln GDP_{it} + \beta_3 \ln GDP_{jt} + \beta_4 \ln PGDP_{jt}$$
$$+ \beta_5 \ln DIS_{ij} + \beta_6 \ln tra\_de_{jt} + \beta_{12} pol\_st_{jt} + \beta_{13} gov\_ef_{jt} + \varepsilon_{ijt}$$

其中,i表示的是中国,j指的是与我国对应的"一带一路"国家,t表示的是时期,变量EXP_{ijt}指的是我国对他国的出口,IMP_{ijt}表示我国对他国的进口。$OFDI_{ijt}$表示我国对他国的 OFDI 存量,OFDI 的存量指标相较于流量更能说明其对贸易增长的长期效应，GDP_{it} 和 GDP_{jt} 分别两国的 GDP 水平，可作为他国的市场规模的替代指标，DIS_{ij} 指的是两国之间的距离，$PGDP_{jt}$ 指的是他国人均 GDP，可作为他国的富裕程度指标。tra_de_{jt} 指的是进出口总额占 GDP 的比重，可以衡量他国的开放程度。pol_st_{jt} 指的是他国的政治稳定性，gov_ef_{jt} 指的是他国的政府效率，可以用来作为他国制度的衡量指标（见表 12-6）。

表 12-6　　　　　　　　　　主要变量及其含义

主要变量	变量含义	预期符号
$OFDI_{ijt}$	我国对外直接投资存量	参考假设
GDP_{it}	我国 GDP 总量	+
GDP_{jt}	他国 GDP 总量	+
$PGDP_{jt}$	他国的人均 GDP	+
DIS_{ij}	他国间的地理距离	-
tra_de_{jt}	他国的贸易开放度	+
pol_st_{jt}	他国的政治稳定性	+
gov_ef_{jt}	他国的政府效率	+

二、数据来源

考虑到 OFDI 的数据 2003 年才开始统计，样本区间为 2003~2016 年。我国 OFDI 存量来自《中国对外直接投资统计公报》，进出口贸易数据则来源于联合国贸易和发展会议 UNTACD。我国和东道国之间的地理距离数据来自 CEPII 网站数据库。东道国贸易开放度的指标来自世界银行统计数据库。我国和东道国 GDP、东道国人均 GDP、通货膨胀 CPI 的数据均来源于世界银行统计数据库，并且采用人口加权距离来衡量。

三、数据处理

我国与他国的出口贸易、OFDI 的数据单位为万美元，且为名义变量，首先，按照该国的 CPI 进行通货膨胀的处理得到相应的实际变量，他国的政府效率及政治稳定性在 -2.5~2.5 区间，其中数值越高，表明其效率越高、越稳定。其次，和其他数据一起对数化处理（见表 12-7）。

表 12-7　　　　　　　　　　主要变量描述统计表

变量	回归模型中的含义	数量	均值	标准差	最小值	最大值
exp	我国出口量对数	852	12.484	1.978	5.791	14.108
imp	我国进口量对数	852	10.945	2.991	-0.021	15.705
$ofdi$	对外直接投资对数	852	8.246	3.207	-0.033	14.17
gdp	他国 GDP 对数	852	21.017	0.659	18.951	19.847
gdp_host	他国 GDP 对数	852	16.534	1.604	11.507	19.258
$pgdp\_host$	他国人均 GDP 对数	852	-0.875	1.308	-4.456	2.147
$dist$	两国地理距离对数	852	8.618	0.427	6.979	9.558
$trade\_deg$	他国贸易自由度对数	852	-0.248	0.758	-6.325	1.457
pol_st	他国政治稳定性	852	-0.349	0.991	-3.119	1.581
gov_ef	他国政府效率	852	-0.114	0.729	-2.057	2.478

考虑到包含时间维度，首先对数据进行平稳性检验，HT 检验结果表明各组变量的 p 值均为 0.0000，1% 的水平显著，数据平稳性较好。

由变量之间的相关系数表可知，我国和东道国 GDP、东道国人均 GDP 两两间的相关系数分别为 0.129、0.259、0.201，OFDI 与我国 GDP 相关系数为 0.394，OFDI 与和东道国的 GDP 相关系数为 0.414，OFDI 与东道国人均 GDP 的相关系数为 0.024，相关性小于 0.5，相关性较小，我国对东道国的进出口贸易数据和 OFDI 数据的单位均为万美元。此外，运用 VIF 的检验得出结果为 2.98，小于 10。不存在较为明显的多重共线性（见表 12-8）。

表 12-8　　　　　　　　　　主要变量的相关性分析

项目	$ofdi$	gdp	gdp_host	$pgdp\_host$	$dist$	$trade\_deg$	pol_st	gov_ef
$ofdi$	1.000							
Gdp	0.394	1.000						
gdp_host	0.414	0.129	1.000					
$pgdp\_host$	0.024	0.259	0.201	1.000				
$dist$	-0.053	-0.000	0.128	0.271	1.000			
$trade\_deg$	-0.167	0.019	-0.114	0.323	0.014	1.000		
pol_st	-0.148	-0.021	0.031	-0.021	0.057	0.378	1.000	
gov_ef	-0.052	0.064	0.231	0.043	0.243	0.359	0.638	1.000

四、模型结果及稳健性检验

面板数据的回归方法有三种：固定效应模型、随机效应模型、混合 OLS 模型。首先，本节采用 Wald 检验比较固定效应模型和混合 OLS 模型，实证结果得到 F 统计量为 14.39，表明固定效应模型优于混合 OLS 模型；其次，本节采用 hausman 检验来比较固定效应模型和随机效应模型，实证结果得到 p 值为 0.000，表明固定效应模型优于随机效应模型，因此，本节将采用固定效应模型进行分析。

本节先对涉及的变量进行 LLC 单位根检验，本节的 8 个变量 P 值均小于 0.05，各变量是平稳的，再将贸易出口作为被解释变量，OFDI 作为解释变量，我国的 GDP 和东道国的 GDP 及两国间的距离作为控制变量，面板回归的结果在模型（1）部分，为进一步检验模型的稳定性，在模型（1）的基础上加入我国的人均收入，东道国的人均收入等控制变量，结果如模型（2）部分，在模型（2）部分加入贸易自由度控制变量，结果在模型（3）部分，在模型（3）部分加入东道国政治稳定性及东道国政府效率控制变量，结果在模型（4）部分（见表 12-9）。

表 12-9　　　　　　OFDI 与贸易出口的实证分析

变量	模型（1） imp	模型（2） imp	模型（3） imp	模型（4） imp
ofdi	0.089*** (3.31)	0.081*** (3.01)	0.078*** (2.91)	0.074*** (2.77)
gdp	0.948*** (11.59)	-15.949* (-1.71)	-15.382* (-1.65)	-20.146** (-2.17)
gdp_host	0.245*** (8.66)	0.247*** (8.71)	0.252*** (8.90)	0.215*** (7.13)
dist				
pgdp_host		0.389*** (2.61)	0.394*** (2.65)	0.340** (2.29)

续表

变量	模型（1） imp	模型（2） imp	模型（3） imp	模型（4） imp
$pgdp$		17.255* (1.79)	16.667* (1.73)	21.592** (2.25)
$trade\_degree$			0.242*** (2.75)	0.211** (2.41)
$pol\_stability$				0.106 (1.06)
gov_effect				0.748*** (3.79)
$Constant$	-13.036*** (-8.91)	342.687* (1.74)	330.748* (1.69)	431.654** (2.21)
样本量	966	966	966	966
R^2	0.505	0.512	0.516	0.527
国家数量	69	69	69	69
F统计量	303.5	187.4	158.6	123.7

注：括号内为 t 统计量，***、**、* 分别表示在1%、5%和10%的显著性水平下通过检验。

四个模型的回归结果均表明 OFDI 在1%水平上对贸易出口显著，模型（4）中其系数为0.074，表明 OFDI 每增加1单位，贸易出口增加0.074单位，"一带一路"的 OFDI 对贸易出口存在正向影响。其中东道国的 gdp、东道国的政府效率与贸易出口在1%水平上显著，东道国的 GDP 每增加1单位，贸易出口增加0.215单位，东道国政府效率每增加1单位，贸易出口增加0.748单位。东道国的人均收入、我国的人均收入、贸易自由度对贸易出口的影响均在5%的水平上显著，东道国的人均收入每增加1单位，贸易出口增加0.34单位，我国的人均收入每增加1单位，贸易出口增加21.592单位，贸易自由度每增加1单位，贸易出口增加0.211单位。政治稳定性对贸易出口的影响不显著。我国 GDP 在加入控制变量后，其符号发生了相应的变化，可能是因为控制变量中存在一些与我国 GDP 相关性较强的被解释变量。

第五节 "一带一路"与逆向技术进步的实证研究

一、传导机制

企业在他国进行对外直接投资的时候，会相应地接触到他国较为先进的技术，或者是他国具有比较优势的技术产品，进而提升自己的产品质量，提高研发水平，进而提高公司的效益，当公司的效益增加时，企业再进行对外投资，进一步获取技术资源，形成良性循环，也就是创新产品研发型的OFDI（见图12-14）。

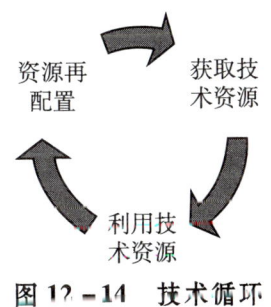

图12-14 技术循环

企业在他国投资获取技术进步时，是指企业直接接触到他国的技术进步，企业还可以在他国设立研究所，雇用他国的研究人员，购买他国先进的技术进步，进而提高企业自身的研究水平。

企业接触到他国技术进步或者研究要素，然后加以吸收利用，进而促进自身的生产的技术进步水平。一是技术水平的直接应用，此时企业直接获得他国的技术，进行生产和规模化生产，扩大企业市场份额及市场规模，在全球范围内提升产品的竞争力，形成自己的技术壁垒，突破前沿厂商的科技封锁，掌握最新的研究水平。二是研发要素的有效利用，研发要素指的是技术研发相应的工作人员、设备，甚至是当地政府或者国内政府的政策优惠等，当企业拥有他国先进的研发要素，整合当地的资源要素，最终达到提高其产品的研发能力。在技术研发中，研究人员的作用最为核心，发达国家之所以科技更为发达，在于其国家的研究人员素质整体上高于发展中国家，"一带一路"国家也存在相应的技术发达的国家，如以色列，或者在某一行业技术研发中具有比较优势的国家。长期以来，发展中国家一直受到发达国家的技术封锁,缺乏相应的研发设备,特别是在生物科技、航空发动机、芯片制造、光学等行业,企业以对外直接投资的方式进行接触,有助于企业利用先进的研究设备及相应的公开专利进行市场研发。政策扶持,如税收优惠在一定程度上可以降低企业研发费用,保护企业研发成果(见图12-15)。

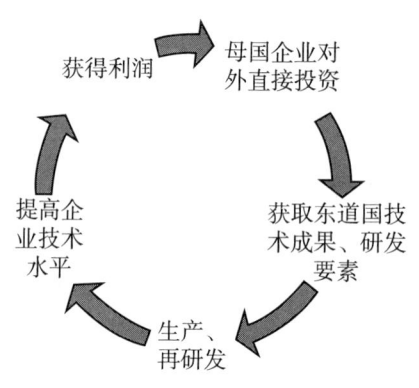

图 12-15　研发过程

企业在获得技术溢出后,会对其内部资源进行再整合,进行物质资本和人力资本的再配置,进一步提升自己的企业管理研发效率,会产生对国内的逆向技术溢出效应。

从物质资源再配置角度来看,企业会在他国和母国之间进行选择,将物质资本配置到研发效率更高的一边,进而提升企业整体的生产研发水平。从人力资源再配置的角度来看,企业会建立相关的人力资本培养模式,具体微企业可以派遣员工在国外学习先进的技术后然后回国服务,或者调动在外国公司中的技术研发人员回国工作,进而提升企业整体的生产研发水平。

二、模型设置

逆向技术溢出效应主要由三个指标代替:R&D 投入;全要素生产率;专利授权量。鉴于全要素生产率的测算存在较大的争议,容易受到生产函数设定方程的影响,本章采用专利数量作为代理变量。

知识生产函数框架最早由格里里奇(Griliches)提出,是知识生产函数领域的基础,杰夫(Jaffe)后来又在此基础上加入了新的控制变量,本章在 Griliches - Jaffe 知识生产函数基础上进一步加入 OFDI 因素进行考察:

$$P_{it} = F(A_{it}, K_{it}, L_{it}) = A_{it} K_{it}^{\alpha} L_{it}^{\beta} \quad 其中:A_{it} = Ce^{\gamma s_{it}^{OFDI}} e^{\delta s_{it}^{FDI}}$$

其中,i 是地区,t 是时间,P_{it} 是创新产出,K_{it} 是 R&D 经费支出,L_{it} 代表 R&D

研究开发人员数量，A_{it}为其他的因素，s_{it}^{FDI}为 FDI 对技术进步的影响，s_{it}^{OFDI}为 OFDI 对技术进步的影响。

取对数如下：
$$\ln P_{it} = C + \alpha \ln K_{it} + \beta \ln L_{it} + \gamma \ln S_{it}^{OFDI} + \delta \ln S_{it}^{FDI} + \varepsilon_{it}$$

数据来源为 2003~2015 年我国的省级面板数据，并根据 OFDI 类型进行进一步的实证分析。

$$\ln P_{it} = C + \alpha \ln K_{it} + \beta \ln L_{it} + \gamma_1 \ln OFDI_{it}\_zy + \gamma_2 \ln OFDI_{it}\_sc + \gamma_3 \ln OFDI_{it}\_zl$$
$$+ \gamma_4 \ln OFDI_{it}\_xl + \delta \ln S_{it}^{FDI} + \varepsilon_{it}$$

其中，$OFDI_{it}\_zy$ 为自然资源寻求带来的技术进步效应，$OFDI_{it}\_sc$ 为市场规模寻求带来的技术进步效应，$OFDI_{it}\_xl$ 为效率寻求带来的技术进步效应。

三、变量选择与来源

逆向技术溢出效应的代理变量创新产出 P_{it} 尚没有统一的表征变量，学术界常用的主要是：专利申请数量及专利授权量、新产品的销售收入。其中，新产品的销售是创新研发所带来的市场价值，但它不仅与产品有关，还与产品营销及企业管理的效率有关，考虑到专利只有被授权后才被认可，本书选取专利授权量作为逆向技术溢出的替代变量，数据来自《中国科技统计年鉴》。

通过 OFDI 渠道获得的 R&D 溢出 S_{it}^{OFDI}。本书借鉴 L-P（2001）的方法测算我国 OFDI 获得的国际 R&D 溢出 $S_t^{fo}:S_t^{fo} = \sum \frac{OFDI_{jt}}{GDP_{jt}} S_{jt}$，其中 S_{jt} 是我国对他国的 R&D 资本存量，GDP_{jt} 代表他国的 GDP，$OFDI_{jt}$ 代表我国对他国的 OFDI 存量。在上述基础上，本章进一步测算了各省通过 OFDI 渠道获得的 R&D 溢出，计算公式为 $S_{it}^{fo} = \frac{OFDI_{it}}{\sum_i OFDI_{it}} S_t^{fo}$，其中，$OFDI_{it}$ 为该省 OFDI 存量。然后分类去检验各种类型的 OFDI 逆向技术溢出效应。即之前本书测算的"一带一路"的 OFDI 存在上述的"市场寻求型""效率寻求型""资源寻求型"。其中，"一带一路"国家 GDP 数据来自世界银行数据库，我国 OFDI 数据来自《中国对外直接投资统计公报》。R&D 资本存量 K_{it}、S_{jt} 的计算方法如下：他国对我国各省的 R&D 资本存量采用永续盘存法计算：$S_{jt} = (1-\delta)S_{j,t-1} + RD_{jt}$，$K_{it} = (1-\delta)K_{i,t-1} + RD_{it}$。其中，$RD_{jt}$ 为他国的 R&D 支出，RD_{it} 为我国 i 省份的 R&D 支出，δ 为折旧率。基期的 R&D 资本存量计算方法为：$S_{j,0} = \frac{RD_{j,0}}{(\delta + g)}$，$K_{i,0} = \frac{RD_{i,0}}{(\delta + g)}$。其中，$\delta$ 为资本折旧率，g 为增长率。参照已有的文献，本章将发达国家的资本折旧率设为 5%，相

应的，将发展中国家的资本折旧率设为15%。g 为"一带一路"国家或我国省份各年间实际 R&D 支出的平均增长率。东道国 R&D 支出来自世界银行数据库。我国省份 R&D 支出来自《中国科技统计年鉴》。为减轻基期对本章测算的影响，本章将资本存量基期设 1996 年，并折算为 2003 年价格。

R&D 研发人员数量 L_{it}。R&D 研究开发人员数量是地区实验与研究（R&D）人员的数量。R&D 人员的全时当量水平既考虑了参加 R&D 的人员数量，也考虑 R&D 活动人员投入研发时间，衡量的方式相对考虑更为全面，因此本章选取了 R&D 人员的全时当量作为生产知识函数中的人力资本投入。各省份研究实验人员的当量来自《中国科技统计年鉴》。

通过 FDI 渠道获得的 R&D 溢出 S_{it}^{FDI}。S_{it}^{FDI} 的计算方法实际上与 S_{it}^{OFDI} 的计算方法一致，先是计算出我国整体的一个 FDI 的 R&D 溢出效应 S_t^{fd}，$S_t^{fd} = \sum \frac{FDI_{jt}}{GDP_{jt}} S_{jt}$，其中，$FDI_{jt}$ 为他国对我国的直接投资，GDP_{jt} 是他国的 GDP，S_{jt} 是他国的 R&D 资本存量，然后参照上述 OFDI 的作法进行省际加权。计算公式如下：$S_{it}^{FDI} = \frac{FDI_{it}}{\sum FDI_{it}} S_t^{fd}$，数据来自《中国统计年鉴》。

基于世界银行公布的他国 R&D 支出仅到 2015 年，本章先将数据的范围缩小至 2003~2015 年的数据，然后进行相关的实证研究。所有变量说明如表 12-10 所示。

表 12-10　　　　　　　　　　变量说明

变量类型	指标选择	细分类型	预期符号	数据来源
因变量 （$\ln P_{it}$）	各省专利授权量	—		《中国科技统计年鉴》
解释变量 （$\ln S_{it}^{OFDI}$）	各省 OFDI 逆向技术效应溢出	$LNOFDI_{it}\_zy$：自然资源寻求型 OFDI 逆向技术溢出 $LNOFDI_{it}\_sc$：市场寻求型 OFDI 逆向技术溢出 $LNOFDI_{it}\_xl$：效率寻求型 OFDI 逆向技术溢出	+	整理所得
控制变量 （$\ln K_{it}$）	各省 R&D 资本存量	—	+	永续盘存法计算

续表

变量类型	指标选择	细分类型	预期符号	数据来源
控制变量 ($\ln L_{it}$)	各省 R&D 人员全时当量	—	+	《中国科技统计年鉴》
控制变量 ($\ln S_{it}^{FDI}$)	各省 FDI 技术效应溢出	—		整理所得

资料来源：作者整理。

四、实证结果

面板的估计有固定效应、随机效应、混合面板效应，实证的结果表明固定效应模型的 F 统计量为 49.26，Hausman 检验 P 值为 0.000，固定效应的模型好于随机效应。

但是模型中可能还存在内生性问题，创新产出的增加也有可能会导致 OFDI 存量的增加，为解决内生性，本章采用工具变量法（IV）以及广义矩估计法（GMM），进而得到无偏的估计结果。其中，一阶差分的 GMM 中将水平变量的滞后项作为模型的弱工具变量，而系统 GMM 则是将水平方程和差分方程有机地综合起来进行估计，更为系统，本章将上述三种方法都进行了尝试，然后比较，并将其结果展现出来，如表 12-11 所示。

表 12-11　　OFDI 与逆向技术溢出效应的回归结果

估计方法 变量	估计 1 FE $\ln P_{it}$	估计 2 IV $\ln P_{it}$	估计 3 SYS-GMM $\ln P_{it}$
$\ln OFDI_{it}\_zy$	-0.246*** (-3.53)	-0.467*** (-4.15)	-0.050* (-1.93)
$\ln OFDI_{it}\_sc$	0.128 (0.37)	1.674*** (3.10)	0.464*** (3.64)
$\ln OFDI_{it}\_xl$	0.176*** (3.11)	0.347*** (2.78)	-0.048 (-1.57)
$\ln K_{it}$	1.563*** (12.34)	0.697*** (3.51)	0.361* (1.79)

续表

估计方法	估计 1 FE	估计 2 IV	估计 3 SYS – GMM
变量	$\ln P_{it}$	$\ln P_{it}$	$\ln P_{it}$
$\ln L_{it}$	0.117*** (3.78)	0.038*** (4.15)	0.032* (2.03)
$\ln S_{it}^{FDI}$	−0.003 (−0.21)	−0.078** (−1.83)	0.063** (2.32)
$l.\ln p_{it}$			0.811*** (13.21)
R^2	0.878	0.790	
AR（1）– p 值			0.007
AR（2）– p 值			0.781
Sargan 检验 – p 值	恰好识别	恰好识别	0.741

注：(1) 括号内为 t 统计量，***、**、* 分别表示在 1%、5% 和 10% 的显著性水平上通过检验；(2) AR（1）和 AR（2）P 值为对一阶和二阶差分后的残差进行序列相关检验得到的 P 值，原统计量渐近服从 $N(0,1)$ 分布，原假设为模型不存在自相关性；(3) Sargan 检验是对工具变量的合理性进行过度识别检验，其原假设是所有的工具变量与干扰项都不相关；(4) $l.LNP_{it}$ 表示 LNP_{it} 的一阶滞后项。

内生性和工具变量检验

第一，戴维森·麦金诺（Davidson – MacKinnon）检验常用来检验模型的内生性问题。统计量为 8.46，P 值 0.000，拒绝原假设，存在内生问题。因此，固定面板模型得到的结果并不是无偏估计。

第二，进一步讨论在使用 IV 的时候是否存在弱工具变量，Cragg – Donald Wald F 检验统计量为 9.85，一般其值大于 10 才是无偏的，所以 IV 得到的结果仍然没有解决内生性问题。

第三，进一步观察系统 GMM 中差分转换方程的一阶（AR（1））、二阶（AR（2）），结果发现，一阶存在序列自相关，二阶却不存自相关，模型设定合理。

第四，萨尔甘（Sargan）检验常用来判断模型是否存在过度识别的问题。检验结果表明系统 GMM 不存过度识别。

从回归结果来看，固定效应模型中 $LNOFDI_{it}\_xl$ 的系数为正，在 1% 水平上显著，$LNOFDI_{it}\_zy$ 的系数为负，在 1% 水平显著，相关的控制变量 $\ln K_{it}$ 和 $\ln L_{it}$ 的系数为正，也在 1% 水平上显著，但是固定面板模型及 IV 模型没有解决内生性问题，其回归结果并不可靠，考虑工具变量的 IV 估计中，$LNOFDI_{it}\_sc$、$LNOFDI_{it}\_xl$、

LNK_{it} 和 LNL_{it} 的系数大于 0,在 1% 水平上显著,$LNOFDI_{it}\_zy$ 小于 0,在 1% 水平上显著,然而 LNS_{it}^{FDI} 的系数小于 0,在 1% 水平上显著,不符合传统的经济学理论,也表明 IV 方法的使用中也存在一些问题;系统 GMM 模型的估计中,$LNOFDI_{it}\_sc$ 的系数小于 0,在 1% 水平上显著,控制变量 LNK_{it} 和 LNL_{it} 大于 0,在 1% 水平上显著,并通过了显著性检验,因此系统 GMM 模型较为合理。

回归的结果来看,自然资源寻求型 OFDI 系数为 -0.050,t 值为 -1.93,在 10% 水平上显著,存在负向的技术溢出效应,可能是当前我国自然资源寻求型投资以国企为主,资金较大,挤压其他具有正向效应的逆向技术溢出效应。

市场寻求型 OFDI 的系数为 0.464,t 值为 3.64,在 1% 水平上显著,具有正向的逆向技术溢出效应。企业在对他国的大量投资、资源整合中能够通过扩大自己的市场份额,提高企业效益,并同时以人力资本、物质资本回流的方式获得创新产出,进而产生逆向技术溢出效应。

从效率寻求型的 OFDI 回归结果来看,系数为 -0.048,t 值为 -1.57,不显著。整体来看,效率寻求型 OFDI 没有逆向技术溢出效应。可能与效率寻求型 OFDI 的影响周期较长,传导机制有问题,效果并不明显。

第六节 "一带一路"与区域经济的潜在增长

当前各省市对"一带一路"国家的出口占其总出口的比重中,西藏、新疆、广西、云南等西部省份得益于其天然的地理优势,成为我国"一带一路"贸易交流的"桥头堡"。其中西藏对"一带一路"国家的出口占比名列全国第一,2016 年西藏对"一带一路"国家的出口额为 4.6 亿美元,全区对外总出口额为 4.7 亿美元,对"一带一路"国家出口占比达 97.5%。2016 年新疆对"一带一路"国家的出口额为 134.9 亿美元,全区对外总出口额为 156 亿美元,对"一带一路"国家出口占比为 86.4%。随着"一路一带"倡议的推进,西藏和新疆的出口格局将迎来巨大的发展空间和历史机遇。排在第三位的是广西,其与"一带一路"国家贸易活跃,2016 年广西对"一带一路"国家的出口额为 159.0 亿美元,全区对外总出口额为 228.6 亿美元,对"一带一路"国家出口占比达为 9.3%。排在第四位和第五位的是海南和云南省,其对"一带一路"国家出口占比分别为 64.1% 和 63.7%。[①]"一带一路"国家出口是这些省份和地区出口的主力军,"一

---

① 根据国家统计局相关数据整理。

带一路"倡议建设有利于推动我国传统贸易较弱的省份进一步对外开放。

伴随着"一带一路"倡议的不断推进，将构筑我国对外开放的新格局，为西部地区的发展打开机遇之门。西部地区在"一带一路"倡议中具有独特的区位优势，在当前规划的六大经济带中，有四大经济带都经由西部地区走出国门（新亚欧大陆经济走廊、中国—中南半岛经济走廊、中巴经济走廊、孟中印缅经济走廊），足见西部地区在"一带一路"建设中的重要性。

第七节 结 论

"一带一路"倡议的实施使得我国沿"一带一路"的 OFDI 大幅增长，出口比例有所增加，扩大了市场规模。本章从实证上证明了"一带一路" OFDI 具有市场寻求型动机、效率寻求型动机、自然资源寻求型动机，且 OFDI 对出口具有明显的正向作用，在对不同类型的 OFDI 对创新产出影响的实证中发现，市场寻求型 OFDI 具有明显的逆向技术溢出效应，自然资源寻求型 OFDI 则是负向的逆向技术溢出效应，效率寻求型并不具有逆向技术溢出效应。

基于本章研究，现提出以下政策建议：

第一，继续扩大开放共建"一带一路"国家经济体，"一带一路"经济体的扩大增加了我国的出口及 OFDI，扩大了市场规模，其中市场寻求型的 OFDI 带来较为明显的逆向技术进步效应，有利于我国全要素生产率增长，进而促进经济体潜在增长率的增长。

第二，对自然资源寻求型的对外投资不应当由国有企业为主导，适当减少此种类型的投资，从而使得逆向技术溢出效应有所回升，激励民营企业开展这类投资，加大投资的效率。

第三，加大各省市与共建"一带一路"国家的贸易经济往来，促进区域协调发展，各个省市在"一带一路"倡议的引领下，应当依据自身的经济状况，找到相应的比较优势，参与"一带一路"倡议，形成全国协调推进"一带一路"发展的良好局面。东部地区可以进一步扩大对外开放，开辟更大的市场，同时可以利用自身的优势，如资金、技术等支持中西部的发展。中西部更是获得了一个发展的好机会，中西部作为丝绸之路的起点，更是与许多共建"一带一路"国家接壤，在"一带一路"倡议中的重要性不言而喻。

第十三章

人工智能与中国经济增长

第一节 引 言

随着科学技术发展的日新月异，人工智能正处于蓬勃发展的时期，已经取得诸多丰硕的成果，为中国的经济和社会带来许多变革和影响。中国已经做好准备把握这个变革的时代。2017 年，国务院发布《新一代人工智能发展规划》，为抢抓人工智能发展的重大战略机遇，构筑我国人工智能发展的先发优势进行布局。习近平总书记在中共中央政治局就人工智能发展现状和趋势举行集体学习时则强调，我国经济正处在转变发展方式、优化经济结构、转换增长动力的攻关期，迫切需要新一代人工智能等重大创新添薪续力。

那么人工智能是如何对经济社会发展产生影响，这一问题引起了学术界的广泛研究，并取得了大量的研究成果。由于本章主要是就人工智能对经济增长的影响进行探讨，下面本章将就这方面的相关文献进行简要回顾。

事实上，人工智能对经济增长影响的研究是自动化对经济增长影响的研究的继续（曹静、周亚林，2018）。在这方面的研究，有一类是基于任务的经济增长模型。这一模型最早是由泽拉（Zeira，1998）提出的，后来的学者在这一模型基础上进行了不同的改进。在基于任务的模型中，最终产品的生产是由一系列"任务"（也可理解为"中间产品"）完成。在自动化的情境下，由劳动力完成的任务被自动化之后，将采用资本进行生产。阿洪等（Aghion et al.，2017）在这一模型基础上引入了鲍莫尔成本病的思想讨论自动化生产对经济增长的影响路径。同时，也对人工智能是否可能带来爆炸性增长和人工智能促进增长的限制进行了讨论。阿西莫格鲁和雷斯特罗（Acemoglu and Restrepo，2016）则是在这一模型基础上将任务个数和自动化份额内生化，构造了一个内生增长理论框架进行讨论。在基于任务的经济增长模型之外，还有学者使用新古典经济增长模型进行讨论。塞赫·本泽尔等（Sech G. Benzell et al.，2015）将生产分为物质生产和服务生产，其引入了"程序"作为一种生产要素。这里引出了一个研究的重要问题：是否能将人工智能视为一种与普通资本不一样的生产要素。目前这一问题无法得到一个较好的回答，在本书的模型中，将尝试把人工智能视作一种生产要素引入基于任务的模型。

人工智能对经济增长的影响路径较为复杂，但是常见的路径有：第一，通过资本对劳动的替代，提高了生产效率；第二，人工智能通过促进技术进步，从而提高全要素生产率。但是我们也不能忽略的是，人工智能在劳动力替代的同时，是否会引起失业问题，是否会带来收入的不平等。正是由于人工智能对经济的影响路径较为复杂，因此很难在模型中较为全面的考察，在模型设计方面还有较长一段路需要进行探索。

本章在阿洪等（Aghion et al.，2017）的基于任务的模型基础上进行了以下两方面扩展：第一，本章将人工智能视为一种生产要素，在劳动力生产方式被自动化生产方式替代之后，资本需要与其进行结合才能自动化生产，通过这种方式对人工智能进行建模；第二，模型刻画了人工智能对全要素生产率的影响，将全要素生产率视作人工智能要素积累的函数。通过模型构建和数值模拟，本章希望就人工智能对经济增长的影响做出一定的回答。

第二节 模型构建

本书基于阿洪等（2017）的模型构建一个含有人工智能的三部门模型。在这个模型中，包含产品生产部门、家庭部门与政府部门。

一、产品生产部门

最终产品生产部门投入中间品 $x_t(i)$ 生产最终产品，在完全竞争市场上追求利润最大化，生产函数为：

$$Y_t = A(\int_0^1 x_{it}^\rho di)^{\frac{1}{\rho}} \tag{13.1}$$

其中，x_i 是最终产品生产所需的中间产品，A_t 是全要素生产率，$\frac{1}{1-\rho}$ 是中间产品的替代弹性。假设存在两类中间产品生产部门，第一类中间产品生产部门使用劳动力进行生产，生产函数如下：

$$x_{it} = L_{it} \tag{13.2}$$

其中，L_{it} 是投入第 i 种中间产品生产的劳动力数量。第二类中间产品生产部门的生产方式则是自动化生产，即使用自动化技术替代劳动力。这里仍然将人工智能视为一种自动化技术，提取人工智能的"自动化"特征作为建模依据。第二类中间产品部门投入同质资本和程序进行生产。我们引入"程序"这一要素，将自动化视为资本与"程序"的结合，"程序"来源于政府部门投资的人工智能研发。因此生产函数如下：

$$x_{it} = K_{it}^\alpha D_{it}^{1-\alpha} \tag{13.3}$$

其中，K_{it} 是投入第 i 种中间产品生产的资本，D_{it} 是投入第 i 种中间产品生产的"程序"，α 是资本所占份额。中间产品生产部门在垄断竞争市场下追求利润最大化，拥有定价权。接着，我们假设在某一时刻第二类中间产品生产部门所占的比例为 β_t，并且有 $K_t = \int_0^1 K_{it} di$，$D_t = \int_0^1 D_{it} di$，$L_t = \int_0^1 L_{it} di$。因此总生产函数式 (13.1) 可以写成：

$$Y_t = A_t[\beta_t^{1-\rho}(K_t^\alpha D_t^{1-\alpha})^\rho + (1-\beta_t)^{1-\rho} L_t^\rho]^{\frac{1}{\rho}} \tag{13.4}$$

另外，本章假设人工智能对生产技术产生影响的同时，也会对生产效率产生影响。因此假设全要素生产率 A_t 来源于人工智能技术的进步，即

$$A_t = D_t^\theta \tag{13.5}$$

基于式 (13.4)，通过求解中间产品生产部门的利润最大化问题可以得到利率和工资率的表达式（其中本书假定"程序"的租金等于政府提供这一要素的成本）：

$$r_t = \alpha \beta_t^{1-\rho} A_t^\rho Y_t K_t^{\alpha\rho-1} D_t^{(1-\alpha)\rho} \tag{13.6}$$

$$w_t = (1-\beta_t)^{1-\rho} A_t^\rho Y_t L_t^{\rho-1} \tag{13.7}$$

二、家庭部门

本模型的家庭部门设定遵循拉姆塞模型的设定：家庭具有无限生命，家庭提供劳动、持有资本并进行消费和储蓄。家庭效用函数的形式如下：

$$U = \sum_{t=0}^{\infty} \tau^t u(C_t), \quad u(C_t) = \frac{c_t^{1-\sigma}}{1-\sigma} \tag{13.8}$$

其中，τ 是折现率，σ 是相对风险规避系数。本书将劳动供给设定为 1。家庭在如下约束下最大化其终身效用，其中家庭获得资本收入和劳动收入，在扣除政府收取的总量税之后，进行消费和投资：

$$C_t + I_t = r_t K_t + w_t L_t - T_t \tag{13.9}$$

$$K_{t+1} = (1 - \delta_K) K_t + I_t \tag{13.10}$$

其中，C_t 代表消费，I_t 代表投资，T_t 代表政府收取的总量税，δ_K 是资本折旧率。上述两式可以合并成式（13.11）：

$$C_t + K_{t+1} = (1 + r_t - \delta_K) K_t + w_t L_t - T_t \tag{13.11}$$

求解上述家庭效用最大化问题，可以得到下面的一阶条件：

$$\tau C_{t+1}^{-\sigma}(1 + r_{t+1} - \delta_K) - C_t^{-\sigma} \tag{13.12}$$

三、政府部门

政府通过收取的总量税进行人工智能技术研发的投资，在研发中积累自动化过程与资本结合的"程序"要素，这一要素的积累方程如下：

$$D_{t+1} = (1 - \delta_D) D_t + T_t \tag{13.13}$$

其中，δ_D 是"程序"的折旧率，由于随着科学技术的不断进步，各种算法程序层出不穷，因此有必要引入"程序"的折旧率。

上述式（13.4）~式（13.13）刻画了本模型的均衡条件，接下来将设置参数取值进行数值模拟。

第三节 数 值 模 拟

一、参数设置

对于本模型中较为常用的参数，采用现有经典文献中的研究结果进行取值。参照庄子罐等（2012）将折现率 τ 设置为 0.99；参照陈晓光和张宇麟（2010）将相对风险规避系数 σ 设置为 3.5；参照陈彦斌（2019）将替代弹性设置为 0.985，即将 ρ 设置为 -0.015；参照大多数文献，将资本折旧率 δ_K 设置为 0.025。

对于其余参数，不易找到参照，因此根据已经设置的参数取值基础上，结合中国目前的经济数据进行调整设置，后面将比较这些参数的不同设置所产生的结果。考虑到人工智能技术的蓬勃发展，新的技术不断涌现，将"程序"折旧率 δ_D 设置为 0.1；将资本与"程序"结合的份额 α 设置为 0.5；假设自动化比例每期增长 1%，即 $\beta_{t+1} = 1.01\beta_t$，针对这一设置，本书主要观察 20 年内的模拟情况，时间跨度并不长，因此使用线性增长方式来模拟人工智能技术的促进作用，但若要观察更长期的促进作用，将不得不考虑人工智能技术促进作用的拐点；将人工智能对全要素生产率的影响参数 θ 设置为 0.25；假设政府征收总产出的 5% 进行人工智能技术研发的投资。

针对初始数值，假设初始的"程序"存量为 1；接着需要通过资本产出比来设置初始资本存量与初始产出，本书采用田友春（2016）测算的中国资本产出比 3.22，通过求解可以得到初始资本存量为 11.934。而针对初始自动化比例，虽然总生产函数中体现的是资本与"程序"结合和劳动力之间的关系，本书近似以目前我国的资本产出弹性作为估计。本书根据大多数文献的估计结果，采取平均水平 0.5 作为自动化比例 β_0 的初始估计值。在以上数值模拟下，模拟出的第一期经济增长率为 6.41%，接近我国的实际情况。

二、数值模拟结果

基于本模型和上述参数设置，本章模拟了接下来 20 年的经济增长，然后本章将通过更改参数设置进行模拟对比。

图 13-1 是模拟的 20 年经济增长率趋势图。数值模拟结果显示，在人工智能的影响下，经济增长率不断提升，在模拟的最后一期，经济增长率将会提升至 8.82%。可以看到，在模型中不考虑目前影响我国 GDP 增速的不利条件下，人工智能确实可以提高经济增长率。本书将从两个方面来分析这一效应。

第一，人工智能通过生产的自动化对劳动进行了替代，提高了生产效率。在本模型中，我们假设劳动力供给数量是固定的，而事实上，我国正面临老龄化问题，老龄化问题会减少劳动力供给。如果考虑到这个问题，那么人工智能通过自动化对劳动力的替代可能可以缓解这个问题。下面我们更改自动化比例的增长速度，并计算比较资本劳动比率（由于本书假设劳动力固定，因此资本劳动比率等价于资本存量）。这里将设置更低的自动化比例增长速度 0.5% 和更高的自动化比例 1.5%。下面将第一期的资本劳动比率单位化为 1。从表 13-1 中可以发现本模型中，一方面，资本劳动比不断升高，这源于自动化进程的不断推进，资本

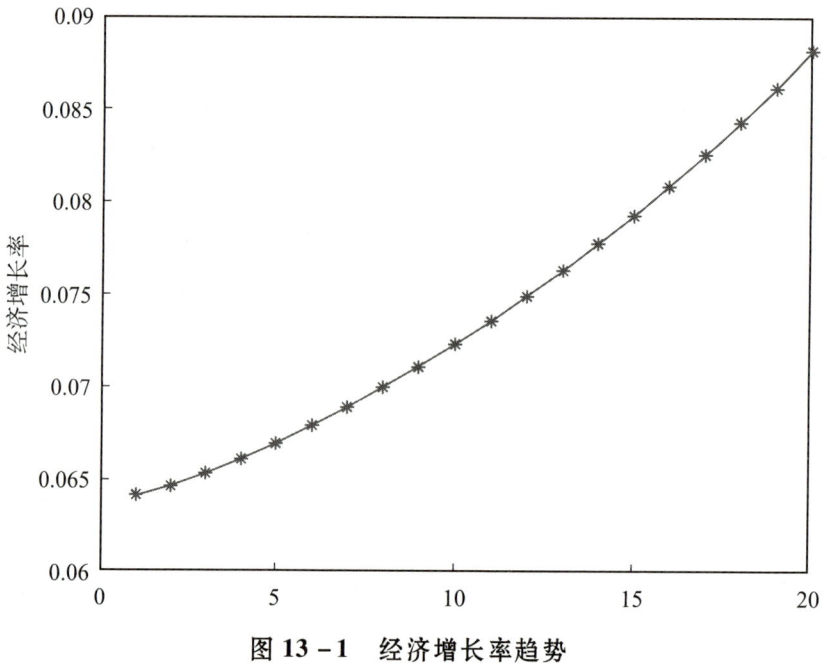

图 13-1 经济增长率趋势

不断替代劳动。另一方面，随着自动化比例增长速度的增加，资本劳动比升高，且资本劳动比增长速度也在增加。这源于随着自动化比例增长速度增加，自动化的替代能力也随之增加，因此生产中越多地使用资本进行替代，资本劳动比增加幅度更大。

表 13-1　　　　不同自动化比例增长速度下的资本劳动比率

项目	第 2 期	第 5 期	第 10 期	第 15 期	第 20 期
0.5%	1.0658	1.3198	1.9602	2.9383	4.3570
1%	1.0661	1.3245	2.0019	3.1119	5.3585
1.5%	1.0664	1.3290	2.0435	3.2962	5.5173

第二，人工智能通过"程序"积累促进技术进步。这种技术进步表现为两个方面。第一，虽然自动化过程体现为资本对劳动力的替代，但其实现智能化需要"程序"的积累。资本通过与"程序"结合，提高了生产效率。第二，"程序"积累提高了全要素生产率水平，促进了技术进步。下面我们依旧更改自动化比例的增长速度，计算相应的"程序"存量和全要素生产率水平。从表 13-2、表 13-3 中可以发现本模型中，随着自动化比例增长速度的提高，全要素生产率水平也在不断提高。不过由于本书的设定较为保守，因此全要素生

产率增长幅度并不是很大，随着人工智能技术的不断深入发展，我们有理由相信其可以对全要素生产率产生更大的影响，即参数的取值可以提高。

表 13-2　　　不同自动化比例增长速度下的程序积累量

项目	第 2 期	第 5 期	第 10 期	第 15 期	第 20 期
0.5%	1.1733	1.4566	2.0164	2.7339	3.6768
1%	1.1740	1.4648	2.0715	2.9286	4.2170
1.5%	1.1746	1.4730	2.1290	3.1471	4.8992

表 13-3　　　不同自动化比例增长速度下的全要素生产率

项目	第 2 期	第 5 期	第 10 期	第 15 期	第 20 期
0.5%	1.0408	1.0986	1.1916	1.2859	1.3847
1%	1.0409	1.1001	1.1997	1.3082	1.4330
1.5%	1.0411	1.1017	1.2079	1.3319	1.4878

本书将通过微调"程序"折旧率 δ_D、人工智能对全要素生产率的影响参数 θ、政府征税比例等三个参数模拟不同情境下的经济增长。

第一，假设"程序"折旧率 δ_D 分别为 0.05、0.1 与 0.15，图 13-2 是不同程序折旧率下的经济增长率趋势图。从图中可以看出，当程序折旧率上升时，经济增长率下降。程序折旧率上升意味着程序更新换代较快，旧有的程序代表的算法无法与资本结合更好地适应生产。而更新换代较快，意味着必须要有更多的新程序与资本结合才能满足自动化比例上升的需要。由于其他因素不变，特别是政府投资于人工智能技术研发的比例不变，研发无法弥补折旧率上升带来的影响，便会使经济增长率受到影响。

第二，假设人工智能对全要素生产率的影响参数 θ 分别为 0.25、0.275 与 0.3。图 13-3 是不同影响参数下的经济增长率趋势图。从图中可以看出，随着影响参数的提高，经济增长率也随之提高。并且还可以发现，从长远来看，影响参数越高，经济增长率的提高越明显。影响参数的含义是人工智能对全要素增长率的影响。这使我们认识到一个问题：虽然人工智能可以对经济增长产生积极影响，但是应该如何让人工智能技术产生更大的影响。提高技术的渗透率显得尤为重要。当人工智能技术能在生产中得到更高的渗透与应用，使得全要素生产率更明显提高，经济增长幅度也将更大。

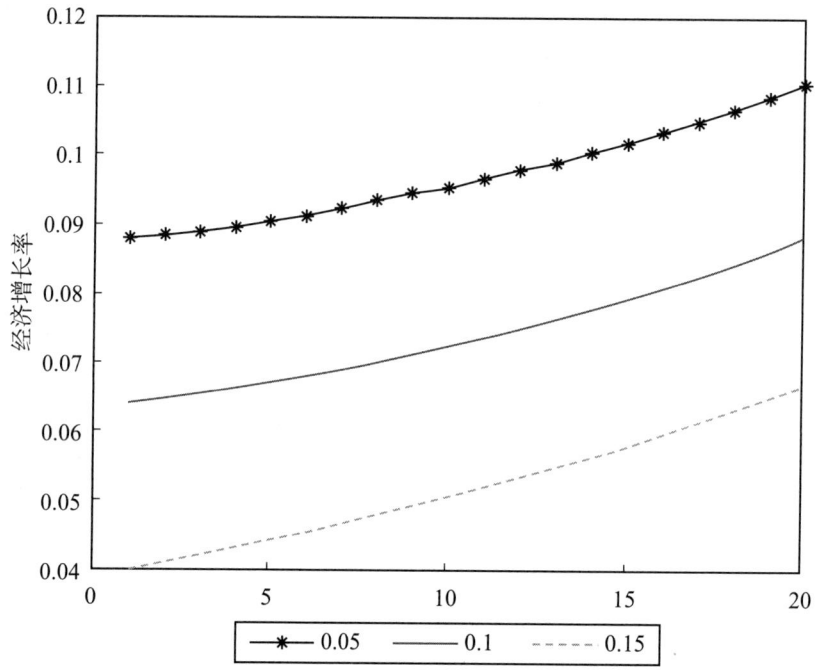

图 13-2 不同程序折旧率下的经济增长率趋势

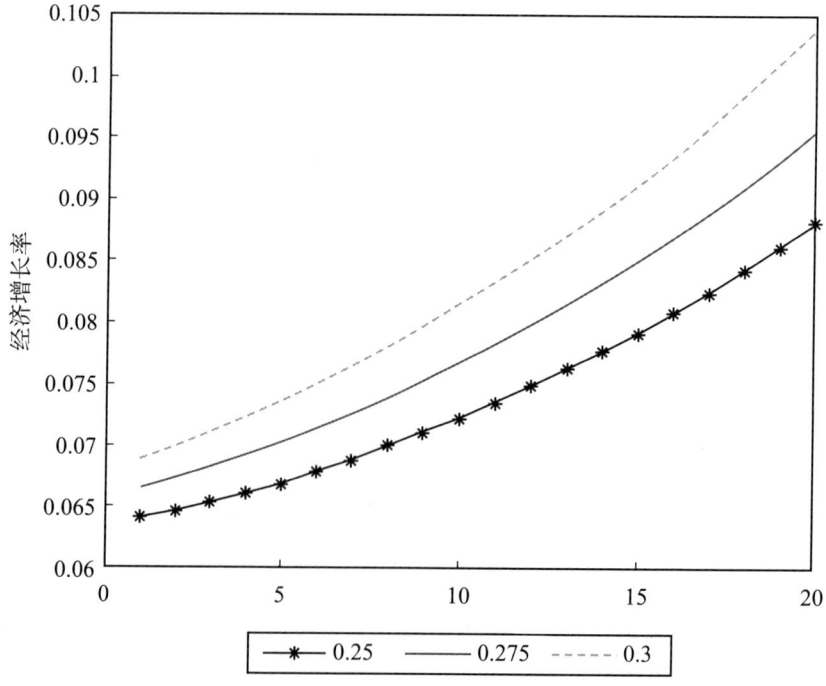

图 13-3 不同影响参数下的经济增长率趋势

第三，假设政府征税比例分别为 5%、6% 与 7%。图 13-4 是不同政府征税比例的经济增长率趋势图。从图中可以看出，随着政府用于人工智能技术研发的征税比例提高，从长远来看，可以使得经济增长率提高。但是，当征税比例为 7% 时，一开始的经济增长率是稍微下降的，这可能是由于征税比例较高，导致家庭资本积累偏低，从而影响到经济增长率。政府征税用于研发虽然可以提高经济增长率，但是这个比例有适度的范围，过高的比例会影响到家庭资本积累，对经济增长产生不利影响。

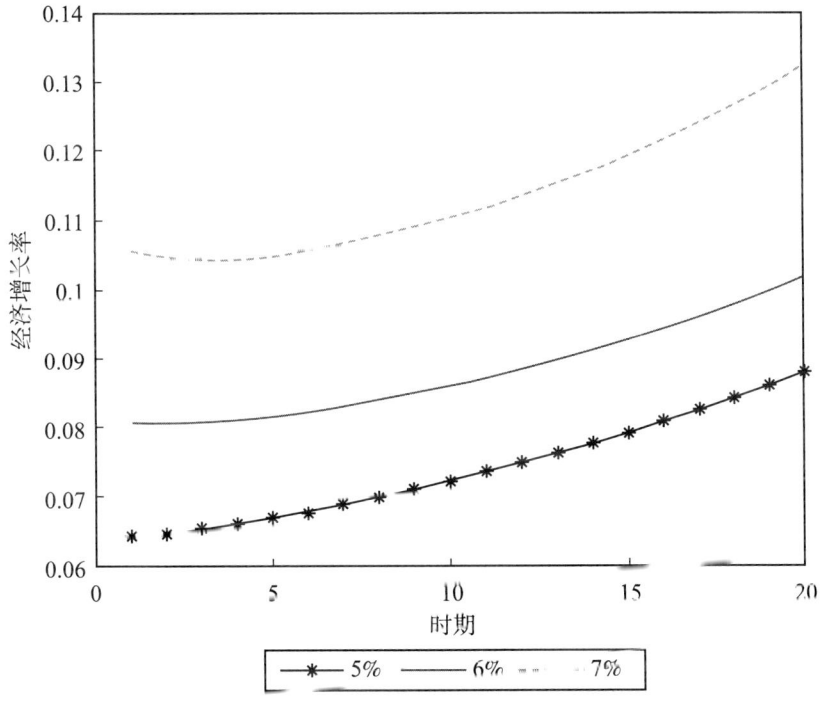

图 13-4　不同政府征税比例的经济增长率趋势

第四节　结　　论

本章通过在阿洪等（Aghion et al.，2017）的基于任务的模型基础上引入了"程序"生产要素，并且刻画了人工智能对全要素生产率的影响，通过数值模拟对人工智能对经济增长的影响进行了研究。在基准情境下，模拟的 20 期时间内，经济增长率可以由 6.41% 提升至 8.82%，说明人工智能确实对经济增长具有明显的拉动效果。本章研究表明，人工智能可以通过以下两条途径影响经济增长：第一，人工智能通过生产的自动化对劳动进行了替代，提高了生产效率；第二，人工智能通过"程序"积累促进技术进步，从而提高全要素生产率水平。

基于本章的研究，提出以下两点建议：第一，政府部门应该加强对人工智能基础的研发投入，同时要积极引导人工智能技术与生产更好地结合，提高技术的渗透率；第二，政府部门也需要认识到人工智能可能带来的潜在问题，特别是随着劳动力的替代可能引发的潜在失业和收入不平等问题。

第四篇

政　策

第十四章

中国经济的产出缺口与宏观政策选择

前面各章都在对我国经济的潜在增长率进行测算及影响因素与展望进行分析，本章就其与宏观调控政策选择之间的关系展开讨论。伴随着中国经济放缓，经济运行出现一定波动，决策层"要让经济运行在合理区间"的表述频现。"上限、下限"对于中国经济有着怎样的深意，新一届政府有没有增长"底线"，如何理解中央稳增长与调结构的权衡决策？回答这一系列问题，对于未来宏观政策选择至关重要。

宏观调控的主要目的就是要避免经济大起大落，使经济运行保持在合理区间。事实上，决策层"让经济运行在合理区间"的政策意图，不仅是为完成经济社会发展的主要任务打下坚实基础，也是为中国经济更好地转型升级和推进各项改革创造条件。正如李克强总理所言，"稳增长可以为调结构创造有效空间和条件，调结构能够为经济发展增添后劲，两者相辅相成；而通过改革破除体制机制障碍，则可为稳增长和调结构注入新的动力"①。严格地说，"区间效应"不应该令人意外，它更应该提醒市场对政策的理解和把握不能僵化和曲解，从实际操作看，"区间""上限"和"下限"所强调的更是一种"稳中有为"的政策取向。如果突破底线，中国政府不会坐视不理；没有突破底线，就要抓紧调结构、促改革。在这种判断的背后，是一种既利当前又利长远的经济逻辑。的确，与"经济运行合理区间"相适应的，是要形成合理的宏观调控政策框架，针对经济走势的不同情况，把调结构、促改革与稳增长、保就业或控通胀、防风险的政策有机结

---

① 李克强 2013 年 7 月 9 日主持召开部分省区经济形势座谈会的讲话。

合起来，采取的措施，既稳增长又调结构，既利当前又利长远，从而避免经济的大起大落。

其"下限"就是稳增长、保就业，"上限"就是防范通货膨胀。如何判断经济运行的"上限、下限"，就尤显重要，实质上要归根于对潜在增长率的判断，因为潜在增长率是对"上限、下限"的唯一依据。当经济低于潜在增长率，这就是"下限"，国家宏观调控就是要通过扩张政策来使经济回到潜在增长率上来，以使资源与技术能够得到充分利用，而当经济高于潜在增长率，这就是"上限"，国家宏观调控就是要通过紧缩政策来控制可能引起的通货膨胀。

从前面章节潜在增长率的测算结果看，我国潜在增长率从9%下滑到7.5%~8%，直到今天潜在增长率降至7%以下，主要因为人口红利（劳动年龄人口下降）、制度红利（政治体制改革滞后于经济体制改革）、全球化红利（金融危机、债务危机、经济危机的发生）下降所致。潜在增长率的测定是非常重要的，因为它的确定，就可以给出一个宏观调控的区间，对增强宏观调控的针对性、有效性和前瞻性是非常有好处的。只要在这个区间之内，中国经济的主要任务就是调结构、转方式、促改革，这样有利于后期发展，就可以解决当前面临的调结构与稳增长两难问题。因为经济的任何发展，都是根据条件、环境、市场综合的一种平衡的结果，特别是，人口红利与制度红利的下降（进入结构转型阶段后），以及全球化红利的下降（受到国际环境仍然复杂严峻的影响），其客观反映是潜在生产率下降。

正确测定潜在GDP，能形成科学的宏观政策框架，给市场以稳定预期，为发展营造良好环境。当经济运行保持在合理区间内，要以转变经济发展方式为主线，以调结构为着力点，释放改革红利，更好发挥市场配置资源和自我调节的作用，增强经济发展活力和后劲；当经济运行逼近上下限时，宏观政策要侧重稳增长或防风险，与调结构、促改革的中长期措施相结合，使经济运行保持在合理区间。把握好合理区间和政策框架，必须增强宏观调控的科学性、预见性和针对性，就需要对我国的潜在GDP具有清晰的认识与把握，才不会因经济指标的一时变化而改变政策取向，影响来之不易的结构调整机遇和成效；也不会对经济运行可能滑出合理区间、出现大的起伏缺乏警惕和应对准备。因此，要以准确测算的潜在增长率为依据，借鉴国际经验，制定宏观政策。

第一节 潜在产出下行情况下政策选择的国际比较分析

本节选取美国和韩国进行国际比较。

一、美国潜在产出下滑时期的政策选择

图 14-1 显示美国 1986~2014 年潜在产出增速的变化。从图中可以看出，美国在 20 世纪 60 年代末至 80 年代，2000~2008 年出现两次明显的潜在增速下滑。但在两次增速下滑之间，美国的潜在增速在 90 年代出现明显回升，具体来看：

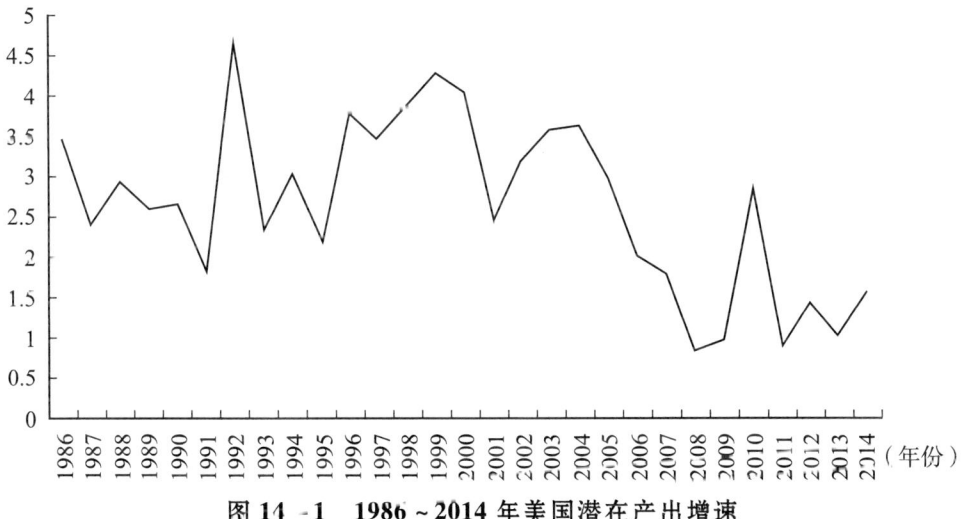

图 14-1 1986~2014 年美国潜在产出增速

资料来源：CBO（美国国会预算办公室），2017。

（一）20 世纪 70、80 年代的潜在增速下滑

第一次潜在产出下滑从 20 世纪 60 年代末并一直持续到 1980 年，持续时间较长。而其中，又可分为 20 世纪 70 年代和 20 世纪 80 年代两个阶段。70 年代的全要素生产率下滑，80 年代的资本形成率的下滑，是导致潜在产出的下降或者偏低的主要因素。

1. 20 世纪 70 年代石油危机导致全要素生产率出现明显下降

1973 年和 1979 年爆发了两次全球范围的石油危机，当时严重依赖石油资源的西方发达国家的全要素生产率出现大幅放缓，并引致潜在产出下滑。原油价格是经济供求情况和地缘政治的综合反映。20 世纪 70 年代初，中东国家组成卡特尔组织欧佩克，通过与西方国家签订《德黑兰协定》和《日内瓦协定》取得原油出口权而获得原油定价权，"廉价原油"时代就此终结。1979 年伊朗局势动荡，原油价格再次受地缘政治影响出现大幅飙升。

20世纪80年代,美国政府因为需要应对石油危机对经济带来的负面冲击,政府财政赤字显著增加。根据费尔德斯坦曲线①,财政赤字与通货膨胀和资本形成率呈现负相关关系。同时,美国居民储蓄率在同期由15%缓慢下滑至6%,占居民总收入的比重不足15%。对OECD国家的研究发现,储蓄率下降1个百分点会引致投资率下降相同幅度。这表明投资率受储蓄率的影响十分敏感。此外,1986年爆发的储贷危机导致居民对银行的信心减弱,也成为储蓄率下降的原因之一。

2. "里根新政"为20世纪90年代"新经济"打下基础

需要说明的是,1970年石油危机促使美国放弃对石油的依赖,并在新政府领导下锐意改革,为"新经济"的出现打下坚实基础。1981年,里根政府在上台之后对税制结构方面进行了大胆尝试和深度改革。具体措施包括鼓励投资,实行加速折旧政策和增加企业可抵税,修改资本利得税和公司所得税,为企业"松绑";在个人税制改革方面,促进储蓄减税与个人所得税减抵。同时,大力促进创新,对研发减税促进企业成长。税制改革有力促进了产业升级,推动了全社会技术革新与科技发展。自1980年以来,用于信息技术产业的研究与开发投资年均增长16.1%,推动信息技术产业成长为美国最大的产业之一。

石油危机倒逼经济改革,也正由于20世纪80年代美国在里根政府的执政下进行了深远的经济结构转型,低耗能的高新基础产业和服务业成为美国的产业结构重心。税制改革和政府产业引导政策释放了企业和居民的研发热情,全要素生产率逐年上升,促使美国进入20世纪90年代以新科技发展为代表的黄金时代。

3. 20世纪90年代潜在产出的回升

在20世纪80年代税制结构改革的基础上,以互联网为代表的新科技在90年代迅速发展。根据熊彼特"创造性毁灭"的理论,对传统行业的更新和替代促进经济和社会不断发展,90年代后,投资占GDP比重显著上升,特别是对通信设备的投资,经济在生产效率提升的带动下逐渐繁荣。

与此同时,政府的财政政策取向发生变化,财政水平逐渐由赤字转向盈余。在货币政策方面,美国一直将借贷利率控制在较低水平以促进投资,20世纪90年代投资增速回升至8%~15%,55%以上的投资来源于制造业。此外,年龄结构变化使美国的劳动参与率达到67%;良好的经济环境使失业率缓慢从1992年的7.4%回落至2000年的3.8%。

---

① 费尔德斯坦曲线(Feldstein curve):在通货膨胀率不变的条件下,财政赤字的增加会引起资本形成率下降,即财政赤字与资本形成存在替换关系;在保证资本形成率不变的前提下,财政赤字的增加将导致通货膨胀,财政赤字与通货膨胀率呈正相关关系(资料来源:曾艳玲,《英汉西方经济学词典》,机械工业出版社2003年版)。

在货币政策方面，美联储采取宽松的货币政策，格林斯潘以联邦基准利率为调控手段，首先采用扩张的货币政策，连续24次降息使联邦基准利率从9.82%下调至3.02%。在经济出现复苏后，从1994年3月起上调联邦基准利率并维持在5%~6%之间。货币政策的调整顺应经济周期，取得了良好的效果。

里根政府的税制结构改革激活了经济发展潜力，使得美国有足够的空间实行平衡预算政策。克林顿执政后采取紧缩性财政政策，在增加税收，削减财政支出的同时，加大长期投资力度，特别是在交通通信方面的基础设施投入。同时继续扶植高新技术产业，给予税收和政府补贴。政府预算自20世纪60年代起首次在1998年出现盈余。

（二）进入21世纪后潜在增速第二次下滑

1. 互联网泡沫和次贷危机导致潜在产出趋势性下滑

2000年互联网泡沫以及2007年由次级贷款违约引起的金融危机均导致美国潜在产出1.5%~2.4%的趋势性下滑，对经济产生重大影响。富尔切里和穆鲁根（Furceri and Mourougane，2009）对历次OECD国家金融危机的研究结果显示金融危机给潜在产出造成永久和负面的影响。同时，影响的负面程度随危机加重而加深。此外，一国受金融危机的影响程度受其开放度，宏观经济平衡度，金融深化程度和政府治理质量的影响。但研究潜在产出对于政策制定者了解当前经济状况和制定相关政策至关重要，目的是在合理的区间内根据潜在产出水平进行宏观调控。

2. 扩张性货币和财政政策应对危机

面对互联网泡沫危机和次贷危机，美联储均采用宽松货币政策配合美国政府的扩张性财政政策。互联网危机阶段，格林斯潘在2000~2003年期间先后13次下调联邦基准利率，保证货币供给；在2004年出现通胀势头之后，美联储又连续17次加息，货币政策调控周期明显。同时，政府进一步放开制度管制，促使传统行业（以银行业为代表）重新繁荣。政府扩张财政，减少企业税收和增加政府开支"三管齐下"，助推经济发展。

次级贷款危机蔓延到整个金融行业之后，美联储和政府同时采取措施，宽松的货币政策配合内需经济振兴计划。具体货币政策措施包括2008年的1 500亿美元减税计划、2008年开始的两轮量化宽松政策，以及2011年10月开始对金融资产"卖短买长"扭曲操作，宽松货币规模近2万亿美元。具体财政政策措施包括促进制造业投资，推行农业现代化，进一步加强基础设施建设和美国居民社会服务均等化。

在宽松货币政策和经济刺激计划的影响下，美国制造业活力回升，非农就业人数开始逐渐增加，失业率降低，使得美国潜在产出在 2011 年之后见底回升。

（三）美国潜在产出变化对于中国的借鉴

对比美国经济发展历史，中国目前面临着潜在增速下滑，同时面对国内的信贷和房地产泡沫风险和国外流动性改变，这些都制约着政策的空间。可借鉴美国如下三点经验。

第一，20 世纪 80 年代，美国政府采取有力的税制结构改革，激发了消费和投资的活力。中国从 2004 年开始采取转变征税方式，税率和范围的措施，但总体影响有限。从企业角度来说，对新兴产业采取税收支持，传统落后的重污染行业课以重税，可促进产业结构调整和转型，促进企业研发投资热情，持续提升全要素生产率。从居民角度来说，下调个人所得税率，简化累进税增收层级和税率，可以促进居民收入公平分配，降低贫富差距并提升我国消费率。值得注意的是，我国消费水平占比远低于世界平均水平，说明我国消费率提升的空间依然巨大。与此同时，中国税制结构由间接税转变为直接税的改革也慢慢铺开。

第二，政府在产业结构调整和经济结构平衡的引导作用发挥了巨大作用。以美国的国家战略——信息高速公路为例，政府直接投资额度远小于项目总投资额，政府主要发挥其引导作用，譬如对研发减税，制定行业规范，提供相关政策支持并在基础设施的建设上着力。政府的作用更多是带动民间投资和私人资本，增加投资效率。中国目前的国家项目往往由国家牵头和建设，民间资本存在进入壁垒，投资热情有限。同时，政府作为规则的"制定者"和市场的"参与者"，公平和效率都有待提高。

第三，要注意防范财政赤字对潜在产出的负面影响。美国 2013 年政府因债务达到法定上限被迫"关门"，后通过立法改变政府债务上限才解决这一问题。财政赤字历来困扰美国政府。我国财政赤字虽然较低，放松空间大，但也需注意赤字带来的负面影响，比如导致利率上升，使得社会融资成本上升，阻碍投资。

二、韩国的潜在增速变化与政策选择

（一）韩国潜在产出变动

如图 14-2 所示，韩国在 1960 年和 1980 年两次出现潜在产出增长同时，也经历了 1970 年和 1988 年两次十年以上的潜在产出长期回落。

图 14-2 韩国经济发展阶段

资料来源：亚洲发展银行，2017。

20 世纪 60 年代，韩国潜在产出的上升主要依赖政府主导的高投资。投资资金来源于国内和国外，国内政策实行"先增长，后分配"，降低国内消费率，采用政策措施提高储蓄率以用于投资。国外方面，韩国政府鼓励各种渠道的外资流入，用以弥补国内资金不足。高投资计划效果明显，从 1961 年实行第一个五年计划开始长达二十年时间里，韩国投资率基本维持在 30% 或更高水平。

20 世纪 70 年代受国际环境动荡影响，韩国政府实施以投资为主体的重工业替代，在全面推动工业化政策的同时，积极提高出口产品技术水平和竞争力，占领国际市场并增加外汇流入。综合来说，韩国经济在应对两次石油危机的冲击也采用了加大投资的政策措施。

但投资的副作用也十分明显。20 世纪 80 年代中期，韩国政府主导投资的无效率开始慢慢暴露出来，重工业占比过高导致本国经济发展结构失衡，逐渐积累的矛盾在亚洲金融危机时期总爆发，使得韩国经济遭受沉重打击。

亚洲金融危机后，韩国采取多种措施挽救经济。韩国接受国际货币基金组织的援助，实行紧缩的财政和货币政策以避免危机进一步蔓延。另外，加快国内产业结构调整，进一步开放经济，促进经济发展。在这个阶段，政府调控的目的转变为保证市场机制的正常运行，促进企业的投资活力和居民消费热情。政府措施取得一定成效，韩国经济在金融危机后逐步企稳。

2008 年全球金融危机爆发后，韩国经济再次遭受沉重打击，至 2012 年韩国潜在增长率落到谷底。

（二）韩国应对潜在增速下滑的经验

韩国经济发展过程是从农业经济—出口导向的轻工业—依赖投资的重工业—服务业和高新技术产业的产业结构演变转型。同时，韩国和中国台湾地区在发展期间经历了两次潜在经济增速的调整，时间为 20 世纪 70 年代和 20 世纪 90 年代。若从内外部环境分析，20 世纪 70 年代所面临的环境更加恶劣，体现为：70 年代人均收入尚处于较低水平，技术水平低下，产品销售倚重海外需求。区域内资金缺乏，政府应对外部扰动的政策手段有限，严重依赖政府主导的投资计划。从外部而言，两次石油危机严重阻滞了发达国家发展，原先货币体系的解体也让全球货币环境面临不确定性，外需疲弱，国际资金流动频繁无序，能源价格不断冲击世界经济。

但是，韩国经济在政策作用下能够平稳度过前一次潜在增速下滑，却在第二次潜在增速下滑期间，经济增速遭遇断崖式的回落，究其原因，一方面与自身经济体发展无法再依靠投资等传统生产要素相关；另一方面，政府在应对潜在产出下滑也采取了一些值得商榷的措施，特别是在推进金融自由化进程中可能采取了不适当的开放节奏。

政府在相对不发达国家实施经济追赶战略阶段起到了至关重要的作用。在发展中国家制度存在缺陷的情况下，政府在市场失灵时可通过宏观调控，集中配置资源，发展重点行业来实现经济发展。20 世纪 70 年代潜在增速下滑时，韩国市场机制尚在完善中，政府干预对资源配置的扭曲相对较小。

随着制度的完善，政府干预的副作用逐渐显现。韩国自 20 世纪 80 年代开始逐步放开市场，促进效率进步。但不幸的是，韩国在 1990 年前后发生的潜在经济快速下滑，与经济制度放开步伐未适应社会发展有密切关系。

以韩国为例，可以用"积重难返"来形容。资本对韩国潜在增速的贡献在 20 世纪 80 年代显著下降，通过高投资，依靠资本累积实现经济增长的旧有发展模式已经遇到瓶颈。政府错过了最佳政策调控的时间窗口，1997 年，韩国经济积累的问题在亚洲金融危机时总爆发。邹加怡（1998）认为，危机的直接原因是投资者丧失信心使韩国短期外债难以为继，而韩国内部因素，如通过政府控制的银行向大企业提供大量低成本的贷款，造成投资效率低下和产业结构失调才是背后的真正原因。需要说明的是，亡羊补牢，为时不晚。韩国经济自由化过程中政策有所失误（如在 1993 年放松金融部门管制，允许银行和其他金融机构自由借入外债等），但思路和方向是正确的，金融危机的应对之道被实践证明是有效的。

综上所述，新兴经济体在政府主导下，以产业结构升级进行经济追赶总会遇到瓶颈，同时技术进步从来不是一蹴而就。此时，政府通常会将政策重点转向放松国内管制上。20世纪80年代中后期，韩国政府对经济的管控逐渐放松，以金融自由化为代表，典型措施包括利率市场化，汇率自由浮动，开放资本项目等。从政策效果看，韩国金融自由化政策在初期产生的一定积极效果，但如果国内结构并未得到根本改善，再加上金融自由化，会对原本脆弱的经济造成深重的打击。

（三）韩国潜在产出变化对中国的借鉴意义

韩国的经济发展都离不开政府的大力支持，从上文的分析看，适当的政策可改善和引导产业结构转型，从而提高潜在经济增长速度。但从其经验教训来看，主要有以下三点。

首先，政府大规模干预经济应适可而止。在经济追赶初期，政府干预经济效率高、作用大。但随着市场机制的逐步完善，政府应逐步减少对经济的直接干预，更多地扮演监管者的角色。

其次，政府退出要有序。经济追赶国家的市场主体需要时间去适应新的市场环境，过快退出或者盲目追逐发达经济体的市场自由化程度，短期内会对经济造成极大的冲击。中国金融创新、利率市场化以及汇率形成机制的改革都有了一定的进展。从韩国经验看，这些改革的进度不宜过快，市场也需要政策的培育才能逐步健全和完善。

最后，中国经济过去四十年的发展，投资拉动起到了重要作用。现阶段，在强调改革的同时，也仍需重视投资在经济增长中的重要贡献，适当的投资增速是必要的，用以保证经济增速不至于出现断崖式的回落。改变投资模式和推进金融市场化需要慎之又慎，避免如韩国"积重难返"。

从美国的经验来看，里根新政为美国潜在产出复苏打下良好基础，而克林顿时期的科技革命，助推了潜在产出的回升。政府采取的措施可归结为税制结构改革，政府以提供政策支持方式引导投资，鼓励研发和科技进步。

从韩国的经验来看，面对20世纪70年代两次石油危机，尚处发展阶段的两个经济体通过政府引导的产业结构转型，土地改革等制度红利的释放和大力推动投资，成功平稳度过了第一次潜在产出下滑。而到了20世纪90年代，政府的干预和无效率的投资成了经济发展的制约因素，再加上不恰当的金融开放政策，使得第二次潜在产出下滑明显比第一次严重。

中国可借鉴的外国经验有如下三点。

第一，经济增长的源动力在于全要素生产率的提高和经济结构的完善。推进市场化是提高全要素生产率进一步释放的重要手段，我国在制度建设上仍有大的空间。

第二,保证适当的经济增长率仍需依靠投资,但必须注重投资效率。中国在新型城镇化,基础设施,节能环保方面仍有投资增长点,但必须注意投资效率。投资是韩国平稳度过第一次产出下降的关键因素,也是金融危机的爆发,过度低效率投资引致的泡沫破裂的深层次原因。

第三,政府退出要有序。在经济发展初期,政府主导利大于弊,但随着市场机制的逐步完善,政府应逐步减少对经济的直接干预,更多地扮演监管者的角色。但与此同时,市场化措施的实行需渐进式的,改革的进度不宜过快,市场也需要政策的培育才能逐步健全和完善。

第二节 产出缺口与宏观政策选择

潜在产出作为判断经济是否位于合理区间的重要评判标准,理论上讲,当产出缺口大于零,即实际产出超过潜在产出,说明经济过热,宏观经济政策应该选择紧缩;而当产出缺口小于零,则说明经济过冷,宏观经济政策应当选择扩张。然而,现实中,中国经济目前面临结构性和周期性双重压力,政府应立足解决结构性的长期问题,如因短期需求不足而使用刺激性的宏观调控政策,极可能加剧结构失衡。改革开放40多年来,在过去的高速发展时代中,较快的增长速度伴随结构矛盾的累积,在潜在产出下滑阶段开始逐渐暴露。结构失衡的表现为产业结构失衡、居民收入分配失衡、政府"越位"和"失位"失衡、金融发展与实际经济失衡等。如果采取刺激性宏观调控政策,很难促进资源的有效配置。一个典型的例子是中国目前面临房地产泡沫化和传统行业产能过剩的问题,刺激性的宏观调控政策,很难避免资源进一步向这两个行业继续倾斜,加剧结构失衡和中国经济"硬着陆"的风险。潜在经济增长率由供给因素决定,这一方面与经济水平相关,另一方面可能也和产能过剩有关,我国现在的实际情况可能更倾向于后者。2008年金融危机之后前几年投资大幅上升,这样的投资能够拉动潜在经济增长(直观理解为能生产的东西确实多了),但产能过剩问题更需要关注。国家也正采取政策着力产业结构调整,淘汰产能过剩行业。潜在产出超出实际产出一定范围可理解为一些传统、落后、有过剩产能的行业不能再生产了。否则的话,我国经济会更加"积重难返"。总之,潜在产出水平作为评价经济是否位于合理区间的评判标准,但并不等同于"当实际增长率低于潜在增长率时就要采取刺激性的宏观调控";反之亦然。那如何进行宏观调控与政策选择呢?一方面要借鉴国际经验；另一方面需要根据具体情况分析，针对中国目前的实际情况，政府应着力结构调整，避免采取过度的宏观调控，应综合考虑我国供需结构不匹配及面临的金融风险上升等问题之后，得出宏观调控基调。基于这一认识，下面就从四个方面对本书模型估算结果做进一步的分析。

一、潜在经济增长率与经济减速

我们用历年国家统计局公布的实际经济增长率减去本书前面模型估算的潜在经济增长率，即可得到相应年份的增长率产出缺口（见图14-3）。如果实际增长率超过潜在增长率，则为正缺口；如果实际增长率低于潜在增长率，则为负缺口。负增长率缺口通常则是需求侧出现周期性扰动，这时往往出现产能利用不充分现象，譬如周期性失业。正增长率缺口意味着实际增长率超过潜在增长率，对应的则是经济过热的情形，通常表现为通货膨胀或经济泡沫。

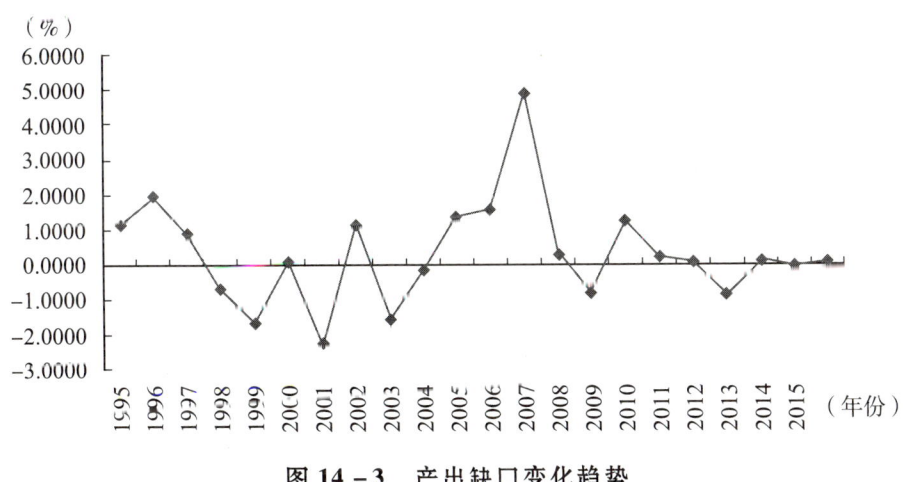

图14-3　产出缺口变化趋势

回顾1995年以来的宏观经济波动历史，首先，从增长率来看，1995~1998年，实际增长率逐步走低，但是仍然略高于潜在增长率，随后经济复苏，实际经济增长率一路上升，于2007年达到最高峰。2005~2007年，实际增长率明显高于潜在增长率，说明存在经济过热的情形，出现通货膨胀或经济过热。2007年中国经济和股市达到历史高点，2008年下半年美国"次贷危机"爆发，包括中国在内的其他经济体均受到影响，中国经济遭受较大冲击，一直以来对经济发展贡献巨大的出口在外需不振的情况下快速下滑，导致中国经济增长率大幅下降。在此背景下，中国政府于2008年底推出大规模经济刺激计划。在此刺激政策作用下中国经济停止了进一步下滑,甚至出现小幅反弹,于2010年达到阶段性高点,说明金融危机以来中央政府采取的扩大国内需求、适度宽松的货币政策和积极的财政政策取得了一定的效果。

2010年以来,中国经济的实际增长率一路走低,与此同时,潜在增长率也呈现出总体下降的趋势,实际增长率和潜在增长率两者的变化趋势基本相同,并没有出现经济的实际增长率明显低于潜在增长率的情况。由此可以判定,自2010年以来的本轮中国经济下滑,不仅体现为实际经济增长率的下降,更反映了潜在经济增长率的下降,在这种情况下,需求管理政策效应呈现出边际递减,如果继续实施需求刺激政策,非但不能起着稳增长的效果,而且会导致结构进一步失衡、债务攀升与风险积聚。这恰好可以解释为何过去几年以总需求管理为主的经济刺激政策并没有取得良好的效果。潜在经济增长率的下降表明了当前中国经济不仅面临需求方面的问题,供给层面也出现了重大问题,后者甚至起到了主要的作用,宏观经济政策应该尽快转向以供给调整为主的调控政策。

其次,从产出缺口来分析,从图14-3可知,2000年以来中国经济分别在2001年和2007年形成较大的负产出缺口和正产出缺口。从2010年开始,产出缺口都很小,原因是实际经济增长率和潜在经济增长率是同步变化的,尤其近几年几乎不存在增长率缺口。

产出缺口被认为是反映一个经济体宏观经济波动的关键性指标,对于一个国家制定合理的宏观调控政策至关重要。产出缺口的出现不是中国的特有现象,发达经济体由于其经济体制已经趋于成熟和稳定,不会出现新兴市场经济国家那样的结构变迁,所以实际经济增长率围绕潜在增长率上下波动形成的产出缺口是一个经济周期现象。因而发达经济国家出现负产出缺口时,通常都会采取扩张性的财政和货币政策来对抗周期问题。

但是,不同国家经济减速的原因不一定相同。中国经济的制度、所处的发展阶段等都和西方发达经济体不同,因而中国经济减速的原因也可能不同于西方发达经济体。如果经济的实际增长率低于潜在增长率,说明资源没有得到充分利用,是需求侧导致的经济减速,会出现诸如周期性失业的情况。然而,近年来中国经济的减速,并没有造成严重的周期性失业现象,这一点可以从近年来每年新增城镇就业都达到1 300万人左右反映出来。相反,劳动力短缺的新闻经常见之于新闻媒体[1]。

---

[1] 央广网,《多地再现"用工荒""抢人大战"愈演愈烈》,2017年2月5日,http://finance.cnr.cn/txcj/20170205/t20170205_523557299.shtml。

因此，对于中国的经济减速，应该摆脱惯常的周期性视角，需要深刻认识到其主要原因是潜在增长率本身下降，而不是和发达市场经济国家一样是经济的周期性波动。如果不能正确认识到这一点，采取的政策措施可能会进一步伤害经济。例如，伴随着人口老龄化逐年加剧，日本经济在20世纪80年代达到顶峰之后出现增长率下降。当时日本政府和经济学界都认为经济减速是需求不足引起的周期性原因，于是采取了非常宽松的宏观经济政策。然而，日本央行投放的大量货币并没有进入实体经济，反而进入了股市和房地产行业，形成了巨大的资产泡沫。泡沫破灭之后，日本经济陷入长期衰退之中。日本的这一经验教训，值得我们正视和反思。当然，我们对经济减速的这一判断，并不否认一国经济在任何时期都可能出现周期性问题。

二、潜在经济增长率与"稳增长"

党的十九大提出2020年全面建成小康社会，2035年基本实现社会主义现代化，2050建成社会主义现代化强国。当前经济增长速度不断下滑的时候，要想实现这些目标，需要采取相应的措施，使经济保持中高速增长。根据本书的分析，与2007年之前相比，中国的潜在经济增长率出现了下降，尤其近几年已经低于7%，并且有文献显示未来中国的潜在经济增长率会继续下降。在这种背景下，如果官方不降低GDP增长目标，仍然以7%作为经济增长率的底线，可能会采取经济刺激政策使经济形成明显的正产出缺口，引发经济过热和通胀甚至形成经济泡沫。一旦泡沫破灭，银行业坏账率上升，导致中国经济可能陷入长期的低迷而无法实现政府提出的经济发展目标。理论上来说，也存在另外一种可能，若实际经济形成明显的负产出缺口，则可判定为需求不足导致的周期性经济减速，需要对经济实施宽松的政策加以刺激。如果这种情况持续的时间较长，失业率增加，长期失业的人口可能会退出劳动力市场从而拉低劳动参与率，这样潜在经济增长率也会下降。因此，对于一个国家的宏观经济来说，最理想的情况是实际增长率等于潜在增长率，正如一个国家的国际收支刚好平衡。但是，现实的经济是一个复杂的系统，同时面临国内外的各种冲击，所以使两者刚好相等是不现实的，这就需要政策当局制定合理的货币财政政策让经济在一个合理的区间内波动，也就是实际增长率和潜在增长率的偏差在一个合理的范围以内。

三、潜在增长率与"中等收入陷阱"

无论是本书的结论还是各国经济发展史，都表明经过二十多年的快速发展，成为世界第二大经济体之后，中国经济增长率的下降是不可避免的、正常的现象。20 世纪 60 年代，世界银行（world bank）第一次提出"中等收入陷阱"（Middle Income Trap）这一概念。所谓"中等收入陷阱"，是指一个国家达到人均 GDP 大约 3 000 美元，即成为中等收入经济体之后，出现经济发展停滞甚至倒退的情况。查阅文献可知，世界上只有少数国家，例如日本，顺利跨越"中等收入陷阱"，大多数国家经济发展到一定程度以后始终无法跨越"中等收入陷阱"，经济增长率停滞不前甚至后退，最典型的莫过于拉丁美洲国家阿根廷。

中国经济在 2008 年以后，总体呈现出下滑的态势，尤其是 2011 年以后，经济增速更是一路下降，但这并不表示中国一定会陷入"中等收入陷阱"。事实上，即使在经济形势堪忧的这几年，2011~2016 年中国经济的平均增长率也达到了 7.7%。这一增速放在全世界范围来说也是非常可观的。当然，我们对"中等收入陷阱"也不可掉以轻心，毕竟大多数中等收入国家最后都落入其中。近几年，为了应对中国经济减速，政府频繁通过各种微刺激来调控宏观经济，使之保持在一定区间内波动。但是，从中长期来看，避免我国陷入"中等收入陷阱"一个非常重要的关键点是提高潜在经济增长率，而根据中国经济发展状况，提高潜在经济增长率的根本途径是通过各种改革措施来调整经济结构，使中国经济摆脱以往粗放式增长的模式，形成新的发展机制，否则中国经济也可能停滞不前，像阿根廷一样陷入"中等收入陷阱"。

四、货币政策定位

自美国"次贷危机"爆发以来，为了刺激经济减少失业，中国采取了扩张性的货币政策，广义货币供应量 M2 急剧增加。2000~2007 年平均 M2 增速为 16.5%，2008~2015 年平均 M2 增速为 18.8%，后者比前者高 2.3 个百分点，2015 年的 M2 投放量是 2008 年的 3.2 倍。中国央行大量投放货币导致中国 M2/GDP 也急剧上升，其值由 2008 年的 1.5 上升至 2015 年的 2.1，创下全球新高，远高于同期美国的 0.67、欧元区的 0.95、日本的 1.74 和英国的 1.33。

这一比值不仅高于同期实施量化宽松政策的美国，也远高于新兴经济体，例如印度。虽然各国广义货币 M2 的统计口径不同，可能令其他国家 M2/GDP 有所低估[①]，但是统计区别不足以解释中国与各国之间较大的差距，关于中国货币超

---

① 比如，美国的 M2/GDP 较低，部分原因在于其 M2 统计扣除了大面值定期存款（10 万美元以上），而小面值定期存款、非机构持有的货币市场基金也都扣除了个人退休账户和 Keogh 计划部分，即扣除了长期储蓄，导致 M2 统计狭窄。

发的判断仍具有稳健性。特别是，国内出现巨大的影子银行，加剧了货币超发，而超发的货币则滋生了各种资产泡沫，尤其是地产泡沫。

从 2009 年开始，伴随着货币的大量投放，经济体中流动性非常宽裕，房价普遍大幅上涨，尤其过去两年，国内主要城市房价暴涨，出现明显的资产泡沫。房价的暴涨一方面推高了企业的经营成本；另一方面吸引大量资本和投资进入房地产业，加剧了实体经济的衰退。

需要注意的是，经典凯恩斯理论框架下提出的扩张性货币政策是针对经济增长的周期性下滑的。然而，本书的研究表明，中国经济增长率主要是随潜在增长率的下降而下降，因此采用扩张性的货币政策来刺激当前中国经济并没有什么效果。从长期来看，中国潜在经济增长率很可能进一步下降，一般来说，实际经济增长率会随着潜在增长率的下降而下降，故不应使用宽松货币政策而应该采取稳健或者紧缩的货币政策。

第十五章

结论与政策建议

前面章节的研究,首先从局部均衡推进到一般均衡,分别从短期的宏观总量均衡、动态随机一般均衡与长期供给的角度,运用生产函数法、状态空间模型、随机动态一般均衡模型对中国潜在经济增长率进行了测算;其次,从区域的角度估算了中国潜在增长率;最后,在前面估算中国潜在增长率的基础上,明确本轮经济下滑的原因和本质,并对影响"人口红利"的人口政策选择、具有"效率补偿效应"的消费结构转换、提升"全要素生产率"两个路径(资源再配置与个体企业技术进步)、获新"开放红利"的"一带一路"等政策与促进人工智能等新技术发展对中国未来 5~30 年的潜在增长空间进行展望。然后,在此基础上分析中国财政、货币政策和国际经济政策等的有效性和合理性,探讨在新常态下为实现经济稳定、健康增长的政策选择与实践路径,指出下一个阶段的中国宏观调控政策方向,并给出相关政策建议。

第一节 研 究 结 论

根据前文的研究,得出以下几点结论。

第一,短期角度估算潜在增长率。一是基于短期宏观总量均衡的视角测算中国的潜在增长率,采用"三角模型"构建状态空间模型,利用卡尔曼滤波算法测算出中国时变的自然失业率,然后利用奥肯定律测算出 1978~2018 年中国经济的潜在产出及潜在增长率（见图 15-1）。研究结果显示，2010 年来中国经济减速更多的还是潜在增长率本身下降引起的，从供需均衡的角度证明了本轮经济减速的主要原因是潜在增长率下降。二是基于 DSGE 的视角测算中国的潜在增长率，构建新凯恩斯动态随机一般均衡模型，采用贝叶斯方法估计模型的结构性参数，分析了影响中国经济潜在产出的因素，估算了样本内的潜在增长率，最后对 8 个周期的潜在增长率进行了预测（见图 15-2）。研究结果显示，从 2010 年以来，中国经济增速放缓的原因是潜在增长率的下滑，并且潜在增长率将会继续下降。

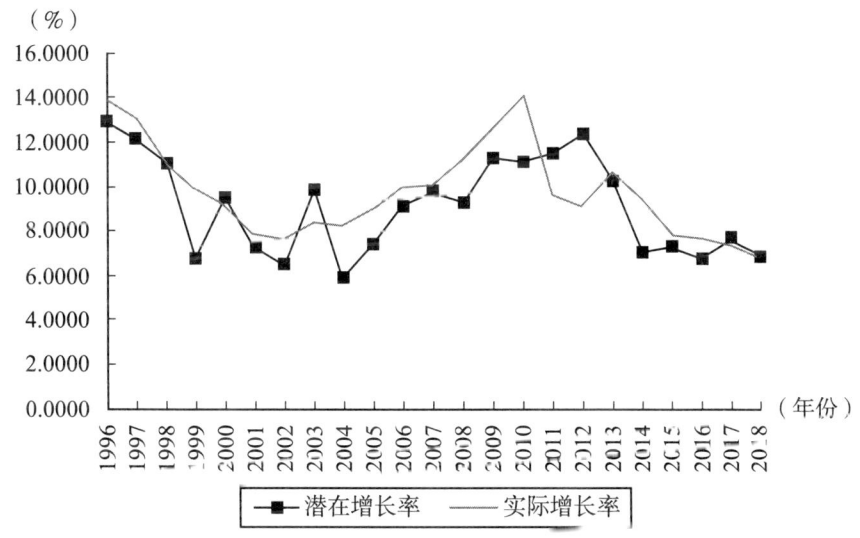

图 15-1 潜在增长率变化趋势（状态空间模型）

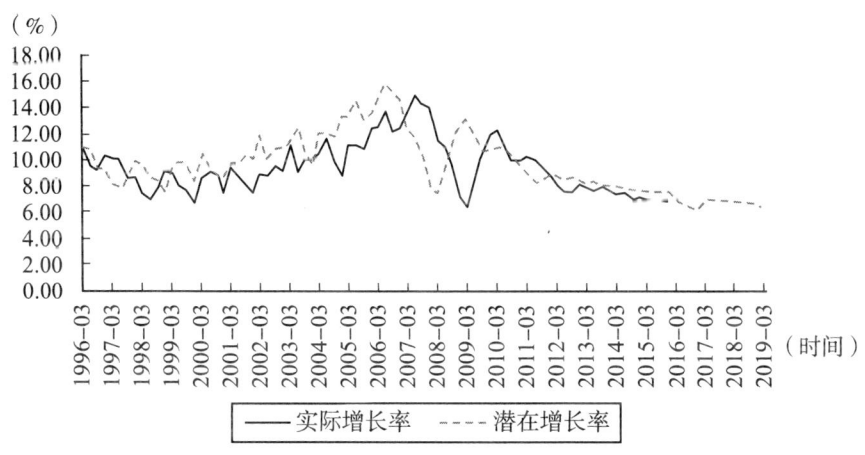

图 15-2 潜在增长率变化趋势（DSGE 模型）

第二，基于长期的供给视角测算中国的潜在增长率，构建了一个时变弹性的生产函数，将制度变革、结构调整、产能利用率等纳入经济增长的分析框架，运用 1978～2015 中国经济的时间序列数据和生产函数法估计了中国潜在经济增长率，对 1978～2025 年中国潜在经济增长率进行了估计和预测。研究结果显示，自 2010 年以来，中国经济增速放缓的背后是潜在增长率的下滑。对潜在增长率的预测结果显示，在给定假设条件下，未来中国经济将继续增长，但经济的潜在增速有很大的可能性进一步持续下滑。因此，对于中国经济的宏观调控要由对需求侧的管理转向以供给侧的管理为主，从供给侧进行结构性改革，着力提高潜在增长率，使中国经济形成一个 L 形的复苏（见图 15-3）。

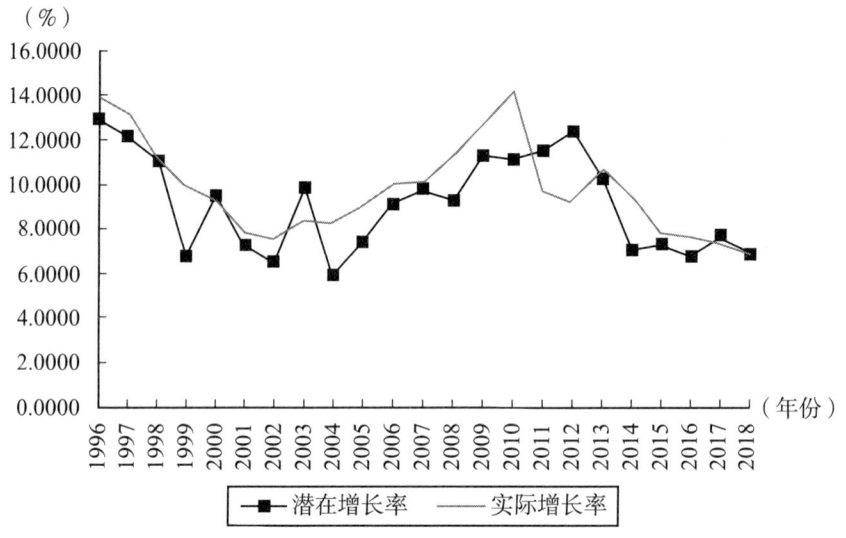

图 15-3　潜在增长率的变化趋势（生产函数法）

上面从长短期的视角对中国经济的潜在增长率的研究都表明：从 2010 年以来，中国经济持续走低的主要原因是潜在增长率的下滑，并且未来中国潜在增长率将会继续下降。然而，这一潜在增长率的估算都是基于全国的角度，考虑到我国幅员辽阔，地区间经济发展的差异较大，区域经济发展不平衡突出，其资本效率，人口结构以及制度条件都有所区别，从全国视角得出的政策建议也许并不适合各个区域甚至不利于区域经济发展，经济政策应当因地制宜，不能"一刀切"，因此，需要从区域的角度出发，梳理影响各个区域长期经济增长的因素，通过对区域之间人口、资本状况以及区域之间制度的比较分析，基于对资本产出比、要素弹性逆转、城市化、延迟退休与创新等不同预期变化，对未来 5～30 年我国各区域潜在增长率进行预测，分别得出了表 7-16、表 7-18 与表 7-20 的结果，并分析区域经济发展不均衡的原因，为我国区域经济均衡稳定发展提供相应的政策建议。对我国各个区域潜在增长率测算的研究中，可以大概推出以下五个结论：

一是总体上我国各个区域的资本效率下降较为严重，资本产出比过大，资源的配置效率下降，尤其是中西部政府主导下的投资应当更多地转向以市场化主导为基础。

二是当前我国正在出现要素弹性逆转现象，一方面是因为资本的使用效率下降；另一方面则是因为人力资本的培育，劳动者受教育程度的普及。东部地区处于创新驱动的关键时期，中西部地区的产业结构升级滞后，人才流失严重，内生增长动力不足。应当加强教育，加强各个区域对人才的引进，创新创造。

三是城市化进程进一步加强，二产向三产转型的过程中，我国各个区域的投资增长率将出现较多的下滑，中西部的投资要高于东部地区，经济增长率也会高于东部地区。增长下行时间，中央政府更应当做好地方政府的政策评估，以往过度强调经济高速增长的模式应当转向增长质量、增长效率。

四是延迟退休在未来一段时期能较好地缓解我国劳动力下降趋势，二孩政策释放的人口红利将在延迟退休政策之后较好地衔接，在没有人口流动下，东部区域人口老龄化问题较为严重，未来一段时期，东部沿海应当更好地放开户籍制度，加大人才的流入，从而缓解自身的老龄化问题，各个区域应当实现人才的自由流动。

五是全要素生产率当前有上升的趋势，但是整体还是处于较低水平，未来一段时期加大创新要素投入，加快市场化程度进程，提高二产效率刻不容缓。未来经济均衡时的增长率为创新的增长率，各个区域的政府应当更好地健全创新创造的扶持制度以及产权制度以及更好的鼓励创新。

人口及人口结构对经济增长意义重大，因此第八章主要针对计划生育政策，从生育率与潜在经济增长之间动态关系入手，建立人口内生模型，探讨生育率、抚养比、储蓄、人力资本的相互影响，进而产生对资本、技术进步、经济增长的影响。研究显示：

在对均衡增长路径分析中，我们发现生育政策的开放对均衡增长路径是有着正面影响；而在动态增长路径中，我们发现在小幅开放生育政策下，生育政策短期的效果为负；而在全面放开生育政策的情形下，生育政策在长期情形下对潜在经济增长率的影响是正面的；这与陆旸、蔡昉的结论基本一致。

随着"人口红利"的消失，劳动人口下降，劳动成本上升，依靠要素驱动的增长模式的"潜在增长率"难以摆脱下滑的趋势。因此，推进基于资源优化和配置效率改进的全要素生产率增长势必成为中国未来长期经济增长的重要动力。

第十章首先对资源再配置效应进行估算，然后对我国资源是否存在错配及其导致的全要素生产率（TFP）损失进行分析，最后探讨资源再配置与效率增进、促进经济的潜在增长率的实现路径。

研究显示，样本期内资源再配置平均使中国经济 TFP 增长率提高 0.33 个百分点，总体来看，劳动力资源再配置效应大于资本再配置效应。此外，研究发现劳动力流动对劳动生产率提高的贡献主要来自劳动力向劳动生产率提高速度较快的产业和区域转移；第二产业和东部对劳动生产率提高的贡献最大。

通过这一章的研究结果可以看出，资源再配置对中国经济增长率提高的效应还比较弱，中国资源再配置的潜力还很大。中国经济还存在较多限制生产要素充分流动的障碍和壁垒，因此从资源再配置的角度看，中国未来的经济增长潜力仍是十分巨大。

当一个社会存在个体企业创新不足时，政府就会对此进行干预，特别是对创新市场失灵的干预。第十一章的研究发现，政府的补贴使得潜在进入厂商创新成功的概率增大从而促进技术进步，这也就意味着政府在补贴研发活动以及分配和执行创新产权方面可能扮演重要角色，政府补贴是提高全要素生产率提升的一个重要途径。

随着"一带一路"倡议的实施，使共建"一带一路"国家和地区的 OFDI 大幅增长，第十二章的研究显示，"一带一路"OFDI 对出口具有明显的正向作用，在对不同类型的 OFDI 对创新产出的实证中发现，市场寻求型 OFDI 具有明显的逆向技术溢出效应，自然资源寻求型 OFDI 则是负向的逆向技术溢出效应，效率寻求型并不具有逆向技术溢出效应。

此外，还要加强对人工智能基础的研发投入，通过人工智能来提高未来经济的潜在增长率，即人工智能可以通过以下两条途径影响潜在增长率：第一，人工智能通过生产的自动化对劳动进行了替代，提高了生产效率；第二，人工智能通过"程序"积累促进技术进步，从而提高全要素生产率水平。

第二节　政　策　建　议

前面的研究结论意味着，对于中国经济的宏观调控要由对需求侧的管理转向以供给侧的管理为主。为了"十三五"规划经济发展目标和 2020 年全面建成小康社会目标的实现，以及党的十九大提出的两阶段发展目标——第一个阶段，从二〇二〇年到二〇三五年，在全面建成小康社会的基础上，再奋斗十五年，基本实现社会主义现代化。第二个阶段，从二〇三五年到本世纪中叶，在基本实现现代化的基础上，再奋斗十五年，把我国建成富强民主文明和谐美丽的社会主义现代化强国，我们需要从供给侧进行结构性改革，着力提高潜在增长率，使中国经济形成一个L形的复苏。

所谓供给侧结构性改革，就是从生产的角度，从供给端出发，通过各种改革措施来调整经济结构，矫正生产要素配置中出现的扭曲，扩大有效供给，提高供给结构对需求变化的适应性和灵活性，提高全要素生产率。2015年11月中央财经领导小组第十一次会议首次提出"供给侧结构性改革"，2016年1月中央财经领导小组第十二次会议提出研究供给侧结构性改革的方案。

在中国经济逐渐步入新常态的背景下，如何才能通过供给侧结构性改革提高中国经济的潜在增长率？我们认为，以下方面应成为下一阶段推动供给侧结构性改革的着力点。

第一，加快创新驱动战略的实施，促进技术进步，全力提高全要素生产率。长期以来，我国经济社会发展主要依靠廉价土地、资源能源和劳动力等要素的大量投入来支撑。如今，资源环境的约束日益强化，"人口红利"逐渐衰退，劳动力成本大幅上升，储蓄率逐渐下降，原有的比较优势已明显削弱，原有的发展动力已明显退化，再依靠简单扩大劳动力和其他要素投入来驱动发展的路子已经行不通，必须把科技和创新摆在国家发展全局的核心位置，通过加强创新，提升要素投入的综合效率，为经济发展注入新动能。因此，未来应紧紧围绕营造公平宽松的竞争环境、强化金融特别是资本市场的支持、建立市场利益导向机制、提供资金便利和税费减免、激励创新成果转化、完善科研教育体系、推进产学研结合、加快人才培养和流动、推动开放创新、加强统筹协调等多方面来转变发展思路，将改革重点放在着力创造能够从根本上激发全社会创新动力的体制环境上，营造创新的土壤，提高单位要素投入的产出，把提高全要素生产率作为我国经济发展的主要方式。

一是鼓励企业增加研发投入。企业进行技术研发有风险，可能面临有投入而无产出的情况，政府可以适当给予企业补贴。二是加强基础研究。我国的科技创新主要以跟踪模仿为主，在技术更新的速度不断加快的条件下，新引进的技术很快就过时，导致在产业发展中只能是亦步亦趋，产业链高端环节始终掌握在发达国家手中，使产业结构难以迈向中高端水平。所以必须提高原创能力，而基础研究是提高原创能力的根本途径。三是建立科学的科研评价机制。我国科技成果转化率较低是一个不争的事实，主要是因为目前的科研评价过于注重论文的数量和档次，导致科研人员的精力主要用于课题的申报、论文的发表及专利的申请，而对科研成果真实效用和实际贡献缺乏关注。因此，可以在科技评价中引入第三方专业科技成果评价机构，对科技成果的可行性、创新性及市场价值进行客观公正的评价。

第二，继续释放和创造人口新红利，重点培育人力资本红利。人是生产力中最活跃的因素和经济发展的源泉，人力资源现在是、未来也仍将是我国发展的最大优势，人力资本更是决定中国未来发展核心竞争力的关键。没有丰富的劳动力资源的持续供应，无论是消费、还是投资，在长期来看都将是"无源之水、无本之木"。

具体来说，劳动力对潜在增长率的影响体现在两方面：一是劳动力的数量；二是劳动力的质量。劳动力作为生产要素，对经济增长的作用是巨大的。改革开放以来，中国经济之所以取得巨大的成就，一个重要的原因是中国具有庞大的适龄劳动人口，但是近年来中国的人口红利逐步消失。人口的减少既意味着消费需求的下降，也意味着劳动力供给的减少，所以人口的变动将对我国经济产生深远影响。

既要注重提高劳动力参与率，改善劳动力结构；又要强调提高劳动者素质，提升人力资本。通过优化劳动力配置，弥补由于人口老龄化带来的生产要素规模驱动力减弱的趋势。一是继续调整生育政策，同时通过一系列福利政策增加年轻人口的生育率、扭转持续低生育率局面，这是着眼长远又利在当下的刻不容缓的战略性举措。二是加快城镇化步伐，改革户籍制度，消除对劳动力合理流动的束缚，促进劳动力跨地域、跨部门流动。三是通过提升教育质量、加强培训等措施，加大对人力资本的投入，提高劳动力素质。一般来说，与物质资本相比，人力资本具有更广阔的升值空间，尤其是在当今知识与信息时代，人力资本所具备的创造性与创新性，使其具有很高的人力资源配置能力。正如前文模拟分析所显示的，人力资本的投资和提高，对GDP的增长具有重要的贡献。人力资本的核心是教育，对生产者进行教育、职业技能培训，对于提高中国的潜在经济增长率至关重要。

第三，加强制度创新，充分发挥市场机制在资源配置中的作用。制度也是影响经济发展的重要因素，制度创新是全要素生产率的重要组成部分。好的制度可以提升全要素生产率，从而提高经济增长率。通过改革减少那些阻碍要素流动的制度性障碍，可以使要素自由流动，提高资源配置的效率，从而提高全要素生产率和潜在增长率。

中国在改革开放过程中，不断打破僵化的计划体制，建立市场经济体制，为经济增长注入活力，取得了经济增长的巨大成就。因而，制度创新像生产要素、技术创新等一样，也是经济增长的源泉。从本质上说，供给侧结构性改革战略下，需要最大限度地释放制度红利，充分发挥市场机制在资源配置中的作用，减少制度成本和各种交易成本，提高经济运行的效率和质量，从而推动潜在增长率的提高。

一是加速生产要素市场化改革。生产要素市场化程度低，政府干预管制过多，造成生产成本的扭曲和资源的错配，导致供给结构不能自动匹配于需求结构。因此，应继续推进市场化改革，加速土地、劳动力、资金等生产要素市场化改革，减少政府对经济的干预程度，消除生产要素流动的制度性障碍，利用竞争机制提高要素使用效率，实现资源的有效配置。二是优化企业发展环境。按宏观税负宽口径（政府收入占国内生产总值的比重）计算，2015年我国的宏观税负大约为30.19%，存在较大企业减税空间。要深化投融资体制改革，打破市场壁垒，鼓励和吸引社会资本和民间资金进入创新领域。依法保护企业家财产权和创新收益，稳定市场预期，增强发展信心。三是通过完善市场运行机制的制度创新，将保证资本配置的有效性，进一步增强市场运行的高效。四是通过构建有利于市场主体发挥主动性和积极性的制度安排，将进一步释放市场经济活力和潜力。

重点是加快国有企业改革，打破垄断，营造充分而公平竞争的市场发展环境。无论是世界史还是经济学理论都证明了：垄断不仅会激化市场矛盾，阻碍产业转型升级和转型，而且也会遏制技术与管理水平的创新，并且会激化社会矛盾、阻碍资源配置效率和影响社会财富公平分配。目前，严重阻碍我国企业研发积极性的因素来自两个方面：一是企业的短期行为；二是企业的垄断行为。由于研发需要大量的资金和人力长期投入，而且收益很难即刻显现，因此，一个追求短期利益的企业基本没有动力进行研发。此外，当企业利益大量来自政府所给予的特殊垄断地位时，企业也没有足够的激励去进行研发。而追求短期利益和过分依靠政府所给予垄断和补贴的恰恰是中国大多数国有企业的通病。

与此同时，由于我国还存在一些垄断性产业政策，加之电信等服务业等领域对民间资本放开程度不高，民间资本很难进入这些竞争性领域，这不仅不利于资源的有效配置，而且也不利于发挥民间资本的重要作用，更重要的是这种不公平的发展制度严重阻碍着技术创新和生产者激励机制。因此，对国有企业进行体制改革，消除垄断，引入竞争机制，加快推进混合所有制改革，加大力度鼓励民企进入垄断领域，向民营企业进一步放开高端制造业、教育医疗等现代服务业的市场准入。中国能不能走出中等收入陷阱，能不能转向自主研发和创新型经济，关键之一在于国有企业体制改革，促使国有企业成为自主研发和技术创新的中坚力量。政府作为社会管理者，其主要职责之一是营造公平竞争的市场环境，因此，政府应努力通过相关法律法规的制定和完善，加快形成统一开放、竞争有序的市场体系，建立公平竞争的保障机制，打破地域分割和行业垄断，通过制度变革促进自由竞争，提高社会资金形成和配置效率，从而更好地激发市场经济活力和创造力。

应破除"所有制歧视"，打造非国有企业与国有企业公平竞争的环境。尽管"多种所有制之间应当平等竞争"已成为一种社会共识，但现实中"所有制歧视"依然相当严重，非国有企业难以获得宝贵的资源，而国有企业拥有过多资源的情况数不胜数，这造成了资源的严重错配，抑制了经济的发展。人力资本方面，国有制企业的岗位溢价，例如"官本位"的思想和"铁饭碗"等观念，吸引着越来越多高等劳动力涌向国企，这也使得在决定高等劳动力流向时，工资水平的力量受到大大削弱。相比于市场力量，政府垄断势力似乎更能决定高层次人力资本的流向。这种高层次人力资本配置上的扭曲对生产率提高的抑制作用不可忽视，因此必须通过制度改革，优化人力资本的配置，才能提高人力资本的生产效率，促进人尽其才，物尽其用，提高全要素生产率。

要纠正人力资本在不同所有制之间的错配，使人力资本能在不同所有制之间更有效率地流动和配置，就必须消除"所有制歧视"，具体来说：（1）消除隐形的制度障碍，让非国有制企业也可以自由进入到竞争性行业。（2）纠正金融机构在金融服务方面对非国有经济的歧视。企业的所有制在生产资源的配置中发挥着举足轻重的作用，在中国利率往往偏低，低于市场出清利率。失去高收益诱惑的银行等掌控着大量资本的金融机构对风险的承受能力也较低，因此它们更加愿意贷款给具有政府背书的国有企业，而非私营企业，这直接导致资本配置的扭曲。因此本书认为，加快利率市场化改革必须付诸行动，而不是"光打雷不下雨"。（3）消除税收等方面的差别，减轻非国有企业的税收负担。（4）从意识上消除歧视，树立各种所有制之间互相平等的观念，从认知上打破国有企业"高高在上"的地位。

第四，推进结构优化调整，促进资源再配置效率。2008年至今，由于受到国际金融危机的多方面深入的影响，国内外市场需求不振，导致我国的一些产业供过于求，出现产能过剩问题，尤其表现在电解铝、煤炭、钢铁、玻璃等行业领域内。产能过剩意味着资本、劳动和土地等要素的扭曲性配置，最突出的弊端就是降低了配置效率从而减慢了全要素生产率的提高速度。这些过剩严重的产业都是各个地方的支柱产业，地方政府出于就业、信贷及社会稳定等方面的考虑，不愿意主动淘汰落后产能。这些企业成为依靠较低融资成本和政府补贴而勉强维持的"僵尸企业"。

低效的企业阻碍了产业结构调整的步伐，导致供给体系的质量和效率提升缓慢。尽快清理大量占有各类资源的"僵尸企业"，这将有助于从微观层面实现去产能、降杠杆并最终提升盈利能力的目的。因此，长痛不如短痛，必须加快淘汰落后产能。淘汰清理过剩特别是落后的产能，对中国经济长期健康发展至关重要。它将有助于降低企业部门的杠杆率，提升资本使用效率，改善企业盈利；有助于促进产业优化重组和转型升级。一是分类施治。更多运用市场化机制化解产能过剩矛盾。对于不同的行业采取具有针对性的措施，重点治理债务缠身、亏损严重、技术落后的僵尸企业和产能绝对过剩的行业，落实"三去一降一补"。二是政策激励。对于主动淘汰落后产能的企业给予相应的财政补贴。三是进一步严格市场准入管理，加强产业政策的调控和引导，从源头上堵住落后产能。四是强化社会保障体系建设。淘汰落后产能、压缩企业杠杆率、清理"僵尸企业"等结构调整，有可能造成国企员工下岗失业，需要进一步加强社会保障体系建设，对下岗失业的工人提供必要的经济补偿和生活保障，加大职业培训力度，提升再就业能力。

从对外开放的角度看，可以借助推进"一带一路"倡议，扩大对外投资，拓展相关国际需求，深化国际产能合作，输出国内具有比较优势的产能。

第五，优化经济结构，加快发展现代服务业，推进制造业转型升级。产业结构是要素资源、技术水平等配置组合的综合表现，也是经济增长质量的外在体现。从世界各国经济发展的规律看，经济增长常常伴随产业结构的变化而呈现阶段性变动特征。产业结构优化程度将决定着中国经济的潜在增长率。

一方面，近年来，中国整体经济结构不断优化，第三产业快速发展，目前第三产业在经济中的比重超过第二产业，中国经济正在从制造业向服务业转变，这符合产业发展的规律。从工业经济转移到服务业的过程中，初期会带来潜在增长率的下滑。随着中国供给侧结构性改革的深入推进以及第三产业的劳动生产率的提升，服务业的高端化发展将进一步增强经济潜在增长动力。首先，政府需要对新兴行业（或服务业）提供优惠政策，使这类行业得到发展，当服务业资本回报率高于制造业资本回报率时，更多的资本将会从制造业转向服务业，使得产能利用率达到其潜在的水平。其次，政府需要提供更多的培训机会，解决由于经济转型期产生的结构性失业和再就业问题，使劳动力投入要素能够得到充分利用。

另一方面，对于制造业，一是应着力用先进技术改造提升传统产业，通过大规模技术改造投资，将现代信息技术与制造业进行深度融合，使更多中低端产业升级为中高端产业，实现"中国制造2025"所预定的目标。二是大力发展战略性新兴产业。战略性新兴产业代表新一轮科技革命和产业变革的方向，是培育发展新动能、获取未来竞争新优势的关键领域,要把节能环保、新一代信息技术、生物、高端装备制造、新能源、新材料和新能源汽车等战略性新兴产业摆在经济社会发展更加突出的位置,大力构建现代产业新体系,推动经济社会持续健康发展。三是积极推进"互联网+"行动计划,推进"数字中国"建设,发展分享经济,支持基于互联网的各类创新,努力把互联网的创新成果与经济社会各领域进行深度融合,提升实体经济创新力和竞争力,助推实体经济尽快实现转型升级,提高经济发展质量和效益。

未来随着中国三次产业结构的变化,第三产业快速发展且第二产业稳步发展,劳动力将在三次产业中重新配置,进而将进一步释放经济增长潜力。

第六,实施积极的财政政策。在新常态下,要继续实施积极的财政政策。针对中国经济存在的实际问题,财政政策要更加注重解决影响经济发展的深层次问题。对于我国当前而言,应将财政政策的重心转向解决结构性失衡、培育新的竞争优势。不仅要优化财政投资的方式和结构,弥补经济社会发展"短板",而且要优化企业的发展环境,创造有利于企业创新发展的税费环境,以新的比较优势催生经济发展新动力。在财政支出上,既要注重基础设施等物质形态的"硬件"建设,也要注重社会保障、医疗卫生、环保、公共就业服务等经济社会发展的"软件"建设,特别是要强化维护人的生存权、健康权和发展权等方面的各项社会性支出,形成有利于提高公众可行能力的支出结构。在财政收入上,不仅要考虑"收入数额"这一指标硬件,而且要更为重视产生收入的"制度软件"。注重收入制度的公平性和合理性,消除税制的不公平问题,体现公平正义的社会价值观和共享的发展理念,消除影响持续健康发展的内在障碍。

另外,要给企业更大力度的减税减负让利,发挥税收政策对经济增长的促进的作用。我国的宏观税负显然偏高,仍有下调空间。从理论上讲,在经济下行期,减税是重要的逆周期调节工具。对企业,减税能直接降低生产成本,提高劳动和资本的税后报酬,刺激劳动和资本供给的增加,进而推动潜在的产出增长;对居民,减税则有利于刺激消费,增加经济活力;对政府,虽然短期内税收有所减少,但根据"拉弗曲线",减税产生的供给效应将开辟新税源、拓宽税基,从长期看仍有助于政府税收的增加。因此,即使目前实行全面减税似乎条件并不完全具备,但针对居民个人、小微企业、成长性企业和新兴企业的更大力度的减免税,则是切实可行、迫在眉睫的。此外,还需进一步合并相关税种,减少消费环节税负,清理不合理收费,适度降低社保缴费率,真正为居民创业、为企业创新减税、让利、松绑、减负,以激发微观经济活力。

第七,货币政策要针对"新常态"下中国经济面临的问题,实施松紧适度的货币政策。一方面,灵活运用各种货币政策工具确保基本稳定的流动性,尤其确保经济发展重点领域和薄弱环节的信贷投放，使货币政策在中国经济结构调整和转型升级的过程中发挥应有的作用；另一方面，进一步完善宏观审慎评估体系（MPA），密切关注货币政策对汇率和国内金融资产的冲击，切实防范和化解各种金融风险。

以供给侧结构性改革为主，并不意味着放弃需求侧的改革。实际上，供给侧结构性改革是要解决"有能力达到某一增长速度"的问题，而需求侧的改革是解决"能否达潜在增长速度"的问题。供给侧结构性改革主要是解决一个国家长期的潜在增长"能力"的问题。但是，一个国家的实际经济增长速度能否达到这一"能力"（潜在增长速度）是需要一定的前提条件的，即是否有足够的需求可以充分释放这一"能力"。当然，需求侧的改革并不意味着"人为"拉高经济增长速度，使经济增长速度高于潜在增速。

从需求侧考虑，应该刺激增加消费需求。如前所述，实际经济增长速度由投资、消费、净出口决定。在外需不足的情况下，投资和消费是提高实际经济增速的主要动力。然而，政府主导型的投资实际上对企业投资的带动作用有限，政府对公共基础设施的投资并不是拉动经济的可持续的方式。本书的模拟分析表明，刺激居民消费可以有效提高整个经济的潜在产出，因此，需要从收入分配制度、政府转移支付、税收等方面采取相应措施来增加个人可支配收入，从而提高经济的潜在增长率。

为保证潜在生产力的释放，未来要增强居民消费能力和意愿，促进消费的平稳增长。收入是消费增长的基础，要切实提高居民收入，特别要扩大中等收入者的比重，改革、完善收入分配制度，提高劳动报酬在初次分配中的比重。要加强社保体系的建设，健全社会福利制度，增强人们对未来的稳定预期，以促进当期消费的增加。

需要注意的是，随着国民收入的提高，居民的消费习惯和观念发生了改变，居民消费需求结构也正在发生明显的变化。刺激居民消费需要考虑这一背景，重点关注适应目前居民消费结构升级的行业，例如医疗、教育、文体、健康、休闲等现代服务业。

第八，推进区域的协同发展。长期以来，我国东部地区靠近沿海，交通运输方便，基础设施健全，人力资源丰富、金融业基础较好，为国际化生产、贸易投资活动提供服务平台，中西部地区则以农业基础较好，自然资源丰富，为东部地区经济提供廉价的生产要素，例如"西气东输、西电东送"等大工程，这也在一定程度上使得东部地区的产业更多地偏向市场化为主导，西部地区的产业多为我国计划型的基础行业。因此，东部地区的资本效率长期高于中西部、东北部地区，区域之间整体上相互补足，协调发展。

当前，东部地区传统的行业已经趋于饱和，需要开发新的市场、寻找新的增长点，开始加大创新驱动政策，为产业向高端制造业与现代服务业提供空间，中西部地区处于城市化进程加快时期，未来一段时期投资增长率处于较高水平，将会成为经济新的增长点，但是其人口集中度过高，人口规模与经济发展水平不协调，劳动力以及有技能的劳动力开始向东部地区迁移，中西部地区人力资本流失严重，中西部地区目前面临"西部大开发"和"中部崛起"，需要大量的知识技能型人才。东部地区产业升级需要大量专业技能、受过高等教育人才，中西部地区承接东部地区转移产业，对劳动力的资源需求也将大幅上升。

人力资本是技术水平提高与经济可持续发展、产业结构升级的基本保障。随着东部地区产业升级，人才需求结构也随之改变，东部地区应当改革户籍制度、改善医疗保障以及民工子女的教育问题、迁移人口的市民化教育，东部地区劳动密集型产业向中西部地区转移。

对于中西部，要改善投资环境、充分利用地区劳动力资源，提高劳动力就业水平，推动中西部地区经济快速发展。一方面，提高农业生产技术水平，机械化操作，节约劳动力；另一方面，政府各方面配合从农业解放出来的剩余劳动力合理向二产、三产转移，服务业就业弹性大，制造业还有较大发展空间，使我国的劳动力能够得到充分就业。

大力促进人口与产业空间分布的适度均衡，加强创新创造，积极调整国家产业布局战略，适当控制东部地区的开发强度，提高承接国际化产业转移和城市化质量，加快产业结构升级步伐，提高中西部地区的产业配套能力，积极引导企业和资金在中西部和东北部地区创造更多的就业机会，构建良好的包括协调目标、协调内容、协调主体（政府、居民、企业与非政府组织）、协调手段与途径（财政政策、投资政策、产业政策等）、协调程序的完整的区域利益协调机制与实现途径，重视区域自我发展能力的培育。

第九，继续扩大开放"一带一路"国家沿线经济体，"一带一路"经济体的扩大增加了我国的出口及OFDI，扩大了市场规模，其中市场寻求型的OFDI带来较为明显的逆向技术进步效应，有利于我国全要素生产率增长，进而促进经济体潜在增长率的增长。

对自然资源寻求型的对外投资不应当由国有企业为主导，适当减少此种类型的投资，从而使得逆向技术溢出效应有所回升，激励民营企业开展这类投资，加大投资的效率。

加大各省市与"一带一路"国家的贸易经济往来，促进区域协调发展，各个省市在"一带一路"倡议的引领下，应当依据自身的经济状况，找到相应的比较优势，参与"一带一路"建设，形成全国协调推进"一带一路"发展的良好局面。东部地区可以进一步扩大对外开放,开辟更大的市场,同时可以利用自身的优势,如资金、技术等支持中西部的发展。中西部更是获得了一个发展的好机会,中西部作为丝绸之路的起点,与许多共建"一带一路"国家接壤,在"一带一路"建设中的重要性不言而喻。

第十,加强对人工智能等新技术的研发投入,积极引导人工智能技术与生产更好地结合,提高技术的渗透率;同时也需要认识到人工智能可能带来的潜在问题,特别是随着劳动力的替代可能引发的潜在失业和收入不平等问题。

参 考 文 献

[1] 安立仁、董联党：《基于资本驱动的潜在增长率、自然就业率及其关系分析》，载于《数量经济技术经济研究》2011年第2期。

[2] 巴曙松、杨现领：《城市化与潜在增长率：基于长期视角的增长效应评估》，载于《财贸经济》2011年第3期。

[3] 白重恩、张琼：《如何保持经济中高速增长》，载于《中国经济报告》2017年第3期。

[4] 柏培文：《中国劳动要素配置扭曲程度的测量》，载于《中国工业经济》2012年第10期。

[5] 蔡翼飞、王业强：《探寻西部地区增长之源——基于工业化进程与潜在增长率的分析》，载于《开发研究》2015年第4期。

[6] 蔡昉：《中国就业统计的一致性：事实和政策涵义》，载于《中国人口科学》2004年第3期。

[7] 蔡昉、都阳、高文书：《就业弹性、自然失业和宏观经济政策——为什么经济增长没有带来显性就业？》，载于《经济研究》2004年第9期。

[8] 蔡昉：《认识中国经济减速的供给侧视角》，载于《经济学动态》2016年第4期。

[9] 蔡昉：《中国经济增长如何转向全要素生产率驱动型》，载于《中国社会科学》2013年第1期。

[10] 蔡昉，陆旸：《人口结构变化对潜在增长率的影响：中国和日本的比较》，载于《世界经济》2014年1期。

[11] 蔡昉：《两个"L"型轨迹——中国经济增长中期和长期展望》，载于《财经智库》2017年第2期。

[12] 蔡昉：《中国经济改革效应分析——劳动力重新配置的视角》，载于《经济研究》2017年第7期。

[13] 曹静、周亚林：《人工智能对经济的影响研究进展》，载于《经济学动

态》2018年第1期。

[14] 昌忠泽、毛培：《新常态下中国经济潜在增长率估算》，载于《经济与管理研究》2017年第9期。

[15] 常卉颉、杨继国：《新常态下产业转移的马克思经济学分析》，载于《经济学家》2017年第2期。

[16] 陈昆亭、龚六堂：《粘滞价格模型以及对中国经济的数值模拟——对基本RBC模型的改进》，载于《数量经济技术经济研究》2006年第8期。

[17] 陈晓光、张宇麟：《信贷约束、政府消费与中国实际经济周期》，载于《经济研究》2010年第12期。

[18] 陈晓玲、徐舒、连玉君：《要素替代弹性、有偏技术进步对我国工业能源强度的影响》，载于《数量经济技术经济研究》2015年第3期。

[19] 陈彦斌、林晨、陈小亮：《人工智能、老龄化与经济增长》，载于《经济研究》2019年第7期。

[20] 陈宇峰、俞剑、陈启清：《外部冲击与奥肯定律的存在性和非线性》，载于《经济理论与经济管理》2011年第8期。

[21] 陈昌兵：《城市化与投资率和消费率间的关系研究》，载于《经济学动态》2010年第9期。

[22] 丁建勋：《要素再配置效应与中国经济增长》，载于《贵州财经大学学报》2015年第6期。

[23] 杜焱：《经济增长的需求动力结构调整研究述评》，载于《湖南大学学报》2014年第1期。

[24] 杜修立、郑鑫：《人口结构、产业结构与中国经济潜在增长率》，载于《统计与信息论坛》2017年第3期。

[25] 邓创、石柱鲜：《泰勒规则与我国货币政策反应函数——基于潜在产出、自然利率与均衡汇率的研究》，载于《当代财经》2011年第1期。

[26] 董敏杰、梁泳梅、张其仔：《中国工业产能利用率：行业比较、地区差距及影响因素》，载于《经济研究》2015年第1期。

[27] 都阳、陆旸：《中国的自然失业率水平及其含义》，载于《世界经济》2011年第4期。

[28] 杜修立、郑鑫：《人口结构、产业结构与中国经济潜在增长率》，载于《统计与信息论坛》2017年第3期。

[29] 方福前、马学俊：《中国经济减速的原因与出路》，载于《中国人民大学学报》2016年第6期。

[30] 方福前、孙永君：《奥肯定律在我国的适用性检验》，载于《经济学动

态》2010 年第 12 期。

[31] 樊纲、王小鲁、张立文、朱恒鹏：《中国各地区市场化相对进程报告》，载于《经济研究》2003 年第 3 期。

[32] 耿强、江飞涛、傅坦：《政策性补贴、产能过剩与中国的经济波动——引入产能利用率 RBC 模型的实证检验》，载于《中国工业经济》2011 年第 5 期。

[33] 龚六堂、谢丹阳：《我国省份之间的要素流动和边际生产率的差异分析》，载于《经济研究》2004 年第 1 期。

[34] 龚关、胡关亮：《中国制造业资源配置效率与全要素生产率》，载于《经济研究》2013 年第 4 期。

[35] 管晓明：《结构转型与中国潜在增长率变动分析》，载于《金融理论与实践》2014 年第 4 期。

[36] 郭晗、任保平：《结构变动、要素产出弹性与中国潜在经济增长率》，载于《数量经济技术经济研究》2014 年第 12 期。

[37] 郭红兵、陈平：《基于 SVAR 模型的中国产出缺口估计及评价》，载于《数量经济技术经济研究》2010 年第 5 期。

[38] 郭红兵、陈平：《基于中国实时数据的产出缺口估计及其修正——兼论中国产出缺口和通货膨胀之间的预测关系》，载于《财贸研究》2010 年第 6 期。

[39] 郭庆旺、贾俊雪：《中国潜在产出与产出缺口的估算》，载于《经济研究》2004 年第 5 期。

[40] 郭豫媚、陈彦斌：《中国潜在经济增长率的估算及其政策含义：1979—2020》，载于《经济学动态》2015 年第 2 期。

[41] 郭凯明、余靖雯、龚六堂：《人口政策、劳动力结构与经济增长》，载于《世界经济》2013 年第 11 期。

[42] 郭凯明、颜色：《延迟退休年龄，代际收入转移与劳动力供给增长》，载于《经济研究》2016 年第 6 期。

[43] 郭凯明、余靖雯、龚六堂：《人口转变、企业家精神与经济增长》，载于《经济学（季刊）》2016 年第 2 期。

[44] 郭凯明、颜色：《生育率选择，不平等与中等收入陷阱》，载于《经济学（季刊）》2017 年第 3 期。

[45] 关浩杰：《需求结构变动非我国经济波动主要冲击源之验证》，载于《现代财经》2011 年第 12 期。

[46] 贺力平：《国内市场需求与中国长期经济增长》，载于《经济研究》1999 年第 8 期。

[47] 谷石玫、周丽梅：《技术进步与经济增长关系中的供给与需求》，载于

《当代经济研究》2012 年第 10 期。

[48] 盖庆恩、朱喜等：《土地资源配置不当与劳动生产率》，载于《经济研究》2017 年第 5 期。

[49] 黄志钢、刘霞辉：《中国经济中长期增长的趋势与前景》，载于《经济学动态》201 年第 8 期。

[50] 黄梅波、吕朝凤：《中国潜在产出的估计与"自然率假说"的检验》，载于《数量经济技术经济研究》2010 年第 7 期。

[51] 黄泰岩：《中国经济的第三次动力转型》，载于《经济学动态》2014 年第 2 期。

[52] 黄志钢、刘霞辉：《中国经济中长期增长的趋势与前景》，载于《经济学动态》2014 年第 8 期。

[53] 郝大明：《1978—2014 年中国劳动配置效应的分离与实证》，载于《经济研究》2015 年第 7 期。

[54] 贺京同、何蕾：《要素配置、生产率与经济增长——基于全行业视角的实证研究》，载于《产业经济研究》2016 年第 3 期。

[55] 姜巍、刘石成：《奥肯模型与中国实证（1978—2004）》，载于《统计与决策》2005 年第 24 期。

[56] 简泽：《企业间的生产率差异、资源再配置与制造业部门的生产率》，载于《管理世界》2011 年第 5 期。

[57] 康立、龚六堂：《金融摩擦、银行净资产与国际经济危机传导——基于多部门 DSGE 模型分析》，载于《经济研究》2014 年第 5 期。

[58] 李晨：《重新解读奥肯定律对我国"高增长、低就业"现象的适用性》，载于《经济纵横》2010 年第 10 期。

[59] 李春吉、范从来、孟晓宏：《中国货币经济波动分析：基于垄断竞争动态一般均衡模型的估计》，载于《世界经济》2010 年第 7 期。

[60] 李成、马文涛、王彬：《通货膨胀预期与宏观经济稳定：1995—2008——基于动态随机一般均衡模型的分析》，载于《南开经济研究》2009 年第 6 期。

[61] 李俊霖、莫晓芳：《城镇居民收入分配差距、消费需求与经济增长》，载于《统计观察》2006 年第 5 期。

[62] 李海峥、贾娜等：《中国人力资本的区域分布及发展动态》，载于《经济研究》2013 年第 7 期。

[63] 李静、楠玉、刘霞辉：《中国经济稳增长难题：人力资本错配及其解决途径》，载于《经济研究》2017 年第 3 期。

[64] 李非、徐晓伟：《台湾地区要素产出弹性与潜在经济增长率研究》，载于《台湾研究集刊》2017 年第 2 期。

[65] 游士兵、段晓璞：《"十三五"时期中国经济年均增速的稳健性分析》，载于《经济与管理研究》2017 年第 6 期。

[66] 罗德明、李晔、史晋川：《要素市场扭曲、资源错置与生产率》，载于《经济研究》2012 年第 3 期。

[67] 柳欣、赵雷、吕元祥：《我国经济增长中的需求结构失衡探源——基于存量—流量均衡的分析视角》，载于《经济学动态》2012 年第 7 期。

[68] 梁泳梅、董敏杰、张其仔：《产能利用率测算方法：一个文献综述》，载于《经济管理》2014 年第 11 期。

[69] 林慧娟：《基于 DSGE－VAR 方法预测中国宏观经济》，载于《金融理论与实践》2016 年第 12 期。

[70] 林仁文、杨熠：《中国市场化改革与货币政策有效性演变——基于 DSGE 的模型分析》，载于《管理世界》2014 年第 6 期。

[71] 林秀梅、王磊：《我国经济增长与失业的非线性关系研究》，载于《数量经济技术经济研究》2007 年第 6 期。

[72] 林毅夫、李永军：《中小金融机构发展与中小企业融资》，载于《经济研究》2001 年第 1 期。

[73] 林毅夫：《解读中国经济》，载于《南京农业大学学报（社会科学版）》2013 年第 2 期。

[74] 刘斌、张怀清：《我国产出缺口的估计》，载于《金融研究》2001 年第 10 期。

[75] 刘斌：《动态随机一般均衡模型及其应用》中国金融出版社 2014 年版。

[76] 刘金全、张小宇：《时变参数"泰勒规则"在我国货币政策操作中的实证研究》，载于《管理世界》2012 年第 7 期。

[77] 刘金全、金春雨、郑挺国：《中国菲利普斯曲线的动态性与通货膨胀率预期的轨迹：基于状态空间区制转移模型的研究》，载于《世界经济》2006 年第 6 期。

[78] 刘金全：《当前中国经济增长的有效需求驱动特征》，载于《经济科学》2002 年第 1 期。

[79] 刘瑞、黄炎：《中国经济潜在增长率的再估计》，载于《社会科学辑刊》2015 年第 1 期。

[80] 刘世锦、刘培林、何建武：《我国未来生产率提升潜力与经济增长前景》，载于《管理世界》2015 年第 3 期。

[81] 刘伟、苏剑：《"新常态"下的中国宏观调控》，载于《经济科学》2014 年第 4 期。

[82] 刘伟、蔡志洲、郭以馨：《现阶段中国经济增长与就业的关系研究》，载于《经济科学》2015 年第 4 期。

[83] 刘伟、冯涛：《要素再配置效应对中国服务业发展的影响研究》，载于《经济学家》2014 年第 12 期。

[84] 刘霞辉：《供给侧结构性改革助推中国经济增长——2015 年宏观经济分析及思考》，载于《学术月刊》2016 年第 4 期。

[85] 刘燕妮、安立仁、金田林：《经济结构失衡背景下的中国经济增长质量》，载于《数量经济技术经济研究》2014 年第 2 期。

[86] 刘永平、陆铭：《放松计划生育政策将如何影响经济增长——基于家庭养老视角的理论分析》，载于《经济学（季刊）》2008 年第 3 期。

[87] 刘瑶：《我国居民工资的所有制差异研究》，载于《数量经济技术经济研究》2012 年第 11 期。

[88] 刘阳、秦凤鸣：《基础设施规模与经济增长：基于需求角度的分析》，载于《世界经济》2009 年第 5 期。

[89] 刘培林：《地方保护和市场分割的损失》，载于《中国工业经济》2005 年第 4 期。

[90] 刘群、王咏笑、王梦珂：《上海市常住人口增长趋势研究：基于劳动年龄人口的情景模拟》，载于《世界地理研究》2016 年第 3 期。

[91] 卢锋、刘晓光、姜志霄等：《劳动力市场与中国宏观经济周期：兼谈奥肯定律在中国》，载于《中国社会科学》2015 年第 12 期。

[92] 陆旸、蔡昉：《人口结构变化对潜在增长率的影响：中国和日本的比较》，载于《世界经济》2014 年第 1 期。

[93] 陆旸、蔡昉：《调整人口政策对中国长期潜在增长率的影响》，载于《劳动经济研究》2013 年第 1 期。

[94] 陆旸、蔡昉：《从人口红利到改革红利：基于中国潜在增长率的模拟》，载于《世界经济》2016 年第 1 期。

[95] 骆祖春、赵奉军：《"中国式增长"的减速与转型》，载于《江海学刊》2014 年第 4 期。

[96] 吕朝凤、黄梅波：《习惯形成、借贷约束与中国经济周期特征——基于 RBC 模型的实证分析》，载于《金融研究》2011 年第 9 期。

[97] 吕光明：《潜在产出和产出缺口估计方法的比较研究》，载于《中央财经大学学报》2007 年第 5 期。

[98] 马思捷:《中国农业经济潜在增长率分析》,载于《统计与决策》2016年第9期。

[99] 马文涛:《货币政策的数量型工具与价格型工具的调控绩效比较——来自动态随机一般均衡模型的证据》,载于《数量经济技术经济研究》2011年第10期。

[100] 马文涛、魏福成:《基于新凯恩斯动态随机一般均衡模型的季度产出缺口测度》,载于《管理世界》2011年第5期。

[101] 牛犁、陈彬:《6.5%的增长目标是主动下调——2017年政府工作报告解读》,载于《中国投资》2017年第4期。

[102] 聂辉华、贾瑞雪:《中国制造业企业生产率与资源误置》,载于《世界经济》2011年第7期。

[103] 欧阳志刚、韩士专:《我国经济周期中菲利普斯曲线机制转移的阈值协整研究》,载于《数量经济技术经济研究》2007年第11期。

[104] 彭焕杰:《经济稳定增长的实现——我国需求结构调节政策》,载于《管理世界》1988年第3期。

[105] 邱晓华、郑京平、万东华:《中国经济增长动力及前景分析》,载于《经济研究》2006年第5期。

[106] 瞿凌云:《人口政策的经济效应分析——基于人口数量与质量替代效应的视角》,载于《人口与经济》2013年第5期。

[107] 任强、侯大道:《人口预测的随机方法:基于Leslie矩阵和ARMA模型》,载于《人口研究》2011年第2期。

[108] 厦门大学宏观经济研究中心课题组:《需求结构升级转换背景下的供给侧结构性改革》,载于《中国高校社会科学》2016年第3期。

[109] 沈坤荣、李猛:《中国潜在产出和产出缺口的测算:1952~2008》,载于《首都经济贸易大学学报》2010年第5期。

[110] 沈利生:《我国潜在经济增长率变动趋势估计》,载于《数量经济技术经济研究》1999年第12期。

[111] 沈利生:《最终需求结构变动怎样影响产业结构变动——基于投入产出模型的分析》,载于《数量经济技术经济研究》2011年第12期。

[112] 石昶、宋德勇:《隐性失业影响中国就业增长与经济增长的关系吗》,载于《经济学家》2012年第5期。

[113] 石柱鲜、黄红梅、石庆华:《关于中国潜在GDP与景气波动、通货膨胀的经验研究》,载于《世界经济》2004年第8期。

[114] 石柱鲜、孙皓、宋平平:《中国自然失业率的估计与应用——基于

HPMV 滤波的实证分析》，载于《财经科学》2008 年第 6 期。

[115] 石柱鲜、邓创、刘俊生、石庆华：《中国的自然利率与经济增长、通货膨胀的关系》，载于《世界经济》2006 年第 4 期。

[116] 孙远远、张建清：《中国制造业省际间资源配置效率演化：二元边际的视角》，载于《经济研究》2015 年第 10 期。

[117] 邵宜航：《资源配置扭曲与中国工业全要素生产率——基于工业企业数据库再测算》，载于《中国工业经济》2013 年第 2 期。

[118] 苏剑：《解读中国中长期经济形势》，载于《中国经济报告》2017 年第 6 期。

[119] 宋芳秀：《中国银行业市场结构和市场行为对利率改革成效的影响研究》，载于《管理世界》2007 年第 3 期。

[120] 宋旭光、何宗樾：《中国长期经济增长的数量特征》，载于《北京师范大学学报（社会科学版）》2016 年第 5 期。

[121] 田友春：《中国分行业资本存量估算：1990～2014 年》，载于《数量经济技术经济研究》2016 年第 6 期。

[122] 田依民、于洪菲：《开放经济下中国潜在产出和技术水平的估算——基于 Kalman 滤波的状态空间模型》，载于《经济问题》2014 年第 12 期。

[123] 王艾青、安立仁：《中国潜在经济增长率的估计》，载于《统计与信息论坛》2008 年第 7 期。

[124] 王焕清：《不同计划生育政策下的我国人口预测研究》，载于《统计与决策》2013 年第 5 期。

[125] 王文甫：《价格粘性、流动性约束与中国财政政策的宏观效应——动态新凯恩斯主义视角》，载于《管理世界》2010 年第 9 期。

[126] 王小鲁、樊纲、刘鹏：《中国经济增长方式转换和增长可持续性》，载于《经济研究》2009 年第 1 期。

[127] 王燕武、王俊海：《中国经济波动来源于供给还是需求——基于新凯恩斯模型的研究》，载于《南开经济研究》2011 年第 1 期。

[128] 王志刚、龚六堂、陈玉宇：《地区间生产效率与全要素生产率增长率分解（1978—2003）》，载于《中国社会科学》2006 年第 2 期。

[129] 王红蕾：《经济新常态下我国供给侧结构性改革探究》，载于《经营管理者》2017 年第 10 期。

[130] 王金营、蔺丽莉：《中国人口劳动参与率与未来劳动力供给分析》，载于《人口学刊》2006 年第 4 期。

[131] 王金营、戈艳霞：《全面二孩政策实施下的中国人口发展态势》，载

于《人口研究》2016 年第 6 期。

[132] 王金营、杨磊：《中国人口转变、人口红利与经济增长的实证》，载于《人口学刊》2010 年第 5 期。

[133] 魏杰：《基于国民生产总值的经济结构调整》，载于《学术月刊》2010 年第 6 期。

[134] 韦森：《从宏观数据看中国经济的当下格局与长期增长前景》，载于《财经问题研究》2017 年第 4 期。

[135] 汪伟：《人口老龄化、生育政策调整与中国经济增长》，载于《经济学（季刊）》2016 年第 4 期。

[136] 文建东、潘亚柳：《动态随机一般均衡方法的形成与发展》，载于《经济学动态》2013 年第 8 期。

[137] 吴雪，周晓唯：《人口红利、制度红利与中国经济增长》，载于《经济体制改革》2017 年第 3 期。

[138] 吴国培、王伟斌、张习宁：《新常态下的中国经济增长潜力分析》，载于《金融研究》2015 年第 8 期。

[139] 伍戈、刘琨：《中国通胀与产出的动态研究——基于时变性的菲利普斯曲线》，载于《财贸经济》2014 年第 10 期。

[140] 谢太峰、王子博：《中国经济周期拐点预测——基于潜在经济增长率与经验判断》，载于《国际金融研究》2013 年第 1 期。

[141] 徐翔：《人口老龄化背景下的长期经济增长潜力研究》，载于《金融研究》2017 年第 6 期。

[142] 徐现祥、周吉梅、舒元：《中国省区三次产业资本存量估计》，载于《统计研究》2007 年第 5 期。

[143] 许召元：《中国的潜在产出、产出缺口及产量—通货膨胀交替关系——基于"Kalman 滤波"方法的研究》，载于《数量经济技术经济研究》2005 年第 12 期。

[144] 鄢莉莉、王一鸣：《金融发展、金融市场冲击与经济波动——基于动态随机一般均衡模型的分析》，载于《金融研究》2012 年第 12 期。

[145] 鄢萍：《资本误配置的影响因素初探》，载于《经济学（季刊）》2013 年第 11 期。

[146] 颜双波、张连城：《潜在产出与产出缺口的界定与测算方法》，载于《首都经济贸易大学学报》2007 年第 1 期。

[147] 杨坤、曹晖、孙宁华：《非正规金融、利率双轨制与信贷政策效果——基于新凯恩斯动态随机一般均衡模型的分析》，载于《管理世界》2015 年第 5 期。

[148] 杨小军：《中国新凯恩斯主义菲利普斯曲线的经验研究》，载于《统计研究》2011年第2期。

[149] 杨旭、李隽、王哲昊：《对我国潜在经济增长率的测算——基于二元结构奥肯定律的实证分析》，载于《数量经济技术经济研究》2007年第10期。

[150] 杨洋：《世界经济增长的长期趋势与供给侧改革》，载于《上海经济研究》2016年第8期。

[151] 杨熠、林仁文、金洪飞：《信贷市场扭曲与中国货币政策的有效性——引入非市场化因素的随机动态一般均衡分析》，载于《金融研究》2013年第9期。

[152] 杨汝岱：《中国制造业企业全要素生产率研究》，载于《经济研究》2015年第2期。

[153] 杨振、陈甬军：《中国制造业资源误置及福利损失测度》，载于《经济研究》2013年第3期。

[154] 殷德生：《经济转型中的潜在增长率变化与新一轮"开放促改革"的突破口》，载于《华东师范大学学报（哲学社会科学版）》2014年第5期。

[155] 尹碧波、周建军：《中国经济中的高增长与低就业——奥肯定律的中国经验检验》，载于《财经科学》2010年第1期。

[156] 于洪菲、田依民：《中国1978—2011年潜在产出和产出缺口的再估算——基于不同生产函数方法》，载于《财经科学》2013年第5期。

[157] 袁富华：《低碳经济约束下的中国潜在经济增长》，载于《经济研究》2010年第8期。

[158] 姚战琪：《生产率增长与要素再配置效应：中国的经验研究》，载于《经济研究》2009年第11期。

[159] 余淼杰：《中国的贸易自由化与制造业企业生产率》，载于《经济研究》2010年第12期。

[160] 张达平、赵振全：《新常态下货币政策规则适用性研究——基于DSGE模型的分析》，载于《经济学家》2016年第8期。

[161] 张鸿武：《我国产出缺口和潜在经济增长率的估计》，载于《经济学动态》2005年第8期。

[162] 张怀清：《非加速型通货膨胀下的失业率研究》，载于《金融理论与实践》2008年第12期。

[163] 张健华、王鹏：《中国全要素生产率：基于分省份资本折旧率的再估计》，载于《管理世界》2012年第10期。

[164] 张军、吴桂英、张吉鹏：《中国省际物质资本存量估算：1952—2000》，载于《经济研究》2004年第10期。

[165] 张军、章元:《对中国资本存量 K 的再估计》,载于《经济研究》2003 年第 7 期。

[166] 张连城、韩蓓:《中国潜在经济增长率分析——HP 滤波平滑参数的选择及应用》,载于《经济与管理研究》2009 年第 3 期。

[167] 张平、刘霞辉:《中国经济增长前沿:Frontier theories of China economic growth》,社会科学文献出版社 2007 年版。

[168] 张平:《"结构性"减速下的中国宏观政策和制度机制选择》,载于《经济学动态》2012 年第 10 期。

[169] 张鹤、刘金全、顾洪梅:《国外总需求和总供给对中国经济增长拉动作用的经验分析》,载于《世界经济》2005 年第 4 期。

[170] 张中华:《产业结构、投资结构决定的理论考察》,载于《中南财经大学学报》1999 年第 5 期。

[171] 张屹山、陈超、张丽媛:《基于产业结构模型的中国未来经济潜在增长率测算》,载于《社会科学战线》2016 年第 10 期。

[172] 张屹山、胡茜:《产业结构调整、人口结构转变与潜在经济增长率》,载于《东南大学学报(哲学社会科学版)》2016 年第 2 期。

[173] 张连城、韩蓓:《中国潜在经济增长率分析——HP 滤波平滑参数的选择及应用》,载于《经济与管理研究》2009 年第 3 期。

[174] 张占斌:《中国经济新常态的趋势性特征及政策取向》,载于《国家行政学院学报》2015 年第 1 期。

[175] 张车伟、张士斌:《中国初次收入分配格局的变动与问题——以劳动报酬占 GDP 份额为视角》,载于《中国人口科学》2010 年第 5 期。

[176] 张海水:《中美劳动人口受教育程度的现状比较与启示》,载于《复旦教育论坛》2014 年。

[177] 赵昕东:《基于 SVAR 模型的中国产出缺口估计与应用》,载于《经济评论》2008 年第 6 期。

[178] 赵昕东:《基于菲利普斯曲线的中国产出缺口估计》,载于《世界经济》2008 年第 1 期。

[179] 赵伟:《奥肯定律失灵了抑或其他?》,载于《浙江经济》2017 年第 5 期。

[180] 中国季度宏观经济模型 CQMM 课题组、李文溥、龚敏等:《2015—2016 年中国宏观经济再展望》,载于《厦门大学学报(哲学社会科学版)》2015 年第 6 期。

[181] 中国经济增长前沿课题组、张平、刘霞辉等:《中国经济长期增长路

径、效率与潜在增长水平》，载于《经济研究》2012 年第 11 期。

[182] 中国经济增长前沿课题组、张平、刘霞辉等：《中国经济转型的结构性特征、风险与效率提升路径》，载于《经济研究》2013 年第 10 期。

[183] 中国经济增长前沿课题组等：《中国经济增长的低效率冲击与减速治理》，载于《经济研究》2014 年第 12 期。

[184] 中国人民银行营业管理部课题组、杨国中、李宏瑾：《基于生产函数法的潜在产出估计、产出缺口及与通货膨胀的关系：1978~2009》，载于《金融研究》2011 年第 3 期。

[185] 仲崇文、吴甦、于洪菲：《基于总需求总供给均衡理论的我国潜在产出实证研究》，载于《价格理论与实践》2013 年第 12 期。

[186] 朱剑冰、吕静、王立勇：《我国潜在经济增长水平测算与经济增长态势研究》，载于《价格理论与实践》2015 年第 3 期。

[187] 庄子罐、崔小勇、龚六堂、邹恒甫：《预期与经济波动——预期冲击是驱动中国经济波动的主要力量吗》，载于《经济研究》2012 年第 6 期。

[188] 邹沛江：《奥肯定律在中国真的失效了吗？》，载于《数量经济技术经济研究》2013 年第 6 期。

[189] 邹薇、胡翱：《中国经济对奥肯定律的偏离与失业问题研究》，载于《世界经济》2003 年第 6 期。

[190] 邹卫星、房林：《中国经济增长的特征、可持续性与潜在增长率估算：一个综述》，载于《经济学家》2007 年第 4 期。

[191] 翟振武、李龙、陈佳鞠：《全面两孩政策下的目标人群及新增出生人口估计》，载于《人口研究》2016 年第 4 期。

[192] 郑伟、林山君、陈凯：《中国人口老龄化的特征趋势及对经济增长的潜在影响》，载于《数量经济技术经济研究》2014 年第 8 期。

[193] 周海春：《劳动力无限供给条件下的中国经济潜在增长率》，载于《管理世界》1999 年第 3 期。

[194] 曾先峰、李国平：《资源再配置与中国工业增长：1985~2007 年》，载于《数量经济技术经济研究》2011 年第 9 期。

[195] 曾辉、尹小兵：《中国潜在 GDP 估计的比较研究——基于 1952—2008 年度和季度数据》，载于《南方金融》2009 年第 6 期。

[196] Acemoglu D., P. Restrepo. The Race between Machine and Man: Implications of Technology for Growth, Factor Shares and Employment. 2016, NBER Working Paper No. 22252.

[197] Aghion P., B. F. Jones, C. I. Jones. Artificial Intelligence and Economic

growth. 2017, NBER Working Paper No. 23928.

[198] Amitava Krishna Dutt. Aggregate Demand, Aggregate Supply and Economic Growth, *International Review of Applied Economics*, 2006, 20: 319 – 334.

[199] Amitava Krishna Dutt. The Role of Aggregate Demand in Classical – Marxian models of Economic Growth. *Cambridge Journal of Economics*, 2011, 35: 357 – 382.

[200] Amitava Krishna Dutt. The Role of Aggregate Demand in Classical Marxian models of Economic Growth. *Cambridge Journal of Economics*, 2015, 35: 357 – 382.

[201] Andre Lorentz, Tommaso Ciarli, Maria Savona, Marco Valente. The Effect of Demand-driven Structural Transformations on Growth and Technological Change. *Journal of Evolutionary Economics*, 2016, 26: 219 – 246.

[202] Baily, Martin Neil, et al. 1992. Productivity Dynamics in Manufacturing Plants. *Brookings Papers on Economic Activity*. Microeconomics: 187 – 267.

[203] Bartelsman E, Haltiwanger J, Scarpetta S. Cross-country Differences in Productivity: The Role of Allocation and Selection. *The American Economic Review*, 2013, 103 (1): 305 – 334.

[204] Basistha A, Nelson C. R. New Measures of the Output Gap based on the Forward-looking New Keynesian Phillips Curve. *Journal of Monetary Economics*, 2007, 54 (2): 498 – 511.

[205] Balcilar M., Gupta R., Kotzé K. Forecasting Macroeconomic Data for an Emerging Market with a Nonlinear DSGE Model. *Economic Modelling*, 2015, 44: 215 – 228.

[206] Barro R. J. Economic Growth and Convergence, Applied to China. *China & World Economy*, 2016, 24 (5): 5 – 19.

[207] Benzell S., Kotlikoff L., LaGarda G., Sachs J. Robots Are Us: Some Economics of Human Replacement. 2015, NBER Working Paper No. 20941.

[208] Bello O. D., Blyde J. S., Restuccia D. Venezuela's Growth Experience. *Latin American Journal of Economics*, 2011, 48 (2): 199 – 226.

[209] Bello, Omar D., Juan S. Blyde, and Diego Restuccia, 2011, Venezuela's Growth Experience. *Latin American Journal of Economics* 48. 2: 199 – 226.

[210] Berger T., Kempa B. Bayesian Estimation of the Output Gap for a Small Open economy: The case of Canada. *Economics Letters*, 2011, 112 (1): 107 – 112.

[211] Beveridge S., Nelson C. R. A New Approach to Decomposition of Economic Time Series into Permanent and Transitory Components with Particular Attention to Meas-

urement of the "business cycle", *Journal of Monetary Economics*, 1981, 7 (2): 151 – 174.

[212] Blecker, R. (2002) Distribution, Demand and Growth in neo – Kaleckian Macro Models, in: M. Setterfield (Ed.) The Economics of Demand – Led Growth: Challenging the Supply-side Vision of the Long Run (Cheltenham, Edward Elgar), pp. 129 – 152.

[213] Bosworth B, Collins S. M. Accounting for Growth: Comparing China and India. Nber Working Papers, 2008, 22 (1): 45 – 66.

[214] Brouwer, E., Kleinknecht, A. Keynes-plus? Effective Demand and Changes in Firm-level R&D: an Empirical Note, *Cambridge Journal of Economics*, 1999, 23: 385 – 399.

[215] Brandt L., Tombe T, Zhu X., Factor market distortions across time, space and sectors in China. *Review of Economic Dynamics*, 2013, 16 (1): 39 – 58.

[216] Busso M., Madrigal L. Productivity and Resource Misallocation in Latin America. *The BE Journal of Macroeconomics*, 2013, 13 (1): 903 – 932.

[217] Bucci A. Population Growth in a Model of Economic Growth with Human Capital Accumulation and Horizontal R&D. *Journal of Macroeconomics*, 2008, 30 (3): 1124 – 1147.

[218] Calvo G. A. Staggered Prices in a Utility-maximizing Framework. *Journal of Monetary Economics*, 1983, 12 (3): 383 – 398.

[219] Chenery H. B., Robinson S., Syrquin M. *Industrialization and Growth*. Washington, DC, USA: World Bank, 1986.

[220] Chong – Bum A. N., Jeon S. H. Demographic Changes and Economic Growth in Korea. 2006.

[221] Christiano L. J., Eichenbaum M., Evans C. L. Nominal Rigidities and the Dynamic Effects of a Shock to Monetary Policy. *Journal of Political Economy*, 2005, 113 (1): 1 – 45.

[222] Coen R. M., Hickman B. G. An Econometric Model of Potential Output, Productivity Growth, and Resource Utilization. *Journal of Macroeconomics*, 2006, 28 (4): 645 – 664.

[223] Collard F., Dellas H., Diba B., Loisel O. *Optimal Monetary and Prudential Policies*. Social Science Electronic Publishing, 2012.

[224] Cristina Echevarria. International Economic Review. Changes in Sectoral Composition Nassociated with Economic Growth. 1997, 2 (38): 431 – 451.

[225] David F, Annabelle M. The Effect of Financial Crises on Potential Output: New Empirical Evidence from OECD Countries. *Journal of Macroeconomics*, 2012, 34.

[226] Dollar D, Wei S. J. Das (Wasted) Kapital: Firm Ownership and Investment Efficiency in China. *Imf Working Papers*, 2007, 7 (13103).

[227] Fueki T, Fukunaga I, Ichiue H, Shirota T. Measuring Potential Growth with an Estimated DSGE Model of Japan's Economy. *Bank of Japan Working Paper*, 2010, 12 (1): 1 – 32.

[228] Friedman M. A Theoretical Framework for Monetary Analysis. *Journal of Political Economy*, 1970, 78 (2): 193 – 238.

[229] Gerhard Colm, John Cornwall, Arthur Smithies. Discussion, The American Economic Review, 1962, 52: 87 – 92.

[230] Georgea. Kahn. New Estimates of the U. S. Economy's Potential Growth Rate. *Contemporary Economic Policy*, 2007, 14 (4).

[231] Gordon D. M. The Un-natural Rate of Unemployment: An Econometric Critique of the Nairu Hypothesis. *American Economic Review*, 1988, 78 (2): 117 – 123.

[232] Gertler M, Gilchrist S, Natalucci F. M. External Constraints on Monetary Policy and the Financial Accelerator. *Journal of Money*, 2008, 66 (8): 295 – 330.

[233] Gordon R. J. The Time-varying NAIRU and Its Implications for Economic Policy. *Journal of Economic Perspectives*, 1997, 11 (1): 11 – 32.

[234] Gordon R. J. A New Method of Estimating Potential Real GDP growth: Implications for the Labor Market and the Debt/GDP ratio. NBER Working Paper, No. 20423.

[235] Guner N, Ventura G, Xu Y. Macroeconomic Implications of size-dependent policies. *Review of Economic Dynamics*, 2008, 11 (4): 721 – 744.

[236] Hanusch M. Jobless growth? Okun's law in East Asia. *Journal of International Commerce Economics & Policy*, 2013, 4 (3): 1350011 – 1350014.

[237] Harrod, R. F. An Essay in Dynamic Theory, *Economic Journal*, 1939, 49: 14 – 33.

[238] Holger Strulik, Klaus Prettner, Prskawetz A. The Past and Future of Knowledge-based Growth. *Journal of Economic Growth*, 2013, 18 (4): 411 – 437.

[239] Holz C. A. China's Economic Growth 1978 – 2025: What We Know Today about China's Economic Growth Tomorrow. World Development, 2008, 36 (10): 1665 – 1691.

[240] Hopenhayn H, Rogerson R. Job Turnover and Policy Evaluation: A Gen-

eral Equilibrium Analysis. *Journal of Political Economy*, 1993: 915 – 938.

［241］ Hsieh, Chang Tai, P. J Klenow. 2009. Misllocation and Manufacturing TFP in China and India. *Quarterly Journal of Economics* 124. 4: 1403 – 1448.

［242］ Hsieh, Chang – Tai, Peter J. Klenow, 2012, The Life Cycle of Plants in India and Mexico ［J］. No. w18133. National Bureau of Economic Research.

［243］ Islas Camargo A, Cortez W. W. Revisiting Okun's Law for Mexico: an Analysis of the Permanent and Transitory Components of Unemployment and Output. *Journal of Macroeconomics*, 2011, 26 (2): 131 – 166.

［244］ James R. Crotty. Post – Keynesian Economic Theory: An Overview and Evaluation, *The American Economic Review*, 1980, 70: 20 – 25.

［245］ John F. Walker and Harold G. Vatter. The American Economist. Demand: the Neglected Participant in the Long Run U. S. Productivity Record.

［246］ Joilson Dias. Human Capital Demand in Brazil: The Effects of Adjustment cost, Economic Growth, Exports and Imports. Economic, 2015, 16 (1): 76 – 92.

［247］ Jorgenson D. W, Vu K. M. Potential Growth of the World Economy. *Journal of Policy Modeling*, 2010, 32 (5): 615 – 631.

［248］ Juillard M, Kamenik O, Kumhof M, Laxton D. Measures of Potential Output from an Estimated DSGE Model of the United States. NBER Working Papers, 2006.

［249］ Kahn R. F. Exercises in the Analysis of Growth, Oxford Economic Papers, 1959, 11: 143 – 156.

［250］ Kalemli – Ozcan S, Sørensen B. E. Misallocation, Property Rights, and Access to Finance: Evidence from within and Across Africa. African Successes: Modernization and Development, Volume 3. University of Chicago Press, 2014.

［251］ Knotek E. S How Useful is Okun's Law? *Economic Review*, 2007, 92: 73 – 103.

［252］ Lee J. The Robustness of Okun's Law: Evidence from OECD Countries. *Journal of Macroeconomics*, 2000, 22 (2): 331 – 356.

［253］ Lu F. C. Y. Population Change and Resulting Slowdown in Potential GDP growth in China. 2013, 21 (2): 1 – 14.

［254］ Marco Missaglia. Demand Policies for Long – Run Growth: Being Keynesian both in the Short and in the Long – Run?, *Metroeconomica*, 2007, 58: 74 – 94.

［255］ MARK SETTERFIELD. Supply and Demand in the Theory of Long-run Growth: Introduction to Asymposium on Demand-led Growth, *Review of Political Economy*, 2003, 15: 23 – 31.

[256] Mardi Dungey, John Pitchford. Potential Growth and Inflation: Estimates for Australia, the United States and Canada. *Australian Economic Review*, 2004, 37 (1).

[257] Merkl C. Galí J. Monetary Policy, Inflation, and the Business Cycle: An Introduction to the New Keynesian Framework. *Journal of Economics*, 2008, 95 (2): 179 – 181.

[258] Murphyk, Shleifer A, Vishny R. Income Distribution, Market Size and Industrialiaztion, *Quarterly Journal of Economics*, 1989, 104: 537 – 564.

[259] Okun A. M. Potential GNP: Its measurement and Significance. In Proceedings of the Business and Economics Statistics Section, *American Statistical Association*, Washington, D. C., 1962.

[260] Olivier Blancharda, Guido Lorenzoni, Jean Paul L'Huillierc. Short-run Effects of Lower Productivity Growth. A Twist on the Secular Stagnation Hypothesis. Journal of Policy Modeling, 2017.

[261] Olley, G. Steven, A. Pakes. 1992. The Dynamics Of Productivity In The Telecommunications Equipment Industry, Social Science Electronic Publishing 64. 6: 1263 – 1297.

[262] Pierdzioch C, Rülke J, Stadtmann G. Do Professional Economists' Forecasts Reflect Okun's Law? Some Evidence for the G7 Countries. *Applied Economics*, 2011, 43 (11): 1365 – 1373.

[263] Palley T. I. Aggregate Demand in a Reconstruction of Growth Theory: The Macrofoundations of Economic Growth, *Review of Political Economy*, 8: 23 – 35.

[264] Prettner K, Bloom D. E, Strulik H. Declining Fertility and Economic Well-being: Do Education and Health Ride to the Rescue? . Labour Econ, 2013, 22 (2): 70 – 79.

[265] Ravn S. H. Asymmetric Monetary Policy Towards the Stock Market: A DSGE Approach. *Journal of Macroeconomics*, 2014, 39: 24 – 41.

[266] Rasmus Kattai. Estonia's Potential Growth Revisited. *Baltic Journal of Economics*, 2010, 10 (2).

[267] Reto Foellmi, Josef Zweimüller. Structural Change, Engel's Consumption Cycles and Kaldor's Facts of Economic Growth, *Journal of Monetary Economics*, 2008, 55: 1317 – 1328.

[268] Restuccia, Diego, and R. Rogerson. 2008. Policy Distortions and Aggregate Productivity with Heterogeneous Establishments. *Review of Economic Dynamics* 11. 4: 707 – 720.

[269] Restuccia D, Rogerson R. Misallocation and Productivity. *Review of Economic Dynamics*, 2013, 16 (1): 1–10.

[270] Roberto Perotti. Growth, Income Distribution, and Democracy What the Data Say. Columbia University, 1995.

[271] Robinson J. Essays in the Theory of Economic Growth (London: Macmillan), 1962.

[272] Sumanjeet Singh, Minakshi Paliwal. Unleashing The Growth Potential Of Indian MSME Sector. *Comparative Economic Research*, 2017, 20 (2).

[273] Smets F, Wouters R. Comparing Shocks and Frictions in US and Euro Area Business Cycles: A Bayesian DSGE Approach. *Journal of Applied Econometrics*, 2003, 20 (2): 161–183.

[274] Song Z, Storesletten K, Zilibotti F. Growing like China. *American Economic Review*, 2011, 101 (1): 196–233.

[275] Thomas I. Palley. Growth Theory in a Keynesian Mode: Some Keynesian Foundations for New Endogenous Growth Theory, *Journal of Post Keynesian Economics*, 1996, 19: 114–135.

[276] Timmer M. P, Szirmai A. Productivity Growth in Asian Manufacturing: The Structural Bonus Hypothesis Examined. *Structural Change and Economic Dynamics*, 2000, 11 (4): 371–392.

[277] Woodford M. 2003. Interest and Prices : Foundations of a Theory of Monetary policy Princeton University Press, 550, 552.

[278] Zeira J. Workers, Machines, and Economic Growth. *Quarterly Journal of Economics*, 1998, 113 (4): 1091–1117.

后 记

中国经济的潜在增长率研究历来是宏观经济领域的热点。本轮经济减速的原因和未来中国经济的增长趋势是近几年宏观经济学术界争论的两个问题，本书在此抛砖引玉，从三个不同的视角研究了这两个问题，但是仍然值得学者们进一步研究。本书认为，关于中国的潜在增长率，在未来的进一步研究中，有以下方面可以进一步深入、拓展。

（1）从总供给的视角使用生产函数法测算中国的潜在增长率时，需要估算总人口、就业人口，本书考虑了人口政策变动对中国人口的影响。但是，由于"全面二孩政策"实施的年份很短，"二孩"的生育意愿这一数据还无法直接得到，本书采取估算的方法得出这一数据。期待随着时间的推移，能够得到这一指标的准确数据，从而对中国潜在增长率的测算更加准确。

（2）从总供给的视角使用生产函数法测算中国的潜在增长率时，需要用到物质资本存量这一变量，但是中国的物质资本存量数据不能直接得到，需要估算。虽然本书采用通行的永续盘存法来估算，并对估算中需要用到的变量做了详细地再估计，但是目前学术界对于基期物质资本存量和折旧率的估算还没有达成统一，导致不同的学者对中国物质资本存量的估算结果有较大差异。期待以后关于物质资本存量有更好的估计方法、更准确的估计结果。

（3）从一般均衡的视角测算中国的潜在增长率时，本书构建新凯恩斯动态随机一般均衡模型来测算，本书的研究虽然是基于小型开放经济展开的，但尚未考虑汇率、进出口等因素对中国潜在增长率的影响。然而，改革开放以来，中国经济的对外开放程度日益加深，中国经济和世界经济的联系越来越紧密，汇率、外贸等因素对中国经济的影响越来越大。因此，在未来的进一步研究中值得将本书的动态随机一般均衡模型扩展到开放经济条件下。

（4）本书在展望篇中，没有更深入地对正在茁壮成长的新经济（第四次工业革命）对我国未来潜在增长率进行分析。以云计算、大数据、物联网等为代表的新经济正在成长，推动了传统产业和新技术的融合，催生了很多新业态，促进我国经济转型升级，提升未来经济潜在增长率的新引擎。

教育部哲学社会科学研究重大课题攻关项目成果出版列表

序号	书　名	首席专家
1	《马克思主义基础理论若干重大问题研究》	陈先达
2	《马克思主义理论学科体系建构与建设研究》	张雷声
3	《马克思主义整体性研究》	逄锦聚
4	《改革开放以来马克思主义在中国的发展》	顾钰民
5	《新时期　新探索　新征程 ——当代资本主义国家共产党的理论与实践研究》	聂运麟
6	《坚持马克思主义在意识形态领域指导地位研究》	陈先达
7	《当代资本主义新变化的批判性解读》	唐正东
8	《当代中国人精神生活研究》	童世骏
9	《弘扬与培育民族精神研究》	杨叔子
10	《当代科学哲学的发展趋势》	郭贵春
11	《服务型政府建设规律研究》	朱光磊
12	《地方政府改革与深化行政管理体制改革研究》	沈荣华
13	《面向知识表示与推理的自然语言逻辑》	鞠实儿
14	《当代宗教冲突与对话研究》	张志刚
15	《马克思主义文艺理论中国化研究》	朱立元
16	《历史题材文学创作重大问题研究》	童庆炳
17	《现代中西高校公共艺术教育比较研究》	曾繁仁
18	《西方文论中国化与中国文论建设》	王一川
19	《中华民族音乐文化的国际传播与推广》	王耀华
20	《楚地出土戰國簡册［十四種］》	陈　伟
21	《近代中国的知识与制度转型》	桑　兵
22	《中国抗战在世界反法西斯战争中的历史地位》	胡德坤
23	《近代以来日本对华认识及其行动选择研究》	杨栋梁
24	《京津冀都市圈的崛起与中国经济发展》	周立群
25	《金融市场全球化下的中国监管体系研究》	曹凤岐
26	《中国市场经济发展研究》	刘　伟
27	《全球经济调整中的中国经济增长与宏观调控体系研究》	黄　达
28	《中国特大都市圈与世界制造业中心研究》	李廉水

序号	书　名	首席专家
29	《中国产业竞争力研究》	赵彦云
30	《东北老工业基地资源型城市发展可持续产业问题研究》	宋冬林
31	《转型时期消费需求升级与产业发展研究》	臧旭恒
32	《中国金融国际化中的风险防范与金融安全研究》	刘锡良
33	《全球新型金融危机与中国的外汇储备战略》	陈雨露
34	《全球金融危机与新常态下的中国产业发展》	段文斌
35	《中国民营经济制度创新与发展》	李维安
36	《中国现代服务经济理论与发展战略研究》	陈　宪
37	《中国转型期的社会风险及公共危机管理研究》	丁烈云
38	《人文社会科学研究成果评价体系研究》	刘大椿
39	《中国工业化、城镇化进程中的农村土地问题研究》	曲福田
40	《中国农村社区建设研究》	项继权
41	《东北老工业基地改造与振兴研究》	程　伟
42	《全面建设小康社会进程中的我国就业发展战略研究》	曾湘泉
43	《自主创新战略与国际竞争力研究》	吴贵生
44	《转轨经济中的反行政性垄断与促进竞争政策研究》	于良春
45	《面向公共服务的电子政务管理体系研究》	孙宝文
46	《产权理论比较与中国产权制度变革》	黄少安
47	《中国企业集团成长与重组研究》	蓝海林
48	《我国资源、环境、人口与经济承载能力研究》	邱　东
49	《"病有所医"——目标、路径与战略选择》	高建民
50	《税收对国民收入分配调控作用研究》	郭庆旺
51	《多党合作与中国共产党执政能力建设研究》	周淑真
52	《规范收入分配秩序研究》	杨灿明
53	《中国社会转型中的政府治理模式研究》	娄成武
54	《中国加入区域经济一体化研究》	黄卫平
55	《金融体制改革和货币问题研究》	王广谦
56	《人民币均衡汇率问题研究》	姜波克
57	《我国土地制度与社会经济协调发展研究》	黄祖辉
58	《南水北调工程与中部地区经济社会可持续发展研究》	杨云彦
59	《产业集聚与区域经济协调发展研究》	王　珺

序号	书　名	首席专家
60	《我国货币政策体系与传导机制研究》	刘　伟
61	《我国民法典体系问题研究》	王利明
62	《中国司法制度的基础理论问题研究》	陈光中
63	《多元化纠纷解决机制与和谐社会的构建》	范　愉
64	《中国和平发展的重大前沿国际法律问题研究》	曾令良
65	《中国法制现代化的理论与实践》	徐显明
66	《农村土地问题立法研究》	陈小君
67	《知识产权制度变革与发展研究》	吴汉东
68	《中国能源安全若干法律与政策问题研究》	黄　进
69	《城乡统筹视角下我国城乡双向商贸流通体系研究》	任保平
70	《产权强度、土地流转与农民权益保护》	罗必良
71	《我国建设用地总量控制与差别化管理政策研究》	欧名豪
72	《矿产资源有偿使用制度与生态补偿机制》	李国平
73	《巨灾风险管理制度创新研究》	卓　志
74	《国有资产法律保护机制研究》	李曙光
75	《中国与全球油气资源重点区域合作研究》	王　震
76	《可持续发展的中国新型农村社会养老保险制度研究》	邓大松
77	《农民工权益保护理论与实践研究》	刘林平
78	《大学生就业创业教育研究》	杨晓慧
79	《新能源与可再生能源法律与政策研究》	李艳芳
80	《中国海外投资的风险防范与管控体系研究》	陈菲琼
81	《生活质量的指标构建与现状评价》	周长城
82	《中国公民人文素质研究》	石亚军
83	《城市化进程中的重大社会问题及其对策研究》	李　强
84	《中国农村与农民问题前沿研究》	徐　勇
85	《西部开发中的人口流动与族际交往研究》	马　戎
86	《现代农业发展战略研究》	周应恒
87	《综合交通运输体系研究——认知与建构》	荣朝和
88	《中国独生子女问题研究》	风笑天
89	《我国粮食安全保障体系研究》	胡小平
90	《我国食品安全风险防控研究》	王　硕

序号	书　名	首席专家
91	《城市新移民问题及其对策研究》	周大鸣
92	《新农村建设与城镇化推进中农村教育布局调整研究》	史宁中
93	《农村公共产品供给与农村和谐社会建设》	王国华
94	《中国大城市户籍制度改革研究》	彭希哲
95	《国家惠农政策的成效评价与完善研究》	邓大才
96	《以民主促进和谐——和谐社会构建中的基层民主政治建设研究》	徐　勇
97	《城市文化与国家治理——当代中国城市建设理论内涵与发展模式建构》	皇甫晓涛
98	《中国边疆治理研究》	周　平
99	《边疆多民族地区构建社会主义和谐社会研究》	张先亮
100	《新疆民族文化、民族心理与社会长治久安》	高静文
101	《中国大众媒介的传播效果与公信力研究》	喻国明
102	《媒介素养：理念、认知、参与》	陆　晔
103	《创新型国家的知识信息服务体系研究》	胡昌平
104	《数字信息资源规划、管理与利用研究》	马费成
105	《新闻传媒发展与建构和谐社会关系研究》	罗以澄
106	《数字传播技术与媒体产业发展研究》	黄升民
107	《互联网等新媒体对社会舆论影响与利用研究》	谢新洲
108	《网络舆论监测与安全研究》	黄永林
109	《中国文化产业发展战略论》	胡惠林
110	《20世纪中国古代文化经典在域外的传播与影响研究》	张西平
111	《国际传播的理论、现状和发展趋势研究》	吴　飞
112	《教育投入、资源配置与人力资本收益》	闵维方
113	《创新人才与教育创新研究》	林崇德
114	《中国农村教育发展指标体系研究》	袁桂林
115	《高校思想政治理论课程建设研究》	顾海良
116	《网络思想政治教育研究》	张再兴
117	《高校招生考试制度改革研究》	刘海峰
118	《基础教育改革与中国教育学理论重建研究》	叶　澜
119	《我国研究生教育结构调整问题研究》	袁本涛 王传毅
120	《公共财政框架下公共教育财政制度研究》	王善迈

序号	书　名	首席专家
121	《农民工子女问题研究》	袁振国
122	《当代大学生诚信制度建设及加强大学生思想政治工作研究》	黄蓉生
123	《从失衡走向平衡：素质教育课程评价体系研究》	钟启泉 崔允漷
124	《构建城乡一体化的教育体制机制研究》	李　玲
125	《高校思想政治理论课教育教学质量监测体系研究》	张耀灿
126	《处境不利儿童的心理发展现状与教育对策研究》	申继亮
127	《学习过程与机制研究》	莫　雷
128	《青少年心理健康素质调查研究》	沈德立
129	《灾后中小学生心理疏导研究》	林崇德
130	《民族地区教育优先发展研究》	张诗亚
131	《WTO主要成员贸易政策体系与对策研究》	张汉林
132	《中国和平发展的国际环境分析》	叶自成
133	《冷战时期美国重大外交政策案例研究》	沈志华
134	《新时期中非合作关系研究》	刘鸿武
135	《我国的地缘政治及其战略研究》	倪世雄
136	《中国海洋发展战略研究》	徐祥民
137	《深化医药卫生体制改革研究》	孟庆跃
138	《华侨华人在中国软实力建设中的作用研究》	黄　平
139	《我国地方法制建设理论与实践研究》	葛洪义
140	《城市化理论重构与城市化战略研究》	张鸿雁
141	《境外宗教渗透论》	段德智
142	《中部崛起过程中的新型工业化研究》	陈晓红
143	《农村社会保障制度研究》	赵　曼
144	《中国艺术学学科体系建设研究》	黄会林
145	《人工耳蜗术后儿童康复教育的原理与方法》	黄昭鸣
146	《我国少数民族音乐资源的保护与开发研究》	樊祖荫
147	《中国道德文化的传统理念与现代践行研究》	李建华
148	《低碳经济转型下的中国排放权交易体系》	齐绍洲
149	《中国东北亚战略与政策研究》	刘清才
150	《促进经济发展方式转变的地方财税体制改革研究》	钟晓敏
151	《中国—东盟区域经济一体化》	范祚军

序号	书名	首席专家
152	《非传统安全合作与中俄关系》	冯绍雷
153	《外资并购与我国产业安全研究》	李善民
154	《近代汉字术语的生成演变与中西日文化互动研究》	冯天瑜
155	《新时期加强社会组织建设研究》	李友梅
156	《民办学校分类管理政策研究》	周海涛
157	《我国城市住房制度改革研究》	高 波
158	《新媒体环境下的危机传播及舆论引导研究》	喻国明
159	《法治国家建设中的司法判例制度研究》	何家弘
160	《中国女性高层次人才发展规律及发展对策研究》	佟 新
161	《国际金融中心法制环境研究》	周仲飞
162	《居民收入占国民收入比重统计指标体系研究》	刘 扬
163	《中国历代边疆治理研究》	程妮娜
164	《性别视角下的中国文学与文化》	乔以钢
165	《我国公共财政风险评估及其防范对策研究》	吴俊培
166	《中国历代民歌史论》	陈书录
167	《大学生村官成长成才机制研究》	马抗美
168	《完善学校突发事件应急管理机制研究》	马怀德
169	《秦简牍整理与研究》	陈 伟
170	《出土简帛与古史再建》	李学勤
171	《民间借贷与非法集资风险防范的法律机制研究》	岳彩申
172	《新时期社会治安防控体系建设研究》	宫志刚
173	《加快发展我国生产服务业研究》	李江帆
174	《基本公共服务均等化研究》	张贤明
175	《职业教育质量评价体系研究》	周志刚
176	《中国大学校长管理专业化研究》	宣 勇
177	《"两型社会"建设标准及指标体系研究》	陈晓红
178	《中国与中亚地区国家关系研究》	潘志平
179	《保障我国海上通道安全研究》	吕 靖
180	《世界主要国家安全体制机制研究》	刘胜湘
181	《中国流动人口的城市逐梦》	杨菊华
182	《建设人口均衡型社会研究》	刘渝琳
183	《农产品流通体系建设的机制创新与政策体系研究》	夏春玉

序号	书名	首席专家
184	《区域经济一体化中府际合作的法律问题研究》	石佑启
185	《城乡劳动力平等就业研究》	姚先国
186	《20世纪朱子学研究精华集成——从学术思想史的视角》	乐爱国
187	《拔尖创新人才成长规律与培养模式研究》	林崇德
188	《生态文明制度建设研究》	陈晓红
189	《我国城镇住房保障体系及运行机制研究》	虞晓芬
190	《中国战略性新兴产业国际化战略研究》	汪涛
191	《证据科学论纲》	张保生
192	《要素成本上升背景下我国外贸中长期发展趋势研究》	黄建忠
193	《中国历代长城研究》	段清波
194	《当代技术哲学的发展趋势研究》	吴国林
195	《20世纪中国社会思潮研究》	高瑞泉
196	《中国社会保障制度整合与体系完善重大问题研究》	丁建定
197	《民族地区特殊类型贫困与反贫困研究》	李俊杰
198	《扩大消费需求的长效机制研究》	臧旭恒
199	《我国土地出让制度改革及收益共享机制研究》	石晓平
200	《高等学校分类体系及其设置标准研究》	史秋衡
201	《全面加强学校德育体系建设研究》	杜时忠
202	《生态环境公益诉讼机制研究》	颜运秋
203	《科学研究与高等教育深度融合的知识创新体系建设研究》	杜德斌
204	《女性高层次人才成长规律与发展对策研究》	罗瑾琏
205	《岳麓秦简与秦代法律制度研究》	陈松长
206	《民办教育分类管理政策实施跟踪与评估研究》	周海涛
207	《建立城乡统一的建设用地市场研究》	张安录
208	《迈向高质量发展的经济结构转变研究》	郭熙保
209	《中国社会福利理论与制度构建——以适度普惠社会福利制度为例》	彭华民
210	《提高教育系统廉政文化建设实效性和针对性研究》	罗国振
211	《毒品成瘾及其复吸行为——心理学的研究视角》	沈模卫
212	《英语世界的中国文学译介与研究》	曹顺庆
213	《建立公开规范的住房公积金制度研究》	王先柱

序号	书名	首席专家
214	《现代归纳逻辑理论及其应用研究》	何向东
215	《时代变迁、技术扩散与教育变革：信息化教育的理论与实践探索》	杨 浩
216	《城镇化进程中新生代农民工职业教育与社会融合问题研究》	褚宏启 薛二勇
217	《我国先进制造业发展战略研究》	唐晓华
218	《融合与修正：跨文化交流的逻辑与认知研究》	鞠实儿
219	《中国新生代农民工收入状况与消费行为研究》	金晓彤
220	《高校少数民族应用型人才培养模式综合改革研究》	张学敏
221	《中国的立法体制研究》	陈 俊
222	《教师社会经济地位问题：现实与选择》	劳凯声
223	《中国现代职业教育质量保障体系研究》	赵志群
224	《欧洲农村城镇化进程及其借鉴意义》	刘景华
225	《国际金融危机后全球需求结构变化及其对中国的影响》	陈万灵
226	《创新法治人才培养机制》	杜承铭
227	《法治中国建设背景下警察权研究》	余凌云
228	《高校财务管理创新与财务风险防范机制研究》	徐明稚
229	《义务教育学校布局问题研究》	雷万鹏
230	《高校党员领导干部清正、党政领导班子清廉的长效机制研究》	汪 曦
231	《二十国集团与全球经济治理研究》	黄茂兴
232	《高校内部权力运行制约与监督体系研究》	张德祥
233	《职业教育办学模式改革研究》	石伟平
234	《职业教育现代学徒制理论研究与实践探索》	徐国庆
235	《全球化背景下国际秩序重构与中国国家安全战略研究》	张汉林
236	《进一步扩大服务业开放的模式和路径研究》	申明浩
237	《自然资源管理体制研究》	宋马林
238	《高考改革试点方案跟踪与评估研究》	钟秉林
239	《全面提高党的建设科学化水平》	齐卫平
240	《"绿色化"的重大意义及实现途径研究》	张俊飚
241	《利率市场化背景下的金融风险研究》	田利辉
242	《经济全球化背景下中国反垄断战略研究》	王先林

序号	书　名	首席专家
243	《中华文化的跨文化阐释与对外传播研究》	李庆本
244	《世界一流大学和一流学科评价体系与推进战略》	王战军
245	《新常态下中国经济运行机制的变革与中国宏观调控模式重构研究》	袁晓玲
246	《推进21世纪海上丝绸之路建设研究》	梁　颖
247	《现代大学治理结构中的纪律建设、德治礼序和权力配置协调机制研究》	周作宇
248	《渐进式延迟退休政策的社会经济效应研究》	席　恒
249	《经济发展新常态下我国货币政策体系建设研究》	潘　敏
250	《推动智库建设健康发展研究》	李　刚
251	《农业转移人口市民化转型：理论与中国经验》	潘泽泉
252	《电子商务发展趋势及对国内外贸易发展的影响机制研究》	孙宝文
253	《创新专业学位研究生培养模式研究》	贺克斌
254	《医患信任关系建设的社会心理机制研究》	汪新建
255	《司法管理体制改革基础理论研究》	徐汉明
256	《建构立体形式反腐败体系研究》	徐玉生
257	《重大突发事件社会舆情演化规律及应对策略研究》	傅昌波
258	《中国社会需求变化与学位授予体系发展前瞻研究》	姚　云
259	《非营利性民办学校办学模式创新研究》	周海涛
260	《基于"零废弃"的城市生活垃圾管理政策研究》	褚祝杰
261	《城镇化背景下我国义务教育改革和发展机制研究》	邬志辉
262	《中国满族语言文字保护抢救口述史》	刘厚生
263	《构建公平合理的国际气候治理体系研究》	薄　燕
264	《新时代治国理政方略研究》	刘焕明
265	《新时代高校党的领导体制机制研究》	黄建军
266	《东亚国家语言中汉字词汇使用现状研究》	施建军
267	《中国传统道德文化的现代阐释和实践路径研究》	吴根友
268	《创新社会治理体制与社会和谐稳定长效机制研究》	金太军
269	《文艺评价价值体系的理论建设与实践研究》	刘俐俐
270	《新形势下弘扬爱国主义重大理论和现实问题研究》	王泽应

序号	书　名	首席专家
271	《我国高校"双一流"建设推进机制与成效评估研究》	刘念才
272	《中国特色社会主义监督体系的理论与实践》	过　勇
273	《中国软实力建设与发展战略》	骆郁廷
274	《坚持和加强党的全面领导研究》	张世飞
275	《面向2035我国高校哲学社会科学整体发展战略研究》	任少波
276	《中国古代曲乐乐谱今译》	刘崇德
277	《民营企业参与"一带一路"国际产能合作战略研究》	陈衍泰
278	《网络空间全球治理体系的建构》	崔保国
279	《汉语国际教育视野下的中国文化教材与数据库建设研究》	于小植
280	《新型政商关系研究》	陈寿灿
281	《完善社会救助制度研究》	慈勤英
282	《太行山和吕梁山抗战文献整理与研究》	岳谦厚
283	《清代稀见科举文献研究》	陈维昭
284	《协同创新的理论、机制与政策研究》	朱桂龙
285	《数据驱动的公共安全风险治理》	沙勇忠
286	《黔西北濒危彝族钞本文献整理和研究》	张学立
287	《我国高素质幼儿园园长队伍建设研究》	缴润凯
288	《我国债券市场建立市场化法制化风险防范体系研究》	冯　果
289	《流动人口管理和服务对策研究》	关信平
290	《企业环境责任与政府环境责任协同机制研究》	胡宗义
291	《多重外部约束下我国融入国际价值链分工战略研究》	张为付
292	《政府债务预算管理与绩效评价》	金荣学
293	《推进以保障和改善民生为重点的社会体制改革研究》	范明林
294	《中国传统村落价值体系与异地扶贫搬迁中的传统村落保护研究》	郝　平
295	《大病保险创新发展的模式与路径》	田文华
296	《教育与经济发展关系及贡献研究》	杜育红
297	《宏观经济整体和微观产品服务质量"双提高"机制研究》	程　虹
298	《构建清洁低碳、安全高效的能源体系政策与机制研究》	牛东晓
299	《水生态补偿机制研究》	王清军
300	《系统观视阈的新时代中国式现代化》	汪青松
301	《资本市场的系统性风险测度与防范体系构建研究》	陈守东

序号	书　名	首席专家
302	《加快建立多主体供给、多渠道保障、租购并举的住房制度研究》	虞晓芬
303	《中国经济潜在增速的测算与展望研究》	卢盛荣
	……	